KB202414

기지의 섬, 오키나와

현실과 운동

이 책은 학술진흥재단 기초학문육성 지원사업(2004-072-BM3040)의 지원으로 제작되었습니다.

오키나와 미군기지의 정치사회학 제1권

기지의 섬, 오키나와

현실과 운동

정근식 · 전경수 · 이지원 편저

논형

기지의 섬, 오키나와: 현실과 운동

편　저　정근식·전경수·이지원

초판 1쇄 인쇄　2008년 8월 11일
초판 1쇄 발행　2008년 8월 15일

펴낸곳　논형
펴낸이　소재두
편　집　최주연, 김현경
표　지　이승우

등록번호　제2003-000019호
등록일자　2003년 3월 5일
주　소　서울시 관악구 봉천2동 7-78 한립토이프라자 5층
전　화　02-887-3561
팩　스　02-887-6690

ISBN　978-89-90618-76-4　94910
값　　35,000원

책머리에

한국에서 오키나와를 연구한다는 것, 더구나 미군기지를 연구한다는 것의 의미는 무엇일까? 한국에서의 오키나와 연구는 단지 우리에게 익숙하게 된 '지역연구'의 하나라고 말하기도, 또 곧바로 한국과의 '비교연구'를 위한 것이라고 말하기도 쉽지 않다.

내가 처음 오키나와를 방문했던 1999년, 과거 류큐왕국의 궁성이었던 슈리성을 관람하러 갔다가 입구에 서 있는 '수례지문'을 보면서, 그리고 중국과 일본의 사쓰마번 양쪽에 지배를 받았던 역사가 공간적으로 표현된 궁성 내부 구조를 보면서, 이제는 불타버린 우리의 '숭례문'을 매개로 하여 중화체제란 무엇이었던가를 생각했던 적이 있다. 다른 한편으로 2005년 미군헬기가 추락한 오키나와 국제대학의 건물 벽면을 보면서 한국의 평택을 떠올렸고, 한국과 오키나와를 관통하고 있는 전후 동아시아체제란 무엇인가를 생각하지 않을 수 없었다.

이 책은 현재 우리가 살고 있는 동아시아를 분석하고 연구하는 '방법으로서의 오키나와'에 주목하면서 만든 공동연구의 성과다. '방법'으로서의 오키나와라는 말에는 두 가지 문제의식이 녹아 있는데, 그 중 하나는 각각의 개별 국민국가를 넘어 동아시아 전체를 사고의 대상으로 고려한다는 것이다. '중화체제', '일본제국체제', 그리고 전후 '냉전체제'로 이어지는 역사적 과정에서 동아시아 각 지역의 관련양상을 현재적 관점에서 바라본다는 것, 그것은 우리와 동아시아를 새롭게 접근하려는 노력의 출발이었다. 다른 한편으로 '방법'으로서의 오키나와라는 관점 속에는 미래에 대한 전망이 들어 있다. 동아시아의 현재의 지배질서 뿐 아니라 미래의 전망을 위해서 미군기지 문제는 더 없이 좋은 사고의 매개물이 된다. 한국과 동아시아의 평화와 진보에 대한 대안적이고 능동적인 구상을 위해서는 반드시 오키나와 문제를 경유해야 하기 때문이다.

2004년부터 2년간 한국학술진흥재단의 기초학문육성 지원사업의 일환으로 시작하여 서울대학교 사회발전연구소의 동아시아연구센터에서 진행한 '오키나와 미군기지의 정치사회학'이라는 제목의 최종 연구결과를 출간한다. 우리 연구팀은 연구결과를 우선 학술지에 발표하여 검증을 받고, 이를 기초로 각자 자신의 논문을 수정하여 단행본으로 묶기로 하였다. 이리하여 총 29편의 논문을 두 권의 책으로 묶게 되었으며, 한 권은 "기지의 섬", 다른 한 권은 "경계의 섬"이라는 제목으로 편집하였다.

원래 오키나와에 대한 보다 종합적이고 본격적인 연구의 필요성과 구체적인 제안은 서울대학교 사회학과의 임현진 교수와 인류학과의 전경수 교수께서 하셨다. 그래서 서울대학교 사회발전연구소에서 젊고 유능한 연구자들을 조직하게 되었는데, 최초의 연구계획서 작성과정에서는 이제 박사학위를 끝내고 오스트레일리아에서 연구하고 있는 박순열의 도움이 컸다.

우리 연구팀은 사회학자들을 중심으로, 역사학, 문화인류학, 국제정치학, 행정학, 여성학 등 다양한 분야의 연구자들이 합류하여 구성되었다. 여기에는 본래 일본의 역사나 사회를 전공하는 연구자들도 있지만, 새롭게 오키나

6

와에 대한 관심을 가지고 참여한 분들도 있었다. 특히 최근에 박사학위를 받고 본격적인 연구활동을 시작하는 젊고 유능한 분들이 많이 참여하여, 공동의 현지조사를 바탕으로 서로를 격려하고 때로는 서로를 비판하면서 각자의 문제의식을 깊고 넓게 확장해갔다. 우리 연구팀은 2년간 모두 세 차례의 오키나와 현지 방문조사를 실시했고, 필요에 따라 개별적인 조사를 추가로 실시하였으며, 격주로 세미나를 가졌다. 또한 세 차례 이상의 국제심포지엄 또는 워크숍을 실시하였다. 1차 연도에는 이지원 박사가, 2차 연도에는 김백영 박사가 공동연구의 원활한 진행을 위한 조정 역할을 맡았다.

2005년 2월에 있었던 우리 연구팀의 첫 번째 오키나와 방문은 리쓰메이칸 (立命館)대학의 서승 선생 덕분에 짧은 시간에 많은 결실을 거둘 수 있었다. 당시 서승 선생이 주도적으로 이끌던, 일본과 한국의 대학생들이 함께 하는 동아시아 평화인권캠프가 오키나와에서 열렸는데, 우리는 이 캠프에 참여하여 오키나와의 역사와 현실, 고통을 생생하게 배울 수 있었고, 학자와 평화운동가, 예술가를 비롯해서 이런 기회가 아니면 만나기 어려웠을 많은 오키나와 사람들을 만날 수 있었다. 이 자리를 빌려 서승 선생께 다시 한 번 감사드린다.

오키나와 현지조사 과정에서 우리는 많은 오키나와 현지 연구자들 및 문화인들과 교류할 기회를 가졌다. 이들은 우리 연구팀을 진심으로 환영해 주었으며, 우리 연구팀의 어설픈 문제의식이 성숙할 수 있도록 조언을 아끼지 않았다. 류큐대학의 나미히라 츠네오(波平恒男) 교수, 오키나와대학의 야카비 오사무(屋嘉比収) 교수를 비롯하여, 히가 토요미츠(比嘉豊光), 신조 이쿠오(新城郁夫), 토리야마 준(鳥山淳), 미야기 기미코(宮城公子), 치바나 쇼이치(知花昌一) 등 여러 분들과 함께 한 진지하고 즐거웠던 시간들을 결코 잊지 못할 것이다. 또한 우리 연구팀은 오키나와의 여성운동을 소개해 준 우라사키 시게코(浦崎成子), 다카자토 스즈요(高里鈴代), 후지오카 요코(藤岡羊子) 씨를 비롯하여, 오키나와의 반기지 투쟁을 명료하게 소개해 준 오키나와대학의 아라사키 모리테루(新崎盛暉) 교수, 공문서관의 타카라 벤(高良 勉) 씨에게도 큰 도움을 받았다. 헤노코를 비롯한 오키나와의 푸른 바다와 섬들에서 생명, 인권, 평화의 마음을 품고 군사기지에 맞서 싸우던 노인들, 그리고 킨정에서 미군기지와 함께 살아가던 주민들의 목소리도 우리 연구의 바탕이 되었다.

우리 연구팀이 도쿄외국어대학의 나카노 도시오(中野敏男) 교수가 이끄는 전후(戰後) 동아시아 연구팀과 인연을 맺어 지적인 교류를 할 수 있었던 것은 더없는 행운이었다. 우리는 이분들과 함께 여러 차례 지적 교류를 하였는데, 특히 연구의 초창기부터 끝날 때까지 나카노, 나미히라, 야카비 선생은 우리 연구팀에 많은 도움을 주었다. 이들은 2005년 5월에 우리 연구팀이 서울대에서 개최한 학술심포지엄("동아시아 속의 오키나와", 5.13~14)과 2006년 1월 류큐대학에서 개최한 학술워크숍("동아시아와 오키나와", 1.23)에 모두 참여하여 발표 및 토론을 맡아주었다. 또한 2005년 11월 서울대학교에서 우리 연구팀과 도쿄외국어대학 연구팀이 공동으로 주최하여 "계속되는 동아시아의 전쟁과 전후: 오키나와전, 제주 4·3사건, 한국전쟁"이라는 주제의 심포지엄(11.17~20)을 가졌고, 2006년 6월 도쿄 외국어대학의 학술워크숍(6.17~18)에도 우리를 초대하여 토론을 하였다. 이 과정에서 우리는 오키나와 연구에 대한 다양한 연구경향과 서로 다른 맥락을 배웠다. 이 분들의 귀중한 발표와 토론, 따뜻한 격려가 우리 연구팀 모두에게 엄청난 지적 자극이 되었음은 두말할 나위가 없다. 더욱이 나미히라 선생과 야카비 선생은 이 책의 두 번째 권에 수록될 글도 보내주셨다. 이 자리를 빌려 나카노 선생을 비롯한 도쿄외대 연구팀의 모든 성원에게 따뜻한 인사와 감사를 드린다.

연구책임자로서 이번 오키나와 미군기지에 관한 연구가 나에게 특별히 소중했던 것은 앞으로 우리 학계를 이끌고 나갈 훌륭한 젊은 연구자들과 함께 공동의 연구작업을 했다는 점이다. 특히 박사학위를 막 끝내고 전문적인 연구자의 길을 걷기 시작한 젊은 연구자들은 자기 나름대로의 관심과 의욕에 넘쳐

전체적인 문제의식을 공유하기가 쉽지 않은 것임에도 불구하고 성실하면서도 열정적인 자세로 공동연구에 임했고, 공동의 문제의식을 심화시켰다. 이들 모두 자신의 박사학위 논문 이후 오키나와 연구를 통해 학자로서의 능력과 자세를 다시 한 번 가다듬은 셈이어서 얼마나 뿌듯한 자부심을 느끼는지 말로 표현할 수가 없다. 또한 우리 연구팀의 연구보조원들은 대부분 대학원 박사과정에 재학 중이어서 모두가 학업에 정진하느라 무척 바빴지만, 이 공동연구에 적극 참여해주었다. 나는 이들에게 단순한 연구보조를 넘어서서 각자의 관심에 따라 연구를 진행해보라는 약간은 무리한 주문을 했지만, 모두 이를 잘 따라주고 훌륭한 논문들을 작성해주었다. 이들의 학문적 발전을 계속 지켜보는 것도 앞으로 큰 즐거움이 될 것이다.

연구결과를 정리하면서 서울대 대학원의 현윤경과 이경미의 수고에 대한 감사를 빼놓을 수 없다. 이들은 모두 일본에서 수학한 후 서울로 유학을 온 학생들로, 우리 연구팀의 오키나와 현지조사를 위한 준비, 통역 및 번역, 대학원생들의 일본어 지도 등 많은 일을 하였다. 우리 연구팀의 성원들은 이 두 사람에게 진 빚을 너무나 잘 기억하고 있다. 책의 최종 편집과정에서는 김민환과 정영신 두 사람의 힘이 매우 컸다. 우리 연구팀의 연구규모가 컸기 때문에 연구결과를 체계적으로 정리하고 편집하는 일은 만만치 않은 작업이었다. 이 두 사람은 연구와 정리 작업 모두에서 우리 연구팀의 보이지 않는 자산이었는데, 공동 편자들과 함께 이들의 헌신적인 작업이 없었다면 이 책은 제대로의 모습을 갖추기 어려웠을 것이다. 더구나 정영신은 우리 공동연구의 결과물인 이 책의 출간에 맞춰 아라사키 모리테루 교수의 『오키나와 현대사』를 한국어로 번역·출간하였는데, 아라사키 교수가 펴낸 『또 하나의 일본, 오키나와이야기』(역사비평사, 1998)와 더불어 독자들이 오키나와를 이해하는 데 있어서 꼭 필요한 길잡이가 될 것으로 믿는다.

나는 지난 2년에 걸친 공동연구기간에 격주로 개최한 연구모임의 뜨거운 열기와 이후 1년 이상의 정리기간에 보여준 연구진의 진지함을 생각할 때마다 공동연구의 보람과 가치를 다시 한 번 절실히 느끼게 된다. 우리 연구팀과의 인연으로 최종 연구결과의 출판에 힘을 보태준 남기정 교수, 임종헌 박사, 그리고 미국 카톨릭대 정치학과의 여인엽 교수에게 이 자리를 빌려 감사를 표한다. 또한 평택의 대추리·도두리 현지답사를 이끌어주었을 뿐 아니라, 주한미군과 미군기지 문제에 있어서 우리 연구팀의 충실한 길잡이가 되어 준 주한미군범죄근절운동본부의 고유경 씨에게도 감사의 마음을 전하고 싶다.

마지막으로 어려운 출판계의 상황에도 불구하고 우리 연구의 출판을 기꺼이 맡아 준 논형출판사의 소재두 사장에게 감사드리며, 오키나와 연구의 의미를 이해하고 우리 연구팀이 2년간 별다른 어려움 없이 연구에만 전념할 수 있도록 지원해준 학술진흥재단의 관계자들께도 진심으로 감사의 뜻을 표한다.

2008년 5월 1일
정근식

차례

오키나와 미군기지의 정치사회학 제2권

경계의 섬, 오키나와: 기억과 정체성

2권 목차

일러두기

1. 외래어 표기는 한글맞춤법 통일안의 외래어 표기법을 따랐다.

단, 오키나와 인명·지명 표기의 경우 역사적·문화적 독자성을 고려하여 일부 원음표기로 수정 반영하였다.

예) 나미히라 쓰네요→나미히라 츠네오, 긴→킨, 지비치리가마→치비치리가마

2. 한글로 번역된 외국인 저자의 단행본이나 논문이 인용될 경우, 기존의 단행본이나 논문에서 사용된 저자 이름의 한글표기가 한글맞춤법통일안의 외래어표기법과 다르거나 잘못 표기되었을 경우 바꾸어 표기하되, 참고문헌에서 원어를 병기한다.

예) 아라사끼 모리테루. 1998.『또 하나의 일본, 오끼나와 이야기』. 역사비평사.

→아라사키 모리테루(新崎盛暉). 1998.『또 하나의 일본, 오키나와 이야기』. 역사비평사.

　　高里鈴代: 다카사토 스즈요→다카자토 스즈요

3. 전근대 시기의 류큐왕국·오키나와 관련 인명과 지명의 경우 정확한 원음 확인이 어려워 한자음을 그대로 표기하였다.

예) 채온(蔡溫), 향상현(向象賢), 임세공(林世功), 향덕굉(向德宏), 아나패손저(我那覇孫著), 상태(尚泰)왕, 국왕 상태구(尚泰久)

1990년대 이후 '지구화(Globalization)'가 진전되는 가운데 우리가 일상적으로 접할 수 있는 세계는 급속도로 확장되었다. 특히나 우리에게 밀어닥친 지구화의 물결은 동서냉전체제 붕괴, 지역주의 대두 등의 세계적 변화뿐만 아니라, 88올림픽에 뒤이은 해외여행 자유화, 정치적 민주화, 정보화의 급진전, 문화적 다양화, 남북분단체제의 이완 등 굵직굵직한 국내적 변동과 동시다발적으로 이루어졌다는 것을 생각하면, 그 변화는 우리에게 얼마나 빠르고 강도 높은 것이었던가! 불과 한 세대 전까지 일반인들에게 해외여행이란 꿈같은 일이었으나, 이제 지구상 어디건 한국인들이 누비고 다닌다. 이제 지구촌에 낯선 곳은 없다. 오키나와 역시 예외가 아니다. 본 연구팀이 오키나와 연구를 처음 구상했던 2003년(학술진흥재단의 지원을 받아 정식으로 연구가 개시된 것은 2004년도 8월)을 전후한 시기부터, 일반인들 사이에서도 오키나와에 대한 관심이 급속도로 높아지고 그에 대한 지식과 정보 또한 상당 정도로 대중화되었다. 각종 매체의 여행관광정보란이나 상품광고에는 언제부터인지 오키나와도 단골메뉴로 자리잡게 되었으며, 프로야구팀을 비롯한 각종 운동단

체들의 겨울철 전지훈련지로 각광받고 있기도 하다. 또 이러한 수요에 부응하여 국내 항공사는 주 3회 항공편을 운영하며 지속적으로 사람들을 실어 나르고 있다. 각종 온라인상품 사이트에도 오키나와의 산물들이 다이어트용 혹은 건강상품으로 판매되고 있다. 내한공연도 했던 가수 아무로 나미에(安室奈美恵)나 국내유선방송에서도 인기리에 방영된 드라마 「고쿠센(ごくせん)」의 여주인공 나카마 유키에(仲間由紀恵)가 단지 일본의 유명 연예인일 뿐만 아니라 오키나와 출신이라는 것도 알만한 젊은이들은 알고 있다. 한때 나하(那覇)에도 있었던 한국영사관은 1995년에 철수함으로써 정부 차원에서의 관심은 오히려 이전보다 후퇴한 듯도 싶지만 민간 차원에서의 호기심과 교류는 크게 늘어나고 있는 것이다.

그러나 오키나와에 대한 관심은 비단 관광이나 휴양, 전지훈련, 대중문화, 쇼핑에 그치지 않는다. 오키나와는 '관광의 섬' 이전에 '기지의 섬'이었다. 메이지유신 이후 근대 일본이 류큐왕국을 절멸시키고 병합한 것도 열강과의 생존경쟁 및 부국강병을 위한 군사전략적 목적에서였고, 그러한 일본을 패퇴시킨 미국이 오키나와를 직접 관장한 것도 동아시아와 태평양지역을 군사적으로 아우르기 위함이었다. 한국전쟁 시기부터 본격화된 오키나와의 군사기지화는 1972년에 미국으로부터 일본으로 오키나와의 시정권이 반환되었음에도 불구하고 여전히 계속되고 있을 뿐 아니라, 그동안 일본 본토의 미군기지가 감소되었다는 점, 또한 시정권 반환 이후 일본 자위대도 오키나와에 함께 발을 디디게 되었다는 점을 고려하면 오히려 상대적인 기지화의 정도는 더욱 높아졌다. 2006년 3월 말 현재, 일본 영토의 0.6%에 불과한 작은 면적에 37개(23,667.5ha)의 미군기지가 배치되어 있는 등 일본 내 미군 전용시설의 무려 74.6%가 집중되어 있는 것이 오키나와의 현실인 것이다. 그 결과 미군기지만으로도 오키나와 본섬 면적의 약 5분의 1(18.7%)을 차지하는 현실, 육지보다 훨씬 더 넓은 영역의 바다와 하늘까지도 미군의 군사구역으로 지정되어 오키나와를 포위하고 있는 상황, 기지로 인해 발생하는 토지 이용에 얽힌 문제, 여성에 대한 성폭행을 필두로 한 각종 인권 문제, 항공기 소음과 추락사고에 따른 피해 문제, 군사작전 수행에 따르는 각종 위험 등은 미군기지를 둘러싼 목록의 대표적 항목들이다. 그럼에도 불구하고 군용지료 수입이나 기지를 상대로 한 유흥업 운영 및 일본 정부로부터의 재정적 지원 때문에 기지를 무시할 수 없는 오키나와민들의 고민 또한 여기에 추가된다. 한국에서 이러한 오키나와의 현실에 눈을 뜨고 국경을 넘어선 교류를 시작한 것은 우선은 국내의 반기지운동 측이었다. 1997년 2월 한국의 반기지운동가 43명이 오키나와의 미 군용지 강제사용 공개심리 과정을 참관하기 위해 오키나와를 방문한 것이 대표적인 사례다. 이러한 움직임과 관심은 평택 미군기지 확장의 과정에서 오키나와 활동가들이 평택 대추리·도두리를 빈번히 연대 방문하면서 더욱 고조되기도 하였다. 하지만 기지 문제를 포함하여, 일본 본토로부터 받은 역사적 차별과 2차 세계대전 말기 오키나와전의 참혹한 피해, 지금도 지속되는 격차문제 등 아름다운 남방의 섬이라는 이미지에 가려진 부분도 이제는 일부 사회운동가들의 차원을 넘어 대중들에게도 널리 알려지고 있다.

인터넷으로 지구촌의 웬만한 정보는 다 접할 수 있게 된 오늘날, 오키나와 현청의 홈페이지(www.pref.okinawa.jp)에 접속하면 수두룩하게 탑재되어 있는 미군기지 관련 자료 역시 누구든 열람할 수 있다. 참고로 5년마다 책자로도 나오는 『오키나와의 미군기지』는 책 사이즈도 대형인데다가 700여 쪽에 이르니, 그 정보의 양과 깊이가 허술한 것이 아님을 짐작할 수 있을 것이다. 더구나 이 같은 정보는 국내 대중언론매체를 통해서 국내에도 신속히 보도된다(예컨대, 「한겨레신문」 2007년 10월 17일자). 또 신문보다도 더 대중적 영향력이 큰 지상파 방송이 이미 일반 소개용으로는 손색이 없는 다큐멘터리를 제작, 방영하기도 하였다(MBC 보도특집 다큐멘터리 「3·1절 특집, 오키나와 1부: 우치난츄, 일본 속의 타인들」, 「3·1절 특집, 오키나와 2부: 평화를 꿈꾸는 섬」, 2005년 3월 3일 방영).

이처럼 오키나와에 대한 관심이 확산되는 마당에, 좀 더 깊이 있고 체계적인 지식과 정보를 제공하는 것은 학계의 당연한 임무일 것이다. 오키나와에 대한 기존 연구를 돌아보면, 주로 민속학이나 역사학에서의 개별적 연구들이 진행되어왔다(예컨대 최인택, 「韓國에 있어서의 오키나와 硏究의 課題와 展望」, 『日本學年報』 9집, 2000 참조). 그러나 냉전 해체 및 지구화의 물결 속에서 우리 자신과 이웃, 나아가 동아시아의 역사와 현실을 성찰하려는 문제의식 아래 연구가 진행된 것은 근년의 일이다. 기존의 대표적인 작업으로는, 90년대 후반의 반기지운동의 맥락에서 출발하여 점차 상상된 지정학적 공간으로서의 동아시아에 대해 문제제기하면서, 국민국가의 역사로 환원되지 않는 변방에 대한 관심으로 시각이 확장되는 가운데 오키나와를 새롭게 발견하려는 작업(정문길·최원식·백영서·전형준 편, 2000, 『발견으로서의 동아시아』, 문학과지성사; 정문길·최원식·백영서·전형준 편, 2004, 『주변에서 본 동아시아』, 문학과지성사)이 있었고, 또 탈냉전 이후에도 동아시아적 냉전이 지속되고 있는 지역적 특수성을 어떻게 이해할 것인가 하는 문제와 관련하여 제주도를 포함한 한반도와 타이완, 오키나와에서 국가폭력의 문제가 부각되는 과정에서 세 지역 간의 역사적 경험의 유사성을 토대로 학술적 교류를 시도한 성과(정근식·하종문 편, 2001, 『동아시아와 근대의 폭력 1. 전쟁, 냉전과 마이너리티』, 삼인; 정근식·김하림·김용의 편, 2001, 『동아시아와 근대의 폭력 2. 국가폭력과 트라우마』, 삼인)를 들 수 있다. 또 일본 지역 연구의 일환으로 이루어진 오키나와에 대한 종합적 연구조사(한림대학교 일본학연구소, 2001, 『翰林日本学』 제6집 특집 2, 「일본의 지방과 지방도시에 대한 종합적 연구조사: 오키나와를 중심으로」) 등을 꼽을 수 있다.

본 연구팀의 작업은 이러한 기존 오키나와 연구에 이어, '9·11테러' 사태 이후 진행된 미군의 군사전략적 재편의 핵심이 되었던 오키나와의 미군기지 문제를 중심으로 다루면서도 이와 연관을 맺는 오키나와의 역사, 문화, 지역사회, 사회운동 등 다방면에 걸친 영역을 검토하고, 그 성과를 다시 한국을 포함한 동아시아적 맥락에서 위치지우고자 하는 목표를 가지고 시도되었다. 그런 면에서 선행 연구성과들을 계승하고 확장하는 작업이 된다. 이를 위해 본 연구팀의 작업은 사회학, 문화인류학, 국제정치학, 행정학, 역사학, 여성학 등 매우 다양한 분야의 전공자들이 참가하여 이루어졌는데, 아마도 이러한 시도는 오키나와와 관련된 인접학문간 학제적 작업으로는 최대 규모의 시도일 것이다. 비록 오키나와 현지 및 일본의 오키나와 연구에 비해서는 일천한 것이라 할 수 있지만, 이제 걸음마 단계인 국내의 오키나와 연구에 있어서 앞으로의 발전을 위한 디딤돌을 마련했다는 의미를 부여할 수 있지 않나 싶다.

역사를 돌이켜보면, 한반도와 오키나와(류큐)는 근대 이전의 동아시아 세계질서 속에서 오랫동안 사람이 오가며 문물을 주고받고 교류하는 선린관계를 맺어 왔다. 그러나 19세기 후반 '서세동점'의 기세 속에서 동아시아 지역도 일대 혼란에 빠지면서 이 관계는 단절되었고, 식민지 종속국들이 새로이 자립하기 시작한 2차 세계대전 이후에도 반세기 가까이 '냉전체제'가 지속되면서 단편적, 간헐적 접촉만이 이루어졌다. 그런데 이런 상황을 조성한 하나의 요인이자, 또 이런 상황에도 불구하고 개별국가의 국경을 넘나드는 연결망을 만들고 운영해온 것이 동아시아의 미군이기도 하다. 미군의 전략은 주둔국 단위로 국한되기 보다는 전 세계적 또는 동아시아적 차원에서 전개되기 때문이다. 다시 말해, 동아시아 미군은 군사적 목적으로 오키나와와 한국을 비자 없이 자유롭게 넘나들 수 있었고, 지금도 그러하다. 이제 '탈냉전'과 '지구화'의 물결 속에서 일상적인 민간교류의 물꼬가 터진 이때, 그동안 우리가 잃었던/잊었던 이웃에 대해 스스로 알아가고 이해하려는 노력을 하는 것은 당연한 일이며, 그것은 곧 우리 자신에 대한 성찰이기도 하다. 그리고 미국을 정점으로 한 군사적 차원의 동아시아 연결망을 새삼 돌아보면서, 이를 동아시아 자체의 평화적인 연대관계로 변화시키려는 문제의식이 움트는 것도 당연한 일일 것이다. 이를 역사의 자정작용(自淨作用)이라 부를 수 있을지도 모른다. 부족하나마 본 연구팀의 성과물이 왕조시대의 '선린'과 제국주의 - 냉전시대의 '분절화'되었던 관계를 넘어서서 평화와 인권을 소중히 하는 새로운 동아시아 세계를 구상하는 데 조그만 계기가 되었으면 하는 바람을 가져본다.

본 연구팀의 성과는 두 권의 책으로 마무리되었다. 1권에 해당하는 이 책에는 『기지의 섬, 오키나와: 현실과 운동』이라는 제목 그대로 오키나와의 미군기지와 직접적인 관련성을 갖고 있는 총 15편의 논문들이 5부로 나뉘어 수록되었다.

우선 1부 "방법으로서의 오키나와"에는, 「오키나와 미군정사 연구의 현실과 도전」(임현진·정근식)을 실었다. 이 글은 1945년부터 1972년까지의 오키나와 미군정의 구조와 변동을 개괄하면서 동시에 미군정사 연구의 흐름을 비판적으로 조망하는 것을 목적으로 삼는데, 오타(大田昌秀)와 엘드리지(Robert D. Eldridge), 미야자토(宮里政玄) 등 기존 미군정 연구의 대표적인 성과를 기초로 하여 오키나와 미군정사를 추적하는 데 그치지 않고 이를 2자관계나 3자관계를 넘어서는 동아시아체제론의 시각에서 재해석할 필요성을 역설하며, 일종의 방법론적 시좌(視座)를 제시하고 있다. 또 이러한 작업은 한편으로는 오늘날의 오키나와 미군기지 문제의 기원을 탐구하기 위한 것인 동시에, 다른 한편으로는 한국의 미군정 및 1970년대 초반까지의 동아시아 냉전체제의 군사적 기반을 탐구하기 위한 예비적 작업의 의미를 지니기도 한다. 나아가 주로 문화론적 측면에서 논의되는 동아시아체제론을 정치경제적 영역으로 확대할 것을 제안한다.

2부 "동아시아 국제질서와 오키나와 미군기지"에서는 1부의 문제제기의 연장선상에서 한국과 일본을 중심으로 동아시아 냉전체제가 형성되고 각지에 미군기지가 정착하는 역사와 논리 및 냉전 후의 재편성 상황, 그리고 오키나와의 미군기지화를 총론적으로 다룬 글 네 편을 실었다. 이 작업들을 통해서 오키나와 기지 문제를 우선 2차 세계대전 이후 반세기 이상을 관통하는 통사적 시각 위에서, 또 미국을 정점으로 한 "동아시아형' 냉전체제 - '분단(휴전)국가' 한국 - '기지국가' 일본 - '기지의 섬' 오키나와'라는 구조적 차원에서 바라볼 수 있게 될 것이다.

2장 「동아시아에서 점령의 문제와 점령기 인식」(정영신)에서는, 탈냉전 이후 동아시아 냉전의 특수성을 해명하고자 하는 움직임이 대두되고, 동아시아 각 지역의 경험이 1990년대 후반에 이르러 공유되기 시작하면서 동아시아 의 전후, 점령, 전쟁, 부흥에 대한 재해석을 요청받고 있는 현실에 답하여, 우선 미국의 동아시아 점령에 있어서 그 대상이었던 일본과 한국을 중심으로 점령 의 성격과 차이, 그 연관성의 문제를 개략적으로 살피고, 점령기 인식과 전후 인식에 있어서의 문제들을 검토하고 있다.

3장 「한국전쟁과 '기지국가' 일본의 탄생: 오키나와 문제의 상부구조」(남 기정)에서는, 지구적 수준의 미소 간 냉전체제의 하위체제로서 '한국전쟁 휴 전체제'라는 동아시아 수준의 냉전체제가 형성되었고, 그 속에서 일본은 일본 형 냉전국가인 '기지국가'로 변모하였으며, 그러한 일본의 하위체제로서 오키 나와가 '기지의 섬'이 되었다고 본다. 따라서 오키나와의 기지 문제를 이해하 기 위해서는 일본이 한국전쟁을 계기로 하여 '기지국가'로 변모해 가는 과정에 대한 이해가 필수적일 수밖에 없다. 일본이 한국전쟁과 독특한 형태로 관계를 맺게 되면서 '기지국가'가 형성되고, 또 어떻게 운영되어 갔는지에 대해 집중 적으로 고찰한 후, 이러한 '기지국가'론이 오키나와 문제에 던지는 함의에 대 해서 이야기한다.

4장 「냉전체제의 붕괴와 미일동맹의 변화」(마상윤)는 냉전 이후를 중심 으로 미일 간의 동맹 표류, 동맹 재정의 및 미일 밀착의 세 단계로 나누어 미일동맹의 경과를 검토하는 글이다. 특히 일본의 입장에서는 어떤 이유에서, 또 어떠한 방식으로 관계를 (재)설정하려 했는지에 관심을 두고 미일동맹에 대한 일본 내의 인식 내용과 변화를 추적하고 있으며, 9·11테러 이후의 미일밀착 관계의 조건과 원인, 또 미 국방부가 추진하고 있는 군사변환(military transformation) 과 관련하여 미국의 동북아 군사전략상 오키나와에 부과된 지위 및 이에 대한 일본과 오키나와의 반응을 살펴보고 있다.

5장 「오키나와의 기지화·군사화에 관한 연구」(정영신)에서는 오키나와 에서 미군기지화가 이루어진 배경, 과정, 의미를 기지 자체에 중심을 두고 살펴본다. 이를 위해 전전, 미군 점령기, 오키나와 반환 이후라는 세 시기에 걸쳐 미국의 정치적·군사적 전략, 일본의 대오키나와 정책 및 오키나와의 아래로부터의 저항이라는 주요 요인과 상호관계 양상을 추적하고, 기지화·군사화의 과정과 특징 및 의미를 짚고 있다. 아울러 미군기지를 둘러싼 한국과 오키나와의 유사성이나 연관성 및 차이점을 고려하면서 오키나와 연구의 의미에 대해 이야기한다.

한편 3부 "미군기지와 오키나와 지역사회"에서는 2부와는 달리 일본 및 오키나와 내부의 시각에서 접근을 시도하였다. 오키나와는 현실 법제도상으로는 엄연히 일본이라는 국민국가를 구성하는 47개 행정구역의 하나로 위치지워지고 있다. 그럼에도 '일본이되 일본이 아닌 곳'이라는 표현이 시사하듯 일본 사회 일반의 논리로는 쉽사리 해소될 수 없는 특수성을 지방 - 중앙정부 간 관계를 통해, 또 보수 - 혁신(자치)대립 구도와 관련하여 살피는 한편, 다시 오키나와 내부의 지역사회로 파고들어가 일상세계 및 촌락구성의 차원에서 미군기지 문제를 바라보는 네 편의 글을 실었다.

6장 「지방정부와 중앙정부 관계에서 본 오키나와 문제」(장은주)에서는 기지 문제를 비롯한 오키나와의 제반 문제들은 오키나와 내부 요인보다는 미국 등 강대국의 이해관계 및 일본 내 중앙정부와 지방정부 간의 불평등한 관계에서 근본 원인을 찾아야 한다고 보고, 지방자치단체로서 오키나와가 갖는 지위 및 권한과 제약을 현실적으로 분석하는 데 초점을 맞춘다. 전전 오키나와의 지방자치 제도화 시기, 전후 미국 정부 통치하의 지방자치제도 및 단일정부 시기, 일본 복귀 후 오키나와의 지방자치 제도화 시기 그리고 일본의 지방분권 개혁을 추진하는 과정 등 시기별로 오키나와와 중앙정부 간의 관계를 정리하고, 결론적으로 지역주의적 관점의 필요성을 시사하고 있다.

7장 「현대 오키나와에서의 '혁신'의 의미와 특징」(이지원)은, 전후 일본에서 사회·정치 분야의 키워드 중의 하나였던 '혁신'과 관련하여 본토와 대비된 오키나와의 특수성을 검토하고 있다. 6~70년대를 풍미했던 혁신자치의 성격, 전반적인 선거양상을 살펴본 결과 일본 본토와 오키나와의 혁신 자치는 그 형태적 양상은 여러 면에서 유사하지만 역사적 배경과 핵심과제, 투표율 및 혁신 우세의 정도, 혁신자치의 존립 정도 등에서 차이가 있음을 밝힌다. 또 보수와 혁신의 구분을 뛰어넘는 오키나와 아이덴티티를 통해 본토와의 상이함이 존재함을 확인한다. 그리고 이러한 오키나와의 사회정치적 특수성이 미군기지의 지역적 집중배치라는 요인에 의해 재생산되고 있다고 본다.

8장 「오키나와 기지촌의 형성과 미군 - 주민 관계: 킨초의 신카이치를 중심으로」(전경수)는 오키나와에서 기지촌의 현상이 가장 두드러지게 나타나는 곳 중의 하나인 킨초의 신카이치를 대상으로 한 민속지적 보고의 일부다. 종래의 미군기지 관련 연구들이 주로 거시적 혹은 일부 미시적 입장으로 양분된 채 진행되어온 한계를 지적하고, 주민들의 '삶'이라는 과정적 현상을 중심으로 과제를 설정하여 연구대상을 조사하면서, 기지촌 연구가 여성에 집중된 성적 문제를 넘어서 더 넓은 사회적 문제로 시야를 넓혀줄 가능성에 대해, 또 각 지역의 상황을 제대로 이해하기 위한 필리핀과 한반도 및 오키나와를 넘나드는 미군기지 비교문화연구의 필요성에 대해 제기하고 있다.

9장 「미군기지 마을 여성들의 성차별에 대한 도전과 한계」의 집필자(진필수)는 킨초에서 3년간 체류하며 현지조사를 한 성과로 최근 학위논문을 취득하였다(『미군기지와 오키나와 촌락공동체: 지속과 재편』, 2008년 서울대 인류학과 박사학위논문). 이 글에서는 막대한 군용지료의 배분 자격을 둘러싸고 최고재판소까지 소송이 진행된 사례를 통해 기존의 촌락공동체 구조가 맞게 되는 도전과 갈등, 재편과정을 통해 학위논문의 가장 핵심적인 부분을 소개하였다. 또한 이러한 사례연구를 통해, 미군기지의 영향 아래 오키나와의 지역사회는 단순히 근대화가 지체된 것이 아니라 독자적인 형태로 근대성이 자리 잡게 되었음을 말하고 있다.

4부 "기지 성매매와 여성평화운동"에서는 여성 문제와 기지 문제가 중첩되는 부분을 다루었다. '탈냉전' 이후 전 세계적으로 오키나와 문제를 주목하게 만든 계기가 1995년의 미군에 의한 소녀성폭행사건이었듯, 오키나와에서 여성 문제와 여성운동은 중요한 비중을 차지하며 또한 기지 문제와 불가분의 관계를 이루고 있다. 이 부분에 대해 역사적인 경과와 사회운동의 특성 및 사례를 연구한 세 편의 논문을 실었다.

10장 「미군 점령기 오키나와의 기지 성매매와 여성운동」(박정미)은 1995년 미군에 의한 소녀 성폭력 사건이 기지반대 운동의 구심이 되었던 데 비해 기지촌 성매매에 종사하는 여성의 인권 문제는 상대적으로 주변적 쟁점에 머물러 있는 현실에 주목하고, 여성 인권에 대한 이러한 차별적 인식의 역사적 계보를 탐색한다. 필자는 외견상 대립되는 것처럼 보이는 일본 제국주의 시기의 공창제와 미군정 시기의 금지주의 정책이 '양가의 부녀자'를 보호하고 미군의 성적 권리를 보장하기 위해 성판매여성을 통제할 필요가 있다고 보았다는 점에서 근본적으로 다르지 않았다고 보며, 또 '매춘방지법' 제정을 통해 기지촌 성매매의 폐지를 염원했던 여성운동 역시 그러한 문제설정과 완전히 단절하지 못했음을 지적한다.

11장 「오키나와 반기지투쟁과 여성평화운동」(문소정)에서는 전후 1950

년대부터 1990년대까지 오키나와에서 전개된 반기지투쟁에서 여성평화운동이 어떻게 발전적으로 전개되어 나왔는지, 그리고 오키나와 여성평화운동의 어떤 특성들이 여성평화운동의 발전과 장기지속을 가져오게 하였는지 연구하였다. 그 결과 오키나와 반기지 투쟁과 여성평화운동이 연관되기 시작한 것은 '조국복귀운동'이 일어났던 1960년대부터임을 확인하고, 오키나와 여성의 반기지평화운동이 발전적으로 전개된 원인으로 세 가지 요소(페미니즘 관점의 가세, '우나이'연대 방식의 도입, 국제적 문제제기와 연대)를 꼽고 이를 통해 오키나와 여성평화운동의 특성을 밝히고 있다.

12장「오키나와 여성운동의 정치학: '기지·군대를 허용하지 않는 행동하는 여성모임'을 중심으로」(문소정)는 앞의 연구를 기반으로, 1995년에 결성된 이후 초국적 탈식민주의적 동아시아 페미니스트(transnational postcolonial east-asia feminist politics) 정치학을 지향하는 여성평화운동으로 성장한 '기지·군대를 허용하지 않는 행동하는 여성모임'을 사례로 삼았다. 분석 과제로 이들이 오키나와 여성운동 계보에서 어떤 위치와 성격을 지니는지, 이들의 운동의 목표가 무엇인지, 또 오키나와 여성 문제를 주조한 동아시아 군사화에 대하여 어떠한 변혁을 추구하는 것인지를 설정하고, 그 경과를 추적하며 규명한다. 나아가 동아시아 각국의 여성평화운동의 비교연구에 시사점을 던지고 있다.

끝으로 5부 "미군기지와 반기지운동의 국제적 현황"에서는 미군기지와 반기지운동을 비교사적 시각에서 살피기 위해 각각 독일, 필리핀, 한국의 사례를 다룬 세 편의 논문을 실었다. 기지 문제 전문가가 아닌 이상 대부분의 독자는 자기나라의 일부 현황이나 매스컴에 오르내린 기지관련 사건 정도를 기억하는 것이 대부분일 것이다. 동아시아 및 전 세계의 상황에 대한 윤곽이라도 그리기 위해서는 각 지역 사례에 대한 객관적 자료의 수집과 분석이 필수적이다. 여기 실린 글들은 이를 위한 예비적 시도다.

13장 「독일 미군기지의 역사와 현황」(임종헌)은 2차 세계대전 패전 이후의 독일 현대사는 미국 중심의 세계질서로의 편입사임을 전제하고, 독일 미군기지의 역사를 살펴보기 위하여 먼저 2차 세계대전의 4대 승전국 중의 하나인 미국의 대독일정책을 검토하며, 이어서 미국의 세계안보전략의 일환으로 건설된 독일의 주독 미군기지의 형성과 발전을 살펴봄으로써 주독 미군기지가 갖는 특수성과 보편성을 추출한다. 또 주독 미군기지로 인한 지역사회의 변화, 경제적 효과, 미군에 의한 범죄, 그리고 환경변화와 훼손을 다룬 후, 이러한 주독 미군기지의 각종 효과에 대한 주민 및 운동단체 등 지역사회의 반응 및 대응의 동학을 살펴보고 있다.

14장 「국가 - 시민사회 관계와 필리핀의 기지반대운동」(여인엽)에서는, 1991년 수빅 해군기지의 폐쇄 사례를 중심으로 필리핀의 반기지 운동에 대해 고찰한다. 우선 필리핀의 미군기지와 반기지운동에 관한 배경을 살피고, 이후 반기지연합운동(Anti-base Coalition Movement), 특히 1990~91년의 기지협정반대운동(Anti-Treaty Movement)에 대해 상술한다. 또 수빅 해군기지의 폐쇄에 기여한 다양한 요인들을 확인하면서 국내 정치엘리트 자원의 동원이 수행한 역할에 주목한다. 반면 오키나와 반기지운동의 경우는 이 점에서 상이한 조건에 놓여 있고, 결국 운동의 제약으로 작용하고 있음을 시사한다.

15장 「주한미군의 정치사회적 동학과 한국의 미군기지반대운동」(정영신)은 주한미군을 둘러싼 항간의 이데올로기적 해석을 넘어 주한미군의 주둔 및 철수와 관련된 일반적 경향 및 동학을 발견하여 제시하려는 글이다. 이를 위해 주한미군 논의와 한미안보체제에 대한 이론적 검토 및 역사적 이해 작업을 수행한 후, 주한미군의 존재가 단지 일방적인 '안보제공자'로서의 모습이 아니라 이중적이며 균열적인 모습으로 드러난다는 점을 강조한다. 아울러 탈냉전 이후 동아시아질서의 재편성이라는 관점에서 이에 대한 재해석을 시도하고 있다.

이어지는 2권 『경계의 섬, 오키나와: 기억과 정체성』에서는 직접적인 기지 문제를 넘어 오키나와의 역사와 사회문화 전반에 걸친 주제에 대해 역시 동아시아적 관점을 주로 염두에 두고 다룬다. 관심 있는 독자들의 일독을 바라 마지않는다.

끝으로 1권의 책 제목에 대해 몇 마디 덧붙이고 싶다. "기지의 섬"이라는 이름붙이기에 대해서는 연구팀 내에서도 일부 논란이 있었다. 오키나와의 실상이 상당 정도 알려진 상태에서 이러한 명명법은 상당히 상투적인 표현일 수도 있으며, 또 무엇보다도 오키나와의 이미지를 고정시켜버리는 '낙인찍기'가 될 수도 있기 때문이다. 하지만 그것은 표현이나 이미지의 차원 이전에 지금도 여전히 지속되는 현실적 고통이다. 이에 대해서는 그 아픔을 안은 채 있는 그대로를 직시하고 언표하는 것이 옳다고 판단하였다. 아울러 역사를 돌이켜보자면 이러한 이름붙이기가 가능해진 것은 기실 그리 오래된 일도 아니다. 역사 속에서 항구불변한 것은 없다. 이 책의 목표는 바로 책 제목과 같은 이름붙이기가 사라지는 것이며, 그와 더불어 이러한 책도 사라지는 것이라고 감히 말해본다.

2008년 4월
이지원

1부

방법으로서의 오키나와

1장

오키나와 미군정사 연구의 현실과 도전

임현진 · 정근식

1. 오키나와 미군정사 연구의 문제설정

오키나와 미군정이나 이를 포함한 현대사를 연구할 때 부딪치는 근본적인 질문의 하나는 '왜 일본 또는 오키나와에서 1945년, 그리고 그 이후의 현상을 기술하는 데 있어서 파시즘 또는 군국주의로부터의 '해방'이라는 개념 없이 '점령'이라는 용어만 사용되는가'다. 이런 질문의 배경에는 한국의 상황이 작용한다. 한국에서 미군의 점령은 해방으로 통용되지만, 점령이라는 용어는 공식적으로는 기피(억압의 내면화)되는 용어다.

이와 연관되어 제기될 수 있는 두 번째 질문은 '점령이라는 용어와 동맹이라는 현실이 어떻게 화해하고 공존하는가'다. 역시 이런 질문의 배경에는 한국에서의 해방 - 동맹의 개념쌍이 작동한다. '한미일 삼각동맹하에서 해방/점령의 차이가 어떻게 무화되는가', '역사인식과 개념의 선택은 무관한가' 등의 후속 질문들이 가능하다. 여기에는 '1945년에 진행된 오키나와전에서 희생된 한국인의 문제가 어떻게 외면되고 망각되었는가'라는 문제도 포함되어 있다.

오늘날 동(북)아시아는 미국 헤게모니를 바탕으로 하여 중국과 일본, 분단된 한국, 그리고 러시아의 상호관계에 의해 구성된다. 2차 세계대전 이후 지금까지 이런 동아시아의 전후 질서를 떠받치고 있는 군사적 축의 하나가 한국과 일본에 주둔하고 있는 미군이고, 주일미군의 주력이 오키나와에 주둔하고 있다. 현대 한국사회나 동아시아를 이해하려할 때 미군의 존재는 빼놓을 수 없는 변수다. 그러나 오늘날 한국에서 오키나와 현대사, 특히 오키나와 미군과 이에 연관된 문제들에 대한 관심은 매우 낮은 실정이다.

이 글은 오늘날 한국이나 오키나와 미군기지를 둘러싼 정치경제적 또는 사회문화적 변동을 이해하는 전제로서, 또는 2차 세계대전 후 동아시아의 미군정체제나 냉전체제에 대한 심층적 인식을 위하여, 1945년부터 1972년까지의 오키나와 미군정의 구조와 변동을 개괄하면서 동시에 미군정사 연구의 흐름을 비판적으로 조망하려는 것이다. 오키나와 미군정에 관한 연구는 한편으로는 오늘날의 오키나와 미군기지 문제의 기원을 탐구하기 위한 것이며, 다른 한편으로는 한국의 미군정 및 1970년대 초반까지의 동아시아 냉전체제의 군사적 기반을 탐구하기 위한 예비적 연구다. 현대 한국사에서 미군정에 관한 연구는 1980년대 후반에 뜨거운 쟁점으로 부각했지만, 주한 미군정과 불가분의 관계에 있었던 주일 미군정, 또는 오키나와 미군정에 관한 연구는 별로 진전되지 않았다. 그만큼 미군정에 관한 연구가 일국사적 시각에 갇혀 있었던 셈이다.

1945년부터 1948년까지 미군정의 지배를 받았던 한국의 입장에서 오키나와를 바라본다면 오키나와 미군정은 흥미로운 연구주제. 오키나와 미군정 연구를 통해 한국에서의 미군정에 관한 보다 객관적인 시각을 확보할 수 있을 뿐 아니라 동아시아 전체를 바라보는 보다 거시적이고 통합적인 시각을 확보할 수 있다. 예컨대 현재까지 한국에서의 미군정 연구는 '한국주둔 미군정 대 한국민중'이라는 방식으로만 다루어져 왔는데, 보다 진전된 연구를 위해서는 동일한 시기에 전개된 다른 지역에서의 사례와 비교하고, 나아가 동아시아에서 실시된 미군정의 상호관계를 파악할 필요가 있다. 여기에는 도쿄에 근거를 둔 맥아더(D. MacAthur) 사령부의 동아시아 정책 속에 한국의 미군정이 속해 있으면서도 한국의 미군정이 가졌던 자율성의 문제, 그리고 일본 본토에서의 정책과 오키나와에서의 정책의 차이가 포함된다. 한국에서 미군정이 3년 동안 지속된 반면, 오키나와의 미군정은 27년간 지속되었으므로 양자 간의 평면적인 비교연구는 별로 생산적이지 못하지만, 미군기지의 창설과 운용에 관한 제도적 차원에서의 비교는 유용할 것이다.

오키나와 미군정에 관한 연구는 첫째, 1945년 이전의 오키나와에 대한 미국의 구상은 무엇이었는가, 오키나와 미군정은 어느 정도 준비된 것이었는가를 질문함으로써 한국에서의 미군정 성립과 간접적으로 비교하거나, 둘째, 1945년 군사적 점령으로부터 1952년 샌프란시스코조약까지의 이른바 오키나와 문제가 형성된 시기에 관하여 한반도에서의 정치적 지형의 변동이 미친 영향 또는 한국전쟁에서의 오키나와 미군기지의 역할 등을 질문할 수 있다. 셋째, 1945년부터 1972년까지의 미군정 전체에 관한 문제로서, 1945년 미군에 의한 동아시아에서의 군사적 점령에 기초하여 이루어진 초기의 미군정에 이어 한국전쟁, 한미동맹, 미일동맹 그리고 한일국교정상화에 뒤이어 (그리고 베트남전쟁이 진행되는 중에) 오키나와 반환이 이루어졌다는 점에서 오키나와 미군정의 전개과정과 한반도의 정세변화 간의 관계를 질문할 수 있다.

우리는 이 글에서 오타(大田昌秀)와 엘드리지(Robert D. Eldridge), 미야자토(宮里政玄)의 연구 성과를 현재까지 이루어진 미군정 연구의 대표적인 연구들로 보고, 이들의 논의를 기초로 하여 오키나와 미군정사를 동아시아적 시각에서 재해석한다면 무엇이 쟁점이 될 것인가를 논의해 보려고 한다. 물론 보다 완전한 동아시아적 오키나와 미군정사 이해를 위해서는 오키나와와 지리적으로 근접하고 군사·정치적 이해가 연결되어 있는 중국이나 타이완의 관점을 많이 고려해야 하지만, 현재의 연구수준에서 볼 때 이는 매우 어려우므로 '한국에서 바라본 오키나와 미군정사'에 그칠 것이다. 이와 아울러 본 연구가 진행되는 시기에 공동의 발표와 토론의 기회를 가졌던 나카노(中野敏男) 교수팀의 연구 성과도 간략하게 언급하도록 하겠다.

2. 점령과 전후, 오키나와 문제의 기원

미군기지를 중심으로 한 오키나와 현대사는 크게 두 개의 시기로 구분된다. 전기는 미군이 오키나와를 점령한 1945년부터 오키나와가 일본에 반환된 1972년까지고, 후기는 1972년에 오키나와가 일본의 하나의 현으로 복귀한 후부터 현재까지다. 1972년의 사건을 '반환'으로 표현하든 '복귀'로 표현하든 그것은 오키나와 현대사에 있어서 커다란 전환점이었다. 이 전환점은 1945년 일본의 패전에 의해 오키나와가 1879년의 '류큐처분(琉球處分)'[1] 이후 제국의 영토로 편입된 이래 약 70년 만에 일본의 영토로부터 분리될 수 있는 가능성을 보여주었다가, 결국 20세기 후반기 미국의 동아시아 정책에 따라 다시 일본으로 재편입된 것을 의미했다. 또한 이 전환점은 전후에 형성된 동아시아 냉전체제의 1차 전환기이기도 하다. 즉 미국과 중국의 오랜 냉전이 끝나고 닉슨이 중국을 방문했으며(1972년 2월), 오키나와와 가까운 타이완이 중국의 대표권을 상실한 시기다. 미국은 2차 세계대전 당시에 연합국의 일원이었던 장제스 정권의 타이완으로부터 중국의 대표권을 박탈하고 1949년 이래 중국 대륙을 실질적으로 지배한 중국 공산당 정권을 공식적으로 인정했다. 동시에 일본과

---

1) '류큐처분'은 근대국가로 발돋움하던 일본이 오랫동안 독자적인 문화를 누려왔던 류큐 지역을 일본의 한 지방으로 편입시킨 사건이다. 일본은 1872년 류큐국을 폐지하고 류큐번(藩)을 설치하였으며, 1874년에는 '타이완 출병'을 통해 류큐에 대한 청나라의 영향력을 차단하였고, 최종적으로 1879년에 류큐번을 폐지하고 오키나와현을 설치하였다. '류큐처분'에 대한 보다 상세한 설명은 2권에 실린 나미히라(波平恒男)와 강상규의 글을 참조.

중국이 국교를 정상화하였고, 전후 한국에서 자유중국으로 통하던 장제스 정권은 중국의 한 지역인 타이완으로 격하되었다.[2]

1945년부터 1972년까지의 오키나와 미군정기는 근대 일본의 역사에서 '최소 일본'의 시기이기도 하다. 메이지 유신 이래 국민국가로서의 일본과 제국으로서의 일본의 동시적 진행, 이 과정에서 지속적으로 확대된 일본 제국의 '영토'는 2차 세계대전의 패배로 급속하게 축소되었다. 2차 세계대전 중이었던 1940년대 전반기에 점령한 동남아시아는 물론이고 1930년대에 점령한 만주나 중국 일부 및 태평양의 도서, 1900년대에 일본이 강제로 편입시킨 한반도, 남사할린, 그리고 1895년에 할양받은 타이완 등이 모두 반환되었다. 1894년의 청일전쟁과 1904년의 러일전쟁 이후에 획득한 새로운 영토들을 모두 상실하였던 것이다. 심지어 1870년대에 확실히 일본의 영토로 편입된 오키나와는, 비록 이른바 일본의 '잠재주권'이 인정된 상태였지만, 일단 일본으로부터 분리되었다. 이 '잠재주권'에 대한 해석은 미일 간에는 물론이고 미국 내에서도 국무성과 군부 간에 차이가 있었다. 따라서 보다 정확하게 표현하면 1972년에 되돌려진 역사의 시계는 이른바 '류큐처분'이 일어난 1879년과 1894년 청일전쟁 사이의 어느 지점이었다. 그러나 오키나와에서 진행된 19세기 후반과 20세기 전반기의 역사와 경험은 완전히 지워지기 어려웠다. 결국 1972년 오키나와는 다시 일본으로 반환되었으며, 오키나와의 주류집단에서 보면 일본에 복귀하였다.

2차 세계대전의 결과로 일본과 한반도의 남부는 미군에 의해 점령되었다. 이 사건은 현재 동아시아체제에 깊숙이 내장되어 하나의 구조를 형성하고

---

2) 미국은 이미 1971년 7월에 키신저(Henry A. Kissinger) 특사를 중국으로 파견하여 미·중 간의 관계개선을 모색하였다. 1972년 2월 중국을 방문한 닉슨(Richard M. Nixon) 대통령은 중미공동성명을 발표하여 중국은 하나며 중화인민공화국 정부가 중국 유일의 합법정부이고 타이완은 중국의 일부라는 중국 측의 주장을 수용하였다. 하지만 미국과 타이완의 공식적인 외교단절 및 미중수교는 1979년에 이루어졌다. 반면 일본은 1972년 9월 다나카 가쿠에이(田中角榮) 수상의 방중을 통해 발 빠르게 중국과 수교를 맺었다.

있다. 점령은 하나의 사건이자 동시에 지속적인 상태를 의미한다. 주일미군과 주한미군의 존재는 점령이 사건일 뿐 아니라 상태임을 보증한다. 그러나 점령이라는 용어는 오늘날 일본과 한국에서 친숙도가 다르고, 다른 뉘앙스를 갖는 개념이 되었다.

점령은 점령자와 피점령자의 적대적인 관계를 내포하는 용어로 보인다. 점령은 시간적 차원 외에 공간적 차원을 가진다. 그것은 해당 지역에서의 직접적인 전투를 통해 이루어지기도 하고, 다른 지역에서의 전투에 기반한 피아 간의 정치행위에 의해 이루어지기도 한다. 일본에서 미군은 점령군이었지만 지상전의 경험을 가진 오키나와와 지상전을 치루지 않았던 일본 본토에서 점령의 의미는 다르다. 일본에서 강력한 미일동맹관계가 지속되고 있는 상황에서 그것의 기원이 되는 과거의 사건을 그대로 점령이라고 표현하는 것은 어딘지 어색한 느낌을 준다. 한국에서 1945년의 미군은 식민지배로부터의 해방을 보증하는 군사적 힘이었고, 이 때문에 미군의 진주가 점령보다는 해방으로 다가왔다. 한국에서 현재의 주한미군의 존재를 점령으로 표현하면 격렬한 찬반논쟁을 불러일으킬 것이다.

일본에서 미군의 존재가 가장 절실하게 '점령'으로 다가오는 지역은 오키나와다. 오키나와에서 미군에 의한 점령은 1945년 4월부터 시작되었다. 군사적 점령은 전쟁이라는 사건일 뿐 아니라 이후의 지속성을 갖는 상태가 되었다. 일본에서 점령 초기에 이루어진 대규모의 개혁은 일종의 '외발적 혁명'이었는데, 오키나와는 미군의 군사적 점령이 더 강고한 상태에서 미군기지 건설이 진행되었으므로 이런 '외발적 혁명'의 요소는 훨씬 덜 드러날 수밖에 없었다.

미군은 1945년 3월 26일 오키나와 본섬의 서쪽 게라마(慶良)열도에 상륙하면서 미 해군 니미츠(C. W. Nimitz) 원수의 이름으로 미 해군 군정부 포고 1호를 공포하였고 4월 1일부터 개시된 오키나와 본섬 상륙전에서도 같은 내용의 포고를 발포하여, 오키나와를 포함한 북위 30도 이남의 남서제도와 거기에 거주하는 주민에 관한 일본의 정치관할권, 행정권, 사법권을 정지시키고, 그 것을 미군정하에 두는 조치를 취했다. 이를 통해 오키나와는 일본으로부터 분리되었으며, 오키나와인은 일본 국적을 상실하였다. 이 조치는 이후에 포츠 담선언에 의거한 대일강화조약 제3조에 의해 법적 근거를 부여받았다. 이런 상태는 1972년 5월 15일, '복귀'에 이르기까지 28년간 지속되었다.

1980년대 후반까지 일본의 전후 개혁에 관한 연구에서 오키나와의 일본 으로부터의 분리에 관한 연구는 별로 이루어지지 않았다(大田昌秀, 1987: 508). 오키나와의 분리는 일본의 패전에 따른 당연한 결과라고 간주되었고(渡 邊昭夫, 1970), 이것의 구체적인 과정에 관해서는 별로 주목되지 않았다. 오타 는 오키나와의 분리가 패전에 따른 자연스런 귀결이 아니라 미국이 태평양전 쟁의 발발을 예상하여 작성한 계획에 따라 실행된 것이며, 또한 그것이 미국의 일방적인 계획에 따라 이루어진 것이 아니라 일본 정부의 직간접적인 손을 빌린 형태로 이루어진, 즉 미일 양국의 정치적 합작에 의한 것이라고 주장하였 다. 이런 주장을 이끌어간 가장 중요한 문제설정은 북위 30도선이라는 경계가 이미 1943년에 설정되었다는 것, 그리고 미군정의 영역이 실제 점령지역에 한정된 것이 아니라 점령지역이 아닌 지역까지 포괄하고 있었으며, 미야코(宮 古), 야에야마(八重山)군도 이외에 아마미(奄美)제도까지 별도지역으로 분 리되었다는 사실로부터 나온다.

1) 오키나와의 분리계획안의 작성과정

미 국무성 극동부의 정보조정관(COI)은 태평양전쟁이 발발하기 직전인 1941년 11월 5일 '대일 경제압박의 결과'라는 문서를 작성하였고, 1942년 7월 여러 대일 관계문서를 작성, 8월 1일 정치소위원회에서 전후 일본이 포기해야 할 영토의 경계를 명확히 하였다. 여기에서 1894년 이전에 일본이 획득한 영토는 특별한 이유가 없는 한 일본의 영토로 인정되었다. 하지만 1942년 9월 18일 안전보장위원회에서 일본의 영토 문제를 검토하면서 북위 30도선 이남의 섬들에 관해 일본관할권을 박탈할 것을 결정하였다.

1943년 영토문제소위원회와 안전보장소위원회는 오키나와의 분리 문제를 더 구체화하였다. 7월 2일의 미간행문서에 처음으로 '류큐'라는 항목을 독립적으로 설정하여 역사, 정치, 문화 등을 검토하면서 류큐제도의 전략적 중요성을 언급하였다. 이 시기에 전후 일본과 오키나와 문제에 깊숙이 개입한 인물은 스탠포드대학의 매스랜드(John Jr. Masland)와 콜롬비아대학의 보튼(Hugh Borton)으로, 전자는 주로 식민 및 위임통치령의 처리 문제를, 후자는 주로 정치제도와 천황의 지위 등을 담당하였다. 이들은 오키나와인을 인종적으로 일본인과 다르다고 보았으며, 이런 관점이 후에 미국의 오키나와 정책의 기본문서로 책정된 '류큐열도 민정의 안내'나 '류큐열도의 오키나와: 일본의 소수집단'에 스며들었다.

이들이 작성한 문서는 국무성의 노타 페이퍼스 파일로 묶여 있다. 이들은 오키나와의 북부인 아마미는 가고시마현의 행정하에 놓여 있으며 그 이남의 섬들은 오키나와 현에 속해 있다는 것, 그리고 오키나와현의 임명직은 본토 출신으로 채워져 있어서 오키나와 주민들의 불만의 대상이라는 것 등을 기록하였다. 이 문서가 중요한 것은 전후 일본의 영토처리에서 오키나와 문제에 관한 해결방법의 대안들을 구체적으로 제시하고 있다는 점이다. 1안은 오키나와를 중국에 이양하는 방안,[3] 2안은 국제기구의 통치에 위임하여 일본이 이 섬들을 군사적 목적으로 사용하지 못하도록 하는 방안, 3안은 오키나와를 일본에 보유시키는 방안이었다.

이런 국무성의 의향과는 달리 미국의 합동참모본부는 처음부터 오키나

---

3) 중국 정부의 외무대신 송자문은 1942년 11월 5일 중국이 반환 받기를 희망하는 영토로 류큐제도, 만주, 타이완을 구체적으로 언급하였다.

와의 분리방침을 보다 명확하게 하고 있었으며, 이는 1943년 6월의 '극동에서의 영토와 경계 문제'라는 토의 문서에 붙어있는 지도에 잘 나타나 있다. 합동참모본부는 7월, 오키나와를 태평양의 구 일본위임통치령과 함께 묶어 군사상 안전보장의 관점에서 미국이 단독 지배한다는 관점을 구체화하였으며, 이러한 관점이 1943년 말에 열린 카이로회담으로 이어졌다.

2) 카이로회담과 류큐제도의 분리

1943년 11월 카이로에서 열린 회담에서 미국, 영국, 중국은 일본에 대한 가차 없는 군사행동을 결의하면서 전후 일본의 영토 문제에 관한 원칙을 정하였다. 루스벨트는 장제스에게 중국이 류큐제도를 보유할 의향이 있는가를 물었으며, 장제스는 이에 대해 국제기관의 신탁통치와 미중 양국의 공동관리를 희망하였다. 이는 오키나와의 분리를 전제로 하는 것이었다. 1944년 1월에 개최된 태평양지도회의에서 스탈린은 오키나와를 중국에 반환하는 것에 찬성하였다고 한다.

카이로선언에서는 1차 세계대전 이후 일본이 빼앗은 중국 영토를 반환하며, 동시에 일본이 폭력과 탐욕에 의해 약취한 일체의 지역으로부터 일본을 구축한다고 되어 있다. 이후 쟁점이 된 것은 바로 오키나와가 이런 일본의 폭력과 탐욕에 의해 얻은 땅인가 아닌가였다. 도쿄대학의 요코다(横田喜三郎) 교수를 비롯한 일본의 학자들은 대체로 오키나와는 여기에서 제외된다고 보았지만, 미국 측은 그와는 다른 입장을 견지했다. 미 국무성의 동아시아국장이었던 밸런타인(Joseph W. Ballantine)이나 정책기획실장이었던 케난(George F. Kennan)은 카이로선언이나 포츠담선언이 오키나와를 일본으로부터 분리시키는 근거라고 해석하였다.

미국이 오키나와에서 점령행정을 펼친 법적 근거는 포츠담선언, 카이로

선언, 일본 항복문서 및 대일강화조약이었다. 카이로선언(1943.12.1)에서 "일본이 폭력 및 탐욕에 의해 약취한 모든 지역에서 일본을 구축할 것"을 선언했는데, 오키나와가 여기에 포함되는지는 논쟁의 대상이 되었다. 포츠담선언 (1945.7.26)에서는 카이로선언의 일본 영토를 보다 구체화하여 일본의 영토는 "네 개의 본섬 및 우리가 결정한 여러 작은 섬으로 한다"고 규정하였다. 여기에서 말한 작은 섬에 오키나와가 포함되는가는 여전히 학자들 사이에 논쟁거리였다.

1943년 계획단계에서부터 1951년 평화조약에 이르기까지 미국 정부 내의 의견대립이 있었지만, 군부의 강한 의견에 따라 일관된 분리방침을 따랐다. 1944년 10월부터 12월까지 미국 정부 내의 전후처리 방침에 관한 문서들은 오키나와 문제를 다양한 각도에서 고려한 흔적이 있다. 국무성은 오키나와를 중국에 반환할 것인가, 일본의 보유를 인정할 것인가, 미국의 배타적 관리하에 둘 것인가라는 세 가지 방안을 놓고 처리방침을 고려하고 있었다. 이 기간에 중국은 공공연히 오키나와의 반환을 요구하였고, 일본은 역사적 배경이나 국적, 문화적 친근성을 들어 일본보유권을 강하게 주장하였다. 그런 가운데 미국은 국제적 안정보장상의 견지에서 오키나와의 중요성을 언급하기 시작했고, 때로는 주민들의 의사를 존중하는 바탕 위에서 결정할 것을 주문하기도 하였다.

이런 논의 끝에 1944년 12월 14일, 오키나와의 분리를 전제로 하여 경제적 자립을 촉진하는 정책방침이 확정되었다. 이것은 오키나와 전투개시 직전인 1945년 3월 1일 니미츠 원수가 상륙군 주력 제10군 사령관(군전장관 겸임)에게 보낸 '피점령하 남서제도 및 동 근해에서의 군정을 위한 정치, 경제 및 재정에 관한 지령(Political, Economic and Financial Directive for Military Government in the Occupied Islands of the Nansei Shoto and Adjacent Waters)'에서 그대로 실현되었다. 이 지령은 오키나와 군정에 관한 가장 기본적이고 구체적인 지령

으로 콜롬비아대학의 3개의 팀으로 구성된 오키나와반이 오키나와의 분리점
령을 전제로 작성한 군정용 정책문서 '류큐열도 민정의 안내', '류큐열도의 오
키나와: 일본의 소수집단'에 기반한 것이다.

　1945년 9월 7일 남서제도의 노우미 도시로(納見敏郎) 중장 등 일본수비
군 대표 2인은, 이미 9월 2일에 이루어진 일본의 전면 항복에 기초하여 카데나
(嘉手納)의 제10군사령부에서 스틸웰(Joseph W. Stilwell) 사령관과 항복문
서에 서명하였다. 항복 영역은 북위 30도 이남 지역이었다. 그것은 1945년
5월 1일부의 '미국의 초기대일정책의 요약'에서 "연합국의 승인을 얻어 일본
제국에서 네 개의 주요 섬과 북위 30도 이북의 섬을 제외한 나머지 섬을 박탈할
것"이라는 규정에 따른 것이다. 30도선을 경계로 한 남서제도의 점령계획은
해군성 작전본부실의 제안에 의한 것이었다.

　이와는 달리 미 국무성은 1945년 12월 14일과 20일의 '류큐제도의 처리'에
서 여전히 일본과 오키나와의 긴밀한 관계에 유의하면서 미국이 오키나와를
항구기지화하는 것의 부정적 효과의 가능성을 지적하였다. 1946년 1월 29일
맥아더 연합국 최고사령관은 '약간의 외곽지역을 정치상 행정상 일본에서 분
리시키는 것에 관한 각서'를 공포하여 일본의 범위를 네 개 주요 섬과 대마도
및 북위 30도 이북의 류큐제도를 포함한 1000여 인접 소제도로 하고, 일본에서
제외되는 지역을 오가사와라 등과 북위 30도 이남의 류큐제도라고 구체적으
로 명시하였다. 그 후에도 오키나와 처리를 둘러싼 논의는 평화조약 체결 시기
까지 미국 내에서 계속되었다. 1946년 4월의 신탁통치협정 초안에는 류큐제
도를 오가사와라제도와 함께 국제연합의 신탁통치하에 둘 것을 권고하였다.
1947년에 이르러 대일강화조약의 초안이 만들어지기 시작했는데 1947년 8월
해군성에서 국무성에 보낸 각서, 맥아더가 국무장관에게 보낸 전보에서는 초
안을 대폭 수정하여 류큐제도는 서태평양을 지키는 데 절대 필요하며 민족학
상으로도 일본의 고유한 영토가 아니라는 점을 강조하면서 미국이 이 섬들을

보유하는 것이 전략적으로 중요하다고 강조하였다. 태평양전쟁 전후에 기획된 오키나와의 일본으로부터의 분리, 미국에 의한 기지화·단독지배는 여러 차례 반전을 거듭하면서 실현되었다. 북위 30도선의 분리와 미국의 단독지배에 이르는 과정은 단지 미국의 안전보장상의 요충을 확보하는 것일 뿐만 아니라 일본, 소련, 중국 등에 대한 미국의 정책수단을 확보하는 의미가 있었다(大田昌秀, 1987: 533).

3. 초기 미군정에 관한 미일관계사적 연구

2001년에 출간된 엘드리지의 연구는 초기 오키나와 문제에 관한 자세한 분석을 특징으로 한다. 엘드리지(2001)는 1945년부터 1952년에 이르는 시기 동안 미일관계 속에 나타나는 이른바 '오키나와 문제'를 연구하면서, 이에 관한 체계적 연구가 매우 적다는 데 놀랐다고 썼다. 여기서 오키나와 문제란 오키나와의 국제적 지위와 주권에 관한 것이다.

엘드리지의 연구는 1951년의 샌프란시스코 강화조약 제3조에서 남서제도와 남부제도에 대한 일본의 '잠재주권(residual sovereignty)'[4]을 인정하면서 미국이 기지사용권 뿐 아니라 행정, 입법, 사법권을 보유하도록 규정한 조치에 대한 것이다. 그는 의도적으로 모호한 용어를 사용한 것이 평화조약체결의 주도자였던 덜레스(John F. Dulles)의 협상의 산물로 본다. 이런 타협은 오키나와에 대한 주권을 보유하기를 희망한 일본 측의 요구와 미 국무성의

---

4) 원래 일본 정부는 'residual sovereignty'라는 용어를 '잔존주권'으로 번역하고 있었다. 고노는 1957년 기시 - 아이젠하워 회담에서 미국이 오키나와에 대한 일본 정부의 원조정책을 승인한 이후부터 일본 정부가 이를 '잠재주권'으로 번역해 왔다고 보고 있다(河野康子, 1994: 278). '잔존'주권이라는 말이 오키나와의 영토 문제에 대한 미해결 상태를 환기시킨다면, '잠재'주권이라는 용어의 사용은 미일동맹의 강화 속에서 오키나와 문제해결의 잠재화, 즉 봉합과 은폐를 지시한다고 할 수 있을 것이다.

지원, 그리고 오키나와를 일본에서 영구히 분리하려는 군부의 요구 사이에서 성립했다. 그는 군사적 필요와 정치적 고려 사이의 균열이 오키나와 문제의 기원이라고 주장하면서, 그리고 평화조약 체결시 일본 정부는 오키나와 문제에 대해 무관심했다는 일반적 이미지를 일본 측 자료를 통해 부정한다.

연구사적으로 보면, 1970년 이전까지 오키나와의 역사나 정치를 서로 다른 시각에서 다룬 연구들이 산발적으로 이루어졌고, 1972년 오키나와 반환을 전후하여 반환교섭의 의사결정과정을 다룬 연구들이 생산되었다. 이들의 대부분은 정치학에서 이루어진 이론적 모델을 적용해보거나 오키나와의 역사를 세세하게 서술하는 방식을 취했다. 엘드리지는 미야자토와 고노(河野康子, 1994)의 연구를 비교적 높이 평가하지만, 이들 또한 미국 군부와 국무성 간의 논쟁을 충분히 포착하지 못했다고 평가하였다. 그는 일본과 미국의 일차 자료, 일기 등을 세밀하게 검토하여 일본 정부가 협정 당시에 오키나와의 운명에 대해 무관심해왔다는 일반적 이미지를 논박하고 있다.

이 책에서 초점이 되는 대일강화조약 제3조는 타협의 산물이었다. 그것은 미국의 전략적 요청, 오키나와의 회복을 바라는 일본의 기대, 연합국의 다양한 요구와 우려, 그리고 대서양헌장의 목표를 실현하고 일본과 협조적 관계를 쌓기를 바랐던 국무성의 의사를 얽어내 만들어진 것이었다. 많은 타협이 그러했던 것처럼, 이 문제에 관해서도 당사자의 요구가 모두 이루어질 수 없었다. 그러나 이 조항에 의해 일본은 국토 분할을 면할 수 있었던 것이다.

엘드리지는 일본의 국토가 분단되었다면, 전후의 미일관계가 깊은 상처를 입게 되었을 것이며, 그런 의미에서 제3조와 덜레스 및 국무성의 그의 스텝, 요시다 시게루(吉田茂)를 비롯한 일본 정부의 역할은 새삼 높이 평가되어도 좋다고 보았다.[5] 제3조에 따라 오키나와 반환을 향해 열린 창은 군부에 의해

---

5) 일본의 국토분할의 모면은 한반도의 국토분할과 밀접한 관계가 있지만, 엘드리지는 이를 심각하게 고려하지 않았다.

일단 닫혀졌지만, 이것이 일본으로부터의 오키나와 분리를 저지하고 일본에 '잠재주권'을 남긴 제3조의 중요성을 감소시키는 것은 아니었다.

당시의 국무성은 이 방법이 정치적, 외교적 고려에 합치되는 최선의 방도였다고 생각했다. 엘드리지는 오키나와를 일본의 주권 아래 남긴다는 국무성, 특히 극동국의 주장이 옳았다고 보면서 그 이유를 다음과 같이 설명한다. 첫째, 오키나와를 일본에 반환함으로써 오키나와의 사람들은 물론 일본인에 대해서도 미국은 영토적 욕구를 갖지 않는다고 설득할 수 있었을 것이다. 또 일본 국내 및 류큐제도의 내셔널리스트, 영토회복주의자들에 의한 운동을 막아낼 수 있었을 것이다. 둘째, 국제사회에서의 비판도 억제할 수 있었을 것이다. 왜냐하면 일본은 주권국가로서 미국에 오키나와의 기지사용권을 제공했다고 해석할 수 있기 때문이다. 이는 1947년의 '오자키 메모' 및 '천황 메시지', 요시다 내각의 제안이 잘 보여준다. 셋째, 오키나와의 조기반환에 의해 오키나와의 사회·경제는 전후 일본의 고도경제성장과 함께 적어도 이와 비례하여 발전을 거둘 수 있었을 것이다. 그러나 오키나와가 반환된 1972년 단계에서 오키나와의 사회·경제는 일본 본토에 비해 크게 지체되게 되었다. 그리고 현재에 이르기까지 오키나와는 본토의 수준에 이른 적이 없다.[6] 넷째, 오키나와 반환이 실현되었다면 오키나와와 일본 본토가 전후 경험을 공유할 수 있었을 것이다. 또 양자의 관계는 더 좋아졌을 것이다. 적어도 더 강고하게 신뢰에 기초한 관계를 구축할 수 있었으리라 생각된다. 마지막으로 일본 정부는 자국의 방위에 더 큰 책임을 지게 되었을 것이다. 적어도 1954년 발족한 자위대가 주일미군과 함께 안전보장을 담당하는 범위는 넓어졌을 것이다. 또 실제 일본이 자국의 방위에 그만큼 책임을 지지 않고, 지역안전보장에도

---

6) 오키나와 현민의 평균소득은 도쿄도의 75% 정도며, 2007년 7월 현재 실업율은 7.9%에 이른다. 오키나와 관련 통계자료는 오키나와현이 현청 홈페이지를 통해 제공하는 자료를 참조. http://www.pref.okinawa.jp/toukeika/so/so.html

공헌하지 않았음은 1950~60년대를 통해 미국이 오키나와 반환을 거부한 하나의 이유가 되었다.

엘드리지는 이 책의 결론에서 1951년 9월 8일, 샌프란시스코 강화회의에서 조인된 대일강화조약의 오키나와에 관한 조항은 미일 간의 '오키나와 문제'의 종결이 아니라 시작에 불과했다고 보았다. 당시 오키나와 제도의 주민들 다수가 강화조약회의의 결과에 대하여 실망하고 수많은 탄원과 서명을 하였으며, 어떤 사람은 일본이 독립을 회복한 4월 28일을 '굴욕의 날'이라고 부르거나 미국이 류큐제도에 대해 행정권을 유지하는 것을 '허용'한 것을 '일본의 배신'이라고 불렀다. 이런 맥락에서 새로이 발족한 류큐입법원은 1952년 4월 29일, 27대 2로 오키나와의 본토 복귀를 지지하였다.

대일 점령의 종결에 따라 미국 정부는 당초 남서제도와 일본 본토 간의 무역협정과 경제관계를 자유화하면서도 오키나와의 자치와 기지개발, 토지의 접수 등을 둘러싸고 더 강경한 자세를 띠게 되었다. 이를 계기로 본토 복귀를 요구하는 섬 내의 운동은 고양되고, 미군 당국이 주민의 희망에 군사적 요청을 우선하려는 정도만큼 그 이면에서 점차 힘을 길러갔다. 다른 한편 일본 내의 여론은 일본 정부가 '잠재주권'을 갖는 류큐제도에서의 미국의 행동에 반발하게끔 되었다. 류큐제도에 대해 일본 정부는 행정권을 집행할 수 없었기 때문에, 미국의 오키나와 정책에 대한 본토의 비판은 점점 더 강화되었다. 이윽고 친미적인 사토 에이사쿠(佐藤榮作) 수상까지도 전후의 일본 수상으로서는 처음 오키나와를 방문한 1965년 8월에 다음과 같은 담화를 발표하기에 이르렀다. "오키나와 조국 복귀가 실현되지 않는 한, 우리나라에서 전후가 끝나지 않음을 잘 알고 있습니다." 결국 오키나와의 시정권이 일본에 반환되는 것은 그로부터 7년을 경과한 1972년 5월 15일의 일이었다.[7] 그러나 주민 대다수의 의사에 반하여 미국이 오키나와에 군사점령을 유지하고 있는 오늘

---

7) 오가사와라제도는 1968년 6월 26일에 반환되었다.

날, 어떤 의미에서는 양국 간의 '오키나와 문제'는 여전히 남겨져 있다고 해도 좋을 것이다.

오키나와 문제에 관한 군사적 고려와 정치적 고려의 대립은 1972년의 오키나와 반환에 이르기까지 계속되었다. 그리고 냉전종결 후에도 불안정성이 남은 동북아시아에서 미국의 군사주둔이 필요하다는 사실은 일본, 특히 오키나와에서 미군기지를 둘러싼 정치 문제의 존재를 보여준다. 모든 의미에서 군사적 고려와 정치적 고려의 대립은 오늘날에도 계속되는 것이다. 엘드리지는 '미일 간의 오키나와 문제'의 기원은 이러한 군사적·전략적 요구와 정치적·외교적 요구 사이의 딜레마에 있다고 보았다. 그리고 이 문맥에서 '미일 간의 오키나와 문제'는 계속 존재하고 있다. 따라서 장래 미일관계에서 위기 및 문제가 발생할 경우, 장기적인 외교적·정치적 고려가 전략적 요청과 동등한 지위를 부여받을 수 있을 것, 군사정책이 지역의 사정을 무시하지 않을 것 등을 희망하는 수밖에 없다.

4. 미군정사에 관한 3자관계적 접근

2000년에 출간된 미야자토의 책(宮里政玄, 2000)은 오키나와 미군정에 관한 가장 포괄적인 최근의 연구 성과다. 이 책은 오키나와 미군정사 연구의 원로학자인 미야자토가 비밀 해제된 미국 측 문서를 기초로 하여 새롭게 정리한 통사다. 이 책은 오키나와 미군정을 미국과 일본 그리고 오키나와라는 3자 관계로 바라보는 것을 기본시각으로 하고 있다. 그는 이 3자 중 어느 하나를 강조할 때 발생할 수 있는 문제에 관하여 자세히 언급하였다. 물론 그가 이 3자관계가 평등한 역할을 한다거나 고정된 것이라고 주장하는 것은 아니다.

미야자토는 오키나와의 지정학적 위치, 즉 동아시아에서의 통상 및 군사상의 전략적 중요성을 강조하였다. 오키나와를 중심으로 반경 1000㎞의 원을 그으면 중국의 상하이와 타이완, 한국의 부산, 일본의 규슈와 시코쿠가 이 원내에 들어온다. 또한 냉전기 동아시아에서 자본주의권의 세 축인 서울, 타이페이, 도쿄를 잇는 삼각형을 그리면 오키나와는 아랫변의 중심에 위치한다. 오키나와는 1870년대부터 본격적으로 일본화되기 시작하였고, 1894년 청일전쟁이라는 국제적 힘의 변동에 의해 오키나와의 일본화가 가속화되었다.

미국의 오키나와에 대한 관계는 태평양전쟁기부터 본격화되었다. 오키나와에 대한 미국의 접근은 단일한 시각이 아니라 전통적으로 미일관계를 중시하는 국무성과 군사적 이익을 중시하는 국방성 - 합동참모본부 간의 상호견제와 균형에 의해 마련되었다. 오키나와에 대한 이런 이중적이고 상호모순적인 접근은 평화조약 제3조의 오키나와에 대한 일본의 '잠재주권', 또는 잔여주권 조항으로 나타났다. 이를 어떻게 해석하느냐가 오키나와의 국제적 지위를 결정하는 핵심조항이었다.

일본의 오키나와 정책의 기본적 조건은 미일안보조약이 자국방위의 최선이라는 것이며 이런 관점에서 오키나와 문제를 바라본다는 것, 오키나와 문제가 일본 국내정치와 선거에 영향을 미치는 것을 두려워하여 경제원조를 제공함으로써 이 문제를 통제한다는 것이다. 일본의 보수층은 오키나와의 일본 귀속(실지회복)과 동시에 오키나와에 대한 차별의식을 동시에 지니고 있다.

오키나와의 힘에 대해 미야자토는 다음과 같이 바라본다. 오키나와는 자신이 일본의 일부라는 점과 미국에 의한 식민주의적 통치의 부당성을 호소함으로써 자신의 교섭력을 최대화한다. 반식민주의와 민주주의를 표방하는 미국이 스스로 식민주의적 통치를 하고 있다는 비판은 미국의 오키나와 통치전략에 영향을 미쳐 미국은 오키나와에서 형식적으로 민주주의적 제도를 도입하지 않을 수 없었다. 오키나와는 일본에 대해 실지회복, 조국

복귀를 외침으로써 일본의 경제적 지원을 이끌어냈다. 미국은 오키나와 통치에 대한 오키나와 주민들의 묵인을 필요로 하며 가능한 한 자신의 힘으로 이를 이끌어내려고 하지만, 그것이 어려울 경우 일본 정부의 힘을 빈다. 그러나 그런 힘은 오키나와 주민들의 정치적 경제적 차원의 집합적 요구에 의해 한계 지워진다.

미야자토는 1945년부터 1972년까지의 오키나와 미군정기를 4개의 시기로 구분하여 바라보면서 이 3자관계의 변동을 추적한다. 그 축을 이루는 것의 하나가 일본을 포함한 외부의 개입을 배제하고 미국의 완전한 통치권, 즉 사실상의 주권을 주장하는 군부의 논리다. 다른 하나의 논리는 군부의 논리 내에서 주민의 경제적 상태를 개선하는 것을 말한다. 셋째 논리는 '잠재주권'의 논리다. 일본의 양해를 얻어 미국이 오키나와를 통치하는 것이다. 넷째는 동아시아에서의 일본의 리더 역할을 인정하고 오키나와를 일본에 반환하면서 안전보장과 경제에서의 일본의 공헌을 요구하는 것이다.

이에 따라 미야자토는 미군정을 네 개의 시기로 구분하였다. 1기는 군부에 의한 배타적 통치기(1945~57), 2기는 통치의 정상화 시도기(1958~64), 제3기는 반환교섭 준비기(1964~68), 4기는 반환교섭기(1968~72)다.

그는 오키나와의 반환교섭에 나타난 미국과 일본의 입장을 평가하면서 미국의 접근은 합리적 행위자 모델에 적합한 것으로 성공적이었던 반면, 일본의 접근은 상황에 따라 유동적이었다고 평가했다. 그것은 일본 정부 내의 상호불신과 파벌투쟁의 양상이 심했다는 것을 지적하는 것이다. 그는 최종적으로 최선의 기지를 구하는 것은 불가능하며, 오키나와 문제를 해결하는 최선의 방법은 미 - 일 - 오키나와의 합의에 의한 기지 축소와 철폐라고 주장하였다.

5. 도전적 질문들: 동아시아체제론 시각에서의 재해석

미군정사를 포함한 오키나와 현대사의 연구는 '주변'에 관한 전반적 무관심에 의해 규정되어 왔지만, 오키나와 연구는 1972년의 '반환', 그리고 1995년의 미군에 의한 소녀강간사건이라는 두 번의 큰 정치적 계기에 의해 변화되었다.

이들은 오키나와에 대한 전반적 관심과 시각을 바꾸는 데 기여했는데, 이를 실질적으로 뒷받침한 것은 기초자료의 측면에서 근래에 많은 발전이 있었다는 사실이다. 자료의 측면에서 보면, 1980년대 후반부터 미국이 보유한 비밀자료의 해제가 오키나와 연구를 한 단계 고양시키는 데 기여하였다. 오타의 연구를 시작으로 하여 여기에서 언급한 엘드리지나 미야자토의 연구가 이를 대변한다.

시각의 측면에서 보면 오키나와 현대사 연구는 미국과 일본 관계의 종속변수로 취급되어 왔고, 오키나와 주민의 주체적 대응을 강조하는 연구에서는 미 - 일 - 오키나와의 3각관계로 취급되었다. 전자가 주로 초기 미군정 연구에 적용되었다면, 후자는 후기 미군정이나 1972년 일본 복귀 이후의 사회변동을 연구하는 데 적용되는 경향이 있다.

그러나 오키나와의 지정학적 위치, 특히 미국의 동아시아 전략의 군사적 거점이라는 사실은 이런 2자관계나 3자관계에서의 접근의 불충분함을 단적으로 보여주는 것이다. 오키나와의 미군정사, 나아가 오키나와의 미군기지를 둘러싼 사회변동은 동아시아 전체의 세력관계, 보다 복잡한 권력의 장 속에서 전개되었다. 따라서 동아시아에서 발생한 중요한 사건이나 지형의 변화를 오키나와의 구조적 변동과 연계하여 파악하는 것이 필요하다.

오키나와 미군정의 위상과 오키나와에 관한 전략적 개입은 1945년 시점에서는 소련에 대한 미국의 고려, 그리고 이를 둘러싼 미국 내 군부와 국무성

간의 줄다리기의 산물이었고, 뒤이어 1949년의 중국의 변화, 1950년의 한국 전쟁, 1960년대의 베트남전쟁과 한일 국교정상화, 1972년의 미국과 중국의 화해, 일본과 중국의 국교정상화 등이 오키나와의 지위 및 미군정의 변동에 영향을 주었다. 한국전쟁에서의 미군기지의 역할, 한국군의 베트남 파병 및 한일국교정상화가 오키나와의 일본 복귀에 미친 역할 등이 탐구되어야 한다.

미군기지를 중심으로 파악한다면, 오키나와 미군기지는 일본과 한국의 미군기지나 필리핀의 미군기지의 형성, 변동, 철수 등과 연계되어 있는 국제정치적 맥락 속에 위치한다. 그러나 유감스럽게도 이런 한반도나 중국의 정세의 변화가 어떻게 오키나와 미군정과 관련을 맺고 있는지는 종합적으로 연구되지 않았다. 지리적으로나 역사적으로 가까운 타이완의 정세변화도 분석의 시야에 들어올 필요가 있다. 타이완의 잠재적 중국화는 오키나와의 전략적 중요성을 강화시키기 때문이다.

2000년을 전후한 시기부터 바뀌기 시작한 동아시아 주둔 미군의 전략의 변화가 한국과 오키나와에서 어떤 관련을 맺으면서 나타나고 있는지, 1995년 이후 고양된 오키나와의 반기지운동이 고개를 들기 시작한 한국 내 반기지운동에 어떤 영향을 미쳤는지, 시민적 연대의 가능성이 존재하는지에 관해서도 점차 관심이 커지고 있다. 요컨대 동아시아체제론의 시각에서 오키나와 문제를 재해석할 때 보다 정확하고 구체적인 변동의 의미들이 포착될 수 있을 것이다. 이런 의미에서 최근에 시도되고 있는 몇 가지 연구 성과의 의의와 한계를 짚어 보면서 동아시아적 시각의 유효성에 대해 음미해 보고자 한다.

미야자토의 연구로 귀결되는 '군정사' 연구와는 다른 시각에서 '점령사' 연구를 시도하고 있는 것으로는 이와사키 등의 연구(岩崎稔·大川正彦·中野敏男·李孝德 외, 2005)와 나카노 등의 연구(中野敏男·波平恒男·屋嘉比収·李孝德 외, 2006)가 주목된다. 이들은 기존 연구의 제도주의적·실증주의적 경향을 비판하면서 젠더, 인종, 민족, 계급이라는 변수들을 통해 전쟁, 점령, 부흥의 중층성을 보여주려고 시도하였다. 이를 통해 분단, 배제, 억압이 결합되는 방식에 주목하고 있는 것이다. 즉, 미야자토까지의 연구가 주로 점령정책의 형성사라는 '위로부터의 접근'을 택하고 있다면, 후자의 연구들은 점령기를 살아갔던 사람들의 기억과 경험을 재구성하려는 '아래로부터의 접근'을 택하고 있는 셈이다. 이들은 1980년대부터 고양된 오키나와 주민들의 전쟁경험에 대한 기록과 주민주체적 역사관의 연장선에서, 1950~60년대 오키나와에서 주류적 시각으로부터 벗어나 있던 여성주의적 시각이나 평화주의적 무정부주의적 시각에도 주의를 기울이고 있다.

공동연구의 형태로 진행되었던 위의 두 연구는 일본의 전후사 또는 일본의 전후 부흥을 '심문'하면서 이를 한편으로는 계층, 젠더, 소수자라는 차원에서, 다른 한편으로는 영역(지역과 민족)/지정학이라는 차원에서 재고하고 있다. 전자의 측면에서 예컨대 일본의 전후 부흥이 여성이나 재일조선인 등 소수자를 배제해 왔을 뿐만 아니라, 더 나아가 그것이 식민지배나 식민지기의 강제이주자들에 대한 배상, 전쟁동원의 피해자에 대한 배상의 결여를 그 조건으로 하여 이루어졌다는 점을 지적하고 있다. 이를 통해 그 과정에서 배제되고 소외되었던 타자들에 대한 말 걸기와 그에 대한 응답의 가능성에 주목하는 것이다. 저자의 한 사람인 나카노(中野敏男)는 일본의 '전후'가 어떻게 전쟁의 기억과 책임을 청산했는가를 질문하면서, 그러한 착각을 해체하기 위해서 2차 세계대전 이후의 동아시아 전체를 전시동원체제와 식민지주의의 계속으로 볼 것을 주문한다.[8]

후자의 측면에서 보자면, 오키나와 문제를 통해 1950년대 일본의 '부흥'을 다시 검토하거나 동아시아 또는 한반도 문제를 시야에 넣으려 하고 있다. 즉 일본 본토의 부흥이 오키나와의 지속되는 점령이나 한반도의 열전과 분단

---

8) '계속되는 식민지주의'에 대한 개략적인 소개는 이 책의 2장을 참조. 오키나와 점령과 일본 점령 및 부흥과의 관계에 대한 보다 상세한 설명은 이 책의 2권에 실린 야카비(屋嘉比収)의 글을 참조.

의 고정화와 무관한 것인가, 아니면 이들을 조건으로 하여 가능했는가를 질문하는 것이다. 역사인식에 있어서 1945년을 기점으로 한 단절론적 시각을 '연속'의 관점에서 재해석한다는 것, 전쟁의 경험과 전후의 국가폭력에 대한 기억을 재해석하고 재구성하는 문제는 한국의 경험에서도 유의미한 문제제기라고 할 수 있다. 그런데 위의 연구들이 기존 군정사 연구에 비해 그 시야와 연구 주제를 크게 확장시켰다는 장점이 있음에도 불구하고, 언급한 동아시아적 시야의 가능성을 풍부히 하기 위해서는 몇 가지 한계를 극복할 필요가 있을 것으로 보인다. 우선 이 연구들에는 일본의 전후 부흥과 함께 또는 그에 앞서 성립한 미국의 헤게모니의 본질이나 양상에 대한 연구가 공백으로 남아 있다. 예컨대 동아시아에 대한 미국의 '전후 점령'이나 한국전쟁, 일본의 전후 부흥, 1972년까지 오키나와에 대한 배타적 지배에 미국은 이미 중요한 행위자로 등장하고 있는데, 점령정책 형성의 주체로서 뿐만 아니라 사회·문화적 양식들의 재생산 과정에서도 중요한 행위자로서 그 특질이 탐구될 필요가 있을 것이다. 즉, 동아시아에서 '전후'의 체제변동과 역사인식의 문제를 다루기 위해서는 전전 체제와의 연속성뿐만 아니라, 미국 헤게모니하에서의 그 변형이라는 사고가 필수적이라는 점이다. 우리는 이런 측면에서 한국에서 성립한 식민주의 연구에 있어서도 조선총독부 대 조선민족이라는 이자관계적 틀을 해체하고, 19세기 후반 이래 동아시아 전체에 형성된 서구적 근대의 문제, 또는 1920~30년대에 진행된 식민권력과 서구선교 권력 간의 헤게모니 경쟁, 그리고 이들과 국내 민족주의나 사회주의세력 간의 협력·경쟁·갈등들의 복잡한 관계들이 남긴 유산을 주목하지 않을 수 없다. 전전 식민주의에서 발견되는 정치군사적 영역, 경제적 영역, 그리고 사회문화적 영역들의 탈구와 접합의 양상도 전후와의 연속성을 탐구할 때 고려하지 않으면 안 되는 사항이 된다.

또한 분단의 문제는 한반도에서뿐만 아니라 동아시아 차원에서 다루어질 필요가 있다. 분단의 핵심이 한반도이지만, 한반도 분단을 축으로 하여 동아시아 전체가 분단되어 있었으며, 이 점이 전전 식민주의 체제와 전후 동아시아 냉전체제의 연속성을 고찰하는 데 장애가 되어 왔다. 다만, 일본, 중국, 한국에서의 군사적 점령과 영토적 분단의 지속성과 견고성이 서로 달랐다는 것이 주지의 사실이라고 한다면, 일본 본토와 오키나와와의 관계, 중국과 타이완의 관계, 남한과 북한의 관계를 동아시아 냉전체제의 구성요소로서 어떻게 사고할 수 있을 것인가의 문제가 아직 여백으로 남아 있다고 할 수 있을 것이다. 이점에서 전후 일본의 '평화국가'화와 경제부흥이 오키나와의 군사기지화와 한반도의 분단과 전쟁, 타이완이나 제주도에서의 국가폭력과 테러와 어떤 연관을 맺고 있었는지 재고해 보아야 할 것이다. 이런 측면에서 보자면 기지와 동맹을 매개로 한국, 일본, 오키나와가 베트남전쟁에 동원되었던 경험이 일본의 고도성장과 한국의 발전국가 형성에 미친 충격은 전후 동아시아체제의 작동방식을 탐구하는 데 반드시 고려해야 할 요소가 될 것이다.

최근 널리 논의되고 있는 동아시아체제론은 단지 문화론적 측면에서의 논의를 넘어서서 정치경제적 영역으로 확대될 필요가 있다. 동아시아에서의 근대의 형성과정, 즉 중화체제로부터 일본 제국 체제로의 전환, 그리고 전후 냉전체제로의 이행의 문제는 역사적 현실 뿐 아니라 이 지역의 역사적 상상력 자체를 만들어내고 또 그에 의해 규정되었다. 이런 문제들을 오키나와적 시각에서 재조명할 때 한반도적 시각이 좀 더 보편적인 지평으로 나아가게 된다.

끝으로 위 연구들이 분과 학문체계를 넘나들면서 일본, 한국, 오키나와 사이의 공동연구를 통해 풍부한 성과를 거둔 점을 고려할 때, 이러한 공동연구와 교류가 북한이나 중국, 타이완, 사할린 등의 여러 지역으로 확장되기를 기대해 본다.

■ 참고문헌

나미히라 츠네오(波平恒男). 2005. 「오키나와의 근대사를 생각한다-동아시아의 맥락에서」. 2005년
　　심포지엄 발표논문.

宮里政玄. 2000. 『日米關係と沖繩 1945~1972』. 岩波書店.

大田昌秀. 1987. 「アメリカの對沖繩戰後政策」. 坂本義和・R.E.Ward 編. 『日本占領の硏究』. 東京
　　大學出版會.

渡邊昭夫. 1970. 『戰後日本の政治と外交』. 福村出版.

岩崎稔・大川正彦・中野敏男・李孝德 編著. 2005. 『継続する植民地主義』. 東京: 青弓社.

鳥山淳. 2002. 「일본 복귀운동에 새겨진 좌절: 1950년 전후 오키나와의 '탈식민지화' 시도」. 2002년
　　'동아시아 평화와 인권' 국제회의 발표논문.

仲本和彦. 2000. 『米國による沖繩統治に關する米國公文書調査-收集の意義と方法, 沖繩縣公文書
　　館硏究紀要 2』. 沖繩縣公文書館.

中野敏男・波平恒男・屋嘉比收・李孝德 編著. 2006. 『沖繩の占領と日本の復興』. 東京: 青弓社.

河野康子. 1994. 『沖繩返還をめぐる政治と外交―日米関係史の文脈』. 東京大学出版会.

Eldridge, R. D. 2001. *The Origins of the Bilateral Okinawa Problem: Okinawa in Postwar
　　U.S.-Japan Relations, 1945~1952.* Garland Publishing, Inc.

Hook, G.D. & R. Siddle. 2003. *Japan and Okinawa: Structure and Subjectivity.* Routledge
　　Curzon.

2부

동아시아 국제질서와
오키나와 미군기지

2장

동아시아에서 점령의 문제와 점령기 인식[1]

정영신

1. 문제제기: 동아시아 점령의 연계성과 점령기 인식의 균열

2차 세계대전 이후 사회과학계는 냉전체제라는 틀을 통해서 국가 간 체계(interstate system)의 작동을 설명해 왔다. 그런데 동아시아에서는 탈냉전 이후에도 국가들 사이의 긴장이나 갈등이 해소되지 않으면서, 동아시아 냉전의 특수성이 부각되기 시작한다. 특히 오키나와전(沖縄戰)과 한국전쟁, 베트남전쟁의 경험을 재해석하면서 세계적 냉전이 동아시아에서의 열전을 그 조건으로 하여 형성되었다는 시각이 주목받게 되었다. 이러한 관심의 이동은 동아시아의 전후, 점령, 전쟁, 부흥에 대한 재해석을 요청하고 있다. 분단되어 있던 각자의 경험이 서로 공유되기 시작한 것은 1990년대 후반이었다. 이 과정에서 한편으로 식민지시기와 아시아·태평양전쟁의 과정에서 강제 동원되거나 학살당한 (반)식민지 민중 및 '일본군 위안부' 문제에

---

1) 이 글의 작성에는 이전에 작성된 필자의 원고들이 원용되었다. 원용된 논문은 『민주주의와 인권』(제6권 1호, 2006년)에 실린 「동아시아 점령문제의 인식을 위한 고찰」과 中野敏男·波平恒男·屋嘉比収·李孝德 編著(2006)에 실린 「韓国の経験でなぜ占領は馴染まないのか」 등 두 편이다.

대한 진상규명과 보상 문제가 거론되었고, 다른 한편으로 동아시아 국가형성 과정에서 수반된 국가폭력과 학살, 기억의 문제가 집중적으로 조명되었다(정근식·하종문 편, 2001; 정근식·김하림·김용의 편, 2001; 제주4·3연구소 편, 1999).

역사적으로 보자면 동아시아 지역에서 식민지시기의 피해에 관한 진상규명이나 보상 및 일본과 구식민지 국가들 사이의 화해와 같은 탈식민화의 문제와, 국민국가의 형성의 문제들은 미국의 동아시아 점령과 동아시아 민중들의 대응이라는 조건하에서 구조화되었다는 점을 발견하게 된다. 그럼에도 불구하고 미국의 동아시아 점령에 관한 전체상은 아직 그려지지 않고 있으며, 식민지주의의 온존과 미국의 동아시아 개입 간의 상관관계도 규명되지 않고 있는 형편이다. 전후 동아시아 내부의 국가 간 관계가 어느 정도 단절되어 있었던 상황, 이 속에서 국가주도의 '국민적' 주체의 형성이 정당화된 맥락, 그리고 점령 연구를 비롯한 동아시아의 '전후' 연구가 일국사적 또는 양자적(bilateral) 시각에서 진행되어 온 것에 그 원인이 있을 것으로 생각한다.

그 결과는 점령기에 대한 매우 상이한 인식의 틀이 일반화되어 있는 것으로 나타난다. 일본에서는 8·15를 일본 국민이 자유를 손에 넣은 날로 기억하고 있는 듯하다. 점령기 동안의 개혁을 통하여 민주주의국가, '평화국가'로서 일본의 '전후'가 출발했다는 것이 일본의 주류적인 인식이라고 할 수 있을 것이다. 그렇지만 1945년 8·15로부터 시작되어 1952년까지 이어진 점령기의 역사를 해방전후사라는 이름 보다는 군정사·점령사라는 이름으로 부르는 것이 일반화되어 있다. 즉, 8·15와 점령기에 대해 자유나 해방과 같은 긍정적인 의미를 부여하기는 하지만, 그 틀로 당시의 시대를 인식하기보다는 점령이라는 틀을 통해 당시의 성격을 규명하는 것이다. 눈을 오키나와의 경험으로 돌리게 되면, 8·15나 점령에 부여되었던 긍정적인 이미지는 거의 사라진다. 오키나와전의 참혹했던 비극들과 미군에 의한 폭력적인 기지건설, 그리고 이를 외면한 일본 정부에 대한 분노 등이 여기에 얽혀 있으며, 이러한 '오키나와 문제'는 여전히 진행 중이다. 한국에서는 1945~48년을 점령기로 부르거나 미군을 점령군으로 부르는 것이 학술적 분석보다는 정치적 언어로 이해되기 십상이다. 해방을 통해 기대되었던 자주독립국가의 건설이나 사회개혁이 좌절되고, 분단구조나 한국전쟁의 동인이 점령기 동안의 정치과정을 통해 형성되었음에도 불구하고, "점령이란 무엇인가?"에 대한 진지한 문제제기는 탈냉전과 민주화 이후에야 가능했다. 하지만 점령이라는 단어는 여전히 기피되거나 억압되고 있으며, 그 보다는 '해방'전후사라는 표현이 일반적이다. 한국에서는 해방, 친일, 식민유산, 분단, 반공, 한미동맹, 주한미군 등에 대한 규범적 판단이 점령기 인식에 복잡하게 얽혀 있다. 최근 한 연구자가 지적했듯이, 한반도에서는 "분단으로 인한 사고와 인식의 분절이 이후 이 시기 인식에 커다란 그림자를 드리웠기" 때문이다. 따라서 점령기 또는 해방전후사 연구에서는 "당시 사정에 대한 검토와 그 시기에 대한 우리네 인식의 역사를 함께 돌아봐야" 할 필요가 있다(정용욱, 2006: 74). 즉, 점령기에 대한 연구와 점령에 대한 인식의 문제는 불가분의 관계에 있는 것이다. 이러한 사정은 일본이나 오키나와 점령의 경우에도 마찬가지일 터이다.

따라서 이 글은 우선 미국의 동아시아 점령에 있어서 그 대상이었던 일본과 한국을 중심으로 점령의 성격과 차이 및 그 연관성의 문제를 개략적으로 검토해 보고, 점령기 인식과 전후 인식에 있어서의 문제들을 검토해 보려고 한다. 다만, 여기에서의 검토는 새로운 사실의 발굴에 기초하기보다는 기존 연구를 참조하여 동아시아에서 점령의 전체상을 그리기 위한 과제를 도출해 보고 점령을 둘러싼 인식의 문제를 해명하는 것에 그칠 것이다.

2. 점령의 문제 설정과 미국의 동아시아 점령

1) 새로운 것으로서 '전후 점령'

2차 세계대전이 끝난 후, 연합국이 패전국에 대해 실시한 '전후 점령'은 세계사적으로 볼 때 전혀 새로운 종류의 점령이었다. 점령은 보통 '타국의 영토나 영토에 준하는 지역을 자국의 지배하에 두는 것'을 말한다. 역사적으로 볼 때, 19세기까지 전쟁의 종결은 정복이나 전시 점령의 형태로 나타났다. 승전국에 의해 일방적으로 전쟁이 종료되고 영토적 병합이 일어나는 경우가 정복이라면, 전시 점령은 전쟁 종식을 위해 상징적인 의미에서 승전국이 패전국에 군대를 주둔시키는 경우를 말한다. 양자의 구분은 헤이그 육전법규(Hague Regulation Land Warfare)[2] 43조의 규정을 적용할 것인지의 여부와 관련된다(이재승, 2005: 298~299). 2차 세계대전 이후의 '전후 점령'은 식민지로의 병합을 초래하지 않는다는 의미에서 정복과 구별되며, 피점령국에서 광범위한 정치·사회적 재편을 시도했다는 점에서 '선량한 관리자'의 역할로 자신을 제한하는 전시 점령과 구별된다.

전통적인 점령정책은 패전국 군대의 해체와 배상금의 징수 등을 행하는 것이 통례였다. 당시까지 육전(陸戰)에서의 규범을 집약하고 있던 헤이그 육전법규를 보면, 제42조에서 "사실상 적군의 권력하에 놓여진 영토는 점령된 것으로 본다"고 규정하면서 점령사령관은 점령지 주민들에 대한 징발 및 사역을 할 수 있고(제52조), 그 외에도 국가 재산의 몰수(제53조), 용익권 규칙에 따른 공공재산의 관리(제55조) 등의 권한을 행사할 수 있다고 규정하고 있다.

---

[2] 정식명칭은 '육전의 법규 및 관례에 관한 조약(Convention Respecting The Laws And Customs of War on Land)'으로 육전(陸戰)의 법전이라고 칭해지는 조약이다. 1899년 제1회 헤이그 평화회의에서 체결되었다가 1907년의 제2회 평화회의에서 개정되었다. 협약의 부속서(Annex to the Convention)에 56개 조항을 두어 육전에서의 해적행위를 금지하고 있다.

하지만 헤이그 육전법규는 제46조에서 사유재산의 몰수를 금지하고 있으며, 제43조는 "정당한 권력이 사실상 점령군에게 이관되면, 점령군은 절대적인 지장이 없는 한 점령지의 현행법을 존중하며, 가능한 한 공공의 질서 및 안녕을 회복하고 확보하기 위해 권한 내에 있는 모든 조치를 취하여야 한다"고 규정하고 있다(아시아국제법연구회 편, 2005: 742~743). 즉, 특정한 이유가 없는 한 점령지의 법률이나 행정을 바꿀 권한을 인정하고 있지 않은 것이다.

그런데 미국에 의해 주도된 전후처리 방침에는 기존 정치체제의 해체, 영토의 재분할, 배상과 같은 전통적인 전후처리의 문제뿐만 아니라 새로운 정치·경제·사회·교육제도의 수립, 해당 사회에 허락되는 이념적 범위, 정치사회에 포괄될 사회세력들의 명단이 포함되었다.[3] 이러한 점령정책의 배후에는 나치의 대두를 허용했던 1차 세계대전의 전후처리 방침을 되풀이하지 않아야 한다는 교훈과, 2차 세계대전이 파시즘 진영과 민주주의 진영 간의 전쟁이라는 전쟁관이 그 명분으로 놓여 있었다(五百旗頭真, 1993). 즉, 군국주의를 해체하고 민주주의를 확산시키는 것이 정당할 뿐만 아니라 세계와 미국의 평화와 안전에 기여한다는 시각인 것이다. 미국과 영국이 주도하여 만든 대서양 헌장이나 국제연합 헌장은 '이제부터 새로운 역사, 새로운 세계를 만든다'는 열의에 차 있었고, 그러한 문명사적 열의에 기반한 점령 개혁은 국가 간 관계의 회복을 넘어서 패전국 내부의 사회관계 전반에 대한 개입을 정당화하였다.

2) 동아시아에서 점령의 문제

2차 세계대전이 끝난 뒤, 유럽의 여러 패전국들과 필리핀 등지에서 광범

---

3) 예컨대 1946년 1월 4일 일본 점령을 수행하던 GHQ는 전쟁범죄자, 직업군인, 국가주의 단체의 유력인사, 대정익찬회의 유력인사 등을 공직에서 제거할 것을 일본 정부에게 지시하였다. 이후 계속적인 공직추방으로 1948년까지 군인 18만 명을 포함한 22만 명 정도가 공직에서 추방되었다(한상일, 1997: 44).

위하게 점령이 행해졌다. 그러나 다수의 점령지들 사이의 비교나 연관성의 문제는 본 논문의 범위를 넘어서는 것으로, 여기에서는 그 대상을 동(북)아시아에서 이루어진 '전후 점령'으로 한정한다.[4] 즉, 미국의 일본·오키나와 점령과 미소의 한반도 분할 점령이 그것이다.

우선 문제가 되는 것은 연합국의 한반도 점령과 미국의 대일 점령 간의 차이의 문제다. 특히 미국의 일본 점령과 남한 점령은 많은 점에서 대비된다. 일본 점령이 간접 점령, 미국에 의한 '실질적' 단독 점령의 성격을 지니고 있었다면, 미국의 남한 점령은 직접 점령, 미소의 한반도 분할 점령의 일부라는 성격을 띠고 있었다. 무엇보다 미국의 일본 점령은 비교적 '평화적'으로 수행되었고 성공적이었다는 평가를 받는 반면, 남한 점령은 매우 폭력적인 과정으로 진행되었고 실패한 (그래서 잊혀진) 점령으로 평가된다는 점이다.

먼저, 일본 점령에서 군정을 설치하지 않고 연합군최고사령관총사령부(General Headquarters, Supreme Commander for the Allied Powers, 이하 GHQ)에서 명령을 내리고 이것을 일본 정부가 수행하는 형태의 간접 점령이 이루어진데 대해서는 크게 두 가지 이유가 거론된다. 하나는 일본이 미국의 예상보다 빨리 항복했기 때문에 일본어를 아는 점령 요원 양성에 차질을 빚었기 때문이라는 설명이며, 다른 하나는 천황의 '종전조서'와 일본군 대본영의 무장해제 명령에 300만 일본군이 일사분란하게 무장해제하는 것을 지켜보면서 천황제의 이용 가능성을 높게 생각했기 때문이라는 설명이다(나카무라 마사노리, 2006: 28~29). 이러한 설명은 부분적으로는 정당하지만, 다음 장에서 살펴볼 것처럼, 종전 이전에 이미 천황제의 존치를 통한 점령의 안정화 방침이 있었고, 종전 직후에는 일시적이나마 직접 점령이 시도되었다는 점이 고려될 필요가 있다.

---

4) '전후 점령'에 관한 국제비교를 위해서는 한국정치외교사학회 편(1999)과 油井大三郎·中村政則·豊下楢彦 編(1994)을 참조.

두 번째는 한반도와 달리 일본은 분할되지 않고 미국에 의해 '실질적'으로 단독 점령되었다는 점이다.[5] 여기에는 미국이 대일전을 일찍부터 수행하고 있었다는 점이 작용하고 있었다. 미국은 이미 1942년 여름부터 일본 항복 이후의 대일 점령정책을 검토하고 있었던 반면 다른 연합국들은 유럽전선에 집중하고 있었다는 점과, 일본의 조기항복 때문에 대일 점령정책의 준비가 늦어지고 있었던 것이다. 따라서 연합국의 결정은 미국이 세워 둔 점령정책을 사후적으로 추인하는 모습을 띠게 되었다. 미국은 1943년 11월 1일의 모스크바 선언과 같은 국제적인 합의 때문에 공동 점령을 염두에 두고 있었지만, 내부적으로는 그 속에서 '주도권 견지'의 원칙을 세워두고 있었다. 1944년 3월 13일에 승인된 미국 전후계획위원회 문서(PWC111)는 대일 점령이 연합국에 의한 공동점령의 형태를 띠게 되지만, 그 총사령관은 미국이 담당해야 한다는 점을 명확히 하고 있었다(이혜숙, 2003: 33). 그런데 위 문서에는 대일 점령의 성격과 관련하여 또 하나의 원칙이 정해져 있었는데, 그것은 '분할 점령을 회피해야 한다'는 원칙이었다. 그 근거는 일본이 역사적으로 하나의 단위였다는 데 있었다. '분할 점령의 회피' 원칙은 1945년 6월 23일의 삼부조정위원회 문서(SWNCC70/2)에서도 재확인된다. 그런데 여기에서는 정치적 이유가 강조되고 있다. 태평양 지역에서 미국의 영구적 이익과 안전보장에 관한 책임을 연합

---

5) 일본 점령이 미국의 단독 점령인지 연합국의 공동 점령인지에 대해서는 논란의 여지가 있다. 1945년 12월에 점령관리의 정책결정 기관으로서 워싱턴에 설치된 미·영·중·소를 비롯한 11개국으로 구성된 극동위원회(Far Eastern Commission)나 최고사령관의 자문기관으로서 미·영·중·소의 4국으로 구성된 대일이사회(Allied Council for Japan)의 존재를 보면, 일본 점령이 연합국의 공동 점령의 형태를 띠었다는 점은 명확하다. 그러나 그 내실에 있어서는 미국의 단독 점령이었다고 해도 과언이 아니었다. 예컨대 극동위원회에서 4대국은 거부권을 행사할 수 있었지만, 미국은 '긴급시의 중간 지령권(urgent unilateral interim directives)'을 행사할 수 있었다. 대일이사회 역시 초기에는 농지개혁안을 제출하는 등 활발한 활동을 보이기도 했지만, 미소 간의 대립이 격화되는 가운데 유명무실화되었다(이혜숙, 2003: 30~31). 여기에는 카리스마적 지도력을 보인 맥아더와 그를 중심으로 한 GHQ의 절대적인 권위도 중요한 역할을 하고 있었다. 결국, 일본 점령은 초기에는 연합국의 공동 점령이라는 성격이 강했지만, 냉전의 격화에 따라 미국의 단독 점령이라는 성격이 강화되었다고 할 수 있다. 여기에서 '실질적' 단독 점령이라는 규정은 둘 사이의 차이와 그 변화에 주목하려는 것이다.

국들이 인정하고 있기 때문에, 일본에서 미국의 지배적 지위가 인정되어야 하고 이를 위해서 분할 점령이 회피되어야 한다는 것이다. 종전이 다가올수록 미국의 이해관계가 더 깊이 개입되고 있었던 셈이다.

그렇다면 미국의 '계획'은 현실에서 어떻게 관철되었을까. 독일이나 오스트리아의 사례를 놓고 보면 분할·공동 점령에는 연합국의 국제적 합의가 가장 중요하지만, 전쟁 수행에의 참여도와 해당 지역을 실제로 누가 군사적으로 점령하는가가 중요한 변수로 작용하고 있다(한국정치외교사학회편, 1999). 즉, 소련의 대일전 참여가 주로 만주와 한반도 북부에서만 이루어졌고, 일본의 조기 항복으로 소련군이 일본 본토에까지 진출하지 못했다는 점이 미국 주도의 '실질적인' 단독 점령을 가능하게 했던 것이다. 점령을 미국이 주도하게 되자 비분할 점령은 당연한 듯이 여겨졌다. 단, 여기에는 대일 점령의 과정에서 실질적으로 배제된 소련의 불만을 무마할만한 반대 급부가 주어져야 한다는 조건이 있다. 이 문제는 한반도의 분할 점령과 일본의 단독 점령 간의 관계의 문제를 제기한다. 여기에 대해서는 아직 자세하게 밝혀진 바가 많지 않다. 양기웅은 일본 점령에 있어서 소련의 영향력을 배제시키기 위해 조선을 포함한 극동의 다른 지역에 대한 소련의 관심을 인정하지 않을 수 없었던 미국의 입장을 거론하면서, 당시 한반도의 분할 점령이 미국의 대일 단독 점령의 대가로 이루어진 측면이 있었음을 주장하고 있다(양기웅, 1999). 하지만 이러한 주장은 논리적인 추론을 넘어서지 못하고 있기 때문에, 동아시아 전체를 염두에 둔 점령사 연구의 필요성이 제기된다.[6]

마지막으로, 점령의 과정에 있어서 남한에서의 점령이 대중운동과의 폭

---

6) 이완범은 1945년 12월에 열린 모스크바 3상회의에서, 중국 문제에서 미국의 주도권을 인정하는 대신, 일본 점령에 있어서 소련의 참여가 보장되었다고 본다(이완범, 2007: 50~51). 하지만 이때는 이미 대일 점령에 있어서 미군의 주도성이 확고해진 상태였다. 반면, 한반도 문제에 있어서는 소련안(선 임시정부 수립, 후 후견제 안)을 중심으로 미국안(선 신탁통치, 후 정부수립 안)이 절충되는 결과가 나타났다.

력적인 충돌로 얼룩졌다면, 일본에서의 점령은 비교적 평화적인 과정을 밟았다는 것이다. 그 이유에 대해서는 아래(또는 내부)로부터의 요인과 위(또는 외부)로부터의 요인, 기획과정과 실행과정에서의 요인을 구분해 볼 수 있다. [표 2-1]은 기존 연구들을 참조하여 점령의 성격을 규정한 요인들을 뽑아 본 것이다.

점령정책을 기획하고 현지의 조건에 맞추어 그것을 실행한 과정을 위로부터의 요인이라고 한다면, 아래로부터의 요인은 주로 대중운동의 상황 및 대중들이 8·15와 점령군의 통치행위에 어떤 의미를 부여하고 있었는가와 관련된다. 예컨대 일본의 대중들은 스스로를 '패전국민'이라 여겨서 점령군의 통치에 이렇다 할 저항을 펼치기 힘들었던 반면, 남한의 대중들은 스스로를 '해방민족'이라 여겼기 때문에 점령군의 부당한 통치에 대한 반발심이 컸다. 이러한 차이들은 점령을 둘러싼 정치적 동학을 구성하면서 대중들의 전후 의식을 형성하는 데 중요한 작용을 하였다.

[표 2-1] 한일 간 점령의 성격을 규정한 요인들

	구상단계	실행단계
위로 부터의 요인	세계체계에서의 위치: 식민지 vs 종주국 전전의 대미관계: 비공식적 한미관계 vs 공식적 미일관계 지한파의 부재 vs 지일파의 존재 점령의 준비정도(훈련된 군정요원)	조기 종전의 양상: 미소의 점령구역 지정학적 중요성: 미국의 이해관계 점령정책의 목표: 대소영향력 봉쇄 vs 비군사화·민주화 냉전의 전개양상: 조숙한 냉전 vs 역코스 점령사령관의 특성: 하지 vs 맥아더 토착세력과의 관계형성의 중요성 인식: 천황제의 이용가능성
아래로 부터의 요인	항일운동의 경험 vs 반파시즘운동 부재 공인된 정부의 부재 vs 존재	건준·인공 부인 vs 일본 정부 인정 대중운동의 혁명적 성격 종전과 8·15에 대한 의미부여: 해방 vs 점령 점령의 종식에 대한 동의 여부: 분단국가 vs 미일강화

3) 미국의 동아시아 개입과 탈식민화의 문제

전후 동아시아 질서의 재편을 사고할 때 미국의 동아시아 개입의 성격을 파악하는 문제는 근본적이다. 미국의 전후 구상이라는 정책형성사에 집중할 경우, 아시아·태평양전쟁 - 점령 - 전후처리의 과정에서 미국은 '새로운' 행위자로 등장한다. 하지만 필리핀의 사례를 놓고 보더라도, 이미 미국은 19세기 후반기부터 동아시아로의 서진(西進)을 진행하고 있었다(권오신, 2000). 미국은 텍사스의 합병과 캘리포니아의 획득으로 19세기 중반에 이미 대내적 팽창을 종결하고, 19세기 후반에 이르면 자신의 팽창주의적 경향을 신에 의해 주어진 '명백한 숙명(manifest destiny)'으로 간주하면서 하와이와 필리핀을 점령하고 '문호개방정책'을 통해 중국시장에 접근해 갔다(김기정, 2003: 101). 다른 한편으로 미국은 1854년에 포함외교를 통해 가나가와 조약(Treaty of Kanagawa)을 맺고 일본을 자본주의 세계경제로 통합시켰다. 즉, 미국은 한반도를 둘러싼 기존 동아시아 질서의 파괴를 두 방향에서 추동하고 있었다.

영국, 프랑스, 네덜란드에 이어서 러시아, 미국, 일본 등이 후발주자로 동아시아의 식민지 획득에 나서게 되자 제국주의 국가들 간의 긴장과 대립이 격화되었다. 이러한 모순은 우선적으로는 제국주의 열강들 간의 견제와 교섭을 통해 해결될 수밖에 없었다. 미국은 태프트 - 가쓰라밀약(1905)과 루트 - 다카히라협정(1908)을 통해 일본의 조선병합과 만주에서 일본의 특수지위를 인정해 주면서, 대중국 '문호개방정책'에 관한 협력을 얻어내려 했다. 또한 1921~22년에 출현한 '워싱턴회담체제'는 중동에서부터 인도와 인도차이나, 필리핀을 거쳐 조선에 이르는 아시아 지역을 둘러싸고 미국, 영국, 일본, 프랑스가 저마다 차지한 식민지들에 대한 기득권을 상호 인정한 위에서 중국에 대한 공동지배체제를 유지하려는 것이었다. '워싱턴회담체제'는 사회주의와 주변부의 민족주의를 공통의 적으로 삼으면서 중국에서의 이권을 보호하려는, 일종의 신성동맹의 성격을 지니고 있었다(이삼성, 2004: 36). 요컨대 전전의 시기에 미국은 이미 동아시아 식민지배체제의 일부를 구성하고 있었던 셈이다. 따라서 미국의 전후 구상은 동아시아에 대한 '최초의' 개입이라기보다는 전전과는 '다른' 방식의, 보다 '새로운' 개입이라고 말할 수 있다.

이때 미국의 개입을 동아시아 민중의 입장에서 보자면, 반파시즘투쟁이라는 측면과 식민지·반식민지 민중들의 탈식민화 요구를 대리한다는 점에 그 정당성을 둘 수 있었다. 따라서 전후 미국은 점령지에서 반파시즘·반군국주의의 성격을 띤 민주주의적 개혁을 수행하고, 종주국과 식민지·반식민지 지역에서는 탈식민화정책을 수행하라는 요구를 받게 되었다. 하지만 전후 동아시아에서 미국에게 부여된 (또는 미국이 스스로에게 부여되었다고 믿었던) 과제들은 미소 간의 대립 속에서 미국의 이익을 극대화해야 한다는 현실적인 이해관계에 의해 제약되었다. 즉, 미국의 동아시아 점령은 탈군사화·민주화 및 탈식민화, 그리고 냉전질서의 구축이라는 상충된 요구들 간의 모순과 타협, 그리고 그 속에서 빚어진 폭력과 갈등, 전쟁과 분단의 드라마였다고 해도 과언이 아닐 것이다. 바로 이러한 동학이 전후 미국의 동아시아 점령에 있어서 그 성격을 규정하고 있는 것이다.

3. 동아시아에서 전개된 미국의 점령과 그 모순

1) 일본 점령 개혁과 그 한계

일본에서는 '전후'라는 개념을 통해 현대사를 인식하는 틀이 정착되어 있지만, '전전과 구별되는 전후'라는 시대구분에 내포된 '단절'은 점령기에 이루어진 민주주의적 개혁에 의해 정당화된다. 미국의 전후정책을 결정하던 미 국무부·육군부·해군부의 삼부조정위원회(SWNCC)가 1945년 9월 22일 발표한 '초기 대일방침(SWNCC150/4A)'에 나타난 점령의 기본목적은 '비군사화'와 '민주화'로 요약된다. 비군사화정책은 일본의 전쟁수행 능력을 제거하여 두 번 다시 미국이나 세계의 평화와 안전에 위협이 되지 않도록 하기 위한 것으로, 1945년 9월의 '군수생산의 전면중지, 육해군의 해체, 도조 히데키(東條英機)를 포함한 39명의 전범자 체포' 등이 이에 해당한다. 민주화정책은 비군사화를 달성하기 위한 사회적 토대를 형성하기 위한 것으로서, 천황제 군국주의의 기반이 되었던 사회구조와 제도들을 해체하고 미국식의 자유민주주의체제를 이식·형성하는 작업이었다. 10월 4일의 '인권지령'과 11일의 '민주화에 관한 5대 개혁지령'이 이에 해당한다.[7] 농지개혁, 노동개혁, 재벌해체 등이 뒤따랐다. 이러한 정책들은 '민주화의 폭풍'이라고 할만큼 충격적인 것이었다(나카무라 마사노리, 2006: 32). 최종적으로 이 민주주의적 개혁의 과정은 신헌법의 제정으로 귀결되었다.

하지만 점령 개혁은 천황제의 존치, 오키나와의 미군기지화, 재일조선인 문제를 비롯한 탈식민화 요구의 외면이라는 대가 속에서 이루어진 것이었다. 예컨대 전쟁수행과 군대보유를 부정하는 신헌법 제9조는 천황의 전범재판 회피 노력과 관련된다. 애초에 일본은 '국체호지(國體護持)', 즉 천황제의 유지를 유일한 항복 조건으로 내걸었지만, 연합국이 이에 대해 명시적인 응답을 준 것은 아니었다. 오래 전부터 천황제 존치 입장에 서 있던 지일파, 점령통치의 안정을 위해 천황의 이용 가능성에 주목했던 GHQ, 그리고 전범재판에 회부되기를 거부했던 천황 사이의 협력은, 1945년 11월부터 진행되고 있는 뉘른베르크 전범재판의 영향과 46년 초에 점령행정의 명목상 최고기구인 극동위

---

7) '인권지령'은 치안유지법과 국방보안법의 폐지, 정치범의 석방, 특고경찰의 폐지, 천황제 비판의 자유라는 내용을 담고 있으며, '민주화에 관한 5대 개혁지령'은 부인해방, 노동조합 결성 장려, 교육의 자유주의화, 비밀 심문 사법제도의 철폐, 경제기구의 민주화라는 내용을 담고 있다.

원회(Far East Commission)의 개최를 눈앞에 두고, 위태로운 상황에 놓이게 되었다.

이를 피하기 위해, 전후 일본 사회의 형성에서 결정적으로 중요한 두 가지 조치가 취해졌다. 그 첫 번째 조치가 바로 1946년 1월 1일에 발표된 천황의 '인간선언'으로서, 히로히토와 그 측근들은 '종교적 권위'로서의 천황의 위치를 전면에 내세움으로써, '정치적 주권자'로서의 천황의 지위를 부정하여 전범 재판을 회피하려 했다(고모리 요이치, 2004: 55~75). 천황은 '인간선언'을 통해 평화주의자이자 민주주의적 지도자의 이미지를 부여받고, 전후 일본의 상징적인 지도자로서의 위치에 오르게 되었다. 두 번째 조치는 전후 평화주의 국가 형성의 기초가 되는 평화헌법 9조를 신헌법에 삽입한 것이었다. 고세키 쇼이치(古關彰一)는 헌법 제9조의 탄생과 관련하여, 천황의 전쟁범죄가 철저하게 추궁될 가능성이 있는 극동위원회의 활동이 개시되기 전에 '국체수호'로서의 천황제 존속과 히로히토의 면책을 위한 비장의 카드로서 평화·민주헌법 발포가 나왔다고 주장한다(古關彰一, 2001). 다워(John Dower) 역시 이 과정에서 주도적인 역할을 한 것은 맥아더와 GHQ였다고 보면서, 당시에 "맥아더가 직면한 과제는 극동위원회가 실질적인 활동을 하기 전에 포츠담 선언의 요청을 충족시키고, 또 천황제의 존속을 가능하게 하기 위한 헌법 초안을 공적인 토론에 올리는 일이었다"고 밝히고 있다(Dower, 1999: 363). 미 점령군과 일본 정부는 천황의 면책과 천황을 통한 점령통치의 안정화라는 목표를 공유하는 '권력'과 '권위'의 협력관계였던 것이다(豊下楢彦, 1996: 151).

몇 가지 한계에도 불구하고 급진적인 내용을 포함하고 있던 점령 개혁은 1948~49년을 전후하여 '역코스(reverse course)' 정책으로 전환되어, 비군사화와 민주화 방침에서 경제부흥과 반공주의에 기반한 재무장 정책으로 옮겨가게 되었다. 원래 일본에서 비군사화나 민주화와 같은 점령 개혁을 철저히 해야 한다는 논의는 일본이 공산주의 세력의 손에 떨어지는 일은 없을 것이라는 전망하에서 이루어진 것이었다(楠綾子, 2005: 139). 따라서 '역코스' 정책은 중국에서의 공산주의 혁명의 승리 가능성이 높아지는 가운데, 미소 간의 냉전적 대립이 격화되고 있던 정세를 반영하고 있다. 1948년 10월 9일에 채택된 미 국가안전보장회의 문서(NSC13/2)는 '역코스' 정책의 결정판으로, 점령정책의 개혁 우선에서 경제부흥 우선으로의 전환, 강화조약의 징벌적 성격의 약화, 강화 후 일본의 안전보장을 위한 경찰력의 강화, GHQ의 기능 축소와 일본 정부의 책임 증대 등을 그 내용으로 하고 있었다. 또한 1949년 12월 30일에 채택된 국가안전보장회의 문서(NSC48/2)는 미국이 아시아 모든 나라에서 공산주의 세력에 대항하기 위해 군사력을 증강시키고, 지역국가들의 비공산주의 동맹을 지원하기로 결정하였다.[8]

요컨대 점령 개혁의 한계는 초기에는 불철저한 탈식민화 경향과, 이후에는 민주개혁을 '역코스'로 이끈 냉전체제의 강화와 관련된다. 그런데 '반공주의와 결합된 식민지주의 연속'의 경향은 일본 점령이라는 일국적 차원을 넘어서서 관철되고 있었다. 우선, 미국의 동아시아 정책이 중국 중심에서 일본 중심으로 이동하면서 동북아시아를 석권했던 식민지 종주국 일본의 빠른 부활이 예고되었다. 다른 한편으로 동남아시아를 식민화했던 연합국들이 중동, 아프리카, 아시아에서 자신들의 배타적인 권리를 포기하려 하지 않음으로써, 동남아시아의 '재식민화'가 기도되었다.[9] 원래 미국의 탈식민화 선언에 따르

---

8) '역코스'는 세계정세의 변화에 따른 미국의 정책변화 뿐만 아니라 일본 국내적인 추동력도 가지고 있었다. 신헌법 아래에서 초대 수상이었던 요시다는 1947년 8월에 맥아더에게 서간을 보내, 정치적 경제적 안정을 위한 긴급대책을 제시하고 반공주의 강화를 역설하였다. 그는 정부직원이나 교육기관으로부터 공산주의의 영향력을 말살하고 재일조선인 공산주의자와 범죄분자의 처벌, 경찰제도의 개혁 등을 건의하였다(최상룡, 1990: 17).

9) 냉전 초기 유럽의 정책결정자들은 동아시아 식민 질서를 유지할 필요가 있다는 점을 미국이 인식해주기를 원했고, 미국의 유럽우선주의자들은 이러한 주장에 동조했다. 이것은 정치적·역사적 배경뿐만 아니라 경제적인 이유에서도 제기되었다. 즉, 유럽의 유동성 부족 현상을 동남아시아 경제와 연계함으로써 해결하려는 것이었다. 이러한 구상은 한국전쟁의 발발과 더불어 일본을 중심으로 한 지역망 구축의 전략이 제기되면서 후퇴하게 된다(김명섭, 2005).

면, 아시아 국가들의 독립을 통해서 동아시아가 통합될 가능성이 완전히 배제되지는 않았다. 하지만 미국은 실제 현실에서는 유럽 부흥과 공산화의 위협을 강조하면서 동아시아 식민지들을 독립시키겠다는 전시 공약을 포기하였다. 전후에 벌어진 동아시아의 민족해방 투쟁에서 미국은 인도차이나, 말라야, 인도네시아에서 현지의 민족주의 세력 대신 프랑스, 영국, 네덜란드를 지지했다(찰머스 존슨, 2003: 60).

결국 동아시아를 미국주도의 세계질서로 포섭하기 위한 전략은 동남아시아의 '재식민화'와 동(북)아시아의 점령이라는 이중적인 방식으로 나타나게 되었다. 전자는 '베트남전쟁'으로, 후자는 '한국전쟁'으로 귀결되는 것에서 알 수 있는 것처럼, 미국의 동아시아 전후 구상에서 탈식민화 의도가 불철저했다는 점은 동아시아와 미국 간의 관계에 있어서 크나큰 불행이었다. 이후 미국의 전략은 1950년대를 경과하면서 경제적으로는 동남아시아의 일부를 일본의 배후지로 통합하고, 정치적으로는 동아시아 전체에 걸쳐 냉전적 분단을 공고화하는 것으로 전환되었다.

2) 일본 점령의 성격과 지일파의 존재

미국의 대일 점령의 성격을 평가함에 있어서 그것이 간접 점령, 미국에 의한 '실질적인' 단독·비분할 점령의 성격을 가지고 있었다는 점과, '평화적'이며 '성공적'인 점령으로 종결되었다는 점은 일관성을 띠고 있다. 그런데 점령정책의 '실행' 과정뿐만 아니라, 점령정책의 '기획' 과정에서 이미 호의적인 대일 점령정책이 구상되고 있었다는 점은 미 국무부 내부에 넓게 포진하고 있던 지일파(知日派)[10]의 존재를 생략한 채로는 해명될 수 없다(五百旗頭真,

---

10) '지일파'와 '친일파', '일본파'는 어느 정도 중복되는 위치에 있었다. 이들은 일본 전문가이거나 일본의 역사와 문화에 대해 어느 정도의 이해를 가지고 있는 관료집단을 폭넓게 지칭한다(五百旗

2005; 楠綾子, 2005).

지일파들은 미국이 동아시아 지역에서 전후 구상을 기획하기 시작할 무렵부터 영향력을 발휘하고 있었다. 1943년 10월 20일 미 국무성 내에 극동 및 태평양 지역을 전담하는 극동지역위원회(FEAC)가 설립되는데, 의장인 브레이크슬리(Blakeslee)와 간사였던 보튼(Hugh Borton) 등의 지일파에 의해 작성된 FEAC 문서들은 거의 대일 점령정책의 원형을 형성했다(이혜숙, 2003: 19~20). 미국의 '초기 대일방침(SWNCC150/4A)'은 브레이크슬리가 작성한 문서(PWC108b)를 발전시킨 것으로, 이 문서에서 드러나는 점령정책의 기조는 (실질적) 단독 점령, 간접통치, 천황제 유지라는 틀이었다.

대일 점령정책을 형성하는 과정에서 국무성의 간부진들과 정책실무팀에 포진한 지일파들 사이에서는 격렬한 논쟁이 벌어지기도 했는데, 이들 사이에 오랫동안 쟁점이 되었던 부분은 천황제와 관료제의 처리방식에 있었다. 간부진들은 전쟁책임을 물어서 천황제를 폐지하고 관료제를 해체하려는 의견을 가지고 있었지만, 지일파들은 시종일관 천황제 유지 방침을 고수했다. 지일파들은 일본에 관한 전문지식을 내세우면서 점령의 안정적인 수행을 위해서 천황제 유지와 관료들의 협조가 필수적이라고 주장했다(五百旗頭真, 2005: 115~118). 물론 이들의 의견이 대일 점령정책의 '실행'과정에서 시종일관 관철된 것은 아니었다. 이들의 입장은 1945년에서 46년에 이르는 종전 직후에는 탈군국주의화 및 민주화의 거센 여론에 밀려 있었다. 하지만 이 기간에는

頭真, 1993: 212~214). 국무성의 실무라인에 포진하고 있던 지일파들은 미일 양국이 '워싱턴회의 체제'하에서 보조를 맞추고 있던 1920년대 중반부터 전시를 거쳐서 육성되었다. 대표적으로는 일본 유학의 경험이 있는 보튼(Hugh Borton)과 태평양지역 전문가 브레이크슬리(George H. Blakeslee), 외교 라인의 앨리슨(John M. Allison), 에머슨(John K. Emmerson), 존슨(U. Alexis Johnson), 그리고 해군의 일본어 학교에서 교육을 받았으며 그 영향 아래 있던 핀(Richard B. Finn), 그린(Marshall Green), 피어리(Robert . Fearey), 시볼트(William J. Sebald) 등을 꼽을 수 있다. 그러나 모든 지일파들이 점령정책에 대해 동일한 견해를 가지고 있지는 않았다. 가령 보튼과 에머슨이 국제주의적 경향을 가지고 있었다면, 앨리슨, 피어리, 그린, 시볼트 등은 대소봉쇄방침과 일본의 부흥정책에 적극적이었다(楠綾子, 2005).

맥아더와 휄레스(B. F. Whellus), 시볼트와 같은 현지 관료들이 이들의 공백을 보완했다. 일본의 점령사 연구자인 이오키베는 47년 이후의 냉전과 한국전쟁, 강화조약의 과정에서 지일파들이 줄곧 일본에 우호적인 정책으로 일관하였다고 보면서, 지일파가 주도한 미국의 일본 점령은 일본에게 있어서 하나의 '요행'이었다고 평가한다(五百旗頭眞, 2005).

하지만 지일파들은 점령의 와중에 갑자기 형성된 집단이 아니다. 앞에서 지적했던 것처럼 이들은 '워싱턴회담체제'라는 미일 간의 긴밀한 관계 속에서 1920년대 중반부터 성장하여 일본을 연구하거나 일본어를 습득한 사람들이었다. '중국에 대한 공동지배'와 '러시아 봉쇄' 그리고 '각자의 식민지에 대한 배타적인 이익의 보호'라는 공통의 이익을 지켜오는 과정에서 미 국무부 내에 지일파들이 형성되었던 것이다. 때문에 지일파들은 전통적으로 미국의 동아시아 정책에 있어서, 건전한 강대국으로 발전했던 일본과의 협조관계가 미국의 국익에 합치된다고 생각했다(楠綾子, 2005: 140). 이에 따라 중국내전에서 공산당의 세력이 우세해지자, 미국은 곧바로 일본 중심의 동아시아 정책으로 전환할 수 있었다. 결국, 지일파들의 존재는 미국의 일본 점령에 있어서 우호적인 '기획', 평화적인 '과정', 성공적인 '결과'라는 평가를 가져온 위로부터의 요인이었을 뿐만 아니라, 미일관계에 있어서도 전전과 전후의 연속성의 문제를 제기하고 있다.

3) 점령을 주변/소수자의 시각에서 본다는 것

일반적으로 근대 '시민사회'를 축으로 한 국민국가는 국내의 주변지역·소수민족을 억압·통합하고, 국외·주변을 구조적 후방으로 하여 식민지를 형성함으로써 존속 가능한 시스템으로 이해된다(尹健次, 1997: 329). 그러므로 전후의 국가시스템을 형성한 점령의 성격과 관련해서도 주변과 소수자의 시각에서 재평가하는 작업이 요구된다. 여기에서는 점령과 결부된 소수자·주변으로서 자주 거론되는 재일조선인 정책과 오키나와 점령의 문제를 살펴본다.

재일조선인 정책은 식민지 민중에 대한 미국의 이해에 있어서 하나의 척도가 된다. 그들의 존재 자체가 식민지 지배의 결과였기 때문이다. 그런데 종전 직후인 1945년 9월 21일 삼부조정위원회 문서(SWNCC52/4)에서 밝힌 미국의 입장은 재일조선인을 일본 신민(적국민)으로 취급할 것을 전제로 하되, 가능하면 해방민족으로 취급한다는 것이었다. 며칠 후인 9월 26일, 삼부조정위원회 산하의 극동소위원회(SFE)가 마련한 "재일난민(Displaced Persons in Japan)"이라는 제목의 문서(SFE128)는 "군의 안전과 모순하지 않는 한, 조선을 최대한 해방된 국가로서 처우하는 것을 기본으로 해야 한다"는 것으로 변경되었다. 즉, 초기의 방침은 비록 비일관성을 띠고 있었지만, '해방'이라는 대의에 따라 '재일난민'을 처우한다는 것이었다. 하지만 이 방침은 1946년 5월과 11월 GHQ 산하의 외무국(DS)에 의해 "합법적으로 수립된 한국 정부가 이들을 한국 국민으로 승인할 때까지 그 일본 국적을 유지하고 있는 것으로 간주한다"는 규정으로 변경된다(김태기, 1998: 253~254). 이러한 방침 변화는 1945년까지 임시방편으로 대응했던 점령당국이 재일조선인을 점차 범죄시하고, 일본의 질서유지를 꾀하는 차원에서 재일조선인을 일본 정부의 관리하에 두는 쪽으로 방향을 선회했음을 의미한다.[11]

일본 정부와 GHQ의 입장은 주한 미군정의 입장과도 수렴된다. 점령 초기에 GHQ 산하의 경제과학국(ESS)은 대일 점령통치의 일환으로 자본의 유출을 방지하기 위해 귀환 자금을 1000엔으로 제한하였다. 전후의 인플레이션

---

11) 이것은 애초에 미 국무부와 GHQ가 재일조선인 정책을 일본의 점령정책에 딸린 부수적인 문제로 취급한 결과이기도 했다. 정책 실무자들의 의견이 그만큼 중요했다는 것인데, 김태기는 이러한 실무자들이 대부분 지일파였으며 '일미관계'의 입장에서 재일조선인 문제를 처리했다고 평가한다. 예컨대 국무부의 정책을 받아 일본 현지에서 재일조선인 문제를 담당했던 GHQ 외무국의 핀(Richard B. Finn)은 일본 관료들과는 재일조선인 문제를 자주 협상했지만 단 한 번도 재일조선인을 만나서 그들의 의견을 청취하지 않았다(김태기, 1998: 152).

하에서 이 같은 소액으로 생활유지가 힘들었기 때문에, 귀환자들의 남한 생활이 어려울 수밖에 없었다. 주한 미 군정청은 재일조선인이 미 군정청 행정에 경제적 부담을 주고, 경우에 따라서는 점령통치에 반대하는 혁신세력에 가담하는 현상이 발생한다는 이유로 그 시정을 요구하였다. 또한 남한의 미 군정청은 1946년 2월 21일자 서신을 통해서 "이들은 조선의 한국인 제 집단에 의한 반미선전에 영향을 끼쳐왔다"고 하여, GHQ와 일본 정부에 재일조선인 문제의 해결을 요구하였다(김태기, 1998: 251~252). 즉, GHQ와 남한의 미군정, 일본 정부에 의해서 재일조선인은 하나의 문제 집단, 관리되어야 할 집단으로 규정되어 간 것이다.

1948년의 한신교육투쟁에 대한 위로부터의 대응은 두 가지 지점에서 흥미롭다. 먼저, 그것은 GHQ와 남한의 미군정, 일본 정부가 반공·반혁명의 시각에서 연계를 강화해 간 결정판이었다. 한반도에서 4·3항쟁이 일어나는 등 단독선거 반대투쟁이 격화되고 있을 때 일본에서는 일본 정부의 민족학교 탄압 움직임에 대한 대중적인 저항투쟁이 일어났다. 이 한신교육투쟁을 진압하기 위해 1948년 고베(神戶) 시내에는 비상사태가 선언되었다. 그런데 이러한 비상사태를 주도한 미 제8군사령관 아이켈버그는 비상사태라는 수단이 남조선의 단독선거를 지원하기 위한 수단이라는 점을 강조했다고 한다. 또한 검거된 재일조선인들은 석방의 조건으로 남한의 단독선거에 대한 지지를 강요받았다(정영환, 2005: 1~6).

또 하나 주목되는 것은 일본 점령에 있어서 간접 통치라는 '호의적' 조건이 점령 자체의 억압적 성격과 균열을 일으킨 지점이 재일조선인 문제였다는 점이다. 이와 관련된 것이 이른바 '3포고' 문제와 비상사태계획이다. 먼저, '3포고'는 1945년 9월 2일 미 전함 미주리호 선상에서 미일 간의 항복문서 조인이 행해진 뒤, 미국 태평양육군총사령부(GHQ·AFPAC)의 마셜 참모부장이 스즈키(鈴木九萬) 종전연락요코하마사무국장에게 점령군의 도쿄 진주 소식과 함께 전한 것으로서, ① 일본 정부의 권한을 최고사령관 아래에 두고 일본을 군사 관리한다, ② 점령군의 명령에 위반한 사람을 군사재판에 의해 처벌한다, ③ 미군 군표 B엔을 법정통화로 한다는 내용이었다. 충격을 받은 일본 정부는 즉시 연기를 요청하고, 다음날에는 시게미쓰 마모루(重光葵)외상이 맥아더를 회견하여 일본 정부의 권위 실추와 '국내적 혼란'을 이유로 중지를 요청하였다. 그 결과 '3포고'는 공포하지 않게 되었고 대일 점령은 점차 간접 점령의 형식을 강화해 갔다(荒敬, 2005: 27). 즉, 미국이 간접 점령의 방침을 세우고 실행했지만, 직접·군정통치의 가능성이 완전히 봉쇄되지는 않았던 것이다.

그런데 미국은 1947년 3월 12일 트루먼 독트린을 발표하여 냉전정책을 강화해 가면서, 내부적으로 7월에는 톨부스(Tollbooth)라는 민간비상사태 계획을 마련하고 48년 3월에는 건파우더(Gunpowder)라는 전면적 비상사태계획을 마련해 두고 있었다.[12] 바로 이 비상사태계획이 고베의 재일조선인들에게 적용되었던 것이다. 4월 26일 아이켈버그 사령관은 재일조선인의 움직임은 '진주군의 정책과 점령군의 안전에 유해한' '폭동'이라는 성명을 발표하였다. 아라 다카시(荒敬)는 비상사태계획의 마련과 그 적용을 분석하면서, 미국의 대일 점령이 간접 점령의 성격을 띠고 있었지만, 직접 점령의 성격도 일부 지니고 있었다고 주장한다(荒敬, 2005). 미군은 '점령군의 안전에 유해한' '폭동'에 직접·군사적으로 개입할 수 있는 통로를 마련해 두고 있었을 뿐만 아니라, 가장 '유해한' 것으로서 재일조선인 문제에 선별적으로 개입했던 것이다.

---

12) 톨부스계획의 일반 목적은 ①점령군과 그 시설의 안전을 유지하는 것과 ②일본 국내의 군사지배를 유지하고 점령목적의 달성을 위한 기초가 되는 국내조건을 확보하는 것에 있었다(荒敬, 2005: 29).

4) 오키나와 점령과 동아시아

오키나와 점령에 관해서는 이 책의 다른 글들에서도 다루고 있기 때문에, 여기에서는 오키나와 점령과 미국의 일본 점령과의 차이 및 남한 점령과의 연관성의 문제를 간략히 살펴보고자 한다. 먼저, 일본 점령과 오키나와 점령은 '전후 점령'과 전시 점령 및 그 연속이라는 점에서 큰 차이가 있다.[13] 미국의 오키나와 점령을 크게 두 시기로 구분하면 강화조약이 발효되는 1952년까지와 그 이후의 시기로 나눌 수 있는데, 1945년부터 1952년까지의 오키나와 점령은 전시 점령의 연속이라는 틀에서 이해할 수 있다. 45년 6월 23일에 오키나와전은 사실상 종결했지만, 일본 본토를 공격하기 위한 미군의 기지건설과 폭격기의 이착륙, 주민의 강제수용은 일본이 항복한 이후에도 계속되었다. 문제는 9월 2일 일본과 연합국 간 항복조인식이 거행되고 9월 7일에는 오키나와 방면에서의 항복조인식이 거행되었지만 전시 점령의 상황이 끝나지 않았다는 점이다. 주민들이 강제 수용된 조건하에서 무차별적인 기지건설이 강행되었고, 45년 말부터 주민들이 구거주지로 돌아왔지만 미군에 의한 기지의 강제사용이 계속되었다. 주민들의 항의에 대해, 미군은 헤이그 육전법규에 근거하여 일본이 독립할 때까지는 전쟁상태가 지속된다고 주장하면서 토지 사용료조차 지불하지 않았다(新崎盛暉, 2005: 12). 즉, 미군은 기지건설을 정당화하기 위해 전투가 종결된 이후에도 전시 점령이 계속된다는 입장을 표명했던 것이다.

1945~1952년의 기간 동안 일본 점령과 비교해서 오키나와 점령은 '형식

---

13) 미국의 일본 점령은 일본의 항복선언이 나오고 1945년 9월 2일 항복문서의 조인이 행해진 때부터(또는 8월 28일 미군이 아쓰키(厚木)기지에 진주했을 때부터) 1952년 4월 28일 강화조약이 발효될 때까지 계속된 반면, 오키나와 점령은 1945년 4월 1일 오키나와 본섬에 미군이 상륙한 시점부터(또는 3월 26일 게라마(慶良間)열도에 미군이 상륙한 시점부터) 1972년 5월 15일 오키나와가 일본에 반환될 때까지 계속되었다.

상으로도' 미국의 직접·단독 점령이라는 특징을 가지고 있다. 일본 본토에서는 '3포고'가 철회되었지만, 1945년 4월 1일 오키나와 본섬에 상륙한 미군은 니미츠(C. W. Nimitz) 원수의 이름으로 이른바 '니미츠포고'를 발포(發布)하고 이를 통해 '일본제국정부의 모든 행정권의 사용을 정지'시킴으로써(中野好夫 편, 1969: 9) 류큐열도를 일본의 행정권으로부터 분리시켜 직접통치하에 두었다. 애초 미 군부는 1942년 후반부터 북위 30도 이남의 지역에서 일본의 관할권을 박탈한다는 방침을 검토했고, 미 합동참모본부도 1943년에 '극동의 영토와 경계 문제'라는 문서에서 오가사와라(小笠原) 및 남양군도와 함께 오키나와를 일본으로부터 분리할 구상을 세워두고 있었다(大田昌秀, 1987). 더구나 오키나와전 당시 일본의 오키나와수비군(제32군)이 북위 30도 10분 이남부터 북위 20도 10분까지를 관할구역으로 삼고 있었기 때문에, 니미츠와 맥아더가 이끄는 미 해군과 육군의 작전구역이 북위 30도를 경계로 나뉘게 되었다. 1945년 4월 3일 미 합동참모본부는 맥아더에게 일본 본토 상륙작전의 준비를 명령하면서 북위 30도 이남의 도서를 관할 범위에서 제외시켰다.

그렇다면 항복문서가 조인된 이후, 왜 오키나와는 연합국의 대일 점령체제에 포함되지도 않고 일본 본토처럼 형식상 연합국의 공동 점령이라는 틀을 갖추지도 못했을까. 이것은 오키나와의 일본으로부터의 분리가 어떻게 결정되었는가의 문제로 연결된다.[14] 미국의 오키나와 분리 방침의 근거에는 류큐열도가 원래 일본국의 영토가 아니었다는 견해도 중요하게 작용하고 있었지만, 1946년 1월 29일 연합군총사령부의 '약간의 외곽지역을 정치상 행정상 일본에서 분리하는 각서(SCAPIN677)'의 존재가 중요하다. 이 문서는 전후 최초의 총선거를 치르기 위해 선거 실시지역을 확정하기 위한 과정에서 나왔다.

---

14) 여기에 대해서는 이미 1943년 단계에서 오키나와의 일본으로부터의 분리가 결정적인 것으로 되었다는 오타의 견해(大田昌秀, 1979)와, 1945년 4월 5일 미 합동참모본부의 지령(JCS1259/4)에 의해 오키나와의 분리가 결정적인 것으로 되었다는 미야자토의 견해(宮里政玄, 1986)가 있다. 90년대 이후의 연구 결과들에 대해서는 이 책의 1장에 실린 임현진·정근식의 글을 참조.

선거 실시지역을 확정하는 문제는 일본의 영토 문제의 처리로 연결되어 해석될 가능성이 있었기 때문에 연합군총사령부 내에서 많은 논란이 있었다. 특히 군부의 견해를 대변하는 참모부는 오키나와에서의 선거 실시에 반대 입장을 표명했다. 이후 GHQ 내부의 논란은 '일본 정부'가 오키나와현의 선거 실시를 요구하지 않았다는 점을 근거로 절충되었고,[15] SCAPIN677 지령에 의해서 오키나와는 연합국의 공동 점령 구역에 편입되지 않고 미국의 단독 점령 구역으로 남게 되었다(天川晃, 1993: 40~43). 결국 오키나와에 대한 단독 점령 방침이 결정되면서 미 군부에 의한 직접통치도 자연스럽게 지속되었는데, 그러한 결정의 배경에는 일본 점령을 미국이 '실질적'으로 주도하고 있었다는 권력관계가 놓여 있었던 것이다.

일본 점령과 비교했을 때, 오키나와 점령이 가지는 또 하나의 특징은 점령의 목적과 점령체제가 애매모호했다는 점이다. 일본 점령은 비군사화와 민주화라는 명확한 목표를 가지고 있었고, 이를 실시하기 위한 기구로서 GHQ가 일찍부터 수립되었으며 일본의 관료체계도 정비되어 있었다. 전시 점령을 선언했던 니미츠 포고에 따르면, 오키나와 점령은 '군략의 필요상' 행해지는 것이며 '일본의 침략력 파괴'와 '군벌의 파멸'을 점령 목적으로 하고 있었다(中野好夫 편, 1969: 9). 이와 함께 '치안유지 및 미군과 거주민의 안녕복지'라는 목표도 내세우고 있었지만, 전시 점령하에서 군사전략상의 필요가 우선될 수밖에 없었다. 문제는 일본의 항복에 의해 군사전략상의 필요는 소멸되었지만, SCAPIN677에 의해 오키나와의 분리점령이 계속되고 있었다는 점이다. 그러나 1945년 12월 미 해군 군정부가 내세운 점령의 목적이나 1948년 1월 24일 미 군정부가 발표한 '류큐의 정부에 대하여'에서 제시된 점령의 목적에서도 직접 점령과 분리점령을 정당화하는 근거는 제시되지 않았다.[16] 점령체제나

---

15) GHQ는 '일본 정부'의 판단을 정당화의 근거로 삼았지만, 역으로 '일본 정부'가 그러한 입장을 표명한 배후에는 '니미츠포고'로 대표되는 미국의 분리방침이 작용하고 있었다고 봐야 할 것이다.

그 책임자 역시 몇 차례에 걸쳐 큰 변동을 겪었고, 지상전을 치루는 과정에서 파괴된 관료조직을 재편하는 것도 긴 시간을 요구하는 작업이었다.[17]

　　무엇보다 오키나와 점령의 모호성은 오키나와의 국제적 지위가 결정되지 않은 상태라는 점에서 비롯되었다. 불확실한 점령목적과 점령체제에도 불구하고 오키나와를 단독·직접 점령했던 배경에는 오키나와를 '태평양의 요석(keystone)'으로 바라보면서, 군사기지로서 오키나와를 확보하려는 미 군부의 욕구가 작용하고 있었다. 하지만 그러한 군부의 욕구가 즉각적으로 실현되지 못한 것은, 식민지·반식민지 민중들에게 약속한 탈식민화 선언에 따라 영토적 야욕을 가지고 있지 않다는 점을 명확히 해야 한다는 미 국무부의 요구와, 명목상으로나마 오키나와를 일본 영토로 남겨두려 했던 일본 정부의 요구가 서로 대립하고 있었기 때문이었다(Eldridge, 2001). 그 결과로 탄생한 것이 이른바 '잠재주권(residual sovereignty)' 조항이었다. 법률가였던 덜레스(John F. Dulles)가 고안한 이 방침은 오키나와의 주권을 일본에게 남겨두는 대신 오키나와를 미국이 장기 지배한다는 것이었다. 대일강화조약 제3조에 의해 규정되어 오키나와 반환까지(1952~1972) 지속된 오키나와의 특수한 지위는 역사상 전례를 찾기 힘든 것이었다.[18] 오키나와 주민에 대한 입법·사법·행정의 권한을 미군이 쥐고 있었다는 점에서 일본의 완전한 영토라고 단정하기도 힘들었고, '잠재주권'을 일본에게 남겨두었다는 점에서 미국이 병합한 영토도 아니었다. 그렇다고 미일안보조약에 따라 일본이 미국에게 공여하는 일본 본토의 '기지 및 구역'과도 달랐다. 그것은 아주 '새로운' 형태의 식민지였

---

16) 양자에 공통된 것으로서 ① 손해를 받은 재산 등의 부흥, ② 공중위생의 개선, ③ 조기의 지방자치체의 설치, ④ 건전한 경제정책의 수립, ⑤ 주민의 능력과 오키나와에 즉응한 교육계획 등이 거론되었다.

17) 오키나와의 점령체제 변동과 관료조직의 재건에 대해서는 이 책에 실린 장은주의 글을 참조.

18) 유사한 사례로는 1878년 러시아-터키전쟁 당시에 터키와 동맹조약을 체결한 영국이 사이프러스를 점령하고 시정권을 획득한 경우가 거론된다. 당시 터키는 사이프러스에 대한 주권을 보유했고, 언젠가 관리자(negotiorum gestor)의 지위를 회복할 것을 약속받았다.

고, 아주 '특이한' 점령이었다.

그렇다면 오키나와 점령은 일본 점령 및 전후 일본의 체제와 어떻게 관련되어 있었을까. 이미 1970년대부터 오키나와 연구자들은 오키나와 점령과 일본 본토에서의 점령·개혁 간의 관련성에 주목해 왔다. 오타는 "일본의 '전후개혁'에 대해 쓴 것에서 오키나와에 대한 논급이 눈에 띄게 적다"고 지적하면서 "일본 본토의 '민주개혁'이 오키나와를 미군정 하에 두는 것을 전제로 해서 성립한 것이 아닐까"라는 문제를 제기한 바 있다(大田昌秀, 1979). 이후, 이러한 시각은 오키나와 점령 연구의 기본적인 시각이 되어 왔는데, 크게 신헌법 제정과 천황제 존치문제와 관련하여 오키나와 점령이 언급되어 왔다.[19] 일본의 신헌법 제9조하에서, 군대를 가지지 않고 국가의 교전권도 포기할 경우, 일본의 방위를 어떻게 해결할 것인지가 문제가 된다. 이때, 일본 점령의 총사령관이었던 맥아더는 오키나와를 공군기지화하면 일본이 재군비를 하지 않아도 방위에 문제가 없다는 입장을 내세우며 오키나와의 기지화와 일본의 비군사화를 정당화했다.[20] 이후 냉전의 격화와 중국 내전에서 공산당의 승리, 한국전쟁의 발발과 같은 움직임 속에서 일본은 재군비 정책을 밟아 나갔지만, 오키나와의 분리지배 방침은 변화하지 않았다. 특히 미국은 미일안보조약에 따라 일본 전토를 기지로 사용할 수 있었음에도 불구하고, 기지 사용과 기지 운용의 특권이 보장된 오키나와기지를 포기하려 하지 않았고, 이러한 기지화 방침은 오늘날까지 이어지고 있다. 따라서 오키나와는 미일동맹을 축으로 한 동아시아질서와 전후 일본을 가능하게 했던 하나의 특이점으로서 존재해 왔다.

---

19) 천황제 존치 문제와 오키나와 점령 간의 관계에 대해서는 고모리 요이치(2004)와 아라사키 모리테루(新崎盛輝, 2005)의 글을 참조.

20) 이러한 입장은 일본을 순방 중이던 케넌에 의해 '미국의 대일정책에 관한 보고(PPS28)'라는 제목으로 미 국무부에 제출되었다. 점령정책의 전환을 위한 케넌의 보고는 1948년 10월의 미 국가안전보장회의 문서(NSC13/2)에 따른 일본 본토에서의 점령정책 전환으로 이어졌고, 1949년 5월 6일의 미 국가안전보장회의 문서(NSC13/3)에서 오키나와의 분리지배 방침으로 이어졌다.

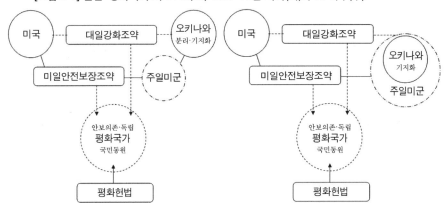

[그림 2-1] 일본 '평화국가'의 3+1제도, 1952~72년 시기(좌)와 그 이후(우)

요컨대, 일본의 전후체제를 구성해 온 제도들, 즉 일본을 독립시키면서 자본주의세계경제로의 통합을 보장한 '대일강화조약', 전쟁포기와 군대보유 금지를 핵심으로 하는 일본의 '신헌법', 미군의 주둔을 보장하면서 미국에게 안보를 의존하는 '미일안보조약'과 같은 삼위일체의 제도들은 오키나와의 기지화와 오키나와에 주둔한 미 군사력을 배경으로 하여 성립되었다고 해도 과언이 아닐 것이다([그림 2-1] 참조). 따라서 다음 절에서 살펴볼 것처럼, 평화헌법을 '지킨다'는 입장에 서 있던 일본 본토의 전후민주주의·평화주의와, 평화헌법의 완전한 '실현'을 요구해 온 오키나와의 평화운동 간에는 오키나와의 구조적 위치에서 연유한, 매우 큰 입장 차이가 존재한다. 즉, 오키나와 문제를 어떻게 평가하는가가 일본의 전후를 재고하는 데 있어서 중요한 논점으로 자리잡게 된다. 1965년에 일본 수상으로는 처음으로 오키나와를 방문한 사토 에이사쿠 수상은 "오키나와의 조국 복귀가 실현되지 않는 한, 일본의 전후는 끝나지 않는다"라고 말하면서 오키나와 반환을 정당화했지만, 오키나와 반환 이후 '전후는 이제 끝났다'는 일본 본토의 자족감은 오키나와의 분리에 대한 망각과 지금도 계속되고 있는 '기지 오키나와'의 현실에 대한 눈가림을 통해서만 유지될 수 있는 것이었다.

5) 미소의 한반도 분할 점령과 미국의 남한 점령

전후 한반도에서 이루어진 점령의 성격을 살펴볼 때, 세 가지 부분이 쟁점이 된다. 미소의 분할 점령과 직접 군정에 의한 미국의 남한 점령, 그리고 일본과 비교할 때 '억압적'이었던 점령의 과정이 그것이다.

먼저, 분할 점령의 문제부터 살펴보자. 1945년 8월 15일자 연합군최고사령부의 일반명령 제1호에 의해서 38선 이북의 일본군 무장해제는 소련군이, 38선 이남은 미군이 담당한다는 내용이 공포되었다(이완범, 2007: 40~44). 이 38선 분할은 1945년 8월 10일 자정 무렵, 미국 삼부조정위원회에서 근무하던 딘 러스크(Dean Rusk)와 찰스 본스틸(Charles Bonesteel)이라는 두 대령에 의해 30분 만에 확정되었다고 알려져 왔다. 하지만 실무팀에서의 작업은 돌출적이거나 즉흥적인 결정의 소산이 아니라 미국이 오랫동안 준비해 온 한반도 정책의 산물이었다.[21] 분할 점령과 관련하여 이를 계획하고 실행에 옮긴 집단은 미 군부였다. 최근 연구에 따르면, 링컨(George A. Lincoln) 준장과 헐(Cordell Hull) 중장이 38선 분할안의 발안자였으며, 특히 38선의 기획·결정의 담당부서였던 미 육군부 작전국 전략정책단(Strategy and Policy Group)의 링컨 단장은 1944~45년에 걸쳐 한반도에 대한 미국의 군사전략적 이해라는 관점에서 분할안을 준비해왔던 것으로 밝혀지고 있다(이완범, 1996).

얄타회담을 전후해서 미국 군부의 군사전략적 고려가 미국의 대한정책 준비에서 점차 중요하게 평가되는 가운데, 미 군부는 확보해야 할 지역으로 부산·진해 지역과 경성지역을 꼽으면서 지역분할 방식을 거론하기도 하였

---

21) 미국의 입장은 38선의 분할이 단순한 '군사적 편의'에 따라 이루어졌다는 것이었다. 이것은 해방전후기 미국의 한반도 정책에 대한 평가와도 관련되는데, 한국에서 주류적인 입장은 미국이 좋은 의도를 가지고 있었지만 현지사정에 어두웠다는 '선의의 실책'론에 서 있다. 1980년대 이후에 주류적인 사관을 비판해 온 연구자들은 미국의 정치적 의도를 집중적으로 비판해 왔는데, 정병욱은 기존 연구들을 크게 '얄타 밀약설', '포츠담 합의설', '일본 음모설'로 구분하고 있다(정병욱, 2006: 124~126).

다.[22] 미 국무부가 공동 점령과 공동관리로 통일된 중앙통제를 실시한다는 방침을 가지고 있었던 반면, 미 군부는 그럴 경우 동북아시아 지역에 막강한 육군을 보유하고 있는 소련이 우위에 서게 되어 미국의 영향력과 발언력이 축소될 것이라고 우려하고 있었다. 미 군부는 초기 점령단계에서 미국이 한반도를 하나의 통일된 단위로 장악하는 것이 불가능할 것이며, 전략지역을 확보하기 위해서 분할 점령 방식이 좋을 것이라고 생각하였던 것이다(정용욱, 2003: 54~55). 1945년 7월에 열린 포츠담회담을 전후해서 군부는 초기에 점령해야 할 지역으로 부산과 경성을 꼽고, 이를 위해 1개 혹은 그 이상의 사단을 투입해야 한다는 견해를 마련해 두고 있었다. 그리고 8월 22일 소련군이 만주의 대부분을 점령하고 빠른 속도로 한반도 남쪽으로 남하하자 미 육군부는 '조선으로 신속하게 이동해서 시급히 경성 지역을 확보하는 것이 대통령의 희망이자 지시'임을 강조하는 전문을 오키나와에 진주하고 있던 24군단장 하지(John R. Hodge)에게 거듭해서 보냈다. 즉, 미 군부의 한반도 분할 점령 구상은 한반도의 어느 지점에서 소련의 팽창을 저지하고 미국의 이익을 극대화한다는, 대소전략의 일환이라는 성격을 띠고 있었던 것이다. 그것은 "되도록이면 북상하라"는 구절로 상징된다(이완범, 2007: 44).

　　미국은 총론적·원칙적 토론단계(1942년 2월~1943년 6월)에서 정책 준비단계(1943년 2월~1945년 1월)를 거쳐 정책 결정단계(1945년 3월 이후)로 접어드는 등 상당히 일찍부터 대한정책을 준비해 왔다. "한국의 전후 위상이 구체적으로 논의되기 시작하던 첫 무렵부터 미국의 대외정책에 영향을 미치는 여론형성 집단과 실무 외교관, 정책결정 집단 모두가 한국 문제의 전후 해결방안에 대해 일치된 견해를 가지고 있었"는데, 그것은 신탁통치안과 미국이 주도하는 국제기구에 의한 관리안이었다(정용욱, 2003: 42~43). 그런데

---

22) 지역분할 점령은 독일과 같은 엄격한 국경장벽을 두지 않은 상태에서 각 지역을 강대국이 분할해서 점령하는 방식이다.

신탁통치안과 국제민간행정기구 설치라는 정책대안의 단계에서 미국은 한반도를 하나의 통일된 단위로 하는 전후 처리안을 구상하고 있었고, 한반도 분할 점령안보다는 한반도와 아시아 대륙, 특히 만주와의 관계가 중시되었다. 요컨대, 오키나와의 경우와 유사하게, 한반도 분할 점령의 과정에서도 정치적 고려를 중시한 미 국무부와 전략적 고려를 중시한 미 군부간의 의견대립이 눈에 띈다.[23]

　　다음으로 살펴볼 문제는, 직접 점령 또는 군정 실시의 문제다. 미국이 최초의 점령안을 마련한 것은 1944년 3월 단계에 가서였다. 이때 마련된 점령안은 '다국적이면서도 단일단위인 점령안'의 성격을 띠고 있었고, '군사적 점령과 군정실시 → 신탁통치 → 독립'이라는 3단계 구상을 내용으로 하고 있었다 (이완범, 1996). 미 국무부의 정책입안자들은 한반도가 소련에 들어갈 가능성을 우려하면서, 신탁통치협정이 강대국의 마찰을 조절할 좋은 수단이지만 미국이 발언권을 얻기 위해 한반도를 군사적으로 부분 혹은 완전 점령하는 것이 필요하다는 입장이었다. 하지만 이와 같은 계획이 있다 하더라도, 실제에 있어서 군정 실시가 당연시되었던 일본에 간접통치가 이루어진 반면, 남한에만 철두철미하게 군정이 실시된 정확한 이유는 불분명하다. 미소 양군은 일본군의 항복접수와 무장해제를 위해 한반도를 점령한다고 주장했지만 이 작업은 1945년 말에 완료되었고, 일본군 무장해제를 위해 군사적 점령을 해야 할 필요가 있다 하더라도 이것이 곧바로 군정으로 귀결될 이유는 없다. 미군정이 존속

---

23) 위와 같은 미국의 정책에 대해 소련은 어떻게 대응했을까. 미국의 신탁통치안에 대해서는 그것이 미국의 영향력을 보장하기 위한 제도라는 점을 비판하면서도 국제신탁통치에 참여하여 친소적인 정부수립을 도모하고, 일종의 안전판으로서 한반도의 상당 지역까지 소련군이 진출·점령하는 방안을 고려하고 있었다(김성보, 1995; 이완범, 1996; 기광서, 1998). 따라서 신탁통치안에 대해서는 연합국 간에 어느 정도 공감대가 형성되고 있었고, 자국의 이해를 최대한 확보하기 위해 한반도를 군사점령할 수 있다는데 대해서 미소는 의견을 일치하고 있었다. 소련이 38선 제안을 수용한 데 대해서는 얄타체제에 대한 소련의 의존, 미국과의 정면 대결에 대한 스탈린의 우려, 유럽에서의 기득권 유지, 일본의 분할 점령 의도 등이 그 이유로 거론된다(이완범, 1994).

하고 있을 당시에 미군정의 법률전문가였던 프랑켈(Ernst Frankel)은 주한미군이 '통치권의 담당자로서 남한 내의 유일한 정부'이자 '군사점령자'이며 '자치정부'의 일반기능을 수행하고 있다고 주장했다. 프랑켈은 미군의 점령이 "국제법상으로 '임자 없는' 땅을 점령한 것"이기 때문에 군정장관이 "모든 영역에 걸쳐 자유롭게 법령을 포고할 수 있"다고 하면서, 미군정의 통치를 정당화했다(어니스트 프랑켈, 1988). 45년 10월 10일 인공(조선인민공화국)을 부인한 아놀드(A. B. Anold)의 성명은 "북위 38도 이남의 조선에는 오직 하나의 정부가 있을 뿐이다. 이 정부는 맥아더 원수의 포고와 하지 중장의 정령과 아놀드 소장의 행정령에 의하여 정당히 수립된 것"이라며 군정의 최고 권력을 정당화했다.[24] 일본과 같은 패전국의 경우에는 포츠담선언의 수락과 같은 주권의 양도 혹은 포기 선언이 존재했기에 점령군의 통치는 적어도 제도적으로는 정당성을 부여받을 수 있다. 그러나 포츠담선언의 수락에 의해 한반도가 일본으로부터 분리된다는 점에 있어서는 자명하지만, '일본'의 수락이 '한반도'에 군정을 수립할 근거가 될 수는 없다. 맥아더의 포고령 역시 권력의 자기선언에 불과한 것이지 인민의 동의를 획득한 것은 아니었다. 즉, '임자 없는' 땅이라는 주장은, 앞에서 재일조선인에 대한 미군정의 규정에서 볼 수 있는 것처럼, 조선이 패전국인가 또는 부당하게 '노예상태'에 놓이게 된 피억압민인가 하는 미국 정책상에 있어서 해결되지 않은 문제를 비켜나가기 위한 변명에 불과한 것으로 보인다.

군정 실시의 정당성 문제는 곧 점령의 '억압적' 성격 또는 점령 개혁의 한계와 관련된다. 왜냐하면 미군정을 최고 권력으로 선언하는 것은 건준(건국준비위원회)과 같은 기존 세력의 부정 및 이들과의 긴밀한 협력관계의 부재와

---

24) 1945년 9월 7일 도쿄에 있던 미 태평양방면육군총사령관 맥아더(D. MacArthur)는 '포고령 제1호' 제1조에서 "북위 38도 이남의 조선 영토와 조선 인민에 대한 통치의 전 권한은 당분간 나의 권한하에서 시행한다"고 밝혔다.

동전의 양면을 이루기 때문이다.[25] 미 점령군의 통치가 정당성을 띨 수 있는 두 가지 경우가 있었다. 첫 번째는 '권력의 공백'이라는 조건에서, 물론 그 '권력의 공백도 건준과 인공을 부인함으로써 점령군 스스로 창출한 측면이 있지만, 일본군의 문장해제와 질서유지를 위한 최소한의 역할로, 즉 '선량한 관리자'로서 자신을 한정할 경우다. 두 번째는 한반도에 군국주의 파시즘 세력이 강해서 군대를 동원한 무력개입과 통치가 장기간 필요한 경우다. 후자는 일본의 경우에 해당하지만 당시의 조선에는 해당하지 않는다. 전자와 관련하여, 맥아더에 의해서 발표된 '포고령 제1호'는 점령이 해방을 위한 임시적 조치라는 점을 다음과 같이 강조하고 있었다.

> 본관의 지휘하에 있는 승리에 빛나는 군대는 금일 북위 38도 이남의 조선 영토를 점령했다. 조선인민의 오랫동안의 노예상태에 유의하여 적당한 시기에 조선을 해방 독립시키려는 연합국의 결심을 명심하고, 조선인은 점령의 목적이 항복문서를 이행하고 그 인간적, 종교적 권리를 보호함에 있다는 것을 새로이 확신해야 한다.

초기에 점령군을 해방군으로 인식하면서 환영했던 것은 점령을 '임시적' 절차라고 밝힌 점령군의 선언에 신뢰를 보냈기 때문이었다.[26] 물론 여기에는 강대국의 행사에 대해 '어쩔 수 없다'는 국제관계의 냉혹함에 대한 인식도 곁들

---

25) 이러한 과정에는 사실상 구일본군도 큰 역할을 담당했다. 한반도에 관한 정보부족에 시달리던 미 점령군 사령관 하지에게 전달된 점령지에 관한 최초의 정보는 8월 29일과 31일에 일본군 사령관들로부터 주어진 것이었다. 이 무선 전문의 특징은, 미국의 대소경계의식을 자극하는 것이었고 이것을 조선 내 좌익세력 및 혁명적 민족주의 세력들에 대한 왜곡된 선입관으로 연결시켰다(정용욱, 2003: 130~131). 하지가 이러한 정보에 신뢰를 보내고 이를 토대로 초기의 점령정책을 수행했음은 물론이다.

26) 1945년 10월 20일에 수많은 서울시민들은 군정청 환영식장을 둘러싸고 '연합군 만세, 미합중국 만세, 대한독립 만세'를 외치면서 미 점령군을 해방군으로 환영했다. 또한 1945년 11월 20일 조선인민공화국 1차 전국인민위원회 대표자대회 결정문은 "미 - 소 양군은 조선민족해방과 조선민주주의 확립 과정에 있어서 절대적 역할을 하는 것이요"라면서 점령군을 맞이했다.

여겨 있었을 것이다. 일본에서 점령정책의 '역코스'로의 전환과 냉전의 격화는 48년을 전후한 시점에서 나타나지만, 한반도에서는 이보다 이른 시기에 점령정책의 모순과 냉전적 대결이 폭발했다. 이러한 차이는 위에서 언급한 점령통치의 정당성과 결부된 것으로서, 미국이 제시한 점령 개혁의 모순이라는 측면과 한반도에서 대중운동의 혁명적인 진출 상황이 맞물린 결과였다.

남한에서 미군정이 주도한 점령 개혁의 모순은, 위의 정당성의 두 경우와 관련하여 크게 두 가지 측면에서 드러난다. 하나는 (후자와 관련하여) 점령 개혁이 탈식민화에 철저하지 못한 채 오히려 식민지주의를 연장시켰다는 점이며, 다른 하나는 (전자와 관련하여) 피점령국의 정치·사회적 재편을 도모한다는 점령의 목표 자체가 내적인 한계를 가지고 있었다는 점이다. 점령기에 이루어진 식민지주의의 연속성은 인적인 측면과 제도적인 측면으로 나누어 볼 수 있다.[27] 제도적인 연속성의 문제는 일제 강점기에 조선에서 시행되었던 제령(制令)과 조선총독부령[28]의 효력 또는 지속성과 관련된다.[29] 해방 이후 한반도에서 스스로를 최고 권력으로 자기규정한 미군정은 1945년 10월 9일에 미군정 법령(Ordinance) 제11호를, 그리고 11월 2일에는 제21호를 공포하여 강점기 법령을 폐지하거나 지속시켰다. 미군정은 강점기 법령이, 강점기에 효력이 있었고, 1945년 8월 9일 이후 그 효력을 상실할 운명이었지만, 미군정

---

27) 인적·조직적 측면의 연속성에 대해서는 안진(2005) 참조.

28) 제령은 강점기 한반도에서 "법률을 요하는 사항"을 규정한 조선총독의 '명령'이었다. 1910년 8월 29일 '한국병합에 관한 조약'과 더불어 공포된 18건의 칙령 가운데 긴급칙령 제324호 '조선에 시행할 법령에 관한 건'에서 처음 등장하여, 1911년 3월 13일 법률 제30호 '조선에 시행할 법령에 관한 법률'로 대치되었다. 조선총독부령은 1910년 9월 30일의 칙령 제354호 '조선총독부관제' 제4조에 의거하여 조선총독이 강점기 한반도의 최고행정관청으로서 '그 직권 또는 특별한 위임에 의하여' 발한 명령이다.

29) '한국병합에 관한 조약'이 애초에 무효라는 한국 학자들의 주장에 따르게 되면(이태진, 1995; 이상찬, 1996; 김창록, 2001), 강점기 법령은 애당초 무효이기 때문에 지속성이라는 질문 자체가 성립하지 않는다. 법효력의 근거를 오로지 그것을 강제할 수 있는 '실력'에 두는 '실력설'에 근거할 경우, 강점기 법령들에 '효력'이 있었다고 주장할 수도 있는데, '실력설'에 근거하더라도 8·15의 시점에서는 그 '실력'이 사라졌기 때문에 효력이 없어졌다고 할 수 있다(김창록, 2002: 135~136).

이 계속해서 효력이 있도록 했으며, 미군정은 그러한 법령의 폐지나 지속을 정할 수 있다는 입장에 서 있었다. 미군정이 법령 제21호를 통해 법령 제11호 제2조의 '일반적 폐지 조항'을 사문화시키고,[30] 질서 유지를 명목으로 '명시적으로 폐지된 것 이외'의 강점기 법령에 대해서 그 효력의 유지를 결정했다는 점이 문제가 된다.[31] 이것은 '법의 공백'을 초래하게 될 것이라는 현실에 의해 규정된 측면이 크지만, 맥아더의 포고 제1호와 제2호에서 미군 점령의 목적이 한반도의 '해방과 독립'에 있다고 했던 취지에 비추어 평가해 볼 여지가 있다. 즉, '질서유지'를 위해 구체제 법률의 일괄적 존속을 인정했다는 점에서, 구체제 청산을 포함하는 탈식민화의 대의에 미흡했다는 것이다. 더 나아가, 미군정이 강점기 법령의 효력을 인정하거나 폐지할 권한이 있는가의 의문이 제기되는데, 이것은 미군이 "국제법상으로 '임자 없는' 땅을 점령한 것"이라는 프랑켈의 주장에 상응한다. 미군정은 스스로의 권한을 미군이나 미국인에게 한정하지 않고 한반도 주민을 그 대상으로 하면서도 그 어떤 동의도 필요한 것으로 간주하지 않았다.[32]

두 번째 문제로서, 미국의 점령 개혁 자체가 지닌 모순은 그것이 정치·

---

30) 제11호에서는 '제1조 특정 법령의 폐지'에서 "한반도 인민에게 정의의 지배와 법 앞의 평등을 회복시키기 위해" "한반도 인민을 차별하고 억압하는" 7종의 악법을 폐지하였으며, '제2조 일반적 폐지 조항'에서 "종족, 국적, 신조 또는 정치적 견해를 이유로 한 차별을 야기할" 모든 법률을 폐지하였다. 법령 제21호에서는 "1945년 8월 9일에 효력이 있었던 이전의 모든 한반도의 정부에 의해 발하여진 법률의 효력을 가지는 규칙, 명령, 고시 기타 문서는, 이미 폐지된 것을 제외하고 남한의 군사정부의 명시적인 명령에 의해 폐지될 때까지 완전한 효력을 지속한다"고 규정하였다(김창록, 2002: 140~141).

31) 명시적으로 폐지된 법령 이외의 것들은 1948년 7월 17일에 제정된 대한민국헌법 제10장 부칙 제100조의 "현행법령은 이 헌법에 저촉되지 아니하는 한 효력을 가진다"는 조항에 의해 유지되었고, 1961년 7월 15일의 법률 제659호 '구법령 정리에 관한 특별조치법'에 의해 최종적으로 폐지되었다.

32) 권력이나 정치공동체로서 국가의 창출과 수립에 있어서, 인민에 의한 동의보다 폭력의 사용이 오히려 일반적이라는 점도 지적할 수 있을 것이다. 즉, 미군정의 통치에 있어서 동의의 부재에 대한 비판이, 권력의 폭력적인 자기정립 행위가 예외적이라는 것을 의미하지는 않는다. 인민의 주권이나 동의에 대한 주장은 오히려 그에 대한 비판으로서, 그리고 권력의 유지·지속과 관련된 정당성의 문제를 제기한다는 데 의의가 있다.

사회체제의 광범위한 재편을 목표로 했다는 것으로부터 파생된다. 이러한 방침은 2차 세계대전을 반파시즘투쟁의 일환으로 바라 본 전쟁관에 기초한 것으로서, 패전이라는 상황과 민주주의에 대한 아래로부터의 지지 덕분에 '패전국' 내에서 진행된 점령 개혁은 정당성을 획득할 수 있었다. 그러나 세계대전을 일으킨 군국주의 국가 이외의 장소에서 점령 개혁을 수행할 경우, 이러한 정당성이 자동적으로 보장되지 않음은 물론이다. 점령군 사령관 하지는 남한 점령 초기에 반소반공 체제의 구축이라는 목표하에 점령통치기구와 억압기구들을 확대해 나간다(브루스 커밍스, 1986: 185~236). 그는 '선량한 관리자'에 머물거나 단순한 대소봉쇄에 만족하지 않고, 한반도 내부에서 좌익세력에 대한 탄압과 우익세력의 육성이라는 일관된 정책으로 남한의 정치사회를 강제적으로 재편해 나갔다. 미군정의 통치행위는 민족주의에서 혁명적 내용을 거세하고 민주주의를 자유주의의 테두리 내로 제한하여 미국적 영향권(sphere of influence) 내에서 국가를 건설하려는 것이었다(이삼성, 1995; 2004). 하지만 일본 점령의 과정에서 실행된 군국주의 세력에 대한 추방 및 해체 작업과 달리, 주한미군정에 의한 특정 세력의 불법화와 배제, 대중운동에 대한 탄압이 정당성을 띠고 있었다고 보기는 어렵다. 스스로를 '해방민족'으로 생각했던 한반도의 민중들과, 한반도의 정치사회를 미국이 구상한 테두리 내에서 재편하려는 의도를 가지고 있던 미군정의 입장 사이에는 건널 수 없는 큰 간극이 존재했던 셈이다. 결국, 미국의 남한 점령은 점령통치의 정당성을 획득할 두 가지 가능성을 모두 충족시키지 못했다고 평가할 수 있다.

4. 일본에서의 전후 인식과 점령사 연구

동아시아에서 점령기 인식의 기본적인 구도는, 2차 세계대전과 미국의 동아시아 점령이 기존의 식민지 지배체제를 해체시키면서 미국식 민주주의를 이식했다는, '전후=새로운 시대'라는 틀이다. 그것은 식민지였던 한국에서는 식민지 상태로부터의 해방으로, 일본에서는 종주국의 정치체제였던 파시즘 또는 군국주의와 대비되는 전후민주주의의 성립이라는 언설로 대표된다. 이때 미국의 동아시아 점령이란 새 시대를 열기위한 단절의 계기를 의미하게 된다.

1) '전후'의 출발과 점령

일본에서 '전후'란 단순한 시기구분이 아니라 '전전'이나 '전중'과 확연히 대비되는 큰 변화를 개막을 의미한다. 나카무라 마사노리(中村政則)는 "전쟁, 침략, 전제, 빈곤 등으로 상징되는 것이 '전전'이고, '전후'는 반전, 평화, 민주주의, 빈곤으로부터의 해방을 가리킨다"고 설명한다. 그리고 국제적인 틀 까지를 포함하여[33] "전후적 가치이념을 실현하고 지탱하는 외교·정치·경제·사회 시스템의 총체를 '전후'라고 규정"하고 있다(나카무라 마사노리, 2006: 20). 즉, 전후란 전쟁 이후에 존재했던, 어떤 일관성이나 내적인 논리를 가진 체제(system) 전반을 가리키는 것이며, 따라서 '전후'라는 개념은 전전과의 구별과 단절을 그 속에 내포하는 개념인 것이다.[34]

우선, 일본에 있어서 점령기 인식은 '사후적 평가'에 기초하고 있다는 점이 눈에 띈다. 패전 직후의 민심은 충격과 허탈감, 안도감을 동시에 느끼는,

---

33) 나카무라는 전후를 구성한 국제적인 틀로서 ① 국제연합, ② 세계은행·IMF·GATT 등의 국제경제기구, ③ 식민지 독립, ④ 냉전체제를 거론하고 있다.

34) 그러나 '전후'개념이 내포하고 있는 단절에는 그것이 '戰'후를 의미하는 한, 한계가 뚜렷하다. 사토 수상의 "오키나와의 조국 복귀가 실현되지 않는 한, 일본의 전후는 끝나지 않는다"라는 발언이나 나카소네 수상의 '전후총결산'이라는 언설에는, '戰'후는 '전전', '전중'과 다르지만 '전쟁으로부터 비롯된 체제'라는 인식이 자리 잡고 있다. 즉, 이때 '전후는 끝났다'라는 언설은 '전시', '전중'의 시기에 파생된 문제가 완전히 해결되었다는 의미를 띠고 있다.

매우 복합적인 상태였다고 한다(한영혜, 2001: 123~124). 미군 전략폭격조사단의 조사보고를 보더라도 후회·비탄·유감(30%)이나 놀라움·충격·곤혹(23%), 전쟁이 끝났다는 안도감(22%)이 복합적으로 얽혀 있었다고 보고되고 있다.[35] 하지만 점령기(1945~1952) 동안에 추진된 점령 개혁의 내용들은 8·15에 대한 새로운 의미 부여로 이어졌다. 오쓰카 히사오(大塚久雄)와 더불어 대표적인 '전후 계몽'의 사상가의 한 사람으로 꼽히는 마루야마 마사오(丸山真男)는 『세카이(世界)』 1946년 5월호에 실린 '초국가주의의 논리와 심리'를 다음과 같은 문장으로 끝맺고 있다.

> 일본 군국주의에 종지부를 찍은 8·15는 동시에 초국가주의의 전체 기반인 국체(国体)가 그 절대성을 상실하고 비로소 자유로운 주체가 된 일본 국민에게 그 운명을 맡긴 날이기도 했던 것이다(나카노 도시오, 2005: 23에서 재인용).

즉, 8·15는 일본국민이 자유를 획득한 날로 '사후적으로' 재정립된 것이다. 이와 관련하여 점령군인 미군에 대한 태도를 보면, 2차 세계대전 당시에는 '귀축영미'라고 하면서 미국을 적대시하는 풍조가 컸고 미군을 두려워해서 '집단자결'까지 하는 사례가 있었지만, 점령군과 직접 접촉하는 사례가 늘어나면서 '자유를 가져다 준' 미군에 대해 호의적인 태도가 급속하게 확산되어 갔다(歷史学研究会 編, 1990: 73). 즉, 점령기 초기에 극심한 경제적 혼란과 궁핍 속에서 피폐한 삶을 살고 있었지만, 신헌법의 제정을 전후하여 일본이 해방을 맞이했다는 분위기가 확산되고 있었던 것이다.

하지만 일본 사회에서 점령 개혁을 '해방'으로 인식하기에는 근본적인 한계가 존재하고 있었다. 무엇보다 군국주의의 해체와 전후민주주의가 점령군에 의해 위로부터 강제되었다는 점이다. 그것은 '강요된 전후'라는 피해의

---

[35] 천황폐하께 면목이 없다는 응답은 4%에 그쳐서 매우 적었다(歷史学研究会 編, 1990: 51).

식으로 연결되었다.36) 이와 더불어 전전·전중 시기에 일본군국주의에 대한
반대세력이 뚜렷하게 존재하지 않았다는 사실은 결정적인 한계로 작용할 수
밖에 없었다. 요컨대 점령 개혁을 군국주의로부터의 해방으로 인식하기 위해
서는 점령 개혁의 내용을 자신의 요구에서 비롯된 것으로 주체화해야 할 뿐만
아니라, 반파시즘 운동의 정통성을 가진 집단이 존재하여 거기에 자신을 동일
시할 수 있어야 했다.

　　이때 두 집단의 사상과 활동이 검토의 대상이 되지 않을 수 없다. 최후까지
일본군국주의에 저항했던 공산당 및 '민주화에 관한 지령'에 따라 급성장한
대중운동과, 전후 개혁의 정신적 지주 역할을 담당했던 지식인 집단이 바로
그들이다. 먼저, 공산주의자들은 '인권지령'에 따라 석방되자마자 '천황제 타
도'와 '인민공화정부의 수립'을 내세우면서 대중운동 속에서 급속하게 세를
확산하여 '소수지만 주도적인' 세력으로 커 나갔다. 하지만 이들은 점령개혁
의 기본 전제, 그 한계를 정당하게 비판했음에도 불구하고 그에 대한 국민대중
의 의식에 대해 과도하게 인식하고 있었을 뿐만 아니라 점령군의 개혁에 대해
서도 지나친 낙관에 휩싸여 있었다(이혜숙, 2003: 174~176).37) 이러한 경향의
문제점은 공산당의 영향을 크게 받고 있던 대중운동의 과정에서 불거지게 되
었다. 점령 초기의 경제민주화 정책으로 급성장한 노동조합운동은 요시다
내각 타도와 인민정부 수립을 요구하면서 1947년 2·1총파업을 준비하고 있었

---

36) 나카무라는 신헌법의 제정 과정에서 GHQ가 메이지헌법을 답습한 일본 정부의 헌법초안을
거부하고 GHQ의 초안을 "일본 국민에게 직접 호소하겠다"고 밝힌 점을 예로 들면서, 강요당한
것은 지배층이었지 일본 국민이 아니었다고 주장한다(中村政則, 2006: 36~37). 이것은 중요한
지적이지만, 개혁의 주체가 국민 대중인가 아니면 이민족의 군대인가의 문제는 간과할 수 없다.
개혁의 필요성을 스스로 확인하고 반성하면서 그것을 실천하는 주체의 존재는 당시의 개혁 과정
을 재고할 때 중요한 참조점이 될 수 있다.
37) 반면, 1945년 11월 2일에 결성된 사회당은 정치적 민주주의, 경제적 사회주의, 평화주의의
슬로건을 내걸고 사회주의를 지향하는 제 세력의 최대결집체로서 등장했지만, 이들이 내놓은
신헌법 초안은 주권재민이 아니라 국가(천황을 포함한 국민협동체)에 주권이 있다고 했을 만큼,
새로운 시대를 주도하기에는 그 준비정도가 미흡했다. 1946년 4월 10일에 실시된 전후 최초의
총선거(제22회)에서 사회당(17.8%)과 공산당(3.9%)은 소수의 득표에 그쳤다.

다. 2·1총파업은 전후 초기의 혁명적 조류의 발전에 하나의 질적 전환을 가져올 수 있는 전환점이었다. 그러나 총파업을 하루 앞둔 1월 31일, 총파업 지도부는 맥아더의 중지명령 한마디에 총파업을 포기해버렸다. 임금 인상을 얻어내거나 미 점령군에 대한 인식의 전환을 가져오는 등 일부 성과도 있었지만(歷史学研究会 편, 1990: 218), 점령당국이 2·1총파업을 점령목적에 위반되는 정치투쟁이라고 하여 이를 금지시키자, 점령개혁을 한계 지웠던 바로 그 지점에서 투쟁을 중단해 버렸던 것이다. 물론 이후에도 노동운동을 비롯한 대중운동은 여러 차례 폭발적인 대중동원력을 보여주었지만, 2·1총파업을 계기로 하여 점령당국은 대중들의 아래로부터의 민주주의 요구를 점차 규제와 억압의 대상으로 파악했다.[38]

이것은 전후 일본에 실시될 민주주의가 아래로부터 분출되는 대중들의 개혁요구를 제도화한 것(＝해방)보다는 미국이 제시하는 범위를 벗어나지 않는 선에서만 인정될 수 있었다는 것(＝전후민주주의)을 의미한다. 전후 일본에서의 진보적인 정당운동이나 대중운동의 역사를 단순하게 정리하기는 힘들지만, 크게 보자면 점령기 동안 점령군이 위로부터 추동한 민주주의와 개혁의 틀과 범위를 확장시키거나 해체하려는 시도는 갈수록 위축되었다고 할 수 있을 것이다. 다시 말해서 점령기나 1960년을 전후한 대중운동의 폭발적인 진출에도 불구하고, 점령군이 제공한 전후민주주의의 틀을 깨거나 확장시키기 보다는 '주어진' 개혁의 성과를 '지키는' 것이 전후민주주의의 핵심적인 행위규범으로 정립되었다는 점이다.[39] 일본에서 전후민주주의를 지켜온 전

---

38) 곧이어 치안기구의 재편·정비작업이 진행되었다. 1948년 3월에 경찰의 지방분권화에 따른 자치체경찰의 설립을 중심에 둔 신경찰제도가 발족하여, 그 직무를 치안사무에 집중하였으며 인원도 3만으로 증가되었다.

39) 예컨대 일본 평화운동 주류의 핵심적인 슬로건은 '평화헌법을 실현하자'는 것이 아니라 '평화헌법을 지키자'는 구호로 요약된다. 즉, 오키나와의 기지화와 자위대의 군사화로 평화헌법이 사문화되어 가는 과정을 근본적으로 비판하기보다는, 평화헌법이라는 주어진 제도적 틀에 근거하여 그것을 활용하고 지키는 것을 자기운동의 이념적·실천적 범위로 삼아 왔다는 것이다.

후 의식이란 점령 개혁 당시의 급진적 개혁을 긍정적으로 평가하면서, '역코스라는 미일의 보수적 전환에도 불구하고' 또는 '역코스에 맞서서' 신헌법에 보장된 제반권리를 '지키려는' 시대정신이었다고 할 수 있다. 따라서 일본에서의 전후 의식은 점령군이 가져온 군국주의 해체와 민주주의적 개혁의 성과를 확장함으로써 스스로가 '해방'적 주체로 등장할 수 없었던 역사적 한계를 반영하는 것이었다. 그 결과, 한편으로 점령군의 전후 개혁에 대한 주체적인 의식은 모호하게 되었고, 그것이 '강요된' 것이었다는 피해의식을 낳음으로써 '새역모'를 비롯한 보수주의적 흐름에 의해 공격당할 여지를 지니게 되었으며, 다른 한편으로 전후의 출발점에서 주체적인 자기비판의 기회를 상실한 채 아시아 침략에 대한 대중적 협력과 지식인의 전향을 망각한 토대 위에서, '전후'란 전시와 단절된 새로운 시대의 시작이라는 의식을 낳게 되었다.

2) 총력전체제론의 전후 비판과 그 의미

점령 과정에 부여된 긍정적 이미지는 주로 신헌법의 제정으로 귀결되는 점령 개혁의 과정에서 형성된 것이었다. 신헌법에는 국민주권, 남녀평등, 지방자치, 군대의 폐지와 같은 내용들이 담겨 있었고, 점령 초기에 GHQ와 맥아더는 일본군국주의에 끝까지 저항했던 공산당의 활동을 보장했으며, 군국주의 부활의 방파제가 되리라는 생각으로 노동조합의 활동을 장려하였다. 점령 개혁이 급진성을 띠었던 이유 중의 하나는 GHQ 내부의 뉴딜러(NewDealer)들이 미국 본토에서는 할 수 없었던 상상 속의 개혁을 일본에서 실현한다는 구상을 가지고 있었기 때문이었다. 반면, 점령기의 일본 정치가들과 지식인들은 다이쇼(大正) 데모크라시 시기(1905~1925)의 민주주의적 '전통'을 재발견함으로써 '최초의 이민족 지배'하에서 점령군이 '강요'하는 개혁에 때론 저항하고 때론 적응해 나갔다. '뉴딜과 다이쇼 데모크라시의 합류'라는 사태를 통해 점령 개혁이 실행되고, 일본의 전후 정치가 태동한 것이었다(御廚貴, 2005).

이때, '전통'의 재발견은 두 가지 측면에서 중요했다. 먼저 점령군과 일본 정부 간의 협상과정에 일본 정부 측의 협상안을 구성할 내용을 제공함으로써, 점령 이후에도 점령 개혁이 전후민주주의라는 이름으로 지속될 수 있는 배경이 되었다. 전후민주주의가 전부 강요된 것만으로 아니고 '어쨌든 일본 측에 뿌리가 있었다'는 심리를 제공할 수 있었던 것이다. 둘째, 일본에는 민주주의적 전통이 있었고, 만주사변으로부터 시작되는 '15년 전쟁기'는 일종의 '일탈기'였다는 의식을 만들어내게 되었다. 이 같은 의식의 형성에는 '전후=새로운 시대'라는 인식틀을 정초한 사람들로서 흔히 '시민사회파'라고 통칭되는 '전후 계몽'의 사상가들, 즉 마루야마 마사오, 오쓰카 히사오, 오코치 가즈오(大河內一男)와 같은 지식인들의 영향이 컸다.

1990년대 이후 전후사상의 비판을 통해 일본의 전후를 재검토 하는 여러 가지 '전후비판론' 가운데[40], 총력전체제론의 대표적인 이론가인 야마노우치 야스시의 연구(山之內靖, 1999)와 총력전체제론에서 '계속되는 식민지주의'로 자신의 입장을 발전시키고 있는 나카노 도시오의 연구(中野敏男, 2001)는 시민사회파에 대한 비판을 통해 일본의 전후사상, 전후 의식에 대한 근본적인 비판을 시도한다. 1930년대 후반과 1940년대에 위 사상가들이 펼친 연구의 특징은 당시까지 사회과학계에서 유행하던 마르크스주의를 대신하여 베버를 일본 사회 분석의 참조축으로 이용했다는 점이다. 야마노우치와 나카노의 분석에 따르면, 시민사회파 사상가들은 베버의 합리성 개념에 기초하여 일본 사회를 합리적으로 개조하려는 기획을 구상하거나 전시 일본의 사회적 재편을 합리성의 증대로 인식했다는 것이다. 물론 그들이 주관적으로는 당시의

---

40) 일본의 '전후 역사학'이 가지고 있던 '전후 인식'의 내용과, 그에 대해 비판적인 입장을 제출한 여러 논의에 대해서는 다나카 류이치(田中隆一, 2004)의 글을 참조.

지배적인 이데올로기에 저항한다는 목표를 가지고 있었다고 할 수 있지만, 야마노우치나 나카노의 비판에서 핵심적인 것은 그들이 전후에 자신들의 연구에서 전전의 연구를 의도적으로 삭제하거나 망각했다는 사실에 있다(中野 敏男, 2001). 전전의 연구에서 일본 사회의 합리성을 강조하기 위한 참조점이었던 베버의 사상이, 전후에는 전시 일본의 후진성을 확인하는 근거가 되었음은 물론이다.

총력전체제론자들의 시민사회파 사상에 대한 비판은 곧 바로 전후사회 또는 전후 의식에 대한 비판으로 이어진다. 총력전체제론을 본격적으로 제기한 야마노우치 야스시 등의 연구(山ノ内靖・ビクターコシュマン・成田龍一編, 1995)와 사카이 나오키 등의 연구(酒井直樹・ブレット ド・バリー・伊豫谷登士翁 編, 1996)는 '전후역사학'이 일본 패전 이전의 역사를 '전근대적'인 것으로 묘사하고 전후 개혁의 '합리성', '근대성'을 부각시켜 전전(戰前)과 전후(戰後)의 단절성을 강조해왔다고 비판하면서, 오히려 전시기와 전후기의 '공범관계'에 주목한다. 이들은 1차 세계대전을 계기로 총력전이라는 전쟁 형태가 가져온 사회적 충격에 주의하면서, 학교, 보건・의료, 매스미디어 등의 제도와 장치를 광범위하게 동원하여 총력전을 끝까지 수행할 육체와 정신을 담지한 주체를 생산해 온 국가의 역할에 주목한다. 국가의 거대하고 강력한 관료제는 총력전 수행이라는 유일한 목표를 위해 군대는 물론 모든 산업과 지역사회 및 가족을 통제의 대상으로 삼아 합리화를 극한까지 추구하며, 그 결과 사회는 베버가 이야기한 '강철 감옥'으로 탈바꿈된다는 것이다. 이때 사회구성원들은 국가가 부여한 여러 가지 역할기대를 의식적으로 자각하지 못한 채 이를 내면화하고 사회에 기능적으로 공헌함으로써, 전체 사회는 합리적이고 효율적으로 운행되는 듯한 외관을 띠게 되는데, 이것이 곧 '시스템 사회'다. 총력전체제론은 이러한 사회의 변용을 뉴딜형 국가, 파시즘형 국가, 사회주의형 국가에 공통된 특징으로 인식할 뿐만 아니라, 전쟁 이후에도 이러한 국가형태의 변화

가 비가역적으로 진행되어 왔다고 본다.

총력전체제론의 입장에 설 때, 전후 사회는 1930년대를 큰 전기로 하는 사회변용의 연속이라는 전망 속에 놓이게 된다. 따라서 마루야마 마사오로 대변되는 전후의 계몽사상가들이 전쟁기의 일본을 '초국가주의'로 규정하고, 전후의 낙후된 일본의 현실에 그것과는 다른 '근대적 이념'을 대치하는 틀을 제시함으로써 전후 일본이 나아가야 할 길을 제시했던 전후의 인식 구도가 근본적으로 비판된다. 즉, 총력전체제론은 '전후＝새로운 시대'라는 시대인식을 부정하고, 오히려 전후 사회가 전시·전중의 연속이라는 점을 강조하면서 전쟁기에 수행된 (국가) 폭력의 흔적들이 어떻게 망각되었는가에 의문을 던진다고 할 수 있다. 이를 통해서 세계사적 차원에서는 2차 세계대전이 민주주의와 파시즘간의 대립이었다는 이분법을, 일본사의 차원에서는 전전의 '전쟁국가'가 전후의 '평화국가'로 대체되었다는 이분법을 비판하는 것이다.

그런데 총력전체제론은 위와 같은 비판적 효과에도 불구하고 동아시아 차원에서의 역사인식 문제를 고려할 때, 두 가지 한계를 내포하고 있다고 생각된다. 첫째, 총력전체제론이 한일 간의 관계를 포함한 구식민지 지역들 간의 차이와 연관의 문제를 제대로 포착할 수 있는가라는 의문이 제기된다. 이것은 총력전체제(론)가 20세기 전반기에 세계대전을 수행할만한 능력이 있던 선진사회를 중심으로 구축되었고, 총력전에 동원된 정도에 따라 각 지역의 재편상황이 상이할 수밖에 없었다는 사정에서 기인한다.[41] 둘째, 총력전체제론에서

---

41) 총력적체제론의 공간적 차원에서의 한계를 보완할 수 있는 시각이 '일본제국'론 또는 제국사 연구의 문제의식이다. 1990년대 후반 이후에 고마코메 다케시(駒込武)와 가고타니 나오토(籠谷直人) 등이 본격적으로 제기한 '일본제국'론은 종주국과 식민지로 연결되어 있던 동아시아를 하나의 지역으로 설정하고 일본 본국의 정치구조와 식민지·점령지의 정치구조 사이의 영향과 그 관계를 밝힌다는 문제의식을 제출하였다. 즉, '일본제국'론은 일본과 한국 혹은 일본과 타이완이라는 이항적 관계에 머무르지 않고 종주국과 여러 식민지·점령지 간의 다항적인 구조연관을 밝힘으로써 제국의 형성과 유지시스템을 해명하고, 종주국에서 식민지로의 일방적인 영향뿐만 아니라 본국이 받는 변화에도 주의한다. 또한 정치사·문화사의 영역을 중시하면서 '대일협력'의 제 측면을 검토하고, 탈식민지화 과정의 차이와 제국의식의 상관관계를 밝힌다는 특정 및 과제를 설정하

는 1930년대에 변화한 국가형태가 전후에도 연속된다고 볼 뿐만 아니라 뉴딜형 국가가 이미 시스템사회의 한 형태로 분류되어 있기 때문에 20세기 후반을 지배한 미국의 헤게모니적 효과가 부차적인 문제로 취급될 수밖에 없다. 전후의 동아시아가 전쟁과 점령, 분단을 겪어오면서, 동시에 고도성장과 발전을 비롯한 미국식의 물질문명을 누리고 있다는 점은 연속성이라는 전망만으로는 쉽게 이해될 수 없다. 요컨대, 총력전체제론은 미국이 주도한 점령 개혁이 가져온 단절의 효과, 즉 파시즘과 대비되는 민주주의의 출발이라는 계기를 상대화하면서 민주주의적 주체, 개인적 주체의 탄생을 강조한 지식인들의 선언이 하나의 신화에 불과했다는 점을 지적하고 있지만, 전후민주주의라는 환상에 가려져 왔던 여러 가지 모순들이 전후에 어떻게 결합·착종되어 왔는가를 해명하는 작업이 선행될 필요가 있다. 식민지주의의 연속성과 그것이 미군 점령하에서 어떻게 계급이나 인종, 민족, 성 등과 착종되는지에 관심을 돌리고 있는 '계속되는 식민지주의'의 문제설정이 주목되는 것도 이 지점에서다.

3) '계속되는 식민지주의'의 문제설정과 점령사 연구

2000년 이후에 제기된 '계속되는 식민지주의'의 문제설정은 이와사키 등의 연구(岩崎稔·大川正彦·中野敏男·李孝德 편, 2005)와 나카노 등의 연구(中野敏男·波平恒男·屋嘉比収·李孝德 편, 2006)로 출간된 바 있다. 편저자의 한 사람인 이효덕은 『계속되는 식민지주의』(2005)의 서문에서 식민지주의에 대해 다음과 같이 밝히고 있다.

식민지주의란 어떤 특정 지역에서 특정 시대에 진행되었던 종국주과 식민지에 있어서의 지배 - 피지배 관계하의 구체적인 '사건'이나 '제도'에만 관련되는 것이

고 있다(다나카 류이치, 2004: 152~153; 고마코메 다케시, 2008).

아니다. 식민지 지배는 그 이전과 그 이후에 식민지 지배하에서 살아간 사람들의 '경험'을 근본적으로 바꾸어버린 것이었다. 그렇기 때문에 그 지배가 실제로 진행된 시기만이 아니라 그 지배가 형식적으로 끝난 후, 이를 테면 '패전' 또는 '해방' 후에, 식민지 지배가 발생시켰던 구식민지와 구식민지인에 대한 파괴적인 변용 때문에 생긴 제현상과, 구 종주국에서의 식민지 지배의 유제나 그 온존을 가능하게 한 국제질서의 재편이나 제국지배의 형태 변화와 같은 것의 분석을, 항상 '현재'까지를 사정에 넣고 나아가는 것이 그 이해와 비판을 위해서는 불가결한 것이다.

즉, 식민지주의 연구는 기존의 제도주의적·실증주의(實証主義)적 연구의 한계를 지적하면서 대중들, 특히 소수자 또는 주변인의 기억과 경험의 연속성·파편성·혼종성에 주목하는 것이다. 예컨대 식민지주의 연구는 오키나와가 타이완이나 조선과 달리 내지였다는 실증주의적 입장에서의 평가를 비판하면서, 당시를 살아갔던 사람들의 구체적인 경험이나 현재의 기억이라는 측면에서 본다면 오키나와가 식민지적 상태에 있었다는 점을 간과할 수 없다고 본다. 또한 식민지주의 연구는 식민지 지배의 효과가 전후라는 시대에도 단절되지 않고 계속될 뿐만 아니라, 그것이 젠더, 인종, 민족, 계급이라는 변수와 착종된 형태로 존재한다고 본다. 그리고 그것은 동아시아에서 경험되었던 전쟁과 점령, 부흥의 중층적인 전개와 맞물려 있다는 것이다. 예컨대 전쟁과 점령, 부흥이 시계열적으로 이루어진 것이 일본 본토에서의 경험이라고 한다면, 오키나와의 입장에서는 지상전을 치루는 가운데 이미 기지건설이나 부흥이 진행되고 있었다는 점에서 전쟁과 점령, 부흥이 동시병행적이었다고 지적한다.[42] 소수자 또는 주변의 시선에서 보자면, 여성이나 재일조선인, 식민지기에 강제 동원되었거나 강제이주당한 사람들, 일본이 전후에 그 책임과 배상을 거부했던 소수자들의 존재를 배경으로 해서, 또는 그들의 존재를 망각함으

---

42) 여기에 대해서는 이 책 2권에 실린 야카비(屋嘉比收)의 글을 참조.

로써 전쟁 - 점령 - 부흥이라는 단선적인 역사인식이나 전후가 전전과 단절되었다는 역사인식이 만들어졌다는 것이다. 따라서 식민지주의 연구에서는 지배자·점령자의 시선과는 다른 시각에서, 파편화된 소수자들의 경험과 기억을 어떻게 복원할 것인가가 중요한 관심사가 되며, 타자들에 대한 말 걸기와 그에 대한 응답의 가능성 속에서 일본의 전후(의식)에 대한 비판을 수행하려는 것이다.43)

식민지주의 연구는 정책형성의 과정에 집중해 온 '위로부터의' '군정사' 연구와 달리, 정치·사회사로서 '아래로부터의' '점령사' 연구의 장을 제시한다. 또한 국민적 주체형성의 과정에서 배제되거나 억압되었던 주변·소수자의 모습을 드러냄으로써 전후 동아시아를 구성했던 전쟁과 점령, 분단과 국가폭력의 전체 과정을 보다 폭넓은 시선에서 바라볼 수 있게 해 준다. 그렇지만 이들의 연구는 주로 1950년대 일본 지역의 주변·소수자 연구에 머물고 있다. 공간적 차원에서는 예전 일본 제국의 판도에 걸쳐 전체 동아시아 지역 간의 비교나 연관성의 문제로, 시간적 차원에서는 식민지기와 1960년대 이후와의 비교나 연관성의 문제로 나아갈 필요가 있다. 특히 일본 전후(의식)에 대한 비판에 있어서, 그 단절적 인식에 대한 비판뿐만 아니라, 미국 헤게모니하에서 동아시아체제의 연속이나 변형의 문제가 함께 사고될 필요가 있을 것으로 보

---

43) 나카노는 이러한 식민지주의 연구의 기본적인 인식을 다섯 가지로 정리하고 있다(中野敏男, 2005: 20). "1. …… 국경선에 의해 분단되어 제 각기 고립되어 취급되기 쉬웠던 여러 사건이나 사상(事象)을 다시 공동의 장에서 상호적으로 검토하여 …… 동아시아의 '전후'구성을 전체상으로 파악하여 생각하는 시점, 2. …… 합법·비합법을 넘어서 국경이나 경계를 실제로 이동하고 있는 사람들의 생활공간에 마음을 기울이고 거기에서 유동하며 복합화해 가는 생활문화나 아이덴티티 구성을 생각해 가는 시점, 3. '부흥'이나 '반공'의 이름으로 벌어졌던 국가적 또는 비국가적 폭력에 의해 압살되고 봉인되어 온 사람들의 …… 위치로부터 총력전체제나 식민지주의의 계속과 재편을 파악하여 시공간 변용의 의미를 생각해 가는 시점, 4. 탈총력전체제, 탈식민지주의에의 사회변혁 …… 을 지향했던 제 운동이, 일국내로 폐쇄되고 방향을 상실하고 분열되어, 때로는 억압적인 폭력으로도 전화했던 경험을 확인하여 이것을 사상적으로 넘어서려고 하는 시점, 5. 네이션, 젠더, 계급, 인종이라는 제 범주를 분단하는 것이 아니라 복주(輻輳)해 온 모습으로 파악하여 전후 동아시아라는 시공간에서 그것들의 상관하는 관계가 차별이나 억압을 가중하고 …… 폭력을 …… 은폐해 온 사태를 간과하지 않고 그 구조와 변용을 생각해 가는 시점."

인다. 즉, 주변·소수자에 대한 배제의 망각이라는 그 부재(不在)의 공간에 무엇이 들어섰는가의 문제가 제기된다. 예컨대 점령기에 신헌법을 제정하는 과정에서 GHQ가 자신의 헌법 초안이 일본국민의 지지를 받을 것이라고 자신만만해 했던 이유, 또는 전후 지식인들의 철저한 자기비판이 결여된 가운데 점령군과의 접촉을 통해 자유주의와 개인주의적 풍조가 급속하게 확산될 수 있었던 이유, 일본의 전후 의식이 주변이나 소수자에 대한 폭력의 기억을 망각한 채 부흥이나 고도성장을 끊임없이 욕망했던 이유는 무엇일까라는 질문이 그것이다. 전후 동아시아가 거대한 친미의 공간의 변형된 것이 단순히 미국의 압도적인 힘에 의한 것만은 아닐 터이기 때문이다.

5. 한국에서 점령의 경험과 점령기 인식

점령 개혁의 모순이 좀 더 일찍, 강렬하게 폭발했다는 점은 일본 점령과 한반도 점령의 성격을 이해하는 데 있어서 근본적인 문제다. 그러한 모순의 폭발과 그에 대한 평가는 오늘날까지 한국에서의 점령기 인식에 영향을 미치고 있다. 예컨대 2005년 9월 8일을 전후로 하여 진행되었던 인천 자유공원의 맥아더 동상 철거와 관련된 사회적 논란에서 알 수 있듯이, 한쪽에서는 "미군 강점 60년 청산"을 내세우며 "점령사령관이었던 맥아더의 동상을 철거할 것을 촉구"한 반면, 다른 쪽에서는 "동상 철거 주장은 빨갱이와 간첩의 주장"이라고 비난하면서 맥아더는 "우리를 북한 괴뢰집단과 소련군의 점령으로부터 해방시켜준 은인"이라는 주장이 극단적으로 대비되었다. 이하에서는 한국사회에서 점령기 인식과 관련된 문제에 대해 약간이나마 해명하는 작업을 시도해 보려고 한다.

1) 점령 의미의 중층성

현재 한국사회에서 좌우 간의 이념적 대립이 다시 등장하고 있다는 여러 분석이 있지만, 그러한 대립의 배경에는 점령 - 전쟁기(1945~1953)에 대한 역사적 평가가 놓여 있음은 주지의 사실이다. 이때 상이한 점령기 인식들은 서로 다른 '점령의 경험들'을 통해 정당화된다. 이 '점령들'을 다음과 같이 구분하는 것이 가능할 것 같다. ① 일본 제국주의에 의한 조선 강점, 2차 세계대전 종전 후 미소에 의한 분할 점령의 일부로서 ② 미국의 38선 이남 점령과 ③ 소련의 38선 이북 점령, 그리고 한국전쟁의 과정에서 벌어졌던 ④ 인민군의 남한 점령과 ⑤ 국군의 북한 점령 및 남한 재점령(=수복), 마지막으로 ⑥ 한국전쟁 당시 UN군과 미군의 북한 지역에 대한 점령이 그것이다. 이 '점령들'은 강압적인 군사적 수단을 통해 새로운 점령 주체들을 등장시켰고 그 통치 행위 자체가 폭력과 갈등을 유발했다는 점에서는 공통적이지만, 점령 통치의 주체와 내용의 측면에서는 그 성격을 달리한다.

먼저, 한국에서는 일제에 의한 식민지 조선의 지배시기를 '강점기'라고 부르는 것이 일반적인데, 그 배경에는 강점이 부당할 뿐만 아니라 불법적이라는 인식이 놓여 있다(이태진, 1995; 이상찬, 1996; 김창록, 2001). 하지만 여기에서 '강점'이라는 표현은 식민지 지배의 불법적·강압적인 성격을 강조한 것이지, 점령에 특정한 의미를 부여하여 사용하고 있는 것은 아니다. '강점'에서 점령의 의미는 20세기 중반에 연합국이 패전국과 이전의 식민지·반식민지 국가들에서 실시했던 점령과는 그 성격과 내용이 다르며, 오히려 19세기까지의 식민지 정복 또는 영토적 병합과 유사하다.

여기에서 문제가 되는 것은 식민지 지배의 경험이 점령기 인식에 미치는 영향에 관한 것이다. 한국에서 점령의 문제에 대한 비판적 인식이 진행되지 못한 배경에는, 한국 사람들이 일본의 식민지 지배에 대해 강한 문제의식을 지니고 있기 때문에 상대적으로 현실에서 지배적인 힘을 발휘하는 미국의 문제에 대해 오랫동안 감각을 잃어왔기 때문이라는 비판이 제기된다(다카하시 · 나카니시 · 김명인 · 정근식, 2006). 즉, 미청산된 한일관계가 전후 동아시아에서 미국에 대한 인식을 가로막고 있다는 비판이다. 동북공정 이후 중국에 대한 한국인들의 인식이 비판적으로 돌아서면서 친미적인 분위기가 고조된 것에서 알 수 있는 것처럼, 주변국 일방에 대한 과도한 경계의식이나 우호적인 인식이 민족주의와 결합되어 타방에 대한 인식을 가로막는 중요한 요인이 되고 있음을 부정할 수 없다. 또한 일본의 식민지배에 대한 비판에 비해 베트남전쟁에서 한국군의 가해사실이나 45~53년 기간 동안 남북 간 또는 그 내부에서의 상호 가해 · 피해의 사실에 대한 비판의 공감대가 훨씬 협소하다는 점을 두고 보면, 강하게 피해자화 된 일제강점기 의식이 점령기에 대한 인식과 무관하지 않음을 짐작할 수 있다. 그렇지만 미국의 점령에 대한 인식을 가로막는 요인에 있어서, 일제의 식민지 지배에 대한 과도한 집착 못지않게, 오히려 점령 이후 한반도에서 벌어졌던 전쟁의 경험과 그 이후의 점령의 경험이 더 중요하게 영향을 미쳤던 것으로 보인다.

　한국전쟁기의 점령의 문제를 본격적으로 살펴보기 전에, 위에서 언급했던 점령들 가운데 점령의 주체와 관련하여 논란이 될 수 있는 부분을 해명할 필요가 있다. 첫 번째는 한국전쟁기 남한정부나 국군을 독자적인 점령 행위의 주체로 볼 수 있느냐의 여부다. 여기에는 두 가지 문제가 개입하고 있다. 첫째, 한국전쟁 발발 직후 이승만은 7월 15일자 서한을 통해 한국군에 대한 포괄적 작전지휘권 이양을 제안하고, 7월 18일 맥아더가 이를 수락하는 서한을 보냄으로써, 한국군의 작전지휘권이 유엔군 최고사령관에게 이양되었다는 점이다. 이 때문에 남한 국군은 북한지역에서 군정 통치의 주체가 될 수 없었다. 둘째, 남한의 헌법 제3조에서 "대한민국의 영토는 한반도와 그 부속도서로 한다"는 규정에도 불구하고, 1947년 11월 14일과 1948년 12월 12일의 유엔

결의는 남한의 북한통치권을 부정하고 있다. 이 때문에 한국전쟁 당시에, 북한지역의 점령 주체에 대한 문제는 남한과 미국 사이에 첨예한 논쟁거리로 등장하였다. 이 논쟁은 1950년 10월 20일에 이승만이 북한에 대한 통치주권을 포기하고, 10월 30일에는 통일 문제에 관한 포괄적 담화를 발표하여 "한국 정부는 10월 7일의 유엔총회 결의를 따라 행동할 것이며, 유엔한국통일부흥위원단에 적극 협력할 작정"이라는 의사를 밝힘으로써 일단락되었다. 하지만 상층에서의 이와 같은 타협에도 불구하고, 남한 정부는 경찰이나 관료, 우익단체 등을 활용하여 지방 수준에서는 점령의 실질적인 주체로 행동하고 있었다. 즉, 법·제도적인 측면에서 남한 정부와 국군은 독자적인 점령통치의 주체가 될 수 없지만, 점령의 실상에 있어서는 실질적인 주체로 활동하고 있었다고 할 수 있다. 이와 같은 이중적인 체제로 인해 북한 점령의 혼란이 야기된 측면도 크다고 할 수 있다.[44]

두 번째는 북한 점령의 주체로서 UN군과 미군과의 관계의 문제다. 이것은 일본 점령의 주체를 누구로 볼 것인가와 비슷한 문제로, 법적·공식적 기구의 구성형식과 점령통치의 실효적 측면 중에서 어떤 부분을 강조하는가에 따라 서로 다른 대답이 나올 수 있다. UN군의 대북한 점령통치도 연합국의 대일 점령과 비슷한 방식으로 진행되었다고 할 수 있다. 예컨대 평안도와 황해도를 점령한 미 제8군과 함경도를 점령한 미 제10군단은 미군 고위 장교를 군정관으로 삼고 도지사나 시정위원을 임명하였는데, 이 같은 임명은 미군의 독자적인 결정에 의한 것이었다(박명림, 2002: 549~647). 즉, 형식적으로는 UN군의 점령이었지만 그 실상에 있어서는 미군 주도의 직접 점령이었다고 할 수 있다.[45]

---

44) 위의 두 문제에 관한 논의는 박명림(2002: 549~590)과 심지연·김일영 편(2004)의 2, 7, 8장 참조.
45) 더 나아가, 2차 세계대전 이후 미국의 동아시아 점령과 한국전쟁기 북한 지역에 대한 미군 점령간의 관계의 생각해 볼 수 있다. 해방 후의 분할 점령은 남쪽 지역만을 대상으로 했고 '전후

2) 점령 - 해방 의미연관의 구성과 해체

한국에서 점령의 의미를 돌아보았을 때, 해방의 의미는 매우 친숙하지만 점령은 굉장히 낯설게 다가온다는 점이 눈에 띈다. 특히 '점령'에 비해 '해방'이라는 언표는 너무나 압도적으로 정당성을 확보하고 있는 것으로 보인다.

한국현대사 연구자들은 '해방공간'이라는 말을 널리 쓰고 있는데, 여기에서 '해방'이란 일제 식민통치의 억압에서 벗어나 자유를 맞이한 8·15를 의미함과 동시에 48년 분단국가 건설까지의 시간대를 의미한다. '공간'이라는 말에는 일제 식민통치 기구의 붕괴 이후 새로운 권력 중심이 들어서지 않은 힘의 공백이라는 의미와 한국사회의 여러 세력들이 서로 경쟁하면서 스스로 어떤 질서를 형성할 수 있는 '가능성의 정치영역'이라는 의미가 내포되어 있다(최장집, 2002: 41). 해방공간은 무엇보다 사회의 아래로부터 민중의 자발적이면서 폭발적인 동원을 수반했는데, 이로부터 우리는 식민통치의 과거를 청산하고 새로운 사회를 건설하겠다는 '해방적 주체'의 태도를 읽을 수 있다. 1945년 8월 18일 건국준비위원회의 선언은 "조선민족의 해방은 다난한 운동 사상에 있어 겨우 일보를 내딛었음에 불과하니 완전한 독립을 위한 허다한 투쟁은 아직 남아 있으며, 새 국가의 건설을 위한 중대한 과업은 우리 전도에 놓이어 있다"고 하였다.

하지만 이러한 주체적인 열망은 피점령국의 정치사회를 강제적으로 재편하려는 '전후 점령'의 성격과 충돌할 수밖에 없었고, 그 결과는 점령에 대한 인식의 변화로 귀결되었다. 1946년 4월 미군정 공보부가 실시한 여론조사에서는 '미국인이 한국인을 경멸한다'고 본 응답자가 전체의 40%를 넘었다(아니

점령'의 성격을 띠고 있었지만, 한국전쟁기 미군의 대북 점령은 '전시 점령'의 성격을 띠고 있었다. 하지만 동아시아 차원에서 냉전체제의 구축 및 전략적 이해관계의 관철을 위한 개입의 맥락에서는 '(전후)점령의 반복'이라는 성격도 지니고 있었다.

다 39%, 모른다 21%). 좌우 간의 대립과 여론의 분열을 거치면서, 미군정에 대한 대중들의 인식 변화는 곧 1946년의 '9월 총파업'과 '10월 인민항쟁'으로 이어졌다. 미군정의 조치들을 넘어서는 대중들의 요구의 폭발과 상호대립은 해방을 위한 임시 조치로서의 점령이라는 언설이 더 이상 유지될 수 없는 상황, 해방과 점령의 의미연관이 해체되고 대립하는 과정으로의 전환이었다. 물론, 해방과 점령에 대한 인식이 일률적인 것은 아니었다. 예컨대 윤치호는 1945년 10월 15일자 일기를 통하여, 조선인들의 민주정부 운영에 대해 "마치 여섯 살 난 어린아이가 자동차 운전이나 비행기 조종에 관해 거론하는 것처럼" 들린다고 말하고 있는데(윤치호, 2001: 628), 이러한 인식의 특징은 조선인의 통치 능력에 대한 불신, 그리고 해방의 공간 속에 스스로를 위치 짓지 못하고 거리두기를 하는 모습이다. 더 나아가 친일 경찰과 관료들은 점령기구 속에 스스로를 동참시킴으로써, '해방에 반하는 점령'의 길에 동화되어 갔다.[46] 점령과 해방의 의미연관이 해체되고, 점령에 대한 의미부여가 다양화되는 과정은, 다른 한편으로 분단국가의 수립과 더불어 점령에 대한 주류적 인식이 정립되는 과정이기도 했다.

분단'국가' 건설과 관련하여, 대한민국 정부의 수립이 비록 분단체제 고착화의 한편의 당사자였다는 점을 인정한다 하더라도 1945년 8월 15일의 정부수립을 통해 우리 민족 근대사의 숙원이 달성되었다는 점에서 그 역사적 의의를

---

46) 점령군이 제시하는 이념 속에 스스로를 동화시켜 갔던 또 다른 이들도 있다. 조선 민중들과 미군정과의 충돌이 격렬하게 벌어지던 1946년 말, 이훈구는 미국 유학생들의 친선모임인 한미협회를 창립하고 그 회장으로 취임하여 '한미협회의 의의와 전망'을 밝히는 글을 발표하면서, "……미국 선교사가 조선에 와서 종교, 문화, 의료에 큰 공적을 끼친 것은 누구나 함께 감격하는 바다 …… 하지 중장이 남조선에 미군사령부를 주둔하고 우리에게 독립사절을 온 것이든지 모두가 조선의 완전독립을 협조함에 있다"(허은, 2003a: 53에서 재인용)고 하였다. 여기에서 미국인은 은둔의 나라 조선에 문명개화를 전달했던 선지자적 존재로 등장하며, 미군정은 남한의 산업경제 발전과 건국을 지원해주는 존재로 인식된다(허은, 2003a: 52~56). 이들 친일 또는 친미 인사들의 언사에서 나타나는 특징은 해방의 의미를 추구하는 과정에서 점령에 대한 인식을 변화시키기보다 점령의 구조에 자신을 동화시키면서 그 과정에서 해방의 의미를 거부하거나 재구성하려 했다는 점에 있다.

훼손하거나 정부로서의 정통성이 부정되어서는 안 된다는 점이 지적된다(김영작, 1999). 그러나 해방공간의 의미를 되짚어 볼 때, 분단국가의 건설과정은 가능성의 공간을 불가능성의 구조로, 아래로부터의 자발적인 동원을 위로부터의 강압과 폭력에 의한 동원으로 대체해 간 과정이었다는 점이 분명하다.

해방의 의미가 '국가건설'로 제한되는 과정은, 동시에 국가가 해방의 의미를 전유하는 것으로 나타났다. 1945년에서 46년에 걸쳐 8·15의 의미가 해방, 광복, 독립의 중층적인 의미로 재현되었다면, 1949년에는 '독립기념일'로 불리다가, 그 이후에는 국가의 공식기념일로서 '광복절'로 그 명칭이 고착화되었다. 해방의 열광은 현실에서가 아니라 국가의 공식기념일 속에서만 재현되었다(정근식, 2005: 113~124). 나아가, 분단국가의 건설자들은 분단국가의 수립이 불완전하지만 불가피한 과정이었고, 그러한 의미에서 이미 '달성된 해방'으로 간주했다. 이것의 가장 상징적인 형태는, 1948년 8·15가 해방3주년임과 동시에 정부수립일이 되었다는 점에서 드러난다. 정부수립일을 8월 15일로 잡은 것은 일종의 정통성 확보를 위한 상징정치의 일종이었다(정근식, 2005: 120). 1949년의 8·15는 '독립 1주년 기념일'로 불렸는데, 이로부터 해방의 의미는 '독립＝국가수립'으로 제한되는 효과가 파생된다. 이제 분단'국가' 수립에의 기여라는 관점에서 점령군의 역할이 평가되었다. 남과 북은 미국과 소련을 해방군으로 호칭했으며, 그 반대편에서는 점령군이라는 호칭이 사용되었다. 이러한 평가는 전쟁이라는 커다란 사회적 격변을 통해 정당화·고착화되었다.

3) 한국전쟁기 남북의 상호 점령과 그에 대한 인식의 문제

한국전쟁기의 '전시 점령'은 몇 주에서 3~4개월에 이르는 비교적 짧은 시기에 걸쳐 이루어졌고, 전선의 이동에 따라 점령의 현실 자체가 극히 불안정하게 변화했다는 특징이 있다. '전시 점령'과 관련해서는 앞에서 지적했던 것처럼, 점령군의 행위는 '선량한 관리자'로서 최소한의 역할에 머물러야 한다는 점이 전제된다. 그런데 한국전쟁기의 점령의 문제를 살펴보면, 이러한 전제는 지켜지지 않았을 뿐만 아니라 점령기(45~48)에 벌어졌던 정치·사회체제의 강제적인 재편이 극단적으로 반복되었다는 점에서 매우 중요한 특징을 보여준다. 이것은 2차 세계대전 이후의 '전후 점령'과 한국전쟁기의 '전시 점령'간의 연속성의 문제를 제기한다.

연속성의 또 하나의 측면은 미소의 분할 점령이 남긴 유산이 한국전쟁에 미친 영향의 문제다. 미국과 소련은 분할 점령을 실시하면서 38선을 임시적인 분할선이라고 했다. 하지만 미소 간에는 직통전화가 개설되고 상호 간의 협의가 빈번하게 진행되었던 반면, 남북의 정치지도자나 민간인들에게 있어서 38선은 설치 당시부터 국경선이나 다름없었다. 특히 콜레라의 창궐을 명분으로 1946년 5월 이후에는 사실상 자유로운 통행이 완전히 두절되었다(정병준, 2006: 158~160). 나아가 1948년 말 미군과 소련군이 철수할 때, 이들은 당시까지 자신들이 사용하던 연락과 연결의 통로 역시 단절시켜버렸다. 미소는 남북 간의 협력과 대화의 틀을 모두 끊어버린 채, 분단국가의 형성 과정에서 누적된 증오와 38선만을 남기고 철수해 버린 것이다. 38선에서의 군사적 충돌과 한국 전쟁과의 관련성을 분석한 정병준은 38선 충돌이 1945년부터 점진적으로 고조되어 1947년 중반 이후 폭력적 양상을 띠며 증가했고, 1948년 들어서는 남북을 주체로 하는 정치·군사적 대결로 그 성격이 전환되었다고 본다. 즉, 1949년 이래 본격화된 38선상의 군사적 갈등·충돌은 미소 점령기로부터 이월되었다는 것이다(정병준, 2006: 221).

점령의 성격의 연속은 점령기 인식에 있어서의 굴절과 고착화를 의미했다. 두 개의 분단국가 모두 '완전한 해방'이라는 언설을 통해 전쟁과 전시 점령에 정당성을 부여했다. 북한은 한국전쟁에 대해 식민지 잔재의 청산과 '미제국주의의 지배'를 거부하는 일종의 민족해방혁명이라는 의미를 부여하였다. 남한 역시 유엔군의 힘에 의한 평양수복을 소련 공산주의의 지배로부터 민족을 '해방'시키는 것이며, 1948년의 남한 헌법을 전국적으로 확대하는 작업으로 간주하였다. 전쟁 당사자인 남북한 모두 민족을 '외세의 사슬'로부터 '해방'시킨다는 민족주의적 구호 아래, 전쟁 수행과 점령을 정당화하였고(김동춘, 2000: 135), 거기에는 미완의 해방(=분단국가의 수립)을 완성시킨다는 의미가 부여되었다.

한국전쟁기의 '전시 점령'은 2차 세계대전 후의 '전후 점령' 경험과 뚜렷하게 구분되는데, 그것은 전쟁과 '전시 점령'이라는 체험 자체가 그만큼 격렬하고 폭력적이었다는 사실에서 비롯된다. 우선, 점령 개혁이 전쟁이라는 특수 상황하에서 전개되었기 때문에, 이때의 '계급투쟁'이 대단히 적대적인 양상으로 전개되었다는 점을 지적할 수 있다.[47] 전시라는 상황하에서 '적의 무장해제'를 위한 작전과 선동이 국가의 가장 중요한 활동이 될 수밖에 없었다. 더구나 '반동분자'에 대한 재판이 이념적 기준에 의해서보다는 평소의 인간관계, 인격, 타인과의 원한 여부 등 상당히 사적이고 우연한 요소에 의해 좌우되는 상황이 연출되면서, 그 원한의 강도가 더욱 커지게 되었다.[48] 국군에 의한 수복, '재점령' 시기에 벌어졌던 '빨갱이 사냥' 역시 마찬가지다.

또한 '전시 점령'의 상황 속에서, 대중들에 대한 광범위한 강제적 동원, 정치단체의 규제, 자수의 강요, 숙청과 학살이 진행되었다. 특히 남과 북은 상대방의 점령 지역을 수복한 뒤에는 항상 자수공작을 펼쳤다. 북한은 남한을

---

[47] 폭력의 강도 역시 시기별로 차이를 보인다. 당시 공보처 통계국의 자료에 따르면, 1950년 6월 25일부터 9월 28일까지의 남한에서의 인명피해는 피살 976명, 납치 2,438명, 행방불명 1,202명 등 총 4,616명에 달했다. 그런데 일별 평균 피살자의 수는 6월에는 20명, 7월에는 6명, 8월에는 5.3명, 9월에는 17.5명이었다. 특히 9월 학살의 80%는 9월 26일에서 30일까지의 기간에 벌어졌다고 한다(박명림, 2002: 250~251). 전선이 이동하고 불안정했던 초기와 인민군 후퇴시기에 폭력의 강도가 급격하게 증대한 것이다.

[48] 북한 당국은 계급 적대감이 가장 과격하게 표현된 인민재판에 대해 비판이 일자 7월 5일에 군령으로 인민재판을 금지시켰지만, 전시 상황하에서 중앙의 통제는 제한적일 수밖에 없었고, 금지령은 반동분자에 대한 공격의 선동과 혼재되어 있었다(김동춘, 2000: 161).

일시적으로 점령한 시기와 1950~51년에 중국군의 참전으로 전세를 역전시킨 후에 광범위한 자수공작에 착수했다. 이것은 1949년 및 인천상륙작전 이후에 광범위하게 실시되었던, 자수주간 설정과 비자수자 엄벌이라는 요소를 결합시킨 남한의 방식을 답습한 것이었다(박명림, 2002: 197~262). 자수공작은 국민 또는 인민의 내부에 '적과 아'의 경계선을 설정하여, '적'으로 의심되는 구성원의 사상과 양심을 '정화'하고 획일화하려는 것이었다. 즉, 그것은 '전장의 논리'를 국민들의 내면의 규범으로 각인시키는 과정이었다. 전쟁을 수행하면서 남북이 내세운 해방의 대의는 이러한 '전시 점령'의 현실 앞에서 그 정당성을 획득할 수 없었다.

그런 만큼 전쟁과 상호간의 점령하에서의 경험은 한국인의 의식 속에 크게 각인되었다. 남한의 경험을 보자면, 비록 짧은 기간이었다고는 하나 3개월 혹은 1, 2개월 동안 인민군 치하의 체험은 오늘의 한국을 반석 위에 올려놓은 '집단적인 원체험(原體驗)'으로 평가된다(김동춘, 2000: 136).[49] 그렇다면 해방 후 3년간의 '전후 점령'의 체험은, 한국전쟁 기간 동안 이루어진 '전시 점령'의 체험에 의해 대체되고 채색되었다고 볼 수 있지 않을까. 수백만이 사망하고 천만이 넘는 이산가족을 양산했던 전쟁의 경험은 불안정하던 분단국가의 토대를 파괴했지만, 다른 한편으로 분단국가는 '전장의 논리'에 따라 정당성을 부여받게 되었다. '전장의 논리'에 따라 정치사회질서가 재편되자, 점령기의 체험을 발언하는 것은 분단국가의 정통성을 부정하는 것으로 인식되었고 '적

---

49) 남한의 공식적인 기억이 '전시 점령'의 상황을 얼마나 객관적으로 묘사하고 있는가에 대해서는 재고의 여지가 있다. 북한을 암흑천지 혹은 생지옥으로 묘사한 대다수 월남자들이나 인민군 치하 서울을 '지옥'으로 묘사한 문헌이나 기록의 작성자는 대부분 '인민정권'의 탄압을 받았던 출신 배경, 정치적 경력 혹은 계층에 속했던 사람들이나 중간층 지식인들이었다. 김동춘은 점령 치하에서 살았던 일반인들은 거의 대부분 북한인 인민군, 특히 간부들에 대해 좋은 인상을 가지고 있었으며, 오히려 '바다 빨갱이'로 불린 지방의 좌익들이나 지역의 불량배들에 의한 사적인 보복이 두려움의 대상이었다고 보고 있다. 즉, 점령정책에 대한 '자유주의적 지식인'과 '민중'의 판단을 구별해야 한다는 것이다(김동춘, 2000: 181~191).

을 이롭게 하는 것'으로서 (더 나아가 해방을 거역하는 반역 행위로서) 국가보안법이나 반공이데올로기에 의해서 물리적·상징적으로 억압되었다.

'두 개의 점령'은 그 목표(국가건설 vs 국가통일)와 내용(정치사회 재편 vs 전쟁에의 동원과 국민의 '정화')에서 차이를 보인다. 전자가 주로 정치집단, 대중조직을 그 대상으로 삼았던 반면, 후자는 국민 또는 인민 개개인에 대한 보다 광범위한 통제로 나아갔다. 그 결과, 한국전쟁 이후 좌익 정치세력들이 거세된 조건에서 국민 개개인에게 한국전쟁 시기의 '전시 점령'이 더 큰 상징적 의미로 각인되었던 것이다. 이것은 한국전쟁 이후, 국가에 의한 국민의 상징적 동원 및 국민의 형성·재형성의 문제로 연결된다.

4) '전장국가'의 형성과 점령기 인식의 고착화

한국전쟁이라는 참혹한 경험 이후, 남과 북이 휴전선을 사이에 두고 이전보다 훨씬 더 막대한 전력으로 서로를 위협하는 가운데 점령과 해방의 의미는 점차 고착화되었다. 특히 점령·전쟁기에 등장했던 모든 주체들을 적과 아로 구분하고 경계 짓는 '전장의 논리'에 의해 점령기 인식이 좌우되었다. 이 과정에서 앞에서 검토했던 복수의 점령들에 대해 파편화되고 고정된 인식이 출현하였다.

우선, '이승만 라인'의 경우처럼 정권유지를 위해 민족적 감정을 이용하려는 시도도 있었지만, 일제 강점기에 대한 문제제기는 '모든 것은 한일회담으로 종결되었다'는 한일 정부의 침묵의 구조로 대체되었다. 한일회담의 배후에 미국의 동아시아 전략이 관철되고 있었다는 여러 연구들의 지적에서 알 수 있듯이, 일제의 조선 강점에 대한 거론은 동맹관계를 훼손할 수 있다는 '전장의 논리'에 종속되었던 것이다. 이로부터, 한국인의 해방전후사 인식에서 연속과 단절의 미묘한 긴장이 발생한다. 한국에서 일제강점기의 문제들은 주로

'청산하지 못한 역사'라는 시각에서 제기되며, "언제까지 과거에 얽매일 수는 없다"는 '과거와 단절된 미래'에 대한 강박이 나타난다. 여기에는 청산이 당연시되는 새로운 시대로의 진입이라는 단절의 의미에, 그럼에도 불구하고 청산하지 못했다는 연속의 의미가 중첩되고 있다. 해방을 '독립＝국가수립'으로 해석하는 국가의 공식적인 언설에서는 단절의 의미가 강조될 수밖에 없다. 이 맥락에서는 '식민지주의의 재생산' 문제를 환기하는 1945년의 8·15보다는, 정부수립으로 새로운 시대의 출발을 알린 1948년 8·15가 더 큰 단절의 계기로 작동한다. 그럼에도 불구하고 단절의 계기는 1945년으로 소급하여 설정되는데, 이러한 '소급적 단절'은 점령기 동안에 이루어진 '식민지주의와의 연속'의 문제를 은폐하는 효과를 발휘한다.

마찬가지 맥락에서 해방 후 미국의 점령, 한국전쟁 당시 국군과 미군에 의한 '재점령'의 경험은 철저하게 침묵을 강요당했다. 노근리 사건에 대한 한미 양국의 대처에서 알 수 있는 것처럼, 그러한 '점령들'의 억압적 경험은 철저한 무관심 속에 버려졌다. 간혹 그 존재를 인정한다 하더라도 '사소한 실수'나 '우발적인 사고'로 치부되었다. 진상규명을 요구하는 목소리는 적의 주장에 동조하거나 적을 이롭게 할 수 있다는 '전장의 논리'에 의해 가려졌다.

월남자들의 기억 속에서 자주 거론되는, 해방 후 '소련군에 의한 점령'은 한국전쟁 당시 '인민군에 의한 점령'의 기억 속에 통합되었다. 소련군에 대한 기억은 해방 정국에서 미소라는 강대국의 개입에 대한 부정적인 이미지를 떠올리게 했기 때문에, 공식적인 차원에서는 오히려 잊혀지는 것이 좋았을지 모른다. '인민군의 점령'에 대한 기억으로 충분했기 때문이다. 그 결과 중의 하나는 한국의 역사교과서에 미군과 소련군에 의한 한반도 '분할 점령'이라는 시각이 삭제되는 것으로 나타났다. 한국의 역사교과서에 나타난 8·15의 기억을 분석하고 있는 신주백에 따르면, 미소의 '분할 점령'을 부분적으로 거론한 역사교과서는 1946년에 나온 김성칠(金聖七)의 『조선역사(朝鮮歷史)』가 유일했으며, 2001년 이후에 시행되는 제7차 교육과정에 가서야 비로소 부활한다(신주백, 2005).

한국전쟁 이후 오랜 기간 동안 한국에서는 '인민군에 의한 점령'으로부터 '해방'되어야 한다는 공식적인 언설만이 허락되었다. 그것은 과거의 전장과 점령 경험으로부터 정당성을 부여받았지만, 동시에 언제나 현재진행형이었다. 중요한 점은, '전장의 지속' 상태를 강조하는 이러한 의미구조 내에서 전후(戰後)란 존재할 수 없다는 것이다. 요컨대, 일본의 경험에서 '전후'를 가능하게 했던 여러 폭력적 경험에 대한 망각의 의식구조가 문제가 된다면, 한국에서는 오히려 점령·전쟁의 직접적 결과물인 전장국가에 의해 다양한 폭력의 경험들이 재배치되어 한편으로 은폐되거나 다른 한편으론 신화화되는 등 기억과 경험의 중층적 전개가 문제 된다. 최근, 한국사회에서의 '전장의 지속'이라는 관점으로 국가 성격을 규정하려는 시도로서, 일본과 한국을 '기지국가(Base-State)'와 '전장국가(Battlefield-State)'로 개념화하려는 연구가 주목된다(남기정, 2000; 2004). 이때, '전장국가'는 "자국이 '전장'이 돼 있다는 자각에서, 이를 전제로 내정과 외교를 펼치는 국가" 또는 "비정상적·일탈적 내정과 외교를 자국이 '전장'이 돼 있다는 점으로부터 설명하고 정당화하는 국가"로 설명된다(남기정, 2004: 115).[50]

'전장국가'의 현실은 끝났는가. 아직도 종전기념일인 7월 27일보다 6월 25일의 개전일을 기념하는 남쪽과, 군을 앞세움으로써 '미제의 전쟁책동'을 분쇄하려는 북쪽을 보면,[51] 두 '전장국가'는 한국전쟁 당시의 '전시 점령'을

---

50) 이러한 규정은 매우 유용하지만, '전장국가'를 정치·외교적 정당화의 맥락에서 규정하는 것보다 다소 넓게 사용할 필요가 있다. 한반도 또는 한국사회를 '전장의 지속'이라는 상황으로 강제해 온 것은, 거시적으로 보면 세계적 냉전체제와 동아시아적 분단체제, 미시적으로 보면 언제든지 전장으로 동원할 수 있는 국민적 주체를 만들어온 과정에 의해서도 규정되고 있기 때문이다. 그렇다면 '전장국가'를 "한편으로 현실이 전장이라는 점을 근거로 하여 국가의 통치를 정당화하면서 국민을 형성·동원하는 국가이며, 다른 한편으로 냉전적 대립의 최전선에서 전방기지(Outpost)의 역할을 담당하면서 과잉무장한 국가"로 이해할 수 있지 않을까.

기억함으로써 국민들을 동원하는 기획을 아직 포기하지 않은 듯 보인다. 예컨 대 예비군훈련이나 민방위훈련에서 보여지는 것처럼 아직도 '전시 점령'의 공포는 끊임없이 재환기되며, 우리가 '방심'하면 언제든지 실현될 것이라고 선전된다. 점령의 피해자들과 주체들이 이미 전장의 '적과 아'로 구분되면서, '전장의 논리'에 의해 채색된 '해방'에의 강박이 '점령들'의 억압적 성격에 대한 근본적인 성찰을 가로막고 있는 것이다. 따라서 점령기 인식에 대한 비판적인 성찰은 한반도에서 지속되고 있는 전쟁동원의 구조에 대한 비판, 즉 평화의 문제설정과 불가분의 관계에 있다.

6. 나오며: 점령기 인식과 전후 인식의 균열을 넘어서

이 글은 전후 동아시아에서 미국에 의해 주도된 점령의 성격을 해명하고 전후 의식 또는 점령기 인식의 구조를 재고하는 데 중점을 두었다. 미국의 일본 점령과 미소의 한반도 분할 점령은 여러 가지 측면에서 역사의 '역설'을 실감하 게 한다. '해방민족'으로서의 지위를 부여받았던 한반도에서는 점령이 매우 폭력적이고 비극적인 결과를 낳았던 반면, 아시아 여러 민족을 식민지배 했던 일본에서는 점령이 매우 '관대하고' '성공적인' 결과를 낳았다. 물론 일본에서 의 점령은 주변과 소수자에 대한 배제와 억압을 전제로 한 것이었다. 미국의 일본 점령과 미소의 한반도 분할 점령 간의 연관성의 문제는 앞으로 더 해명해 야 할 과제가 남아 있지만, 크게 보자면 탈식민화와 냉전이라는 두 개의 세계사 적 흐름이 교차하는 가운데 점령의 성격이 규정되었음을 간과할 수 없다. 이

---

51) 박명림에 따르면, '미제 침략자들이 감행한 천인공노할 야수적 학살만행' 사건으로 자주 거론 되는 '신천학살 사건'은, 북한이 1990년대에 위기를 맞고 있던 시점에 다시금 상기되면서 남한과 미군에 대한 대중적 적대감을 동원하는 데 이용되었다고 한다(박명림, 2002: 626~630).

글에서는 일본 점령과 한반도 점령 간의 차이가 미국의 동아시아 개입의 구조 및 그 속에서 성장한 지일파의 존재, 그리고 탈식민화의 전망을 갖지 못한 채 반공주의로 경도되어갔던 점령 정책과, 미국의 점령을 대하는 대중들의 의식 구조의 성격에 의해 크게 규정되었다고 보았다.

전후 의식 또는 점령기 인식과 관련하여 그것이 전후민주주의와 평화주의이든 아니면 동족상잔의 전쟁과 반공주의이든, 점령이 이전과는 다른 새로운 시대를 열었다는 것이 한일에서 주류적인 시각이라고 생각된다. 분명, 점령을 전후하여 동아시아사에서 커다란 단절이 있었지만, 최근의 연구들은 그러한 단절들을 상대화하고 있다. 사람들이 실제로 믿었던 만큼의 단절은 없었다는 것이다. 오히려 그러한 단절을 맹목적으로 믿어온 의식구조가 전후 의식 또는 점령기 인식의 근본에 놓여 있다고 할 수 있다. 특히 단절을 상상하는 대중들의 의식구조에는 커다란 연속성의 측면이 내포되어 있다. 왜냐하면 점령기에 보인 한일 대중들의 점령에 대한 주체적 태도의 '차이'는 바로 식민지배와 아시아·태평양전쟁이라는 전전·전중의 경험에서 연유한 것이기 때문이다. 더 나아가 단절을 당연시하는 의식의 배경에는, 주변·소수자에 대한 배제나 억압에 대한 망각(일본의 경우)이나 민족 내부에서 진행된 폭력의 상호성에 대한 망각(한국의 경우)이 자리 잡고 있다. 따라서 점령기 연구나 점령 비판은 망각의 구조에 대한 '환기' 또는 '현재화'의 작업일 수밖에 없다.

그런데 한국에서 식민지 근대성과 관련된 연구나 일본에서 총력전체제론 및 '계속되는 식민지주의' 연구가 상정하는 부정적 연속성의 문제의식도 지나치게 강조될 경우, 전후 동아시아를 지배해온 미국의 헤게모니적 영향력의 문제를 간과할 수 있다.[52] 이글에서는 주로 전쟁이나 점령의 문제와 관련하

---

52) 점령기 인식을 가로막는 요인으로는, 본문에서 지적한 한국전쟁 당시 '전시 점령'이 가졌던 현실성(reality)이 일정하게 반영된 측면 이외에도, 식민지 시기의 '문명 전파자'로서 미국에 대한 이미지, 전쟁이나 점령, 부흥의 과정에서 미국의 '친구 만들기'나 '적 만들기' 작업에 의한 이미지의 형성이라는 문제가 검토될 필요가 있다. 식민지 시기 미국의 이미지에 대한 문제는 공제욱·정근식

여 한일에서의 의식의 구조에 대해 고찰해 보았지만, 미국의 문화적 영향력이나 발전주의의 문제와 결합되지 못했다는 점에서 큰 한계를 지닌다. 전전과 전후가 단절되었다는 의식의 근저에는 미국 자본주의가 내놓은 새로운 삶의 양식과 그에 대한 욕망의 문제도 크게 작용하고 있을 터이다. 따라서 전쟁과 점령, 분단과 평화의 문제의식은 부흥과 발전, 성장에 대한 문제의식과 결합되지 않으면 안 된다.

점령기 또는 해방 전후의 역사를 점령과 해방이라는 상이한 인식틀로 바라보는 한일 양국의 의식 이면에는 식민지배에 대한 망각과 '적과 아'라는 이분법적 구분의 논리가 작동해왔다. 요컨대 한일 양국에서의 의식구조에 내재된 망각과 구별의 논리들에는, 식민지기에 강하게 형성되었던 일본제국 규모에서의 '지배 - 피지배 경험'이나 미국의 동아시아 지배를 거치면서 '적과 아'의 논리로 구조화되었던 동아시아 수준에서의 분단의 경험, 즉 동아시아 질서에 대한 감각이 내재되어 있는 셈이다. 후자의 관계에 의해 전자의 관계가 재배치됨으로써 역사인식에서 시간적 단절만이 부각되었고, 다른 한편으로 전자의 시기에 형성되었던 관계가 '해방'적으로 복원되지 못한 채 동아시아라는 인식 공간이 상실되는 결과가 빚어졌다. 그 결과, 한국인의 역사인식은 '아시아의 부재' 속에서 '미국을 매개로 하여' '새로운' 세계로 이어져 왔던 것이다(이삼성, 2004). 이 점에 있어서 일본도 예외가 아니다. 동아시아에서의 전쟁과 점령을 일본과 미국이라는 두 제국이 교체하는 과정에서 빚어진 폭력의 경험으로 이해한다면, (동)아시아에 대한 상상력이란 그러한 폭력 경험과의 대면·재발견 작업일 터이다. 오키나와의 경험이 한국에서 재발견되고 있는 이유 역시 여기에 있을 것이다.

편(2006)의 관련 논문 참조. 또한 한국전쟁 당시 미군의 전단(삐라) 심리전에 대해서는 정용욱(2004)과 정근식 외(2005)에 실린 정용욱의 글과 사진 자료 참조. 또한 한국전쟁 이후 주한 미공보원을 중심으로 한 '친구만들기' 작업에 대해서는 허은(2003b) 참조.

■ 참고문헌

· 1차 자료

아시아국제법연구회 편(이장희 대표 편집). 2005.『현대국제조약집』. 아시아사회과학연구원.
中野好夫 編. 1969.『戰後資料 沖繩』. 日本評論社.

· 2차 자료

고마코메 다케시(駒込武). 2008.『식민지제국 일본의 문화통합: 조선, 대만, 만주, 중국 점령지에서
　　식민지교육』. 오성철·이명실·권경희 역. 역사비평사.
고모리 요이치(小森陽一). 2004.『1945년 8월 15일, 천황 히로히토는 이렇게 말하였다』. 송태욱
　　역. 서울: 뿌리와 이파리.
공제욱·정근식 편. 2006.『식민지의 일상 - 지배와 균열』. 문화과학사.
권오신. 2000.『미국의 제국주의: 필리핀인들의 시련과 저항』. 문학과지성사.
기광서. 1998.「소련의 대한반도-북한정책 관련 기구 및 인물분석」.『현대북한연구』창간호.
김기정. 2003.『미국의 동아시아 개입의 역사적 원형과 20세기 초 한미관계 연구』. 문학과지성사.
김동춘. 2000.『전쟁과 사회』. 돌베개.
김명섭. 2005.「서유럽의 통합과 동아시아의 분절: 냉전초기 미국의 지정전략을 중심으로」.『국제
　　정치논총』45(2).
김성보. 1995.「소련의 대한정책과 북한에서의 분단질서 형성, 1945~1946」.『분단50년과 통일시대
　　의 과제』. 역사비평사.
김영작. 1999.「대한민국 정부수립의 역사적 의의」. 한국정치외교사학회 편.『제2차 세계대전 후
　　열강의 점령정책과 분단국의 독립·통일』. 건국대학교 출판부.
김창록. 2001.「1900년대 초 한일간 조약들의 '불법성'」.『법과사회』20.
김창록. 2002.「制令에 관한 연구」.『법사학연구』26.
김태기. 1998.「GHQ/SCAP의 對 재일한국인정책」.『국제정치논총』38(3).
김태기. 2004.「미국무성의 대일점령정책안과 재일조선인 정책」.『한국동북아논총』33.
나카노 도시오(中野敏男). 2005.『오쓰카 히사오와 마루야마 마사오: 일본의 총력전 체제와 전후
　　민주주의 사상』. 삼인.
나카무라 마사노리(中村政則). 2006.『일본전후사 1945~2005』. 논형.
남기정. 2000.「한국전쟁과 일본: '기지국가'의 전쟁과 평화」.『평화연구』9.
남기정. 2004.「한미지위협정 체결의 정치과정」. 심지연·김일영 편.『한미동맹 50년: 법적 쟁점과
　　미래의 전망』. 백산서당.
다나카 류이치(田中隆一). 2004.「일본 역사학의 방법론적 전환과 '東아시아'의 '근대'」.『역사문제
　　연구』12.
다카하시 데쓰야(高橋哲哉)·나카니시 신타로(中西新太郎)·김명인·정근식. 2006.「특집좌담: 한국
　　과 일본 - 두 개의 국가, 차이와 연대」.『황해문화』51.
박명림. 2002.『한국 1950, 전쟁과 평화』. 나남출판.
서중석. 1991.『한국현대민족운동연구』. 역사비평사.
서중석. 2003.『배반당한 한국민족주의』. 성균관대학교 출판부.

신주백. 2005. 「한국 교과서에 기억된 8·15, 망각된 8·15」. 아시아평화와 역사교육연대 편. 『한·중·일 3국의 8·15 기억』. 역사비평사.

심지연·김일영 편. 2004. 『한미동맹 50년 - 법적 쟁점과 미래의 전망』. 백산서당.

안진. 2005. 『미군정과 한국의 민주주의』. 한울.

양기웅. 1999. 「미국의 남한점령과 일본점령 비교연구: 일본단독점령과 조선분할점령의 연계성」. 『미군정기 한국의 사회변동과 사회사 Ⅰ』. 한림대학교 아시아문화연구소.

윤건차(尹健次). 1997. 『일본, 그 국가·민족·국민』. 하종문·이애숙 역. 일월서각.

윤치호·김상태 편. 2001. 『윤치호 일기』. 역사비평사.

이삼성. 1995. 「탈냉전시대 미국과 한반도: 문제의식과 변화의 방향」. 『역사비평』. 1995년 겨울호.

이삼성. 2004. 「동아시아의 20세기와 미국, 그리고 한국민주주의」. 『민주주의와 인권』4(1).

이상찬. 1996. 「1900년대 초 일본과 맺은 조약들은 유효한가」. 중앙일보 통일문화연구소 현대사연구팀 편. 『일본의 본질을 다시 묻는다』. 한길사.

이완범. 1994. 「美國의 韓半島 分割線 劃定에 관한 硏究(1944~1945)」. 연세대학교 정치학과 박사학위논문.

이완범. 1996. 「미국의 한국 점령안 조기 준비: 분할점령의 기원, 1944년~1945년 7월 10일」. 『국제정치논총』36(1).

이완범. 2007. 『한국해방 3년사, 1945-1948』. 태학사.

이재승. 2005. 「연합국의 독일점령과 사법정책에 관한 연구」. 『민주법학』 27.

이태진. 1995. 「조약의 명칭을 붙이지 못한 '을사보호조약'」. 이태진 편저. 『일본의 대한제국 강점』. 까치.

이혜숙. 2003. 『일본현대사의 이해 - 전후일본사회와 미국의 점령정책』. 경상대학교 해외지역연구센터.

정근식 외. 2005. 『계속되는 동아시아의 전쟁과 전후- 오키나와전, 제주 43사건, 한국전쟁』. 서울대학교 사회발전연구소 부설 동아시아센터 및 동경외국어대학 전후 동아시아연구팀 주최 국제공동심포지엄 자료집.

정근식. 2005. 「기념관·기념일에 나타난 한국인의 8·15 기억」. 아시아평화와 역사교육연대 편. 『한·중·일 3국의 8·15 기억』. 역사비평사.

정근식·김하림·김용의 편. 2001. 『동아시아와 근대의 폭력 2. 국가폭력과 트라우마』. 삼인.

정근식·하종문 편. 2001. 『동아시아와 근대의 폭력 1. 전쟁, 냉전과 마이너리티』. 삼인.

정병준. 2006. 『한국전쟁, 38선 충돌과 전쟁의 형성』. 돌베개.

정영환. 2005. 「점령하의 재일조선인 운동」. 정근식 외. 『계속되는 동아시아의 전쟁과 전후』. 국제공동심포지엄 자료집.

정용욱. 2003. 『해방 전후 미국의 대한정책』. 서울대학교 출판부.

정용욱. 2004. 「6·25전쟁기 미군의 뻐라심리전과 냉전이데올로기」. 『역사와현실』 51.

정용욱. 2006. 「모호한 출발, 저당 잡힌 미래, 발목 잡힌 역사」. 『시민과 세계』 8.

제주4·3연구소 편. 1999. 『동아시아의 평화와 인권』. 역사비평사.

찰머스 존슨(Charmers Johnson). 2003. 『블로우백』. 삼인.

최상룡. 1990. 「맥아더의 일본점령과 천황제」. 고려대 아세아문제연구소 편. 『아세아연구』33(1).

최장집. 2002.『민주화 이후의 민주주의 - 한국민주주의의 보수적 기원과 위기』. 후마니타스.

브루스 커밍스(Bruce Cumings). 김자동 역. 1986.『한국전쟁의 기원』. 일월서각.

어니스트 프랑켈(Ernst Frankel). 1988.「주한미군정의 구조」. 梶村秀樹 외.『한국현대사연구 1』. 김동춘 편역. 이성과현실사.

한국정치외교사학회 편. 1999.『제2차 세계대전 후 열강의 점령정책과 분단국의 독립·통일』. 건국대학교출판부.

한상일. 1997.『일본전후정치의 변동: 점령통치에서 새 체제의 모색까지』. 법문사.

한영혜. 2001.『일본사회개설』. 한울.

허은. 2003a.「실험대 위의 토끼와 의사: 미군정기(1945-1948) 대미인식」.『내일을 여는 역사』12.

허은. 2003b.「1950년대 주한 미공보원의 문화전파」.『한국사학보』15.

古關彰一. 2001.『日本國憲法·檢証 資料と論点 第五卷 九條と安全保障』. 小學館文庫.

宮里政玄. 1986.『アメリカの沖縄政策』. ニライ社.

楠 綾子. 2005.「對日占領政策の變遷と知日派」.『環』22, 2005 夏.

大田昌秀. 1979.「戰後改革と沖縄の分離」.『世界』1979年 4月号.

大田昌秀. 1987.「アメリカの對沖縄戰後政策」. 坂本義和·R.E.Ward 編.『日本占領の研究』. 東京大學出版會.

山之内靖. 1999.『日本の社会科学とヴェーバー体験』. 筑摩書房.

山之内靖·ヴィクターコシュマン·成田龍一 編. 1995.『總力戰と現代化』. 東京: 柏書房.

新崎盛暉. 2005.『沖縄現代史』. 碧波新書.

岩崎稔·大川正彦·中野敏男·李孝德 編著. 2005.『繼續する植民地主義』. 靑弓社.

御廚貴. 2005.「占領期をどう見るか - [占領と戰後日本]」.『環』22, 2005 夏.

歷史學研究会 編. 1990.『日本同時代史 1. 敗戰と占領』. 靑木書店.

五百旗頭真. 1993.『米国の日本占領政策 上, 下』. 中央公論社.

五百旗頭真. 2005.「[僥倖]としての日本占領」.『環』22, 2005 夏.

油井大三郎·中村政則·豊下楢彦 編. 1994.『占領改革の國際比較: 日本·アジア·ヨーロッパ』. 三省堂.

酒井直樹·ブレット ド·バリー·伊豫谷登士翁 編. 1996.『ナショナリティの脱構築』. 東京: 柏書房.

中野敏男. 2001.『大塚久雄と丸山眞男動員'主体'戰争責任』. 靑土社.

中野敏男. 2005.「東アジアで「戰後」を問うこと」. 岩崎稔·大川正彦·中野敏男·李孝德 編著.『繼續する植民地主義』. 靑弓社.

中野敏男·波平恒男·屋嘉比收·李孝德 編著. 2006.『沖縄の占領と日本の復興』. 靑弓社.

天川晃. 1993.「日本本土の占領と沖縄占領」.『橫浜國際經濟法學』1(1), 1993年 5月.

豊下楢彦. 1996.『安保條約の成立—吉田外交と天皇外交』. 東京: 岩波書店.

荒敬. 2005.「占領支配の構造とその変容」. 岩崎稔·大川正彦·中野敏男·李孝德 編著. 2005.『繼續する植民地主義』. 靑弓社.

Dower, John H. 1999. *Embracing Defeat: Japan in the Wake of World War II*. New York: W. W. Norton & Company.

Eldridge, Robert D. 2001. *The Origins of the Bilateral Okinawa Problem: Okinawa in Postwar U.S.-Japan Relations, 1945-1952*. Garland Publishing Inc.

3장

한국전쟁과 '기지국가' 일본의 탄생

· 오키나와 문제의 상부구조1)

남기정

1. '기지국가'론의 제기

오키나와는 '냉전의 섬'이다(Johnson ed., 1999). 그리고 '기지의 섬'이다. 이는 '한국전쟁 휴전체제'라는 동아시아 수준의 냉전체제하에서 '기지국가 (Base-State)'가 되어 생존을 모색해 온 일본의 하위체제적 표현이다. 따라서 오키나와의 현실을 이해하기 위해서는 동아시아 냉전의 전개와 그 속에서 자리매김된 일본의 위상을 이해할 필요가 있다.

'한국전쟁 휴전체제'란 냉전체제의 동아시아적 하위체제다. 이는 지구적 수준의 미소 간 냉전체제하에, 한국전쟁 종결 이후 형성된 새로운 조건 속에서 동아시아의 지역적 특징이 발현되어 만들어진 것이다. 구체적으로는 '한국과 북한을 전위로 한, 미국 - 일본 - 한국과 소련 - 중국 - 북한 사이의 집단적 대결상 태 속에서 어느 일방이 타방에 대한 승리를 담보해 내지 못하고 군사적 긴장관

---

1) 이 글은 고려대학교 평화연구소가 간행하는 『평화연구』(제9호, 2000년)에 게재된 「한국전쟁과 일본: '기지국가'의 전쟁과 평화」를 본 단행본의 간행 취지에 맞춰 첨삭·수정한 것이다. 또한 이 가운데 일부는 필자의 다른 논문들(남기정, 2001, 2004, 2006)을 구성하는 데 부분적으로 사용되었다는 점을 밝혀 둔다.

계를 유지하는 체제'로 정의할 수 있다(남기정, 2005: 53). '휴전체제'하에서 일본은 일본형 냉전국가인 '기지국가'로 변모했다.

전후 일본의 많은 논자들과 대부분의 국민들이 스스로의 국가를 '평화국가' 로 인식해 왔다. 그러한 인식의 연장에서 오키나와는 '평화국가' 일본 속의 희생 양으로 비춰졌다(我部政男, 1999: 1~2). 그러나 전후 일본의 현실이 '평화국가' 가 아니라 '기지국가'였다고 한다면, 오키나와는 '기지국가'의 현실을 온전히 떠맡은 존재로서, '기지국가' 일본의 '표상=대행(表象=代行, Representation)' 이었다고 할 수 있다. '기지의 섬' 오키나와에 대한 이해가 '기지국가' 일본에 대한 이해에서 출발해야 하는 이유를 여기에서 찾을 수 있다.

'기지국가'란 '국방의 병력으로서의 군대를 갖지 않고, 동맹국의 안전보 장상의 요충에서 기지의 역할을 다함으로써 집단안전보장의 의무를 이행하 고 이로써 안전보장의 문제를 해결하는 국가'로 정의할 수 있다. 이 말은 '세계 전쟁의 시대'였던 20세기를 살아가는 과정에서 다른 국가가 선택한 삶의 방식 과는 구별되는, 일본만의 독특한 생존 방식을 표현하는 특수개념이다.

이와 같은 '기지국가'의 개념 규정은 단순히 '일본이 외국의 군대에 기지를 제공 하고 주둔군의 존재로 안전을 보장하는 수단으로 삼는다'는 것 이상으로 다음과 같은 점이 고려된 것이다. 그것은 일본이 이행해야 할 기지 제공의 방식이 이른바 '전토기지방식(全土基地方式)'이었다는 것이다. 이는 역사적으로 보아 미국이 그 당시까지 일본 이외의 나라들과 체결해 왔던 군사행정협정과는 크게 다른 점이었 다. 미일 안보조약에 근거한 미일행정협정에서는 일본이 미국에 대해 제공해야 할 시설 또는 구역이 한정되어 있지 않고, 일본이라는 주권국가의 전 국토를 군사작전 을 위한 잠재 구역으로 설정한다는 방식을 취하고 있다(明田川融, 1999: 7).

한편, 미군 주둔이 자국안보에서 대단히 중요한 역할을 차지하고 있는 독일과 한국의 경우와는 다음과 같은 점에서 차이를 보인다. 우선 독일의 경 우, 국방을 위한 군사력으로 군대를 보유하고 이를 집단안보체제에서 국제공

헌의 일환으로 위치지우고 있다는 점에서 일본과 다르다. 즉, 안전보장의 1차
적 책임을 지는 자국 군대의 유무의 문제다(Duke and Wolfgang, 1993: 6; 大嶽
秀夫, 1993: 151~153). 한국의 경우도 일본과 마찬가지로 전토기지화의 상태
에 있었으며 그 기지들은 반영구적으로 사용이 가능했었으나, 한국전쟁을 계
기로 53년 1월 현재 약 49만 명 규모로 증강된 군대를 보유하고 있었다는 점,
나아가 이 군대에 한반도 이외의 광역에서의 역할이 부여되고 있었다는 점에
서 일본의 경우와 뚜렷이 구별된다(이삼성, 1991: 65~67).

　　그러면, 이 '기지국가'는 언제 탄생하여, 어떻게 운영되어 왔는가. 본고는
오키나와의 기지 문제를 이해하기 위해서는 일본이 한국전쟁을 계기로 하여
'기지국가'로 변모해 가는 과정에 대한 이해가 필수적이라는 인식하에, 그 탄
생의 과정과 운영의 방식을 드러내 보이고자 한다. 따라서 일본이 한국전쟁과
독특한 형태로 관계를 맺으면서 국가로서의 존재방식을 모색했다는 점에 대
한 고찰에서 출발해야 할 것이다.

2. 한국전쟁과 '기지국가'의 탄생

1) '기지국가'의 현실

　　한국전쟁 발발은 일본 점령군의 배치와 구성을 크게 변화시켰다. 전쟁
전의 점령군은 GHQ하 미 육군 제8군 4개 사단, 미 극동해군(NAVFE, Naval
Forces, Far East), 미 극동공군(FEAF, Far East Air Forces) 및 영 연방군(BCOF,
British Commonwealth Occupation Forces, Japan)을 근간으로 하고 있었다.
전쟁이 발발하자, 미 육군 제8군 관하의 제25사단(오사카, 大阪), 제24사단(오
쿠라, 小倉) 및 제1기병사단(도쿄 아사카, 東京朝霞)이 출동하였으며, 제7사

단(센다이, 仙臺)이 남게 되었다. 그 뒤 제8군 사령부 자체가 한국으로 이동하면서, 50년 8월 25일 재일병참사령부(JLC, Japan Logistical Command)가 요코하마(横浜)에 신설되었다. 동 사령부는 극동사령부에 직속되어 있었으며, 일본에서의 병참업무를 주된 임무로 하면서 한국파병 유엔군의 병참도 담당했었다(基地問題調査委員會, 1954: 27).

한편, 영연방군의 경우 한국전쟁 이전에는 오스트레일리아군이 남아 있었을 뿐이었는데, 이마저도 50년 5월에는 전군 철수명령이 내려진 상태였다. 그러나 전쟁 발발 직후인 6월 30일 철수중지가 결정되었으며, 일부는 유엔군으로 한국에서의 작전에 투입되었다(調達廳, 1956: 589~591).

한국전쟁은 점령군의 배치 및 구성을 변화시켰을 뿐만 아니라 그 성격을 변화시켰다. 일본주둔 점령군은 민주화와 비군사화 등의 전후 개혁을 보장하기 위한 물리력으로부터 전쟁수행을 위한 전투병력으로 전환되었다. 이미 26일 저녁, 유엔안보리의 결의를 기다리지 않고 트루먼 미 대통령은 맥아더에게 미해군 및 공군의 한국 출동을 명령했으며, 27일에는 한반도에서의 작전행동을 위한 전권을 부여했다. 맥아더는 주일미군 제8군 가운데 제24사단을 한국에 파견했으며, 제7함대를 타이완해협에 파견했다. 이미 6월 29일자 일본의 각 신문에서는 "남부 일본 공군기지 주재 특파원발"로 '제트 전투기와 경폭격기가 남조선을 향해 쉴 새 없이 날아가서는 벌집 같은 기관총 탄흔과 함께 돌아온다"는 내용의 기사를 볼 수 있다(饗庭孝典·NHK取材班, 1991: 212).

한국전쟁 초기에 실제로 전선에 투입됐던 병사들의 증언은 점령 개혁군으로부터 전투부대로의 변화를 생생히 전달하고 있다. 6월 25일, 병사들은 평소와 다름없는 주말을 지내고 있었다. 가족들과 단란한 시간을 보내거나 부대 내 소프트볼 시합이 비로 인해 연기돼 하릴없이 지내고 있거나, 혹은 일본의 여성들과 데이트를 즐기거나, 술을 마시면서 지내거나 하는 것이었다. 이들은 모두 소집명령을 받고도 금방 돌아올 것이라고 생각했으며, 순연

된 소프트볼 시합을 다음 주에 하기로 약속하는 느긋함을 보이기도 했다. 그러나 일본의 어선을 타고 부산에 도착한 뒤, 철도를 따라 북상하면서 병사들은 거기에 '진짜 전쟁(a real war)'이 벌어지고 있음을 알게 되었다(Knox, 1985: 50).

이후, 일본은 한국전쟁 전 기간을 통해 미국의 전쟁수행을 위한 후방기지가 되었다. 숫자상으로 나타난 기지화의 실태는 다음과 같다. 1953년 1월 31일 현재, 일본 국내에는 733개의 미군기지가 있었다. 그 넓이는 약 14만ha, 일본 전 국토면적의 0.378%였다. 이 가운데 육상연습장이 76%, 비행장이 13%, 병사(兵舍) 및 기타가 11% 등이었다(木村禧八郞他, 1953: 167). 과거 700만 규모의 구 일본군이 군용으로 사용하던 토지가 약 30만ha였는데 미군 기지는 그 절반을 차지하고 있어, 이 수치로부터도 조직 구성당 미군의 기지 접수면적이 얼마나 넓은 것이었는지를 알 수 있다.

미군기지는 대일강화 이후 오히려 정비, 확충되는 경향을 보였다. 52년도와 53년도의 미군기지 건수 및 토지의 증감을 비교해 보면, 건수는 1212건으로부터 733건으로 줄어든 데 비해, 그 면적은 3억 1013만 평에서 3억 1187만 평으로 오히려 증가했다(木村禧八郞他, 1953: 157). 육상시설의 경우, 그 총수는 52년 7월의 612건에서 53년 4월의 581건으로 감소했다. 그러나 이를 무기한사용과 일시사용으로 구별하면, 일시사용이 312건에서 267건으로 감소한 데 비해 무기한사용은 300건에서 314건으로 증가한 것이어서, 기지 확충의 경향은 오히려 강화된 것으로 볼 수 있다. 일시사용 시설은 주로 병사(兵舍)와 같은 부속시설인 데 비해 무기한사용의 대상이 되는 것은 비행장이나 연습장과 같은 중요 시설이었다. 중요 시설일수록 확대경향에 있었던 것이다(基地問題調査委員會, 1954: 70).

2) '기지국가'의 전쟁

무엇보다도 일본은 한국전쟁 발발과 더불어, 미군의 반격을 위한 출격기
지가 되었다. 한국전쟁 기간에 전개된 공중으로부터의 공격은 주로 15개의
일본 소재 공군기지로부터 발진한 폭격기와 전투기에 의한 것이었다. 지리적
으로 볼 때, 일본의 비행장은 방어를 위한 적당한 거리를 유지하면서도, 전투
기가 출격한 뒤 돌아오기 위한 한계지점에 있었다. 전투기들은 이타즈케(板
付), 아시야(芦屋) 등 규슈의 기지에서 주로 발진·출격했다. 규슈 북부에서
서울까지의 약 600km라는 거리는 당시의 전투기들이 보조탱크를 사용해서
발진·회항할 수 있는 한도였다. 한편 폭격의 주역 B29가 주된 출격기지로
이용한 것은 요코타(橫田)기지였다. 미군 폭격기 및 전투기의 출격회수는 공
군이 72만 980회, 해병대 공군이 10만 7303회, 해군(항공모함 발진)이 16만
7552회였으며, 폭탄 투하량은 네이팜탄과 로케트탄을 합쳐서 공군이 47만
6000톤, 해병대와 해군기가 22만 톤이었다(三木秀雄, 1969: 25).

한편, 일본의 각 항만은 전쟁수행을 위한 물자 및 병사의 수송 중계기지가
되었다. 미군에 의해 일단 접수되었던 군항 사세보(佐世保)는 1950년 5월 '구
군항 전환법'에 따라 시의회가 채택한 '평화산업항만도시'로의 전환을 모색하
고 있었다. 이러한 구상에 대한 시민들의 지지는 6월 6일에 실시된 주민투표에
서 확인되었다. 그러던 와중에 발발한 한국전쟁으로 사세보의 주요 항만시설
은 미군에 의해 재접수되었다. 7월 25일에는 유엔군 사세보지구 사령부가 설치
되었다. 민간의 사용이 허가된 시설은 20%에 불과했으며, 10월에는 방잠망이
설치되기도 했다(佐世保市總務部庶務課編, 1956: 51~53).[2]

잘 발달된 일본의 국철은 일본이 수송 중계기지가 되기 위한 기초조건이

---

[2] 기타, 미군 주둔지역의 실태에 대해서는 다음을 참조. 山崎靜雄(1998); 中本昭夫(1984); 服部一
馬·齋藤秀夫(1983); 朝日新聞西部本社編(1995).

충분히 갖춰진 천혜의 기지임을 입증했다. 한국전쟁 발발과 함께 GHQ 민간운수국과 제8군의 제3철도수송사령부는 '동란수송'을 위한 협력을 국철에 요구했다. 이에 대해 국철은 관부(關釜)연락선을 동원한 병사 및 물자 수송, 한국의 철도 사정에 대한 자료의 제출, 물자조달과 기술 원조를 위한 제반 조치 및 기밀유지, 경비(警備) 등의 서비스를 제공했다. 수송된 병사들 가운데에는 한국군도 포함되어 있었다. 일례로, 한국군 제7사단 32연대소속으로 되어있는 병력이 일본으로 이송되어 훈련을 받은 뒤 한국의 전선으로 돌아간 사실을 들 수 있다. 『철도종전처리사(鐵道終戰處理史)』라는 자료에 따르면, 8월 19일부터 23일까지 그리고 9월 7일과 8일의 두 차례에 걸쳐 한국군 수송 사실이 기록되어 있다(日本國有鐵道編, 1981: 258~263). 불과 2주일의 훈련이었던 데에서 개전 초기의 급박했던 사정을 읽을 수 있다.

또한 일본은 수리 조달을 위한 보급기지였다. 한국전쟁 발발과 동시에 미국의 일본에 대한 조달명령(Procurement Demand, PD) 요구가 급증했다. 특히 비중이 높았던 것으로 '차량 수리 및 재생 서비스'를 들 수 있다. 이는 '차량 수리 및 재생'이라는 제목과는 어울리지 않게 소총, 기관총, 곡사포 등의 무기 수리를 총칭하는 것이었다. 수리 및 조달을 위한 공장 가동은 이른바 '조선특수'를 창출했다.

이러한 전투기지, 생산기지로서의 일본이 한국전쟁에서 수행한 역할에 대해, 미국의 공식전사는 '일본은 후방지원의 요새(a logistic fortress)'였다고 평가하고 있다. 이러한 평가는 이 전사가 한국전쟁에 대해 '미국이 수행한 전쟁 가운데 군수품의 동원이 사실상 처음으로 강조된 전쟁'이었다고 규정하고 있는 점에서 더욱 큰 의미를 지닌다.

전쟁에서 요새가 차지하는 의미에 대해서는 존 키건(John Keegan)의 분석이 참조할 만하다. 키건에 따르면 인류 역사상 세 가지의 형태의 요새가 차례로 출현했는데, 가장 단순한 형태인 '피난소'의 역할을 담당했던 요새는 제2의 형태인 '거점'으로 발전하여, 최종적으로 '(전략적) 방어진지'로 진화했다고 한다. '피난소'는 단기간의 안전을 확보하는 장소이며, '거점'으로서의 요새는 적의 공격으로부터 안전한 장소이자 동시에 출격을 위한 근거지의 역할을 하는 곳이다. '방어진지'는 상호지원이 가능하도록 연속적인 형태로 구축된 거점으로서, 적의 공격진로를 차단하는 개별적 요충으로 구성되어 있다(Keegan, 1993; 유병진 역, 1996: 204~223). 이러한 설명에 의거하면 한국전쟁기 일본의 역할과 그 변화에 대해서는 다음과 같이 말할 수 있을 것이다. 즉, 일본은 개전 초기에 '피난소'의 역할을 담당하였으며, 전쟁의 경과와 함께 유엔군의 '거점'으로서의 역할을 부여받았고, 전쟁 후반과 정전 후에는 '방어진지'로서 기능해 왔다고 할 수 있다. 결국 미군의 '기지'로서 전쟁수행을 위한 '요새'였던 일본의 존재는 한국전쟁의 승패를 거의 결정짓는 요인이었다고 할 수 있다.

3) '기지국가'의 반사이득: 조선특수의 발생

이른바 '조선특수'란 한국전쟁 발발과 동시에 발생했으며 한국의 전선에서 필요한 물자 및 서비스에 대한 특별수요를 가리킨다. 대개의 계약은 일본 주둔 미군 및 경제협력국과 일본 정부 또는 민간업자들 사이에서 체결되었다. 여기에는 한국의 전선에서 수요되는 물자 및 서비스 이외에, 오키나와 주둔 미군 및 일본 국내 주둔군을 위한 것들도 포함되어 있었다(『特需に關する統計』, 1954年度版: 2~3; 1956年度版, 1~3). 특수는 협의로는 미국대사관 경제부에서 매주 발표하는 특수계약을 내용으로 하는 것을 의미하며, 광의로 쓰일 경우, 니혼(日本) 은행의 외국환 통계의 '정부거래' 가운데 '외국군 및 기타 기관 관계 소비' 및 '주일 프랑스군 구매단에 대한 엔 매각'으로 계상되어 있는 것이 포함된다. 일반적으로 '조선특수'는 협의의 특수를 이야기하며, 1952년 5월의 마쿼트(William F. Marquat) GHQ 경제과학국장 성명에 따라 발주가 시작된 무기생산 관련 특수를

'신특수'라 하여, 종래의 특수와 구별하기도 한다(『兵器特需の現況』: 2~3).

조선특수는 협의에 한정한다 해도, 한국전쟁 발발 이후 1954년 2월 말까지의 3년 8개월 동안 총액 13억 2300만 달러에 이르러, 패전 이후 빈사상태에 있던 일본경제를 회생시키는 데 결정적인 역할을 했다(『特需に關する統計』, 1954年度版: 3~5).

한편, 한국전쟁 이후 5년 동안의 특수계약 액수를 추이해 보면 1952년부터 무기관련 계약이 1위를 차지하게 되었으며, 5년 동안의 누계에서도 무기관련 계약이 물자의 특수계약 가운데 가장 많은 액수를 차지하는 결과를 낳았다(『特需に關する統計』, 1956年度版: 25~26). 이러한 변화는 대일강화를 앞둔 1952년 3월, GHQ가 일본 정부에 대해 GHQ의 허가를 조건으로 무기 및 항공기의 생산과 수리를 인정한다는 내용의 지령을 내린 데 따른 것이다(富山和夫, 1979: 29). 한국전쟁이 미친 영향 가운데 무기생산의 부활과 이에 따른 미일 경제협력 관계의 강화는 가장 주목할 만한 귀결의 하나였다.

여기에서 무기로 분류되는 물자 가운데에는 총, 포탄, 포, 탄약 등의 무기와 그 부품은 물론, 폭격기에서 투하되는 폭탄 및 조명탄, 네이팜탄, 탱크 등이 포함되어 있다. 또 광의의 무기 개념에는 항공기 보조연료 탱크를 비롯한 항공기 관련 부품 일체, 화약류, 장갑차 부품, 광학기계, 무기검사기, 보트 등의 물자가 포함되며, 무기와 항공기, 자동차, 선박 등의 수리와 같은 서비스 일체가 포함된다. 이러한 광의의 무기에 대한 집계에 따르면, 한국전쟁 발발 이후 1955년 12월 말까지 계약된 무기 관련 특수는 약 3억 2000달러에 달했다. 이는 같은 시기의 특수계약 총액 17억 600만 달러 가운데 18%를 차지하는 액수였다(『特需に關する統計』, 1956年度版: 5, 27).

이러한 특수의 효과와 관련해서는 일반적으로 다음의 세 가지 점이 지적된다. 첫째, 유력한 시장을 일본 경제에 제공함으로써 만성적인 달러 부족을 해결했다. 1950년부터 52년 말까지의 광의의 특수 누계액은 15억 6700만 달러에 달해, 같은 시기의 외화수입 총액 가운데 28.4%를 차지했다. 달러 수입 액수로만 보면, 해마다 그 비중이 증가해 1952년에는 61.7%에 달했다. 둘째, 일미안보체제의 경제적 기초인 미일 경제협력의 기반을 마련했다. 특수는 일본 국내에서 달러 결제를 통해 생산과정에 개입하였다. 이를 통해 일본이 취득한 달러 자금은 국제 가격보다 비싼 미국의 원료와 물자를 수입하는 데에 충당되어, 결과적으로 일본의 무역구조를 대미의존적인 것으로 변모시켰다. 셋째, 전술한 바와 같이, 특수의 발생은 일본의 잠재적 군수물자 생산력을 복원시키는 계기가 되었다. 1950년 6월부터 53년 6월까지 조달된 물자의 품목별 상세 내역을 보면, 금속제품이 제3년도에 들어서 두 배로 증가했다. 그 가운데 3분의 2가 무기관련이었다(木村禧八郎, 1953: 183~184).

이상이 '조선특수'가 지니는 경제적 효과였다고 한다면, 이와는 별개로 그 정치적 의미에 주목할 필요가 있다. 특수는 일본에서 한국전쟁 직전 고조되고 있던 노동자들의 불만을 잠재우고, 노동운동을 제도화시키는 계기가 되었다. 일본 석탄경영자 연맹의 한 관계자는 한국전쟁 휴전이 일본 산업계 전반에 미치는 영향에 대해, "전후 일본 경제는 한국전쟁 특수에 크게 의존하고 있었던 바, 일본 산업계에 미치는 영향은 심대할 것이다 …… 작년에 실시된 합리화 정책으로 인한 대량의 해고에도 불구하고 노동자들의 불만은 특수 붐에 따른 임시고용의 증가로 해소되고 있었다. 그러나 이러한 불만은 다시 고조될 것으로 예상된다"고 분석했다.[3] 일본경제인연맹 회장인 마에다 하지메(前田一)도 한국전쟁의 휴전은 노동운동의 고양과 공산당 및 사회당의 정치 공세를 가져올 것으로 우려하였다.[4] 이러한 분석과 진술들은 '조선특수'의 정치 사회적 효과를 역설적으로 드러내 보여 주는 것이었다.

---

3) '한국전쟁 휴전 제안에 관한 의견' (1951년 7월 6일) "Korean War and Peace", GHQ/GS, GS(B) - 04251 - 04254.
4) '한국전쟁의 장기화에 대한 각 단체의 대응'(1951년 7월 6일), Ibid.

4) '기지국가'의 유엔 협력과 일본 정부의 최종목표

한국전쟁에서의 일본의 구체적인 전쟁협력 사례는 '기지국가'의 유엔협력의 가능성과 한계를 동시에 드러내 보여주고 있으며 전쟁협력의 새로운 방식을 이해하는 데 중요한 선례가 되었다. 일본은 전선에서의 전투행위를 제외하고 후방지원의 모든 분야에서 협력하고 있었다. 해상수송에서의 일본 노동자 동원 및 후송된 상이병의 치료를 위한 일본 적십자사 간호원의 동원, 그리고 해상보안청 소속의 '일본 특별소해대'의 한국해역 파견 등이 그러한 사례들이다. 특히 일본의 소해작업 참가는 특기할 만하다. 소해작업이 개시된 1950년 10월 10일부터 12월 4일까지 약 2개월 동안 이 특별소해 작업에는 연 44척의 소해정과 10척의 순시선이 참가하였다. 현지에서 소해 작업에 종사한 인원이 1200명, 일본 국내에서 연락·보급·수리에 참가한 인원이 250명, 합계 1450명이 이에 동원되었다. 이들은 원산, 군산, 인천, 해주, 진남포 등에서 전개된 소해작업에서 수로 327㎞, 607㎢의 해역을 소해하였으며, 27개의 기뢰를 제거하였다(大久保武雄, 1978: 259~260).

이미 일본 정부는 8월 19일, '조선의 동란과 우리들의 입장(이하, 입장)'이라는 외무성 성명에서 유엔을 통한 전쟁협력 방침을 제시했었다.[5] '입장'은 1950년 2월의 중소우호동맹 조약의 체결을 아시아에서의 냉전의 개시로 파악하고 있으며, 6월 25일의 개전을 북한의 침략행위라고 명확히 규정하고, 이러한 침략행위는 이미 '두 개의 세계'가 형성되어 적대시하고 있던 현실에서는 피할 수 없는 것이었다고 이해하고 있었다. 또한 이러한 침략행위와 같은 '공산주의의 폭력'이 일본에 직접 미치려하는 현 상황에서 일본이 '수수방관한다면, 이는 민주주의의 자살'이 될 것이라고 강조했다. 그러나 문제가

---

[5] 日本外務省「朝鮮の動亂とわれらの立場」(1950年8月19日), 大嶽秀夫編·解說『戰後日本防衛問題資料集』第1卷, 三一書房, 1991年, 346~350쪽.

된 것은, 민주주의를 지키기 위해 일본이 무엇을 할 수 있는가였다. '헌법'이 허락한 안전보장의 방법이란 유엔 협력을 통한 안보 이외에 있을 수 없었다. 일본은 한국전쟁을 통해서 '국제연합'이 일본의 안전을 보장할 의지가 있음을 확인했다. 남겨진 과제는 이를 '보증'하는 것이었다. 이를 위해 일본 정부는 유엔협력방식을 천명하게 되었다. 그러나 이러한 선택은, 일본이 '국방군'을 창설하고 이를 통해 협력해야 할 만한 성격의 것이 아니라는 판단에서 나온 것이었고, 이는 한반도에서의 전쟁이 더 이상 확대되지는 않을 것이라는 계산에 따른 것이었다. 이는 물론 요시다 시게루의 희망사항이기도 했다.

이러한 일본 정부의 유엔협력 방식은 단기적으로는 조기강화의 실현을 목표로 한 것이었지만, 최종적으로는 갖가지 국제문제, 특히 휴전 이후의 한반도 문제를 둘러싼 국제회의에서 적극적인 참가와 발언권을 획득하기 위한 실적 쌓기라는 장기적 목표에 따른 것이었다. 공개된 일본 외무성 문서는 한국전쟁 정전교섭이 중국의 제안을 계기로 구체화되면서부터 휴전성립까지의 기간에 일본 외무성이 휴전 전망에 대한 정보수집과 분석에 분주했다는 것을 말해주고 있다.

1953년 6월 11일, 앨리슨(John M. Allison) 주일대사와의 회담에서 오카자키(岡崎) 일본 외상은 "일본은 유엔군에 대해 다대한 협력을 제공했으며, 영국과 오스트레일리아군에 대해서도 시설 등을 제공하고 있다. 더구나 이웃나라인 조선의 장래 운명에 대해서 다대한 관심을 갖고 있다. 따라서 조선의 운명을 결정할 정치회의에 어떠한 형태로든지 일본이 참가하는 것은 당연하다고 생각한다"고 밝혔다.6) 그러나 이러한 일본의 희망은 받아들여지지 않았다. 7월 31일, 오카자키 외상은 사와다(澤田) 주미 대사 앞으로 보낸 서한에서, 일본의 참가에 대해서는 "사실상 여러 곤란이 예상되므로, 잠시 정세의 추이

---

6) 昭和28年6月20日, 岡崎大臣發, 新木大使宛. 第557號, 朝鮮休戰政治會議參加國に關する件(暗), 「外交記錄第10回公開分」(A' 7.1.0.5-2) 0010~0012.

를 지켜보기로 하고, 너무 강력하게 이를 주장하지 않을 생각"이라고 전했다.[7] 그러나 일본 외무성은 문제가 장기화되면 '조선 문제'는 평화적 방법으로 해결할 수밖에 없을 것이며, 한국의 장래를 결정지을 국제무대에서 언젠가는 일본이 하나의 축을 차지하는 구도로 국제관계가 변해갈 것으로 전망하고 있다. 휴전 성립 직후인 8월 4일 외무성 아시아국 제2과가 작성한 두 개의 대외비 문서는 이러한 전망이 정당한 것임을 입증하기 위해 만들어졌다.[8] 외무성 아시아국은 정치회담의 결과가 판명되는 1954년 2월이 그러한 변화의 결정적인 전환점이 될 것으로 예상하고 있었다. 나아가 이들 자료를 통해 볼 때, 일본 외무성은 이미 이 시기부터 소련과의 관계정상화를 시야에 넣고 있었던 것으로 생각된다.

3. '기지국가'의 해체 시도

1) '국방국가'의 재건

한국전쟁이 발발하자, GHQ는 법무부 특별심사국(이하, 특심국)을 통해 우익과 구 군인들에게 조언을 요청했다. 그 가운데 전전의 우익단체인 동아연맹 가가와(香川)현 지부장을 지낸 다나카 히사시(田中久) 구 일본군 중사의 의견청취 기록이 GHQ 조서에 남아 있다. 그는, 한국전쟁 발발로 "일본은 커다란 위기를 맞게 되며, 그것은 무인기차 폭주나 기관차 전복과 같은 수준의 어린

---

7) 昭和28年7月31日, 岡崎大臣發, 在ニューヨーク澤田大使, 第90號, 我國の朝鮮政治會議參加に關する件(暗),「外交記錄第10回公開分」(A' 7.1.0.5 - 2) 0059~0060.
8) 外務省アジア局第2課『朝鮮に關する高級政治會議の見通しについて - デリケートなバランス』昭和28年8月4日(秘) 및『朝鮮政治會議を控えての國際情勢 - 我々として注意すべき點』1953年8月21日,「外交記錄第10回公開分」(A' 7.1.0.5 - 2) 0148~0166.

애 장난이 아니라, 동족 간의 내전과 같은 사태"가 될 것이라고 분석했다. 따라서 그는 "미국이 현재 인정하지 않는 자원병 모집은 멀지 않은 시일 내에 그 필요성이 현실화할 것"이라고 예측하고, 재군비와 일본인의 전쟁참가를 전제로 한 정책 수립을 제언했다.[9] 또 천황의 포츠담선언 수락 방송을 방해하려 했던 장교단 가운데 한 사람인 시라카와 기이치로(白川喜一郞) 구 일본군 소위는, 일본은 "미국에 이용당하는 형태로 전쟁에 말려들지 않도록 주의해야 한다"면서도, "만일 전투에 참전한다면, 전쟁에 승리했을 경우 일본이 구 영토를 회복하는 내용의 비밀협정을 미일 간에 체결하는 것을 전제로…… 이러한 조건이 충족된다면, 일본인은 생명의 위험을 무릅쓰고 참전할 것"이라고 주장했다.[10]

특심국의 의견 청취는 한 동안 계속된 것으로 보이는데, 이에 따르면 대부분의 구 우익단체 관계자와 구 일본군 군인들은 한국전쟁의 발발을 대일본제국 부활을 위한 호기로 받아들였다. 도다 마사나오(戶田正直) 일본개척연맹 의장은 "일본은 아직 패전한 것이 아니다. 당분간 휴전했을 뿐이다. 일본은 여전히 세계 일류국가이며, 한국전쟁을 계기로 소련제국의 노예가 되는 길로부터 일본을 지킬 군대를 재건 강화하지 않으면 안 된다"고 주장하여, 적극적인 재군비를 재촉했다. 이시카와 고게쓰(石川皇月) 전 일본군 해군중장은 "조선전쟁이 심각화하면 할수록 일본이 재기할 기회는 확실해 진다. 미국의 집요한 노력으로 일본은 곧 독립할 것이다. 현재 일본 전국을 통틀어 동원 가능한 500만의 성인 남자가 있다. 이들 가운데 100만 명만으로도 북조선에게 지지 않을 자신이 있다. 나아가 2개월만 훈련하면 우리는 전전 수준의 군사력을 회복할 수 있다"고 호언하고 있었다.[11]

1951년 8월 이후, 전후 민주화 개혁 과정에서 공직 추방되었던 구군인들

---

9) '한국문제에 관한 구 군인의 조언과 행동'(1950년 7월 19일), "Korean War and Peace", GHQ/GS, GS(B)-04251~04254.

10) '조선동란에 즈음한 구 군인의 동향'(1950년 8월 3일), Ibid.

11) '조선동란과 관련한 우익의 언동'(1950년 9월 20일), Ibid.

가운데 좌관(영관)급 이하 인사들이 대량으로 추방 해제되면서 이들의 움직임은 조직화의 모습을 띠기 시작했다. 특히, 다수의 소좌급 구 일본군 군인들이 경찰예비대(50년 7월, GHQ 지령으로 창설) 간부로 채용되면서 이들을 중심으로 한 청장년 장교 출신 인사들의 움직임이 활발해졌다. 특히, 강화조약 조인 후 일본의 전국 각지에서는 육사와 해사의 동기회와 같은 사조직이 재건되었는데, 이러한 자리는 재군비를 둘러싼 논의가 전개되는 장으로 활용되었다. 동기회를 중심으로 한 횡적 연락 협의체를 종적 연합체로 조직하려는 움직임도 나타났다. 1952년 8월 23일에는 야스쿠니 신사에서 구 일본 육사 15기부터 61기까지를 망라한 연합동창회 '개행회(偕行會)'가 발족하기에 이르렀다(木下半治, 1952: 34~35). 이에 1주일 앞선 8월 15일에는 GHQ에 의해서 초국가주의 단체로 분류되어 강제해산 되었던 동아연맹의 장로파를 규합한 '동아연맹 동지회'가 설립되었었다(木下半治, 1977: 157~158).

그 외에, 우가키 가즈나리(宇垣一成) 구 일본군 대장을 중심으로 한 '신일본 국책연구회', 구 '건국회'의 중심인물 아카오 빈(赤尾敏)이 결성한 '대일본애국당', 후쿠다 모토아키(福田素顯)가 발간한 '방공신문' 등이 재군비론의 전위에 서 있었다. 특히 아카오는 가장 열성적인 재군비론자로서, '친미반공'을 기치로 한 '재군비촉진 국민연맹준비회'를 결성하고, '재군비촉진 선언'을 발표하면서 재군비론 진영을 진두지휘하고 있었다(木下半治, 1952: 38~39).

한편, 한국전쟁을 전후한 시기에 특심국은 공산당과 재일조선인 단체에 대한 일본 정부의 감시·단속 및 탄압의 첨병 역할을 담당하고 있었다. 특심국은 한국전쟁 발발 직전인 5월에 약 40% 증원된 데 이어, 발발 직후인 8월에는 약 120%의 증원으로 거대 조직화하였다(『法務年鑑』, 1950年版: 39). 나아가 이들의 직무 내용은 전전의 특고(특별고등검찰)를 상기시키는 것이어서(荻野富士夫, 1999: 142), 특심국의 요주의 대상이 된 측에서 볼 때, 이는 전전의 공포의 기억을 되살리는 것이었다.

2) '무장혁명'

　이 시기 국제공산주의 운동의 흐름을 일본공산당의 움직임과 연계하여 분석한 연구 가운데 이가라시 다케시(五十嵐武士, 1986)의 연구가 있다. 이가라시는 GHQ 문서 가운데 GS(민정국) 조서 '일본공산당과 소련 주일대표부와의 관계'를 근거로, 이미 1949년 12월부터 소련은 'G뷰로'라는 기관을 통해 일본공산당에게 적극적인 투쟁노선으로의 전환을 지령했으며, 이후 일본공산당은 극동 코민포름의 하부기관인 'G기관', 'G뷰로', 'NKVD'와 같은 기관의 지도를 받으면서 반미 운동을 전개했다고 주장했다.[12] 그러나 이미 와다 하루키가 지적한 대로, 이가라시가 논거로 삼은 민정국 조서는 정보원이 불분명한 것으로 일본공산당의 활동을 불법화하려는 정치적 의도하에 날조된 것일 가능성이 높다(和田春樹, 1995: 98~102).

　그러나 극동 코민포름이 존재하지 않았던 기관이라 해도 이것이 스탈린의 동북아 정책이 적극적인 방향으로 변화하고 있었다는 사실을 부정하는 근거가 되지는 못할 것이다. 스탈린은 1950년 1월 초 코민포름 자체를 이용해서, 대미투쟁에 소극적인 일본공산당을 비판하고 적극적인 투쟁노선으로의 전환을 촉구했다. 소련은 미국의 대일정책의 기조가 '일본을 미국의 군사·산업 기지, 즉 극동에서 미국의 군사적 모험을 위한 거점으로 전화'시키려는 방향으로 선회하고 있다고 보고(和田春樹, 1995: 105),[13] 이러한 미국에 의한 일본의 '기지국가'화에 제동을 걸기 위해 일본공산당을 움직였다고 할 수 있다. 스탈린의 행동은 일본에서 먼저 개시되었던 것이다. 1950년 1월 6일, 코민포름

---

12) 'The Japan Communist Party and Its Reported Relation with the Soviet Mission in Japan' (일본공산당과 소련대부의 관계) (1950년 4월 24일), "Communism in Japan", GHQ/GS, GS(B)~01291.

13) 와다는 주일 소련대표부 정치고문 대리 글린킨(V. A. Glinkin)이 작성한 조서 '일본에서의 미국의 점령정책; 최근 1년 반에서 2년에 걸친 개관'(1950년 5월 20일)을 통해 소련의 입장에서 본 미국의 대일정책을 분석했다.

기관지『영구평화와 인민민주주의를 위하여』는 옵서버(참관인) 명의의「일본의 정세에 대하여」라는 논문을 게재했다. 이는 전후 재건된 일본공산당의 이른바 '평화혁명론'에 입각한 대미 유화노선을 비판하고, 명확한 행동강령에 따른 결정적인 투쟁을 요구하는 것이었다(「日本の情勢について」,『戰後防衛問題資料集』: 373).

한편, 중국의 입장에서 보아도 1949년에서 1950년으로 넘어가는 시기의 일본은 대단히 위험스러운 것이었다. 타이완으로 쫓긴 장제스는 미국 대신 일본에 구원의 손길을 기대하고 있었다. 비밀리에 일본을 찾은 장제스의 밀사 조사징(曹士澂)은 구 일본군 고급장교 17명을 모아 '백단(白團)'을 조직, 타이완으로 불러들였다. 이들이 타이베이에 도착한 것은 1950년 1월 정초였다. 일본 국내에는 '후지구락부(富士俱樂部)'라는 조직이 결성되어 '백단'을 지원하고 있었다. 타이완에 도착한 '백단'의 장교들은 '대륙반공(大陸反攻)'을 위한 구체적인 계획을 입안하고 도상훈련에 매진했다. 한국전쟁이 발발한 6월 25일에도 '백단'은 자체 입안한 최초의 육해공 3군 합동훈련에 임하고 있었다. 일본 측 최고 책임자인 오카무라 야스쓰구(岡村寧次) 구 지나(중국)방면군 최고사령관은 '일본인 의용군의 조직과 대륙반공 참전'을 '백단' 파견의 궁극적인 목표로 삼고 있었다(中村祐悅, 1995: 44; 日本放送協會[NHKプライム 10], 1992).

이러한 움직임은 중국 측에 의해 포착되고 있었을 가능성이 높다. 1949년 12월, 타이완진공의 책임자였던 인민해방군 제3야전군 부총사령관 속유(粟裕)는, 인민해방군의 타이완진공이 실시될 경우 미국의 직접개입은 없다 하더라도 일본의 '의용군'이 장제스를 지원하기 위해 투입되는 간접 개입의 가능성은 높다고 분석했다(徐焰, 1990: 11~12; 朱建榮, 1992: 106~107쪽에서 재인용). 또 50년 2월에는 타이완 해방의 전망에 대해 훈시하는 가운데, 장제스가 "미제국주의자들의 사주를 받아 일단의 일본 군국주의자들을 불러들였다"고 지적하고 있어, 마치 '백단'의 움직임을 포착한 듯한 인상을 주고 있다

(Whiting, 1960: 21). 모택동의 중국을 지지하는 재일중국인(화교)들이 일본에서 정보 수집을 위해 활동하고 있었으리라는 점은 쉽게 상상할 수 있다. '백단'의 움직임도 부분적으로 이들에게 포착되었을 가능성이 있다. 중국 측은 미국이 아닌 일본이 동북아에서의 정세 전개에 새로운 변수로 등장할 것으로 보았다. 스탈린과 마찬가지로 모택동 또한 일본공산당에게 기대하지 않을 수 없었던 것이다.

그러나 일본에는 일본공산당만 있었던 것이 아니었다. 일본의 패망 이후 진공상태에 있던 정치공간에서 가장 먼저 적극적으로 조직적인 정치활동을 개시한 것은 다름 아닌 재일조선인들이었다. 일본 제국주의에 마지막까지 저항했던 정치범들이 전국의 감옥에서 석방되어 나올 때에 이들을 맞이한 것도 역시 재일조선인들이었다. 미국의 대일 점령정책이 민주화 개혁으로부터 '역코스'로 나아가는 49년을 전후한 시기에 가장 전위에 서서 이에 저항하고 있던 것도 재일조선인들이었다. 스탈린은 1949년 9월, 김일성의 한반도 무력통일안에 대해 승인을 주저하면서, 재일조선인 활용안을 제시한 바 있었다(한국외무부, 『한국전 문서 요약』: 17~18). 그러나 바로 그 시기에 일본에서의 재일조선인 운동은 최악의 상태에 빠져 있었다. 이미 9월 8일에는 이들의 정치적 구심점이던 '재일조선인연맹(이하, 조련)'이 해산당하고 말았다. 이러한 사정을 스탈린이 알고 있었는지는 의문이다. 모르고 있었다면 새로운 지침이 마련되어야 했고, 알고 있었다면 조련 해산을 계기로 더욱 적극적인 대미투쟁에 나서기를 기대했을 수 있다. 그러나 어쨌건 그 뒤로 코민포름의 일본공산당 비판에 이르기까지 스탈린이 기대한 대미투쟁은 일어나지 않았다. 결국, 스탈린은 일본공산당에게 직접 매질을 가하는 것으로 현상타파를 시도했던 것이다. 모택동 또한 이에 동조했다. 코민포름 비판에도 불구하고 소련의 의도를 파악하지 못하고 있던 일본공산당에 대해 「인민일보」는 1월 17일 선명한 대미투쟁 노선으로의 전환을 촉구하는 사설을 게재했다. 이로써 일본

공산당에 대한 국제공산주의 운동의 요구가 명확해졌다. 3월 22일 일본공산당 중앙위원회는 성명을 발표하고, 코민포름 비판을 받아들였다(和田春樹, 1995: 117~119).

1951년에 들어서서 일본공산당은 본격적인 궤도 수정에 들어갔다. 2월 23일부터 사흘 동안 비합법적으로 개최된 제4회 전국협의회(4전협)에서 중핵자위대, 평화옹호투사단, 애국투사단 등을 조직할 것, 유격대 조직을 중심으로 한 폭력투쟁을 전개할 것, 유격대 투쟁과 노동자·농민운동을 결합할 것 등을 주장한 군사방침이 결정되었다. 이러한 투쟁은 "일본이 (미국의) 조선에 대한 간섭의 기지로서 전쟁에 관여하고 있으며, 이는 일본 민족의 독립을 희생으로 이루어지고 있다"는 현실인식에서 그 정당성이 도출되었다(『日本共産党党性高揚文獻』, 1952).

같은 해 10월 16일부터 17일까지 일본공산당은 제5회 전국협의회(5전협)를 개최하여, 이른바 '51년 강령(신강령)'을 채택했다. 신강령은 자유당 정부 타도와 '민족해방 민주혁명'의 불가피성을 주장하였으며, 그 수단으로 '폭력혁명'을 정식화했다. 이에 기초해 무기제조법에 관한 교과서가 『영양분석표』라는 제목을 달고 작성 배포되었으며, 『구근재배법』이라는 위장된 제목의 군사문제논문집이 발표되었다. 4전협에서 제기된 각종 투쟁 조직과 유격대 조직은 중핵자위대와 저항자위대라는 군사조직으로 개편되었다(和田春樹, 1995: 242~243).

GHQ에 의한 조련의 강제해산 이후 비합법활동을 전개할 수밖에 없었던 재일조선인 공산주의자들은 이러한 노선을 대체로 환영하였다. 재일조선인들에게 한국전쟁은 바로 '우리들의 전쟁'이었으며 조국 존망의 위기였다. 특히 재일조선인 공산당원들은, 그것이 '일본혁명'이든 '조국방위'이든 간에 행동하지 않을 수 없었다. 그 행동에 지나친 측면이 있었으며 이 점이 일본인 일반으로부터 비난받을 소지를 만들기도 했으나, 당시 그들이 놓인 환경과 존재이유를 함께 고려하면 그들의 행동은 달리 평가될 수 있다. 특히 그 행동을 평가하는 데에서는, 일본 사회에 팽배한 '조선인 배척'과 '조선인 무시'라는 양 극단의 함정에 빠지지 않도록 조심해야 하며, 전후 일본 정치사에서 조선인이 수행한 적극적인 역할에 대해 새로운 평가가 내려져야 한다. 그들에게 '기지국가' 일본의 해체는 개인적으로는 생존권을 확보하고, 민족적으로는 조국을 방위하고, 계급적으로는 일본 인민을 해방하는 유일하고도 확실한 방법이었던 것이다(남기정, 2000).

4. '기지국가'의 평화

1) 지식인 그룹과 '전후 평화주의'

일본에서 '전후'라고 하는 역사적 공간은 '사상'의 시대였고, '지식인'의 시대였다. 그 '전후 지식인'들의 중심에 '평화문제담화회(이하, 담화회)'가 있었다. 지식인들은 소규모의 '성직자 집단'을 형성하는 경향이 있다(Benda, 1980: 43). 담화회야말로 바로 전쟁포기의 제9조를 포함한 '평화헌법'을 바이블로 삼고 안보논쟁을 신학논쟁의 영역으로 끌어올린 '성직자 집단'이었다.[14] 그 핵심에는 마루야마 마사오(丸山眞男)라는 탁월한 '사제'가 있었다. 담화회는 다양한 세대와 소그룹을 구성인자로 포함하고 있었으며 상반된 학풍의 지역을 포괄하고 있었는데, 이들을 함께 묶어 놓았던 것은 전전의 군국주의에 의해 지식인들이 각개격파 당함으로써 이를 효과적으로 제어하지 못했다고 하는 '회한'이었다(丸山眞男, 1982: 114~115).

---

14) 전후 일본의 안보논쟁이 신학논쟁의 성격을 띠고 전개되었다는 논지는 田中明彦(1998)의 책, 『安全保障』의 서론에서 따온 것이다.

'회한공동체'로서의 담화회는 1950년 1월에 발표한 제2성명을 통해 '철조각 하나 걸치지 않은 알몸으로 검극(劍戟)의 수풀 속을 헤쳐 간다'는 절대평화주의의 사상을 채택하였으며, 이것이 이후의 일본의 전후평화주의의 근간이 되었다(「平和問題と日本」, 『世界, 臨時增刊: 戰後平和論の源流』, 1985년 7월호).

　담화회의 활동과 관련하여서는 한국전쟁 발발 직후에 발표되어 지금까지 이른바 '제3성명'으로 알려진 「세 번 다시 평화에 대하여」라는 논문이 널리 알려진 바 있다(「三たび平和について」, 『世界』 1950. 12.). 그러나 앞서 거론한 제2성명의 의의가 그다지 주목을 받지 못한 것은 다소 의외라고 생각된다. 제2성명은 제3성명과는 달리 '기지반대'라는 입장이 명확히 제시되어 있다. 제3성명에서 기지화의 문제가 애매하게 처리된 것은, 한국전쟁이 발발함으로써 일본이 실제로 '기지국가'화하였고, 그 현실이 그들의 행동을 구속했기 때문이라 생각된다. 일본에서 제3성명은 그 뒤의 일본의 이른바 '전후 평화주의'의 이념적 이론적 기초를 제공한 것으로 높이 평가받고 있다. 그러나 이 성명은 현실인식의 문제에서는 치명적인 결함을 지니는 것이었다. 그것은 '두개의 세계'가 아직 완전히 갈라선 것이 아니며, 일본이 그 어느 한쪽 진영에 포함되어 있지도 않을 뿐만 아니라, 선택의 강요를 거부할 수 있는 위치에 있다는 인식이었다. 그러나 현실은, 일본은 이미 '두개의 세계' 가운데 미국을 중심으로 한 서방 진영에 '기지국가'라는 형태로 편입되어 있었으며, 전쟁의 한 당사자가 되어 있었다. 담화회 참가자들의 인식의 한계는 '기지국가'로서의 전쟁 수행이라는 것이 아직은 존재해보지 않았던 방식이었다는 점에 기인하는 것이었다고 할 수도 있다. 그러나 이러한 현실인식의 결함은 의도적인 것이었을 가능성이 있다. 성명서에는 포함되지 않았지만, 토론의 참가자들은 한국전쟁의 현실을 인식할 수 있는 계기가 되었을 토의자료를 성명서 발표에 앞서 회람할 수 있었기 때문이다. 현실이란 언제나 전략적인 선택에 따라서는 의식

하지 않고 회피할 수 있는 것이다. 현실과 정면에서 맞부딪쳐 싸움으로써 생존의 기회를 스스로 박탈하기보다는 이를 회피함으로써 '현실과는 다른 현실의 씨'를 미래라는 열린 공간에 뿌리기 위해 종을 보존하는 것도 있을 수 있는 선택이며, 상황에 따라서는 현실적인 선택이라고 할 수 있다. 이것이 한편에서는 전후 평화주의가 현실적 대안을 제시하지 못하는 최대 강령주의의 유토피아적 평화주의라고 비판받는 이유가 되었다(和田春樹, 1995: 235~239). 그러나 그 비판은, 상황논리였던 '제3성명'의 평화주의를 언제 어디서나 보편적으로 적용 가능한 평화주의로 해석하여 도그마화를 추진해온 그 이후의 평화운동 측에게 향해져야 할 것으로 생각된다. 일본의 평화주의는 그 뒤의 어느 단계에선가 이 '의도적인 결함'을 메우고, 현실 적용능력을 갖추기 위한 수정기간을 거쳐야 했다.

2) '피전(避戰)'의 평화주의

한국전쟁 개전 직후, 일본의 각 신문이 사설을 통해 일본 국민에게 호소했던 태도는 '피전(避戰)'의 태도라고 할 수 있는 것이었다. '피전'의 태도란, '어찌 됐건 전쟁에 말려드는 것만은 피하고 보자'는 태도라고 할 수 있다. 이는 '염전(厭戰)'의 태도보다는 다소 적극적인 점이 인정된다고 하더라도, 명확한 '반전(反戰)'의 행동으로 나서는 데까지는 이르지 못하는 심리상태라고 할 수 있다.

「아사히신문」 7월 1일자 사설은 "분명히 전화는 가까이에서 타올랐으나 지금 일본으로서는 이에 전혀 관여할 바가 없다"고 못 박고 국민에게 냉정해질 것을 호소했다(「朝日新聞」 1950년 7월 1일자). 이러한 논조는 전쟁 발발과 함께 전진 전투기지가 되었던 규슈의 지방지에서는 더욱 노골적인 논리 전개를 보이고 있었다. 예컨대 '조선동란의 본질은 계급투쟁'인 바, 이러한 후진국에서나 일어날 만한 사건에 '민주주의와 자유를 주춧돌로 삼아 부흥과 자립을 도모하고자 하는' 일본이 관여되는 일은 없어야 한다는 것이었다(「西日本新聞」1950년 7월 4일자). 나아가 개전으로부터 시간이 흐르면서 일본의 신문에서는 전쟁과 일본의 관계에 대해, '조선특수'나 일본 경제에 미치는 영향에 관한 내용을 제외하고는 이를 직접적으로 취급한 사설을 볼 수 없게 되었다. 한국전쟁은 일본의 일반 국민에게 '강 건너 불구경은 아닐지언정 우리가 관여할 바 없는 사건'이 되었던 것이다.

한편, 일본의 일반 국민은 '경무장, 기지제공의 일미안보체제' 노선을 채택한 요시다 정부를 지지하고 있었다. 이는 한국전쟁 기간 동안 일본에서 실시된 각종 신문의 여론조사를 통해 확인된다. 한국전쟁 발발 이후 주요 사건 전개에 맞추어 실시된 여론의 추이를 분석해 본 결과, '미군에 대한 기지 제공'에 대해 찬성하는 의견이 증가하는 경향을 보인다. 이와 동시에 개헌을 통한 재군비에 대해서도 찬성 의견이 증가하고 있기는 하지만 이는 대개 '기지를 제공하지 않는다면'이라는 단서가 붙어 있는 경우여서, 당면의 안보 문제는 '미군에 대한 기지 제공'으로 해결한다는 데에 국민적 합의가 형성되고 있었음을 알 수 있다.[15] 대부분의 국민은 '국방국가'도 '기지해체'도 거부하였으며, '기지국가'를 현실로서 용인했던 것이다.

5. '기지국가'론이 오키나와 문제에 던지는 함의

'기지국가'는 '냉전국가'의 하나의 특이한 형태였다. 20세기는 '새로운 백년전쟁'의 시대였으며, '세계전쟁의 시대'였다(和田春樹, 1992: 64~67). 당연

---

15) 다음의 여론조사를 참조할 것. 「朝日新聞」1950年9月, 11月15日, 1951年4月3日, 1952年3月 2/3日, 5月17日; 「讀賣新聞」1950年8月15日, 1951年3月26日, 4月22日, 8月15日, 10月8日, 1952年2月8日, 4月9日, 4月16日; 「每日新聞」1950年9月3日, 1951年3月3日, 9月16日.

히 일본도 이러한 세계적 규모의 백년전쟁의 시대를 살아왔다. 일본은 근대화와 함께 세계전쟁의 시대에 돌입하여 '근대국가' 프로젝트의 '군대국가'로서의 특징을 과도하게 받아들였다는 독특한 역사경험을 지닌다. 그 결과 일본에서는 '근대국가'의 성립 이전에 '군대'를 국가건설의 모델이자 국민 육성의 장으로 설정하는 독특한 '군대국가'가 만들어진 것이었다. '군대국가'는 2차 세계대전 말기 '고도국방국가'[16]로까지 발전했으나 전쟁의 패배에 이은 미국에 의한 점령 개혁으로 '해체'당하고 말았다. 그러나 세계의 '백년전쟁'은 새로운 제2라운드로 이행하고 있었다. 냉전이 시작된 것이다. 냉전도 하나의 세계전쟁이었다고 한다면 일본도 그 전개 속에서 혼자서 자유로울 수는 없었을 것이다(多木浩二, 1999: 68~87). 냉전이라고 하는 특수한 세계전쟁이 한국전쟁 종결 이후 동아시아에서는 '한국전쟁의 휴전'이라는 형태로 지속되었다. 그러한 환경 속에서 20세기의 후반세기를 일본은 '기지국가'라는 형태로 생존을 모색했던 것이다.

한편 오키나와는 일본이 샌프란시스코 강화조약을 거쳐 '기지국가'로 독립하는 가운데, 일본으로부터 분리되어 미국의 시정권하에 남게 되었다. 오키나와를 배타적 통치체제하에 두고 미군기지로서 계속 활용하려는 미국의 구상은 일본 패전 직후인 1945년 10월로까지 거슬러 올라간다(JCS 570/40, 1945년 10월 23일 채택. 若林千代, 1999: 19). 그러나 이는 아직 군부의 의견조정에 불과했다. 이러한 군부의 생각이 미국의 대외정책의 일반적 기조로 자리잡기 시작한 것은 1948년 중반부터였다. 중국 대륙에서의 내전이 공산당에 유리하게 전개되던 1948년 6월부터 검토에 들어간 NSC13시리즈는 몇 번의 수정을 거쳐 1949년 5월 NSC13/3으로서 대통령의 승인을 받아 확정되었다. 그 사이 1948년 10월 26일에는 오키나와 미군기지의 '장기적 유지'에 관한 항목이 추가

---

16) '고도국방국가'의 개념에 대해서는 川西正鑑(1942: 321~356)의 책을 참조. 그 해설은 졸고, 남기정(2003: 265~269)의 논문을 참조.

되어 NSC의 승인을 받았다(ロバート D・エルドリッヂ, 1999: 44~45). 그 결정에 따라 1949년 미국 정부는 오키나와 통치에 관한 기본정책을 결정, 군사시설비로서 5800만 달러를 책정하고 본격적인 기지건설을 개시했다. 중화인민공화국이 탄생한 1949년 10월 1일, 오키나와에서는 육군소장, 제프 R. 시츠가 군정장관으로 임명되어 10월 27일에 취임, 오키나와, 미야코, 야에야마, 아마미 등에 분산되어 있던 미군정부를 통괄하여 차탄 마을에 소재한 캠프 구와에(桑江)에 류큐군정부 본부를 설치했다. 그 사이 10월 19일에는 대대적인 방공훈련(등화관제)이 실시되어 주민들은 오키나와의 군사기지화를 체감하기 시작했다(『北谷町史』: 47~48. 日本共産党国会議員団編, 1996: 203에서 재인용). 이후 1972년 오키나와가 일본에 반환될 때까지 '기지의 섬' 오키나와는 '기지국가' 일본 본토와 함께 동아시아에서 미국의 안보부담을 분담하며, 연계를 강화하고 있었다. 그런 가운데 1972년 오키나와의 시정권이 일본에 반환되자 오키나와의 안보부담은 일본 본토의 미군기지 축소와 더불어 더욱 커졌다고 할 수 있다. 1972년 이후 오키나와의 미군기지가 반환된 예는 약 10%에 불과하며, 여전히 오키나와 본도 면적의 20%가 미군기지가 되어 있는 현상은 본질적으로 변경되지 않았다. 카데나정(嘉手納町)의 경우는 면적의 80% 이상이 미군기지인 상태이며, 면적의 50% 이상이 기지인 시정촌(市町村)이 4개에 이른다. 미 공군의 훈련을 위해 미국에 제공된 공역(空域)은 점령 당시 오키나와현 육지면적의 40배 이상에 이르렀으나, 현재에도 그러한 현실에 본질적 변화는 없다(松竹伸幸, 2000: 13).

본토 반환 이후 오키나와는 '기지국가' 일본의 '표상=대행'이 되었고, 반면에 일본 본토의 국민은 '평화국가'의 외피에 안주할 수 있었던 것이다.

■ 참고문헌

· 1차 자료

1. GHQ 문서

'The Japan Communist Party and Its Reported Relation with the Soviet Mission in Japan'(일본공산
    당과 소련대표부의 관계, 1950년 4월 24일), "Communism in Japan", GHQ/GS, GS(B)-01291.

'한국문제에 관한 구 군인의 조언과 행동' (1950년 7월 19일), "Korean War and Peace", GHQ/GS,
    GS(B)-04251-04254.

'조선동란과 관련한 우익의 언동'(1950년 9월 20일), "Korean War and Peace", GHQ/GS,
    GS(B)-04251-04254.

'한국전쟁 휴전 제안에 관한 의견'(1951년 7월 6일) "Korean War and Peace, GHQ/GS",
    GS(B)-04251-04254.

'한국전쟁의 장기화에 대한 각 단체의 대응' (1951년 7월 6일), "Korean War and Peace", GHQ/GS,
    GS(B)-04251-04254.

2. 일본외무성 문서

「朝鮮休戰政治會議參加國に關する件(暗)」(昭和28年6月20日, 岡崎大臣發, 新木大使宛. 第557號),
    『外交記錄第10回公開分』(A'7.1.0.5-2) 0010-0012.

「我國の朝鮮政治會議參加に關する件(暗)」(昭和28年7月31日, 岡崎大臣發, 在ニューヨーク澤田
    大使, 第90號), 『外交記錄第10回公開分』(A'7.1.0.5-2) 0059-0060.

日本外務省アジア局第2課, 『朝鮮に關する高級政治會議の見通しについて-デリケートなバラン
    ス』昭和28年8月4日(秘), 『外交記錄第10回公開分』(A'7.1.0.5-2) 0148-0166.

日本外務省アジア局第2課, 『朝鮮政治會議を控えての國際情勢-我々として注意すべき點』1953
    年8月21日, 『外交記錄第10回公開分』(A'7.1.0.5-2) 0148-0166.

日本外務省「朝鮮の動亂とわれらの立場」(1950年8月19日), 大嶽秀夫編・解說『戰後日本防衛問題
    資料集』第1卷, 三一書房, 1991年.

3. 한국외무부 문서

한국외무부, 『한국전 문서 요약』(한국 정부에 전달된 러시아 대통령문서관 자료).

4. 신문 및 기타 자료, 자료집

「朝日新聞」, 1950年7月1日; 1950年9月, 11月15日, 1951年4月3日, 1952年3月2/3日, 5月17日.

「西日本新聞」, 1950年7月4日.

「每日新聞」, 1950年9月3日, 1951年3月3日, 9月16日.

「讀賣新聞」, 1950年8月15日, 1951年3月26日, 4月22日, 8月15日, 10月8日, 1952年2月8日, 4月9日,
    4月16日.

『世界』, 1950年12月; 『世界, 臨時增刊-戰後平和論の源流』, 1985年7月.

『北谷町史』第6卷-資料編.

『日本共産党党性高揚文獻』駿臺社, 1952年.

『兵器特需の現況』(出版社, 出版年度不明).

大嶽秀夫 編・解說. 1991. 『戰後防衛問題資料集』第1卷, 三一書房.

基地問題調査委員會. 1954. 『軍事基地の實態と分析』. 三一書房.

經濟審議廳調査部統計課. 1954. 『特需に關する統計』.

經濟審議廳調査部統計課. 1956. 『特需に關する統計』.

佐世保市總務部庶務課 編. 1956. 『佐世保市, 産業經濟編』. 佐世保市.

調達廳. 1956. 『占領軍調達史-占領軍調達の基調』.

日本國有鐵道 編. 1981. 『鐵道終戰處理史』. 大正出版.

法務府. 1950. 『法務年鑑』.

日本放送協會. 『秘密機關「白團」-臺灣に渡った舊日本軍人達』(NHK プライム 10, 1992.11.16. 방영).

・2차 문헌

남기정. 2000. 「한국전쟁과 재일한국/조선인 민족운동」. 한국민족연구원. 『민족연구』 5.

남기정. 2001. 「일본의 재군비와 '기지국가론'」. 국방부 군사편찬연구소 편. 『한국전쟁사의 새로운 연구 1』. 국방부 군사편찬연구소.

남기정. 2003. 「지정학의 시대와 러일관계의 전개」. 『평화연구』 11(4).

남기정. 2004. 「일본의 한국전쟁 협력정책과 외교목표」. 강성학 편. 『유엔과 한국전쟁』. 리북

남기정. 2005. 「동아시아 냉전체제하 냉전국가의 탄생과 변형: 휴전체제의 함의」. 『세계정치』 26(2).

남기정. 2006. 「동아시아 냉전체제하 냉전국가의 탄생과 변형: 휴전체제의 함의」. 김영작・이원덕 편. 『일본은 한국에게 무엇인가』. 한울.

이삼성. 1991. 「한국전쟁이 냉전과 한미관계에 미친 영향-전통적 시각과 비판적 시각의 비교」. 극동문제연구소. 『한국전쟁과 남북한 사회의 구조적 변화』. 서울: 경남대학교 출판부.

多木浩二. 1999. 『戰爭論』. 岩波書店.

大久保武雄. 1978. 『海鳴りなりの日日-かくされた戰後史の斷層』. 海洋問題研究會.

大嶽秀夫. 1993. 『二つの戰後・ドイツと日本』. 日本放送出版協會.

林茂夫・畑穰. 1969. 『1970年と日本の軍事基地』. 新日本出版社.

明田川融. 1999. 『日米行政協定の政治史-日米地位協定研究序說』. 法政大學出版局.

木村禧八郎他. 1953. 「朝鮮戰爭と日本經濟の軍事化」. 『講話からMSAへ』(日本資本主義講座-戰後日本の政治と經濟, 第2卷). 岩波書店.

木下半治. 1952. 「再軍備論を挾む兩陣營」. 『中央公論』, 1952年11月號.

木下半治. 1977. 『日本右翼の研究』. 現代評論社.

服部一馬・齋藤秀夫. 1983. 『占領の傷跡』. 有隣堂.

富山和夫. 1979. 『日本の防衛産業』. 東洋經濟新報社.

山崎靜雄. 1998. 『史實で語る朝鮮戰爭協力の全容』. 本の泉社.

三木秀雄. 1985. 「'支援'という名の防衛戰略: 朝鮮戰爭において果たした日本の役割」. 『防衛大學校紀要』.

徐焰. 1990. 『第一次較量, 抗米援朝戰爭的歷史的回顧與反思』. 北京: 中國廣播電視出版社.

松竹伸幸. 2000. 『'基地国家・日本'の形成と展開』. 新日本出版社.

我部政男. 1999. 「序論―国際政治のなかの沖縄」. 『国際政治』120卷(国際政治のなかの沖縄).

若林千代. 1999. 「占領初期における米軍基地化と『自治』, 1945~1946年」. 日本国際政治学会 編. 『国際政治』, 120卷(国際政治のなかの沖縄).

五十嵐武士. 1986. 『對日講話と冷戰-戰後日米關係の形成』. 東京大學出版會.

日本共産党国会議員団 編. 1996. 『調査報告―沖縄の米軍基地被害』. 新日本出版社.

荻野富士夫. 1999. 『戰後治安體制の確立』. 岩波書店.

田中明彦. 1998. 『安全保障』. 讀賣新聞社.

朝日新聞西部本社 編. 1995. 『戰後誌-光と影の記憶』. 石風社.

朱建榮. 1992. 『毛澤東の朝鮮戰爭-中國が鴨綠江を渡るまで』. 岩波書店.

中本昭夫. 1984. 『佐世保港の戰後史』. 藝文堂.

中村祐悦. 1995. 『白團-臺灣軍をつくった日本軍將校たち』. 芙蓉書房.

川西正鑑. 1942. 『東亜地政治学の構想』. 実業之日本社.

饗庭孝典・NHK取材班. 1991. 『朝鮮戰爭- 分斷38度線の眞實を追う』. 日本放送出版協會.

和田春樹. 1992. 『歴史としての社會主義』. 岩波書店.

和田春樹. 1995. 『朝鮮戰爭』. 岩波書店.

丸山眞男. 1982. 『後衛の位置から』. 未來社.

ロバート・D・エルドリッヂ. 1999. 「ジョージ・F・ケナン, ＰＰＳと沖縄」. 日本国際政治学会 編. 『国際政治』120卷(国際政治のなかの沖縄).

Benda, Julien. 1980. *The Treason of the Intellectuals*. translated by Richard Aldington. London: Norton.

Duke, Simon W. and Wolfgang Krieger(eds.). 1993. *U. S. Military Forces in Europe: The Early Years, 1945~1970*. Boulder, Colorado: Westview Press.

Johnson, Chalmers(ed.). 1999. *Okinawa: Cold War Island*. Japan Policy Research Institute.

Keegan, John. 1993. *A History of Warfare*. London: Marsh & Shell Ltd.(유병진 역. 1996. 『세계전쟁사』. 까치).

Knox, Donald. 1985. *The Korean War, an Oral History: Pusan to Chosin*. Harcourt Brace Jovanovich.

Whiting, Allen S. 1960. *China Crosses the Yalu: The Dicision To Enter the Korean War*. New York: The Macmillan Company.

4장
냉전체제의 붕괴와 미일동맹의 변화[1]

마상윤

1. 서론

　　2차 세계대전 이후 미국과 일본은 대공산권 봉쇄를 위해 긴밀한 전략적 동맹관계를 유지해 왔다. 일본은 아시아 지역 반공동맹의 가장 중요한 일원으로서 미국의 대소봉쇄 전략에 필요한 기지를 제공하는 대신 안보를 미국에 맡기고 경제적 번영 추구에 전념하는 국가전략을 고수하였다. 미일동맹의 하부구조로서 오키나와에는 주일미군의 70% 이상이 집중되었으며 오키나와는 전후 미국의 동북아 전략 수행을 위한 핵심기지로서의 역할을 담당하여 왔다.

　　그러나 냉전 종식 이후 미국과 일본은 '동맹의 표류' 시기를 맞게 되었다(후나바시 요이치, 1998). 미일동맹의 표류는 동아시아의 안보 및 정치경제 관계의 유동성과 불확실성을 증대시키는 중요 요인이 되었다. 하지만 1990년대 초 동맹의 표류를 거듭하던 미국과 일본은 1990년대 중반 이후 동맹을 강화

---

[1] 이 글은 '오키나와 미군기지의 정치사회학'연구팀의 2차년도 심포지엄 「오키나와·동아시아·기지 문제」(2006년 6월 13~14일, 서울대학교 호암교수회관)에서 발표한 글을 수정·보완한 것이다.

하는 방향으로 관계재정립을 모색하여왔다. 더욱이 '9·11테러' 이후 미국과 일본은 밀착의 경향을 보이며 지역적 차원을 넘어서는 세계적 차원의 동맹으로 발전을 꾀하고 있다.

이 글은 냉전 이후를 중심으로 동맹 표류, 동맹 재정의, 그리고 미일 밀착의 세 단계로 나누어 미일동맹의 경과를 검토함을 목적으로 한다. 특히 일본의 입장에서 어떠한 방식으로 미국과의 관계를 설정하고자 했는지, 그리고 그러한 결정의 이유는 무엇이었는지에 대해 유념하고자 한다. 이를 위해 일본에서의 대외정책과 관련된 여론동향과 정책토론에 주목하여 냉전 이후 미일동맹의 효용성에 대한 인식의 내용과 변화를 추적하고자 한다. 또한 '9·11테러'사태 이후, 미국의 대테러전의 맥락에서 미일관계의 밀착에 주목하면서 그러한 밀착이 가능하였던 조건과 원인에 대해 규명하고자 한다. 특히 최근 미 국방부가 추진하고 있는 군사변환(Military Transformation)과 관련하여 미국은 동북아 군사전략의 중요 하부구조로서의 오키나와의 지위를 어떻게 설정하고 있으며 이에 대한 일본의 반응은 어떠한지를 검토하고자 한다.

2. 냉전 종식과 동맹 표류

1989년 동구사회주의체제의 몰락 그리고 1991년 그에 이은 소련의 해체는 동아시아 국제정치에도 중대한 구조적 변화를 가져왔다. 우선, 소련이 해체된 마당에 미국이 동아시아 지역에 계속해서 정치군사적으로 개입해야하는지의 여부가 미국 국내 및 국외에서 중요한 논란의 대상으로 부각되었다. 또한 미국의 동아시아 냉전 전략에서 가장 중요한 하위파트너로서 지위를 부여받았던 일본으로서도 소련의 해체는 그동안 미국과의 동맹관계에 주로 의존하여왔던 대외안보 전략의 재검토를 필요케 하였다.

냉전의 종식은 미일동맹의 존재 근거를 제공하였던 공동의 적이 소멸되었음을 의미하였다. 더 이상 공산주의, 특히 소련으로부터의 위협이 존재하지 않게 된 상황에서 미국 행정부는 새로운 동아시아 안보 정책을 검토하기 시작하였다. 1992년 발간된 미 국방부의 「동아시아전략이니셔티브(East Asian Strategic Initiative)」는 향후 10년간 3단계에 걸쳐 한국, 일본, 필리핀 등 동아시아에 주둔하고 있는 13만 명의 미 지상군 및 공군 병력을 9만 명 수준으로 감축한다는 계획을 담고 있었다. 이 계획이 본격적으로 실현되지는 않았다. 그러나 이 계획이 구상되었다는 사실 자체로부터, 일본은 미 행정부가 냉전기에 비해 일본과의 동맹의 중요성을 상대적으로 덜 중요시하게 되었다고 인식하기 시작하였다(박영준, 2004: 412; Hook, 2005: 158).

한편 공동의 적이 소멸함에 따라 동맹의 존재 이유 자체가 흔들리게 된 상황에서 무역마찰은 미일 간의 관계를 악화시킨 중요한 원인이 되었다. 물론 미일 간의 무역불균형은 냉전 종식과 함께 갑자기 나타난 문제가 아니었으며 이미 1980년대 중반 이후부터 미국 정부는 일본과의 무역역조 시정을 위해 압력을 가해 왔다. 그러나 냉전 종식으로 안보 문제에 대한 우려가 감소하고 경제 문제에 관심이 옮겨지는 과정에서 무역불균형 문제가 더욱더 미일관계의 중심 문제로 부각되었다(Cox, 1995: 88~90). 특히 1992년 출범한 클린턴 행정부는 대일 무역역조의 개선을 위해 일본에 강한 압박을 가하였다. 클린턴 대통령에 의해 백악관 경제자문위원회 의장으로 임명된 로라 타이슨(Laura Tyson)은 일본의 불공정무역 관행을 미국 경제를 침체시키는 주요원인의 하나로 지목하고, 이른바 '일본 때리기(Japan bashing)'로 불린 공격적 무역정책을 이끌었다(로라 타이슨, 1993). 하지만 이제 더 이상 안보를 위해 미국에 기대지 않아도 되는 상황에서 일본 일각에서는 미국의 압력에 대한 반감이 표출되었다. 예를 들어 이시하라 신타로의 『No라고 말할 수 있는 일본』은 미국에 대한 불만 또는 '할 말은 해야 한다'는 의견을 대변하였다. 마찬가지로『도래하는 일본과의 전쟁(Coming War with Japan)』 등과 같은 제목의 책은 미국에서도 일본에 대해 비판적인 의견이 팽배해갔음을 보여준다(박영준, 2004: 411).

1995년 9월, 오키나와 주둔 미 해병대 병사 3명에 의한 오키나와 소녀 폭행사건이 발생하였다. 이 사건은 잠재해있던 오키나와 미군기지 문제를 전면에 부각시켰다. 비록 클린턴 행정부가 즉각적으로 사건에 대한 유감의 의사를 표명하였으나 이 사건을 계기로 주일미군에 대한 불만, 특히 미군기지의 75%가 집중해있는 오키나와의 부담, 그리고 더 나아가 미일안보조약의 존재의의에 대한 논쟁이 나타났다(나카니시 히로시, 1998: 33). 오키나와 사건은 미국과의 관계에 대한 일본의 여론을 크게 악화시켰다. 요미우리 신문사가 실시한 여론조사에 따르면, 미국과의 관계가 좋다고 답변한 응답자는 1980년대 말에는 40%에 달했으나 1995년에는 그 비율이 20% 남짓으로 떨어져 부정적 답변의 비율과 거의 같은 수준을 기록하였다. 또한 미일동맹에 대한 긍정적인 태도도 1980년대의 70%에서 1991년에는 63%로 하락하였다(Nakanish, 2004: 108).

이렇게 냉전 종식 이후 미일관계가 마찰을 빚고 있는 가운데 일본의 입장에서 방위 정책에 대한 재검토를 촉발한 사건은 중동지역에서 발생하였다. 1990년 이라크의 쿠웨이트 침공으로 발생한 걸프전은 일본의 안보 무임승차(free-ride)에 대해 국제사회, 특히 미국에서 비난이 일게 된 계기가 되었다. 물론 이라크의 침공에 맞서기 위해 미국이 주도하여 구성한 다국적군의 활동에 일본의 공헌이 전혀 없었던 것은 아니다. 일본은 유엔 안보리가 요구한 대이라크 경제제재를 최초로 실행에 옮긴 국가였으며, 110억 달러에 이르는 막대한 자금을 다국적군에 제공하였다. 또한 일본은 걸프전쟁 종결 후 페르시아만에 남아 있는 기뢰의 제거를 위해 해상자위대의 소해정(掃海艇)을 파견하였다. 그러나 일본의 공헌은 주로 경제적 차원에 그쳤고 다국적군에 직접적으로 참여하지는 않았다. 걸프전에 대한 일본의 외교적 대응을 이른바 '수표외교 (checkbook diplomacy)'라고 하여 부정적 의미를 담아 불렀던 데에서 알 수 있듯이, 일본은 국제사회에 대한 공헌이 없는 자기중심적인 국가로서 대외적 이미지를 형성하였다(Takakazu, 2004: 39). 이러한 국제사회의 비판적 반응에 일본인들은 적지 않은 충격을 받았고, 이로 인해 냉전 종식으로 형성된 새로운 국제환경하에서 일본대외정책의 방향에 대한 검토가 새로이 이루어지게 되었다.

1994년 2월 호소카와 총리는 내각 산하 자문기관으로서 '방위문제간담회'를 설치하였다. 학계, 재계, 관료출신 전문가들로 구성된 모임은 호소카와가 물러난 이후에도 지속적인 회합을 갖고 일본방위 정책의 기본 방향에 대해 토의하고 그 결과를 보고서로 작성하여 같은 해 8월에 무라야마 내각에 제출하였다. 이렇게 작성된 「일본의 안전보장과 방위력의 실체: 21세기를 향한 전망 보고서」는 방위문제간담회의 회장을 맡았던 히구치 히로타로(樋口廣太郎)의 이름을 따서 보통 히구치 보고서라고 불린다(와타나베 아키오, 1998: 47).

히구치 보고서는 무엇보다도 '다각적 안전보장' 전략의 필요성을 강조하였다. 일본이 유엔평화유지활동과 같은 국제적 활동에 적극적 능동적으로 참여해야 하며 이를 위해 자위대의 역할을 확대할 필요가 있다는 것이다. 물론 동 보고서는 미국과의 안보협력에 충실할 것을 주문하기도 하였다. 하지만 강조점은 미일양자동맹에 근거한 안보체제보다는 다자안보체제에 놓여있는 것으로 해석되었으며, 이로 인해 일본이 장기적으로 미국과의 양자동맹에 의거한 안보체제로부터 탈피하려는 의도를 보여주는 것이 아닌가 하는 우려가 미국은 물론 일본 내에서도 유포되었다(박영준, 2004: 414~415).

3. 동맹 재정의

　냉전 종식 이후 미일관계가 무역마찰을 중심으로 계속 악화되던 가운데 미 국무부와 국방부 내에서는 양국관계가 단지 경제 문제에 의해서만 형성되어서는 곤란하며 이를 시정하기 위한 조치가 필요하다는 인식이 점차 확산되었다(Cox, 1995: 90). 일본에서도 마찬가지로 정치지도자와 지식인들 사이에 미일동맹의 표류를 우려하면서 동맹의 강화를 모색하는 움직임이 나타나기 시작했다. 이들은 비록 냉전기의 소련과 같은 뚜렷한 위협세력은 더 이상 없지만, 미일동맹이 여전히 아시아·태평양지역의 안정을 보장하는 공공재로서 존재 의의를 찾아야 한다고 주장하였다(박영준, 2004: 419).

　미일동맹에 대한 이와 같은 인식을 배경으로 미 국방부 국제안보담당차관보를 맡고 있던 나이(Joseph Nye)의 주도하에 미국과 일본의 방위 정책 담당자들은 냉전 이후 변화한 환경하에서 미일 양국의 공동 이해를 정의하기 위한 일련의 협상을 가졌다. 그 결과 1995년 2월에 '나이 보고서'라고 불리는 클린턴 행정부의 「동아시아·태평양 전략보고서(United States Security Strategy for the East Asia-Pacific Region)」가 발표되었다. 나이 보고서는 아시아 정책을 둘러싼 그 동안의 논란을 정리하면서 일본을 미국의 동아시아 안보 정책의 중요한 동반자로 자리매김하였다. 미일동맹의 강화를 동아시아 정책의 우선적인 목표로 적시한 것이다.[2]

　일본에서도 히구치 보고서의 제안을 받아들이는 형식으로 방위청이 중심이 되어 냉전 후의 상황에서 요구되는 방위력과 방위 정책에 대해 재검토하기 시작하였다. 그 결과 1976년에 작성된 '방위계획대강(구대강)'을 대체하는 「신

---

2) 나이 이니셔티브에 대한 비판적 견해와 이에 대한 반론으로는 각각 Johnson and Keehn(1995)과 Nye(1995)를 참조할 것. 동북아시아에서 미국의 안정자(stabilizer)로서의 역할을 강조한 나이 보고서에 대한 나이 스스로의 회고와 설명으로는 Nye(2001)를 볼 것.

방위계획의 대강」(이하, 신대강)이 1995년 11월에 발표되었다. 신대강은 미일동맹체제가 일본의 안보에 불가결한 것이라고 확인하였고, 미일안보동맹체제의 원활하고 효과적인 운용을 위한 양국의 협력을 강조하였다. 이로써 미일동맹은 일본 방위 정책의 중추로서 재확인되었다(박영준, 2004: 424~425).

또한 신대강은 '일본방위의 일본화'와 '미일동맹의 지역화'를 정책적으로 선언하는 내용을 담고 있었다. 구대강은 자위대의 역할을 일본에 대한 소규모 침략에 대비하는 것으로 한정하고 대규모 침략으로부터의 방위는 미군이 담당한다는, 안보에 있어서의 역할분담을 냉전기 일본방위의 기본방침으로 밝히고 있었다. 이에 비해 1995년의 신대강은 자위대가 일본방위의 기본임무를 담당하고 미군은 이를 보완하는 형태로 역할을 전환하였다. 동시에 "주변지역에서 (일본의) 평화와 안전에 중요한 영향을 줄 수 있는 사태가 발생할 경우에는, 헌법 및 관계법령에 따라서 필요에 따라 UN의 활동을 적절히 지지하고, 미일안보체제의 원활하고도 효과적인 운용을 꾀하는 등 적절하게 대응한다"라고 밝힘으로써 일본 주변지역에서의 유사시 자위대가 미군에 대한 후방지원을 담당할 수 있도록 하였다(박철희, 2004: 180; 동아시아연구원 외교안보센터, 2005a: 6).

이어 1996년 4월 17일에는 클린턴 대통령이 방일하여 하시모토 총리와 함께 「미일안전보장공동선언: 21세기를 위한 동맹(이하, 안보공동선언)」을 발표하였다. 안보공동선언을 통해 양국 정상은 미일관계가 "공동 안보목표의 달성과 21세기를 향한 아시아 - 태평양 지역의 안정과 번영을 유지하기 위한 주춧돌임을 재확인"함으로써 아시아에서 미국의 군사적 역할이 갖는 중요성을 강조하고, 이러한 맥락에서 1978년의 미일방위협력을 위한 지침(가이드라인)의 개정작업을 개시하기로 합의하였다(다나카 아키오, 2000: 331). 이로써 동 선언은 미일동맹의 지리적 적용범위가 아시아 - 태평양지역으로 확대됨을 시사하였다. 또한 이 선언을 통해 미국은 미군의 동아시아 지역 주둔을, 그리고 일본은 미국에 대한 기지제공을 재확인하였다. 그리고 미사일방어를 위한 연구협력 및 오키나와 "미군시설의 합병과 재배치 및 축소를 추진한다는 결의"를 재확인하였다(Christensen, 2003: 33).

1996년 6월 28일부터는 방위협력소위원회가 구성되어 1978년에 제정된 미일방위협력지침(가이드라인)의 개정작업을 추진하여 1997년 9월 23일에 신가이드라인이 발표되었다. 신가이드라인은 미일안보협력 강화를 위해 평시 정보교환 및 정책협의의 메커니즘을 마련하고, 일본에 대한 무력공격발생시의 대처방법, 그리고 주변지역에서의 유사시 일본의 미국에 대한 후방지원 제공을 규정하였다. 이어서 1999년 5월에 「주변사태에 있어서 일본의 평화 및 안전을 확보하기 위한 조치에 관한 법률」, 즉 주변사태법이 통과되어 신가이드라인에서 제시된 미일 군사협력, 특히 후방지원 분야에서의 협력이 촉진되었다. 이렇게 신가이드라인과 주변사태법을 통해 미일안보동맹은 일본의 안전에 영향을 미칠 수 있는 주변지역에서의 위기에 대비한 연합작전지침을 마련하였으며, 동맹의 지역적 외연을 확대하여 지역동맹으로 재정의하는 작업이 일단락되었다.

이상과 같이 일본이 미국과 함께 동맹의 재정의 작업에 나서게 된 배경과 원인은 무엇인가? 앞서 언급하였듯이, 미일동맹의 재정의 작업은 양국 안보협력 관계의 기반 약화에 대한 우려가 커지면서 시작되었다. 그러나 보다 구체적으로는 새로운 안보위협에 대한 공동인식이 동맹 재정의 작업의 촉매 구실을 하였다.

첫째, 북한으로부터의 위협에 대한 인식이다. 그것은 1994년에 발생한 1차 '북핵위기'였다. 비록 카터 전 대통령의 방북과 제네바 합의를 통해 최악의 상황은 모면할 수 있었지만 위기의 과정에서 미일 군사협력상의 맹점이 발견되었다. 미국에서는 "만약 경제제재를 계기로 한반도에서 전쟁이 일어날 경우, 일본은 미국에 협력할 것인가라는 문제가 심각하게 제기되었다". 또한 일본의 입장에서도 "한반도 유사시, 일본의 안정은 미국에 크게 의존할 수밖에 없는데, 일본이 미국과 충분한 협력관계를 유지할 수 없다고 한다면 미국은 일본을 지킬 가치가 있는 나라라고 과연 생각할 것인가"라는 의문을 제기하게 되었다. 즉 한반도 유사시의 미군 개입이 현실적인 가능성으로 나타나게 되었고, 이 경우 일본은 미국에 어떠한 협력을 제공할 것인가의 문제가 진지하게 고려되기 시작한 것이다(다나카 아키히코, 2000: 321).

일본의 북한위협에 대한 인식은 1차 핵 위기 이후에도 지속되었다. 특히 1998년 8월 31일 북한이 서해상에서 실시한 미사일 시험발사는 일본이 북한 미사일의 사정권 안에 들게 되었음을 일깨움으로써 북한의 위협에 대한 우려를 더욱 증폭시켰다. 이와 관련하여 일본 정부가 북한의 미사일발사 충격을 이용한 데에는 일정한 '정치적 동기'가 게재되어 있었다는 분석이 제기되고 있다. 북한으로부터의 지속적인 위협은 일본이 미국의 미사일방어망 구축사업 참여의 필요성을 정당화하는 주된 이유로 거론된 측면이 있다는 것이다(Hook et al., 2005: 162~163). 실제로 1999년 8월 16일 일본은 북한으로부터의 위협을 구실로 미국과 탄도미사일 방어의 기술개발연구에 협력하기로 합의하였다. 그러나 북한 위협의 정치적 이용 여부와 관계없이 북한위협론이 일본 안보 정책에서 "불가결한 고려 요인"으로 자리 잡게 되었다는 점은 부인하기 어렵다(박영준, 2004: 418).

둘째, 미일동맹의 재정의 배경에는 중국의 부상에 대한 일본의 경계심이 높아진 점도 작용하고 있었다. 북한의 핵개발과 미사일 실험이 일본에 대한 즉각적인 군사위협을 제기하였다면, 중국의 부상은 보다 장기적이고 근본적 차원의 문제를 제기하였다. 냉전시기 일본인들은 중국을 다소 낭만적인 시각에서 바라보는 경향이 있었다. 미중 대립기에는 미국의 정책에 대한 불만의 배출구로서 중국을 미화하는 발언이 많았으며, 1970년대 후반부터 미중관계가 긴밀화하면서 중일 간에도 화해 분위기가 조성되었다. 이렇게 냉전기에 일본인들이 중국으로부터 큰 위협을 느끼지 않았던 배경에는 일본이 서구에 비해 중국을 더 잘 이해하고 있으며, 또 그렇기 때문에 중국을 상대하는 것이 어렵지 않다는 생각이 자리하고 있었다(Saeki Kiichi and Wakaizumi Kai, 1965: 226; Buckley, 1992: 203에서 재인용). 그러나 냉전 종식 이후 점차 중국을 냉정하게 바라보는 현실적인 경향이 나타났다. 특히 1990년대 중반 이후 일본은 중국이 제기하는 잠재적인 군사적 위협에 대해 보다 우려하기 시작하였다. 아사히신문의 여론조사에 따르면 1985년에는 응답자의 18%만이 중국에 대해 비호의적인 태도를 보였으나 1997년 조사에서는 51%로 증가하였다. 이는 1990년대 전반기 이후 중국에 대한 일본인들의 낭만적 견해가 보다 현실적인 인식으로 변화하기 시작하였음을 보여준다(나카니시 히로시, 1998: 33; 박영준, 2004: 418 각주 42; Mochizuki, 2004: 89).

일본의 대중인식이 현실화된 데에는 몇 가지 이유가 존재한다. 우선, 중국의 군사적 행동이다. 중국은 빠른 경제성장을 배경으로 군현대화를 진행하였다. 또한 중국은 1995년 5월과 8월 두 차례에 걸쳐 핵실험을 실시하였으며, 타이완의 총통선거 직전인 1996년 3월에는 타이완해협에서 미사일 시험발사를 강행하였다. 이와 함께 이러한 중국의 대외행동을 바라보는 일본 사회에도 일정한 변화가 나타났다. 1972년 중국과의 수교 이후 일본 사회에서는 대중국정책과 관련하여 일정한 합의가 형성되어 있었다. 중국과의 관계를 중시하는 외무성의 '친중파(China hands)'와 이를 지원하는 보수성향의 유력 정치인들이 중국과의 우호관계를 유지하는 입장을 고수하였으며, 일본의 재계도 이러한 정책을 지지하였다. 덕분에 중국정책은 여론과 이익집단의 압력으로부터 어느 정도의 거리를 유지할 수 있었다. 그러나 톈안먼사건 및 냉전 종식 이후 중국에 대한 일본의 유화적 정책기조는 점차 약화되기 시작하였다. 일본 내의 일부 극우적 보수 세력과 종래 친중 감정이 강했던 진보 세력은 이제 서로 다른 이유에서 중국에 대해 비판적인 입장을 취하기 시작하였다. 또한 중국과의 우호관계 유지를 주장하던 유력 정치지도자들이 일선에서 물러나면서 외무성 내의 친중파에 대한 정치적 지원과 보호도 약화되었다. 그 결과 일본의 중국정책은 과거와 달리 보다 더 여론에 노출되게 되었으며 경우에 따라 과거와 달리 정치적 공방의 대상으로 등장하게 되었다(Mochizuki, 2004: 94). 1995년 중국의 핵 실험 후 비등하는 여론의 압력으로 인하여 일본 정부가 중국에 대한 경제지원을 일시적으로 동결한 것은 좋은 예이다(나카니시 히로시, 1998: 33).

하지만 동맹재정의 작업을 통해 미일동맹체제가 보다 강화되었음에도 불구하고 미일관계에는 긴장요인이 남아있었다. 무엇보다도 일본이 미국에 대한 지원을 절대화하였던 것은 아니었다. 일본은 1997년의 신가이드라인을 통해 미국의 동아시아 정책에 연루(連累)될 수 있는 위험에 대한 우려가 과거에 비해 상대적으로 줄어들었음을 보여주었지만, 미일동맹에 대한 일본의 군사적 커미트먼트(commitment)가 절대적이지는 않았다.[3] 일본의 역할은 여전히 후방에서의 비군사적 지원에 국한된 것이었고 헌법에 제시되어있는 집단적 자위권 행사불용을 위반한 것도 아니었다.

그러나 일본이 미일동맹에 대한 커미트먼트가 절대적인 것은 아니었음을 보여주는 무엇보다도 중요한 사항은 신가이드라인에 제시된 '주변지역'의 범위에 관한 논란이다. 이 논란의 핵심은 과연 타이완이 주변지역에 포함되느냐의 문제다. 사실 일본의 입장에서 이러한 모호한 표현은 의도적으로 사용된 측면이 있다. 모호한 표현을 사용함으로써 타이완 문제를 둘러싸고 혹시 미국과 중국 간의 군사적 분쟁이 발생할 경우 미국에 대한 지원을 회피할 수 있는 여지를 남겨둘 수 있기 때문이다. 즉 주변지역이라는 모호한 표현의 사용은 타이완 문제와 관련된 중국과의 분쟁에 성급하게 연루되는 것을 피하고자하는 의도에서 비롯된 것으로서, 일본 정책결정자들에게 미국의 공동 군사행동

---

3) 동맹의 딜레마는 연루에 대한 두려움(entrapment fear)과 방기에 대한 두려움(abandonment fear) 간의 딜레마로 이루어진다. 동맹이론이 대해서는 Snyder(1997), 그리고 동맹이론의 한미일 관계 적용에 대해서는 Cha(1999)를 참조.

요청에 대해 행사할 수 있는 사실상의 거부권을 부여한 것이라고 볼 수 있다 (Hughes, 2004b: 100~101, 105).

다른 한편으로 일본이 미국에 의한 방기(放棄)의 위험에 대한 우려를 완전히 떨쳐버린 것도 아니었다. 1998년 6월 클린턴 미국 대통령이 중국을 방문하는 길에 일본을 경유하지 않은 점과 관련하여 일본에서 'Japan passing', 즉 미국의 일본경시정책에 대한 우려가 증폭되었던 점은 이를 잘 보여준다. 중국에 체류하는 동안 클린턴 대통령은 미국과 중국이 21세기의 '건설적인 전략적 동반자' 관계를 향해 나아갈 것을 역설하였고, 이와 함께 타이완의 독립을 지원하지 않는다는 입장을 밝혔다. 반면 동아시아 지역 안보에 있어서 미일동맹이 갖는 중요성에 대해서는 공식적 언급이 없었다. 당시 일본은 1997년 신가이드라인과 관련하여, 타이완이 신가이드라인의 적용범위에 해당되지 않는다는 입장을 명시적으로 밝히라는 중국의 강한 압력을 받고 있었으나, 이를 거부하고 있던 상태였다. 게다가 클린턴 행정부는 일본에 대해 미사일 방어계획을 위한 공동연구에 참여할 것을 종용하고 있던 중이었다. 이러한 상황에서 일본의 지도자들은 클린턴 대통령이 미일동맹의 강화에 대해 공식적으로 지지의사를 표명해 줄 것을 내심 바라고 있었으나, 이러한 기대는 이내 실망으로 이어지게 되었던 것이다(Mochizuki, 2004: 107). 이와 같이 1990년대 중반 이후 미일동맹의 재정의를 위한 작업이 진행되고 있었음에도 불구하고 미일관계에는 어느 정도의 긴장요인이 여전히 남아있었다.

4. 대테러전과 미일밀착

2001년 초 미국과 일본에서는 각각 새로운 지도자가 등장하였다. 1월에 조지 W. 부시가 대통령에 취임하였고, 4월에는 고이즈미 내각이 출범한 것이다. 같은 해 '9·11테러'가 발생한 이후, 미일 간에는 밀착현상이 나타내고 있다.
일본은 '9·11테러'에 대한 대응문제를 1990~91년의 걸프전과 같이 미일동맹
의 장래가 걸린 중대한 사안으로 인식하였다(박철희, 2004: 183, 각주 58). '9
·11테러'가 발생한 직후인 2001년 10월, 일본의 고이즈미 내각이 마련한 반테
러특별조치법이 일본의회를 통과하였다. 이 법에 따라 자위대는 미국을 비롯
하여 이라크전에 참가한 '자발적 동맹(coalition of willing)'에 후방지원을 제
공할 수 있게 되었다. 이어 2003년에는 일본이 무력공격을 받을 경우를 가정한
3개법과 이라크 부흥지원 특별법 마련되어 2004년에 자위대가 이라크로 파병
되었다. 2004년 말까지 해상자위대 7척의 함정들이 비전투 임무의 수행을 위
해 인도양으로 파견되었다. 이 과정에서 이지스함이 파견되고 최초로 미전투
함 호위임무를 수행하는 등 일본의 방위활동의 범위가 더욱 확대되었고, 반군
사주의(anti-militarism) 규범에 따르는 제약은 약화되었다(Hook et al., 2005:
164~165). 또한 2004년 11월 일본은 미사일방어기술 개발과 생산을 위해 무기
수출제한규정을 완화하였다.

9·11 이후의 밀착은 탈냉전 이후 미일동맹 강화 추세의 연장선상에서
이해할 수 있지만, 동시에 질적으로 새로운 현상을 내포하고 있기도 하다. 냉
전 종식 이후 미국은 전 세계적인 차원에서 동맹정책과 해외기지정책을 재검
토하여 왔는데, 이는 '9·11테러' 이후 더욱 가속화되었다. 미국은 특히 9·11의
충격 속에 테러리즘과 같은 비전통적 안보위협에 대처하기 위한 방향에서 군
사전략의 변화를 꾀하기 시작하였다(동아시아연구원 외교안보센터, 2005b).
미국 내에서의 대강의 합의는 군사변환(Military Transformation)이라는 개념
으로 나타나고 있다(동아시아연구원 외교안보센터, 2005b). 대규모 지상군
부대를 감축하고 대신 군사기술의 발전을 적용하여 첨단정보화 및 기동화 된
소규모 부대의 활용을 증대시킨다는 것이다. 그리고 기동성을 살릴 수 있는
방향으로 해외기지의 재배치가 필요하게 되었다(Nam et al., 2006: 195).

2002년 12월 16일 미국 국무장관 및 국방장관 그리고 일본 외무상 및 방위청장으로 구성된 미일안보협의위원회(Security Consultative Committee, SCC)는 ① 국제테러, 대량살상무기의 확산 등의 새로운 안보위협과 다양한 사태, ② 군사기술의 비약적 향상과 각종 기술의 통합화 진전 등 국제안보환경의 변화에 대응하여 양국의 안보 정책에 관해 긴밀히 협의하기로 합의하였다(배정호, 2005: 7). 미일안보협의위원회 합의 이후 동맹재편을 위한 미일 간의 실무논의는 한동안 큰 진전을 보이지 않았다. 그러나 2003년 11월 25일 부시 대통령은 '9·11테러' 이후 본토방위와 전방 전개능력의 강화를 지향하는 새로운 군사변환 전략을 추진하기 위해 해외주둔 군사력의 재검토 협의를 동맹국 및 의회와 본격화한다는 성명을 발표하였으며,[4] 이는 미일동맹 재편논의를 다시 촉진시켰다(박영준, 2006: 6).

　미국의 군사변환 전략에 조응하여 2004년 12월 일본은 1995년에 마련된 방위계획대강을 대체하는 새로운 방위계획대강을 승인하였다. 신대강은 일본의 안보 정책에 대한 새로운 독트린을 제시하고 안보 정책의 목표 달성을 위해 향후 10년간 요청되는 병력 및 화력의 유형과 수요를 제시하였는데, 특히 테러리즘과 대량살상무기 확산과 같은 새로운 종류의 안보위협에 대처하고 '국제평화협력'에 보다 적극적으로 공헌할 수 있도록 자위대의 편제와 무기체계를 조정할 것을 밝혔다. 이는 미국의 대테러전쟁이 일본의 방위 정책에 상당한 영향을 미쳤음을 보여준다. 또한 신대강은 북한의 미사일개발과 중국의 군사력 증강에 대한 일본의 우려를 명백한 표현으로 적시했다는 특징이 있다. 비록 공세적 활동을 피하고 방어에만 초점을 맞출 것이라는 약속이 신방위계획대강에 포함되어 있지만 이것만으로 중국과 북한의 우려를 씻어줄 수는 없을 것이다. 이렇게 신대강은 미일 군사협력이 보다 강화되고 자위대의 기능과 역할이 확대될 것임을 시사하였다(Hook et al., 2005: 166~167).

---

4) "Statement by the President", November 25, 2003.

미일 군사협력이 확대·강화되고 있는 추세의 연장선상에서 2005년 2월 19일 미일안보협의위원회(SCC)는 양국 간의 전략적 목표 공유 및 양자동맹의 지구적 성격을 인정하는 내용을 골자로 하는 「미일 양국의 공통전략목표에 관한 공동성명서」를 발표하였다. 전략목표에 대한 미일의 공동인식은 미일동맹의 세계화와 더불어 미일의 전략적 상호의존이 한층 구체화되어가고 있음을 보여준다. 이는 주일미군의 재편과 자위대의 역할·임무·능력조정 등에도 투영되어 주일미군과 자위대의 일체화가 촉진되고 있다. 이어 미일안보협의위원회는 2005년 10월 29일에 주일미군재편과 관련한 중간보고서, 「미일동맹: 미래를 위한 변혁과 재편」을 발표하여 일본 내 미군기지 재편의 방향성을 확인하였다.[5] 그리고 2006년 5월 1일 주일미군재배치의 일정표를 담은 최종 보고서인 「재편실시를 위한 미일 로드맵」이 양국의 합의하에 채택되었다.[6]

「미일 로드맵」에서 특히 주목을 끄는 것은 군사협력관계의 강화방안이다. 미일 양국은 미 지상군 1군단을 일본 육상자위대사령부가 있는 일본의 자마 기지로 이전시켜 작전사령부로 개편함으로써 미일 간의 군사협력의 수준을 한층 높이기로 했다. 또한 미 공군과 일본 항공자위대의 협력강화를 위해 본래 괌으로 이동하여 제13공군사령부에 통합하려 했던 요코타 기지의 미 제5공군사령부를 그대로 유지하고, 일본항공자위대 사령부를 요코타로 이전하기로 합의했다. 이로써 기존에 요코스카를 모항으로 하는 미 제7함대와 해상자위대 간의 양국 해군 간 군사협력관계가 지상군과 공군을 포함하는 보다 포괄적인 협력관계로 발전하게 되었다. 더욱이 요코타 공군기지에는 미일 합동의 공동작전조정센타(Bilateral Joint Operations Coordination Center)를

---

5) 본 보고서의 번역문은 『국가전략』 제11권 4호(2005)를 참조.

6) Office of the Spokesman, Department of State, "United States - Japan Roadmap for Realignment Implementation Issued Following May 1, 2006 Meeting of the U.S. - Japan Security Consultative Committee", May 1, 2006, http://www.state.gov/r/pa/prs/ps/2006/65517.htm. 일본 문서의 우리말 번역본으로는 미일안전보장협의위원회(2006)를 참조.

설치하여 미군과 자위대 간의 방공 및 미사일방어 공동작전능력을 높일 수 있게 되었다(박영준, 2007).

한편 오키나와 주둔 미군 병력과 시설의 이전과 축소에도 합의가 이루어 졌다. 우선, 미 해병대의 후텐마 비행장은 2014년까지 인구가 적은 오키나와 북부 오우라만 수역을 매립하여 활주로를 비롯한 대체시설을 건설하여 이전 하고, 이를 위한 지원시설은 캠프 슈와브에 설치하기로 하였다. 또한 제3해병 대 기동전개부대는 사령부와 8000명의 병력을 2014년까지 괌으로 이동하기 로 하였다. 이밖에도 여타 미군시설 및 구역의 통합을 통해 카데나 비행장 이남 의 상당 규모의 토지 반환도 가능하게 되었다. 이러한 오키나와에서의 미군기 지 재편은 물론, 미군 주둔에 대한 오키나와 주민들의 강한 반감과 저항에 반응 한 것으로서 이를 통해 오키나와 지역주민들이 그동안 감수해온 부담이 어느 정도나마 줄어들게 되었다(미일안전보장협의위원회, 2006; 박영준, 2007). 오키나와 미군 병력과 시설의 이전을 위해 일본 정부는 상당한 재정적 비용을 부담하기로 하였는데, 이는 미일동맹 재조정에 대한 일본국민들의 반대와 저 항을 최소화하기 위한 취지로 이해할 수 있다(Hughes and Krauss, 2007: 161).

이상에서 살펴본 바와 같이 대테러전 이후 미일 간 안보 밀착이 진행되어 온 원인은 무엇인가? 그것은 무엇보다도 미국과 일본 간의 대외적 위협에 대한 인식이 상호 수렴되어 가고 있었기 때문이라고 말할 수 있을 것이다. 특히 일본 대외정책엘리트들의 안보위협 인식이 미국의 인식에 근접해갔다는 점에 주 목할 필요가 있다(박영준, 2007: 49). 이를 잘 보여주는 것이 바로 2004년 12월 에 공표된 신방위계획대강과 2005년 2월 미일안보협의회의 공동성명으로서, 이를 통해 일본은 테러리즘 근절과 대량살상무기의 확산방지와 같은 새로운 종류의 안보위협에 공동대처할 것을 강조한 바 있다.

미국과 일본은 지정학적 차원에서도 중국에 대한 위협인식을 공유한다. 앞에서 지적한 바와 같이 1990년대 초 이후 중국에 대한 일본의 태도는 냉각되기 시작하였는데, 특히 2003년 이후 그러한 경향이 크게 강화되었다. 이러한 변화는 신방위계획대강과 미일안보협의회 공동성명에도 잘 반영되어있다. 1995년 일본 방위계획대강의 발표 당시 이미 일본 방위청 내에는 중국의 군현 대화에 대한 상당한 우려의 목소리가 나타나고 있었으나 외무성, 정치인 그리고 일반 대중의 반대가 예상되어 이러한 우려를 공식적으로 표현할 수는 없었다. 하지만 짧은 시간 내에 중국에 대한 보다 강경한 태도는 공식화되기 시작하였다. 2004년의 신방위계획대강은 중국이 핵 전력 및 미사일 능력 그리고 해군 및 공군력 강화를 계속하고 있다고 지적하면서 향후 추이에 지속적으로 유의해야할 것이라고 강조하였다. 그리고 2005년 미일안보협의회의 공동성명은 타이완해협 문제의 평화적 해결과 중국군 현대화의 투명성 증대를 미일 공동의 전략적 목표로 명시하였다. 이러한 변화는 중국의 부상에 대한 우려가 비단 방위청에 국한되지 않고 보다 광범위하게 나타나게 되었음을 의미한다. 일본 의회와 고이즈미 총리는 방위청의 주장을 사실로서 받아들였다. 또한 전통적으로 친 중국적 성향을 띠어왔던 외무성의 중국담당부서도 이제는 중국을 보다 현실주의적인 시각에서 바라보기 시작하였다. 외무성은 이제 중국의 군사력 강화에 대한 우려의 표현을 공식화하는 데 대해 더 이상 이의를 제기하지 않게 되었던 것이다(Kinman, 2006).

물론 중국에 대한 일본의 태도 변화는 단지 중국의 군사력 강화 그 자체에 따른 것이라기보다는 중국의 의도에 대한 일본의 인식 및 해석과 관련된 것으로 보는 편이 정확할 것이다. 아무튼 2003년 이후 일본 정부는 중국의 의도를 보다 적대적인 성격의 것으로 인식하기 시작하였다. 일본의 배타적 경제수역에 대한 중국탐사선의 침입과 이로 인해 촉발된 해상주권에 대한 양국 간에 상충하는 입장 확인, 그리고 오키나와 근해에서의 중국 핵잠수함의 발견 등은 모두 중국의 적대적 의도에 대한 일본의 우려를 강화시키는 데 기여하였다(Kinman, 2006).

한편 일본은 미국과의 동맹 강화를 통해 중국의 빠른 부상에 대비하면서 동시에 세계에서 차지하는 일본 스스로의 국력과 위상을 높이고자 노력하고 있다. 일본은 독자적으로 군사능력 증대를 꾀할 경우 대두될 것이 분명한 주변국들의 우려와 반대를 감안하여 미국과의 공조체제하에서의 안보역량 강화를 추구하는 것이다. 즉 "일본의 자주적 안보 역량을 강화하면서도 미일동맹의 테두리 안에서 활동할 것을 선언"함으로써 "군사대국화의 우려를 불식"하겠다는 것이다. 또한 일본의 이러한 선택은 글로벌파워로서의 "미국과의 공조체제강화"를 통해 미일동맹을 "세계화"하고 국제사회에서의 일본의 역할을 강화하겠다는 의지를 동시에 표현하고 있다(박철희, 2006; Inoguchi and Bacon, 2006).

　　이러한 일본의 전략적 선택을 이해하는 데에는 상당한 주의가 요청된다. 왜냐하면 일본은 미국과의 동맹을 강화하면서도 동시에 일본 스스로의 세계적 역량과 역할을 강화하려는 의지를 지니고 있기 때문이다. 물론 이러한 두 가지 목표는 상호모순적인 측면이 없지 않다. 동맹은 곧 동맹 파트너에 대한 일종의 의무를 수반하므로 자율성의 일정한 양보를 필요로 하기 때문이다(Snyder, 1997: 6). 물론 일본 내에는 미일동맹 강화에 따른 일본의 자율성 약화를 우려하는 의견도 일정하게 존재한다(Mulgan, 2006; Samuels, 2007). 하지만 일본은 동맹과 자율성 간의 균형을 최대한 유지하는 가운데 미일동맹의 세계화를 통해 일본의 세계적 위상 제고와 역할 강화라는, 또 다른 차원의 외교적 목표를 추구하고 있는 점도 강조될 필요가 있다. 유엔안전보장이사회의 상임이사국이 되고자 하는 일본의 외교적 야망은 바로 일본의 세계적 위상 및 역할강화와 직결되어 있으며, 일본은 이러한 목표를 미국과의 관계강화를 통해 성취하려 하는 것이다.

5. 결론

냉전 종식 이후 수년간 '표류'했던 미일동맹관계는 1996년 미일안전보장
공동선언과 1997년 신방위협력지침 확정을 통해 동맹을 '재정의'하기 위한
노력을 시작한 이후 꾸준히 점진적으로 강화되어왔다. 클린턴 행정부의 동아
시아 정책은 중국을 중심에 놓고 추진되었기 때문에 일본과의 동맹 파트너십
은 상대적으로 덜 중시되었다. 그러나 2001년 등장한 부시 행정부는 전통적
동맹국인 일본과의 전략적 파트너십을 동아시아 정책의 중심축으로 삼았다.
일본도 이러한 미국의 일본중시정책에 적극 호응했고, 특히 '9·11테러' 이후에
는 미국의 대테러전을 적극적으로 지원하면서 미일 밀착현상이 나타났다.
최근 들어 미국과 일본은 자유와 민주주의라는 공동의 가치를 기반으로 하는
'가치의 동맹'으로 양국관계를 발전시키자는 동맹의 비전을 제시하고 있다.[7]

동맹의 지역적 범위 측면에서도 미일동맹은 점진적 확대 추세를 나타내
고 있다. 즉 일본 자체의 방위에만 집중되어있던 동맹의 관심영역이, 동맹 재
정의 과정을 거치면서 '주변지역'으로 일컬어지는 동아시아 지역으로 확대되
었고, 다시 미국의 대테러전 및 군사변환과 발맞추어 전 세계를 상대로 하는
미일동맹의 세계화가 추진되고 있다.

미국과의 동맹 강화에 나선 일본의 전략적 선택은 일차적으로는 지정학
또는 세력균형 차원에서 중국의 부상 그리고 북한의 핵무기 및 미사일 개발과
같은 주변지역에서의 위협증대에 대응하기 위한 것으로 이해할 수 있다. 그러
나 '9·11테러' 사태 이후 미국의 대테러전이 본격화되고 이에 일본이 적극 호응
하면서 미일 간의 밀착이 이루어졌다. 이러한 밀착에는 중국과 북한의 위협이
라는 요인뿐만 아니라 일본이 미국과의 동맹을 세계화함으로써 자신의 세계

---

7) 최근에는 호주와 인도를 추가로 포함시켜 아시아태평양 지역에서의 민주주의 동맹을 형성하려
는 움직임이 관찰되고 있다(김성한, 2006: 99~101).

적 위상과 역할을 강화하고자하는 고려도 중요하게 작용하였다고 판단된다.

물론 미일동맹의 강화와 유지에 장애물이 전혀 없는 것은 아니다. 지배적 목소리는 아니지만 미국에 대한 자율성의 강화를 주장하는 세력이 여전히 일본 사회 내에는 존재한다. 또한 동맹 재조정의 과정에서 중요한 협상사안이 되어왔던 미군기지의 문제도 여전히 불확실성의 여지를 안고 있다. 예를 들어 비록 오키나와 미군 병력과 시설의 이전과 축소에 대한 미일정부 간의 합의가 이루어졌지만 오키나와 지방정부의 차원에서는 이러한 합의를 받아들일 수 없다는 의견이 강하게 제기되고 있는 형편이다. 게다가 정책엘리트들에 의한 미일동맹 강화 추진이 반드시 일본 대중의 의견을 반영한다고 볼 수는 없다. 예를 들어 동맹 강화의 차원에서 일본이 미국의 요구에 따라 부담해야할 비용이 크게 증가되거나, 타이완해협과 같은 일본을 벗어나는 지역에서의 위기 시 일본이 미국의 군사행동을 지원해야하는 경우, 일본 대중이 이를 지지할지의 여부는 어느 정도의 불확실성을 안고 있다(Hughes and Krauss, 2007: 167~168).

하지만 이러한 불확실성이 남아있음에도 불구하고 일본 외교의 선택이 미국과의 동맹 강화를 통해 일본 스스로의 국제적 위상을 강화하는 데 있다는 점은 분명해 보인다. 2007년 9월 후쿠다 내각의 출범 이후, 고이즈미와 아베 총리가 추구했던 미국중시 일변도의 외교에서 아시아 중시외교로 정책방향의 강조점이 옮겨간 것 아닌가 하는 전망이 나오기도 한다. 그러나 사실상 고이즈미, 아베와 후쿠다 내각의 대외정책적 차이는 근본적 수준의 것은 아니다. 후쿠다 내각이 미국과의 동맹 약화를 전제로 중국과 아시아를 향해 접근해 하는 것은 아니라는 의미이다. 후쿠다 내각의 아시아 강조는 빠르게 부상하고 있는 중국과 어느 정도의 관계를 유지해야 일본으로서도 경제적 이득을 기대할 수 있다는 차원에서 이해될 수 있을 것이다.

■ 참고문헌

김성한. 2006. 「미국의 동아태 전략: 변화와 지속성」. 하영선 편. 『21세기 한국외교 대전략: 그물망국
　가 건설』. 서울: 동아시아연구원.

나카니시 히로시(中西寬). 1998. 「냉전 후 일본의 안전보장정책의 전개: 걸프전쟁에서 신가이드라
　인까지」. 이원덕·진창수 편. 『동북아 지역안보와 일본의 역할』. 성남: 세종연구소.

다나카 아키히코(田中明彦). 2000. 『전후일본의 안보정책』. 이원덕 역. 서울: 중심.

동아시아연구원 외교안보센터(박철희 대표집필). 2005a. 「일본의 안보선택과 한국의 진로」. 국가
　안보패널 정책보고서 7.

동아시아연구원 외교안보센터(이상현 대표집필). 2005b. 「미 군사변환의 세계전략과 동맹네트워
　크」. 국가안보패널 정책보고서 9.

미일안전보장협의위원회. 2006. 「재편성의 이행을 위한 미일의 로드맵」. 『국가전략』(12)2.

박영준. 2004. 「일본의 대미동맹정책: 동맹표류와 동맹재정의 과정을 중심으로」. 한용섭 편. 『자주
　냐 동맹이냐: 21세기 한국 안보외교의 진로』. 서울: 오름.

박영준. 2006. 「21세기 미일동맹의 강화와 동북아 안보질서」. 한국정치학회 연례학술회의 발표논
　문. 서울 외교안보연구원.

박영준. 2007. 「21세기 미일동맹의 변환과 일본 방위체제 변화」. 『국가전략』(13)2.

박철희. 2004. 「전수방위에서 적극방어로: 미일동맹 및 위협인식의 변화와 일본방위정책의 정치」.
　『국제정치논총』44(1).

박철희. 2006. 「일본의 안보선택과 한국의 진로」. 하영선 편. 『21세기 한국외교대전략: 그물망 국가
　건설』. 서울: 동아시아연구원.

배정호. 2005. 「미일동맹의 강화와 주일미군의 재편」. 『통일정세분석, 2005-18』. 서울: 통일연구원.

와타나베 아키오(渡邊昭夫). 1998. 『현대 일본의 국제정책: 포스트 냉전시대의 국제질서를 찾아서』.
　이재창 역. 서울: 일신사.

로라 타이슨(Laura D. Tyson). 1993. 『누가 누구를 후려치는가?』. 서울: 삼성경제연구소.

후나바시 요이치(船橋洋一). 1998. 『표류하는 미일동맹』. 신은진 역. 서울: 중앙 M&B.

Armacost, Michael H. and Daniel I. Okimoto(eds.). 2004. *The Future of America's Alliances
　in Northeast Asia*. Stanford: The Asia-Pacific Research Center.

Buckley, Roger. 1992. *US-Japan Alliance Diplomacy 1945-1990*. Cambridge: Cambridge
　University Press.

Cha, Victor. 1999. *Alignment despite Antagonism: The US-Korea-Japan Security Triangle*.
　Stanford: Stanford University Press.

Christensen, Thomas J. 2003. "China, the U.S.-Japan Alliance, and the Security Dilemma in
　East Asia". in G. John Ikenberry and Michael Mastanduno(eds.). *International Relations
　Theory and the Asia-Pacific*. New York: Columbia University Press.

Cox, Michae. 1995. *US Foreign Policy after the Cold War: Superpower without a Mission?*
　London: Pinter.

Hook, Glenn D., Julie Gilson, Christopher W. Hughes, and Hugo Dobson. 2005. *Japan's
　International Relations: Politics, Economics and Security*. 2nd edition. London: Routledge.

Hughes, Christopher W. 2004a. "U.S.-Japan Security Relations: Toward Bilateralism Plus?" in Ellis S. Krauss and T. J. Pempel(eds.). *Beyond Bilateralism: U.S.-Japan Relations in the New Asia-Pacific.* Stanford: Stanford University Press.

Hughes, Christopher W. 2004b. "Japan's Re-emergence as a Normal Military Power". *The Adelphi Papers* Vol.44, Nos: 368-369.

Hughes, Christopher W. and Ellis S. Krauss. 2007. "Japan's New Security Agenda". *Survival* 49(2).

Inoguchi, Takashi and Paul Bacon. 2006. "Japan's Emerging Role as a 'Global Ordinary Power'". *International Relations of the Asia-Pacific* 6.

Johnson, Chalmers and E. B. Keehn. 1995. "East Asian Security: Pentagon's Ossified Strategy". *Foreign Affairs* (July/August).

Kiichi, Saeki and Wakaizumi Kai. 1965. "The Problems of Japan's Security". in Alastair Buchan(ed.). *China and the Peace of Asia.* New York.

Kinman, Daniel M. 2006. *Japan's Security Strategy in the Post-9/11 World: Embracing a New Realpolitik.* Westport, CO: Praeger.

Mochizuki, Mike M. 2004. "Terms of Engagement: The U.S.-Japan Alliance and the Rise of China". in Ellis S. Krauss and T. J. Pempel(eds.). *Beyond Bilateralism: U.S.-Japan Relations in the New Asia-Pacific.* Stanford: Stanford University Press.

Mulgan, Aurelia George. 2006. "Japan and the Bush Agenda: Alignment or Divergence?" in Mark Beeson(ed.). *Bush and Asia: America's Evolving Relations with East Asia.* London: Routledge.

Nakanishi, Hiroshi. "The Japan-US Alliance and Japanese Domestic Politics: Sources of Change, Prospects for the Future". in Armacost & Okimoto(2004).

Nam, Chang-hee, Yasuyo Sakata, and Robert Durarric. 2006. "US-Japan-Korea Security Cooperation in the Changing Defense Posture of the US Forces in Northeast Asia". 한국국제정치학회 창립 50주년 기념 국제학술회의 발표논문(서울 신라호텔 영빈관, 5월 12일).

Nye, Joseph S. Jr. 1995. "East Asian Security: The Case for Deep Engagement". *Foreign Affairs* (July/August).

Nye, Joseph S. Jr. 2001. "The 'Nye Report': Six Years Later". *International Relations of the Asia-Pacific* Vol.1.

Samuels, Richard J. 2007. *Securing Japan: Tokyo's Grand Strategy and the Future of East Asia.* Ithaca, NY: Cornell University Press.

Snyder, Glenn H. 1997. *Alliance Politics.* Ithaca, NY: Cornell University Press.

Takakazu, Kuriyama. "The Japan-US Alliance in Evolution". in Armacost & Okimoto(2004).

오키나와의 기지화·군사화에 관한 연구
· 기지의 건설·확장과 반환의 역사적 과정을 중심으로[1]

정영신

1. '기지의 섬' 오키나와

한국인들에게 오키나와는 관광의 섬이자 '기지의 섬'으로 알려져 있다.[2] 1995년에 미 해병에 의한 '소녀성폭행사건'이 발생하고 이에 대한 오키나와 민중들의 광범위한 저항이 일어나면서 오키나와가 한국인들에게 대중적으로 알려지게 된 것이다. 1990년대 후반부터는 한국과 오키나와 양 측에서 반기지평화운동의 연대 사업이 추진되기 시작했고, 한국에서 열리는 큰 규모의 반전평화 집회에서 오키나와 운동가들의 연대발언을 듣는 것이 낯설지 않은

---

1) 이 글은 한국사회사학회에서 간행하는 『사회와 역사』(통권 제73집, 2007년 봄호)에 게재된 것을 수정·보완한 것이다.

2) 오키나와의 역사와 현재에 대한 개략적인 소개는 아라사키 모리테루(1998) 참조. 2006년 3월말 현재, 오키나와에는 37개의 미군기지가 있으며 그 면적은 236.675km²로 오키나와 현 면적의 10.4%에 해당하며, 오키나와 본토의 18.7%를 차지한다. 주의해야 할 점은 첫째, 육지뿐만 아니라 훨씬 더 넓은 영역의 수역(54,940.62km²)과 공역(95,415.73km²)이 미군의 군사구역으로 지정되어 기지의 섬을 포위하고 있다는 점이며 둘째, 일본 본토에도 많은 미군기지가 존재하지만 본토에 존재하는 미군시설의 대부분은 미군이 일시적으로 사용하는 시설이라는 점이다. 미군전용시설과 일시사용시설을 합한 총면적에서 오키나와가 차지하는 비율은 23.1%이지만, 미군전용시설에서 오키나와가 차지하는 비율은 74.6%에 이른다(沖縄県, 2007: 1, 16~17).

광경이 되었다. 이 과정에서 오키나와는 관광의 섬이자 '기지의 섬'이라는 이중적인 이미지로 그려지게 되었다.

한국에서 오키나와의 기지 문제에 대한 관심의 양상을 조금 더 세분화해 보자면, 그것은 한편으로는 미국의 전 세계적인 미군재편과 대테러전쟁으로 촉발된 한국에서의 미군기지 재편 문제의 부각과 관련되며, 다른 한편으로는 탈냉전 이후 동아시아에서 평화체제를 어떻게 구축할 것인가에 대한 관심의 고조를 반영하고 있으며, 마지막으로는 전후 동아시아의 현대사에 대한 재해석의 문제로부터 촉발된 측면이 크다.

반기지운동과 미군재편의 맥락에서 보자면, 오키나와에 대한 대중적인 관심은 1997년 2월에 한국의 반기지운동가 43명이 오키나와의 미군용지 강제 사용 공개심리 과정을 참관하기 위해 오키나와를 방문하면서부터 촉발되었다고 할 수 있다.[3] 한국과 오키나와에서 각자 고립된 채 활동을 벌여 온 양측의 활동가들이 서로의 존재를 자각하고 연대하기 시작한 것이다(김용한, 1996; 정유진, 1997; 2001; 김동심, 1998; 2000). 이러한 움직임과 관심은 평택 미군기지 확장의 과정에서 오키나와 활동가들이 평택 대추리·도두리를 빈번히 연대 방문하면서 더욱 고조된 바 있다(고유경, 2005; 김용한, 2005).

동아시아론은 1990년대 초, 탈냉전 이후 자본주의의 승리라는 역사관의 침투와 일본의 지역 패권주의의 부상, 그리고 이에 힘입은 남한의 대북공세를 경계하면서 동아시아에서 평화를 확보할 결절점으로서 한반도의 통일 문제를 사고하는 과정에서 부각되었다(최원식, 1993). 그러다가 점차 상상된 지정학적 공간으로서 동아시아에 대한 문제제기와 더불어 국민국가의 역사로 환원되지 않는 변방에 대한 관심으로 시각이 확장되는 가운데 오키나와가 새롭게 발견된 것이다(정문길·최원식·백영서·전형준 편, 2000; 2004).

---

3) 이 연대활동의 오키나와 측 당사자였던 아라사키 선생의 회고에 대해서는 이 책과 함께 출판되는 『오키나와 현대사』(논형, 2008)의 저자 서문을 참조.

마지막으로, 탈냉전 이후에도 동아시아적 냉전이 지속되고 있는 지역적 특수성을 어떻게 이해할 것인가의 문제와 관련하여, 제주도를 포함한 한반도와 타이완, 오키나와에서 국가폭력의 문제가 부각되는 과정에서 세 지역 간의 역사적 경험의 유사성을 토대로 한 학술적 교류가 확대되어 온 측면을 지적할 수 있다. 이 학술교류의 성과물은 제주4·3연구소 편(1999) 정근식·하종문 편(2001), 정근식·김하림·김용의 편(2001)으로 출판되었다.

이처럼 오키나와에 대한 관심은 다방면에서 고조되었지만, 역시 그 중심에는 동아시아 지역에서 전쟁과 폭력에 반대하면서 어떻게 평화를 실현할 것인가에 대한 관심이 놓여 있다. 보다 구체적으로 보자면 오키나와가 걸어왔던 역사적 과정, 즉 전후 미일 안보체제의 근간으로서 미군기지의 부담을 떠안아 오면서도 '기지의 섬'을 '평화의 섬'으로 변화시키기 위해 노력해 온 오키나와 주민들의 저항이라는 맥락이 놓여 있다. 그런데 실천적·학술적 관심의 고조와 대중적인 인식의 확산에도 불구하고, 오키나와의 기지 문제에 관해서는 단편적인 지식만 소개되어 있을 뿐 그 구체적인 실태와 특징에 대해서는 아직까지 본격적으로 소개되고 있지 않다. 따라서 이 글은 오키나와 미군기지의 동학, 즉 오키나와가 기지의 섬으로 변모하게 된 배경, 과정 그리고 그 의미를 기지 자체에 중심을 두고 살펴보려고 한다. 이를 위해 미국무부와 군부의 대립을 포함한 미국의 정치적·군사적 전략, 일본의 대오키나와 정책, 그리고 오키나와에서 아래로부터의 저항의 양상을 중요하게 고려할 것이다. 아래에서는 오키나와 현대사를 크게 세 시기(전전, 미군 점령기, 오키나와 반환 이후)로 구분하여, 시기마다 각 세력들이 맺고 있는 관계의 양상을 그려보고 그러한 사회적 지형과의 상호작용 속에서 건설·확장·반환되어 온 기지의 역사적 변동 과정을 살펴보면서 그 특징과 의미를 짚어보고자 한다.

2. 1945년까지 구일본군에 의한 기지건설

1) 2차 세계대전의 전개와 오키나와의 군사화

오랫동안 오키나와 지방을 지배해 온 류큐왕국은 '예의를 지키는 나라(守禮之那)'라고 하여 군비다운 군비를 갖추지 않고 해상무역을 통해 번성했다. 1609년에 도쿠가와(德川) 막부의 허가를 얻은 사쓰마번이 침략하여, 중국의 진공(進貢)무역 체제의 일부이면서 일본 막부체제의 정치·경제적 지배를 받던 '일지양속(日支兩屬)'의 시대에도 오키나와의 군사화가 진행되지는 않았다.[4] 일본이 근대세계 체계의 일부로 편입되어 근대국가를 발전시켜 간 메이지 시대 이후에도 오키나와 현은 전국에서 예외적으로 부대의 상주가 없고 군사시설이 거의 없는 군사적인 공백지대였다.

비무장의 섬으로서 오키나와의 전통적인 모습이 사라지게 된 것은 일본 제국의 침략전쟁이 중국에서 아시아 각지로 확대되면서부터였다. 전시체제 하에서 오키나와현은 '후방농촌의 건설'이라는 구령하에 ① 전선에 병사를 공급하는 것,[5] ② 군수 공업에 노동력을 공급하는 것,[6] ③ 전시 식량을 증산하

---

[4] 막부가 사쓰마번의 류큐 침략을 허가한 것은, 류큐를 이용하여 명나라와의 관계를 개선하고자 하였으나 류큐가 막부의 의도대로 움직여주지 않았기 때문이다. 막부는 형식적으로 류큐왕국을 유지시키면서 진공무역의 관리권을 장악하고 특산물을 수탈하였다(아라사키 모리테루, 1998: 35~44). 일지양속 시대에 막부의 류큐 지역에 대한 이해관계는 군사적인 것보다는 경제적인 것이었다고 할 수 있다.

[5] 오키나와에서는 1898년부터 이미 징병제가 실시되고 있었고, 오키나와 청년들이 일본군으로서 일본의 해외 침략에 참여하고 있었다. 이 지점에서 오키나와는 비슷한 시기에 식민지화된 타이완이나 조선에서 2차 세계대전 말기에 가서야 징병제가 실시된 것과 구별된다.

[6] 오키나와인들은 흔히 '소철(蘇鐵)지옥'의 시기라 불리는 1920,30년대부터 이미 외부 지역으로 대량 유출되어 일본자본주의에 값싼 노동력을 공급하고 있었다. 오키나와인의 외부 유출은 1차 세계대전 이후의 세계대공황과 그에 따른 설탕 가격의 폭락 및 오키나와의 주력 산업이었던 제당 산업의 몰락, 그리고 수년간의 극심한 기근을 배경으로 하고 있었다. 오키나와인들은 한편으로 본토의 오사카, 고베 지역으로 유출되어 상층의 일부가 기계·금속 등의 중공업부문에 고용되기도 했지만, 대부분은 일용노동시장에서 연명하면서 하층으로 편입되어 빈민 밀집지역을 형성하고

여 공급하는 것을 국책 수행의 임무로서 할당받고 있었다(大城将保, 1998b: 212).[7] 1941년 7월에 남진정책이 구체화되어 오키나와 본섬의 나카구스크(中城)만과 이리오모테지마(西表島)에 임시 요새가 건설되면서 오키나와는 처음으로 기지화를 경험하게 되었다. 하지만 이 당시의 부대는 소수의 주둔지만을 두었고 민가와 격리되어 있었다. 1941년 8월에는 아마미오시마(奄美大島)의 요새화와 더불어 오키나와에 소규모의 포병부대가 주둔하기 시작했고, 1942년 중반 이후에는 오키나와 근해에 미 잠수함이 출몰하여 수송선의 피해가 커지면서 남방연락선을 지키기 위한 항공기지군의 건설이 계획되었다.

1942~43년을 경과하면서 오키나와에 대해 '후방 농촌'보다는 '남방의 생명선'으로서의 역할이 부각되었다. 여기에는 1942년 6월 미드웨이 해상에서 일본의 연합함대가 미 해군에게 참패당한 이후 일본군이 점차 태평양에서의 주도권을 상실해 갔던 전국(戰局)의 변화가 그 배경에 놓여 있다. 일본군 대본영은 그 대책으로, 한편으로 항공전력의 시급한 재건·강화를 통감하면서 국가총동원태세로 비행기의 증산을 독촉하고, 다른 한편으로는 항공모함군의 손실을 보충하기 위한 방편으로 '불침항모' 구상을 내 놓았다. 서태평양의 크고 작은 섬들에 비행장을 건설하여 지상 기지로부터 항공작전을 전개한다는 것이었다. 또한 1943년 9월, 일본군대본영은 전국의 열세를 만회하기 위해 확보해야 할 권역으로 '절대국방권'을 설정하면서, 전선에 전개할 항공부대를 지원할 후방기지의 건설이 필수적이라고 보았다. 사이판, 테니안, 괌 등 마리아나제도의 항공기지에 전개한 항공부대를 지원하기 위해 남서(南西)제도에 중계기지를 설정할 필요가 있었고, 육군항공본부는 1943년 여름부터 남서제도에

있었다. 다른 한편으로, 일본의 '남양 진출'이 본격화함에 따라 계약이민의 형태로 남양군도로 유출되어 소작인이나 농업노동자로 고용되는 경우도 많았다. 도미야마 이치로(富山一郎, 2002)는 경제위기와 결합된 노동력의 유출, 그리고 그러한 지위를 벗어나기 위해 내부로부터 추진된 자발적인 생활개선운동을 오키나와에서 근대의 존재양식으로 바라본다.
7) 오키나와 사회의 군사적 동원 상황에 대해서는 荒川章二(1998) 참조.

다수의 비행장을 건설할 계획을 수립하여 이를 시행하고 있었다(大城将保, 1999: 89).[8]

일본이 오키나와에 본격적으로 군대를 주둔시키고 오키나와 수비를 위해 정비를 시작한 시점은 1944년 3월이었다. 1944년 2월에 트럭(Truk) 섬의 일본 해군을 미 기동부대가 급습하여 중부태평양 지역에서 일본 해군의 항공전력이 타격을 입게 되자, 오키나와의 '불침항모'화가 긴급한 과제로 제기된 것이다. 이에 일본군 대본영은 남서제도 방면의 방위 강화를 위해서 대본영 직할의 오키나와수비군, 즉 제32군을 창설했다. 1944년 4월 이후 대본영은 오키나와수비군을 강화하기 위해 혼성 제44여단, 독립혼성 제45여단, 제9사단, 제28사단, 제24사단, 제62사단을 편성했다. 해군에서도 오키나와 방면 근거지대(沖縄方面根拠地隊)와 제4해상호위대를 편제하였다. 그 결과 1944년 9월에 오키나와 수비군의 진용이 완성되는데, 제32군이 타이완에 근거를 두었던 제10방면군의 휘하에 편제되고 오키나와 방면 근거지대가 사세보진수부(佐世保鎮守府) 휘하에 편제된 것에서 알 수 있는 것처럼 오키나와에서의 작전은 주변지역과의 연합작전에 의해 달성될 수 있는 것이었다.

2) 본토결전에 대비한 오키나와의 기지화와 요새화

수비군의 진용이 갖추어진 시점을 전후하여 전국(戰局)은 더욱 급박하게 전개되었다. 1944년 3월, 제32군과 타이완군에 대한 '10호작전 준비요강'이 발령되었다. 이 시점에서 오키나와수비군의 주 임무는 항공작전의 전개를 위한 기지건설에 맞춰져 있었기 때문에 지상 작전을 상정한 전투부대는 포함

---

8) 그러나 육군 항공본부가 1943년 여름부터 현지 토건회사에 위탁하여 요미탄촌(読谷村)과 이에지마(伊江島)에서 진행시키고 있던 비행장 건설은 자재와 노동력의 부족으로 44년 중반까지 공사가 진척되지 않고 있었다.

[표 5-1] 1945년까지 오키나와에 건설된 구일본군의 비행장

	구 시설명	접수 시기	소재지
1	이에지마 비행장	1943년 10월	이에촌
2	오키나와 北 비행장	1943년 여름	요미탄촌
3	오키나와 中 비행장	1944년 4월	카데나정
4	오키나와 南 비행장	1944년 착공	우라소에시
5	오로쿠(小祿) 비행장	1941~1944년	나하시
6	이시미네(石嶺) 비밀 비행장	1944년 착공	나하시
7	오키나와 東 비행장	1944년	이시하라정
8	요네(与根) 비밀 비행장	1944년 착공	도미구스쿠시
9	해군 비행장	1943년 10월	히라라시
10	中 비행장	1944년 4월	우에노촌
11	西 비행장	1944년 11월	시모지정
12	히라에(平得) 비행장	1943~1945년	이시가키시
13	시라호(白保) 비행장	1943~1945년	이시가키시
14	헤기나(平喜名) 비행장	1933년	이시가키시
15	미야라(宮良) 비밀 비행장	1945년	이시가키시
16	해군 비행장	1943~1945년	미나미다이토촌

출처: 旧軍飛行場用地問題調査檢討委員會(2004: 53~55)에서 수정.

되어 있지 않았다. 기지 건설은 7월 말을 목표로 하고 있었지만, 4월까지도 완성된 육군 비행장이 없었기 때문에 4~5월에 걸쳐서 비행장 건설에 종사할 부대들이 급파되었다. 6월에 있었던 마리아나 해전과 사이판섬 공방전에서 일본군이 괴멸됨에 따라 오키나와를 비롯한 남서제도는 본토방위의 방파제로서 더욱 큰 중요성을 지니게 되었고 병력도 증강되었다(大城将保, 1999: 91~92). 1944년 7월 24일, 대본영은 '육해군 이후의 작전지도대강'을 책정하여 본토 결전에 대비한 '첩1 - 4호 작전'을 마련하는데, 남서제도 방면은 '첩2호 작전'이라고 불렀다. 이 '첩호작전'의 주 목적은 공격하는 적함선을 항공 병력으로 격퇴하는 것이었다. 9월 말까지 오키나와 본섬을 비롯하여 미야코지마(宮古島), 이시가키지마(石垣島), 도쿠노지마(徳之島) 등에 다수의 비행장이 건설된다. 하지만 10월 10일에 남서제도 전역에 걸쳐 진행된 미 비행기동부대

의 5차에 걸친 대규모 공습, 이른바 '10·10공습'에 의해 주요 항만시설과 비행장이 파괴된다(吉浜 忍, 1999: 181~197). 이에 오키나와수비군은 주야로 주민들을 독촉하고, 전투부대까지 동원하여 오키나와현 내에 총 16개의 비행장을 건설하였다. 1945년까지 구일본군에 의해 오키나와에 건설된 비행장의 내용은 [표 5-1]과 같다.[9]

이후에도 일본군은 해군의 항공전력을 바탕으로 한 작전을 계획하지만, 그 성격은 크게 변화한다. 1944년 10월의 레이테해전에서 패배한 이후인 1945년 1월 20일, 일본군은 본토결전을 전제로 한 동중국해 주변에서의 작전으로서 '제국육해군 작전계획대강'을 결정했다. 그 일환인 '천호작전'[10]에 따라 대본영으로부터 하달된 제32군의 임무는 항공작전의 일환으로서 "남서제도를 확보하고, 특히 적의 항공기지의 진출을 파쇄(破碎)하는 것과 동시에 동중국해 주변에서 항공작전대행의 근거지를 확보하는 것"이었다(大城将保, 1998a: 116). 즉, 오키나와를 항공기지화함으로써 남서제도를 비롯한 동중국해를 장악하고 남방 진출의 교두보를 방비한다는 일본군의 구상은, 빠른 전국의 변화와 일본 해군의 대규모 패배에 따라, 본토결전을 위한 오키나와 방어 구상으로 전환되었던 것이다.

3) 구 일본군의 오키나와 기지화의 특징과 의미

이제 이상과 같은 역사적 고찰에 기초하여, 1945년까지 구 일본군에 의해 진행된 오키나와의 기지화 과정의 특징을 꼽아보고 그 의미를 살펴보자. 첫

---

9) 비행장 이외에 병사, 포대, 물자보급 기지, 진지 구축 등의 부지로서 반강제적으로 접수되어 국유지가 된 토지는 오키나와현 내 12개 시정촌에 걸쳐, 지주 수 2024명, 면적 약 1414만㎡에 달한다(旧軍飛行場用地問題調査檢討委員會, 2004: 34).

10) '천호항공작전'에서 남서제도 및 타이완으로 공격해 올 경우를 '천1호', 타이완으로 공격해 올 경우를 '천2호', 동남중국연안으로 공격해 올 경우를 '천3호', 해남도 서쪽으로 공격해 올 경우를 '천4호'로 명명하고 있었다. '천1호작전'에서는, 제6항공군이 오키나와 본섬을 포함한 북쪽 지역을, 제8비행사단이 오키나와 본섬을 포함한 남쪽 지역을 작전지역으로 하는 협정이 맺어졌다(吉浜 忍, 1999: 204).

째, 오키나와로부터의 군사적 동원은 징병제가 실시된 1898년부터 시작되고 오키나와 사회의 본격적인 군사화 움직임은 이미 1930년대 후반부터 시작된다. 하지만 오키나와의 기지화에 중심을 두게 되면 그 계획은 1941~42년에 기본 구상이 마련되고, 1944년에서 45년에 이르는 비교적 짧은 기간 동안에 기지화 계획이 집행된다는 것을 알 수 있다(〔표 5-1〕 참조). 이것은 '대동아공영권'을 목표로 한 일본의 전쟁이 동남아시아 지역으로 확장된 것, 그리고 미국의 참전에 따른 급격한 전국 악화의 결과였다. 이런 점에서 오키나와의 기지화는 그 '구상'에 있어서는 일본의 제국적 팽창의 꿈과 야망을 반영하지만, 실제의 기지화 과정 자체는 일본의 제국적 팽창의 '실패'를 반영하고 있다. 이렇게 본다면 징병제 실시 시기부터 1930년대까지의 시기는 오히려 오키나와의 기지화·군사화를 예감하는 시기로 이해할 수 있다.

둘째, 항공전력을 바탕으로 한 구일본군의 대오키나와 전략은 오키나와의 여러 섬들에 다수의 항공기지군을 남기게 되었다. 이것은 일본군이 오키나와를 남방과 동중국해를 비롯한 동아시아 항공작전의 요충지로 사고했기 때문인데, 이러한 전략적 사고와 항공기지 건설 방침은 전후의 시기에 미군에 의해 반복된다. 즉, 1945년을 전후하여 오키나와를 지배했던 두 제국은 오키나와를 지정학적 항공기지로 간주했다는 점에서 공통점을 보인다. 물론, 대륙을 지배하고 해양으로 진출한 일본의 방식과 해양을 지배하면서 대륙을 봉쇄한 미국의 방식은 각국의 지정학적 차이를 반영하고 있다. 오키나와전이 두 제국의 폭력적인 교체방식을 보여준다면, 전후에 미국에 의해 건설된 항공기지군과 오키나와의 분리·지배방침은 적대적이었던 두 제국의 관계가 미일동맹이라는 협력적 관계로 돌아섰음을 보여준다. 즉, 전후에 진행된 오키나와의 미군기지화 배경에는 패전국에 대한 처벌, 동아시아에서 미국의 군사전략이라는 맥락 이외에도, 일본군의 오키나와 전략에 대한 미군의 학습 및 오키나와전 직후에 오키나와로부터 일본 본토를 실제로 항공 폭격해 본 경험이 작용하고 있었던 것이다. 여기에 덧붙여 두 제국이 교체하는 과정에서 맺어진 '정치적' 타협의 측면, 즉 '국체'로까지 불리던 천황제를 유지하려는 일본 측과 천황제를 이용하여 점령통치를 안정화하려는 미국 측이 협력했던 점을 지적할 수 있을 것이다. 이 협력의 와중에 오키나와에 대한 미국의 지배를 인정하는 '천황메시지'(1947년 9월)가 나옴으로써 미군에 의한 오키나와의 기지화가 가능했던 것이다.

3. 전쟁과 점령, 미군지배하에서 기지의 건설과 확장

1) 미군기지 형성의 역사적 조건으로서 오키나와전[11]

　　구일본군에 의한 기지화·요새화와 그에 뒤이은 오키나와전을 오키나와 측에서 보자면, 근대국가 일본이 제국으로 첫발을 내딛었던 계기가 '류큐처분'이라는 이름으로 오키나와에 닥쳐오고 일본의 아시아에 대한 군사적 야망이 '기지의 섬'이라는 역사적 현실을 배태했다면, 그러한 야망의 실패와 파국은 오키나와의 극단적 희생을 강요하는 형태의 전쟁(오키나와전)으로 경험되었다고 할 수 있다.[12] 오키나와전은 일본 영토 내에서 벌어진 유일한 지상전일 뿐만 아니라, '장기적이며 격렬한 지상전'이었다고 평가된다. 일본군은 군수물자의 부족 및 미군 잠수함과 항공기에 의한 보급로의 차단이라는 조건하에

---

11) 오키나와전은 미군에 의한 포격이 시작되는 3월 23일에 시작되며, 미군의 게라마 열도 상륙(3월 26일)과 오키나와 본섬 상륙 시점부터(4월 1일) 전투가 본격화한다. 일본군의 조직적 저항이 종료하고(6월 19일) 일본군사령관의 자결을 거쳐(6월 23일), 미군의 오키나와 작전 종료선언이 발표되는 7월 2일에 오키나와전은 일단 종료하게 된다. 오키나와 지역의 항복조인일은 9월 7일이었다.
12) 이런 점에서 보면, 오키나와의 위상 변동은 일본제국의 지정학적 팽창의 양상을 감지하는 하나의 푯대가 될 수 있다.

서 전투를 펼치게 되었다. 따라서 오키나와전은 그 준비단계에서부터 '현지 자급의 총동원작전'이라는 양상을 띠었다. 고립된 좁은 구역 내에서 다수의 군인들에 의한 전투가 벌어지면서 전장은 '군민혼재'의 양상을 띠었고, 그러한 전투 양상은 '정규 군인을 상회하는 주민희생'으로 귀결되었다.[13]

오키나와전이 이 같은 양상으로 전개된 것에는 오키나와수비군의 작전방침이 '전략지구전'의 양상을 띠었다는 점이 크게 작용했다. 이것은 오키나와작전을 '국체호지', 즉 천황제 유지를 목표로 하여 본토결전을 유리하게 이끌기 위한 사석작전으로 생각했던 대본영과 수비군 작전참모들의 근본사상에서 기인하는 것이었다.[14] 오키나와에서 전쟁의 가능성이 커지자 현지의 오키나와수비군은 항공전략에 기초한 대본영의 작전구상을 수정하면서, '전 섬의 요새화'를 추진하게 되었다.[15] 일본군 전쟁지도부는 난공불락의 요새라고 일컬어지던 사이판섬이 3주만에 함락당한 뒤인 1944년 8월에 이미 '도서수비요령'을 하달한 바 있었다. 이것은 "수비에 임하는 부대는 작렬하는 적의 포·폭격에 항감(抗坩)하면서 장기지구전에 적합하도록 진지를 편성, 설비하라"는 내용이었다(大城将保, 1998a: 93~97). 이에 더하여 1944년 11월에 오키나와수비군의 정예병

---

13) 오키나와현 원호과 자료에 따르면, 전체 20만 656명의 사망자 중에서 외부에서 온 일본군이 6만 5908명, 미군이 1만 2520명이며, 오키나와현에서 차출된 군인과 군속이 2만 8228명, 일반 현민이 9만 4000명으로, 오키나와 현민의 희생은 12만 2228명에 달한다(沖縄平和祈念資料館, 2001: 90).

14) 본토결전을 위한 일본군의 작전은 '결호작전'이라고 불린다. 1945년 2월 9일 일본군 지도부는 미군과의 본토결전에 대비하여 7개 방면의 육·해군 공동작전을 준비하는데, 결1호 작전은 홋카이도, 지시마 방면, 결2호 작전은 도호쿠 방면, 결3호 작전은 간토 방면, 결4호 작전은 도카이 방면, 결5호 작전은 주부 방면, 결6호 작전은 규슈 방면, 결7호 작전은 제주도 조선 방면으로 구분된다. 제주도에서는 1945년 4월 15일 제58군 사령부가 신설되어 7만 5000여 명의 병력을 결집시키는 것과 동시에 제주도 전역이 요새화된다. 이 같은 일련의 움직임은 오키나와에서 진행되었던 움직임과 크게 다르지 않았다. 즉, 제주도와 오키나와는 일본제국의 방위를 위한 도구로서 동일한 운명의 연쇄에 처해 있었던 것이다. 구일본군에 의한 제주도의 군사화 과정에 대해서는 황석규(2006) 참조.

15) 이러한 방침의 전환으로부터 초래된 일본군 대본영과 제32군 사이의 의견대립에 대해서는 戸部良一 외(1984) 참조.

력이었던 제9사단이 타이완으로 차출됨에 따라, 제32군은 '첩2호작전에 근거한 오키나와 본섬 방위전투계획'을 변경하지 않을 수 없었다. 1944년 11월 26일에 예하 부대에 하달된 '신작전계획'은 항공병력을 중심으로 한 '결전주의(決戰主義)'에서 전 섬의 요새화를 통한 '전략지구(戰略持久)'로의 이동을 주 내용으로 하는 것이었다. 오키나와 내에서 한정된 자원과 인원을 동원해야 했던 현지의 오키나와수비군이 항공기지 건설을 목표로 하는 종래의 '첩호작전' 및 45년 초의 '천호작전'을 변경한 것이었다. 그 결과 오키나와전은 어린 학생들을 비롯한 민간인들이 총동원되어 치르는 총력전의 형태를 띠게 되었다.

오키나와 수비군의 '전략지구' 방침은 특히 오키나와 본섬 중·남부 지역의 요새화로 나타났다. [그림 5-1]은 오키나와전 당시 중·남부 지역에 집중적으로 배치된 일본군 전력을 보여준다. 제32군사령부가 있던 나하의 슈리성을 중심으로 제62사단, 제24사단, 해군부대, 군포병대, 독립혼성 제44여단이 배치되었다. 이 이외에 도쿠노지마에 독립혼성제64여단이, 이시가키지마에 독립혼성 제45여단이 배치되었고, 오키나와 본섬으로의 진격 지점인 미야코지마에 제28사단, 독립혼성 제59여단, 독립혼성 제60여단이 배치되었다. 오키나와 본섬의 중부지역에 상륙한 미군이 남부지역으로 진출하게 되자, 중·남부 지역에 집중 배치된 일본군과 미군사이의 격렬한 전투는 피할 수 없게 되었다.

한편, 미군은 '철의 폭풍'이라 일컬어지는 장기간에 걸친 무차별 포격을 펼쳐 오키나와의 전토를 유린하는 방식으로 일본군에 대응했다. 즉, 오키나와전이 격렬한 지상전의 형태를 피할 수 없었던 이유에는 미군 공략부대의 임무인 아이스버그(Iceberg)작전이 '오키나와의 공략, 점령, 방위, 전개 및 남서제도(류큐)의 제공·제해권의 확보'에 있었다는 점도 작용하고 있었던 것이다(沖縄県教育委員會, 2001: 46). 오키나와를 본토 공략을 위한 전방 기지로 활용하려 했기 때문에 미군으로서는 오키나와의 일본군을 확실하게 괴멸·소탕할 필요가 있었던 것이다.

[그림 5-1] 오키나와전 당시 중·남부 지역의 오키나와수비군 배치도

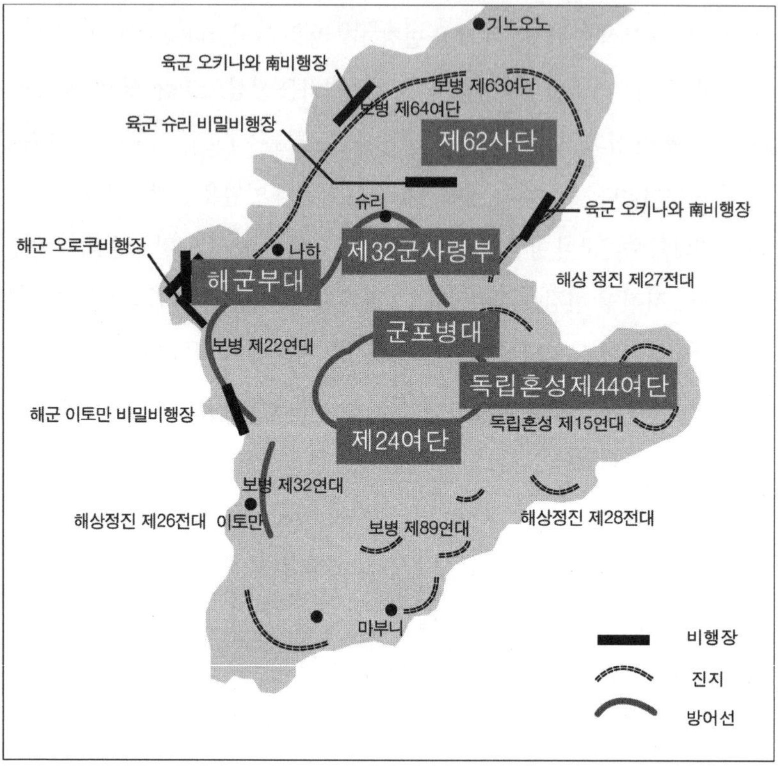

육군 오키나와 南비행장
토병 제63여단
보병 제64여단
육군 슈리 비밀비행장
제62사단
기노오노
슈리
육군 오키나와 南비행장
해군 오로쿠비행장
나하
제32군사령부
해군부대
해상 정진 제27전대
보병 제22연대
군포병대
독립혼성제44여단
해군 이토만 비밀비행장
제24여단
독립혼성 제15연대
보병 제32연대
해상정진 제26전대 이토만
보병 제89연대
해상정진 제28전대
마부니

비행장
진지
방어선

출처: 沖繩平和祈念資料館(2001: 126).

　　일본군 연합함대는 3월 26일에 '천1호작전'을 발동하지만 오키나와 방면
의 일본군 항공전력은 이미 괴멸된 상태였다. 반면, 일본군 수비대는 중·남부
지역을 중심으로 한 '전략지구'에 치중하느라 중부 지역의 핵심 항공기지인
북(요미탄)비행장과 중(카데나)비행장의 방어를 거의 포기하고 있었다. 미군
상륙시에 타격한다는 계획 역시 포기되었다. 따라서 4월 1일, 미군은 아무런
피해 없이 오키나와 본섬에 상륙하여 양 비행장을 접수할 수 있었다. 대신 오키
나와전에서 일본군의 항공작전은 오키나와로부터 시행되기 보다는 주로 규
슈 지역에서 발진한 '가미카제(神風) 특공대'에 의한 자멸적인 공격 양상으로

나타났으며, 그것도 미군의 상륙한 며칠 후에 '뒤늦게' 시작되었다.

오키나와전과 전후의 미군기지 건설과의 관계는 크게 두 가지 측면에서 지적할 수 있다. 먼저, 오키나와전의 과정에서 일본군 수비대가 집중된 오키나와 중·남부에 이르는 50㎞의 구간에서는 2개월에 걸친 사투가 벌어지게 되는데, 이때 미군은 이미 점령한 중부지역을 중심으로 하여 본토 공격을 위한 기지건설에 착수하고 있었다.16) 상륙지점인 요미탄촌과 자탄(北谷)촌에 있던 일본군의 북(요미탄)비행장과 중(카데나)비행장을 큰 피해 없이 획득한 미군은 상륙 당일부터 양 비행장의 정비에 착수하여 3일 후부터 항공기 운항을 실시하였고, 이미 소형 비행기를 발착시키고 있었다(大城将保, 1998a: 116~118). 또한 카데나 비행장의 경우에 미군의 정비·확장 공사가 계속되어 6월에는 길이 2250m의 활주로가 완성되었고, B-29 등 대형폭격기의 주력기지로 사용되었다. 이처럼 전쟁과 기지건설이 공존하고 있었다는 점을 오키나와에서 초기 미군기지 건설의 가장 중요한 특징으로 꼽을 수 있다.

일단 중부지역의 비행장을 접수한 미군은 이 비행장들을 확장하는 한편, 새로운 비행장도 건설하기 시작했다. 1945년에 미군이 일본군으로부터 접수한 비행장과 새로 신설한 비행장의 분포는 [그림 5-2]와 같다. 현재까지 남아 있는 비행장 가운데, 카데나 비행장과 요미탄 보조비행장이 일본군에 의해 건설되었다가 미군에 의해 확장된 비행장을 대표한다면, 후텐마 비행장은 미군에 의해 신설된 비행장을 대표한다고 할 수 있다.

둘째, 오키나와전이 미군기지 건설의 역사적 조건으로 작용하고 있었다는 점이다. 오키나와전의 전개양상을 결정한 요인들, 즉 '국체호지'를 위한 '전략지구'로의 방침 전환과 중·남부 지역의 요새화 및 미군에 의한 '철의 폭풍'

---

16) 1945년 1월 6일에 작성된 아이스버그 작전의 공병대계획에 따르면, 공병대의 특수임무로 제1901공병대항공대와 제802공병대항공대에게 가능한 빨리 제5비행장(카데나 비행장), 제6비행장(요미탄비행장)의 건설공사에 착수할 것을 지시하고 있다. 동시에 제1395공병대건설대 대에게는 나하항의 수복공사라는 임무가 부여되었다(沖縄県教育委員會, 2001: 250).

[그림 5-2] 1945년에 미군이 확장한 비행장(좌)과 신설한 비행장(우)

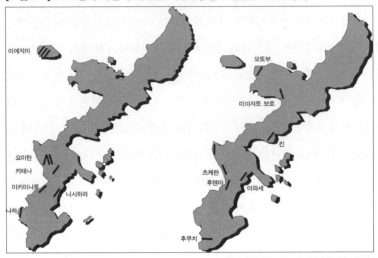

출처: 沖繩平和祈念資料館(2001: 126).

은, 위에서 지적한 것처럼 '정규 군인을 상회하는 주민희생'으로 상징되는 '폭
력의 과잉'을 초래하였다. 여기에서 중요하게 지적할 점은 위와 같은 요인들로
부터 빚어진 오키나와전의 비극이 전후 오키나와 문제의 기원을 형성한 역사
적 배경으로 작용하고 있었다는 점이다. 오키나와의 역사적 지위에 관한 저명
한 연구자의 한 사람인 엘드리지(Eldridge, 2001)는 전후 오키나와의 지위를
결정한 샌프란시스코 강화조약 제3조의 '잠재주권(residual sovereignty)' 조
항은, 오키나와의 주권을 보유하기를 희망한 일본 측의 요구와 미 국무성의
지원, 그리고 오키나와를 일본으로부터 분리시키려는 미 군부의 요구 사이에
서 성립한 타협의 산물이라고 지적한다. 그리고 그러한 군사적 필요와 정치적
고려 사이의 균열이 오키나와 문제의 기원이라고 보고 있다. 그런데 엘드리지
의 연구는 그러한 정치적 타협이 오키나와전이라는 폭력적 과정을 통과함으
로써만 이루어질 수 있었다는 사실에는 주목하지 않는다. 따라서 오키나와
문제는 일본 정부 및 미 국무부와 미 군부 사이의 양자적(bilateral) 관계로만

거슬러 올라가고, 오키나와 측에서의 대응 여부는 고려되지 않고 있다. 그렇다면 오키나와 문제의 '전개'과정에서 등장하는 오키나와 측의 저항이라는 변수가 왜 오키나와 문제의 '기원'을 형성하는 전쟁과 전시 점령(1945~1952년)의 과정에서는 등장하지 않았을까.[17] 여기에는 전쟁이라는 특수한 사회적 조건, 즉 '폭력의 과잉'을 불러온 전장이 몇 개월간 지속되는 상황에서 무엇보다 생존 자체가 중요한 문제였다는 점, 전시(점령)이라는 특수한 상황하에서 군대에 의한 기지건설에 대중적으로 저항하기 힘들었다는 점, 그리고 기지건설을 위해 수용되는 토지의 주민들이 강제 수용된 상태였다는 점 등이 고려되어야 한다.

2) '전시 점령'하에서의 미군기지 건설

제한 없는 기지건설은 '전시 점령'이라는 이름으로 계속되었다. 기지건설은 주민들의 강제수용과 '전시 점령'을 정당화하는 제도적인 여건 하에서 일어났다. 오키나와 본섬에 상륙한 미군은 즉시 니미츠(C. W. Nimitz) 원수의 이름으로 이른바 '니미츠포고'를 발포(發布)하고 이를 통해 '일본제국정부의 모든 행정권의 사용을 정지'시켰다(中野好夫 편, 1969: 9). 이에 따라 남서제도와 그 주변 해역은 미군의 점령지역으로 선언되었으며, 오키나와 주민들은 모두 미군이 설치한 수용소에 강제로 수용되었다.[18] 미군에 의한 주민들의 강제

---

17) 실제로 오키나와 측에서의 대응이 전혀 없었던 것은 아니었다. 1951년 8월 28일 일본 복귀기성회(日本復帰期成會)는 "우리들의 비원, 모국 일본으로의 즉시 복귀, 신탁통치 절대 반대"를 주장하면서 탄원서와 서명 등을 대일강화회의 참가국 전권대사에게 송부하였다. 당시 유권자의 약 72.1%가 이 서명에 참여하였다.

18) 미군은 포로로 붙잡힌 사람들을 전투참가자와 민간인으로 구분하여, 각각 포로수용소와 민간인수용소에 수용하였다. 민간인수용소는 지넨, 마에하라, 코자, 이시카와, 간나, 기노자, 고치야, 오우라사키, 세다케, 다이라, 헨토나, 렌자, 아구니, 이헤야, 게라마, 쿠메지마 등 16개소에 설치되었다. 미군은 수용소 내의 현지인들로 촌장이나 민간경찰(civilian police)을 임명하고 식량이나 의복을 배급하였다. 구거주지로의 이동은 45년 10월 말부터 허락되었는데, 46년 4월까지 약 32만

수용은 두 가지 의미에서 중요한데 첫째, 복구사업이나 생산과 배급, 학교교육
의 재개와 같은 오키나와에서의 '전후'의 모습이 수용소 생활에서부터 시작되
었다는 것이다. 말하자면 오키나와의 '전후'는 1945년 8월 15일 이전에, 전쟁
과 공존하는 형태로 이미 시작되고 있었던 셈이다.[19] 둘째, 오키나와의 '전후'
를 기지와의 공존이라는 형태로 고착화시킨 초기의 미군기지 건설이 주민들
의 강제수용이라는 조건하에서 이루어졌다는 점이다. 미군은 '전시 점령'하에
서 오키나와 전역을 직접 지배하에 두면서 필요한 모든 지역을 군사적 용도로
임의로 사용하였고, 미군에게 불필요한 땅부터 주민들에게 개방하였다. 따라
서 군용지로 접수당한 지역에 거주하던 주민들은 기지 주변의 개방지에 집단
적으로 정착할 수밖에 없었다.[20]

　　'전시 점령'하에서 일어난 이러한 기지건설의 방침은 일본 본토에서 벌어
진 양상과 구별된다.[21] 미군은 오키나와에서 전쟁상태가 지속되고 있다는
점을 근거로 내세우면서, 점령지를 군용지로 사용하는 것은 국제법상 당연히
부여되는 권리라고 주장했다. '헤이그 육전법규(Hague Regulation land
warfare)'를 제시하면서 오키나와를 기지화 하는 데 아무런 법제상의 조치를
필요로 하지 않는다고 했던 것이다.[22] 따라서 미군은 점령 당초의 군용지에

5000명을 구거주지로 복귀시킨다는 계획이었다(沖繩平和祈念資料館, 2001: 102~111). 하지만 실제로
는 미군이 기지건설을 우선시한 결과, 주민들의 복귀는 강화조약이 체결되는 시점까지 계속되고 있었다.
19) 이 점에서 전쟁 - 점령 - 부흥이라는 일본사의 선형적인 전개 도식은 오키나와에서 진행되었던
전쟁·점령·부흥의 동시성과 그 궤를 달리하고 있다. 비슷한 맥락에서 베트남전 당시 일본의
고도성장이 오키나와의 전선기지화를 그 배경으로 하고 있었다는 점도 지적할 수 있다. 즉, 오키나
와는 국민국가 일본의 평균적인 역사인식으로 환원되지 않는 측면을 가지면서 동시에 그것을
가능하게 해 주었던 특이점을 형성하고 있다.
20) 오늘날까지 후텐마 기지나 카데나 기지 주변에는 기지와 담장 하나를 사이에 두고 거주지가 밀집
해 있다. 이로 인해 이 지역 주민들은 상시적인 항공기 소음이나 사고, 범죄의 위험에 노출되어 있다.
21) '전시 점령'하에서 기지가 건설되었다는 점에서 한국의 경험과 유사한 측면이 존재한다. 휴전
선 인근의 많은 기지들과 평택 등 후방의 기지들이 한국전쟁을 수행하는 과정에서 기존의 군사기
지를 확장하거나 주둔지역을 확장하는 방식으로 터를 잡았기 때문이다.
22) 헤이그 육전법규의 내용에 대해서는 이 책의 2장 참조.

대해서는 물론, 그 이후의 신규 접수지에 대해서도 군용지료의 지불 없이 무상으로 사용하였다. 하지만 미군의 당초 논리에 따르더라도, 일본군이 정식으로 항복한 후에는 전시라는 긴급한 요건이 사라지기 때문에 오키나와의 과도한 기지화는 해소되어야 했다. 실제로는 불필요한 접수지의 반환도 상당히 느리게 이루어졌는데, 거기에는 오키나와를 장기적으로 보유하고자하는 미 군부의 의도가 작용하고 있었다고 할 수 있다.[23]

[그림 5-3]은 나하시 주변 지역에서 미군에 의해 접수된 지역들이 주민들에게 해방된 시기를 보여주고 있다. 일부 지역에 관한 자료라는 한계가 있지만, 종전 직후인 45, 46년에 일부 반환이 이루어지고 나머지 대부분은 대일강화조약 발효 직전인 51, 52년에 반환되었다는 점을 확인할 수 있다. 이 과정에서 주민들의 생활상의 필요는 거의 무시되었고, 다만 군사적인 목적에서의 필요 여부만이 중요시되었다. 따라서 미군의 '전시 점령'이 시작되는 45년부터 강화조약이 발효되는 52년까지 오키나와 지역에서 기지건설의 특징은, 오키나와 주민들의 모든 권리가 박탈당한 상태에서 미군에 의한 '섬 전체의 기지화'가 진행되었다는 점에 있다. 즉, 일상의 생활공간인 섬이 있고 섬의 일부가 기지로 만들어졌다기보다는, '전시 점령'이라는 조건하에서 섬 전체가 기지화된 가운데 '비(非)기지', 즉 기지가 아닌 생활공간이 주어졌던 것이다. 무권리의 상황하에서 이루어진 기지화는 주민들이 점차 예전의 거주지로 돌아오고, 1952년에 강화조약이 발효되자 곧 바로 문제시될 수밖에 없었다.

---

23) 1945년 4월, 킹(Ernest J. King) 장군이 남서제도를 "미국이 '포괄적 군사권'을 가져야만 하는 장소로" 고려해야 한다고 주장하고, 5월에는 마셜(George C. Marshall) 참모총장이 전후 기지의 전략적 필요성을 재검토할 것을 요청하면서 오키나와의 지위를 둘러싼 문제가 부각되었다. 1945년 가을에 미 합동참모본부는 남서제도가 미국의 전후 안보체제에서 일차적인 기지 지역의 하나로 간주되어야 한다고 결정한다. 반면 국무부는 1946년 6월에 제출한 보고서(SWNCC 59/1)를 통해서 류큐 제도는 일본에 의해 보유되고 비군사화 되어야 한다는 입장을 제출한다. 하지만 이때는 이미 군부에 의해 오키나와 각지에 군사기지가 건설되고 있었다. 미 국무부와 군부의 대오키나와 정책의 형성과정에 대해서는 엘드리지(Eldridge, 2001) 참조.

[그림 5-3] 나하시 주변의 지역별 반환 시기

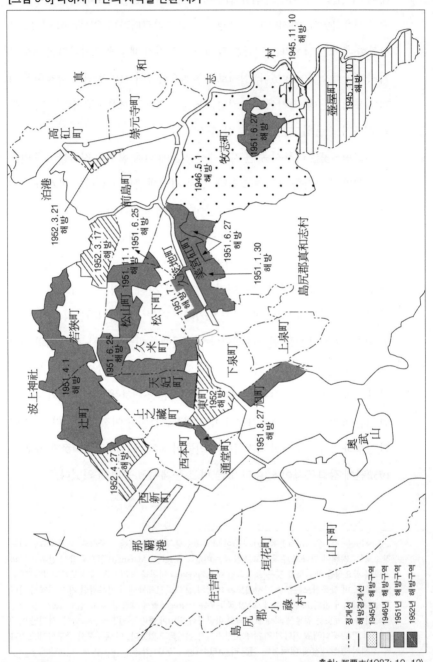

출처: 那覇市(1987: 12~13).

3) 대일강화조약 발효 이후 미군 지배하에서의 기지건설

1952년 4월 28일 '대일강화조약', 즉 샌프란시스코 강화조약의 발효에 의해 미일 간의 전쟁상태는 종료되고 일본은 독립국으로서의 주권을 회복하였다. 하지만 오키나와는 동 조약 제3조에 의해 일본 본토로부터 분단되어 미국의 시정하에 놓이게 되었다.[24] 1946년까지는 전후 질서가 어떻게 구축될지에 대한 불확실성으로 인해 오키나와의 장래에 대한 인식의 차이가 존재하고 있었지만, 아시아·태평양전쟁에서 일본군이 보여준 해양 요새의 전략적 중요성에 대한 인식, 중국의 공산화에 따른 일본의 중요성의 부각, 냉전의 격화, 그리고 한국전쟁 과정에서 공군기지로서 오키나와의 결정적 중요성에 대한 인식 등의 과정을 거치면서 오키나와는 '태평양의 요석(keystone)'으로서 미국의 동아시아 정책에서 핵심적인 요소로 부각되었다.

한편, 대일강화조약에 의해 '전시 점령'이라는 상황이 끝나게 되자 오키나와를 지배하게 된 미군으로서도 기지건설을 위한 제도적 여건을 중시하지 않을 수 없었다. '헤이그 육전법규'를 빌미로 무법적인 기지건설을 강행하던 미군은 대일강화조약이 발효된 후인 1952년 11월, 군용지 임대차계약을 위한 포령91호, '계약권'을 공포하였다(中野好夫 편, 1969: 105). 그러나 포령91호는 20년이라는 긴 기간을 계약기간으로 삼고 있었고 주민들이 "코카콜라 한 병 값도 안 된다"고 불만을 표시할 정도로 낮은 사용료를 책정하고 있었다. 90% 이상의 군용지주들이 계약을 거부하자, 미국민정부는 1953년 12월에 포고26호를 공포하였다. '전시 점령'하에서 사용하던 토지에 대해 "장기간에 걸친 사용 사실에 의해 (군용지주들이 토지 임대에 동의한다는) '묵계(黙契)'가

---

24) 대일강화조약 제3조는 다음과 같다. "일본국은 미합중국이 국제연합에 제안한, 북위 29도 이남의 남서제도를 미합중국을 유일한 시정권자로 하는 신탁통치하에 둔다는 것에 동의한다. 이러한 제안이 가결될 때까지 미합중국은 영해를 포함한 이들 제도의 영역 및 주민에 대해 행정, 입법 및 사법상의 모든 및 일부의 권력을 행사할 수 있는 권리를 지니는 것으로 한다."

성립되었다"고 간주함으로써, 기존에 접수한 토지를 대일강화조약 이후에도 계속 사용하는 데 대해 합법성을 부여하려 했던 것이다(中野好夫 편, 1969: 107~108). 더 나아가 미군은 '신규의' 토지접수를 위해 1953년 4월 3일, 포령 109호 '토지수용령'을 공포하여 시행하였다(中野好夫 편, 1969: 106). 이때부터 미군은 마와시촌의 아자, 메카루, 오로쿠촌의 구시, 이에촌의 마자 지역, 기노완촌의 이사하마 등의 지역에 무장군인을 출동시켜 농민들의 완강한 저항을 제압하고 '총검과 불도저'에 의한 토지접수를 실시하였다(新崎盛輝, 2005: 12~15). 이에 대해 오키나와 민중들은 '진정규정(陳情規定)'을 하거나 오키나와의 여러 지역을 '거지행각'하면서 토지접수의 부당성을 알려나가기 시작했다. 즉, '전시 점령'의 종결과 대일강화조약의 발효는 제도적인 여건의 변화를 불러왔을 뿐만 아니라 아래로부터의 저항의 존재라는 새로운 사회적 지형을 창출했던 것이다.

1954년 3월 미국민정부는 군용지료의 일괄지불이라는 미 육군성의 방침을 발표하는데, 이것은 미국이 정한 차지료(借地料)의 16.6년 치를 한꺼번에 지불함으로써 사실상 토지를 매수하려는 것이었다. 이에 대해 오키나와 측은 일괄지불 반대, 적정보상, 손해배상, 신규접수 반대라는 '토지를 지키는 4원칙'을 내세우며 항의하였다. 동시에 행정부, 입법원, 시정촌장회, 군용지주의 단체인 토지련이 4자협의회를 결성하여 대미협상을 전개하였다. 이러한 오키나와 측의 항의에 대응하기 위해 1955년 10월 미 하원 군사위원회는 프라이스(M. Price)를 위원장으로 하는 특별분과위원회를 오키나와로 파견하였다. 이 조사단이 의회에 제출한 보고서가 이른바, '프라이스 권고(Price Report)'다. 1956년 6월에 발표된 '프라이스 권고'는 주민 피해를 최소화하기 위해 토지가격 평가 수속을 개선함으로써 정당한 자산가격에 따라 지불할 것과 추가적인 토지수용을 최소한도로 할 것을 권고하였다. 그런데 '프라이스 권고'는 그러한 '양보'를 해야 할 필요성과 관련하여, 오키나와의 중요성을 다음과 같이 지적하였다.

우리가 오키나와에 있는 것은 오키나와가 미국의 세계적 규모에 걸친 방위의 불가결한 일부를 이루고 있기 때문이다. 세계의 다른 지역과 마찬가지로, 일본과 필리핀에서도 우리가 기지를 보유하고 있는 것은 우호적인 정부의 계속적인 존재에 의존하고 있다. 류큐제도에 대해 우리가 정치적 통제를 행사하고 있다는 사정과 (일본에) 호전적인 민족주의 운동이 존재하지 않는다는 이유 때문에, 물론 우리의 국가정책에 따른 것이지만, 극동·태평양 지역의 여러 해상 도서들에서 전진군사기지의 장기간 사용 계획을 입안하는 것이 가능하다. 여기에서는 핵병기를 저장할 필요도 없고 그것의 사용 권한에 관한 외국정부의 제한도 존재하지 않는다. 이상의 고려에 덧붙여, 육·해군 및 해병대에 부과된 사명을 생각한다면 동 섬의 중요성은 더욱 크다고 할 수 있다(中野好夫 편, 1969: 177).

즉, '프라이스 권고'는 오키나와기지가 ① 제약이 없는 핵기지로서, ② 아시아 각지의 지역적 분쟁에 대처하는 미 전략의 거점으로서, ③ 일본이나 필리핀의 친미정권이 무너질 경우의 보루로서 매우 중요하다는 점을 강조하였고, 군용지정책을 포함한 당시까지의 미군지배의 방식을 기본적으로는 정당하다고 보았던 것이다(新崎盛暉, 2005: 15). '프라이스 권고'가 알려지자 오키나와에서는 4자협의회를 중심으로 4원칙을 관철하기 위한 광범위한 대중적 저항이 일어나게 된다. 이것이 이른바 '섬 전체 투쟁(島ぐるみ鬪爭)'이다. '섬 전체 투쟁'에서 확인된 오키나와 주민들의 반기지 정서와 운동의 역량은 1960년의 조국복귀협의회 결성으로 모아졌고, 1960년대 중반 이후부터는 베트남전반대운동과 결합하면서 '섬 전체 투쟁'의 두 번째 물결로 이어졌다.

이제 위와 같은 사회적 지형 속에서 일어난 기지건설의 특징과 그 의미를 살펴보자. 우선 지적할 수 있는 것은 1950년대에 오키나와의 북부지역을 중심으로 벌어졌던 대규모의 기지건설은 한국전쟁 이후 미국의 새로운 세계 전략·동아시아전략이라는 맥락 속에서 이루어졌다는 점이다. 1953년 12월 26일

아이젠하워 대통령은 "평화조류에 대한 기여로서 한국에 있는 미 지상군을 점차 감축할 계획"이라고 밝혔다. 아이젠하워의 뉴룩(New Look) 정책은 '건전 재정'을 기치로, 한국전쟁 기간에 확대된 재정적자 문제의 해결을 위해 군 병력을 축소하여 군비 축소를 달성하고 핵무기와 항공력을 강화함으로써 안보상의 우위를 달성한다는 것이었다. 뉴룩정책은 한국에서는 주한미군과 한국군의 감축 압력으로 나타났고,25) 일본에서는 1957년 6월에 진행된 기시(岸信介) 수상과의 회담에서 일본에서 모든 지상전투부대를 철수시키겠다는 아이젠하워의 약속으로 이어졌다. 이에 따라 1957년 4월 초, 미 국방성은 동아시아 지역의 군사체제를 크게 개편하기 시작하는데26) 이 과정에서 일본에서 철수한 지상부대, 특히 해병대는 '일본이 아닌 오키나와'로 이주하게 된다.27) 그 결과, 미일안보조약이 성립된 1952년부터 안보조약이 개정되는 1960년까지 일본 본토의 미군기지는 4분의 1로 감소한 반면에 오키나와의 미군기지는 2배로 증가하였다. 오키나와 본섬 북부의 북부 훈련장, 캠프 슈와브와 캠프 한센 등 현재까지도 남아 있는 가장 큰 해병대 기지들이 건설·확장됨으로써 전후 오키나와 미군기지의 기본 체계가 이 시기에 완성되었다.28) 즉, 1950년

---

25) 이에 따라 1953년 당시 32만 5천 명에 달하던 한반도의 미군은 1955년에는 8만5000명만 남게 되었다. 이 과정에서 많은 미군이 일본 본토로 이전하였으며 미8군사령부도 용산에서 일본의 자마(座間) 캠프로 이전하여 미 극동지상군 사령부와 재통합되었다. 뉴룩정책에 따라 추진된 주한미군 및 한국군 감축 압력과 이승만 정부의 저항에 대해서는 박태균(2006: 144~158) 참조.

26) 우선 도쿄의 극동군사령부를 해체하고 하와이에 태평양지구사령부를 설치하였고, 7월에는 도쿄의 유엔군사령부가 서울로 이동하면서 주한미군사령부가 창설되었다.

27) 주일미군 감축을 가져온 또 하나의 요소는 일본 본토에서 미군 주둔에 대한 반대운동이 폭발할 조짐을 보였다는 것이다. 1950년대 일본에는 미군점령기와 한국전쟁기에 본토에 산재해 있던 미군기지 주변 지역에서 범죄나 성폭력 등이 빈발하고 있었고 그에 따라 반미감정이 증가하고 있었다. 기존 기지에 대한 비판 여론의 증대와 더불어 신규 기지 확장에 대한 반대운동도 커지고 있었다.

28) 북부훈련장은 1957년에 '북부해병대훈련장'으로 사용을 개시하여 63년에 일부 토지가 추가 제공되었고, 1972년부터 '북부훈련장'으로 제공되고 있다. 캠프 슈와브는 1956년부터 사용 개시되어 57, 59년에 추가사용이 있었고, 1972년부터 세 시설을 통합하여 캠프 슈와브로 제공되고 있다. 캠프 한센은 1945년에 미군의 비행장이 건설되었지만 49년에 육군의 훈련장으로 바뀌었으며 56년부터 해병대가 사용하여 57년에 캠프 한센으로 사용되기 시작했다. 59년에 캠프 한센

대에 이루어진 오키나와 기지부담의 증가 현상은 한국전쟁 이후 효율적으로 군사력 재편을 달성하려는 미국 측의 의도가 '일본이 아닌 오키나와'에 기지를 묶어두려는 일본 정부의 요구와 타협한 결과였다. [29]

둘째, 위와 같은 기지건설 및 저항의 과정에서 대일강화조약의 발효 이후 일본으로부터 분리된 오키나와와 일본 본토간의 법적·제도적 차이가 중요한 배경으로 작동하기 시작했다. 1952년에 발효된 미일안보조약은 일본 전토에 군사기지를 둘 수 있는 권리를 미국에게 부여했다.[30] 하지만 일본의 헌법 9조는 전쟁포기를 규정하고 있었기 때문에 전후의 토지수용법은 군사적 목적에 의한 토지의 강제수용을 인정하지 않았다. 이에 따라 일본 정부는 안보조약 발효와 동시에 미군에게 토지를 제공하기 위한 '미군용지특조법(미군용지특조법)'[31]을 제정하는데, 이 특별조치법도 강제수용의 수속은 토지수용법에

훈련장이 추가로 제공되었고, 1972년부터 두 시설을 통합하여 캠프 한센으로 제공하고 있다(沖縄県, 2003: 213~243).

29) 이와 같은 동아시아 미군의 감축 및 재편작업은 전투력의 강화와 핵무기 배치를 전제로 이루어졌다. 미군의 급격한 전시동원 해체와 감축이 가지고 올 안보불안을 해소하기 위해, 미국은 한국군의 현대화와 일본의 재군비를 지원했을 뿐만 아니라, 미군 장비의 현대화 및 핵무장화를 진행하였다. 주한미군은 미8군 산하의 제7보병사단을 원자전에 대비한 '펜토믹(Pentomic)' 사단으로 개편하고 58년에는 핵탄두의 장착이 가능한 핵대포와 미사일을 한국에 도입하였다. 일본에서도 54년부터 57년까지 3개의 미군기지에 핵탄두를 비축하고 있었지만, 안보조약의 개정과 함께 일정한 제약이 가해지게 되었다. 따라서 미국은 일본 본토에 있던 핵무기를 한국으로 이동시키고, 60년 안보개정에서 오키나와를 일본의 시정권 밖에 둠으로써 이 문제에 대처하려 했다. 즉, 전후의 시기에 미국은 한국과 오키나와 및 제7함대에 배치된 핵무기를 통하여 일본을 중심으로 한 동아시아 지역에 핵우산을 제공할 수 있었던 것이다.

30) 1952년 4월 28일에 발효된 '일본과 미합중국 간의 안전보장조약' 제1조는 "평화조약 및 이 조약의 효력 발생과 동시에 미합중국의 육군, 공군 및 해군을 일본 국내 및 그 부근에 배치하는 권리를, 일본은 허용하고 미합중국은 이를 수락한다"고 하면서 주일미군의 배치를 제도적으로 보장하였다. 또한 제3조에서는 "미합중국의 군대에 대한 일본 국내 및 그 부근에서의 배치를 규율하는 조건은 양 정부 간의 행정협정으로 결정한다"고 하여 행정협정(SOFA) 체결을 통한 기지의 안정적인 사용을 보장하였다.

31) 정식 명칭은 '일본국과 미합중국 사이의 안전보장조약 제3조에 근거한 행정협정의 실시에 따른 토지 등의 사용 등에 관한 특별조치법'이며, 1952년 5월 15일부터 실시되었다. 약칭으로 '미군용지특조법' 또는 '주류군용지특조법'이라고 한다. '미군용지특조법'은 제1조에서 그 '목적'을 "미일안보조약 제3조에 근거하여 미군용(米軍用)으로 사용하기 위해 토지 등을 사용 또는 수용

준거하게 되어 있었다. 따라서 일본 본토에서 미군기지 건설을 둘러싼 싸움은 법적 형식을 둘러싼 형태로 진행될 수밖에 없었으며, 이와 같은 제도들은 지주들이 토지소유권을 방어하는데 있어서 유력한 도구가 되었다. 예컨대 1955년 도쿄도 스나가와정(砂川町)에서는 다치카와(立川) 미군기지의 확장을 반대하는 '스나가와투쟁'이 일어났는데, 지주들의 완강한 저항과 학생, 노동운동 등의 결합으로 10년 이상의 분규 끝에 미군이 기지의 확장계획을 단념하게 된다.[32] 이와 같은 상황은 포령이라는 군의 일방적인 명령과 더불어 '총검과 불도저'라는 폭력적인 방식으로 이루어진 1950년대 오키나와의 기지건설 과정과 대비된다(新崎盛輝, 2005: 17~19).

4) 베트남전쟁으로의 동원과 반전복귀운동의 전개

1960년대 중반 이후부터 오키나와가 일본에 복귀하는 1970년대 초반까지 전개된 베트남전쟁의 국면은 '동아시아 미군기지의 전후 체계'하에서 이루어진 전쟁의 양상과 기지의 작동방식을 잘 보여주었다. 전후에 미국은 동아시아 국가들과 동맹체제를 형성함으로써 미군의 배치를 보장하고 이를 통해 동아시아에서 공산주의를 봉쇄해 왔다. 그런데 동북아시아의 두 동맹국인 한국과 일본과의 동맹 조약들, 즉 한미상호방위조약과 미일안보조약은 모두 주둔

한다"고 하였고, 제4조에서는 그 수용의 절차에 대해 "조달 국장은 토지 등을 사용하고 수용하려 할 때, 사용인정 신청서 또는 수용인정 신청서를 내각총리대신에게 제출하고, 그 인정을 받는다" 라고 정하였다.

32) 주일미군의 시설이나 기밀을 보호하기 위해 안보조약에 근거하여 형사특별법이 제정되는데, 일본 정부는 토지의 강제측량을 반대하는 시위대의 기지 내부 침입사건에 대해 이를 적용하여 기소하였다. 하지만 도쿄 지방법원은 "안보조약에 근거하는 미군 주둔은 위헌이며, 형사특별법도 무효. 따라서 사건도 무죄"라는, 유명한 다테(伊達) 판결을 내린다. 다테판결 자체가 일본과 오키나와의 차이를 잘 보여주고 있다. 그러나 이러한 차이가 일본 본토에서의 반기지투쟁이 평화적인 분위기에서 진행되었다는 것을 의미하는 것은 아니다. 스나가와투쟁 역시 '유혈의 스나가와'라고 불리는 격렬한 투쟁을 동반했다. 일본 본토와 오키나와에서 벌어진 1950, 60년대 반기지투쟁에 대해서는 道場親信(2005: 324~341) 참조.

미군의 활동범위를 주둔국의 영토와 영해 내로 제한하고 있었다.[33] 그렇다면 베트남전쟁에서 미국은 동아시아의 주둔 미군과 기지를 어떻게 활용했을까. 이 문제를 이해하기 위해서는 우선 1960년에 개정된 미일 간의 안전보장조약의 의미를 살펴보아야 한다.

1952년에 발효된 구 안보조약은 주일미군의 활동 범위를 '일본 국내 및 그 부근'으로 제한하였지만, 1960년에 개정된 신 안보조약은 '극동지방'으로 그 활동범위를 확대하였다.[34] 그런데 오키나와는 1945년 이후 미국의 지배하에 있었기 때문에 미국이 맺은 한국, 타이완, 필리핀 등과의 공동방위지역이 될 수 있었다. 즉, 주둔 미군의 직접 출동에는 제약이 있었지만, 미국이 전쟁의 당사자가 되어 오키나와의 미군기지가 공격받을 경우에 동맹국들은 방위 의무에 따라 전투행동에 들어갈 수 있었던 것이다. 그래서 오키나와를 미일안보조약의 공동방위지역에 포함시킬 경우, 앞의 조약들과 결부되어 미국의 전쟁에 연루될 것이라는 우려가 일본의 사회당과 자민당 일부에서 제기되었다. 논의의 결과, 신 안보조약 제5조에서 공동방위지역을 '일본의 시정하에 있는 영역'으로 제한하고, 오키나와를 일본의 시정권 밖에 있는 영역으로 규정하게 되었다. 그 대신 제6조에서 주일미군이 "일본의 안전에 기여하고 또한 극동에서의 국제평화 및 안전유지에 기여하기 위해" 일본의 기지를 사용할 수 있다고 규정하였다.

1965년 2월 7일 미군이 북베트남 지역에 대한 무차별 폭격(북폭)을 개시한

---

33) 예컨대 한미상호방위조약은 제3조에서 "각 당사국은 타당사국의 행정지배하에 있는 영토와 각 당사국이 타당사국의 행정지배 하에 합법적으로 들어갔다고 인정하는 금후의 영토에 있어서, 타당사국에 대한 태평양지역에 있어서의 무력공격을 자국의 평화와 안전을 위태롭게 하는 것이라고 인정하고……"라고 하여, 주한미군의 활동 범위를 '타당사국의 행정지배하에 있는 영토', 즉 남한 지역으로 한정하고 있다.

34) 1952년의 구 안보조약은 그 전문에서 "일본은 방위를 위한 잠정적인 조치로 일본에 대한 무력공격을 저지하기 위해 일본 국내 및 그 부근에서 미합중국이 그 군대를 유지하는 것을 희망한다"고 하였다. 반면, 신 안보조약은 그 전문에서 "양국이 극동지방에서의 국제평화 및 안전유지에 공통적인 관심을 가짐을 고려"한다고 하여, 미일 양국의 안보 관심이 극동지역으로 확대되었음을 밝혔다.

이후 대규모의 지상군을 파병하자, 미국의 긴밀한 동맹국이었던 한국과 일본은 군대와 기지를 제공하는 방식으로 이 전쟁에 동참하였다.[35] 일본의 참전은 주로 군수물자의 제공 및 수리시설 제공을 통해 '베트남 특수'를 얻는 방향으로 진행되었지만, 베트남에서 가까운 곳에 주둔하고 있는 주일미군을 동원할 수 있다는 것은 미국으로서는 큰 장점이었다. 전쟁이 확산되자 오키나와는 군수물자나 군인을 가득 싣고 항구로 향하는 군용트럭이나 전차, 베트남을 향해 출격하는 수송기나 전투폭격기가 넘쳐나는 전선(前線)기지의 역할을 떠맡게 되었다.

그런데 오키나와는 사실상 또 하나의 중요한 역할을 떠맡고 있었다. 신안보조약에서 일본은 미국이 마음대로 기지를 사용할 것을 우려하여, 주일미군의 배치나 장비(예컨대, 핵무기의 반입)의 중요한 변경 및 (제5조 이외의 목적에서) 전투작전행동을 위해 일본의 기지를 사용할 경우 이를 미일 간의 사전협의의 대상으로 삼았다. 이에 따라 일본으로부터의 직접적인 군사행동은 사전협의의 대상이 되었지만, 요코스카(横須賀), 이와쿠니(岩国), 사세보 등에서 출격한 주일미군은 오키나와를 통해 이러한 제약으로부터 벗어날 수 있었다. 즉, 일본의 군항에서 오키나와로의 이동은 전투작전행동이 아니라 통상의 부대 이동이기 때문에, 오키나와에서 베트남으로의 이동은 오키나와가 '일본의 시정 하에 있는 영역'이 아니기 때문에, 사전협의의 대상이 되지 않는다는 것이었다(아라사키, 1998: 84~91). 따라서 오키나와의 역할은 일본을 중심으로 한 동아시아 미군에게 기지건설의 자유를 부여하는 것뿐만 아니라, 전쟁수행과 기지운용의 자유마저도 부여하는 것이었다.

오키나와의 일본 복귀가 다가올수록, 베트남전쟁의 악화와 더불어 미국의 오키나와 지배는 흔들리기 시작했다. 반면 오키나와의 대중운동은 '섬 전체

---

35) 당시 미국은 군비를 절약하기 위해 주한미군과 한국군의 감축을 요구하고 있었는데, 박정희 정권은 베트남에의 한국군 파병이 이를 돌파할 수 있는 유력한 수단이라고 보았다. 미국은 아시아 국가의 참전이라는 명분과 '저렴한' 비용을 이유로 한국 측의 제안을 적극 수용하였다(박태균, 2006).

투쟁'의 두 번째 물결을 이루면서 크게 발전하고 있었다. 당시까지 대부분의 오키나와 대중운동은 '일본 복귀'를 지향하고 있었다. 미군 지배하에서 오키나와 민중의 정치적·사회적 권리의 제약, 과도한 기지의 존재로 인한 부담을 적어도 '본토 수준'으로 시정한 후에 일본 전체의 기지철거를 위해 노력하자는 것이었다. 반전·반기지 투쟁은 복귀운동과 결합함으로써 더 넓은 지지층을 확보할 수 있었다. 그런데 베트남전쟁을 거치면서 전쟁에 사용되고 있는 기지를 묵인하는 것 자체가 베트남 민중에 대한 가해자적 역할을 하는 것 아닌가하는 사고가 확산되면서, '평화헌법 아래로의 복귀'라는 이념은 '반전복귀'로 전환되기 시작했다.[36] 1968년 2월부터 카데나 기지의 B52 폭격기가 베트남으로 출격하자 기지노동자 조합인 전군노(全軍勞)와 '생명을 지키는 현민공투' 등은 'B52 철거, 원자력 잠수항 기항 저지'를 내세우면서 총파업을 단행하는 등 반전반기지 투쟁을 본격화하였다(新崎盛暉, 2005: 24~29).

오키나와의 일본 복귀에 즈음하여 오키나와 측의 요구는 오키나와에 산재한 핵무기의 철거와 미군기지의 과도한 부담을 본토수준으로 경감하는 형태로 복귀가 이루어져야 한다는 것이었다. 그러나 1972년에 이루어진 오키나와의 일본 복귀는 '핵 없이(核抜き)', '본토수준(本土並み)'으로 복귀되기를 바랐던 오키나와 민중들의 염원과는 거리가 먼 것이었다. 오키나와 반환협상의 대표인 와카이즈미 게이(若泉敬)와 키신저(Henry A. Kissinger)가 핵 반입에 관한 비밀합의의사록을 작성하고, 양국의 정상이 이에 서명함으로써 오키나와의 비핵화는 실현되지 못했다. 또한 과도한 기지 부담의 문제도 '본토 수준'으로 경감되기는커녕, 오히려 자위대가 '본토 수준'으로 배치되기에 이르렀다.[37] 1972년을 전후하여, 일본 본토의 미군기지는 1968년의 약 3만ha에서

---

36) 한편, 60년대 중반부터 위로부터의 움직임도 본격화되고 있었다. 1965년 8월, 사토 에이사쿠 수상은 전후 일본의 수상으로서는 처음으로 오키나와를 방문하여 "오키나와 조국 복귀가 실현되지 않는 한 일본의 전후는 끝나지 않는다"고 연설하고, 오키나와 복귀협상을 본격화하였다.

37) 오키나와현의 면적은 2,274.59㎢로 일본 전체의 0.6%정도를 차지하고 있다. 2006년 3월 말

1974년에는 9702ha로 약 3분의 1이 줄어들지만, 오키나와의 미군기지는 겨우 몇 %가 줄어들었을 뿐이다. 당시 일본의 정치인·관료들은 미군기지의 정리·통합에 대해서 "일본 본토가 아니라 오키나와의 다른 기지로 이전하도록" 미국에 요청하고 있었다(新崎盛暉, 2005: 35~39). 결국, 오키나와 반환을 즈음해서 이루어진 기지의 정리·통합에서도 오키나와에 기지를 집중시킴으로써 일본 본토에서 기지가 문제시되는 상황을 피하려는 미일 양 정부의 의도가 관철된 것이다. 오키나와의 지위를 활용하여 미일동맹을 강화하려는 미일 양 정부의 거듭된 시도에 대해, 오키나와 측에서는 이를 '오키나와 처분'이라는 이름으로 비판하는 시각이 대두하게 되었다. 오키나와에 대한 구조적 차별의 문제가 본격적으로 거론되기에 이른 것이다.

앞에서 언급한 것처럼, 1952년에 발효된 대일강화조약 제3조에 의해 오키나와가 일본으로부터 분리되면서 오키나와는 미군의 직접 지배하에 놓이게 되었다. 이에 따라 기지의 건설과 작동 역시 새로운 조건하에 놓이게 되었다. 무엇보다 미국은 기지 건설에 있어서, 오키나와 민중들의 아래로부터의 저항이라는, 해소 불가능한 대립에 직면하게 되었다. 제한적이나마 토지소유권과 같은 시민권이 주어졌고 참정권에 대한 요구도 거세졌다. 미국은 자유세계의 지도자라는 스스로의 위상과 군사전략상의 필요 사이에서 어느 정도는 동요할 수밖에 없었고, 오키나와는 그러한 균열을 이용하여 더 많은 자유와 권리를 요구할 수 있었다. 미군에 의해 임명되던 류큐 정부 주석을 직선제로 바꾼 것도 그러한 예 중의 하나다. 더구나 대일강화조약 제3조에 따라 오키나와가 미군의 직접 지배하에 놓이게 되었음에도 불구하고, '잠재주권' 조항의 존재는 오키나와인들의 일본 복귀운동과 일본 본토에서의 오키나와 반환운동을 추동할 근거로 작용할 가능성이 있었다. 하지만 경제대국 일본의 주권과

현재, 오키나와의 자위대기지는 34시설, 6.396㎢정도인데, 이는 일본 전체에서 시설수로는 1.2%, 면적상으로는 0.6%를 차지한다(沖縄県, 2007: 4).

영토가 완전한 형태를 갖추어야 한다는 일본 정부의 민족주의적 요구와, 오키나와에 대한 구조적 차별을 철폐하는 1단계로서 오키나와의 일본 복귀를 요구하는 오키나와 측의 입장 사이에는 커다란 간극이 존재하고 있었다. 오키나와의 일본 복귀가 다가올수록, 그리고 오키나와 반환의 실상이 드러날수록 그러한 간극은 더욱 커질 수밖에 없었다.

4. 오키나와의 일본 복귀 이후의 미군기지 문제

1) 오키나와의 일본 복귀와 '전장의 지속'

1972년에 오키나와가 일본에 복귀할 당시, 오키나와의 과밀한 미군기지의 존재와 미군기지에 반대하는 오키나와 측의 저항은 일본 정부에도 큰 부담이었다. 미일 양국은 한편으로는 약간의 기지를 반환하면서, 다른 한편으로는 경제대국 일본의 힘을 활용하여 이 문제를 해결하려 하였다. 일본 정부는 복귀와 동시에 군용지 사용료를 평균 6배나 인상하여 군용지주들의 조직인 토지련을 친기지파로 전향시켰으며, 기지가 있는 시정촌에 기지 주변 정리사업비 명목으로 일종의 보상금을 뿌려서 큰 기지가 있는 시정촌일수록 기지관계비의 비중이 늘어나 기지를 반대하기 어려운 구조를 만들어냈다. 더 나아가 1978년부터는 '배려예산'이라는 방위비분담금을 책정하여 미군의 주둔비용을 분담하기 시작했다. 자본을 투입하여 안보를 구매한다는 이러한 방침의 결정판은 복귀 무렵부터 시작된 10개년 '오키나와 진흥개발계획(1972~1981)'이었다. 2차, 3차까지 연장된 이 계획의 대의명분은 오키나와와 본토와의 사회경제적 격차를 시정하고, 자립적인 발전을 가능하게 하는 기조여건을 정비한다는 것이었다. 그 결과 도로, 항만, 항공, 상하수도, 학교건물 등의 시설이 몰라

보게 개선되었지만, 오키나와 경제의 재정의존도는 매우 높아졌다. 또한 유력한 기업이나 산업의 육성정책이 뒤따르지 않아서 공공투자에 의존하는 건설업이 기형적으로 발전하였으며, 오키나와와 본토의 도항 자유화와 해양박람회 유치 등에 따라 관광산업도 크게 발달하였다.

그렇다면 군용지료 인상이나 거대한 공공투자와 이를 이용한 친기지파 육성정책에 대해 오키나와 반기지파는 어떻게 대응했을까. 확실히 1950년대 중반이나 1960년대 말에 오키나와를 휩쓸었던 '섬 전체 투쟁'의 물결은 잠잠해졌고 대중운동은 침체 국면에 있었다. 하지만 양적인 측면에서 이전과 같은 대규모의 군중동원 투쟁이 없어졌음에도 불구하고, 질적인 측면에서 보자면 작지만 의미 있는 투쟁들이 이어지고 있었다. 자위대배치 반대투쟁, 히노마루 · 기미가요 반대투쟁, '킨(金武)만을 지키는 모임'의 CTS(석유비축기지)건설 반대투쟁, 카데나 기지 폭음소송, 한평반전지주운동 등이 그것이다.[38] 자위대 및 히노마루 · 기미가요 반대투쟁은 오키나와전과 천황제 군대의 본질을 다시금 질문하면서 역사인식의 문제와 기지 문제를 결부시켰다. CTS 반대투쟁과 한평반전지주운동은 기존의 조직 중심 운동에서 탈피하여 각 개인들의 반전평화의 의지를 기반으로 한 자발적인 시민운동의 성격을 갖는 것이었다. 또한 폭음소송 투쟁은 본토와 일체화된 법 · 제도를 활용하고 이를 매개로 하여 벌인 새로운 방식의 투쟁이었다. 하지만 이러한 투쟁들이 오키나와의 전반적인 보수화 흐름을 저지하기에는 역부족이었고, 그것은 1979년부터 1990년까지 이어진 12년간의 보수현정(縣政)으로 나타나게 되었다.

이러한 사회적 지형 속에서 미군기지 문제는 어떻게 전개되었을까. 우선, 미군지배 시대에 오키나와 측의 통일된 요구였던 미군기지의 철거 · 축소 문제가 복귀에 즈음하여 미 · 일 · 오키나와 사이의 첨예한 쟁점이 되었다. 오키나와

---

38) 소개된 투쟁들의 개요와 진행 과정에 대해서는 아라사키 모리테루(新崎盛暉, 2005) 및 이 책과 함께 출판되는 『오키나와 현대사』(논형, 2008) 참조.

가 일본의 47도도부현 중의 하나가 된 이상, 오키나와에 과도한 부담을 주고 있는 미군기지의 집중이 너무도 불합리하다는 점이 명확해 보였던 것이다. 따라서 복귀 이후, 오키나와 미군기지는 일정 부분 축소되는 경향을 보이게 되었다. 그러나 문제는 그 내실에 있었는데, 바로 이 지점에서 '반전복귀'를 주장했던 오키나와 측의 요구와 영토의 재통합을 요구했던 일본 정부 측 사이의 파열음이 발생할 수밖에 없었다.

이를 보다 자세히 살펴보자. 먼저, 오키나와 반환 이후, 미군기지의 문제를 살펴보면 기지의 시설건수나 면적이 꾸준히 축소되고 있음을 알 수 있다. 1972년 5월, 복귀 당시에 오키나와의 미군기지는 87시설로 그 면적이 28660.8ha에 달했는데 2006년에는 37시설에 면적은 23667.5ha가 되었다(沖縄県, 2007: 8). 복귀 당시에 비해서 면적상으로는 17.4%가 줄어들었으니 매년 0.5% 정도씩 감소되어 온 셈이다.

[도표 5-1] 오키나와 미군기지의 시설 수(1972~2005년)

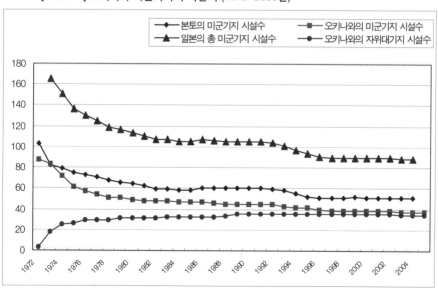

출처: 沖縄県(2006).

그렇다면 이것은 오키나와에서 기지의 부담이 축소되어 왔음을 의미하는가? 이 질문에 답하기 위해서는 다음과 같은 점들을 고려해야 한다. 먼저, 1950년대를 거치면서 오키나와에서 무차별적으로 진행된 기지 확장으로 인해서 추가적인 기지 확장의 필요성이 크지 않았다고 할 수 있다. 즉, 미군지배 시대에 이미 오키나와 미군기지의 기본 체계가 완성되었다는 점이다.

둘째, 무차별적인 기지건설의 과정에서 여러 곳에 산재한 기지를 정리·통합하는 것이 비용이나 관리의 효율성, 기지의 통합적 운용면에서 더 이익이 되었을 것이라는 점도 지적할 수 있다. 이와 관련하여 복귀 전후에 동아시아 지역에서 이루어진 미군재편의 과정을 돌아볼 필요가 있다. 1969년에 발표된 '닉슨독트린'은 동아시아 지역에서 미 지상군을 축소하고 자국 방위는 스스로가 책임진다는 것을 핵심 내용으로 하고 있었다. 일본의 경우에, 오키나와 복귀 당시인 1972년에 6만 5000명이었던 주일미군이 1975년 말에는 5만 명으로 감축된다(沖縄県, 2006: 91).[39] 그런데 오키나와의 경우만 놓고 보면, 복귀 당시에 3만 9000명이던 미군이 76년에는 3만 2000명 수준으로 감소한 것이 사실이지만, 육군이 1만 844명에서 2703명으로 줄어든 반면 해병대는 같은 기간에 1만 6446명에서 2만 명으로 오히려 늘어났다(沖縄県, 2006: 18). 미군기지도 육군 시설의 경우에 복귀 당시에는 46시설, 6530ha이던 것이 2002년에는 5시설, 380ha로 크게 줄어든 반면, 해병대 시설은 복귀 당시에 16시설, 1만 7568.2ha이던 것이 2002년에는 16시설, 1만 7905.6ha로 그 면적이 오히려 늘어났다(沖縄県, 2003: 22). 붙박이 군대인 지상군이 크게 감소한 반면, 해외공격의 주 병력인 해병대는 오히려 늘어나고 강화됨으로써 오키나와의 전장으로의 동원 가능성이 더 커진 것이다.

---

39) 한국의 경우, 닉슨독트린에 따라 1970년 10월에 1만 2000명, 1971년 3월에 8000명의 미 제7사단 병력이 철수함으로써 한국에는 미 제2사단병력만 남게 되었다(국방부, 2002: 693~697).

[도표 5-2] 현도 104호선 넘어 실탄포병사격훈련 실시상황

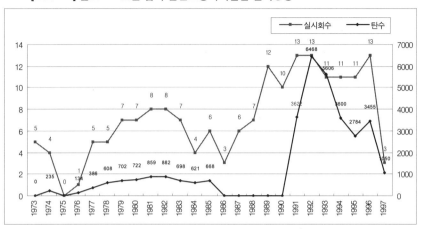

출처: 沖縄県(2006: 78), 74, 86, 87, 88, 89, 90년도의 탄수는 不明.

셋째, 복귀 후 오키나와에서는 베트남전 종전과 더불어 베트남에서 철수해 온 해병대의 즉응전투태세를 유지하기 위한 각종 훈련이 캠프 한센, 캠프 슈와브, 북부훈련장을 중심으로 격렬하게 진행되기 시작했다. 특히 미 해병대의 실탄포격훈련은 현도(県道) 104호선을 봉쇄하고 진행되어 주민들에게 막대한 피해를 주었다. 이에 대해 주민들은 73년부터 77년까지 봉쇄된 도로에 차량을 진입시키거나 착탄지에 잠입하여 봉화를 올리는 등 실력저지투쟁에 돌입하였다. 1970년대 반전반기지 투쟁의 상징적인 위치를 차지하고 있는 이 기센바루(喜瀬武原) 투쟁이 끝난 후에도 현도 104호선 주변에서는 미군의 실탄포격훈련과 그에 대한 주민들의 항의가 끊이지 않았다.[40] [도표 5-2]에서 확인할 수 있는 것처럼, 미군의 군사훈련은 1970년대 말과 80년대 초, 그리고 1990년대에 더욱 격렬해지고 있음을 알 수 있다.

---

40) 현도 104호선 넘어 실탄포병사격훈련은 1996년 12월의 '오키나와에 관한 특별행동위원회(SACO)' 최종보고에서 동 훈련의 본토이전이 합의되었기 때문에 1997년 3월 이후, 오키나와에서의 훈련은 사실상 폐지되었다.

넷째, 미군기지의 축소는 자위대 기지의 확장과 연관되어 있었다. 자위대의 오키나와 배치는 오키나와 반환협정이 조인된 1971년 6월 미일 양국 사이에서 교환된 '일본국에 의한 오키나와 방위책무 인수에 관한 결정'에 따라 구체화 되었으며, 일본 정부는 오키나와가 일본이 된 이상 '본토 수준'으로 자위대를 배치하는 것을 당연하게 생각했다. 복귀 직후인 1972년 5월에 자위대 기지는 3시설, 166.1ha였는데 74년에는 25시설, 339.5ha로 급격하게 늘어나서 2005년에는 34시설, 640ha에 이른다(沖縄県, 2006: 26). 그런데 자위대의 배치는 몇 가지 이유에서 매우 민감한 사안이 되었다. 우선, 미군기지의 부담을 경감하기 위해 반환된 지역이 자위대 기지로 다시 이용되었다는 점이다. 1961년부터 2002년까지 반환된 미군기지 시설은 1만 1873.4ha인데, 이 가운데 자위대 시설로 사용되는 면적은 2002년을 기준으로 428.1ha로 전체의 3.6%에 불과하다(沖縄県, 2003: 181). 그런데 복귀 직후인 72~74년 기간만을 살펴보면, 이 시기에 반환된 미군기지가 15시설, 약 990ha이기 때문에, 복귀 직후인 이 시기에 반환된 면적의 3분의 1이상이 자위대 기지로 사용된 셈이다. 둘째, 자위대의 갑작스런 배치는 오키나와전 당시에 일본군에 의한 주민 살해나 집단 '자결'의 경험을 상기시켰다.[41] 자위대의 배치는, 일본군에 의한 군사화가 초래했던 오키나와전의 비극을 역사적 경험으로 안고 있던 오키나와의 입장에서 보자면, 일본 본토에 의한 재군사화를 의미하고 있었다.

마지막으로, 베트남전 이후에 미국이 치른 주요한 군사작전이나 전쟁에

---

41) 오키나와전에 대한 기록은 1950년대부터 이루어지고 있었지만, 그 논조는 극한상황 속에서 일어난 비극이라는 인식에 바탕을 두고 있었다. 하지만 1970년대에 들어서 자위대배치 반대투쟁과 공명하면서, 일본군의 행태를 '천황의 군대'의 본질과 관련시켜 재인식하고 이를 통해 오키나와전의 본질을 새롭게 인식하려는 시도들이 나타나게 되었다. 1971년에 아사히신문이 실시한 여론조사 결과에서도 본토에서는 자위대 배치의 찬·반 여론이 54%, 22%였던 반면에 오키나와에서 25%, 58%로 역전되어 있었다. 그래서 복귀협이나 총평 등 오키나와의 대중운동을 주도해 온 단체들은 자위대의 배치를 '오키나와 진주(進駐)'나 '오키나와 파병'으로 부르면서 강한 반감을 나타냈다(新崎盛暉, 2005: 46~48).

서 오키나와는 중요한 출격기지의 하나가 되어 왔다는 점을 지적할 수 있다. 걸프전쟁, 아프가니스탄전쟁, 이라크전쟁 등에서 오키나와 해병대와 공군 병력은 미국의 중요한 전쟁 자원이었고, 이 때문에 오키나와는 끊임없이 전쟁과 직간접적으로 관련될 수밖에 없는 운명이었다. 오키나와가 전쟁에 개입될 때마다, 오키나와전이나 베트남전쟁과 같은 '전장'의 경험이 상기될 수밖에 없었고 오키나와전의 비극, 일본 본토로부터의 차별이 끝나지 않았다는 점이 재삼 명확해질 수밖에 없었다.

따라서 복귀 이후에 양적인 측면에서 볼 때 기지의 수와 면적이 일정하게 감소되었다고 하더라도, 그것이 곧 오키나와 민중들이 요구해 온 부담경감, 더 나아가 비군사화나 '평화의 섬'으로의 전환을 의미하는 것은 아니었다. 오히려 아래로부터의 저항을 무마시키기 위한 술책으로서, 산재한 기지의 정리·통합을 통한 효율성의 제고를 위해 일부의 기지를 반환시켰던 측면이 크다. 결국, 군사훈련의 강화나 전쟁에의 개입이 계속되는 가운데 오키나와는 '전장의 끊임없는 재도입' 구조 속에 놓이게 되었던 것이다. 즉, 1972년 오키나와의 일본 복귀 이후에 진행된 오키나와의 기지 문제는 미군기지의 철거·축소를 통해 평화의 섬으로의 전환을 모색하는 오키나와 측의 요구와, 그러한 요구를 일정 부분 수용하면서도 보다 효율적인 군사력 운용을 통해 미일동맹을 강화하려는 미일 양 정부의 요구가 대립 축을 형성하고 있었다. 물론, 여기에는 오키나와 측에서 기지유치파의 등장이라는 새로운 사태와 더불어, 그러한 내부 분열을 확대·이용하려는 미일 양 정부의 획책이라는 요소도 개입하고 있다.

2) 미일 군사동맹의 일체화와 미군 재배치하에서 오키나와의 기지 문제

냉전시대의 미일동맹은 동북아시아 지역에서 소련 및 공산주의 세력의 군사적 팽창에 대응한다는 목표를 내세우고 있었다. 그런데 미국의 세계적 헤게모니의 약화, 일본의 경제 및 정치대국화, 그리고 탈냉전이라는 상황 변화 속에서 미일동맹의 목표와 역할분담 등에 관한 재정의가 불가피해졌다. 탈냉전의 시작과 함께, 90년 4월에 나온 미 국무부 보고서, 「아시아 태평양의 전략적 구조」는 대일본 전략으로 "서방 동맹국과 함께, 세계 중요지역에서 안정을 유지하려는 미국의 노력에 일본을 가장 긴밀하게 개입시킨다"고 명시하였다. 1995년 2월에 나이(Joseph Nye)가 주도하여 작성한 미 국방부의 「동아시아·태평양 지역에 관한 미국의 안전보장전략」이나, 일본 정부가 같은 해 11월에 각료회의에서 결정한 「1996년 이후 방위계획의 대강」 등은 일본 및 주변지역의 평화와 안정을 위해 미일안전보장체제가 필요불가결함을 역설해 왔다. 이러한 움직임은 1996년 4월, 미국의 클린턴 대통령과 일본의 하시모토 총리가 정상회담을 통해 발표한 '미일안전보장선언: 21세기를 향한 동맹'으로 귀결되었다. 90년대에 시작된 미일동맹 재정의 작업의 결론은 두 차례의 '아미티지 - 나이 보고서'에서 제안하는 것처럼, 한편으로는 군사·안보협력의 지속적인 강화를 추구하는 가운데 미일동맹을 미영동맹의 수준으로 격상시키는 것이며(Armitage & Nye, 2000), 다른 한편으로는 이를 위해 미일동맹의 협력을 억제하는 일본 국내의 제도적 여건들을 정비해야 한다는 것이었다(Armitage & Nye, 2007). 이러한 제안들은 일본의 군대보유와 전쟁행위 그리고 동맹국과 함께 전쟁을 벌이는 집단적 자위권을 금지한 평화헌법 제9조의 제약에서 완전히 벗어나 '전쟁할 수 있는 국가'로서의 제도적 여건을 완비하라는 주문이다.

미일동맹의 재정의를 통한 동맹의 강화·확대는 오키나와를 포함한 일본의 미군기지와 주일미군의 재편을 동반할 수밖에 없었으며, 그것은 2006년 5월 1일에 이루어진 미군재편협의의 최종보고서 발표, 5월 30일 일본 각료회의의 결정으로 이어졌다. 그런데 이 내용을 자세히 살펴보기 전에 몇 가지 고려해야 할 점이 있다. 우선, 오키나와 미군기지의 군사적 기능의 확대는 미일동맹의 재정의 움직임에 이미 선행하고 있었다는 것이다. 이미 알고 있는 것처럼, 1991년 1월 17일 미국을 중심으로 한 다국적군은 이라크에 대한 공격을 시작하였다. 그런데 이보다 앞선 1990년 12월 말, 오키나와에서 주둔하고 있던 미 해병대가 대거 사우디아라비아로 파병되었다. 미일동맹 재정의에서 핵심적인 사항이었던 '극동의 범위'를 벗어난 군사 활동의 확대는 이미 걸프전 시기부터 오키나와의 주일미군을 통해 실현되고 있었던 것이다. 미일동맹의 강화·재정의 움직임에 선행하여 오키나와에서부터 이를 실행하려던 움직임은 다른 곳에서도 관찰되었다. 1991년 2월 12일 나하 방위시설국장은 오타(大田昌秀) 지사에게 군용지 사용에 관한 공고·종람대행 신청서를 제출하였다. 그런데 공개심리 과정에서 밝혀진 미군용지의 강제사용 재결신청이유에는 이전에는 없던 새로운 문장이 들어가 있었다. 그것은 "미일안보체제는 우리나라를 포함한 아시아·태평양의 평화와 안전에 있어서 불가결한 틀로서 기능해 왔"다는 것이었다. 즉, '극동의 범위'를 벗어나 아시아·태평양 지역의 평화와 안전의 틀로서 미일안보체제를 재정의 하려는 시도는 1995~96년의 '미일안보 재정의' 이전 시기인 1991년에 이미 미군용지 강제사용 재결신청 이유에 나타나고 있었던 것이다(新崎盛輝, 2005: 123~129).

둘째, 1990년대 중반 이후에 이루어진 위로부터의 미일동맹 재정의의 움직임은 1995년 미 해병에 의한 오키나와 소녀의 성폭행사건을 계기로 미일안보체제의 재편을 요구하는 아래로부터의 저항에 직면하였다. 9월 4일에 벌어졌던 폭행사건의 실체가 알려지자 오키나와의 여론은 크게 요동치기 시작했다. 여기에는 복귀 이후에도 계속되었던 미군범죄에 대한 분노와 더불어, 어린이의 인권이나 여성 문제 등에 대한 인식이 확산되고 있던 점도 작용했다. 9월 28일 오타 지사가 미군용지의 강제 수속에 관한 대리서명을 거부한 것도 크게 영향을 미쳤다. 결국 10월 21일에 열린 현민총궐기대회에는 8만 5000명에 달하는 군중이 집결하여 '미일지위협정의 재검토'와 '기지의 정리·축소'를 요구하게 되었다. 유권자의 59.53%가 참여한 1996년의 현민투표에서는 두 요구 사항에 대해 89.03%가 찬성표를 던졌다. '섬 전체 투쟁'의 세 번째 물결이라고 할 수 있는, 아래로부터의 '안보재검토' 요구였다. 따라서 미일 양 정부는 SACO 합의를 통하여 기지의 정리·축소를 요구하는 오키나와 민중들의 요구를 일정하게 수용할 수밖에 없었으며, 그것은 '미일동맹 재정의' 작업이 곧 바로 오키나와를 비롯한 일본에서의 '미군재편' 작업의 성공으로 귀결되지는 않았다는 것을 의미한다.

오히려 동아시아 지역에서 미군과 미군기지의 재편 움직임은 2000년대 이후 미군의 '해외주둔미군재배치계획(GPR, Global Posture Review)'에 의해 결정적으로 동력을 받게 되었다. 이 작업은 미군의 장기적인 '군사변환(Military Transformation)'과 부시 정권의 '테러와의 전쟁'에 의해서 추동되고 있다.[42] 자위대의 현대화를 포함한 주일미군과 자위대의 일체화, 즉 동맹의 일체화를 위한 미군재편의 계획은 2005년 10월에 발표된 「미일동맹, 미래에의 변혁과 재편」과 2006년 5월의 미군재편협의 최종보고서 「재편실시를 위한 미일 로드맵」으로 구체화되었다. 이에 따르면, 캠프 자마(座間)에는 미국 워싱턴 주에 있던 미 육군 제1군단 사령부가 새로운 편제(UEx, 거점사령부)로 재편되어 배치되면서 육상자위대 중앙즉응집단사령부가 설치되며, 요코타(橫田)기지에는 항공자위대의 항공총대사령부가 이전하면서 공동통합작전조정센터가 들어서게 된다. 이것은 주일미군과 자위대의 통합

---

42) 미군의 군사력 변환 작업은 테러, 게릴라, 미사일, 대량파괴무기, 사이버 공격, 우주전쟁 등 21세기형 위협 시나리오에 대응하기 위해, 하이테크 정보기술(IT)의 압도적 우위에 근거한 군사 부문의 혁명(RMA)을 수행한다는 것으로 장비나 기술의 변화뿐만 아니라 전쟁의 수행방식과 군 조직의 근본적인 개편을 추동하고 있다. 이에 따라 미군은 '보다 기민하며 보다 유연한 군'으로의 전환과 육·해·공·해병대의 통합작전을 수행할 수 있는 능력을 요구받고 있다. '테러와의 전쟁'을 위해 2004년 8월 16일 부시대통령의 연설과 2005년 '미 국방전략(US Defense Strategy)'에서 밝힌 것처럼, 이라크, 아프가니스탄 등의 전장으로 독일, 한국, 오키나와의 주둔미군을 이동시키고 해외주둔미군과 기지를 보호하기 위해 기지와 병력의 재배치를 추진하고 있다(梅林広道, 2006).

적인 훈련과 작전수행을 가능하게 하며, 이를 위해 자위대 기지와 훈련장은 오래 전부터 주일미군이 공동으로 사용해 오고 있다. 오키나와의 경우에는 오키나와 해병대 사령부의 괌으로의 이전, 카데나 기지 이남의 5개 기지의 반환, 카데나 기지 기능의 분산 등이 결정되었으며, 카데나 기지와 캠프 한센 등 오키나와의 미군 훈련장을 자위대와 공동 사용하고 후텐마기지의 이설을 명목으로 헤노코(辺野古) 연안에 새로운 활주로를 건설하기로 미일 양국 간의 합의가 이루어졌다.[43]

　　이 같은 일련의 조치들은 90년대 중반 이후 오키나와 민중들의 아래로부터의 저항에 떠밀린 측면도 존재하지만, 오히려 그것을 활용하여 주둔 미군의 효율적인 재편을 도모하는 형태로 나아가고 있다. 즉 미일 양 정부가 주일미군 재편협의의 목적을 '억지력의 유지와 오키나와 등 주일미군 기지를 포함한 현지의 부담을 경감'한다고 내세우고 있음에도 불구하고, 오키나와의 경우에 괌으로 이전하는 미 해병대의 숫자가 과장되어 있고, 카데나 이남 기지의 반환도 필요한 시설의 오키나와현 내 이설을 조건으로 하고 있다는 점을 간과해서는 안 된다. 즉, 기존 기지의 반환은 신기지의 건설이나 기능의 이전을 그 전제조건으로 삼고 있는 것이다. 아라사키(新崎盛暉, 2006)는 '오키나와의 부담 경감'은 미국 측에서는 괌의 해병대 시설이나 인프라의 정비를 위한 비용을 일본 정부에 요구하기 위한 근거로서, 일본 정부의 입장에서는 그것을 정당화하기 위한 구실로서 이용되고 있는 것에 지나지 않는다고 지적하고 있다.[44] 미일동맹의 강화와 일본의 군사적 역할을 확대하기 위한 위로부터의 움직임

---

43) 주일미군(기지) 재편 및 주오키나와미군(기지) 재편의 상세한 내용은 久江雅彦(2005), 江畑謙介(2006) 참조.

44) 실제로 일본 측은 오키나와 해병대의 이전 비용으로 70억 달러를 부담키로 했으며, 2007년 2월 19일에는 후텐마기지의 이전과 해병대 이전을 위한 조사비용으로 70억 엔이 책정되었다. 또한 3월 9일에는 주일미군재편을 원활히 추진하기 위한 특별조치법안을 의결하여 해당 지자체에 교부금 등을 지원하도록 했으며, 미 해병대의 괌 이전 비용에 대해 국제협력은행이 융자 및 출자할 수 있는 특례조치 등도 마련했다.

에 대해, 헤노코 현지를 비롯한 아래로부터의 저항이 '섬 전체 투쟁'의 네 번째 물결을 만들어낼 수 있을지, 그 추이가 주목된다.

5. 기지의 반환에 새겨진 오키나와 민중들의 저항

1) 반환된 기지들의 특징

앞에서도 언급했던 것처럼, 오키나와의 일본 복귀 이후에 미군기지와 관련한 주 관심사는 새로운 기지의 건설보다는 기존 기지의 재사용 및 반환문제에 모아졌다. 이 문제를 살펴보기 전에, 추가로 제공된 기지에 대해 살펴보자. 복귀 후부터 2005년까지 추가로 제공된 기지면적은 3.833㎢로 총 반환면적 52.181㎢의 7.35%에 해당한다. 이를 연도별로 표시한 것이 [표 5-3]이다.

그런데 [도표 5-3]에서는 도로나 건물, 상하수도와 같은 공작물이 제외되고 있으며, 0.5(1000㎡) 미만의 값은 0으로 계산되기 때문에 실제의 추가제공 내역을 상당히 축소하여 보여주고 있다. 반면, [도표 5-4]는 2002년 현재까지 남아 있는 기지들 중에서 면적이 큰 9개 기지에 추가로 제공된 시설 건수를 나타내고 있다.

추가로 제공된 시설의 내역은 훈련장, 토지, 건물, 도로, 상하수도 등 다양하지만, 기지를 제공한 뒤에도 그 기지에 대한 부담이 없어지지 않는다는 점을 확인할 수 있다. 기지가 추가로 제공되는 이유는 군사전략상의 필요와 기지운용의 효율성을 제고하기 위한 것이라고 할 수 있는데, [도표 5-4]에서 볼 수 있는 것처럼 추가 제공은 매년 끊임없이 이어지고 있다. 기지 전체를 놓고 볼 때 감소 추세가 존재하기 때문에, 중요한 기지를 중심으로 추가 제공이 계속해서 이루어지고 있다는 점은 상대적으로 비가시적이다.

[도표 5-3] 추가로 제공된 기지의 면적(단위: 1000㎡)

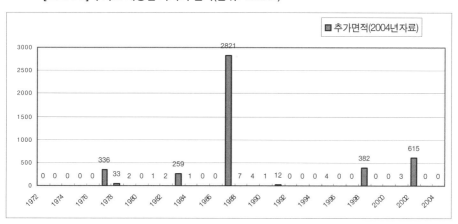

출처: 沖縄県(2005).

[도표 5-4] 추가로 제공된 기지·시설 건수

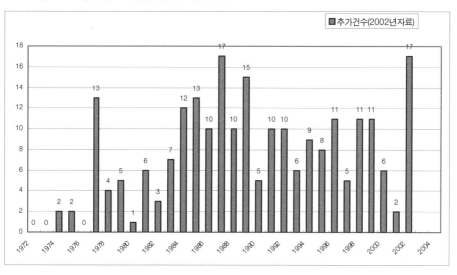

출처: 沖縄県(2003).

[표 5-2] 반환된 미군시설의 반환 전 용도

반환 전 용도	훈련장	Camp	탄약고	항공시설	통신시설	보조시설·창고	복지·주택지구	사무·연구소
개수	4	3	1	1	8	22	7	3

출처: 沖縄県(2003: 192~209).

5장. 오키나와의 기지화·군사화에 관한 연구 213

이제 미군기지의 반환과 관련된 문제, 즉 반환기지의 특징 및 기지 반환의 성격을 상세히 살펴보자.45) 1972년의 오키나와의 일본 복귀 이후에 반환된 기지의 규모를 살펴보면, 2005년 말까지 전부 반환된 미군기지는 50시설, 23.11㎢이며 부분적으로 반환된 기지의 경우 28시설, 28.997㎢에 이른다. 다른 시설에 통합된 면적까지 합할 경우에, 복귀 이후 줄어든 기지 면적은 총 52.181㎢에 이른다. 반환된 기지들의 특징을 살펴보면, 우선, 전부 반환된 기지는 기지 당 평균면적이 1.040㎢로, 아직까지 남아 있는 37개 시설의 평균면적 6.40㎢에 대비된다. 반환된 기지들은 비교적 작은 면적의 대체가능한 시설들이 많았다는 점을 알 수 있다. 둘째, [표 5-2]를 통해 전부 반환된 기지들의 반환 전 용도를 살펴보면, 대부분 군 보조시설46)이나 통신시설, 복지나 휴양과 관련된 시설 등이었다. 즉, 전략적인 중요성 면에서 상대적으로 중요도가 낮은 시설들이 많았다.

셋째, 반환된 기지들의 지리적인 특징들을 보자. [그림 5-4]는 1972년 오키나와 반환 당시의 미군기지와 2004년 현재의 미군기지를 지도상에 표시한 것인데, 이를 지역별로 살펴보면, 북부지역은 전체 반환 면적의 47.4%를 차지하고 있으며 중부가 20.9%, 남부가 13.4%를 차지하고 있다.

전체 반환 면적에서 북부지역이 절반 정도를 차지하고 있는 것은 북부훈련장과 캠프 한센의 일부, 아하(安波)훈련장과 야카(屋嘉)훈련장 등 주로 산지와 임야의 훈련장 부지가 반환되었기 때문이다. 중부지역에서는 뎅간(天願)통신소, 세나하(瀬名波) 통신시설, 도리이 통신시설, 아와세(泡瀬) 통신시설 등의 통신 시설과 캠프 헤이그, 캠프 즈케란, 요미탄보조비행장 등 훈련으로 인한 주민피해가 컸던 시설들이 일부 반환되었다. 남부 지역에서는 마키미나

---

45) 기존 미군기지의 재사용과 관련하여 반전지주와 미일 양 정부 사이의 대립에 대해서는 아라사키(新崎盛暉, 1996; 2005)의 글을 참조.
46) 보조시설은 주로 의료시설, 주차장, 병사, 유원지, 골프장, 저유시설 등 다양한 기능이 혼재되어 있는 시설이다.

[그림 5-4] 1972년(좌)과 2004년(우)의 오키나와 미군기지

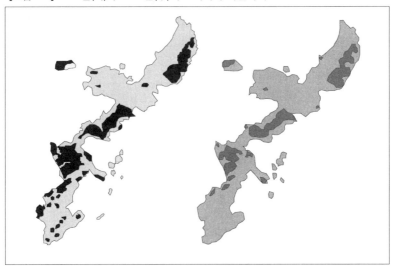

토(牧港) 주택지구, 지넨(知念) 보급지구 및 남부탄약고를 비롯하여 오키나와
의 항만·항공 기능을 저해하고 있던 나하시 주변의 나하공군·해군보조시설과
나하 해군항공시설이 반환되었다(沖縄県, 2003: 192~209).

2) 반환된 미군기지의 이용 상황과 군용지의 소유형태

1961년부터 2002년까지 해당 시정촌의 자료를 취합하여 오키나와현이 파
악하고 있는, 반환된 미군기지의 이용 실태는 [표 5-3]과 같다. 표에서 볼 수 있는
것처럼, 반환된 군용지는 공공사업으로 개발되거나 보전지로 활용되는 경우가
많으며 개인이나 기업 등 민간에 의해 이용되는 순이다. 이용곤란지로 방치되
거나 자위대나 미군에 의해 군사시설로 재사용되는 경우도 발견할 수 있다. 지
역별로 살펴보면, 북부에서는 훈련장으로 사용되던 산림지역이 반환된 경우가
많기 때문에 보전지로 활용되는 경우가 많고, 남부지역은 나하공항과 항만 등의

[표 5-3] 주류군용지 반환지의 정비 · 이용 상황(단위: 1000㎡, %)

지역	면적	공공사업		민간이용		자위대이용		미군재제공		보전지		이용곤란지	
		면적	%	면적	%	면적	%	면적	%	면적	%	면적	%
북부	77,496	18,173	23.5	8,103	10.5	306	0.4	2,826	3.6	36,759	47.4	11,329	14.6
중부	24,870	13,400	53.9	8,061	32.4	427	1.7	379	1.5	1,389	5.6	1,214	4.9
남부	15,900	7,229	45.5	3,010	18.9	3,411	21.5			42	0.3	2,208	13.9
미야코	420	306	72.9			114	27.1						
야에야마	25	25	100										
기타	23					23	100						
합계	118,734	39,133	33.0	19,174	16.1	4,281	3.6	3,205	2.7	38,190	32.2	14,751	12.4

출처: 沖縄県(2003: 184).

시설이 공공사업으로 활용되고 있고 그 다음이 자위대에 의해 군사시설로 재사용되는 순이다. 중부에서는 해당 시정촌과 주민들의 반환 요구에 의해 반환된 경우가 많기 때문에 공공사업과 민간에 의해 이용되는 비율이 높다.

　　이와 같은 반환지 활용상에서의 차이는 군용지의 소유형태와 관련되어 있다. 우선, 2005년 3월을 기준으로 일본 본토와 오키나와를 비교해 보면, 본토의 경우에 미군기지와 자위대기지는 국유지인 경우가 각각 87.4%와 89.3%로 국유지의 비율이 압도적으로 많다. 하지만 오키나와에서 미군기지는 국유지(34.4%), 민유지(33.0%), 시정촌유지(29.2%), 현유지(3.5%)의 순서이며, 자위대기지의 경우에는 민유지(71.6%), 국유지(16.1%), 시정촌유지(12.3%)의 순으로 나타나고 있다(沖縄県, 2006: 7). 즉, 오키나와는 일본 본토와 비교해서 국유지의 비율이 낮고 민유지나 시정촌유지의 비율이 매우 높은데, 이것은 미군점령기에 미군에 의한 무차별적인 기지건설 · 확장이 기존 군사시설 이외의 지역에서 광범위하게 이루어졌기 때문이다.[47] 이 때문에 오키나와 지역 내에서도 미군이 초기에 점령했던 중부지역에서 민유지의 비율이 높게 나타난다.

___
47) 2차 세계대전 말기 구 일본군의 군용지 접수 역시 민유지와 공유지를 대상으로 하고 있었고, 이것을 미군이 승계했다는 점도 작용하고 있다.

[표 5-4] 1979년도 반전지주들의 지역별 분포

지역	이에지마	요미탄	카데나	오키나와시	기타나카구스쿠	기노완	우라소에	나하	오사카	합계
인원	19	31	16	18	3	5	6	31	1	130

출처: 新崎盛暉(1996: 138)

　　기지 면적이 가장 넓은 북부 지역은 오키나와 미군기지 가운데 국유지의 대부분인 92.6%를 점하고 있는데, 이 기지들은 1950년대에 북부 산악지역을 중심으로 건설되었다는 특징을 가지고 있다. 북부 지역의 경우에 국유지는 46.1%이며, 시정촌유지(35.0%), 민유지(13.9%), 현유지(4.9%)의 순이다. 반면, 오키나와전 당시에 '전시 점령'의 상황하에서 기지가 건설된 중부·남부 지역의 경우에는 민유지가 각각 75.4%, 72.5%에 달한다(沖縄県, 2006: 11). 이와 같은 특징 때문에 중부 지역은 기지의 건설 및 반환 과정에서 독특한 역학을 보여준다. 먼저, 중부 지역의 대표적인 미군기지인 카데나 공군기지와 후텐마 비행장은 미군이 원래의 기지를 확장하거나 신설하면서 주민들의 주거지역이던 곳을 활주로 만들었기 때문에, 주거지역에서 밀려난 주민들이 기지 주변에 촌락을 형성했었다. 오늘날에도 이 기지들은 담장 하나를 사이에 두고 기지와 주거지역이 공존하는 형태로 남아 있다. 둘째, 요미탄보조비행장과 카데나 탄약고지구가 있는 요미탄촌, 후텐마비행장이 있는 기노완시, 카데나 비행장과 카데나 탄약고지구가 있는 오키나와시와 카데나정 등은 기지로 인한 피해가 가장 큰 지역이며, 역으로 보자면 미군기지에 대해 가장 활발하게 문제제기하는 지역들이라고 할 수 있다.[48] 이것은 [표 5-4]에서 볼 수 있는 것처럼, 군용지 접수 계약을 거부하면서 오키나와 반기지투쟁의 핵심적인 역할을 담당해 온 반전지주들의 분포상황을 통해서도 확인된다.

---

48) 물론 반기지운동이 이 지역들의 전체 특성이라고 생각할 수는 없다. 이 지역들에도 군용지료를 통해 생활하는 군용지주들이나 경제계 인사들을 중심으로 해서 친기지 세력이 강력하게 존재하고 있다. 그럼에도 불구하고, 이 지역들이 오키나와 반기지운동의 주요한 활동 무대였음에는 틀림없다. 최근에는 후텐마기지 이전 문제 때문에 북부의 나고(名護)시 헤노코 지역으로 그 무대가 이동하였다.

3) 제도를 매개로 한 기지의 건설·반환과 아래로부터의 저항

한국과 비교해 볼 때, 일본은 상당히 다른 제도적인 특징을 가지고 있으며 이것은 복귀 전의 오키나와 역시 마찬가지였다. 이러한 제도적 차이는 기지가 건설·유지되어 온 역사적 과정과 깊은 연관이 있지만, 기지에 저항하는 아래 로부터의 움직임과도 깊은 연관을 맺고 있다. 저항 운동은 제도로부터 제약을 받거나 제도를 이용하기도 하며, 저항운동의 결과로 제도 자체가 변화하기도 하는 것이다.

기지 반환의 시기를 보면, 우선, 대부분이 복귀 후 짧은 기간 내에 반환되었다는 점을 지적할 수 있다. [도표 5-5]는 오키나와 미군기지의 년도 별 반환면적과 그 중에서 전부 반환된 기지면적을 나타낸 것이다. 73년에서 77년에 걸친 복귀 직후에 많은 면적이 반환되었음을 알 수 있다.

이것은 기지반환 건수에서도 나타나는데, 2004년 3월까지 전부 반환된 50개의 시설 중에서 72년에서 77년에 이르는 짧은 시기에 39개의 시설이 반환되었다. 이러한 결과는 오키나와의 일본 복귀를 전후하여, 과도한 기지의 부담을 '본토수준'으로 경감해 달라는 오키나와 민중들의 요구가 일정하게 반영된 결과였다. 그러나 앞에서 밝힌 것처럼, 복귀를 전후하여 일본 전체에서 오키나와가 짊어진 미군기지의 부담은 더욱 증대되었다. 따라서 기지를 안정적으로 사용하려는 미일 양 정부의 이해와 오키나와 민중들의 이해는 계속해서 대립할 수밖에 없었다.

오키나와 미군기지의 반환을 역사적으로 검토해 보았을 때 가장 큰 특징으로 지적할 수 있는 것은, [도표 5-6]에서 확인할 수 있는 것처럼, 기지의 반환문제가 5년이라는 일정한 주기성을 띠고 있다는 사실이다. 이러한 5년 주기 반환의 기저에는 기지의 '안정적 확보'라는 위로부터의 요구와 '반환'이라는 아래로부터의 요구 사이의 대립이 놓여 있으며, 특히 여기에 제도가 매개되어

[도표 5-5] 반환된 기지의 총 면적과 전부 반환된 기지의 면적(2005년 3월 31일 기준)

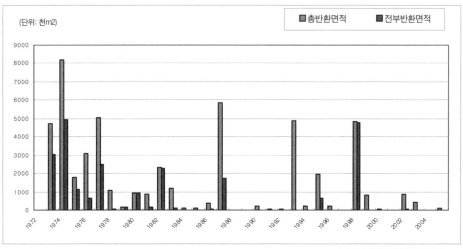

출처: 沖縄県(2006: 51~65).

[도표 5-6] 미군기지의 총 반환 건수와 전부 반환된 기지의 연도별 반환 건수(1972~2005년)

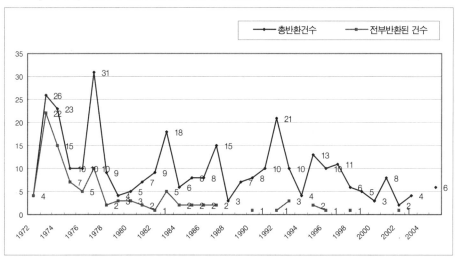

출처: 沖縄県(2006: 51~65).

지의 토지가 국유지가 아닐 경우에는, 원칙적으로 일본 정부(방위시설국)가 토지 소유자와 해당 토지의 임대차 계약을 체결해 사용 권원을 획득하고, 미군의 용도로 제공하는 방법이 채택되어 왔다. 계약을 자부하는 지주들의 토지를 강제로 수용하기 위해 제정된 법률이 1952년 공포·시행된 '주류군용지특조법(미군용지특조법)'이다. 그런데 복귀 전 오키나와에서 미군용지는 류큐 정부가 개개의 군용지주와 임대차 계약을 맺고 미군에게 빌려주고 있었다. 복귀와 더불어 지위협정 상의 '시설 및 구역'의 제공은 일본 정부의 의무가 될 수밖에 없었다.

　우선, 복귀 전에 제공하고 있던 토지를 계속해서 미군에게 제공하기 위해, 미일 양 정부는 복귀전인 1971년에 '공용지잠정사용법'을 제정하여 복귀 시부터 5년간에 한정해서 군용지의 사용 권원이 인정되도록 하였다.[49] 이후 이 법에 있다는 점이 확인된다. 복귀 초기의 반환기지들이 오키나와의 복귀에 따른 미일 간의 합의에 따라서 반환되었다면, 이후에 반환되는 기지들은 기지에 대한 사용 권원을 획득하지 못함에 따라 반환된 부분과 지자체와 지역주민의 반환 요구에 따라 반환된 부분이 크기 때문이다.[50]

　주일미군에게 제공되는 군용지는 미일안보조약 제6조 및 미일지위협정 제2조의 규정에 근거하여 일본 정부로부터 미국에게 제공되고 있다. 해당 기　　따른 잠정 사용 기간을 10년으로 늘리면서 82년까지 토지를 합법적으로 제공받았다. 그 이후에는 미군용지특조법에 따라서 토지를 제공하게 되었는데, 일본 정부는 임대차 계약을 거부하는 지주의 토지에 대해서 1982년, 1987년, 1997~98년 세 번에 걸쳐 미군용지특조법에 근거한 강제사용 재결을 실시하여,

---

49) 이 법이 없었다면 복귀시 대부분의 미군용지에 대해 재계약이 이루어져야 했고, 당시의 사회적 분위기로 보았을 때 대부분의 군용지주들이 재계약을 거부했을 가능성이 크다.

50) 오키나와 반환 이후, 미군기지의 정리·축소에 대해서는 1972년 1월의 사토 - 닉슨 회담 후의 '재오키나와 미군 시설·구역의 정리·축소에 관한 공동 발표'를 근거로 하여, 미일 안전보장협의위원회(SCC)에서 제시하는 시설·구역의 정리·통합계획에 의해 진행되어 왔다. 1996년 이후에는 SCC 산하의 SACO에서의 결정에 따라 이루어진 부분도 존재한다(沖縄県, 2003: 10).

[표 5-5] 미군용지특조법에 근거한 사용 권원 취득상황(1982~2003년)

재결(裁決) 시기	시설 수	사용 면적(1000㎡)	토지소유자 수
1982.04.01	13	695.0	150
1987.02.24	11	434.4	2,067
1992.02.13	13	122.4	585
1998.05.19	13	355.7	3,109
2001.06.28	2	0.4	2
2001.10.30	3	6.7	4
2002.01.22	1	10.8	2,441
2001.08.16	2	12.7	724
2002.05.22	1	3.8	1
2002.07.31	9	301.3	92
2003.01.28	1	10.8	2,494

출처: 沖縄県(2003: 174~175).

그 사용 권원을 취득하였다. [표 5-5]는 토지수용 거부 지주들을 포함한, 전체 군용지주들의 토지에 대한 사용 권원의 취득 상황을 나타낸 것이다.

재결에 의한 사용기간은 다양할 수 있지만 기본적으로는 5년이나 10년인 경우가 많다. 이 때문에 정부의 사용 권원 취득이 끝나는 5년을 주기로 하여, 오키나와 사회 내부에서는 미군기지의 지속 여부를 둘러싼 사회적 논의와 투쟁이 일어날 수밖에 없었다. 대표적인 사례가 1995년 말, 혁신현정 오타 지사의 대리서명 거부였다. 당시 오키나와는 1995년 9월 4일에 있었던, 3인의 미군병사에 의한 소녀폭행사건으로 인해 미군기지에 대한 현민들의 불만과 저항이 고조되고 있었다. 이러한 가운데 1996년 4월 및 1997년 5월에 새로운 사용 권원을 취득할 필요가 있던 군용지에 대해서 나하 방위시설국장으로부터 오타 지사에게 8월 21일부로 군용지의 사용 재결에 필요한 토지조서·물건조서에 대한 입회·서명 날인, 이른바 대리서명 요청이 있었다. 현민의 대중적인 저항에 직면하여, 오타 지사는 대리서명을 거부하였다. 일본 정부의 계속적인 '권고'와 '명령'을 거부하자, 12월 7일에 국가는 오키나와현 지사를 피고로 하는 직무집행명령 소송을 제기하였다. 재판 결과, 오키나와현은 1996년 3월 25일에 후쿠오카 고등재판소 나하 지부에서, 8월 28일에는 최고재판소에서도 패소하게 말았다. 결국, 오타 지사는 9월 13일에 공고·종람 대행의 의사를 밝히고 만다. 오키나와 미군기지의 재사용 문제를 둘러싸고, 오타 지사를 중심으로 한 저항운동이 결과적으로 패배하기는 했지만, 법률이나 지자체를 중심으로 한 저항의 가능성이 매우 큰 폭발력을 가지고 있음을 보여주었다고 할 수 있다.

한편, 미군기지의 재사용과 관련하여 눈앞의 문제를 가까스로 해결한 미일 양 정부는 이와 같은 사태의 재발을 막기 위해서 제도를 근본적으로 바꿀 필요성을 느꼈다. 먼저 1997년 4월 23일, 미군용지특조법의 일부를 개정하는 법률이 공포·시행되었다.[51] 개정법의 목적은 1998년 5월 14일에 사용 기한이 끝나는 카데나 비행장 등 12시설의 용지와 1997년 4월 1일부터 사용 권원이 없는 상태가 계속되고 있던 소베통신소, 이른바 '코끼리 우리'에 대한 사용 권원을 얻는 것이었다.[52] 또한 1995년 7월의 지방분권추진법에 따라 설치된 지방분권추진위원회의 권고를 받아들여 관계 법률을 정비하는 과정에서(1999년 3월 26일 각의 결정, 7월 8일 법안 성립, 2000년 4월 1일 시행), 주류군용지특조

---

51) 법개정과 더불어, 아래로부터의 저항을 무마하기 위해서는 반환요구가 높은 기지들에 대한 반환 로드맵을 제시할 필요가 있었다. 이를 위해, 1995년 11월에 고어 부통령과 무라야마 총리의 합의에 의해 '미일 안전보장협의위원회' 아래에 설치된 것이 소위 '오키나와에 (있어서의 시설 및 구역에) 관한 특별행동위원회(SACO)'이다. 1995년 12월에 발표된 SACO 최종보고는 후텐마 비행장의 전면 반환을 포함한 11시설, 약 5002ha 토지의 반환, 현도 104호선 넘어 실탄포격훈련의 폐지, 항공기 소음의 경감 조치 등을 포함하고 있다. 그러나 2006년 3월 말 현재, 1시설의 공동사용 해제(480ha), 1시설의 부분 반환(38ha)이 이루어졌을 뿐, SACO 합의는 거의 실현되지 않고 있다(沖縄県, 2007: 68).

52) 개정법의 주요 내용은 ① 방위시설국장은 주류군용지에 대해 그 사용 기한이 마감된 후부터 수용위원회의 재결에 의한 권원 취득일의 전날까지 그것을 잠정적으로 사용할 수 있다. ② 잠정 사용할 경우에는 담보를 제공하고 손실 보상을 실시한다. ③ 잠정 사용에 대해서는 개정법의 시행일 이전에 재결신청을 한 주류군용지에 대해서도 적용되는 것으로 한다는 것이었다(沖縄県, 2003: 178).

법에 대해서도 기관위임 사무와 관련된 법 개정을 실시하였다. 개정법의 주요한 내용은 "토지조사 등에의 서명 날인 대행, 재결 신청서의 공고·열람 등의 지사·시정촌장의 사무는, 국가와 지방공공단체의 역할분담을 명확히 하기위해, 국가의 직접집행 사무로 한다"는 것이었다(沖繩県, 2003: 178~179). 이러한 법 개정은 '안보는 지자체의 권한 밖'이라는 논리하에, 지자체의 개입여지를 없애고 미군기지를 안정적으로 확보하기 위해 국가가 보다 노골적으로 개입하겠다는 의사표명이었다.

위와 같은 일련의 움직임은, 미일동맹의 일체화와 결부된 일본 국가체제의 개편이나 제도들의 개악과 연계되어, 오키나와 반기지운동에 새로운 국면을 강제하고 있다. 이 속에서 미군기지와 반기지운동의 미래는 어떻게 전개될 것인가.[53] 전후 일본에서 그리고 복귀 이후에 오키나와에서 벌어졌던 다양한 반전·반기지·평화운동의 사례들을 돌아보면, 혁신지자체 건설운동과 이 운동들이 긴밀히 연계되어 있었고, 여기에 평화헌법하에서 보장된 제도적 권리들이 중요한 역할을 해 왔음을 부정할 수 없다. 그렇지만 오키나와 반기지운동은 거기에서 한걸음 더 나아갔던 급진적인 요소들을 지니고 있었다. 일본 본토에서 진행되는 반기지운동과 비교해 보았을 때, 오키나와의 반기지운동은 훨씬 더 치열하고 격렬하게 전개되어 왔을 뿐만 아니라, 기지 문제의 심각성으로부터 나온 섬 전체 수준의 폭넓은 연대활동을 특징으로 하고 있다. 또한 생명·인권·여성·환경·평화와 같은 보편적 이념을 반기지운동의 내용 속으로 포괄해 왔을 뿐만 아니라, 일본의 한 지역으로서 오키나와에 가해진 구조적 차별의 문제를 제기해 왔다. 더 나아가 오키나와의 반기지운동은 천황제 비판이나 반자위대운동과 결합되어 있으며, 오키나와의 기지로부터 빚어진 가해

---

53) 일본과 오키나와에서 진행된 반기지운동의 역사적 경과와 평가에 대해서는 道場親信(2005) 참조. 현재의 미군재편에 반대하는 일본 사회운동에 대해서는 木村朗(2007)과 『People's Plan』 제34호(2006년 봄호, 東京: ピープルズ・プラン研究所)의 특집기사를 참조.

성의 문제에까지 그 인식의 폭을 넓혀 왔다. 바로 이러한 특징들이 오키나와 반기지운동의 고유한 동학을 구성해 왔으며, 오키나와 미군기지의 반환 과정에 새겨져 있는 것이다. 따라서 미군의 전 세계적인 재편과 일본의 노골적인 국가주의·군국주의 움직임에 맞서 힘겨운 싸움을 벌여야 함에도 불구하고, 그 속에서 오키나와 반기지운동의 길 찾기가 어떤 모습을 띠게 될지는 좀 더 지켜보아야 할 문제라고 생각된다.

6. 나오며: 기지에 대한 관심에서 평화를 위한 연대로

이 글은 오키나와의 기지화·군사화의 과정과 그에 대한 아래로부터의 저항의 과정을 역사적으로 살펴봄으로써 미군기지를 둘러싼 정치적·사회적 동학을 해명하는 것을 목적으로 하였다.[54] 보다 근본적으로 보자면, 그것은 한반도 더 나아가 동아시아에서 평화를 어떻게 실현할 것인가에 대한 관심과 관련되어 있기도 하다.

오키나와의 경험은 한국과 많은 점에서 유사하기도 하고, 그 연관성도 뚜렷하다. 우선, 일본의 제국주의적 팽창과 패망으로부터 전후 미국의 동아시아 지배로의 이행의 과정에서 전쟁과 점령 등 사회의 폭력적 해체를 경험했다는 점에서 양자는 유사성을 띠고 있다. 이러한 폭력의 과잉 속에서 건설된 미군기지는 탈냉전 이후까지 큰 변화 없이 지속되었고, 그에 대한 문제제기는 일종의 금기로 간주되었다. 미군기지의 '건설'에서 뿐만 아니라 그 '존재 방식'의

---

54) 물론 이러한 시각을 택할 경우, 지배와 저항이라는 단순한 이분법으로 설명될 수 없는 여러 가지 문제들이 남게 된다. 예컨대 오키나와전이나 미군기지와 관련된 여러 '기억의 정치'의 문제나, 토지련으로 대변되는 반기지파와의 심층에서 작동하고 있는 개발주의적 욕망의 문제가 그것이다. 전자에 대해서는 이 책의 두 번째 권에 실린 글을 참조하고, 후자의 문제에 대해서는 도미야마 이치로(富山一郎, 2002)의 글을 참조.

문제에서도, 일본의 경우 미군의 주둔이 평화헌법체제 또는 '평화국가'라는 외양을 띠면서 보다 비가시적인 형태로 이루어졌다면, 오키나와와 한국에서 미군의 주둔은 보다 직접적인 '전장으로의 동원'을 목적으로 하면서 훨씬 더 가시적인 방식으로 존재해 왔다.

미군의 주둔과 미군기지의 존재를 둘러싸고 한국과 오키나와가 보여주는 이러한 유사성은 기지의 재편을 불러오는 미군의 전략적 재편이 주둔국 단위로 진행되기 보다는 전 세계적 또는 동아시아적 차원에서 이루어지기 때문이라고 할 수 있다. 예컨대 1950년대 중반에 이루어진 오키나와에서의 기지 건설은 한국전쟁에 동원되었던 미군의 병력 감축·이동 및 핵무장화를 배경으로 이루어졌으며, 베트남전쟁 당시에도 한국과 오키나와는 병력의 동원(파병)과 기지의 제공이라는 관계로 묶인 상태에서 미국의 동아시아 전쟁에 참여한 바 있다. 또한 닉슨 독트린과 오키나와 반환에 즈음해서는 양자가 공통적으로 주둔 미군의 감축을 경험했지만, 한국에서는 자주국방이라는 명목으로 한국군의 강화가 이루어졌고 오키나와에서는 해병대 위주로 미군이 재편되면서 자위대가 배치되었다. 즉, 미군의 재편은 미국의 동아시아 전략이라는 큰 그림 위에서 이루어졌으며, 미군 병력의 감축은 다른 측면에서의 군사화를 대가로 하는 것이었다.

이러한 유사성이나 연관성과 달리, 제도나 저항의 양상이라는 측면에서 보면 많은 차이점을 발견할 수 있다.[55] 한국의 경우, 남북 간의 냉전적 대결을 배경으로 미국에게 더 많은 미군의 주둔을 요구해왔던 한국 정부는 주둔 미군을 둘러싸고 벌어지는 여러 가지 갈등을 국가보안법으로 대표되는 남북 대결적 제도를 통해 관리해 왔다. 이 때문에 미군기지와 관련된 저항은

---

55) 한국과 일본, 오키나와에서 미군 주둔과 기지 제공을 보장하는 제도적 틀의 차이에 대해서는 이 책 2장의 [그림 2-1] '일본 평화국가의 3+1제도'와 15장의 [그림 2-1] '전장국가를 둘러싼 제도들과 주한미군'을 비교해 볼 것.

오랫동안 억압당해 왔다. 반면, 오키나와에서 미군은 1972년까지 오키나와를 직접 지배하면서 통치의 부담을 지고 있었고, 저항운동 역시 미군과 직접 대결하면서 '총칼과 불도저'에 의해 토지를 강탈당하기도 했지만, 다른 한편으로 미국이나 세계여론에 직접 호소하는 방식으로 저항의 폭을 넓힐 수 있었다.[56] 또 하나 지적할 수 있는 부분은 군용지의 소유형태와 중앙 - 지방 관계에서 보이는 차이다. 한국에서 군용지 제공 방식은 한국 정부가 구매·수용하여 이를 미군에게 제공하는 방식으로서 일본과 유사한 형태이지만, 오키나와에서는 1950년대 '섬 전체 투쟁'을 견인했던 지주들의 강력한 저항으로 구매보다는 임대의 형식으로 군용지 문제를 해결해 왔다. 따라서 오키나와 반기지운동에서 반전지주들은 반기지운동의 상징적 존재로 인정받아 왔다. 그리고 한국에서는 오랫동안 지방자치제도가 실종되어 기지 문제의 해결 과정에서 지자체의 역할이 거의 없었고 지방자치제 실시 이후에도 지자체의 역할은 반환기지의 개발에 집중되어 있지만, 복귀 이후 오키나와에서는 지자체가 군용지 임대의 대리서명을 담당하거나 계획적인 기지 반환의 주체가 되어 왔으며, 이 때문에 혁신지자체를 건설하는 문제가 반기지운동의 중요한 관심사가 되어 왔다.

위와 같은 차이점들을 고려한다면, 당연하게도 오키나와의 경험을 한국에 곧바로 적용하는 데 신중할 필요가 있다. 그럼에도 불구하고 연대와 교류의 필요성이 줄어드는 것은 아니다. 미군재편이 세계적 또는 동아시아적 차원에서 진행된다면, 그에 대한 연구나 저항운동 역시 동아시아적 차원을 고려해야 마땅할 것이다. 또한 차이들에 대한 인식 역시 문제해결의 중요한 자원이 될 수 있다. 예컨대 일본 지자체의 역할을 검토하면서 한국에서 지자체의 보다

---

56) 시기적으로 일치하지는 않지만, 남북 간의 분단 해소를 요구했던 통일운동이 미군 철수와 미군기지의 철거를 요구해왔던 한국의 경험과, 오키나와에서 반기지운동이 복귀운동과 결합되어 있었던 경험을 비교해 보는 작업도 매우 흥미로울 것으로 생각된다. 저항운동의 양상에서 볼 수 있는 유사점과 차이점, 그 연관성에 대한 상세한 연구는 차후의 과제로 삼고 싶다.

적극적인 역할을 모색할 수 있을 것이다.

마지막으로, '왜 지금 오키나와인가'에 대한 질문과 대답을 던지는 것으로 끝을 맺고자 한다. 1990년대 말 이후, 한국의 많은 활동가나 연구자들이 오키나와를 방문하거나 오키나와의 경험을 공유하면서 일종의 '오키나와 충격'을 경험했던 것 같다. 처절했던 오키나와전과 과도한 미군기지의 중압 속에서 굳건하게 평화의식을 고양시켜 온 오키나와의 경험을 접하면서 한국의 반기지·평화운동이나 통일운동 또는 평화 연구자들은 신선한 감동을 받아 왔던 것으로 보인다. '생명이야말로 보물'이라는 오키나와의 평화의식은 쉽게 민족주의나 국가주의의 부국강병 논리로 환원되어 버리는 한국의 평화·통일의식에 대한 일종의 대안으로 인식되기도 하였다. 물론 여기에는 오키나와의 평화의식에 대한 과도한 긍정이나 일종의 환상도 개입하고 있다고 생각된다. 그럼에도 불구하고 그러한 '충격'의 핵심에 존재하는 평화에 대한 감수성의 차이는 쉽게 간과되어서는 안 될 것이다. 한국에서 진행되어 온 미군기지 반대운동·평화운동의 조류를 돌아볼 때, 평화의 문제를 달성해야 할 정치적 강령의 문제로만 사고하는 경향이 강했던 점도 사실이기 때문이다. 미군기지나 전쟁의 문제와 관련된 당장의 정치·사회적 갈등을 해결하기 위해서라도, 평화의식이나 평화적 감수성을 어떻게 고양할 수 있을 것인가의 문제를 고민해야할 시점이라고 판단된다. 그것은 곧, 오키나와의 소녀성폭행사건을 계기로 하여 오키나와가 전 세계에 던진 평화와 인권, 생명의 메시지를 어떻게 수신할 것인가의 문제이기도 하다.

■ 참고문헌

· 1차 자료

旧軍飛行場用地問題調査檢討委員會. 2004. 『旧軍飛行場用地問題調査・檢討 報告書』. 財團法人 西
   南地域産業活性化センター.

那覇市. 1987. 『那覇市史 資料編 第3卷1 戰後の都市建設』. 那覇市.

中野好夫 編. 1969. 『戰後資料 沖繩』. 日本評論社.

沖繩平和祈念資料館. 2001. 『沖繩平和祈念資料館 綜合案內』. 沖繩平和祈念資料館.

沖繩縣. 2003. 『沖繩の米軍基地』. 沖繩縣基地對策室.

沖繩縣. 2005. 沖繩の米軍及び自衛隊基地(統計資料集) 平成17年3月』. 沖繩縣基地對策室.

沖繩縣. 2006. 沖繩の米軍及び自衛隊基地(統計資料集) 平成18年3月』. 沖繩縣基地對策室.

沖繩縣. 2007. 沖繩の米軍及び自衛隊基地(統計資料集) 平成19年3月』. 沖繩縣基地對策室.

沖繩縣教育委員會. 2001. 『沖繩縣史 資料編12 沖繩戰5 アイスバーグ作戰』. 沖繩縣教育委員會.

· 2차 자료

국방부. 2002. 『한미군사관계사, 1871~2002』. 국방부 군사편찬연구소.

고유경. 2005. 「한국의 반미군기지운동과 동아시아 연대」. 2005년 비판사회학대회(제8회) 발표문.

김동심. 1998. 「오키나와 한국에서 미군기지 범죄를 생각한다」. 『말』143.

김동심. 2000. 「'오키나와의 마음': 평화로운 아시아, 세상을 만드는 힘」. 『황해문화』29.

김용한. 1996. 「오키나와 미군기지 반환운동에서 배운다」. 『말』123.

김용한. 2005. 『주한미군 이야기』. 잉걸.

도미야마 이치로(富山一郎). 2002. 『전장의 기억』. 이산.

박태균. 2006. 『우방과 제국, 한미관계의 두 신화』. 창비.

아라사키 모리테루. 1998. 『또 하나의 일본, 오키나와 이야기』. 김경자 역. 역사비평사.

정근식·하종문 편. 2001. 『동아시아와 근대의 폭력1 - 전쟁, 냉전과 마이너리티』. 삼인.

정근식·김하림·김용의 편. 2001. 『동아시아와 근대의 폭력2 - 국가폭력과 트라우마』. 삼인.

정문길·최원식·백영서·전형준 편. 2000. 『발견으로서의 동아시아』. 문학과지성사.

정문길·최원식·백영서·전형준 편. 2004. 『주변에서 본 동아시아』. 문학과지성사.

정유진. 1997. 「오키나와 미군기지 주변은 출산율도 낮다」. 『말』132.

정유진. 2001. 「오키나와에는 왜 "양키 고 홈" 구호가 없을까?」 『당대비평』14.

제주4·3연구소 편. 1999. 『동아시아의 평화와 인권』. 역사비평사.

최원식. 1993. 「탈냉전시대와 동아시아적 시각의 모색」. 『창작과 비평』제79호.

황석규. 2006. 「전쟁 말기 제주도 주둔 일본군의 이동, 배치, 편제, 전략 등에 관한 군사사회사적
   의미 - 제111사단을 중심으로」. 한국사회사학회. 『사회와 역사』72, 2006년 겨울호.

江畑謙介. 2006. 『米軍再編』. ビジネス社.

久江雅彦. 2005. 『米軍再編 - 日米「秘密交渉」で何があったか』. 講談社現代新書.

吉浜忍. 1999. 「10・10空襲と沖繩戰前夜」. 『沖繩戰研究 II』. 沖繩縣教育委員會.

大城将保. 1998a. 『沖繩戰 民衆の眼でとらえる「戰爭」』. 高文研.

大城将保. 1998b. 「翼贊體制下の沖繩社會」. 『沖繩戰研究 I』. 沖繩縣教育委員會.

大城将保. 1999. 「第32軍の沖縄配備と全島要塞化」. 『沖縄戰硏究 II』. 沖縄県教育委員會.

道場親信. 2005. 『占領と平和 - '戦後'という経験』. 靑土社.

梅林広道. 2006. 「米軍の世界戰略とアジア太平洋」. アジア・太平洋反基地東京會議 發表文.

木村 朗. 2007. 『米軍再編と前線基地・日本』. 東京: 凱風社.

新崎盛暉. 1996. 『沖縄・反戰地主』. 高文硏.

新崎盛暉. 2005. 『沖縄現代史』. 岩波新書.

新崎盛暉. 2006. 「米軍再編」. 『現代思想』 34-10, 2006年 9月.

戶部良一 외. 1984. 『失敗の本質』. ダイヤモンド社.

荒川章二. 1998. 「總動員體制と戰時法制」. 『沖縄戰硏究 I 』. 沖縄県教育委員會.

Armitage, Richard L. & Joseph S. Nye. 2000. *The United States and Japan: Advancing Toward a Mature Partnership*, NISS(http://www.ndu.edu/inss/strforum/SR_01/SR_Japan.htm).

Armitage, Richard L. & Joseph S. Nye. 2007. *The U.S.-Japan Alliance-Getting Asia Right through 2020*, CSIS(http://www.csis.org/media/csis/pubs/070216_asia2020.pdf).

Eldridge, Robert D. 2001. *The Origins of the Bilateral Okinawa Problem: Okinawa in Postwar U.S.-Japan Relations, 1945~1952*. Garland Publishing Inc.

3부

미군기지와
오키나와 지역사회

6장

지방정부와 중앙정부 관계에서 본 오키나와 문제[1]

장은주

1. 들어가며

　　일본의 지방정부와 중앙정부 간 관계에서 오키나와 문제를 바라보면, 그 것은 오키나와가 류큐국(琉球国)에서 일본의 오키나와현으로 편입되어 전후 미국의 통치기간을 겪은 후, 다시 일본의 지방자치제도 안으로 재편입되는 복잡한 역사적 경로를 거치는 과정과 결부되어 있다고 말할 수 있다. 따라서 오키나와 문제를 이해하기 위해서는 미국과 일본의 외교 및 군사적 이익, 일본 의 중앙정부로서의 이익, 그리고 이러한 이익과는 또 다른 영역에 존재하는 지방정부로서의 오키나와의 이익이 상호 조화를 이루기 힘들다는 인식에서 출발해야 할 것이다. 즉, 현재 오키나와가 당면한 기지 문제를 비롯한 경제 및 사회 제반 문제들은 오키나와 내부의 사회구조적 요인에서 기인하기 보다 는 미국을 중심으로 하는 강대국의 이권 조정이라는 측면에서, 그리고 일본의

---

1) 이 글은 '오키나와 미군기지의 정치사회학' 연구팀의 중간발표 국제심포지엄 「동아시아와 오키 나와 문제」(2005년 5월 13~14일, 서울대학교 멀티미디어동·교수학습개발센터)에서 발표한 글 을 수정·보완한 것이다.

중앙집권적 지방자치제도를 토대로 하는 중앙정부와 지방정부 간의 불평등한 관계의 측면에서 그 근본 원인을 찾아야 하는 것이다.

본 연구는 일단 오키나와 문제를 지방정부로서의 오키나와와 중앙정부 간 관계에서 접근하고자 한다. 현재 일본 내에서 오키나와의 지위는 법률적으로 일본의 지방자치제도상의 지방자치단체로 규정되어 있기 때문에, 오키나와 문제를 현실적으로 이해하고 그 해결책을 모색하기 위해서는 중앙정부와 지방정부 즉, 정부 간 관계라는 실제적인 분석틀에서 조명할 필요가 있기 때문이다. 역사적으로도 류큐국이 폐번치현(廢藩置県)을 통해 일본의 영토로 편입된 이후부터 현재까지, 미국이 오키나와를 지배했던 시기(1945~1972)를 제외하면, 오키나와는 공식적으로 그리고 법률적으로 일본의 지방자치제도를 근간으로 하는 지방자치단체적 속성을 강하게 지녀왔다. 따라서 현재 오키나와가 지닌 문제의 해결을 위해서는 실제 일본의 지방자치단체로서 오키나와의 지위 및 그에 따른 권한과 제한을 현실적으로 분석하는 것이 중요하다.

오키나와 문제의 대표적 사례로 들 수 있는, 오타(大田昌秀) 전 지사가 미군기지의 토지강제사용절차에 대한 대리서명을 거부한 사건 역시 궁극적으로는 일본 중앙정부와 오키나와 지방정부 간의 관계에서 비롯되는 지방자치제도상의 기관위임사무에 대한 논쟁으로 설명될 수 있다(大田昌秀, 2000). 나아가 이 문제는 일본 헌법 제92조 "지방공공단체의 조직 및 운영에 관한 사항은 지방자치의 취지에 근거하여 법률(지방자치법)에서 이를 결정한다"는 지방자치의 기본원칙에 관한 논쟁을 통해 접근함으로써 그 해결책이 제시될 수 있다(崎浜秀明, 1986). 이러한 현실적 분석틀에 입각하여 최근 국가발전전략의 면에서도 그 중요성이 확대되고 있는 지방분권을 오키나와 문제 해결에 대한 하나의 대안으로 제안하는 것 역시 본 연구의 목적이라 하겠다.

이 같은 시각에서 본 논문은 지방정부로서의 오키나와와 중앙정부 간 관계를 일본 지방자치 및 행정제도의 역사적 변천과정을 통하여 분석하고자 한다.[2] 구체적으로는 전전 오키나와의 지방자치제도화 시기, 전후 미국 정부 통치하의 지방자치제도 및 단일정부 시기, 일본 복귀 후 오키나와의 지방자치 제도화 시기, 그리고 일본의 지방분권개혁을 추진하는 과정 등의 시기구분을 통하여 지방정부인 오키나와와 중앙정부 간의 관계를 살펴보겠다.

2. 전전(戰前) 오키나와의 지방자치제도

일본에서 근대적인 지방자치제도는 1889년 제국헌법과 병행하여 준비가 추진되어, 1888년 시제 · 정촌제(市制 · 町村制), 1890년에는 부현제 · 군제(府 県制 · 郡制)를 채택함으로써 기본적인 지방자치제도의 구조를 갖추게 되었다. 여기에는 아래로부터 발생한 자유민권운동을 메이지정부가 강압하려는 목적과 동시에 그 요구를 흡수하고자 하는 의도, 그리고 위로부터의 근대화를 추진하고자 하는 다각적 의미가 내포되어 있었다.

이 후에도 자본주의의 발전에 의한 노동자의 증대, 근대도시의 형성, 그리고 다이쇼 데모크라시 등의 요인에 의해 아래로부터 지방자치제도의 개혁을 추구하는 목소리가 분출되어 왔다. 그러나 전전 시기에 지방자치제도의 변환을 이루고자하는 주장과 노력은 기실 제도 개혁에 크게 반영되지 못하였다. 주민자치를 요구하는 다양한 움직임이 있었음에도 불구하고, 전전의 일본 지방자치제도를 한마디로 표현한다면 부현(府県)은 국가의 하부조직, 부 · 현지사(府県知事)는 국가가 임명하는 천황의 관리(官吏)라고 하는, 기본적으로는 천황제를 기반으로 하여 국민을 지배하는 중앙집권적 시스템이었다

---

2) 照屋榮一(1984), 豊沖縄開発庁編(1983), 「戰後沖縄税務行政史」, 編集委員会 編(1982), 沖縄県内 務部第一課 編(1963), 教育社編(1979), 末吉重人(2004) 등을 참조. 본 연구 가운데 지방자치제도 및 행정조직의 역사적 변천과 관련된 부분은 이 연구들에 크게 빚지고 있다.

고 할 수 있다. 이처럼 일본이 지방자치제도를 추진한 목적과 그에 따라 구성된 지방자체제도의 구조는 '오키나와'라는 지역에서도 크게 다르지 않았다 (大田昌秀, 1972).

전전기에 오키나와와 일본 중앙정부와의 관계는 1879년 류큐번이 폐지된 이후, 즉 오키나와가 일본의 영토로 편입되면서부터 지방자치제도 안에서 구체화되기 시작하였다. 따라서 전전의 오키나와와 일본 중앙정부와의 관계는 폐번치현에 따른 현제의 시행을 그 시작으로, 중앙집권적인 구조가 정착되는 과정이라 하겠다. 이제 오카나와에 일본의 중앙집권적 중앙 - 지방의 관계가 제도적으로 정착되는 과정을 오키나와에 실시된 지방자치 및 지방행정제도를 중심으로 살펴보도록 하자.

1) 오키나와현제의 시행

(1) 폐번치현

메이지 유신 시기인 1871년 8월 29일 오키나와를 제외한 일본의 모든 번 (藩)을 대상으로 폐번치현이 실시되었다. 폐번치현은 이전까지 지방의 통치를 담당하였던 번을 폐지하고 지방통치기관을 중앙정부가 통제하는 부(府)와 현 (県)으로 일원화하고자 한 행정개혁으로, 중앙집권의 강화가 그 목적이었다.

오키나와를 일본 근대정부의 통치체제로 전환하기 위한 조치로서의 폐번치현은 다른 지역에 비해 8년이나 뒤늦은 1879년 4월 4일에 시행되었는데, 그 이유는 류큐를 둘러싼 국제관계 때문이었다. 류큐는 1609년 이래 사쓰마번 령이었으나 청나라와도 종주관계에 있었기 때문에 소위 일본과 중국, 양국에 귀속된 상태로서 완전한 일본의 영토로 편입되지는 못하였다. 일본 정부는 류큐에 대해 일본영토화정책을 적극적으로 강화하기 시작하여, 1871년 11월 14일 류큐국을 우선적으로 가고시마현에서 관할하도록 조치하였다. 1872년에는 류큐 국왕 상태왕(尙泰王)에게 왕정복귀를 통고하는 동시에 유신 경하사(慶賀使)의 상경을 재촉하여 1872년 9월 14일에는 상태(尙泰)를 일방적으로 류큐번주로 임명하였다. 이 같은 일련의 조치는 류큐국을 일본의 번으로 흡수하기 위해 취한 특수한 조치로써, 류큐국을 사실상 일본의 영토로 편입하기 위한 것이었다. 당시 류큐번은 외무성 관할이었는데 앞서 설명한 바와 같이 중국과의 관계로 인하여 일정정도는 외국으로 취급되어져왔다. 그러나 이러한 입장변화에 따라 1874년 7월 12일에는 류큐번을 내무성의 관할로 전환하고, 내지와 동일하게 다루기 위하여 이듬해 8월 5일 분견대(分遣隊)를 주둔시키고, 1876년 5월 17일에는 류큐번의 사법·경찰권을 내무성이 접수, 그 권한을 수행하였다. 이와 같이 행정·사법권을 순차적으로 접수하면서, 1879년 4월 4일 일본 정부는 일방적으로 류큐번을 폐지하고 오키나와현을 설치, 현제를 시행하였다.

(2) 분도 문제

1871년 11월 미야코(宮古)도민이 타이완에 표류하여 그곳 주민에게 살해된 사건이 발생하자, 이에 대응하기 위하여 일본은 1874년 5월 타이완으로 출병하였다. 이 과정에서 류큐 귀속 문제가 청나라와의 분규로 발전하면서, 결국 이것이 류큐열도의 분할 문제로까지 이어지게 되었다. 이를 분도 문제(分島問題)라고 하는데 청일 간의 외교교섭에 의하여 청나라 측에서는 "아마미오시마(奄美大島)는 일본에 귀속시키고, 미야코·야에야마(八重山)의 선도제국은 청나라에 귀속시키고, 오키나와 본도에는 류큐왕국을 부활시킨다"는 분할 안을 제안하였다. 일본 측은 이에 대하여 2분할 안, 즉 "선도제국은 청나라에, 오키나와 본도 이북은 일본에 귀속시킨다"는 분도 안을 제안하였다(1880년 3월). 이 같은 양국의 분도 안에 기초하여 1880년 9월 청일 간에 이른바 분도개약안(分島改約案)인 류큐조약안이 제안되어 조인과정에 들어가게 되었다. 그러나 중국 측의 내부사정으로 인하여 조인이 이루어지지 않은 상황에서 동년 11월 분도 안은 유안(留案)되어, 오키나와의 분도 문제는 현실화되지 않음으로써 오키나와가 분단되는 비극은 발생하지 않았다.

(3) 구관온존책

1879년에 폐번치현이 실시된 직후 일본 정부는 오키나와에 대하여 "어떠한 법제의 형식으로도 정해지지 않은 제도에 대해서는 종전과 동일하게 시행하고, 그 내용은 반드시 신고하도록 한다"는, 구제도를 존속시키는 통치방침을 제시하였다.

이러한 통치방침을 구관온존책(旧慣溫存策)이라고 하는데, 이 방침은 1890년대까지 지속되었다. 일본 정부는 청나라와의 관계로부터 발생한 오키나와의 특수사정이나 민정의 차이 등을 그 이유로 들었으나, 이로 인해 오키나와현과 관련된 모든 제도는 현이 설치된 후 20년 동안 줄곧 방치되었다. 오키나와에 대한 구관온존책이 지속되는 가운데, 1903년에는 토지제도 및 토지정리, 조세제도의 개정이 완료되었다. 또한 본토에서는 1888년 실시된 시정촌 제도가 오키나와에서는 1908년에 시행되었으며, 중의원의원선거법 역시 본토에서는 1890년에 실시된 것에 반해 오키나와에서는 1912년에 이르러서야 시행되었다. 부현제가 특별 제도로 시행된 것도 본토에서는 1890년임에 반하여 오키나와에서는 1909년에 이르러서야 시행되는 등, 여러 측면에서 본토와 지방자치제도화 과정상의 차이를 보여준다. 결국 지방자치제도가 본토와 동일하게 정비된 것은 1920년에 이르러서였다(大田昌秀, 1972; 我部政男, 1979).

즉, 오키나와에 대한 지방자치 및 행정제도의 실시는 본토에서와 같은 중앙집권적 구조화를 넘어서서, 수탈적 또는 소외적이라는 특징을 띠면서 제도화과정이 추가적으로 진행되었다고 평가할 수 있다.

2) 오키나와의 지방자치 및 행정제도

(1) 지사와 현회

전전의 부현(府県)은 제도상 지방의 행정을 종합적으로 수행하는 기관이었으나, 그것은 완전한 지방자치단체가 아닌 관선지사를 기관장으로 하는 반자치체 또는 불완전자치체에 지나지 않았다. 구 부현제에서 지사는 내무대신에 의해 임명되는 관리(官司)로, 이것이 부현제의 관치적 특색을 드러내는 가장 큰 특징이라 할 수 있다. 중앙의 통제에 강력히 복종하도록 제도화됨으로써, 당시의 지사는 현행의 공선지사와는 전혀 다른 양상을 보이고 있었다.

오키나와현에는 1909년 4월 1일 특별부현제가 실시됨에 따라 동년 5월에는 부회의원 30인의 선거가 행해지면서 오키나와에 처음으로 현민이 참가하는 현회가 설치되었다. 현회의 설치에 따라 오키나와는 당시까지의 일본 중앙정부 및 지사에 의한 관치제에서 현민의 자발적 활동을 중심으로 하는 자치제로 전환되었다. 그러나 이러한 변화와는 관계없이 일본 지방자치제도의 특징인 강시장(强市長) - 약의회(弱議會)라고 하는 기관대립형 이원대표제는 오키나와에서도 예외 없이 적용됨으로써, 제도상 의회에 대한 지사의 우위성이 인정되었다.

(2) 현청조직

전전의 시기에 부현은 그 수장인 지사가 관리(官司)로서, 국가의 파견기관과 지방자치단체라는 이중의 성격을 지니고 있었다. 따라서 행정조직 역시 원칙적으로는 관치적 조직으로 지방관제에 따라 규정되고 운영되었다.

광역자치단체인 부현의 행정기능은 대부분이 국가사무였으며, 그 내용에 있어서도 현재와 같은 복잡성을 지니지 않았고, 사무량 역시 과대하지 않았다. 원칙적인 지방자치제도에 의거한다면 부현 조직은 시대에 따라 변화하는 동시에, 부현의 크기 및 지역의 특색에 따라 다양화될 수 있겠으나, 당시에는 전국적으로 획일화된 조직구조를 지니고 있었다. 더욱이 당시에는 행정위원회제도도 실시되지 않아 현청기구는 지사 및 그 하부기구로 구성된 일원적이며 단순한 형태로, 청내에 있어서 지사의 통솔력이나 통솔범위는 매우 강력하였다.

오키나와 현청기구의 경우, 1879년 현 설치 당시에는 1871년 포고된 현의 설치조례에 따른 부현조직(서무·학무·조세·위생·기록·출납의 6과와 경찰본서, 재판관 등)을 지니고 발족하였으나, 그 이후 일본의 다른 부현의 경우와 거의 유사한 변천을 따르고 있다.

(3) 지방행정기관

1879년 5월 19일 초대 현령 나베시마 나오요시(鍋島直彬)가 임명된 후, 슈리왕부(首里王府)의 통치기구는 해체되고 현치기구가 이를 대체하였는데, 반쇼(番所, 번사무소), 구라모토(藏元) 등 지방행정기관은 그대로 존치되었다. 또한 전도(全島)를 슈리(首里), 나하(那覇), 시마지리(島尻), 나카가미(中頭), 쿠메지마(久米島), 이헤야(伊平屋), 미야코, 야에야마의 9개 지방으로 나누어 각각 역소를 설치하였으며, 나카가미(中頭)·슈리(首里), 나하(那覇)·시마지리(島尻)는 1인의 역소장이 겸하도록 하였다.

1896년 3월 5일에는 상기의 9개 지방을 2구(區: 슈리, 나하), 5군(郡: 시마지리, 나카가미, 쿠니가미, 미야코, 야에야마)으로 전환하고, 구사무소, 군사무소를 설치, 구에는 구장(區長), 군에는 군장(郡長)을 두고, 슈리구장은 나카가미군장, 나하구장은 시마지리군장이 겸임하도록 하였으며, 미야코·야에야마의 양군에는 도청(島庁)을 설치, 그 수장을 도사(島司)로 하였다.

또한 1897년 4월 1일에는 종래의 마기리(間切: 류큐국 당시 행정구분의 하나), 도(島)의 번소(藩所)를 마기리사무소(間切役場), 도사무소(島役場)로 개칭하고 다음해 1월부터 마기리회(間切会), 도회(島会)를 설치하였다.

1911년 4월 1일에는 마기리, 도를 정촌(町村)으로 바꾸었으며, 1922년 5월 20일에는 나하(那覇), 슈리(首里) 양구에 시제(市制)를 시행하였고, 1926년 7월 1일에는 미야코, 야에야마의 도청(島庁)는 지청으로, 도사는 지청장으로 전환하였다. 1942년 7월 1일에는 시마지리, 나카가미, 쿠니가미에 각 지방사무소를 설치함으로써, 종전 직전인 1944년 오키나와현의 시정촌수는 2시, 5정, 50촌에 이르렀다.

오키나와에 있어서 지방행정기관의 변천과정을 살펴보면, 초기에는 오키나와의 특성을 인정한 토대 위에서 국가사무를 실시할 목적으로 지방행정기관이 설치되었으나, 점차적으로 본토와 동일한 제도로 이행되어가는 것을 볼 수 있다. 즉, 전전 일본 지방자치제도의 특징이라고 할 수 있는 중앙집권적 시스템으로의 제도화과정이 순차적으로 추진됨으로써 오키나와는 일본 중앙정부의 하부 행정기관으로 전환해왔다고 평가할 수 있다.

3. 전후(戰後) 미국 정부 통치하의 오키나와 지방자치제도

패전에 따라 일본의 지방자치제도에는 커다란 변화가 있었다. 1947년 5월 3일 일본국헌법과 함께 지방자치법이 시행되어 지사, 시정촌장까지도 주민의 직접선거에 의해 선출하게 되었고, 조례 제정, 자치단체장·의원의 리콜, 의회의 해산, 감사의 청구 등과 관련된 주민의 직접 청구 제도가 제정되었다. 또한 국가, 도도부현, 시정촌의 상하관계는 사라지고 대등한 관계가 제도상으로는 확립되었다. 강대한 권한을 지닌 내무성은 해체되고 새로운 경찰법의 제정에 의해 자치체 경찰을 두게 되었으며, 시정촌 공안위원회가 그 관리권을 지니게 되었다. 교육제도 역시 민주화되어 공선의 교육위원회가 설치되었다 (新藤宗幸, 2002: 28~41).

이와 같은 지방자치제도상의 민주화 추진은 미 점령군에 의해 제도화된 것이었다. 여기에 내무성·중앙관료가 저항하는 구도로, 양자의 역학관계를 반영해가면서 지방자치제도는 커다란 전환을 맞이하게 되었다. 그러나 현재도 그러하듯이, 미국의 의도는 주민의 측에서 일본을 민주화하고자 하는 것이 아니라 미국의 입장에서 일본의 지배체제를 민주화라는 미명하에 재구조화하여, 일본을 미국의 영향력 하에 두려는 것이었다. 중국의 공산화, 미소대립의 격화 등 주변 강대들의 관계변화에 따라 미국은 민주화에서 반공의 방파제로 대일정책을 전환하게 되었는데, 일본의 중앙관료는 이러한 환경변화 속에서 대미종속을 강화해가는 이른바 '역코스'의 길을 채택하기에 이르렀다(宮里政玄, 2000).

결국, 1948년 지방자치법에 "법률 그리고 이에 근거한 정령으로 특별하게 정한 때에는 제한을 두지 않는다"라는 단서를 두어, 이후 지속적으로 법령을 제정하면서, 이 단서조항에 의해 기관위임사무를 확대하고 지휘감독권을 발휘하여 지방자치단체를 사실상 중앙정부의 하부기관으로 통제해왔다. 이에 더하여 국고보조금을 확대하는 등 재원 측면에서도 지방자치단체에 대한 지배력을 강화해왔다. 또한 1954년까지는 자치체 경찰이 완전히 폐지되었고, 교육위원회의 공선제도 1956년에 폐지되었다. 결국, 지방자치제도에 있어 전후의 민주적 개혁은 퇴색되면서 지방자치라는 형태만 유지한 채 다시금 중앙집권시스템이 구축된 것이다(新藤宗幸, 2002: 32~35).

그러나 전전 제국헌법하의 지방제도와 비교한다면, 민주적 지방자치의 원칙이 형식상으로는 확립됨으로써 주민자치를 확대할 수 있는 여지는 크게 마련된 셈이라고 평가할 수 있다. 즉, 전후 일본의 지방자치제도는 미 점령군이 지방자치개혁을 추진해 나가는 과정에서 중앙 관료가 저항하는 구도로 전개되었으나, 결국 미국의 대일정책이 전환됨과 동시에 중앙 관료에 의해 실질적인 지방자치개혁은 무산되었지만, 형식상으로는 보다 지방자치적인 제도를 확보하였다고 할 수 있다.

이와는 달리 오키나와에는 미군의 주둔으로 일본의 주권이 정지됨에 따라, 본토의 지방자치제도의 성립과는 또 다른 제도상의 획기적인 변천을 겪게 된다. 미국에 의해 오키나와에는 민주적 민간정부가 수립되었으나 이 역시 형식적인 것에 지나지 않았으며, 실질적으로는 미국 대일정책의 연장선상에서 그리고 군사적 전략기지로서 정부체제가 구조화되었다(上村忠男 編, 2002; 渡辺昭夫, 1970).

1945년 패전에 의해 오키나와에 대한 통치권이 일본 정부에서 미국으로 넘겨짐에 따라, 이후 27년 동안 미국 정부에 의한 류큐의 통치기구는 미국 해군 군정부에서 미국 육군군정부, 그리고 미국 민정부에 의한 민정장관제에서 고등판무관제로의 변천을 거듭하였다.

군정을 근거로 하여 1945년 8월부터 1946년 4월까지는 주민의 자치조직인 자순회가, 1946년 4월부터 1950년 11월까지는 각각의 민간정부가, 1951년 11월부터 1952년 3월까지는 각각의 군도정부가 지방분권적 행정을 담당하였다. 또한, 1951년 4월부터 1952년 3월까지의 기간 동안 류큐 임시중앙정부가 설치되고 이어서 1952년 4월부터 1972년 5월까지 류큐의 중앙정부라고 할수 있는 류큐 정부가 설치되면서 지방자치적 행정구조에서 중앙정부적 행정통치구조로 전환되었다.

오키나와에 있어 미국지배 시기 동안 진행된 통치권의 변천 및 정부구성 형태의 변화를 살펴보면, 미국 통치하의 단독정부 수립을 위하여 초기 지방자치적 성격들은 대부분 퇴색되면서 행정체제는 중앙집권적인 통치수단의 행정체제로 이행되어가는 것을 알 수 있다. 따라서 오키나와가 미국에 의해 통치된 이 시기에 일본 중앙정부와의 관계는 전전 중앙집권적 중앙 - 지방정부 간의 관계로부터 단절되어 독립적인 정부가 구성된 시기라고 할 수 있다. 즉, 일본 정부의 오키나와에 대한 시정권 상실에 따라 류큐의 통치기구는 미국의 영향하에 단독 정부 형태로 구성되는 과정을 거치면서, 일본 본토에서 지방자치제

도가 확립되어가는 것과는 달리 오키나와의 통치구조는 지방자치체적 성격
보다는 독립된 국가적 성격의 체제를 구축하게 된 것이다.

결국, 일본 본토의 지방자치체들이 형식적으로만 자치제도를 확립한 것
과 유사하게 오키나와의 류큐 정부 역시 일본을 대신한 미국의 강력한 영향하
에 형식적인 국가체제를 갖춘 것에 지나지 않아, 실질적으로는 미국에 귀속된
식민지적 성격을 띤 정부의 제도화 과정이라고 평가할 수 있다. 이러한 전후
오키나와의 류큐 정부 수립과정을 미군통치기구의 변천과정과 류큐 정부 행
정조직을 중심으로 살펴보도록 한다.[3]

1) 전후 미군 통치기구

(1) 류큐열도미국군정부

1945년 4월 1일 오키나와 본도에 상륙한 미군은 류큐열도 군정장관 니미
츠(C·W·Nimitz) 해군 원수에 의해 발포된, 오키나와 통치의 기본법으로서의
성격을 지닌 '미 해군군정부포고제1호'(니미츠포고)에 근거하여 오키나와 본
섬에 대한 일본국의 주권을 정지시켰다. 동시에 해군 주도하에 류큐열도미국
군정부(United States Military Government of the Ryukyu Islands, USMGR)를
설립하였다. 이어서 미 해군군정부는 1945년 11월 26일 '포고 제1호의 A'를
발포하여 남북 류큐에 대한 일본의 권한도 정지시켰다. 이에 따라 미야코·
야에야마 및 아마미오시마(奄美大島)가 각 군도별로 미군에 의해 분할·통치
되었고, 시정권자로 미국군정관부가 각각 설치되었다. 각 군도에 미군정이
설치된 것은 오키나와에서는 1945년 4월 1일, 미야코가 동년12월 8일, 야에야

---

3) 전후 오키나와에 대한 미군통치기구의 변천과정, 그리고 지방자치제도 및 행정조직의 역사적
변천과정은 다음의 글들을 참고로 재구성하였다. 참고로 활용된 글들은 沖縄を知る事典編集委員
会 編(2000; 2003), 宮里政玄(2000), 宮里政玄 編(1975), ロバート D. エルドリッヂ(2003a, 2003b)
등이다.

마는 동년 12월 28일, 아마미는 1946년 2월 2일이었다. 다만, 군정 당초 야에야마 군도에는 군정관부가 설치되지 않았고, 미야코·야에야마 양 군도를 통할하는 남서제도군정관부가 설치되었다.

1945년 9월 7일 일본군이 카데나에서 항복문서에 조인함으로써, 오키나와전은 종결되어 동년 9월 21일 류큐열도에 대한 미 군정부의 본격적인 지배가 이루어지기 시작하였다. 또한 1946년 1월 29일 극동군총사령부 각서189호에 의해 오키나와, 미야코, 야에야마, 아마미 각 군도는 정치상, 행정상 정식으로 일본에서 완전하게 분리되었다. 그리고 1946년 7월 1일 미군정은 해군에서 육군으로 이관되었다.

(2) 류큐열도미국민정부

재류큐 미군사령관에 대해 1950년 12월 5일부로 발포된 '류큐열도미국민정부에 관한 지령(SCAP 지령)'에 기초하여, 1950년 12월 15일 미 극동군 총사령관은 당시까지의 류큐열도미국군정부를 폐지하고 새로운 류큐열도미국민정부(United States Civil Administration of the Ryukyu Islands, USCAR)를 설치하였다. 이에 따라 스캡(SCAP)지령이 니미츠포고를 대신하여 오키나와 통치의 기본적 역할을 수행하게 되었다. 또한 스캡지령에 따라 미국군정부를 미국민정부로, 군정장관을 민정장관으로, 군정부장관을 민정관으로 개칭하였으며, 각 군정관부는 류큐민정관부, 오키나와민정관부, 미야코민정관부, 야에야마민정관부, 아마미민정관부, 그리고 도쿄민정관부로 개칭하였다.

(3) 고등판무관

1957년 6월 5일 아이젠하워 미 대통령은 오키나와 통치에 관한 새로운 기본법으로 이때까지의 스캡지령을 대신하는 '류큐열도의 관리에 관한 대통령행정명령 제10713호'를 발포하였다. 이에 의해 오키나와 통치의 최고책임자가 종래의 민정부장관에서 고등판무관(High Commissioner, Hicom)으로 바뀌었다 (1957년 7월 4일부터 시행). 국방장관의 관할하에 두었던 류큐열도미국민정부의 장은 고등판무관으로 명명하였다. 고등판무관은 국방장관이 국무장관에게 자문하여 대통령의 승인을 얻어 현역의 군인 가운데 선임하도록 하였는데, 암묵적으로는 국방장관으로부터 위임된 권력을 행사하면서 직무를 수행하도록 규정되었다. 또한 류큐 정부 행정주석의 선임방법은 종래의 민정부장관의 재량에 의한 임명방식에서, 입법원의 대표자에게 자문하여 임명하는 방식으로 전환하였다.

2) 미군통치하의 류큐민정기구: 4개 군도 분할통치에서 전 류큐적 통일기구로

미군은 1945년 4월 1일 '니미츠포고 제1호' 및 1945년 11월 26일부 '니미츠포고 제1호의 A'에 의거하여 1945년 4월부터 1952년 3월에 걸쳐 전 류큐에 대한 주민의 자치조직을 구성하였다. 즉, 류큐 지역을 오키나와·미야코·야에야마·아마미의 4개 군도로 나누어 류큐열도미국군정부의 통치하에 독립된 자치기구를 발족시켰다. 이는 다시 1952년 4월 1일 류큐열도미국민정부의 관할하에서 류큐 정부가 설립됨으로써 전 류큐적인 통일기구로 통합되었다. 이러한 과정을 관련 기구설립을 중심으로 살펴보면 다음과 같다.

(1) 오키나와 자순회

1945년 8월 15일 오키나와 본도의 이시카와(石川)시에 소집된 주민대표에게 미국 해군군정부 부장관은 '가칭 오키나와인 자순회 설립과 군정부방침에 관한 청명'을 발표, 이에 기초하여 1945년 8월 15일 자순위원 15인으로 구성된 '오키나와 자순회(諮詢會, Okinawa Advisory Council, OAC)'가 미국 군정부의 자문기관(집행기관을 겸함)으로 발족하였다. 1945년 8월 29일에는 제1

회 오키나와 자순회 회의가 개최되어 참석한 미군장교 가운데 위원장과 간사를 호선하고, 공공위생·법무·교육·사회사업·상공·농무·보안·노무·재무·통신·수산의 11개 전문부문의 설치를 지시받았다. 전문부문과 관련하여서는 상기 기술된 부문 외에 추가적 설치도 무관하다는 설명에 따라, 이에 근거하여 앞의 11개 부문 외에 총무부와 문화부를 추가하여 각 자순위원의 부별 담임을 결정했다. 부원의 선정과 서기의 설치와 관련해서는 사전에 미군의 각 담임부장의 양해를 필요로 하였다. 1945년 9월 1일에는 공무부가 설치되고, 추가적으로 1946년 2월 4일 상공부가 공업부와 상무부로 분리됨으로써, 전문부는 15부로 구성되었다(1946년 1월 11일 교육부는 문교부, 보안부는 경찰부로 개칭). 오키나와 자순회는 전후에 있어 민간 측 자치조직의 제일보라고 할 수 있다.

(2) 지청(Provisional Government)

전전 미야코와 야에야마에는 오키나와현청의 분청으로 각각 미야코지청, 야에야마지청이, 아마미오시마에는 가고시마현청의 분청으로서 오시마지청이 설치되었다. 종전 직후에는 이도(移島)에 따른 불편으로 인해 이 같은 지역과 오키나와 본도의 행정조직을 달리해왔으나, 1945년 8월 15일 오키나와 본도에 오키나와자순회가 설치된 이후로는 미야코·야에야마·오시마에 각각 지청으로서 미군통치하의 민간 측 조직을 구성하였다. 즉, 이 지역에 미군이 진주함과 동시에 미 군정관부를 설치하는 한편, 민간 측 자치조직으로는 1945년 12월 8일 미야코지청(MPG), 동년 12월 28일 야에야마지청(YPG), 1946년 2월 2일 오시마지청(APG)을 설치하였다. 그 후 1946년 10월 3일 오시마지청은 개칭되어 1950년 11월 25일 아마미군도정부가 설립되기까지 임시 북부남서제도정청으로 칭해졌다. 그리고 야에야마지청은 1947년 1월 24일 야에야마카(八重山仮)지청으로 개칭하였다.

(3) 민간정부(Civil Administration)

1946년 4월 24일에는 오키나와 자순회를 대신하여 오키나와 민간정부(OCA)[4]가, 1947년 3월 21일에는 미야코지청을 대신하여 미야코 민간정부(MCA)가, 1947년 3월 21일에는 야에야마지청을 대신하여 야에야마 민간정부(YCA)가 설치되었다. 아마미오시마에서는 1946년 10월 3일에 오시마지청이 임시북부남서제도정청으로 개칭되었다.

민간정부의 구체적인 정부 구성 내용을 오키나와 민간정부의 사례를 중심으로 살펴보면 다음과 같다. 오키나와 민간정부는 지령 제156호에 의해 설치되었으며 오키나와 민간정부의 장을 지사로 하였다. 오키나와 민간정부에는 ① 인가된 행정각부, ② 재판소, ③ 시정촌, ④ 오키나와 자순회를 대체한 자순기관이 포함된다. 오키나와 민간정부의 지사는 미 군정부의 정책 및 지령에 기초하여 민간행정에 대한 전반적인 통치기능을 적절히 발휘하도록 조치되며, 군정부 부장관에 대해 직접적인 책임을 지도록 하였다. 이러한 제도에 근거하여 지사가 정식으로 취임함으로써 오키나와 자순회의 직능은 지사 및 각 부장으로 이관되었다.

지사는 군정부 부장관의 승인을 획득하여 각 부장을 임명하였으며, 또한 각 시정촌장은 선거제로 선출되기 전까지 군정부 부장관의 승인을 얻어 지사

---

4) 오키나와 민간정부는 1946년 4월 22일부로 남서제도 미 해군 군정본부지령 제156호에 의해 설치되었는데, 동 지령의 원문에 의하면 'Central Okinawa Administration', 즉 오키나와 중앙정부로 명명되어 있으며 시행 연월일도 표시되어 있지 않았다. 당시의 행정기록에 의하면 오키나와 중앙정부는 1946년 12월 1일 오키나와 민간정부로 개칭된 것으로 되어있지만, 민간 측에서는 사실상 정식으로 오키나와 중앙정부로 칭하지 않고 있으며, 오키나와 민간정부로만 칭해지고 있었다. 1946년 4월 24일 이후 직원에 대해 교부된 사령을 참고하면, 이 역시 오키나와 민간정부로 되어있으며, 1946년 6월 1일 이후 지사관방에 의해 발행된 공보도 오키나와 민간정부 공보로 되어있다. 또한 동 공보에 게재된 지령 제156호의 제목 "Central Okinawa Administration, Creation of"가 '오키나와 민간정부 창설에 관한 건'으로 번역되어 있음을 볼 때, '오키나와 중앙정부'를 '오키나와 민간정부'로 호칭한 것은 번역 상의 착오일 가능성이 크다. 또한 지령 제156호에 시행 연월일이 첨부되지 않았음에도 불구하고 행정기록 상 오키나와정부의 설립 연월일이 '1946년 4월 22일'로 된 것은 시키야 고신(志喜屋孝信) 오키나와 민간정부지사에 대한 사령의 일부가 1946년 4월 24일인 것에 연유한 것으로 보인다.

가 임명하도록 하였다. 군정부 부장관은 모든 업무를 지령을 통해 지사에게 교부하였으며, 군정부의 각 부는 소속 기관 내 행정상의 직능 및 복무를 관할·담당하며, 오키나와 민간정부 각부의 사무와 관련하여 직접적으로 연락을 취하는 방식을 채택하였다.

오키나와 의회가 조직되기는 하였으나, 단순히 지사의 자문에 대해 답신하는 것으로만 그 기능을 제한하였으며, 결원 보충은 군정부의 임명에 의해 행해졌다.

재판소는 포고, 명령 및 지령을 기초로 하는 군재판소와의 관계하에서 그 기능을 수행하였다.

(4) 군도정부(Gunto Government)

1950년 6월 30일 미군 측 포고 제37호 '군도정부의 지사 및 민정의원선거'가 포고되면서, 1950년 9월 17일(아마미는 10월 22일) 각 군도별 지사선거가, 동년 9월 24일(아마미는 10월 29일)에는 군도의회의원의 선거가 시행되었다. 그 결과 오키나와에서는 자이라 다쓰오(平良辰雄), 미야코에서는 니시하라 가이치(西原雅一), 야에야마에서는 아사토 쓰미치오(安里積千代), 그리고 아마미에서는 나카에 사네타카(中江実孝) 등 4인이 군도지사로 당선되었다.

1950년 8월 4일 공포된 미군포령 제22호 '군도조직법'에 의하여 동년 11월에는 각 군도정부가 발족되면서, 지방분권적 행정체제를 갖추게 되었다. 오키나와 군도정부(OGG)는 1950년 11월 4일, 미야코 군도정부(MGG)는 1950년 11월 18일, 야에야마 군도정부(YGG)는 1950년 11월 7일, 그리고 아마미 군도정부(AGG)는 1950년 11월 25일 발족되었다.

군도정부는 법인으로써 해당 구역 내의 모든 공공사무를 처리하고 행정사무를 행하는 권한이 부여되었다. 다만, 사법·우편·기상·외교·은행 등의 사무는 군정장관이 보유함에 따라 이와 관련되는 사무는 시행할 수 없었다.

집행기관으로 군도에는 지사, 부지사, 회계장 및 출납장을 두고, 행정기관으로서는 총무부, 재무부, 공무부, 경제부, 문교부, 후생부, 법무부를 두도록 하였으며, 군도직원 정원은 법률로 정하였다. 지사는 군도를 통할하고 이를 대표하며, 포고 및 기타의 법령에 의해 그 권한에 속하는 사무 및 시정촌 사무의 관할권, 군도의회의 소집권을 보유하였다. 지사는 의회의 의결에 대한 거부권을 행사할 수 있으며, 의회는 지사에 대해 불신임의 의결을 행할 수 있도록 하는 이른바 기관대립형 지방자치권력구조를 갖추었다. 지사에게 사고가 발생할 경우 또는 공석인 경우에는 부지사가 직무를 대행하도록 하였다. 행정 각부에는 부장을 두고 추가로 부부장을 두도록 하였으며, 부장은 해당사무와 관련하여 직접적으로 지사에 대한 책임을 지도록 하였다.

각 군도에는 의결기관으로 의원을 두어 조직된 군도의회가 설치되었다. 의회의 권한은 제한열거제로 다음과 같은 사항이 해당된다.

① 조례의 제정·개폐에 관한 일

② 예산결산의 의결결정 및 인정에 관한 일

③ 세, 사용료, 수수료 등의 부과징수 및 지불에 관한 일

④ 재산의 취득 및 처분에 관한 일

⑤ 계약을 정하고 결정하는 일

⑥ 시정촌 활동의 종합정리에 관한 일

(5) 임시류큐자순위원회(Interim Ryukyu Advisory Council)

1950년 6월 15일에는 전 류큐의 정책문제와 관련한 미국군정부의 정책에 대응할 수 있도록 임시류큐자순위원회(IRAC)가 발족되었는데, 그 위원은 오키나와군도 6인, 아마미군도 3인, 미야코, 야에야마군도에 각각 1인으로, 각 군도의 지사가 해당 지역 의회의 찬성을 얻어 군정장관의 승인에 따라 임명하도록 하였다.

임시류큐자순위원회는 1950년 1월 3일부 미 군정본부포령 제1호에 의해 설치되어, 1950년 6월 15일 발족하였다. 1950년 6월 13일에는 미 군정본부지령 제5호(임시류큐자순위원회국 및 의사규칙의 설정)에 의거하여 임시류큐자순위원회의 전반적 기구 및 기능이 결정되었다.

임시류큐자순위원회의 의원은 1950년 6월 15일부터 1950년 9월 30일까지는 비상근 위원제였으나, 1950년 10월 1일부터 1951년 3월 31일의 기간 동안은 전임 위원제의 지위를 부여받았다. 위원장은 오키나와 민간정부관방장인 히가 슈헤이(比嘉秀平), 부위원장으로는 오키나와 민간정부정보과장이 선임되었다.

① 활동범위 및 사명

임시류큐자순위원회는 류큐열도 4개 민간정부 지구 주민의 전반적 이해관계가 결부된 문제와 관련하여 군정장관 및 4개 민간정부에 대해 순수한 자문기관으로서의 기능만을 보유하였다. 임시류큐자순위원회의 사명은 군정장관이 제출한 자문사항에 대해 공식회의에 따른 토의를 거쳐 군정장관에 대하여 원조 및 조언을 문서로서 답신하는 것이었다. 임시류큐자순위원회는 입법권을 가지지 않았다. 또한 미군정부의 법령작성과 관련하여 임시류큐자순위원회가 제안한 답신의 채택은 군정장관의 재량에 따르고 있었다.

② 조직 및 사무국

임시류큐자순위원회는 위원장 1인 및 부위원장 1인을 선출하며, 위원장의 임무는 위원회의 회의를 진행하는 것이었다. 그리고 부위원장은 위원장을 보좌하며 위원장에게 사고가 발생한 때 그를 대리하는 임무를 부여받았다. 임시류큐자순위원회 내에는 총무, 의제, 회계 기타 잡무를 처리하기위하여 사무국을 설치하고, 해당 직원은 위원장이 임명하도록 하였다.

(6) 류큐 임시중앙정부(Ryukyu Provisional Central Government)

류큐열도의 항구적 중앙정부 기구인 류큐 정부가 수립되기 전까지 잠정적 조치로서 1951년 4월 1일 포고 제3호 '임시중앙정부의 설립'에 의해 입법, 사법 및 행정의 3개 기관을 보유하는 류큐 임시중앙정부(PCG)가 설립되어 1952년 3월 31일까지 앞서(1950년 11월) 설립된 군도정부와 함께 2개의 정부로 존속되었다. 류큐 임시중앙정부의 설립에 따라 1950년 6월 15일 발족된 임시류큐자순위원회는 폐지되었다. 류큐 임시중앙정부의 입법, 사법, 행정부의 조직 및 기능은 다음과 같다.

① 입법원

류큐 임시중앙정부의 입법권은 9인의 참의로 구성된 입법원이 지니고 있으며, 참의는 전 임시류큐자순위원회의 의원 가운데서 민정부장관이 임명하였다. 참의는 9인으로 오키나와에서 5인, 미야코에서 1인, 야에야마에서 1인, 그리고 오시마에서 2인이 선출되었으며, 입법원의장은 행정부주석이 겸하였다. 입법원은 입법권의 행사와 관련하여 임시중앙정부의 행정기관 및 사법기관으로부터 독립되어져, 일반조세, 관세, 부담금, 소비세의 부과징수 및 군도 및 기타 류큐열도 내의 행정기관에 대한 보조금 부여를 포함한 류큐 임시중앙정부의 권한을 행사하기 위해 필요적절한 모든 법규의 제정권을 지녔다.

② 재판소

류큐 임시중앙정부의 사법권은 류큐상소재판소, 순회재판소, 치안재판소가 행사하였다. 상소재판소의 판사는 민정장관이 임명하였으며, 순회재판소 및 치안재판소의 판사는 민정부장관의 사전 인가에 의해 군도지사가 임명하였다. 민정부장관은 재판소의 결정 그리고 판결에 관련한 재심, 인가, 연기, 정지, 감형, 이송 등에 대하여 자유재량처분을 할 수 있었다.

③ 행정부

류큐 임시중앙정부의 집행권은 행정주석에 소속되었다. 행정주석에는 전 류큐자순위원회의 위원 중 민간정부장관인 히가 슈헤이(比嘉秀平)가 임명되었다. 행정주석은 입법원의 임시회의 소집권을 지님과 동시에 입법원의 의결에 의해 설치된 행정 각 국의 관리운영에 관한 책임을 지니며, 민간정부장관의 인가를 거쳐 각국 직원을 임명하였다. 행정부주석은 민간정부장관이 임명하였는데, 전 류큐자순위원회의 의원 가운데 이즈미 유헤이(泉有平)가 임명되었다. 행정부주석은 입법원의 의장인 동시에, 행정주석에게 사고가 발생한 경우 또는 행정주석이 부재한 경우 그 임무를 대행하였다. 입법원의 의결에 의해 설치된 행정 각국은 행정주석, 행정주석정보국, 행정주석통계국, 총무국, 재정국, 법무국, 자원국, 상공국, 공무국, 운륜국, 우정국, 후생국, 문교국, 경찰국 등이다.

(7) 류큐 정부(Government of the RyuKyu Islands)

류큐열도의 항구적 중앙정부로서 1952년 2월 29일 포고 제13호 '류큐 정부의 설립'에 의해 입법·사법 및 행정의 3개 기관을 갖춘 류큐 정부(GRI)가 설립됨에 따라, 1951년 4월 1일부터 1952년 3월 31일까지 존속된 류큐 임시중앙정부는 해체되었다. 포고 제13호와 함께 1952년 2월 29일 포령제68호 '류큐 정부장전'이 류큐 통치의 기본법으로서 제정되면서 류큐 정부는 류큐열도미국민정부의 포고·포령·지령에 의거하여 류큐열도에 대한 정치의 전 권한을 행사하게 되었다. 류큐 정부의 입법, 사법, 행정부의 조직 및 기능은 다음과 같다.

① 입법원

류큐 정부의 입법권은 입법기관인 '입법원'에 속하고 입법원은 류큐 정부의 행정기관 및 사법기관으로부터 독립된 입법권을 행사하였다. 입법원은 조세, 관세, 부과금 및 소비세의 부과징수와 함께 류큐 내의 다른 행정기관에 대한 보조금의 교부를 포함한 류큐 정부의 기능을 실시하는 데 필요 내지는 적절한 모든 입법 활동을 행사할 수 있었다.

입법원은 법규에 근거하여 류큐 주민이 선출한 29인의 의원으로 구성되었다. 1952년 3월 2일에 신설된 입법원의 최초 총선거가 실시되어 각 군도지구의 인구에 비례한 정원(중선거구제)을 결정함으로써, 주민의 총의를 대표하는 입법원의 조직을 정비하였다. 1954년 3월 14일 아마미군도가 복귀되면서 실시된 제2회 총선거에서는 정원을 각 구 1인으로 한 29인의 소선거구제도가 확립되었다. 1962년 11월 11일에 실시된 제6회 총선거에서는 종래의 임기 2년이 3년으로 바뀌고, 1965년 11월 14일에 실행된 제7회 총선거에서는 정원 29인이 32인으로 개정되었다. 1968년 11월 10일에 실시된 제8회 총선거에서 선출된 입법원 의원의 임기는 복귀특별조치법에 의해 복귀 시까지로 연장되었다.

② 재판소

류큐 정부의 사법권은 이미 설치된 류큐상소재판소인 재판소가 행사하였고, 상소재판소의 판사 임명권은 민정장관의 권한이었다. 민정부장관은 재판소에 대하여 재심의 권한을 지녔다. 1968년 1월 1일 1967입법125 '재판소법'에 기초하여 류큐상소재판소가 류큐고등재판소로 개조되면서, 해당 판사는 고등재판소 재판관 임명 자문위원회의 자문을 거쳐 행정주석이 임명하였다.

③ 행정부

류큐 정부의 행정권은 '행정주석'이 관할하였다. 행정주석의 임명은 선거제가 실시되기 전까지의 기간에 한하여 민정부장관이 수행하도록 함으로써 초대 행정주석에는 히가 슈헤이(比嘉秀平)가 임명되었다. 행정주석의 권한 및 책임으로는, 입법원에 대하여 정부의 상황에 따른 보고 및 필요 적절하다고 인정되는 정책에 관한 심의를 권고하는 역할, 임시의회의 소집권한, 입법에 의해 설치된 행정 각국의 관리운영에 대한 책임, 그리고 각국에 필요한 직원의 임명권 등을 들 수 있다. 행정부주석은 1965년 12월 21일 행정주석의 임명제가 실행되기 전까지 민정부장관이 임명했다.

행정부는 행정주석, 행정부주석 및 사무부국으로 구성되었으며, 사무부국의 인사기구 및 직무담당은 주민의 이익을 우선적으로 고려하면서 이에 부합한 사무를 추진할 수 있는 조직으로 구성되었다.

3) 류큐 정부의 변천

미국 통치하의 오키나와는 지방자치체적 성격에서 중앙정부적 성격으로 변모함으로써 이 시기 일본 중앙정부와 오키나와와의 관계는 중앙 - 지방정부의 관계가 아닌, 일본 중앙정부의 관할에서 벗어난 미국 관할의 단독 중앙정부로서의 성격을 지닌다. 특히 1952년 이후 류큐 정부의 행정기구 변천을 살펴보면, 미국지배하의 오키나와는 실질적인 면뿐만 아니라 형식적인 면에 있어서도 지방자치적 성격에서 점차 중앙집권적 성향을 강하게 지니는 통치체제로 변질되는 것을 알 수 있다.

(1) 행정기구의 변천

류큐 정부는 1952년 4월 1일 류큐 임시중앙정부의 기구로 설치된 행정주석관방 외에 행정주석정보국, 행정주석통계국, 총무국, 재정국, 자원국, 상공국, 공무국, 운륜국, 우정국, 후생국, 문교국, 경찰국의 13국으로 발족되었다.

이 후 7회에 걸친 행정기구 개혁을 통해 중앙집권적 체제를 정비하였는데, 구체적인 행정기구의 개혁내용은 다음과 같다. 제1회 행정기구 개혁에서는 민입법에 의하여 중앙행정조직을 정비할 목적으로 1953년 4월 1일 행정사무부국조직법(입법9)이 입법원에서 제정되면서 행정주석국방, 통계부, 경제기획실, 내정국, 법무국, 경제국, 공무교통국, 사회국, 문교국, 경찰국의 1방, 1부, 1실, 7국제로 대폭적인 행정기구 개혁이 추진되었다. 제2회 행정기구 개혁에서는 행정사무부국조직법의 일부개정(1954.8.6 입법24)에 의거하여 1954년 7월 1일 사회국의 노동과가 노동국으로 승격되면서 1방, 1부, 1실, 8국제로 변모하였다. 제3회 행정기구 개혁에서는 행정사무부국조직법의 일부개정(1957.7.19 입법31)에 의거하여 1957년 7월 1일 통계부와 경제기획실이 통합, 기획통계국이 설치되어 1방8국제로 전환되었다. 제4회 행정기구 개혁은 내부체제의 강화를 목적으로 류큐정부행정조직법(1961.7.31 입법100)을 제정하면서 1961년 8월 1일 행정주석관방, 기획통계국, 내정국이 내무국과 계획국으로 개조되었다. 또한, 공무교통국이 건설운륜국으로, 사회국이 후생국으로 개칭되어 행정기구가 9국제(내무국, 계획국, 법무국, 경제국, 건설운륜국, 후생국, 노동국, 문교국, 경찰국)로 변화되었으며, 외국(外局)제도까지 도입되었다. 제5회 행정기구 개혁에서는 산업능률단기대학에 의한 행정진단의 결과를 참고로 류큐 정부행정조직법의 일부개정(1965.7.26 입법65)에 의거하여 1965년 8월 1일 11국제(총무국, 기획국, 주세국, 법무국, 농림국, 통상산업국, 건설국, 후생국, 노동국, 문교국, 경찰국)로 조직이 변화되었다. 제6회 행정기구 개혁에서는 1969년 8월 12일 입법제93호 경찰법 제정에 의거하여 1969년 10월 1일 종래의 경찰국을 공안위원회로 이행하면서 행정기구는 10국이 되었다. 제7회 행정기구 개혁에서는 1972년 오키나와 복귀가 확실시되면서 복귀준비시책의 추진을 위한 조직체로서 류큐 정부행정조직법의 일부개정(1970.9.22 입법171)에 의거, 1970년 10월 1일 '복귀대책실'을 신설하여 10국 1실의 행정사무부국으로 조직개편이 추진되었다. 또한 지방청설치법(1952년 입법제36호)의 폐지에 따라 지방청은 지청으로 바뀌었다.

(2) 행정기구의 편성

국은 행정주석의 권한에 속하는 행정사무가 1차적으로 배분되는 주요한 조직단위였다. 외국(外局)의 설치조건으로는 ① 해당 조직이 부과의 조직으로 과대하다고 판단되는 경우, ② 국으로서의 지위를 부여하기 곤란한 경우, ③ 해당조직 기능을 강화할 필요가 있을 경우, ④ 독립적 권한을 행사하는 기관인 경우 등이 해당되었다. 외국은 1961년 8월의 행정기구 개혁 당시 신설되어 청에 속하는 외국과 위원회에 속하는 외국으로 구분되었다.

행정위원회는 행정의 중립성확보를 위해, 또한 전문적 지식에 근거하는 행정 부문 가운데에서 이해대립의 조정을 위해 이해당사자 및 대표자의 참여가 필요한 경우 등에 설치되었다. 구체적으로는 행정주석의 소관기관에 속하는 위원회(회계검사원, 인사위원회, 중앙교육위원회 등)와 전술한 외국에 속하는 위원회(중앙선거관리위원회, 문화재보호위원회, 중앙노동위원회)를 들 수 있다.

청 조직으로는 앞서 언급된 청(통계청, 우정청) 외에 지청과 검찰청을 들 수 있는데, 이러한 조직들은 그 연혁적 사정이나 특수성에 의해 각 국 또는 외국의 체계에서 예외로 분류되기도 하였다.

부는 국의 핵심조직이라 할 수 있는데 주로 기획, 조정, 조사 등의 직무에 해당되는 업무를 관할하는 조직체계로 조직의 기동성 확보가 중요하였다. 이에 따라 내무부국에는 1965년 8월 법제실과 세제실, 1970년에는 총합대책실을 설치하였다.

과는 국(외국)의 본국(본청)과 그 지분부국 및 부속기관으로 설치되었으며, 당해 각 기관의 소관사무를 중핵적으로 담당하는 기관적 지위를 부여받고 있었다. 본국(본청)의 과는 행정조직법의 규정사항으로, 지분부국 및 소속기관의 과는 조직규칙의 규정사항에 해당되었다. 지분부국은 국(외국)의 수족에 해당되는데, 주로 국(외국)의 소관사무를 지역적으로 분담하는 기관으로 종류는 조직법에, 위치와 명칭은 조직규칙에 의거하였다.

부속기관은 직접적 행정사무의 수행과는 관련 없이 내국에서 분리되는데, 주로 주민서비스를 제공하는 임무를 담당하였으며, 지분부국과 동일하게 그 종류는 조직법에서, 위치와 명칭은 조직규칙에서 정하였다.

자문기관은 행정을 적절히 수행하고 국(청)의 활동능력을 보강하고 확대하기 위한 기관으로 입법에 의해 설치되어진 것과 규칙으로 설치되는 것으로 구분되나, 대개 전자에 해당되었다.

1956년 계제가 신설되었는데, 계는 과의 소관사무를 실시하기 위한 조직이었다. 본국(본청)에서는 조직규칙에 의해, 지분부국, 소속기관에서는 집무세칙에 의해 설치할 수 있었다.

전문관제도는 1961년 8월의 기구개혁을 통해 도입되어진 제도로서, 조직상의 계층성에 적절하지 않는 직이 이에 해당되었다. 전문관은 계에 소속되지 않고 기관의 장(과장 또는 소장)에 직속되며, 그 설치는 조직규칙의 규정사항이었다.

지소, 출장소, 주재소 등은 조직규칙에 의해 지부분국 및 소속기관에 설치되었으며, 해당기관의 소관사무를 지역적으로 분담하는 기관이었다.

4. 오키나와의 일본 복귀와 지방자치제도 및 행정제도의 변화

오키나와가 일본에 복귀된 직접적인 원인으로는 미국의 경제적 상황과 오키나와의 조국복귀운동을 들 수 있다. 즉, 베트남전쟁의 장기화로 인해 미국의 재정적자가 증가함에 따라 미국은 오키나와 기지에 드는 비용을 일본측이 부담하기를 원하였다. 또한 일본으로의 복귀를 요구하는 오키나와 내부의 움직임으로 인하여 미국은 기지기능을 유지하는 것이 곤란하다고 판단함으로써, 미국의 오키나와 기지에 대한 영구점령방침을 전환하는 계기를 마련하게 되었다(楳澤和夫, 2003: 97~116).

오키나와의 일본 복귀는 지방과 중앙이라는 관점에서 볼 때, 오키나와가 일본의 지방자치제도 내에 재편입하게 되는 것을 의미하는 것으로, 미국 통치하

의 단독 정부적 성격으로부터 일본 중앙정부 및 동일 수준의 자치체와 긴밀하게
연결되는 일본 국가체제 내의 지방자치단체로 복귀됨을 의미하는 것이다.

오키나와의 일본 복귀를 즈음한 시기의 중앙정부와 지방정부 간의 관계
는 이 시기 일본 내 지방자치제도의 변천과 관련하여 설명할 수 있는데, 기본적
으로는 전후 지방자치제도는 크게 변화되지 않는 구조하에서 지방자치단체
내부에서의 변화가 가시화되는 시기라고 평가할 수 있다. 이러한 변화의 근본
적인 원인으로는 주민의식의 변화를 들 수 있다. 즉, 1950년대 후반부터 1960
년대 그리고 1차 오일쇼크인 1973년까지 일본의 고도성장기를 통해 주민운동
이 급속하게 성장하게 되었다. 특히 도쿄라는 일극중심에서 볼 수 있는 바와
같이 급격한 도시의 팽창은 도시의 과밀화나 생활환경의 파괴 등 새로운 문제
를 파생시켰고, 또 다른 측면에서는 농산촌의 과소화 및 피폐를 불러일으켰
다. 이러한 변화는 새로운 주민운동을 창출하는 중요한 요인이 되었다. 이에
따라 1960년대 중반부터 시작된 주민운동은 일본 전체에 확대되었다(沖縄国
際大学公開講座委員会 編, 2000: 15).

또한 산업구조의 변화, 도시화의 진행과 함께 주민의 정치의식도 변화되
면서 농촌을 중요한 기반의 하나로 한 자민당이 후퇴하는 현상과 함께 중앙정
부도 지방자치단체도 주민의식의 변화나 주민운동에 대처하기 위한 노력을
진행하지 않을 수 없게 되었다. 특히 주민생활에 직접 영향을 미치는 지방자치
단체는 주민의 요구를 무시할 수 없는 상황에 직면하게 되면서 지방자치단체
가운데에서 중앙정부의 의향에 따르지 않고 법률의 범위를 초월한 조례나 지
도요강을 결정하는 상황도 발생하였다. 공해 방지, 노인의료의 무료화, 정보
공개 등의 분야에서는 지방자치단체가 먼저 조례를 제정하면서 이것이 전국
적으로 확대되어 중앙정부도 뒤따라 제도화하는 현상이 나타나기도 하였다.
산업구조의 변화에 따른 주민운동의 창출이 아래로부터의 지방자치를 추진
하게 되면서 국민의 의식 내에서도 지방자치는 당연한 권리라는 의식이 형성

됨에 따라, 주민의 권리의식이 다양한 형태로 표출되기 시작한 것이다(沖縄国際大学公開講座委員会 編, 2003).

이 같은 일본 본토의 지방자치체를 둘러싼 변화와 함께, 1972년 5월 15일 오키나와의 복귀에 따른 특별조치에 관한 법률(1971.12.31 법률제129호)에 근거하여 종전의 오키나와현은 당연히 지방자치법(1947.4.17 법률제67호)에서 정하고 있는 현으로서 존속함을 원칙으로 하여, 류큐 정부의 해체에 따라 전전의 오키나와현이 부활되었다(「沖縄を知る事典」編集委員会 編, 2003: 120~155). 오키나와의 일본 복귀는 결국 일본 정부의 중앙집권적 시스템으로서의 지방자치제도 구조틀 내에 오키나와를 재배치하는 과정으로 파악할 수 있다(山本英治, 2004). 일본 복귀에 따른 지방정부로서의 오키나와현과 중앙정부와의 관계는 본토의 여타 도도부현과 동일한 지방자치제도 및 행정체제를 갖추기 위한 작업이 진행되면서 그 체제가 구성되었다고 할 수 있다. 이하에서는 오키나와가 일본 정부의 지방자치단체로 재편입되면서 변화한 행정체제를 간략하게 설명하도록 한다(沖縄国際大学公開講座委員会 編集, 2000: 285~303; 照屋榮一, 1984: 100~110; 新崎盛暉, 2001; 河野康子, 1994).

1) 지사 및 현의회 의원

복귀 시 류큐 정부의 행정조직 및 입법원 의원직을 지니던 자가 복귀 후 50일 이내 선거가 행해지기 전까지의 기간(1972.6.25 제1회 선거실시)동안 오키나와현의 지사 및 의회의 의원직을 수행하는 것으로 간주됨으로써, 야라 초뵤(屋良朝苗) 씨가 초대 현지사직을 수행하였다. 제2대 현지사는 1976년 6월 25일에 타이라 코이치(平良幸市)가, 제3대 현지사로는 니시메 준지(西銘順治)가 1978년 12월 13일에 각각 취임하였다.

1972년 5월 30일 재정된 조례 90호에 의거하여, 1972년 6월 25일 오키나와의회 의원의 선거구는 12구, 의원의 수는 44인으로 정해졌다. 이것이 인구 증가를 이유로 1976년 3월 30일 공포된 조례 제20호에 따라 1976년 6월 13일에 실시된 제2회 선거부터는 의원의 정수가 46인으로 개정되었다.

2) 부지사

부지사는 복귀시 류큐 정부 행정부주석에 해당하는 자로 지사선거 이전까지의 기간 동안 오키나와현 부지사의 직에 해당되는 것으로 간주하여, 1972년 7월 10일 미야자토 마쓰쇼우(宮里松正)가 의회의 동의를 얻어 지사에 의해 복귀되어 초대부지사로 선임되었다. 또한 1974년 4월 1일부터는 본토와 동일하게 부지사 2인제를 도입하였다.

3) 위원회

류큐 정부의 각종 위원회 역시 선거가 행해지기 전까지 해당 위원회의 위원직을 유지하도록 조치하였다. 즉, 류큐 정부의 중앙교육위원회, 공안위원회, 중앙선거관리위원회, 인사위원회, 중앙노동위원회, 수용심사회, 세부적으로는 어업조정위원회의 위원 및 회계검사원의 검사관의 직에 있는 자는 선거가 행해지기 전까지의 기간 동안(중앙교육위원회의 위원에 대해서는 1972년 12월 31일까지의 기간 동안) 각각 오키나와현의 해당 위원회의 위원직을 유지하는 것으로 간주하였다.

4) 지사부국

1972년 5월 15일 공포된 조례 제32호 '오키나와현부설치조례'에 의해, 오키나와현의 지사부국으로서 총무부, 기획부, 후생부, 농림수산부, 토목부, 노동상공부의 6부가 설치되었다. 1974년 4월 1일의 오키나와부설치조례의 개정(1973.12.24 조례74)에 의해, 기획부를 기획조정부로, 후생부를 생활복지부로 바꾸고, 환경보건부 및 섭외부가 설치되었다. 1976년 3월 31일에는 규칙 제6호에 의해 노동상공부에는 관광진흥국이 설치되었다. 1979년 8월 1일의 오키나와현부설치조례의 일부개정(1979.7.30 조례25)에 의해 노동상공부를 상공관광부로, 섭외부를 노동섭외부로, 토목부를 토목건축부로 조직을 개편하는 동시에 기획조정부에는 개발부가 설치되었다.

1983년 4월 1일에는 오키나와현부설치조례의 일부개정(1973.3.31 조례 제11호)에 의해 노동섭외부 및 기획조정부의 개발국을 폐지하고, 기획조정부를 기획발전부로, 상공관광부를 상공노동부로 조직개편하고, 총무국에 지사공실, 환경보건부에 병원관리국, 상공노동부에 관광·문화국을 설치하였다. 또한 현립예술대학설치준비실을 현립예술대학설치준비사무국으로 승격하고, 현청사건설준비실을 총무부의 내부조직으로 독립시켰다. 1984년 4월 1일에는 국민체육대회준비사무국을 국체사무국으로, 출납장사무국을 출납사무국으로 개칭하였다. 또한, 1981년 12월 22일의 조례 제28호에 따라, 1984년 6월 10일의 제4회 선거부터는 선거구는 14구로, 의원정수는 47인으로 전환하였다(沖繩戰後選擧史編集委員会 編, 1983: 13).

5. 지방분권개혁과 오키나와

1989년 냉전체제의 종식과 함께 글로벌화가 진행되면서 일본의 버블 경제도 종식을 고하게 되었다. 이로 인해 일본의 중앙정부를 포함한 지방자치단체에도 재정위기가 도래함으로써 행재정 개혁의 필요성이 제기되었다. 1991

년 12월 정치개혁추진협의회를 준비회로 발족하면서 정치개혁추진과 함께 1990년 10월 발족한 3차 임시행정개혁추진심의회(臨時行政改革推進審議会)에서 최초로 제안되어진 행정개혁과 지방분권을 일체로 인식하고자 하는 관점에서, 국제화에 대응하는 국가체제를 구축하기 위한 지방분권의 추진을 도모하기 시작하였다. 1994년 5월에 설치된 행정개혁추진본부에서 제안한 지방분권에 관한 입법화를 토대로 1995년 5월에는 지방분권추진법을 공포하였으며, 2004년 7월에는 지방분권일괄법이 성립되면서 지방분권개혁이 구체화되기 시작하였다(新藤宗幸, 2002: 1~15; 伊藤成彦 編, 2004: 12~17).

일본과 같은 중앙집권적 지방자치제도 하에서의 지방분권개혁은 중앙정부의 권한을 지방정부에 이양하는 형식, 즉 재정 이양과 사무 이양을 통하여 이루어지고 있다. 지방정부의 재정적 자율성을 확대시키기 위하여 추진된 삼위일체 개혁은 국고보조금의 삭감, 세원의 지방이양, 그리고 지방교부세의 수정을 그 내용으로 한다(新藤宗幸, 2002: 17). 동시에 중앙정부의 사무통제로부터 지방정부가 행정의 자주성을 확보할 수 있도록 하기 위해 기관위임사무의 폐지라는 수단을 채택하고 있다.

이 같이 지방분권화 개혁을 통해 일본의 중앙정부와 지방정부의 관계가 중앙집권적 지방자치제도로부터 지방분권화로 이행되어가는 것과는 달리, 지방정부로서의 오키나와와 중앙정부의 관계는 전전의 중앙집권적이며 종속적인 중앙 - 지방관계가 새롭게 왜곡되고 심화되어지는 면모를 보이고 있다. 이는 오키나와가 일본에서 미국 그리고 다시 일본으로의 거듭되는 통치주체의 전환과정을 거치면서 지니게 된 사회, 정치, 경제구조의 제약에서 그 원인을 찾을 수 있다. 일본의 지방자치제도가 분권화로의 변화·발전되는 것과는 달리, 오키나와와 중앙정부와의 관계는 본토에서의 중앙정부와 지방정부 간의 관계와는 다른 양상으로 전개되고 있는 점을 오키나와에 대한 중앙정부의 보조금정책 및 기관위임사무의 폐지를 통해 살펴보도록 한다.

1) 중앙정부에 의한 오키나와의 재정 보조

오키나와가 일본으로 복귀된 이후, 일본 중앙정부는 오키나와에 대하여 "본토와의 격차시정"과 "자립적 발전의 기본조건의 정비"라는 목표를 달성하기 위하여 '특별조치에 관한 법률', '오키나와진흥개발특별조치법', '오키나와개발청설치법' 등 소위 '오키나와개발 3법'을 제정, 오키나와가 일본 지방자치제도 아래로 원만하게 이행할 수 있도록 토대를 마련하였다(日本經濟調查協議会, 1970). 즉, 전후 미국 통치하의 오키나와는 공업화가 뒤처지면서 기지경제에의 의존이 높은 경제상태가 지속되었기 때문에, 일본 복귀 이후 중앙정부는 오키나와의 지역개발을 우선하는 정책을 채택하였다. 이에 따라 "본토와의 격차를 조속히 시정하여 자립적 발전의 기초조건을 정비하기 위하여" 특별히 고비율의 보조에 의한 대량의 공공투자를 진행하여 생산기반, 생활기반 등을 형성하기 위한 조치를 추진하였다. 본토에서 전개된 전국종합개발계획과 조정해 나가면서, 본토의 각종 지역개발수단을 종합적으로 적용하는 동시에 또한 이를 상회하는 재정 조치, 기업 유치 등의 특별 조치가 오키나와진흥개발특별조치법을 통하여 실시되었다(宮本憲一, 1979: 74~75).

'오키나와개발 3법' 가운데 하나인 오키나와진흥개발특별조치법은 오키나와 복귀에 따른 특수사정을 감안하여 종합적인 진흥개발계획을 책정, 다양한 사업을 추진하기 위하여 특별조치로서 규정한 것인데, 전후 현재까지 전국에서 실시된 중앙정부의 보조 부담률 내에서 가장 높은 보조율이 적용되고 있다. 이로 인하여 사회자본의 정비는 비약적으로 추진되었으나, 법 시행 이후 다량의 공공사업이 투하됨에 따라 건설업이 과도하게 비대해진 재정주도의 산업구조가 형성되었다(新崎盛暉 編, 1982).

또한 1972년 본토 복귀 이후부터 중앙정부에 의한 10년 단위의 오키나와 진흥개발계획이 책정되어 현재까지도 시행되고 있다. 1차 오키나와 진흥개발계획은 1972년부터 1981년까지, 2차는 1982년부터 1991년까지, 3차는 1992년부터 2001년까지 그리고 4차는 2002년부터 2011년까지의 기간으로, 현재까지 5조억 엔 이상의 자금이 중앙정부로부터 오키나와에 투하되어 인프라 정비를 추진해오고 있다. 구체적으로는 국고재정지원에 의한 생산기반, 생활기반 등의 정비사업이 오키나와진흥개발의 중심이 되고 있다. 사업비 구성을 보면 도로, 항만, 어항 등의 교통운송시설이 50% 이상을 차지하고 있으며, 다음으로는 하수도환경위생 등인데, 이 가운데에서도 용수공급(댐 등)사업이 커다란 비율을 차지하고 있다. 또한 농업, 농촌정비 부분 등이 매년 크게 증가하면서, 최근에는 하수도 환경위생 등에 필적하고 있다. 그 결과 도로 항만 등은 상당히 정비되었으나, 진흥개발계획의 기본 목표인 본토와의 격차시정과 자립적 발전의 기본조건의 정비는 아직도 미비한데, 무엇보다도 자립적 발전에 연결되는 산업의 육성이 이루어지지 않고 있기 때문이다(宮本憲一・佐々木雅幸 編, 2000: 25~27).

　　오키나와 산업의 특징을 살펴보면, 3차 산업은 비중이 상대적으로 높은 79%(전국 평균 63%)이며, 2차 산업은 21%(전국 평균 40%), 그리고 1차 산업은 장기적인 저하를 보이면서 현재 2.8%의 수준에 머물고 있다. 즉, 오키나와의 산업구조는 1차 산업의 저하, 2차 산업의 현상유지, 그리고 3차 산업이 높아지는 경제의 서비스화가 진행되고 있음을 알 수 있다. 본토 복귀 후 지속되고 있는 오키나와진흥개발계획의 실시에 따라 재정지출이 확대된 점, 그리고 관광진흥정책에 의해 3차 산업이 비대화되어 있는 점 외에 오키나와 경제가 형성과정에서 오키나와 전체면적의 10.8%를 차지하는 미군기지에 크게 의존하고 있는 기지경제를 중심으로 발달된 면을 고려할 때, 오키나와는 취약하고 불균형한 산업구조를 지닌 것으로 평가할 수 있다(沖縄県企画部統計課, 1971~2002; 沖縄国際大学公開講座委員会, 2004).

　　오키나와의 경제구조는 오키나와가 거쳐 온 역사의 귀결로, 일본 복귀

전에는 미군기지의존형 경제에서 복귀 후에는 재정의존형(공공투자의존형)
경제구조의 성격을 띠게 되었다. 따라서 재정, 산업기반이 취약한 오키나와는
본토에 대부분을 의존하는 경제구조로 편성됨에 따라, 오키나와의 지역적 특
성을 살리는 경제개발을 할 수 있는 여건에 미치지 못하는 것이 현실이다. 현민
일인당 연간 소득은 전국 평균의 약 74%정도로서 도쿄의 절반에 미치지 못할
뿐만 아니라 전국에서 최하위인 상태가 이어지고 있다. 실업률 역시 약 12%로
심각하며, 과중한 기지부담이 지역산업의 육성을 곤란하게 할 뿐만 아니라,
도시형성에도 커다란 장애로 작용하고 있다(沖縄国際大学産業総合研究所
編, 2003: 12~17; 平良朝男, 1998).

2) 오키나와와 기관위임사무의 폐지

기관위임사무란 법령에 의해 국가의 사무를 지방정부의 단체장에게 위
임하는 것으로서, 이러한 사무는 국가의 사무로 인식됨에 따라 단체장은 국가
의 하부기관으로 위치하며 대신(大臣)의 지휘 감독 하에서 해당 사무를 수행
해야만 하는 의무를 지닌다. 단체장이 집행을 태만히 하는 경우, 국가는 집행
명령을 내리거나 단체장을 재판에 회부하거나 심지어는 대집행하는 대응이
가능하다. 오타(大田) 오키나와 전 지사가 미군기지용지사용과 관련하여 대
리서명을 거부하였으나, 결국 무라야마(村山) 수상이 대집행할 수 있었던 것
은 이것이 기관위임사무에 속한 국가의 사무로 해석되었기 때문이다.

그런데 지방분권개혁 추진을 위해 재정된 지방분권일괄법에서는 국가와
지방의 역할분담이 명확하게 명기되어 있다. 즉, 지방자치단체는 주민복지의
증진을 도모하기 위하여 지역에 있어 행정을 자주적으로 그리고 총합적으로 실
행하는 역할을 담당하도록 하고 있다. 한편 국가는 국제사회에 있어 국가로서의
존립에 관계되는 사무, 전국적 통일적으로 정할 필요가 있는 국민의 재 활동 및

지방자치단체에 관한 기본적인 준칙에 관한 사무, 또한 전국적인 규모 또는 전국적인 시점에 입각하여 행해져야만 하는 사업 및 시책, 그 외 국가가 본래 수행해야할 역할로 각각의 역할분담을 규정하고 있다(新藤宗幸, 2002: 71~79).

이러한 역할분담에 따라 기관위임사무와 관련하여 351개의 법률을 새롭게 개정하였는데, 사무의 일부는 그 자체를 폐지하거나 국가의 직접집행사무로 전환하였으며, 이를 제외한 대부분의 사무는 지방자치단체가 처리하는 사무로서 재정립하였다. 그런데 여기에서 지방자치단체가 처리하는 사무의 일부 가운데에서 법정수탁사무라는 명칭으로 전환된 사무들이 잔존하는데 이러한 사무는 국가가 본래 수행해야 할 역할을 전제로 하는 사무로서, 실제에 있어서는 기관위임사무라는 명칭만을 바꾼 것에 지나지 않는다. 즉 기관위임사무의 주요한 것들은 현재에도 법정수탁사무로서 잔존하도록 한 것이다. 더하여 지금까지 국가의 지휘감독권이 없었던 자치사무에 관해서도 조언 또는 권고, 자료의 제출요구, 협의, 시정요구를 할 수 있도록 함으로써 자치제는 국가의 요구에 따라 필요한 조치를 수행해야만 하는 의무를 부여받게 된 것이다. 이러한 관점에서 본다면 국가의 지배, 통제가 강화된 부분도 적지 않다는 해석도 가능하다. 물론 기관위임사무의 폐지로 지금까지 조례를 제정할 수 없었던 기관위임사무에 관하여 조례를 제정할 수 있게 된 점 등에서는 지방분권이 일보 전진한 것으로 평가될 수 있다(新藤宗幸, 2002: 80~83). 다시 말해, 지방분권일괄법 역시 지방분권을 추진하고자 하는 본래의 목적 외에 여전히 국가가 개입할 수 있는 여지를 마련한 것으로서 위로부터 개혁의 한계를 드러낸 것이라고 볼 수 있다.

이러한 측면에서 볼 때, 오키나와에 있어서 기관위임사무의 폐지는 직접적으로 토지수용법의 개악과 연결된다. 1999년 7월 지방분권일괄법에서는 미군용지특조법의 재개악이 추진되었는데 여기에서는 잠정사용이라는 용어를 활용하여 국가가 신청만하면 사용기간이 완료되거나 수용위원회에서

각하하더라도 미군용지의 사용을 지속할 수 있도록 하고 있다. 즉, 과거 기관위임사무였던 대리서명 등의 권한을 단체장으로부터 회수하여 국가의 집적집행사무로 전환한 것이다. 더하여 국가가 신청하는 경우 심리과정을 거치지 않더라도 수용위원회가 긴급 재결할 수 있도록 함으로써 수용위원회가 긴급 재결하지 않거나 각하하는 경우 수상이 토지회수 및 강제사용을 대리 재결할 수 있도록 한 것이다(山本英治, 2004).

즉, 미군용지특조법에 의한 강제수용(또는 강제사용)은 토지수용법의 규정과 수순이 준용된다고 함으로써, 수용법 개악에 따른 수용심리에서의 발언권을 봉쇄하여 오키나와 반전지주의 저항수단을 봉쇄할 뿐만 아니라 수용위원심리투쟁 등 주민의 합법적 저항수단을 일절 활용하지 못하도록 한 것이다. 따라서 이는 국민의 기본권인 재산권의 행사 면에서나, 지방자치단체가 고유한 자치권을 지닌다는 지방자치적 관점에서 볼 때, 일본 헌법에의 위헌소지마저 지닌다고 하겠다.

6. 나오며

지방정부와 중앙정부 간 관계라는 관점에서 오키나와의 문제를 파악하기 위해서는, 일본의 지방자치단체라고 하는 현재의 오키나와의 지위를 역사 속에서 변천해 온 일본과 오키나와의 관계라는 맥락에서 이해할 필요가 있다.

1609년 사쓰마번의 시마즈(島津)가 류큐국을 정복한 후, 직할령인 아마미오시마제도와 오키나와제도 이남을 류큐왕가(尙家, 상씨 가문)에 넘기면서 류큐국을 존치시켰지만, 류큐국은 시마즈의 실질적인 지배를 받으면서 도쿠가와 막부체제에 편입되었다. 이 당시 류큐국은 중국과는 조공국의 관계를 유지하고 있었기 때문에 형식적으로는 일본·중국 양국에 귀속되었다. 1872년에는 류큐국을 류큐번으로 변경하면서 일본 정부의 외무성 직할하에 두었으나, 1874년 7월에는 내무성 관할로 변경하여, 보다 강력한 일본 통치하에 편입시켰다. 1875년 7월 마쓰다 미치유키(松田道之)가 슈리성 번청당국에 일본 정부의 '류큐처분'을 영달하면서, 1879년 3월 27일 폐번치현에 의해 '류큐처분'이 강행되어 동년 4월 4일에는 류큐번을 폐지하고 오키나와현을 설치하는 요지를 정부의 명령에 의해 포고하였다. 폐번치현에 따른 '류큐처분'에 의해 독립국이던 류큐국은 오키나와현으로 바뀌면서, 결국 일본의 일부로 귀속되었다.

1879년 4월 4일 내무성 산하에 발족된 전전의 오키나와현청에는 분청에 따른 미야코지청 및 야에야마지청이 설치되고, 가고시마현의 아마미군도에는 오시마지청이 설치되었으나, 1945년 미군의 점령에 따라 오키나와, 미야코, 야에야마, 아마미의 각 군도는 류큐열도미국군정부하에 분할·통치되면서 오키나와현청과 함께 그 지청은 소멸되고 오시마지청은 가고시마현에서 분리되었다. 오키나와 본도에서는 1945년 8월 15일 미국군정부의 자문기관으로서 준집행기관을 겸하는 오키나와자문회가 발족되어, 1946년 4월 24일 오키나와 민간정부로, 1950년 11월 4일 오키나와 군도 정부로 이행되었다. 미야코군도에서는 1945년 12월 8일 미야코지청이 설치되어, 1947년 3월 21일 미야코 민간정부로, 1950년 11월 18일 미야코 군도 정부로 이행되었다. 야에야마군도에서는 1945년 12월 28일 야에야마지청이 설치되면서, 1947년 1월 24일 야에야마카지청으로 개칭한 후, 동년 3월 21일 야에야마 민간정부로, 1950년 11월 7일에는 야에야마 군도정부로 이행되었다. 아마미군도에서는 1946년 2월 2일 오시마지청이 가고시마현청에서 분리되어 류큐열도미국군정부의 관리하에 설치되었다. 오시마지청은 1946년 10월 3일 임시북부남서제도정청으로 개칭되어 1950년 11월 25일에는 미야코 정부로 이행되었다. 종래의 단체장이 미군의 임명제였던 것과는 달리 각 군도정부지사는 주민에 의해 직접선거로 선출되었다. 1950년 6월 15일 미군군정부의 전 류큐자문기관으로서 임시류큐자문위원회가 발족되었고, 1951년 4월 1일에는 류큐 임시중앙정부가 설치되었으며, 1952년 4월 1일 전 류큐적 통일기구로서의 류큐 정부가 설치됨으로써, 각 군도정부는 1952년 3월 31일 해체되었다. 류큐 정부는 입법원, 재판소, 행정부의 삼권으로 분립되어, 행정부는 행정주석을 장으로 한 행정사무부국으로 구성되었다. 오키나와군도를 제외한 각 군도정부에 있어서도 미야코, 야에야마, 아마미의 각 지방청(1970년 10월 1일 지청으로 개칭)이 설치되었으나, 아마미군도의 복귀에 따라 아마미지방청은 1953년 12월 25일 폐지되었다. 류큐 정부의 행정주석은 민정장관 또는 고등판무관에 의한 임명제였으나, 1968년 12월 1일 주민의 직접선거에 의해 공선주석이 탄생하였다. 이 시기의 오키나와는 미국의 지배하에 놓이게 되면서, 일본 중앙정부로부터 독립적인 지위를 획득하게 되어 형식상으로는 중앙정부적 성격을 띠게 된다.

일본 복귀 후 오키나와현이 부활함에 따라 소멸된 류큐 정부의 행정기관은 오키나와현청이라는 또 다른 국가행정기관으로, 류큐입법원은 오키나와현 의회로, 류큐고등재판소는 후쿠오카고등재판소 관내 지방재판소 등의 사법기관으로 이행되었다. 오키나와의 일본 복귀 이후 오키나와는 일본의 지방자치제도 내에 편입되는 과정을 거치면서 지방자치단체라는 법률적 지위를 갖추게 된 것이다.

그러나 최근 일본에서 추진되고 있는 지방분권화 개혁의 관점에서 오키나와와 중앙정부 간의 관계를 보면, 동일한 수준의 여타 지방정부와는 다른 중앙정부와의 관계가 형성되고 있음을 알 수 있다. 오키나와 지방정부와 일본 중앙정부와의 관계는 재정적 측면에서나 법률적 측면에서 여전히 중앙정부에 종속 및 의존하는 관계가 지속되고 있다. 오키나와가 뒤늦게 일본 지방자치제도 내에 편입되었다는 것에서 그 원인을 찾을 수도 있으나, 동시에 오키나와를 둘러싼 중앙정부와 지방정부의 관계는 오키나와를 제외한 동일한 수준의 지방정부와 중앙정부 간 관계에서 드러나는 일반적인 재정 문제나 권한 배분 등에 관련된 이익 배분 문제와는 다른 외교안보상의 문제까지를 포괄하고 있기 때문이다.

한 국가 내의 지방자치 및 지방분권은 중앙정부와 지방정부가 각기 추구하는 국가의 이익과 지방의 이익이 동일하며, 나아가 지방정부의 이익이 결국 중앙정부 즉, 국가의 이익으로 환원된다는 전제하에서 가능한 국가발전전략이다. 이러한 맥락에서 오키나와의 문제는 국가라고 하는 틀 내의 지방정부로서 이해하면서 그 해결책을 찾기에는 한계가 있다. 따라서 단순히 중앙정부와의 파트너십을 근거로 한 국가 내 거버넌스적 분권방식으로 일본의 중앙정부와 지방정부로서의 오키나와를 이해하는 데 나타나는 한계에 대해서는 지방분권의 또 다른 논리인, 글로벌리즘(globalism)에 대응하는 개념으로서의 지방주의(regionalism)적 관점이 그 대안이 될 수 있을 것이다. 글로벌화가 진행되는 세계 내에서도 유럽 지방주의의 일례로 들 수 있는 프랑스와 코르시카의 관계는 일본 중앙정부와 지방정부로서의 오키나와 관계에 중요한 시사점을 제시할 수 있다(沖縄国際大学公開講座委員会 編, 2000: 290~296). 중앙집권적 전통이 강한 지방자치제도와 수도 파리중심으로 일극화 양상을 보이는 프랑스와 60년대 이후 급격한 경제·사회적 변동에 의해 소수민족의 복원운동이 활성화된 코르시카와의 관계는 일본 중앙정부와 지방정부로서의 오키나와의 관계와 유사성을 지니고 있기 때문이다. 코르시카의 예에서도 볼 수 있듯이, 코르시카의 지방주의자들은 지방자치를 주장하는 동시에 경제, 문화, 정치 등 다방면에 걸친 요구를 제시하면서 도민의 지지를 획득하여 이를 기반으로 프랑스 중앙정부에 다양한 요구들을 관철시키고 있다.

결국, 오키나와의 문제는 일본 내 중앙과 지방의 관계 속에서 이해하기보다는 특히 외교, 안보부문과 관련하여 공동의 이익을 추구하는 아시아 지역주의의 연대를 모색하는 입장에서 접근할 필요가 있다. 이러한 지방주의적 관점에서 오키나와 문제를 바라볼 때만이 미국을 중심으로 하는 글로벌리즘에 대응하는 전략적 대안을 찾을 수 있을 것이다.

■ 참고문헌

「沖縄を知る事典」編集委員会 編. 2000. 『沖縄を知る事典』. 東京: 日外アソシエーツ: 紀伊國屋書店.

「沖縄を知る事典」編集委員会 編. 2003. 『沖縄を深く知る事典』. 東京: 日外アソシエーツ: 紀伊國屋書店.

「戦後沖縄税務行政史」編集委員会 編. 1982. 『戦後沖縄税務行政史』. 那覇: 沖縄国税事務所.

宮里政玄 編. 1975. 『戦後沖縄の政治と法: 1945-72年』. 東京: 東京大学出版会.

宮里政玄. 2000. 『日米関係と沖縄: 1945-1972』. 東京: 岩波書店.

宮本憲一. 1979. 『開発と自治の展望・沖縄』. 東京: 筑摩書房.

宮本憲一・佐々木雅幸. 2000. 『沖縄: 21世紀への挑戦』. 東京: 岩波書店.

崎浜秀明. 1986. 『沖縄の法典と判例集』. 東京: 本邦書籍.

金城睦 編. 1985. 『明日をひらく・沖縄と憲法』. 那覇: 沖縄憲法問題研究会.

大田昌秀. 1972. 『近代沖縄の政治構造』. 東京: 勁草書房.

大田昌秀. 2000. 『沖縄の決断』. 東京: 朝日新聞社.

島袋邦・比嘉良充 編. 1989. 『地域からの国際交流: アジア太平洋時代と沖縄』. 東京: 研文出版.

渡辺昭夫. 1970. 『戦後日本の政治と外交: 沖縄問題をめぐる政治過程』. 東京: 福村出版.

末吉重人. 2004. 『近世・近代沖縄の社会事業史』. 宜野湾: 榕樹書林.

楳澤和夫. 2003. 『沖縄の歴史』. 東京: 大月書店.

山本英治. 2004. 『沖縄と日本国家: 国家を照射する〈地域〉』. 東京: 東京大学出版会.

上村忠男 編. 2002. 『沖縄の記憶/日本の歴史』. 東京: 未來社.

新崎盛暉 編. 1982. 『沖縄自立への挑戦』. 東京: 社会思想社.

新崎盛暉. 2001. 『現代日本と沖縄』. 東京: 山川出版社.

新藤宗幸. 2002. 『地方分権』. 東京: 岩波書店.

我部政男. 1979. 『明治国家と沖縄』. 東京: 三一書房.

伊藤成彦 編. 2004. 『東アジアの平和のために国境を越えたネットワークを: 沖縄での市民協議の試み』. 東京: 岩波書店.

伊波勝雄. 2003. 『世替りにみる沖縄の歴史』. 中城村: むぎ社.

日本経済調査協議会. 1970. 『沖縄経済開発の基本方向』. 東京: 日本経済調査協議会(調査報告).

照屋榮一. 1984. 『沖縄行政機構変遷史: 明治12年~昭和59年: 終戦39周年記念』. 豊見城村(沖縄県): 照屋榮一.

沖縄開発庁 編. 1983. 『沖縄開発庁十年史』. 東京: 沖縄開発庁.

沖縄国際大学公開講座委員会 編. 2000. 『転換期の法と政治』. 宜野湾: 沖縄国際大学公開講座委員会.

沖縄国際大学公開講座委員会 編. 2003. 『自治の挑戦: これからの地域と行政』. 沖縄国際大学公開講座委員会.

沖縄国際大学公開講座委員会. 2004. 『様々な視点から学ぶ経済・経営・環境・情報: 新しい時代を生きるために』. 宜野湾: 沖縄国際大学公開講座委員会(沖縄国際大学公開講座; 13).

沖縄国際大学産業総合研究所 編. 2003. 『地域特性の数量的評価と沖縄の様相』. 東京: 泉文堂.

沖縄県企画部統計課. 1971~2002. 『沖縄県統計年鑑』. 那覇: 沖縄県.

沖縄県内務部第一課 編. 1963. 『沖縄旧慣地方制度』. 那覇: 阿波連之智.

沖縄戦後選挙史編集委員会 編. 1983.3~1985.3. 『沖縄戦後選挙史』. 那覇: 沖縄県町村会.

平良朝男. 1998. 『日本の一国二制度: 沖縄を国際自由都市・フリーポートに』. 東京: 本の泉社.

河野康子. 1994. 『沖縄返還をめぐる政治と外交: 日米関係史の文脈』. 東京: 東京大学出版会.

教育社 編. 1979. 『国土庁・北海道開発庁・沖縄開発庁: 便覧』. 東村山: 教育社.

ロバート D. エルドリッヂ. 2003a. 『沖縄問題の起源: 戦後日米関係における沖縄 1945~1952』. 名古屋: 名古屋大学出版会.

ロバート D. エルドリッヂ. 2003b. 『奄美返還と日米関係: 戦後アメリカの奄美・沖縄占領とアジア戦略』. 鹿児島: 南方新社.

7장

현대 오키나와에서 '혁신'의 의미와 특징[1]

이지원

1. 오키나와에서 혁신의 재발견

연구자는 약 10년 전 박사학위논문을 준비하면서 1960년대 및 70년대를 풍미했던 일본의 혁신자치체[2]에 대해 연구하였다. 일본이 당시 세계적으로 유례없는 고도경제성장을 하면서도 급속한 산업화와 도시화의 부작용을 상당 정도 완화시키는 데 있어서 동시대의 혁신자치체의 역할이 지대했다고 보았고, 국내의 현실에도 유용한 교훈을 얻어낼 수 있으리라 기대했기 때문이다. 그러면서 혁신자치체의 세력 기반의 하나이자 한계로도 작용했던 일본의 혁신세력 및 수십 년간 지속되었던 보수세력과 혁신세력의 대결구도에 대해서도 좀 더 깊이 있게 공부할 수 있었다. 하지만 혁신세력이든, 혁신자치체든 연구대상으로서의 가치는 인정할지언정 일상세계에서는 어디까지나 과거의 현상이자 역사적 기록의 대상에 불과하다고 보는 것이 일

---

1) 이 글은 현대일본학회에서 간행하는 『일본연구논총』(제23호, 2006년 여름)에 게재된 것을 수정·보완한 것이다.
2) 대개, 사회당이나 공산당 또는 양당의 지원·추천을 받은 사람이 단체장으로 선출된 지방자치체를 가리킨다.

본에서의 지배적인 인식이었다. 단적으로 '혁신'이라는 말 자체가 이미 사어(死語)가 되어 있었다.

그러나 오키나와 연구팀의 일원이 되어 현지를 방문조사하면서 새롭게 깨달은 것 가운데 하나가, 본토에서는 이미 사어가 된 '혁신'이라는 용어가 오키나와에서는 21세기 들어서도 여전히 일상적으로 사용되고 있다는 사실이었다. 이 점이 필자에게는 상당히 특이하게 느껴졌고, 이렇게 '혁신'이라는 용어가 여전히 쓰이는 이유, 본토와 이렇게 차이가 나는 까닭은 무엇일까 하는 의문을 갖게 되었다. 그리고 이러한 의문이 본 연구를 촉발하는 한 계기가 된 것이다.

책머리의 서장에도 언급되어 있지만, 오키나와는 일본에 속하면서 일본이 아닌 곳이라 불릴 정도로 본토와는 상이한 역사적 경험을 해 왔다. 오키나와의 현대사에 대해 간략히 2차 세계대전 시기부터만 한정하여 살펴보아도, 민간인 포함 수십만이 사망한 오키나와전투의 참극, 미국에 의한 27년간의 통치, 일본으로의 '복귀' 후에도 일본 국토 0.6%의 면적에 75%의 미군부대가 집중됨으로써 첨예화된 기지 문제와, 본토에의 경제적 의존 문제 등 갖가지 굴절로 점철되어 왔다. 반면 일본 본토의 경우는 2차 세계대전시에도 공습피해 외에는 지상전(地上戰)의 경험도 겪지 않았고, 패전 후 미국의 점령통치하에서조차 간접통치체제로 운영되었으며, 몇 년간의 과도기를 거쳐 바로 독립을 이루었고, 그 이후 미군기지의 숫자도 점점 축소되어갔다. 즉 오키나와와 일본 본토는 2차 세계대전 이래 수십 년간 현대사의 전개양상을 달리 하였다. 그리고 사회정치적 변동에 있어서도 일본 본토는 '패전' 및 '민주화' → '55년체제'[3] → '55년체제'의 붕괴와 '유동화'의 궤적을 그려온 데 비해, 오키나와는 '패전' 및 '이민족 지배' → '조국 복귀' 및 '일본의 (새로운) 지배 및 계열화'라는 구도로

---

3) 1955년에 창당된 자민당과 사회당이 향후 반세기에 걸쳐 일본 정계를 대표하게 된 것을 빗대어 이르는 표현.

요약가능하다.

따라서 명백히 일본의 일부분이면서도 독자성을 지닌 오키나와는 여러 면에서 본토와 대비될 수밖에 없는데, 이는 흔히 '차이'와 '공통성', 혹은 '동시대성'과 '비동시대성'이란 관점에서 논의되곤 한다. 이는 사회의식과 정치적 표출의 측면에서도 마찬가지인데, 본고에서는 전후 일본의 사회정치 분야의 상징이었던 '혁신'[4]이라는 키워드를 중심으로 오키나와의 특수성이 지역정치와 내면의 영역에서는 어떻게 나타나는지를 살펴보고자 하는 것이다.

이 같은 주제에만 초점을 맞춘 연구는 쉽게 눈에 띄지 않지만, 관련 연구의 흐름을 굳이 나누자면 크게 둘로 나눌 수 있다. 첫째는 오키나와의 특이함을 중심으로, 사회정치적 전개양상의 예외성을 강조하는 관점이다. 둘째는, 오키나와의 특수성을 배경으로 전제하면서도 현대 일본의 사회정치적 흐름과의 공통성을 강조하는 관점이다.

그런데 시기적으로 전자의 경우는, 대개 2차 세계대전 이후부터 1972년의 '본토 복귀'에 이르기까지, 미국의 지배하에서 근본적인 법적·제도적 환경의 차이가 현격하던 부분을 강조한다(比嘉, 1965; 中野 外, 1982 등). 반면, 후자의 경우는 본토 복귀 전후부터 현재에 이르기까지의 시기에 초점을 맞추고 오키나와의 특수성이 약화된다는 점에 초점을 맞춘다(島袋, 1989; 江上, 1996, 1997).[5]

---

4) 여기서 '혁신'이란 전후 일본을 풍미한 '보수 - 혁신대립구도'의 한 부분이자, 혁신세력, 혁신정치, 혁신자치(체) 등을 포괄한 함축적 언어로 사용한다. 물론 오키나와의 사례는 여기에 또 다른 의미를 추가하게 될 것이다.

5) 島袋(1989)는 복귀 후 오키나와는 경제적, 사회적 및 정치적으로 명실공히 본토와 '일체화', '계열화'됨으로써 모든 면에서 본토의 조직에 편입되게 되었다는 점, 그리고 이 결과 오키나와의 기업, 노동조합, 정당 및 다른 조직들도 중앙의 지령에 의해 움직이게 됨으로써 오키나와의 독특한 지방색을 낼 수 없게 되고 오키나와 측의 주체성을 상실하게 되었다는 점을 지적한다. 또한 江上(1996·1997)의 경우는 1990년대 전반의 자민당 정권 실각 및 그 이후 정치적 유동화가 진행되는 과정을 배경으로 '55년체제'의 형성과 붕괴와의 대비 속에서 오키나와 전후 정치의 흐름을 '68년체제'의 형성과 붕괴라고 보고, 1968년에 혁신자치체가 대두된 시기의 양자의 공통점 및 연계성, 또한 90년대 이후의 유동화현상이라는 점에서 양자의 일체성을 강조한다.

[표 7-1] 일본 본토와 오키나와의 현대사 대비

	본토	오키나와	비고(기존관점)
1945~1952	미국의 지배(간접통치)	미국의 지배 (미군정 직접통치 후 민정부 이양)	차이
1952~1972	독립, 전후복구, 고도경제성장 55년체제	미국의 지배 지속, 토지강제수용, 복귀운동, 68년체제	차이
1972~1992	보혁대립구도의 흥망	본토로의 일체화, 계열화	동일
1993~	55년체제의 해체, 유동화	68년체제의 해체, 유동화	동일

　　사실 이렇게 시기적으로 나누어 본다면 양자의 흐름은 서로 대립하지 않
고 오히려 보완되는 것으로 볼 수 있으며, 크게는 '본토 복귀' 이후, 특히 1993
년 이후에는 기본적으로 동일한 궤도에 놓인 것으로 파악된다([표 7-1] 참조).
그러나 오키나와의 사회정치적 특수성은 단지 시기적 변수 혹은 사건사적
획기를 계기로 쉽사리 해소될 수 있는 것일까? 아니라면 어떻게 보아야 할
것인가? 또 차이가 있다면 어떤 면에서의 차이이며 그 원인은 무엇인가? 오키
나와의 특수성에 주목하는 것이 일본 사회 전체에 주는 시사점은 무엇인가?
본 논문은 이러한 물음과 과제에 답하려는 것이다. 그리고 이를 위해 오키나
와의 '혁신'에 대해, 일본 본토와의 대비 속에서 첫째, 6~70년대를 풍미했던
혁신자치의 형식과 내용에 대한 역사적 확인, 둘째, 혁신자치 및 80년대 전후
의 투표행동 등 선거양상에 대한 실증적 검토, 셋째, 기존 연구상에서 본토와
의 동일화가 특히 강조되는 90년대 이후의 상황과 관련하여 오키나와 아이덴
티티 등에 대한 내면적 이해를 통해 과제에 답하고자 한다.

2. 일본 본토에서의 '혁신'의 궤적

먼저 일본 본토에서 혁신세력 및 혁신정치가 어떠한 궤적을 그려왔는지 간단히 살펴보자.

우선 혁신세력 및 혁신정치란, 말 그대로 '혁신'의 실현을 목표로 추구하는 세력 및 정치이다. 사실 혁신이란 '묵은 것을 고쳐 새롭게 한다'는 뜻의 동사 혹은 형용사에 불과하며, 정치적으로 '혁신'이란 표현은 2차 세계대전 이전에는 '우익운동'의 용어이기도 했다.[6] 그러나 전후 개혁을 거치며 사회당, 공산당 등이 이른바 '민주혁명세력'으로 성장한 상황에서 다시금 '역(逆)코스'가 진행되자, 보수세력 중심의 궤도수정에 반대하고 민주혁명의 성과를 옹호한다는 맥락에서 1950년대 전반에 새롭게 '혁신'이라는 표현이 도입되었으며, '보수합동'에 의한 '55년체제'의 성립 이후 '보혁대립구도'가 일반화되는 가운데 '혁신'이라는 용어가 정착하게 되었다. 즉, '혁신'이란 "대내적으로 자유자본주의와 대외적으로 미일안보관계를 고수하려는 집권 자민당에 대항하여 이를 수정 혹은 변경시키려는 사회주의 계통의 정치세력"이라는 의미를 지니게 되었다. 또 1960년의 '1차 안보투쟁'은 사회당과 공산당의 운동이 대중운동과 결합하여 국민운동으로 확장됨으로써 '혁신운동'의 정점을 이루기도 하였다. 그러나 그 이후 자민당-사회당의 양당구도가 약화되고 '다당화'가 진행되면서 1970년대 초반에는 두 야당 뿐 아니라 민주사회당, 공명당, 사민련(社民連), 신자유클럽 등 각 당파가 '혁신'을 표방하기에 이르렀는데, 이 경우에는 "단독으로 중앙정권을 계속 장악하고 있는 자민당에 대한 대항"의 의미로서, 즉 '야당세력의 대명사'로 쓰이기도 하였다(大森, 1985: 212). 다른 한편, 지방

---

6) 메이지시대의 입헌혁신당(立憲革新党)은 중도에서 좌절한 메이지유신을 바로 세운다는 의미에서 '혁신'을 이야기했으며(高畠, 1995: 230), 1930년대 말에서 1940년대에는 '혁신관료' 등과 같은 초국가주의의 맥락에서 쓰여졌다(柳根鎬, 1990: 34~38). 이러한 '우익적 혁신'은 패전 이후에 지지기반을 잃고 사어(死語)가 되었다.

정치의 차원에서는 60년대 이후 70년대 중반까지 주민운동 및 시민운동이 확대되는 가운데 '혁신자치체'가 대거 출현하였다. 즉, 1963년 제5차 통일지방선거를 기점으로 혁신자치체가 급증하였고, 1973년에는 132개 지방자치체에 이르러 일본 도시지역 주민의 3분의 1, 통계에 따라서는 전 도시인구의 반수를 바라보는 인구가 혁신자치체에 거주하는 상황으로까지 발전하여 '중앙(자민당 정권)포위', '보혁역전'이 이야기되기도 하였다.[7] 이때의 '혁신'의 의미역시 (앞의 각주2에서 본 바와 같이) "사회당이나 공산당 또는 양당의 지원·추천을 받은 사람이 단체장으로 선출된 지방자치체"를 뜻했다. 그러나 이후 각종 단체장선거 등 정치적 경합과정에서 혁신세력의 슬로건을 자민당 측도 수용하게 된 한편, 극단적인 형태의 사회문제들은 완화되어갔고, 또 혁신세력 내부의 대립으로 공동투쟁에 난항을 겪게 되면서 혁신자치는 쇠퇴하기 시작하였다. 또 중앙정치 차원에서도 70년대 말까지는 '보혁백중'의 기운이 있었으나, 80년 중·참의원 '더블선거'에서 자민당이 압승을 거두고, 나카소네 내각에서 '전후 총결산'의 프로그램이 제시된 이후에는 '혁신'이라는 단어가 영향력을 잃어갔고, 사회당을 비롯한 대항세력도 이 용어를 좀처럼 사용하지 않게 되었다. 탈냉전과 세계화 등 세계질서의 변화가 일어난 90년대 이후에는 더더욱 혁신의 축이 약화되었고, 핵심적인 정치용어는 '보수 - 혁신'에서 '개혁', '리버럴(リベラル)' 등으로 전환되었다. 즉, 중앙정치 및 지방정치의 차원 양측에서 자신의 한계를 극복하지 못하고 좌초한 것이 '혁신'의 운명이었고, 마침내는 '혁신'이라는 용어 자체가 '사어(死語)'가 되고 만 것이 일본 본토에서의 귀결이었다.

---

7) 1973년판 『革新市長施政方針集』 서문은 혁신시장을 가진 도시인구가 약 3440만 명에 이르러 전 도시인구수의 43.5%를 차지한다고 밝히고 있으며, 공산당측에서는 1975년의 선거결과 9개의 도부현, 99개시, 4구(區), 93개 정촌에서 공산당이 여당이 된 결과, 전국 합계 205개의 혁신자치체에 거주하는 주민이 4682만으로 일본 총인구의 42.7%에까지 이르렀다고 집계하였다(이지원, 1999: 104).

3. 오키나와 혁신자치의 특징

2차 세계대전에서 패전을 맞았으나 미군정의 직접 통치가 아닌 간접 통치를 몇 년간 받으면서 일정한 '민주화' 단계를 거친 뒤 샌프란시스코강화조약으로 '독립'을 이룬 일본 본토와 달리, 오키나와는 패전 이후 무려 27년간에 걸쳐 미군정의 관할 아래 놓였다. 일부 지방자치체의 경우 주민에 의한 선거와 자치가 이루어지기도 했으나 이는 어디까지나 미군정의 포령 및 포고의 틀 내에 한정된 것이었다. 이러한 상황에 변화가 오기 시작한 것은, 미국과 일본 정부가 1972년에 오키나와를 '조국 복귀'시키기로 결정하고 '시정권 반환'도 약속한 가운데 최초로 주민공선제로 치러진 1968년의 류큐 주석선거 때부터였다.[8] 이때부터 오키나와에서도 주로 '경제' 문제(본토와의 격차시정, 일체화)를 주요 과제로 내건 보수와, '반(反)기지, 반(反)안보'를 주요정책으로 내세우는 혁신이 정면으로 대립하게 되었다. 이 시기는 마침 바로 전 해인 1967년에 수도인 도쿄에서 최초로 혁신계 지사가 탄생하는 등, 일본 본토에서 혁신자치체의 파고가 높아지던 때였고, 오키나와도 그 예외는 아니었다. 이런 면에서 기존연구는 일본 본토와 오키나와의 혁신자치의 유사성을 강조한다.

1) 오키나와 혁신자치의 본토와의 유사성

(1) 혁신자치 성립형태의 유사성

우선 1968년 오키나와의 혁신자치 성립과정과 1967년 미노베(美濃部) 도쿄 혁신도정 성립과정에서부터 몇 가지 유사성이 지적되곤 한다. 대표적으로 선거승리의 계기와 선거전의 방식 및 단체장의 성격 등, 세 측면을 꼽아볼 수 있겠다.

---

8) 따라서 그 이전까지는 본토와의 비교 자체가 곤란한 상황이었다고 볼 수 있다.

첫째, 혁신세력의 지역권력 획득이 가능했던 '정치적 기회구조'로서, 보수집권세력이 '균열'을 드러낸 것인데 오키나와와 도쿄 모두 동일하게 오직(汚職)사건이 계기가 되었다.

도쿄도의 경우, 도쿄올림픽이 끝난 이듬해인 1965년에 이른바 '검은 안개(黑い霧)'9) 사건이 자민당 내부에서 잇달아 발생했다. 자민당 총재 공선을 둘러싼 자금공작 문제로부터 후키하라(산업융자)사건이 일어났고, 도쿄도의회에서도 의장선거 등과 얽힌 문제가 드러나면서, 1965년 당초 예산을 심의하는 3월 도의회의 진행 중에 도의회의원의 오직사건이 발각되었다. 결국 도의회 의장을 비롯한 17명의 도의원이 기소·체포되고, 8명이 기소유예처분을 받는 대규모 사건으로 발전하였다. 이에 분노한 도민들은 도의회의 해산을 청구하는 소환운동을 전개하였는데, 학자, 문화인, 정당 및 사회단체들이 대거 연대하여 50만 명 서명을 목표로 하는 서명운동으로 발전하자, 집권 자민당은 국회에서 '지방공공단체의 의회해산에 관한 특별법'을 통과시켜 이례적으로 도의회를 해산시키는 비상조치까지 취했으나 도의회선거 결과 참패하였고, 혁신계 야당이 정책제안과 집행능력을 지닌 대안세력으로서의 가능성을 보여주는 기회를 얻게 되었다(이지원 1999: 115).

오키나와의 경우도 도쿄도와 마찬가지로 오직사건이 배경으로 작용하였다. 16년에 걸쳐 보수당이 류큐 행정주석의 지위를 장악해왔음에도 불구하고, 복귀운동과 반기지투쟁의 소용돌이 속에서 보수진영은 위기감을 느끼고 있었는데, 그 와중에 '택시오직사건'이 발각되었다. 그 결과, 현직 행정부수석 및 회계검사원장까지도 연루되어 마쓰오카 주석이 곤경에 몰리는 등, 보수체제의 '검은 안개'는 혁신세력 측의 절호의 표적이 되었고, 이후의 선거에서 혁

---

9) 백일하에 드러나지 않는 악(惡)을 가리키는 말로, 유명한 추리소설작가 마쓰모토 세이초(松本清長)의 소설 『일본의 검은 안개』가 1960년에 출간되면서 널리 퍼졌다. 이 표현은 흔히 '정계의 검은 안개' 등으로 사용된다(이지원, 1999: 114~115).

신세력이 승리하는 계기가 되었다(江上, 1996: 11).

둘째, 선거전의 방식으로서 모두 '메이카쿠(明革)'방식을 채택했다는 점이다. 이는 기존의 선거처럼 사회당, 공산당 양당이 전면에 나서는 구도 대신에 정당이 한걸음 물러서고 학자, 문화인 등이 중심이 되는 방식, 즉 정당을 학자, 문화인, 노조, 민주단체가 둘러싸는 형태로서, 규모와 기능면에서 새로운 공동투쟁 방식의 실험이었다. 또 선거를 위한 기구의 성격뿐 아니라 당선 후에도 일상적인 도민의 요구를 실현하는 추진모체로서의 역할을 부여받았고, 각 구(시정촌)에서도 모임이 만들어져 밑으로부터의 공동투쟁을 도모하였다. 그 효시는 1967년의 도쿄도지사 선거에 등장한 '밝은 혁신도정을 만드는 모임'(약칭 '메이카쿠')인데[10], 이 방식이 오키나와에서도 그대로 적용되었다. 오키나와의 경우, 1968년 11월에 열릴 행정주석 및 입법원의원선거를 목표로 6월부터 광범한 세력이 결집하여 '밝은 오키나와를 만드는 모임'(혁신공투회의)이 결성되었다. 대회에서는 주석 공선을 위해 공모한 테마송 '밝은 오키나와를 만드는 노래'가 울려 퍼졌고, 심볼마크, 이미지컬러도 공모로 채용하는 등 이미지선거의 색채를 띠었는데, 이는 바로 도쿄도의 방식을 모방한 것이었다(江上, 1996: 12). 야라(屋良朝苗) 후보는 입후보를 표명한 6월 2일 이후 도쿄에서 미노베 도쿄도지사, 아스카타(飛鳥田) 요코하마시장, 또 교토부의 니나카와(蜷川) 지사를 만나 의견을 교환하였는데, 이들의 혁신행정 및 도쿄도 방식의 선거전이 크게 참고가 되었다고 후에 술회하고 있으며, 이후에도 본토의 혁신자치체와 교류하며 성과를 참고하는 흐름이 이어졌다(沖縄タイムズ, 1970: 431~480). 또 당선 후 '시민과의 대화'를 내세워 직접민주주의적 요소를 촉발하고자 한 것도 양자의 공통점이다(平良, 1987: 162~169).

셋째, 학자, 문화인 유형의 단체장이 각광을 받았다는 점이다. 도쿄도의

---

10) 도쿄에서 성공을 거둔 '메이카쿠' 방식의 운동경험은 이후 전국 각지로 파급되어 혁신선거모체(母體)의 대표적 스타일로 퍼져나갔고, 수많은 혁신자치체를 낳은 한 요인이 되었다.

경우 종래의 노조 출신이나 직업적 정치인이 아닌 전직 대학교수였던 미노베 료키치가 출마하여 신선한 이미지로 어필하였고, 여타 지방자치체들도 비슷한 방식을 많이 선택하였다. 오키나와의 경우도 오키나와 교직원회의 회장인 야라가 지사선거에 출마하여 당시 본토의 혁신지사와 유사성을 띠었다. 후원회의 형식도 미노베 방식을 따라 "야라 씨를 격려하는 모임"을 결성하였다(江上, 1996: 11).[11]

(2) 혁신자치의 흥성과 쇠퇴

혁신자치의 흥성과 쇠퇴의 양상이 동시대적으로 나타났다는 점도 유사성에 속한다.

첫째, 앞서 보았듯이 일본 본토에서는 60년대 말부터 70년대 후반까지 가히 '혁신자치체의 시대'라고 불릴 정도로 그 수가 급증했고, 또 영향력을 확대하였다([표 7-2] 참조).

오키나와에서도 마찬가지 현상이 전개되었다. 최초로 지사공선제가 실시된 68년의 선거를 비롯하여 72년과 76년의 현지사선거, 현의회선거, 시정촌 차원의 선거 등에서 모두 혁신 측이 압도적인 강세를 보였다. 이런 점에서 오키나와는 가히 '혁신왕국'이라고 불릴 정도였다.[12] 다음의 표는 오키나와에서의 혁신의 강세를 여실히 보여준다([표 7-3] 참조).

둘째, 70년대 말 이후의 혁신자치의 쇠퇴 양상도 유사성을 띤다. 본토에서는 '생활보수주의', 오키나와에서는 본토와의 '일체화' 경향이 대두되는 가운데 혁신자치가 패퇴하였다. 본토에서는 70년대 말에 도쿄, 오사카, 교토,

---

11) 시기는 다르지만 대학교수 출신인 90년대의 오타(大田) 오키나와현 지사의 경우도 유사한 사례가 될 것이다.

12) 지방선거가 아닌 국정선거로는 76년의 제34회총선거에서도 혁신이 득세하였다. 사실 이는 본토의 수준을 뛰어넘는 것으로서, 후술하겠지만 유사성만이 아니라 오키나와의 특수성도 내포한 현상이었다.

[표 7-2] 혁신자치체의 확대(1964~1978)

연도	64	65	66	67	68	69	70	71	72	73	74	75	76	77	78
수	52	54	60	72	76	82	98	102	122	132	142	130	127	132	125

출처: 地方自治センター內部資料「都道府県革新市長動向一覧表」에 따름(大森, 1986: 215 재인용)

[표 7-3] 오키나와현 및 주요 도시 단체장의 성격(70년대를 중심으로)

오키나와현	혁신(68~78) / 屋良朝苗(2선), 平良幸市
나하시	혁신(68~2000) / 平良良松(4선), 親泊康晴(4선)
오키나와시 (舊 코자시)	혁신(70~77) / 大山朝常, 町田宗徳
이시가키시	혁신(70~86) / 桃原用永, 内原英郎(3선)
히라라시	혁신(69~86) / 平良重信(3선), 伊波幸夫
우라소에시	혁신(68~79) / 又吉 一(3선)
기노완시	혁신(69~76) / 崎間健一郎, 米須清興
나고시	혁신(69~86) / 渡具知裕徳(5선)
이시카와시	혁신(74~77) / 石川修

출처: 全國革新市長會・地方自治センター編(1992: 549~558),
全國革新市長一覧 및 각종 자료에 의거하여 작성.[1]

요코하마 등 핵심적인 대도시에서 혁신자치가 일거에 패퇴하며 퇴조 양상을 보였다. 오키나와의 경우도, 77년 이후 보혁의 입장이 역전되었고 특히 78년의 현지사 선거는 이후의 오키나와 정계에 큰 영향을 미쳤다. 이 시기에 실시된 기노완(宜野湾) 시장 선거, 78년의 통일지방선거, 27개 시정촌 단체장, 5개시 3개정 31개 촌의회 의원선거, 시정촌단체장선거 등의 지방선거에 참의원선거 결과까지 포함하면 보수 측은 21승 6패로 대승을 거두었다. 72년의 '복귀' 이전에는 오키나와현에서 8개 시가 혁신이었으나, 78년에는 4개로 반감하였고, 결국 53개 시정촌 중 36개를 보수계 단체장이 차지하게 되었다. 중앙정치 차원에서도 중의원의원 총선거에서 자민당의 오키나와지역 득표율은 1979년을 계기로 선거 때마다 늘어났고, 86년의 총선거에서는 여타 3당(사회, 공산, 공명당)의 득표율을 능가하였다. 이 같은 분위기 속에서 종래 오키나와에서는 집행이 저지되었던 자위관 모집업무, 학교현장 주임제도 등의 국가정책도 잇달아 도입되었다. 그리고 이러한 변화는 보수와 혁신의 양적 증감에만 국한되는 것이 아니라, 혁신정당 및 노동조합 등이 본토의 파벌항쟁과 연동되어 내부대립과 균열이 일어난 결과였고, 심지어 자민당에서도 재현된 것으로서, 근본적으로는 '오키나와 정치풍토의 본토화'를 의미하는 것으로 파악되었다(島袋, 1989: 45~50).

즉, 이런 점에서 혁신자치의 궤적은 본토와 오키나와에서 동일한 양상을 드러내었다고 볼 수 있다.

2) 오키나와 혁신자치의 본토와의 차별성

그러나 이상과 같은 유사성에도 불구하고, 일본 본토의 혁신자치와 오키나와의 혁신자치는 또 다른 면에서 차별성을 발견할 수 있다. 이를 혁신자치의 역사적 배경 및 핵심과제라는 측면에서 살펴보자.

(1) 혁신자치의 역사적 배경

일본 본토에서 혁신자치체가 급성장한 배경에는, 2차 세계대전 이후 '전후 민주주의'의 영향 아래 '시민층'의 활동이 전반적으로 확대된 것과 함께, 고도경제성장의 부산물로 각종 공해·도시 문제, 복지 문제 등이 격화되었음에도 불구하고 일본 정부 측의 대응이 미온적이었던 점, 이에 반발하여 주민운동과 시민운동이 대두되었다는 요인이 크게 작용하였다. 이러한 상황 속에서 혁신세력은 도시정책과 시민참가를 행정의 중심에 놓고 '도시무책(都市無策)'이라고 불린 자민당 정부를 비판하면서 영향력을 확대하였고, 따라서 그 주안점도 이러한 생활 문제의 해결과 삶의 질을 개선하는데 두어졌다. 그러나 오키나와의 경우는 2차 세계대전 패전 후의 출발부터 본토와는 달랐다. '복귀'를 전후로 오키나와 혁신이 크게 약진하기 이전까지의 상황을 몇 가지로 요약해보자.

우선 첫 번째로, 오키나와는 '패전' 이후 27년간에 걸쳐 사실상 미군정 통치의 제약을 받았다. 오키나와전투에 뒤이어 미군은 전시국제법(헤이그 육전법규)에 근거하여 오키나와/류큐를 (일본 본토로부터 분리하여) 군사적 목적을 위해 직접 점령 통치하였고, 샌프란시스코강화조약으로 일본이 독립과 주권을 회복한 1952년 이후에는 동 조약의 제3조를 미국의 오키나와 통치의 근거법규로 삼았다. 그 내용은 오키나와의 통치에 관해 첫째, 장래 미국을 시정권자로 하는 신탁통치를 예정하여(또는, 그러한 가능성 아래), 둘째, 이 점이 결정되기까지는 미국이 행정·입법·사법의 전부 및 일체(혹은 일부)를 장악한다는 것이었다.[13] 이러한 제약은, 정치적 활동의 면에서도 바로 확인된다. 비록 오키나와에서도 정당활동이 1947년 이후에 개시되기는 하였으나, 패전 후 바로 정당활동이 전개된 본토에 비해서 상당히 뒤늦은 것으로, 이는 2차 세계대전 당시 일본 영토 중 유일하게 '지상전'이 벌어진 지역으로서 오키나와가 받은 타격의 심대함을 말해주는 동시에 본토의 간접통치와 오키나와의 직접통치의 차이점을 말해주는 것이었다. 또 정당활동 및 자치활동의 활성화 정도에도 차이가 있었다. 일단 미군정 하에서 각 지역의 자치적인 준비모임이 전개되었고, 그러한 움직임이 군도(群島)정부(1950.11~1952.3) 발족으로 이어졌으며, 뒤따른 지사선거에서 타이라(平良辰雄)가 당선되면서 오키나와의 유력인사들을 망라한 사회대중당(약칭 사대당)이 결성되기도 하였으나 군도정부는 단명으로 그치고 말았다. 1952년에는 새로이 '류큐정부'가 발족하였으나, 이 역시 기존의 미 해군 및 육군의 군정부를 대체한 USCAR(琉球列島米国民政府, 약칭 미국민정부) 산하의 한정적 권한 밖에 갖

---

13) 아울러 미국은 일본이 오키나와에 대해 '잠재주권'을 지니는 것을 인정하였다. 이 점에 대해서는 이 책의 1장과 엘드리지(エルドリッチ, 2003) 참조.

지 못했다. 행정주석은 임명제, 입법원도 미군(=미국민정부)의 포령 및 포고의 허용범위 내에서만 입법권을 행사할 수 있었으며, 재판권에도 제약이 있었다. 1957년 이후 복귀까지, 오키나와의 최고 시정권자(施政權者)는 오키나와 주둔 미군 사령관이 겸직하는 고등판무관으로서, 오키나와에서 제왕적 지위를 누렸다(大田, 1996). 이에 대해 주민들은 '주석공선' 및 '자치권 확립' 요구를 내걸고 투쟁을 전개하면서 '자치권확대'를 쟁취해 나갈 수밖에 없었다(波平, 2003: 15~16).

둘째로, 1950년대의 상황도 본토의 '55년체제'와는 차이를 보였다. 1950년대에 군도정부 여당으로 출발한 사대당은 류큐 정부 발족 후에는 최대야당이 되어 보수정권을 견제하는 역할을 하였다.[14] 이런 면에서 50년대에는 사대당을 중심으로 한 야당과, 임명주석하의 정권지지 보수파라는 기본적 대립구도가 존재했으나 이는 전후 일본 정치에서의 55년체제하의 보혁대립 구도와 비교하자면, 최대 야당인 사대당이 본토의 혁신파는 달리 상당히 온건한 명망가 정당이었다는 점이 특징적인 차이였다. 한편 기지 설치를 위한 미군의 강제적인 토지수용, 이른바 '총칼과 불도저' 정책(아라사키 모리테루, 1998: 86)은 섬 전체 차원의 반발을 가져 왔다. 이에 '모든 악의 근원'이 '이민족 지배'에 있음을 규탄하면서 1954년 말부터 1956년에 걸쳐 오키나와의 토지를 지키려는 '섬 전체 투쟁(島ぐるみ鬪爭)'이 전개되었다. 이 투쟁은 보수와 혁신의 구별 없이 오키나와의 전 현민이 '오키나와의 토지를 지키기' 위해 '이민족 지배'를 반대한다는 명목으로 궐기한 것이었다(島袋, 1989: 31).[15] 결국 이 시기에는

---

14) 더 좌익적이었던 인민당은 미군의 탄압을 몇 번이나 받아 입법원에서의 세력은 약소했다. 1958년에 일본 사회당의 지부적 존재로서 결성된 오키나와사회당도 야당으로서 근소한 의석수를 가졌을 뿐이다.

15) 이는 이후 '조국 복귀' 요구가 총괄적 표현으로 자각되어가는 계기를 이루었다(波平, 2003: 17) 또 한 가지 중요한 사건이 1956년 말 나하시장선거에서 '반미민족주의자'인 인민당의 세나가(瀨長龜次郎)가 당선되었다가 해임된 사건이다. 세나가가 당선되자 미국 및 일본 정부는 물론 오키나와의 경제계도 큰 충격을 받았고, 이후 세나가에 대해 가혹할 정도의 탄압정책과 비협력체

모든 정당이 여·야당을 막론하고 공통적 입장을 취했다. 즉 오키나와에 있어서 '이민족 지배'로부터 벗어나 '조국'(일본)으로 '복귀'하는 것은 '민족의 비원 (悲願)'으로 대두되었다. 주석 공선 및 자치권 확대라는 쟁점에 관해서도 명분 상 반대하는 정당은 없었다. 즉, 50년대에는 일본 정치의 주요한 정당들이 오키나와에도 모두 등장하긴 하였으나, 기본적인 정치구도와 성격은 본토의 55년체제와의 차이를 보일 수밖에 없었다.

셋째, 오키나와의 '혁신' 세력은 '복귀' 운동의 고양 과정 속에서 대두되었다는 점이다. 60년대 전반의 시기에 오키나와의 정당정치 및 대중운동은 복귀라는 쟁점 그 자체보다도 '자치권확립'을 목표로 전개되었는데, 투쟁이 확대되는 가운데 기존 정치구도상에 커다란 변화가 일어나기 시작했다. 보수 세력은 주민의 자치권 확대 요구와 대미 협조 사이에서 분열·동요하면서 세력이 약화되었고, 반면 혁신세력은 주석 공선 요구를 중심으로 자치권확대를 주장하면서 내부 동요 없이 단결하면서 세력을 강화해갔다. 그 결과, 1960년대 중반을 거치면서 복귀운동의 좌경화와 보혁 대립의 구도가 형성되게 된다.

이 부분에 대해 좀 더 자세히 설명하자면, 1965년경 복귀운동에 2개의 커다란 전기가 도래하였다. 우선 1965년 8월에 오키나와를 방문한 사토 수상은 "오키나와의 조국 복귀가 실현되지 않는 한, 일본에 있어서 '전후'는 끝나지 않는다"는 중대발언을 하여 복귀의 현실성을 한껏 높이는 동시에 이 같은 일본 정부의 태도 변화는 정부 여당인 자민당과 오키나와의 자유민주당이 계열화, 일체화되는 것을 용이하게 하였다. 두 번째로는, 이즈음 오키나와의 복귀운동이 지녔던 민족주의적 색채 대신에 '혁신이데올로기'의 색채가 점차 강화되어 갔다. 이는 미군의 북폭 개시에 따른 베트남전쟁의 격화, 기지피해 및 미군

제를 전개하면서 미군은 결국 포령(布令)을 개악하여 세나가를 시장의 자리에서 추방하는 동시에 피선거권까지 박탈하였다(瀨長, 1970). 그러나 이는 오히려 자치권확대, 복귀운동 등 더 큰 저항의 동력이 축적되는 중요한 계기를 이루었다(比屋根, 2001). 한편 세나가 옹호를 둘러싸고 사대당은 분열되면서 오키나와사회당이 결성되게 된다(沖縄社会大衆党史編纂委員会 編, 1981).

병사 범죄의 급증 등을 배경으로 한 것이었다. 구체적으로, 류큐 정부 입법원은 1965년 7월에 '전쟁행위의 즉시 중지에 관한 요청 결의', 나아가 1968년 2월에는 'B52폭격기지화에 반대하여 동(同)기의 즉시철수와 모든 전쟁행위의 즉시중지를 요구하는 결의'를 채택하였으나, 이에 반해 일본 정부는 미군기지의 역할을 긍정하고 미군을 대변하는 정책을 펴면서 주민의 감정에 역행하였다. 대체로 이때부터 복귀운동의 성격이 변화되기 시작하였다(沖縄社会大衆党史編纂委員会 編, 1981). 즉, 종래 복귀의 상징이었던 '히노마루(日の丸)' 대신에 적기(赤旗)가 등장하게 되는 등 복귀운동은 급진화되었고, 민족주의적인 복귀운동으로부터 이데올로기적 색채를 띤 '반체제운동'으로의 변화를 보였다. 운동의 요구와 이념상으로도 반전 분위기 고양, 전체적인 복귀운동의 좌경화, 반전평화, 군사기지철거, 안보 반대 등의 주장이 전면에 제기되었고, 운동의 목표도 단순한 '조국 복귀'가 아니라 '(반전·평화)헌법 아래로의 복귀'를 강조하게끔 되었다. 이는 오키나와 교직원회 및 사대당에 일본 본토의 일교조 및 사회당·공산당의 혁신이데올로기가 침투한 결과이자, 오키나와 복귀투쟁에서 사회당계 노조 및 인민당의 헤게모니가 강화된 결과이기도 했다(波平, 2003: 29). 이에 대해 보수 측은 역으로 '히노마루'를 복귀의 상징으로 사용하게 되고, 이때부터 일본 본토와 오키나와의 보수층이 결합하게 되었다. 동시에 오키나와의 혁신 측은 일본 자민당정부와 미국을 동일시하고, 또 그에 속하는 오키나와 자민당과 정면으로 대결하는 자세를 취하게 된다(島袋, 1989: 34). 그 결과, 1968년 미국 통치하에서 이루어진 오키나와현 행정주석, 입법원의원, 나하 및 우라소에시장선거 등 일련의 각종 선거에서부터 전면적인 보혁대결의 형태가 표출되게 된 것이다.

넷째로, '조국 복귀'가 실현됨과 동시에 그 한계가 적나라하게 드러나면서 보혁 대결의 구도 역시 확고해졌다는 점이다. 1968년 11월에 류큐 정부의 '주석공선'이 실현되었고, 여기서 '즉시 무조건 전면 반환'을 주장한 혁신 측이 승리하였다. 이후 나하시 등 일련의 선거에서도 혁신이 모두 승리하였다. 그 결과 미국과 본토 자민당 정부는 오키나와 정책을 재검토하게 되었고, 1969년 말 사토·닉슨정상회담을 통해 오키나와 복귀의 일정을 구체적으로 설정하게 되었다. 이렇듯 오키나와 시정권(施政權) 반환협정은 60년대 말 이후 오키나와의 상황을 배경으로 교섭이 진전되었다. 즉 자치권 확대를 포함한 복귀운동의 고양 속에서 오키나와의 혁신적 색채가 전면화 되었고, 동시에 그 결과로 더욱 강화된 혁신 측의 형세가 미일안보체제의 순항을 핵심목표로 삼는 미일 양측을 압박하여 오키나와 반환을 촉진하였다고 볼 수 있다. 즉 오키나와의 혁신(의 확대고양)은 미군정의 압정과 '복귀운동'의 산물인 동시에, 오키나와 '반환'의 실현 및 시정권 반환을 가속화시킨 것이다.

그러나 복귀가 가시화되면서 그동안 염원했던 오키나와인들의 바람은 실망으로 이어졌다. 법·제도적으로 시정권 반환은 약속되었으나, 1970년 국정참가특별선거가 실시될 즈음까지는 오키나와 시정권 반환작업의 주도권을 미일 양국이 장악함으로써 그 이전까지 주체적으로 대응해온 오키나와 측은 무시당하게 되었고, 시정권 반환협정 및 주민의 의지를 충분히 반영하지 않은 채 조인이 이루어지게 된다. 즉, 1972년 5월15일에 역사적인 오키나와 '본토 복귀'가 실현되기는 하였으나, 이러한 우여곡절 끝에 이루어진 '반환'이었다. 또 반환협정이 체결된 후 복귀의 내실이 드러나면서 오키나와인들은 강한 불만을 표명하게 되었다. 핵병기철거가 명확히 보장되지 않은 점, 미국 시정(施政)하에서 주민들이 입은 손해에 대한 보상청구권의 포기, 미국의 자산에 대한 경제보상, 그 밖의 다양한 문제에 대한 불만과 항의가 터져 나왔다. 그 중에서도 가장 중심적인 이의제기는 미군기지가 복귀 후에도 존속될 뿐만 아니라, 자위대의 배치까지 예정되어 있다는 점에 모아졌다. 이는 '반전복귀'의 희망을 정면으로 배반한 것으로 받아들여졌다(沖縄社会大衆党史編纂委員会 編, 1981: 115~119). 그 결과, 복귀 자체를 지상과제로 삼던 분위기에서 탈피하여 오히려 그 복귀 자체의 질을 문제시하고, 그 구체적인 존재양태에 대해 진지하게 고민하려는 문제의식이 대두되었다(波平, 2003: 30~33).

이처럼 오키나와에서 혁신은 미국에 의한 '이민족 지배' 및 '조국 복귀' 운동과 불가분의 관계를 이루면서 형성되었다. 애초에는 '조국 일본'으로의 평화롭고 대등한 회귀를 꿈꾸는 내셔널리즘의 틀 안에서 운동이 고양되었으나, 미일동맹유지를 주축으로 한 현실의 벽에 부딪히면서 60년대 후반에 이르러 사회대중당을 비롯한 사회운동 및 정치세력 내에 혁신이데올로기가 널리 확산된 결과, 본토의 55년체제와 유사한 보혁대립 구도가 이루어진 것이다. 따라서 그 결과물이 비록 외견상 유사하다할지라도, 그 근원적 배경 및 형성 경로의 차별성을 무시할 수는 없을 것이다.

(2) 혁신자치의 핵심과제: '시빌미니멈'과 평화 · 기지 문제

위와 같은 경로를 거쳐 60년대 말부터 오키나와에서도 보혁대결구도가 펼쳐지게 되는데, 그 내용은 어떠한 것이었는지 혁신자치의 핵심적 과제를 비교해보기로 하자.

일본 본토의 경우에는 단적으로 공해, 환경, 교통, 복지문제 및 도시생활 관련시설 등 고도경제성장에 수반되는 '부작용'을 해소하는 것이 혁신자치의 핵심과제였다. 그런 면에서 '시빌미니멈(civil minimum)'이야말로 그 키워드였다 할 수 있다. 이는 '시민생활의 최저기준'을 뜻하는 말로서, 복지국가의 표상이 된 영국의 유명한 '비버리지보고서'에 나오는 '국민생활의 최저기준(national minimum)'이라는 표현을 응용하여 만들어낸 일본식 영어단어다.

가령 '시빌미니멈'의 효시였던 미노베 도쿄도정의 경우, 1964년에 도쿄올림픽을 치르면서 생산관련 사회시설은 상당 정도 정비되었으나, 이에 비해 1960년대 중반까지도 생활관련 사회시설은 지체되고 있었던 현실을 배경으

[표 7-4] 주제별로 살펴본 혁신자치체의 선구적 정책 발안건수 및 비율

주제별(21개)	항목별	오키나와 관련건수	비율(%)	비고
자치체계획	16	0		
시민참가	13	0		
정보공개	11	0		
복지, 의료	18	0		
소비자행정	5	0		
커뮤니티	9	0		
마치즈쿠리	21	0		
공해, 환경	17	0		
녹화, 자연	17	1	5.89	나고시 「21세기의 삼림계획」(1976)
문화행정	14	0		
교육, 학교	7	0		
도로, 교통	7	0		
하수도행정	4	0		
자원, 청소	8	0		
지역활성화	11	0		
자치체경영	12	0		
직원, 기구	16	0		
제도개혁, 소송	8	0		
국제정책	13	0		
헌법, 평화	25	9	36	9개 중 1개는 혁신시장회 발의
헌장, 이념	21	0		
합계	273	10	3.67	

출처: 全國革新市長會 · 地方自治センター編(1992, 1998)의 자료를 활용하여 분류, 집계함.

로 하면서 공해와 복지대책을 병행적 과제로, 부정부패청산을 촉매제로 삼아 성립하였다. 즉 도쿄올림픽 전후부터 심각해진 공해, 주택난, 교통난, 보육소 등 공공시설의 부족, 물가고 등이 쟁점이 되었으며, 미노베 후보도 '도쿄에 푸른 하늘을', '도정에 헌법을' 등의 슬로건을 내걸고 선거전에 임하였다.

반면 오키나와의 경우 1968년 11월에 열릴 행정주석 및 입법원의원선거

를 목표로 6월부터 광범한 세력이 결집하여 '밝은 오키나와를 만드는 모임'(혁신공투회의)이 결성되었는데, 그 통일강령의 내용은 대일강화조약 제3조의 철폐, 오키나와의 '즉각적 무조건 전면반환' 실현, 미국의 베트남전쟁·군사기지·미일안보조약반대, B52와 핵 기지의 철거, 대통령행정명령 및 포고·포령의 철폐, 일본국헌법의 적용과 공직선거법에 기초한 국정참가 실현, 도항(渡航) 제한 철폐, 자치권의 확대 등으로서, '복귀 이전'의 상황에 기인한 '복귀' 관련 요구 및 기지 관련문제로 초점이 모아진다.

그러나 이러한 경향이 '복귀 이전'에만 국한된 것은 아니었음은, 혁신시장회에서 혁신자치체들이 제기한 정책 가운데 선구적이라 판단되는 것을 주제별 및 지역별로 분류해 본 자료를 통해서도 엿보인다([표 7-4] 참조).

21개 주제에, 총 273개에 이르는 선구적 정책 중 오키나와지역 자치체와 관련된 주제의 건수는 모두 10개인데, 나고시의 '녹화, 자연' 관련 발의를 제외하면 나머지 9개가 모두 '헌법, 평화' 주제로서 미일안보조약 및 기지 문제와 관련된 것임을 알 수 있다. 이는 또 전국의 혁신자치체에서 입안한 총 25개의 '헌법, 평화' 관련 정책발안건수 중 36%에 해당하는 것으로서, 결국 이 주제와 관련된 오키나와 혁신자치의 역량과 비중을 보여주는 것인 동시에, 역으로 그만큼 안보와 기지 관련 문제가 오키나와지역에 집중되어 있음을 드러내는 것이다.

즉, 혁신자치의 핵심적 과제를 보면 본토의 경우 '시빌미니멈' 등 생활정치적 성격을 띤 내용이 주요했던 데 반해, 오키나와의 경우는 안보, 헌법, 평화 등이 주 내용을 이루어 내용상의 차이가 있음을 알 수 있다. 결국 보혁대결구도, 선거전 승리의 계기 및 선거전의 방식 등에서의 본토와의 유사성에도 불구하고, 혁신자치의 역사적 배경 및 핵심적 과제 등에 초점을 맞추어 볼 때 그 차이는 뚜렷하다. 즉 형태적으로는 유사하지만 내용상으로는 적지 않은 차이가 가로 놓여 있었던 것이다.

4. 오키나와의 선거양상

'혁신왕국' 이후 보수화가 진행되면서, 본토에서 혁신자치가 패퇴하게되는 상황과 유사성을 보인다는 점에 대해서는 이미 살펴보았다. 그러나 앞에서도 지적했듯이, 외견상의 유사성에 가려 있는 차이의 문제를 간과할 수도 있다. 이를 투표행동상의 차이에서 살펴보자.

첫째, 일본 본토에서는 혁신자치체가 가장 절정에 이르렀을 때조차 도시 주민의 약 40%를 포괄하는데 지나지 않았다. 그러나 오키나와의 경우는 70년대에 선거가 이루어진 현 차원과 시 차원의 모든 지역에서 혁신세력이 승리할 정도로 혁신의 위세를 보여주었다([표 7-3] 참조). 즉 혁신이 우위를 점했다는 점에서는 유사했다고 볼 수 있지만 '혁신왕국'이라는 표현이 등장할 만큼 '경이적일 정도의 혁신 강세'를 보였다는 점에서 본토의 그것과는 상이한 양태라고 볼 수 있는 것이다.

둘째, 일본 본토에서는 '55년체제'의 성립 이후 적어도 약 사반세기에 걸쳐 보혁대결의 구도가 지속되었는데, 오키나와도 68년의 선거 이후로는 비슷한 양상을 보였다. 가령 2000년대에 이르기까지 오키나와현 지사선거에서는 보혁대결의 구도가 지속되었다. 참의원선거도 기본적으로는 마찬가지였고, 중의원 및 현내 10개 시의 단체장선거에서도 후보자의 보혁 구분이 확연한 선거가 일상적이었다 (波平, 2003: 46). 오키나와의 현정 및 현내 정치의 구도는 거의 10년 주기로 혁신과 보수의 주도와 우세가 번갈아 이루어졌는데, 이런 점에서 '보혁대결구도'가 그 중심에 있었다고 볼 수 있으며, 이는 바로 '55년체제'의 특징이기도 하다. 하지만 동일한 보혁대결의 형식이라 하더라도 내부의 세력관계상의 차이를 발견할 수 있다.

가령 일본 본토의 경우 '보혁백중' 혹은 '보혁역전'이 이야기되던 시기의 실상을 살펴보면, 최대의 야당세력이었던 사회당조차도 중앙정치 차원에서 전체 의석의 '3분의 1'을 넘지 못하였고, 특히 지역정치의 하위 차원(도도부현

등 광역단위 및 시정촌 등 기초단위)으로 내려갈수록 혁신의 세력이 약화되는 '역(逆) 피라미드' 구조를 보이고 있었다. 즉, 본토의 정치구도는 단지 보혁대결이라는 규정 이외에도, 혁신 측이 넘어서지 못한 '3분의 1의 벽'과 '역 피라미드' 구조라는 제약에 대한 설명이 덧붙여져야 한다. 마찬가지로 자민당은 단지 보혁구도라는 2개의 구성물 중의 1개 부분이 아니라, 그를 넘어서서 1과 1/2의 과점적 비중을 갖는 지배정당이었다. 그러나 오키나와의 경우는 지사공선제가 실시된 68년 이후 70년대의 대부분의 시기까지 중·참의원선거 등 국정차원, 현지사 및 현의회선거 등 광역 차원, 시정촌장 및 의회선거 등 기초 차원에 이르는 모든 선거에서 혁신이 압도하는 '혁신왕국'을 이루었다. 즉 본토에서 '보혁백중'이 운위되고, '혁신자치체의 시대'를 구가하던 상황과 흐름은 같이하지만, 내부 역학관계의 면에서 상당한 차이가 존재했던 것이다.

이는 '혁신왕국'이던 70년대뿐만 아니라 '보수화'가 진행된 80년대 이후에도 확인된다. 오키나와현 지사선거에서의 절대득표율을 살펴보면 1972년과 1986년의 선거를 제외하면 보수와 혁신 그 어느 쪽이 승리하건 간에 득표율의 차이는 5~6%를 벗어나지 않는다([표 7-5] 참조). 이는 70년대 이후에는 혁신의 세력이 눈에 띄게 약화되어간 본토의 추세와는 상이한 것이다. 참의원선거에서의 절대득표율 역시 1974년과 1983년을 제외하면 모두 접전을 벌이는 백중세가 지속되었다([표 7-6] 참조). 이는 일본 본토와 달리 오키나와 고유의 지역정당인 사대당이 존재하면서 '복귀투쟁' 등을 통해 혁신세력 공동투쟁의 중핵적 역할을 수행한 것에도 크게 기인한다. 그러한 역사적 유산 위에서, 본토와의 '계열화'에 따라 오키나와 혁신세력의 내부 대립이 심화됨에도 불구하고 사대당을 중심으로 연대의 틀을 형성하는 방식이 계승되었다. 이 역시 사회당 및 공산당의 분열로 내홍을 빚은 본토에서의 혁신공투와의 차이점이며, 이것이 선거에서 승리하건 패배하건 명실공히 '백중세'를 유지했던 오키나와의 차별성을 가져온 요인이기도 하다.

[표 7-5] 오키나와현 지사선거에서의 절대득표율

당파별	1968	1972	1976	1978	1982	1986
보수	40.02	30.51	37.21	42.13	41.33	41.25
혁신	46.12	43.11	42.30	38.25	39.49	32.38

출처: 島袋(1989: 46).

[표 7-6] 참의원의선거(오키나와 지방구)의 절대득표율

당파별	1970	1971	1974	1977	1980	1983	1986
보수	35.51	34.45	29.89	37.80	35.63	31.52	38.07
혁신	38.88	32.11	42.77	34.87	40.55	42.00	36.05

출처: 島袋(1989: 47).

[도표 7-1] 중의원의원투표율의 추이

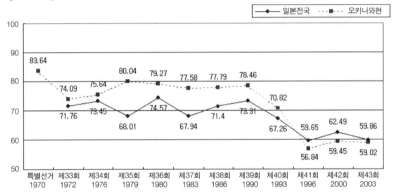

출처 : 沖繩縣選擧管理委員會(2003: 17).

[도표 7-2] 참의원의원선거 투표율의 추이

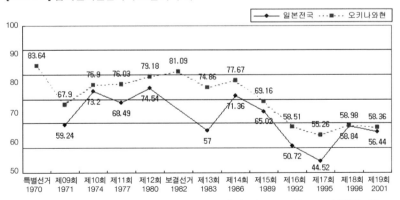

출처 : 沖繩縣選擧管理委員會(2003: 19).

또한 국정선거 투표참가율의 면에서도 1990년대 후반 이후의 선거를 제외하면 오키나와는 종래 본토보다 5~10% 전후하여 높았다. 이는 본토와의 계열화 및 일체화를 보이면서도 역시 쉽게 해소되지 않는 오키나와 현지의 '온도차'를 보여주는 것이다([도표 7-1, 2] 참조).[16]

5. 90년대 이후의 '유동화' 상황과 오키나와 아이덴티티

그러나 바로 앞의 도표에서 보는 바와 같이, 1990년대 중반 이후에는 본토와의 투표행동상의 차이도 감소(심지어는 역전)하고, 혁신의 존재가 확인된다고는 하나 보수자치체가 계속되는 현상도 눈에 띈다.

사실 1990년대 이후에는 '탈냉전' 및 '지구화'에 따라 세계적 차원의 질서에 큰 변화가 일어났다. 이에 따라 중앙정치 수준 및 오키나와 지역정치 수준에서 모두 종래의 '보혁대립' 경계선이 모호해지는 현상이 발생하였다. 한편에서는 구 소련 등 사회주의권의 붕괴에 따라 전통적 혁신세력의 이데올로기적 근간 자체가 동요하게 되었으나, 보수 측 또한 신진당(新進党) 창당에 의해 자민당이 약화되는 등 정치구도에 큰 변화가 일어났고, 이 와중에 본토의 보혁세력과 오키나와의 보혁세력 간의 기존 유대에 균열이 가는 일도 발생하였다.[17] 이런 면에서 오키나와 정치의 68년체제는 일본 정치의 55년체제의 붕괴

---

16) 오키나와의 투표행동의 특성으로는 이 밖에 인맥과 지연 등의 토착적 요소가 작용하는 면을 지적할 수 있다. 다만 이에 관한 정보는 그 성격상 비가시적이며, 문자화된 형태의 기존연구도 쉽사리 눈에 뜨이지 않는다. 간접적으로 오키나와의 '문중(門中)'의 존재 및 근년의 확대현상을 보여주는 것으로는 李鎭榮(2003) 참조.

17) 무라야마 총리의 '자위대합헌' 발언 및 방위시설청장관의 '오키나와는 아시아전략의 요충지이므로 기지와 공생, 공존하길 바란다'는 발언 파동 등으로 사회당 오키나와현 본부는 사회당본부와 한때 일체의 관계를 동결하기도 하였으며, 반면 자민당 현련(縣聯) 내에서 미일안보 재고(再考) 및 미군기지 전면철거 주장이 제기되기도 하는 등 혼란이 발생하였다.

현상에 큰 영향을 받았으며, 또한 전 현민이 일치하여 미군기지 문제에 대응하려는 자세에 종래의 이데올로기적 성격이 약화되면서 서서히 보혁의 큰 틀도 붕괴되었다(江上 1997: 27)고 평가받게 되었다.

가령 1995년 7월의 참의원선거에서 사회당 및 사회당 추천 후보, 공명당 지지 후보 및 공산당 공인 후보가 3자 대립하는 등 기존의 보혁대립구도에서 일변(江上, 1997: 19~22)한 것은 이에 부합되는 사례일 것이다. 그러나 바로 그 직후에 미군의 소녀강간사건을 계기로 2차 세계대전 이후 최대 수준의 반기지·평화운동이 대두되고, 나하시에는 80년대 말부터 혁신자치가 부활하는 상반된 사례가 등장하는 등, 오키나와의 상황은 결코 단순하지 않았다. 이에 대해서는 일본 본토 및 오키나와 모두, 이전의 보혁대립구도는 약화되었으나 이를 대체하는 명확한 체제는 아직 등장하지 않은 단계에서 '유동화' 상황에 있다고 볼 수 있을 것이다. 그러나 이러한 상황 역시 외견적 동일성을 확인하는 데 머물지 않으려면 오키나와라는 논의 대상, 특히 오키나와의 아이덴티티에 대한 최소한의 내면적 이해가 필요하다고 생각된다.[18]

1) '유동화' 단계의 특수성

앞서 살펴본 바와 같이, 본토의 수준을 훨씬 넘어서서 '혁신왕국'을 구가할 정도의 혁신자치의 전성기, 또 그러한 전성기는 지났다고 하더라도 본토와는 달리 근소한 차로 백중세의 보혁대결구도를 보이던 시기는 지나갔다. 하지만 유동화 상황 속에서도 혁신의 존재감과 오키나와의 특수성은 발견된다.

첫째, 복귀운동의 성과 및 미군기지 문제에 기인한 혁신 강세의 오랜 전통과 함께, 80년대 후반에는 복귀운동 당시에는 금기시되었던 오키나와전투의

---

18) 이는 오키나와 지역정치의 특성을 밝히는 동시에 일본 본토와의 관계를 이해하는 작업과도 관련될 것이다.

참상에 대한 회고 및 '히노마루·기미가요 제창'에 대한 반발을 계기로 본토에서는 사라져버린 혁신자치가 오타(大田) 현정을 통해 80년대 막바지에 다시 등장한 것부터가 본토와는 다른 현상이었다. 오타는 90년대 중반 이후까지 2기에 걸쳐 혁신현정을 이끌며 1995년 9월 미군에 의한 소녀폭행사건을 계기로 오키나와 문제를 전면화시키는 데 큰 역할을 하였다. 물론 오타현정도 3기 연임에는 실패하면서 보수현정으로 교체되었으나, 그 이후의 움직임도 그저 본토의 '보수화' 흐름과 궤를 같이 하게 되었다고 말할 수 있는 것은 아니다. 즉 여전히 오키나와 지역정치의 특성은 존재하며, 또 외견상의 '보수화'에도 불구하고 이를 어떻게 볼 것인가에 대해서는 해석의 여지가 있다.[19]

둘째, 구체적으로 본토와는 달리 혁신의 존재가 일상적으로 확인되고 있으며 또 그 필요성이 언급되고 있다는 점이다. 앞서도 지적하였듯이 본토에서는 '사어'화되었으나 오키나와에서는 혁신이라는 용어가 여전히 사용되고 있다. 예컨대 오키나와의 대표적 일간지인 『오키나와타임즈』에서 혁신이라는 용어를 검색한 결과 3502건이 검출되었다. 인터넷 검색이 가능한 시기 (1997.1.1.~2005.5.10.)를 감안하면 연평균 400건대, 1일 평균 1건 이상에 해당하는 것으로서 결코 적지 않은 빈도수이다.[20] 또한 신문의 논설에는 틈틈이 "오키나와에는 혁신에 대한 '잠재적 수요'가 있다"고 언급되기도 한다.

셋째, 선거전의 양상은 예전 같지 않으나 본토와 달리 혁신자치의 기운은 아직 존속하고 있다. 가령 90년대 후반 이후 현재까지의 오키나와현 및 시의 단체장의 성격을 보면 혁신계 단체장의 존재를 어렵지 않게 발견할 수 있다.

---

19) 가령 90년대 후반 이후 혁신의 상대적 약화의 한 요인으로는, 주류군용지특조법에 근거한 토지임대차 재계약에 대한 1995년 오타 지사의 '대리서명 거부' 사태를 계기로 일본 정부가 이후 법을 개정하여 서명날인 대행, 재결신청서의 공고·열람 등의 지방자치단체장 사무를 국가의 직접집행사무로 변경시킨 점을 들 수 있다.
20) '혁신(革新)'이라는 단어가 정치용어가 아니라 'innovation'의 뜻을 담은 평범한 형용사 및 명사로 쓰이는 경우도 포함되어 있으나 대부분은 정치 및 정당, 선거 관련 기사다.
http://db.okinawatimes.co.jp/cgi - bin/search.pl(검색일: 2006.5.10).

[표 7-7] 오키나와현 및 주요도시의 단체장의 성격(90년대 말~2006년 현재)

오키나와현	혁신 (91~98) 大田昌秀 (2선)	보수 (99~) 稲嶺惠一 (2선)
나하시	혁신 (68~2000) 平良良松 (4선), 親泊康晴 (4선)	보수 (01~) 翁長雄志 (2선)
오키나와시 (舊코자)	보수 (98~) 仲宗根正 (2선)	
이시가키시	혁신 (94~) * 大濱長照 (3선)	
히라라시	혁신 (94~) 伊志嶺亮 (3선)	
우라소에시	보수 (02~) 儀間光男 (2선)	
기노완시	혁신 - 보수 (97~03) 比嘉盛光 (2선)**	혁신 (03~) 伊波洋一
나고시	보수 (98~) 岸本健男 (2선), 島袋吉和	
이시카와시	혁신 (98~) 金城秀吉***	보수 (02~) 平川崇賢

출처: 선거 관련 각종 자료에 의거, 작성.
* 무소속. 자민 외 전당 추천 혹은 지지(공명당). '시민당'적 성격.
** 혁신으로 당선된 후 궤도수정, 중도보수화. 2001년 재선되었으나 위법헌금수뢰로 2003년 재선거.
*** 공명 지지 포함, '시민당'적 성격.

　[표 7-7]에서 보듯이 후텐마기지가 있는 기노완시에서는 2003년의 시장선거에서 혁신이 승리하였다. 2004년 11월의 나하시장 선거에서는, 오키나와국제대학에 미군 헬리콥터가 추락한 사건을 계기로 기지 문제의 심각성이 다시금 대두된 가운데 당초 혁신의 승리를 낙관하는 분위기였으나 보수 측의 막판 공세가 효력을 발휘하여 아깝게 패배하였고, 2006년 1월 헤노코해안에의 후텐마기지의 이전 여부가 최대쟁점이 된 나고시 선거에서도 여론의 향배와는 달리 혁신진영 후보가 애초부터 분열되는 바람에 투표율도 저하되고 표가 분산되어 패배하였으나 결코 혁신의 기운 자체가 사라진 것은 아니라고 볼 수 있다.[21] 비록 과거와 같은 보혁대결 구도가 지속되리라고 전망하기는 힘들지만,

전 일본에 있는 미군기지의 75%가 작은 오키나와에 집중되어 있는 현실에 결정적인 변화가 없는 이상, 평화로운 삶과 기지 문제의 해결을 희구하는 가치지향으로서의 혁신의 필요성은 쉽사리 사라지지 않을 것으로 전망된다.

2) 오키나와 아이덴티티와 보수, 혁신

마지막으로 살펴보아야 할 것은 오키나와의 특수한 아이덴티티에 대한 이해의 기반 위에서 보수와 혁신의 의미에 대해 심층적으로 음미하는 작업이다. 지금까지 보았듯이 오키나와에 있어서도 60년대 말 이후 매 선거 때마다 '경제'와 '기지'가 쟁점이 되는 등 뚜렷한 보혁대립구도가 나타났고, 본토 이상으로 그 궤적은 여력을 가지고 일정하게 유지되고 있다. 그러나 다른 한편으로는 오키나와의 독특한 메커니즘이 근저에서 작용하고 있다고 볼 수도 있다. 이를 오키나와 아이덴티티라고 말할 수도 있는데, 이는 표면적으로 혁신 측의 입장에서 더 강하게 표방하였다. 가령 70년대에는 '평화를 추구하는 오키나와의 마음'이라는 표현을 혁신계 정치가들이 즐겨 사용하면서 혁신과 오키나와(인)를 등치시키는 언설이 폭넓게 유통되었고 큰 설득력을 지니기도 했다. 그러나 더욱 중요한 것은, 이러한 오키나와 아이덴티티는 혁신의 독점적 전유물만도 아니며, 또 혁신이 선거에서 패배했다고 하여 후퇴하는 것도 아니라는 것이다. 가령 '혁신왕국'에 종지부를 찍고, 이후 무려 3기 12년간 지속되는 니시메(西銘順治) 보수현정을 성립시킨 1979년의 선거에 대해 한 평론가는 다음과 같이 이야기하였다.

> (오키나와) 현민의 보수·혁신이라는 것은 얼핏 보면 별개인 듯하지만 실은 하나의 곡면으로 이어진 '뫼비우스의 띠'와 같은 것이다 …… (선거에서 보수가 승리하였

---

21) 단 이전과 같은 공동투쟁구도 형성이 쉽지 않게 된 것은 혁신진영의 문제점이다.

다고 하여) 현민의 본토 중앙에 대한 반체제의식이 불식되었음을 의미하지는 않는다. 현내에서는 보혁 각축이 이루어져도, 대미·대본토 관계에서는 현민 일반은 이를 넘어서 하나의 띠가 되어 태세를 갖추는 움직임을 보여준다 …… (오키나와의 보수와 혁신은) 실제는 하나의 면으로 이어져 있다(久場, 1979).

사실 야라 및 타이라(平良幸市), 니시메 등 오키나와의 주요 정치인들은 이데올로기적 유연성 및 친근성을 공유하였고, 지사선거에서의 보혁 양 진영의 공약에도 내용적으로는 큰 차이가 없었다. 혁신도 '자립경제의 확립'을 이야기하고, 보수도 '기지의 정리, 축소'를 외치지 않고는 선거를 할 수 없었던 것이다.

사대당 소속으로 정치활동을 시작하여 이후 보수계로 전향한 니시메의 경우는 이러한 오키나와 아이덴티티를 극명하게 드러낸 사례다. 한편으로는 1987년의 오키나와해양전국체전 개최시 히로히토 천황을 초대하여 '본토와의 일체화'를 촉진시키고자 했던 동시에, "아무리 야마톤추(일본인)가 되려고 마음먹어도 그럴 수가 없는 것이 우치난추(오키나와인)"(79년 및 85년의 신문대담)라는 유명한 말을 통해 본토와는 상이한 오키나와의 독자성을 선명하게 드러낸 바 있고, 정책적으로도 오키나와의 전통예술(무용, 민요음악, 도예 등)을 주 전공으로 가르치는 오키나와현립예술대학의 설립, 슈리성 정전의 복원사업, 세계우치난추대회(90년 8월 제1회 개최) 등에 힘을 기울였다(琉球新報社 編, 1998; 眞板, 2003). 또 오타 지사에 뒤이은 이나미네(稻嶺) 보수현정의 경우도 그 자신이 오타 혁신현정하에서 수많은 심의회위원(장)을 역임했던 경력의 소유자라는 점, 후텐마기지의 북부이설(移設)을 인정했지만 15년 사용기한 조건을 철회하지 않는 점, 미일지위협정 개정요구의 입장을 고수하는 점, 오키나와에서 미 해병대를 없앨 것을 요구하는 점, 오키나와평화상 창설 결정 등 '기지의 정리·축소'를 고려하는 입장을 보여주고 있다(波平, 2003: 50~55).[22]

물론 90년대에 2기 8년간 지속되었던 오타 혁신현정의 경우는 더욱 직접적으로 '반전평화'의 오키나와의 아이덴티티를 분명히 했고, 이와 관련된 업적을 남겼다. 즉, '전후'=오키나와전후=50주년기념사업으로서 '평화의 초석(礎)'을 건립한 것, '기지반환 행동프로그램'을 동반한 '국제도시형성 구상'을 제창한 것, '대리서명' 거부 등을 통해 기지정리, 축소를 희구하는 오키나와의 입장을 강력하게 대변한 것, 현립공문서관의 건설, 평화기념자료관의 확충(신관건설)계획 추진 등 다양한 평화행정, 평화산업을 추진하였다.

여론조사를 통해 살펴본 오키나와의 '민심' 역시 이를 방증한다. 우선 미군기지에 대한 여론은 일관되게 현민의 부담경감을 요구하고 있다. 「류큐신보(琉球新報)」의 조사에 따르면 '기지의 전면철거'를 주장하는 견해는 과거에 비해 점차 감소하였으나 '기지의 축소'를 요구하는 목소리는 계속 늘어나 1976년의 18%에서 2002년에는 46%에 이르렀다. 더군다나 최근 문제가 되고 있는 후텐마기지의 대체기지건설이라는 구체적 쟁점에 관해서는 '현내 이설에 반대'하는 견해가 60%를 넘어서고 있다. 또 미일안전보장조약에 관해서는 2002년 현재, 안보유지에 대한 '찬성'이 56%로 '반대'의 30%를 상회하긴 하지만[23], 일본 전국으로 보면 '찬성' 71%, '반대' 15%로 나타나 본토의 여론과는 상당한 격차를 보여준다. 참고로 자위대기지의 장래에 관한 견해도 2001년의 「류큐신보」조사에서는 '축소·철거해야한다'가 40%, '현상규모로 무방하다'는 35%로 나타났다(比嘉, 2003). 즉 전쟁경험 및 기지피해 등으로 인해 이들 문제와 관련된 저항감은 오키나와에서 여전히 강하다는 것이 드러나며, 보수라 하더라도 이러한 민심을 반영하지 않을 수 없는 것이다.

---

22) 이 점에 관해서는 복귀운동과 반기지운동 등 그동안의 투쟁 속에서 보수의 태도가 변화한 것이기도 하다는 해석도 가능하다(2005년 2월 오키나와 현지조사시 사대당 위원장과의 인터뷰에 의함).

23) 종래 오키나와의 혁신세력은 줄곧 '반(反)기지, 반(反)안보'를 외쳐왔으나 세계질서의 큰 변화가 일어난 90년대 오타혁신현정하에서 '안보 승인'으로 선회한 데 반해, '기지의 정리·축소' 및 '평화헌법' 수호에 초점을 맞추게 되었다.

그렇다면 오키나와에 있어서 추상적인 이데올로기적 차이를 넘어선 실제적인 정책과 실천상에서의 보수와 혁신의 차이는 무엇일까? 이 역시 구체적인 사례를 든다면, 이나미네 보수현정하에서 경제 진흥과 맞바꾸어 기지신설을 인정한 것, 오키나와평화기념자료관의 전시내용 변경 문제 등에서 보이듯이 미국의 국제전략 및 일본의 중앙정부와의 관계, 당면한 경제적 이익 등을 상대적으로 더 고려하는 것이 오키나와의 보수의 경향이라고 할 수 있을 것이며, 반면 혁신의 경우는 앞서도 언급하였듯이 '평화 문제' 전반 및 '기지 문제의 정리·축소'에 대해 상대적으로 좀 더 적극적이고 능동적인 자세와 행동, 혹은 그러한 성향을 드러내는 것으로 이해할 수 있을 것이다.[24] 따라서 오키나와에서 미군기지를 둘러싼 문제들이 근본적으로 해결되지 않는 한, '혁신에 대한 잠재적 수요'도 쉽사리 사라질 수 없을 것이다.

6. 나오며

오키나와의 혁신에 대해 이상과 같이 살펴본 결과 얻어낸 결론과 시사점을 요약하자면 다음과 같다.

첫째, 오키나와의 혁신은, 혁신자치의 형태적 양상(선거승리의 계기와 선거전의 방식, 단체장의 성격 등 성립형태 및 흥성과 쇠퇴의 양상)은 본토와 유사하지만, 혁신자치 활성화의 역사적 배경과 핵심과제(본토 - 공해 및 도시·복지 문제/오키나와 - 복귀 및 기지 문제)라는 내용적 측면에서 상이함을 보인다.

---

24) 이처럼 '뫼비우스의 띠'와 같은 연관관계를 전제로 한 '상대적인 지향과 정도의 차이로서의 보수 - 혁신'이라는 아이디어는 나미히라(波平恒男) 류큐대학 교수와의 문답과 토론(2005년 5월)을 통해 정리된 것이다. 또한 오키나와의 지역정당으로서 전통적으로 혁신과 보수 사이를 오간 사대당 역시 현재는 위와 같은 맥락에서 스스로를 '혁신'으로 규정한다는 입장을 확인할 수 있었다 (2005년 2월 오키나와 현지조사시 사대당 위원장과의 인터뷰에 의함. 간접적으로 喜納(1995) 참조 가능).

둘째, 본토의 '55년체제'와 오키나와의 '68년체제'의 홍망의 형태적 유사성에도 불구하고, 국정선거를 포함한 선거의 양상 또한 혁신 우세시의 비중의 차이 및 전반적인 투표율의 차이, 혁신공동투쟁의 연대의 정도 등의 면에서 상이함을 발견할 수 있다.

셋째, 90년대 이후의 '유동화' 단계에 들어서도, 혁신이라는 용어의 일상적 사용 빈도, 90년대 이후의 혁신자치의 존립 정도, 보수층에서도 확인되는 오키나와 아이덴티티의 존재라는 면에서 오키나와의 혁신의 존재감과 특징 및 본토와의 차이를 확인할 수 있다.

넷째, 따라서 오키나와의 사회정치적 특수성은 일정한 시간적 변수(1972년의 복귀, 또는 1970년대 후반 이후의 본토와의 일체화·계열화, 혹은 1990년대 이후의 보혁구도 해체 등의 사건사적 획기)를 계기로 해소되는 것이 아니라, 특정한 공간적 변수(미군기지의 지역적 집중배치와 활용)[25]에 의해 성격과 강도를 달리하면서 재생산되는 것으로 볼 수 있다.

마지막으로 덧붙이자면, 이러한 오키나와의 특수성은 70년대 이후 일본 본토에서 첨예한 보혁대립이 완화되고 보다 완만한 생활정치로 이행하는 사회정치적 변화를 가능하게 한 하나의 요인으로 가정해 볼 수 있다.[26] 이 경우 일본 본토와 오키나와는 단지 병렬적인 대비의 대상이 아니라 일체를 이루어 재생산되는 구성물로서 파악되어야 할 것이다. 이는 추가적인 심층연구를 요하는 과제다.

---

25) 이는 "오키나와는 미일안보조약의 쓰레기하치장"(여성운동가이자 학자인 宮城悅子의 발언. Ryukyuanist, 1997; 찰머스 존슨, 2003: 81에서 재인용)이라는 통렬한 비유로 압축 가능할 것이다.
26) 이와 관련되는 일본 본토의 기지 감축 현상에 대해서는 아라사키 모리테루(1998: 101~104)를 참조할 수 있다.

■ 참고문헌

아라사키 모리테루(新崎盛暉). 1998. 김경자 옮김.『또 하나의 일본, 오키나와 이야기』. 역사비평.

이지원. 1999.「현대일본의 자치체개혁운동-혁신자치체와 시빌미니멈을 중심으로」. 서울대학교 대학원 사회학과 박사학위논문.

찰머스 존슨(Charmers Johnson). 2003.『블로우백』. 삼인.

Ryukyuanist(The International Society for RyuKyuan Studies). 1997. "Proposal for a New Okinawa - the Voice of Women". Newsletter no.37.

「沖縄を知る事典」編纂委員会 編. 2003.『沖縄を深く知る事典』. 日外アソシエーツ.

江上能義. 1996.「沖縄の戦後政治における'六八年体制'の形成と崩壊(上)」.『琉大法学』57.

江上能義. 1997.「沖縄の戦後政治における'六八年体制'の形成と崩壊(下)」.『琉大法学』58.

久場政彦. 1979.「沖縄知事選保革逆転の意味」.『中央公論』1979.11.

大森弥. 1985.「'革新'と選挙連合―ローカル・オポジションの軌跡」. 大森弥・佐藤誠三郎 編.『日本の地方政府』. 東京：東京大学出版会.

島袋邦. 1989.「復帰後の沖縄政治構造の変容」. 島袋邦 編著.『論集・沖縄の政治と社会』. 31-51. ひろぎ社.

琉球新報社 編. 1998.『戦後政治を生きて・西銘順治日記』. 那覇: 琉球新報社.

柳根鎬. 1990.「戦前日本革新勢力의 歴史的伝統」. 現代日本研究会 편.『現代日本의 革新勢力』.

李鎭榮. 2003.「門中の伝統と創造」.『アジア遊学』53.

比嘉要. 2003.「世論調査から見える沖縄」.『沖縄を深く知る事典』. 日外アソシエーツ.

比嘉幹郎. 1965.『沖縄―政治と政党』. 東京: 中央公論社.

比屋根照夫. 2001.「アメリカの沖縄統治と戦後沖縄思想の形成」. 平成10・11・12年度科学研究費補助金研究成果報告書『アメリカ統治と戦後沖縄』. 琉球大学法文学部.

全國革新市長會・地方自治センター 編. 1992.『資料: 革新自治體』. 東京: 日本評論社.

全國革新市長會・地方自治センター 編. 1998.『資料: (續)革新自治體』. 東京: 日本評論社.

中野好夫・新崎盛暉. 1982.『沖縄戦後史』. 東京: 岩波書店.

沖縄社会大衆党史編纂委員会 編. 1981.『沖縄社会大衆党史』. 那覇: 社会大衆党.

沖縄縣選擧管理委員會. 2003.『平成15年度 選擧管理委員會年報』.

沖縄県祖国復帰闘争史編纂委員会 編. 1982.『沖縄県祖国復帰闘争史』. 那覇: 沖縄時事出版.

沖縄タイムズ社. 1970.『沖縄と70年代』. 沖縄タイムズ社.

太田昌秀. 1996.『沖縄の帝王・高等弁務官』. 東京: 朝日新聞社.

波平恒男. 2003.「戦後沖縄とアイデンティティをめぐる政治」. 琉球大学法文学部.『政策科学国際関係論集』第6号.

平良良松. 1987.『革新市政16年・平良良松回顧録』. 那覇: 沖縄タイムス社.

喜納昌春. 1995.『竹帛―後塵日記―』(소책자).

瀬長亀次郎. 1970.『沖縄人民党―闘の25年』. 東京: 新日本出版社.

真板恵夫. 2003.「「ヤマトンチュ」になれなかった西銘順治」.『沖縄を深く知る事典』. 日外アソシエーツ.

ロバート・D・エルドリッチ. 2003.『沖縄問題の起源』. 名古屋大学出版会.

8장

오키나와 기지촌의 형성과 미군 - 주민 관계

· 킨초의 신카이치를 중심으로1)

전경수

1. 문제제기: 미군기지와 일상생활

오키나와의 미군기지와 관련된 사회문화적인 문제들에 관한 연구는 그것 자체가 하나의 민속지(民俗誌, ethnography) 역할을 하기에 충분하다. 본고는 전쟁과 평화가 현안인 국제정치적인 상황과 하루하루 먹고 살아가야 하는 일상생활의 상황이 벌이는 양극이 제공한 구도 속에서 사람들은 어떻게 살아가는가 하는 문제를 오키나와의 미군지기가 주둔하고 있는 기지촌(基地村, military base town) 민속지를 통해서 읽어 보려는 시도다. 오키나와 내에서도 기지촌의 현상이 가장 두드러지게 나타나는 곳의 하나가 오키나와 섬의 북부에 해당되는 킨초(金武町)2)의 일부를 구성하고 있는 신카이치(新開地)다. 본 연구는 신카이치 연구의 전반부에 해당되는 것으로서 본격적인 민속지적 보고의 전 단계에 해당된다.

---

1) 이 글은 역사문화학회에서 간행하는 『지방사와 지방문화』(제10권 1호, 2007년)에 게재된 것을 일부 수정한 것이다.
2) 이 책의 다른 논문에서는 '金武町'을 '킨정'으로 표기했으나, 이 글에서는 인류학적 '필드'의 특수성을 강조하기 위해 저자의 지역표기 방식을 최대한 존중하기로 하여 '킨초'로 표기하였다. '킨초'를 구성하는 다섯 개의 구도 역시 '쿠'로 표기한다. 즉, '킨구'가 아니라 '킨쿠'다.

본 연구의 저변에 깔린 이론적인 또는 방법론적인 시도가 있다면, 그것은 전통적인 인류학의 연구방법에 대한 도전이다. 소위 야만인과 미개인 또는 부족사회와 전통사회를 대상으로 연구해왔던 인류학자들이 이 세상을 구성하는 약자(underdog) 연구에 골몰하였다고 일반화하는 것은 무리가 아니다. 그러한 연구 경향의 가장 탁월한 업적들이 아이와 옹(Aihwa Ong, 1987)과 제임스 스콧(James Scott, 1990)의 작품에서 보여준 미시민속지들이었다. 그들의 연구결과는 인류학 분야에서 약자 연구 경향의 극상에 와 있다. 우리들이 오키나와의 미군기지촌에 관심을 기울이는 것도 전통적인 약자 연구와 일맥상통하는 점이 있다. 기지에 기생하는 사람들의 삶을 기지촌을 통해서 들여다본다는 입장의 핵심은 기생 대상인 미군이라기보다는 미군에게 기생하는 삶의 이해에 무게가 실려 있다.

즉, 기지촌 문화 연구라는 것은 약자 연구의 일환이라고 말할 수 있으며, 이 시점에서 나는 약자 연구의 결과가 바람직하지 못한 방향으로 이용되고 있다는 평가에 귀를 기울이게 된다. "불행스럽게도 우리의 발견물들은 종종 우리가 연구한 사람들 편에 서기 보다는 그 사람들을 조종하는 쪽을 도우기 위하여 봉사하는 경우가 많다"(Nader, 1974: 294)라는 회고를 외면할 수 없다. 로라 네이더(Laura Nader)의 회고는 약자 연구를 수행하는 인류학자의 연구 행위를 점검할 수 있는 거울로서의 의미를 갖는다. 연구결과가 연구대상인 약자를 위하여 무엇을 제공할 수 있는가 하는 문제의식을 갖지 않으면, 인터뷰라는 연구과정에서 제공된 약자의 언술들은 결과적으로 약자들 자신에게 족쇄를 채우는 부메랑 효과로 다가올 가능성을 배제할 수 없다는 점을 명심해야 할 것이라 생각한다.

미군기지와 관련된 많은 논문들과 저술들은 거시적/미시적 입장으로 양분된 모습으로 정리될 수 있다(물론, 대부분이 거시적인 입장 또는 방향에서 진행된 것들이지만). 평행선을 긋고 있는 두 입장 간의 대립이라는 현상이 현재 미군기지와 관련된 논의의 가장 심각한 문제들 중의 하나라고 생각된다.

미군기지와 관련된 주민들의 삶이라는 차원에서 본다면, 거시/미시의 이원론적 이해 구도는 삶이라는 과정적인 현상에 대한 이해의 포기라고 생각된다. 기지가 제공하는 문제들이 많기 때문에, 기지를 철수하면 모든 문제는 해결될 것인가. 결코 그렇지 않다. 왜냐하면 삶이라는 과정적 현상을 상정한다면, 기지 철수 이후에도 군사기지의 영향은 관성적으로라도 남게 마련이다. 남겨진 사람들은 최소한 기지 철수의 관성이 제공하는 영향력을 받으면서 살아간다.

최근에는 NGO 활동이 증가하는 추세고, 오키나와에는 현재 미군기지 관계의 크고 작은 NGO 약 50여 개 정도가 활동하고 있다. 민간의 활동이 활발해지면서, 기지 문제에 대한 관점의 근본적인 변화를 경험하고 있다. 과거의 주된 관심사였던 주권과 안보로부터 현재의 생활과 인권의 차원으로 이동하고 있다. 이러한 변화는 세계적인 군사체제의 변화와 냉전의 소멸이라는 구도 속에서 이해될 수 있다고 본다. 생활과 인권이라는 차원으로 기지 문제를 바라보는 시각과 관점의 확립은 자연스럽게 기지와 관련된 민속지의 중요성을 키워나가고 있고, 본 연구도 그러한 관점 변화의 일환으로 시도되는 것이라고 말할 수 있다.

오키나와가 군사기지와의 관계 속에서 조명될 수밖에 없는 것은 현실적으로 부정할 수 없다. 군사기지라는 특수한 상황이 오키나와의 삶을 심각하게 왜곡하고 있다는 점을 인식하고, 그 과정에 개입된 기지종속의 문제와 산업구조의 파행적 변형에 대해서 논의해보는 것이 현재 필자에게 주어진 과제다. 미군의 군사기지로 전환된 오키나와의 정치경제학적인 구도 속에서 오키나와의 사람들은 어떻게 살아가고 있는가? 특히 미군기지가 자리하고 있는 지역의 사람들은 기지촌이라는 틀이 만들어지는 과정에 어떻게 개입되어 있고, 사교업과 기지촌이란 사회적인 분위기 속에서 제공되는 삶의 모습을 어떻게 만들어 가고 있는가? 미군이란 존재도 분명히 기지촌에 등장하는 집단들 중의 하나인데, 그들은 어떤 모습으로 그려질 수 있는가? 이상의 구체적인 세 가지 문제에 집중적인 관심을 갖고 참여관찰에 의한 자료수집의 결과를 중심으로 논문을 정리하고자 한다.

2. 오키나와의 기지종속과 사교업

미군의 점령 이후 오키나와는 "50년대 세계각처에 산재한 미군기지와 마찬가지로, 권위주의적 구조를 가진 특수한 '기지사회(基地社會, Garrison Community)'였다. 그 기지 내의 주류군(駐留軍) 사회는 폐쇄적인 것으로서, 본국으로부터의 아메리카니즘과 인종적 편견을 더욱 강화하는 경향을 가진 특수한 사회였다"(屋嘉比收, 2002: 254). 전화(戰火)로 폐허가 된 전통적인 소규모 농업사회가 세계 최강의 군사기지로 전환되는 과정만큼 급격한 사회변동을 초래한 경우를 어떤 인간사회도 경험해보지 못했을 것이다. 기지종속이라는 과정에 개입된 산업구조의 변화와 그 변화를 삶의 자원으로 살아가야 하는 사람들의 모습이 오키나와라는 지역에서 만날 수 있는 장면이다.

현재 일본 전국에 산재한 미군기지는 3만 1219ha이며, 그 중 본토에 7907ha (25.3%), 오키나와에 2만 3312ha(74.7%)가 배치되어 있어서, 오키나와의 기지밀도는 전국의 35배에 이른다. 기지와 외부를 구분 짓는 철책의 장벽에는 하얀색의 간판에 검은 글씨로 "US Government Property"라는 경고문이 붙어 있다. 2차 세계대전의 종전에 이어서 고착된 현상이다. 2차 세계대전의 아시아판은 미국과 일본의 경쟁이었다. 태평양전쟁의 막바지에 예정된 코스의 오키나와전투는 20만 명 이상의 희생자를 내면서 종결되었고, 오키나와 섬 전체가 미군에 의해서 초토화된 뒤, 미군의 오키나와 공식 점령일은 1945년 6월 22일로 기록되었다.

점령지에서 식민지로의 전환을 놓고 심각한 고민을 한 미국은 1972년 오키나와의 "본토 복귀"(1972년 5월 15일)를 시행하였다.[3] 베트남전쟁이 미

---

3) 1972년 5월 15일을 기준으로 오키나와는 미군으로부터 일본 정부로 반환되었다. 이 사건을 일본 특히 오키나와에서는 "복귀"라고 표현한다. 주민들의 표현을 존중하는 의미에서 본고에서도 "복귀"라는 표현을 사용하였다. 원래 의미는 "본토 복귀"다.

국 패전의 분위기 속에서 소강상태로 접어든 시점에서 점령지의 반환이라는 결정을 내린 것이다. 그와 동시에 오키나와에 남은 것은 군사기지였다. 태평양전쟁에서부터 시작하여 한국전쟁과 베트남전쟁 동안에 미군의 동아시아 군사력의 핵심적인 역할이 재삼 확인된 오키나와의 반환은 미군기지의 존속으로 타협을 본 셈이다. 점령지에서 군사기지로 전환된 구도가 만들어진 것이다. 흔히 사용되고 있는 기지경제라는 용어는 이러한 구도에 대한 인식 속에서 정리될 필요가 있다.

미군의 오키나와 점령 직후 오키나와에는 미군 군표(軍票)가 사용되었다. 흔히 B엔이라고 불리는 것이다. B엔 시대(1948년 7월 16일~1958년 9월 20일)에서 달러 시대(1958년 9월~1972년 5월)로 진화한 것이 오키나와의 전후 통화였음을 볼 때, 오키나와의 삶은 미군에 의해서 철저하게 지배당하였음을 알 수 있다. 군표와 달러가 사용되던 기간 중에 오키나와에는 미군을 통하여 이 세상의 모든 물건들이 수입되어 들어왔다. 돼지고기를 선두로 우유, 초콜릿, 위스키, 만년필, 시계, 백 등 여러 가지의 상품들이 들어왔다. 결과적으로 그것은 오키나와의 라이프스타일 변화에 커다란 영향을 미쳤다. 그러한 물건들은 미군 점령 27년간 오키나와가 신체화한 라이프스타일을 구성하는 것들이다. 신체화의 과정과 결과는 '챰푸르'라고 이해되는 문화접변 현상이다.

점령군의 점령지에 대한 토지 이용의 과정에서 토지의 주인이자 경작자인 사람에 대한 고려는 없었다. 전쟁의 승자가 패자에 대해서 누리는 권력은 무궁한 것으로 인식되었다. 동시에 태평양전쟁 후, 그야말로 아무 것도 없는 오키나와의 전쟁폐허에 풍요로운 물건들을 가지고 들어온 미군에 대해서 오키나와 사람들의 하물숭배(荷物崇拜, cargo cult)적인 심정은 절대적인 것이었다. 이 현상은 모든 마이크로네시아에서 동일하게 경험된 것이기도 하다. "마이크로네시아에서 엉클샘(Uncle Sam)의 존재는 이중적인 유산(legacy)으로 나타난다: 온정주의적 은혜로움의 부드러운 손과 군사제국주의의 강철

주먹"(Dames, 1991: 8). 마이크로네시아의 '엉클샘'은 '오키네시아'(현재 오키나와현을 구성하고 있는 열도의 별칭)까지 연결되어 있음을 알 수 있다.

전후 미군정이 시작할 당시 잿더미에서 시작하여 건설한 기지경제가 오키나와 삶의 기초가 되었으며, 그 현상은 규모와 인력 수급의 측면에서 1차산업 중심의 전통 경제가 3차산업 중심의 기지경제 모습으로 전환된 것으로 이해된다. "1920년부터 실시된 국세조사의 결과를 보면, 그것은 명확해진다 ⋯⋯ 오키나와의 직업구조는 종전 직후인 1940년대 후반에 1차산업 취업자 감소/3차산업 취업자 증가라는, 전전에는 상상도 할 수 없는 모양으로 변화되었고, 1960년에는 양자가 2차산업 취업자의 미증(微增)이라는 가공부문의 미약한 온존으로 현재의 구조가 정착하였다"(垣花將人, 1981: 29). 이러한 상황에서 경제활동이 가능한 방향은 대량의 인원과 막강한 미화(美貨)를 보유하고 있는 미군을 상대하는 사교업(또는 유흥업)으로 유도된 것이다. 당시 오키나와 전체에서 가장 유흥업이 번성하였던 나하 일대의 사쿠라자카(櫻坂)를 중심으로 1952년에 사쿠라자카 사교업협회(櫻坂社交業協會)가 설립되었으며, 협회는 1960년 류큐대학 교수, 도쿠치 마사이치(渡久地政一)에 의뢰하여 '사쿠라자카음두작시작법피로발표회(櫻坂音頭作誌作曲披露發表會)'를 시도하는 등 사교업이 오키나와 경제활동의 중심축을 이루는 분위기가 조성되었다. 오키나와에서 사교업에 대한 사회적 인식이 부정적이지 않은 면을 보이는 점에 대해서도 주목할 필요가 있다.

한편, 군정은 식량 확보를 위한 농업 진흥과 주택건설 사업을 시작하였고, 미군기지 공사로 경제부흥의 모습을 보여주었다. 그러한 상황하에 발생한 오락성으로는 순회 영화반과 가설극장(芝居小屋)이 있었고, 미군기지 공사 붐으로 내외에서 공사관계자들이 운집하면서, 필연적으로 사교업자가 점포를 구입하게 되었다. 집을 지으면서 일본 본토로부터 토목기술자들이 오키나와에 들어왔고, 사교업은 불야성으로 번성하는 과정을 경험하였다. 오키

나와의 사카이 마치(榮町), 마에지마(前島), 칸 자토바루(神里原), 나카노마치(中の町) 등의 각지에 '카페', '바', '카바레', '쿠라부'가 등장하면서, 미군의 위생기준에 의한 'A사인(サイン sign)'[4] 인가업자 등이 기지주변에 상점을 구축하였다. 오키나와 경제를 보여주는 취업구조에서 80%에 육박하는 인력이 3차 산업에 종사한 것은 기지경제의 특수성을 잘 반영하였다. 한국전쟁 및 베트남전쟁은 기지촌의 활황으로 연결되었고, 전쟁특수로 자리 잡았던 오키나와의 기지경제는 그 후 오일쇼크, 달러쇼크 등으로 사교업의 혼란을 경험하게 되었다.

"순 생산의 산업별 구성비를 1972년도와 1979년도를 비교해보면, 농림업은 5.9%에서 5.4%로, 수산업은 1.6%에서 1.0%로, 건설업은 10.6%에서 13.1%로, 제조업은 9.9%에서 8.8%로, 3차 산업은 74.9%에서 74.6%로 복귀시의 구조와 달라지지 않았다"(垣花將人, 1981: 30). 미군 중심의 기지경제는 전후 오키나와 경제의 주축으로 확고하게 자리를 잡았음을 지적할 수 있고, 경제 중심의 기지의존도는 점차 오키나와 사람들의 일상생활에 영향을 미치고 있음을 알 수 있다. 하부구조가 상부구조의 모양에 심대한 영향력을 행사하고 있는 상황을 오키나와에서 확인할 수 있다. 오키나와 사회조직의 가장 전통적인 모습으로서 문츄(門中)제도가 언급되는데, 문츄가 소유하고 있는 토지의 군용지료 수입이 확대되면서 문츄의 구성원과 운영에 있어서 다양한 문제들이 발생하고 있는 상황이다(진필수, 2007).

군용지료, 군고용자소득, 군인·군속의 소비지출 등으로부터 발생된 합계액을 기지관련수입이라고 할 때, 복귀시 액수는 780억 엔이고, 2002년도에는 1931억 엔을 기록함으로서 절대수입액은 지난 30년간 약 2.5배로 증가한 것으

---

4) Aサイン의 A는 "approved"의 약자다. 미군기지 주변의 사교업소에 대한 미군의 위생검사 기준으로 마련된 것이다. 이 기준에 통과되는 사업장에만 미군과 군속들이 출입하도록 통제되었기 때문에, 이 사인의 유무가 사교업의 성패를 좌우하는 것이었다.

로 나타났다. 그러나 그 숫자를 현민 총 소득과 비교해볼 때, 기지관련수입은 복귀시 15.6%에서 2002년도에는 5.2%로 대폭 감소하였다. 기지관련수입의 내역을 부문별로 나누어 보면, 최고비중을 차지하는 것이 군용지료로서 2002년도에는 전체 수입의 45.0%를 차지한다. 복귀시에는 엔저·달러고(圓安弗高) 영향으로, 군인·군속의 소비지출액의 비중이 높았다. 그 후 소비지출액은 400억엔 대부터 500억 엔 사이의 추이를 보이지만, 지가상승 등에 힘입어서 군용지료는 계속 상승하였고, 1992년도부터 군용지료의 비중이 소비지출액을 능가하였다. 1972년도 군용지료는 123억 엔이었으나, 2003년도는 약 765억 엔이었다. 이 자금은 일본 정부가 지주들에게 부담하는 예산에 편성되어 있다. 그래서 "오키나와 사람들은 도쿄로부터의 경제적 이득을 얻기 위해서 미군에게 기꺼이 토지를 제공하고 있다"(Vogel, 1999: 11)는 평가는 설득력 있게 받아들여진다.

미군을 상대하는 사교업은 오키나와의 여성들을 필요로 했다. 전화로 모든 것이 사라진 상황하에서 생계를 이어야하는 책임이 대부분 여성들에게 남겨진 상황이 발생하였고, 이 상황이 미군 상대의 사교업과 맞물리면서 기지촌 형성의 주 무대에서 오키나와의 여성들이 활동을 하게 되었다. 기지건설에 이은 한국전쟁과 베트남전쟁의 특수로 기지촌 경제활동에 오키나와 여성들뿐만 아니라 필리핀 여성들까지 동원되는 구도가 마련되었다. 기지촌의 구성은 '바', '카바레', '미니 호텔', 그리고 전당포(質屋)의 배열로 이어진다. '바'와 '카바레'에서 술을 마시고 춤을 춘 미군이 성적 상대인 오키나와 여성과 함께 '미니 호텔'(흔히 "팡팡야"라고 불리는 곳)에서 잠을 자고, 돈이 모자란 미군은 자신이 착용하고 있는 고급시계나 금목걸이와 금팔찌 등을 고리의 이자를 받는 전당포에 맡긴다. 이것이 간단하게 표현된 기지촌 먹이사슬의 일부인 셈이다.

기지촌의 먹이사슬이라는 과정에 개입된 위생 문제와 질병 문제에 심각한 문제점을 느낀 미군당국은 기지주변의 유흥업소가 갖는 원천적인 필요악적 존재를 외면한 채, 위생 문제와 질병(주로 성병) 문제에 대한 관리의 방법으로서 군정부가 인정하는 업소의 선정과 관리 전략을 채택하였다. 미군 측은 개별 병사들의 위생과 건강 문제가 군의 사기와 전력에 직접적인 관련이 있다는 판단하에 미군상대의 사교업소에 대한 군사전략적 방법을 선택한 것이다. 그것이 이른바 'A사인' 정책이었다.

1961년 2월부터 1964년 8월까지 복무한 군정부 고등판무관의 힘으로 오프 - 리미트(off-limit: 출입금지) 정책이 실시되었다. 미군과 군속의 성병발생에 대한 대책으로서 '지역 오프 - 리미트'와 '개별 오프 - 리미트'가 있었다. 군인과 군속을 상대로 하는 모든 업자는 민정부 공중위생부의 지도와 해당 보건소의 엄중한 검사를 받고, 일급면허증합격자가 아니면 안 된다는 포령이 공포되었다. 사교업조합 집행부는 점포의 위생적 설비개선 노력을 경영자에게 지도·조언하였고, 종업원의 위생사상을 향상시킴으로서 결과적으로 전업자가 일급면허증을 받게 되었다. 1962년 6월 7일 '코자시A사인협회설립총회(コザ市 Aサイン協會設立總會)'가 오키나와에서는 가장 먼저 설립되었다. 1962년 12월에 위생시설관리개선에 대한 새로운 기준으로 A사인 법이 공포되었다. 1963년 3월 19일 군정벌위원회는 A사인 신 기준을 8월 1일부터 실시한다고 재확인하였다. "위생기준은 미국민정부(USCAR, U.S. Civil Administration of the Ryukyu Islands)에 의해서 강제되었으며, 기준 표기는 오키나와의 피진 영어가 아닌 '진짜' 영어였다"(Inoue, 2004: 88).

기준을 엄수하지 않으면, A사인을 회수한다는 계약서에 사인도 하였다. A사인이란 것은 오키나와가 일본으로 복귀하기 이전에 군인과 군속이 이용하는 음식점 시설에 대하여 일정한 기준을 정하고 심사에 합격한 시설에 부여한 일종의 영업허가증인 셈이다. 궁극적인 목적은 미군과 군속의 성병다발과 영업소의 비위생적 상태에 대한 관리에 있었다. 그 시설의 검사를 미군의 위생검사관이 실시하였다. 식중독과 전염병 발생을 걱정한 조치였던 것이며, 그들은 기준 이하의 시설이 발견된 경우, 위생지도의 설명 없이 오프 - 리미트를

시켜서 영업정지 상태로 들어가도록 하였다. 그러한 조치를 받은 영업장은 영업 불가의 상태로 될 뿐만 아니라, A사인을 부활시켜서 영업을 재개하려면 대단히 힘든 일이었다.

처음에 미군 측으로부터 제시되었던 기준은 건축물 자체의 문제를 해결할 수 없을 정도로 엄격한 것이었다. 이에 대해서 대부분의 기존 영업자들은 목조건물이기 때문에, 새로운 건물을 짓는다는 것은 불가하다는 점을 제시하였다. 건축물 자체의 기준은 영업장의 사활문제였기 때문에, 전 류큐의 업자들은 'A사인연합회(Aサイン連合會)'를 재조직하고 조건완화 운동을 전개하였다. 그 결과 입법원은 'A사인특별위원회(Aサイン特別委員會)'를 설치하였고, 업자와 관계 시정촌장의 노력으로 일부 조건을 완화하는 성과를 얻었다. 완화된 조건은 목조기와집(木造かわらぶき)의 기존업자는 지붕은 그대로 유지하되 지붕의 주변을 시멘트 구조물로 보강하는 방식을 도입하는 것이었다. 다른 내용들은 기존대로 유지하고 'A사인 신기준'5)에 합의하였다. 영업주 당

---

5) 'A사인신기준'이란,
1. 교통이 편리한, 도로가 아스팔트로 포장되고, 도랑(側溝)은 뚜껑이 있고, 가로등이 설치됨
2. 매춘 불가
3. 신축건물의 구조는 철근콘크리트 블록으로 만든 슬라브식이 아니면 안 됨.
4. 위생풍기상의 규제는 다음과 같음.
   1) 출입구의 창, 내부의 벽, 천정은 모두 외부와 칸이 없어야 함, 쥐와 바퀴벌레 진입방지
   2) 출구의 창은 이중으로, 내부는 스크린을 붙여서 자동적으로 닫히게. 모든 창은 스크린을 붙여서 모기가 들지 않도록
   3) 점내의 공기는 항상 청정을 유지하고, 배기선풍기를 붙여서 영업 중에는 상시작동하도록
   4) 점내의 조명은 5룩스 이상 밝게
   5) 문은 밖으로 열리도록
   6) 변소는 모두 남녀 별도 수세식으로, 외측에 남녀별 표시. 내부 수세소는 비누, 타올페이퍼, 쓰레기통 설치하고 냉온수 양용 수도를 설치할 것
   7) 바, 클럽 등의 카운터 안에는 필히 스테인리스제 삼조세정기, 조리기구, 컵, 식기 등은 모두 비누로 세척하고, 끓이는 소독 실시. 그렇게 하기 위해서 순간 탕비기구 설치하여 영업 중에는 상시 열탕이 나오도록
   8) 녹이 슨 기구, 깨진 컵은 사용하지 않도록
   9)냉장고 내는 청결하여 상시 온도계를 5도 이하로 유지하도록
   10) 캔은 한번 뚜껑을 연 것은 보관하지 않도록
   11) 얼음은 공인의 제빙소의 것을 사용하고, 영수증을 보관할 것

대에 한하여 'A사인'을 교부하며, 영업장의 매매양도와 경영자의 교체시에는 'A사인'을 반납하도록 하였다.

군 A사인사무소는 군정부의 군징벌위원회 직속으로 A사인의 교부와 위생검사를 주 업무로 하고, 매월 1회 엄중한 위생검사를 실시하였다. 풍기단속관(風紀取締官)은 호객행위, 매춘의 유무를 조사하는 사복근무 활동을 하였고, 심지어는 점포 내에서 종업원을 유혹하여 그 행위를 시험하는 경우도 있었다. 성병예방관은 VD반장이라고 칭하는 위생하사관으로서 군인과 군속 사이에 성병이 발생할 경우, 접촉한 종업원에 대해서 VD카드 발급과 함께 치료를 하고, 업소에 대해서는 A사인 취소를 권고하였다. 각 관계관의 조사결과는 모두 군 A사인사무소에 집계되고, 월 1회 열리는 군징벌위원회에 보고되어, 그 결과는 각 시정촌, 각 조합, 개별 점포에 경고서가 발급된다.

군수사기관, 헌병, 그리고 군속을 동원한 강력한 위생검사 실시와 군의 활동을 보조하는 경찰서(법령강습회 개최), 세무서(세무강습회 개최), 보건소(위생 강화) 등의 행정력의 통제 및 관리는 기지촌 사교업 업주들로 하여금 여러 가지 생존을 위한 적응전략을 만들어 내게 하였다. 업주들의 생존전략은 강압적인 군과 행정력에 대해서 뿐만 아니라 자체적인 단결과 자정 노력으로 대처하고 있음을 알 수 있다.

---

12) 사용하는 물은 상수도일 것이며, 칼키 농도 3ppm 이상일 것
13) 풍속영업소의 경우, 동일 건물 내에 여자종업원을 동거시키는 별실을 설치하지 말 것
14) 풍속영업소는 미성년자출입금지의 표시 없이 절대로 출입시켜서는 안 되고 음주시키지 않을 것
15) 호객행위 절대금지, 상점 입구에서 군인군속과 이야기하는 것과 영업 중 손님과의 외출을 엄금
16) 건물의 외측에는 필히 쓰레기 처치장을 설치할 것
17) 영업시간을 엄수할 것

3. 미군과 군 - 민 관계: 미시적 활동을 중심으로

1) 오키나와 미군의 실태와 연구자료의 문제

　　기지촌이라는 현장을 구성하는 중요한 집단 중의 하나가 미군이라는 용어로 대표되는 미군 병사들이다. 따라서 이 현장에 나타나는 집단의 구성원들이 어떠한 과정을 거쳐서 어떠한 모습으로 살아가고 있는지에 대한 개략적인 서술이 필요하다. 미군 병사들에 관한 자료의 수집은 '바'와 신카이치의 도로에서 인터뷰를 시도하였으나, 그렇게 해서 수집한 자료의 내용들은 지극히 한정적이며 단편적이다. '바'의 환경에서는 인터뷰가 불가능한 상황이며, 미군들은 개별적인 인터뷰에 대해서 대체적으로 응하지 않는 경향이 강하였다. 이러한 부분을 타개하기 미군의 대민 조정역할을 하는 군속을 만나서 자료수집의 협조를 요청한 바 있으나, 그의 답변은 한국 정부의 외무부에서 미국대사관을 통하여 자료수집의 협조를 신청하고, 서울의 미국대사관이 도쿄의 주일 미국대사관과 협조한 후, 주일 미국대사관이 워싱턴 디시의 국무성과 국방성에 협조를 구한 다음, 미 국방부에서 재일미군사령부에 의뢰하고, 재일미군사령부는 다시 오키나와에 주둔하는 부대의 부대장에게 지시하는 방식을 제안 받았다. 이 방식의 추천은 미군 상대의 인터뷰는 '하지 말라'는 것이나 다름없는 것이었다.

　　필자는 일단 공식적인 인터뷰 신청 절차를 밟기 위해서 킨초의 캠프 한센 부대장 면회를 신청하였으나 그가 공식출장 중이었고, 그 대신에 부대장(현역 해병 소령)과의 면담은 실시되었다. 그로부터 얻은 답변은 군사기밀에 관한 부분들에 저촉될 가능성이 있기 때문에 개별면담을 공식적으로 실시하는 것은 불가능하다는 것이었다. 킨초사교업조합장(金武町社交業組合長)과 조합 사무원의 도움으로 캠프 한센 사령부에 들어갈 수 있었다. 기지사령부의 사회관계전문관을 만날 수 있었고, 그녀의 중개로 부사령관을 만났다. 그에게 사회관계전문관의 업무에 대한 구체적인 업무내용의 문서를 요구했다. 아울러서 미군의 대 사회관계 지침 등에 대해서 문서를 요구했다. 전자는 문서가 있고, 후자는 없다고 했다. 전자의 문서는 있지만, 공개할 수는 없다고 했다. 과거 미군의 문서가 밖으로 유출되어 여러 가지 좋지 않은 문제가 생긴 경험이 있다고 했다. 좋은 의미로 공개했던 문서가 어느 시점에 어떤 상황하에서 좋지 않은 내용으로 바뀌어서 책임자를 곤란하게 만든 경우가 있었다는 것이다. 후자에 대해서 문서가 없는 이유가 사회관계의 업무라는 것이 아주 복잡하게 미묘한 사건들을 기초로 하기 때문에, 항상 사회관계전문관의 지식에 기초하여 사례에 따라(case by case) 처리하는 입장이라고 했다.

이러한 상황하에서 신카이치의 '바'에서 미군 병사들과 함께 '모조'(일종의 칵테일로서 필리핀에서 제조방식이 수입된 술)를 마시면서 간단한 대화들은 가능하였다. 고향과 학력 그리고 가족사항 및 군입대의 동기 등에 관한 사항들은 간단하게 들을 수 있었지만, 이러한 자료들이 본 논문을 위한 중심적인 자료를 구성하기에는 무리라는 것을 알았다. 이러한 문제점을 보완하기 위해서 동원된 방식으로는 과거 미군으로서 일정기간 근무하는 동안 오키나와의 여성과 결혼한 퇴역군인들(현재 오키나와 거주)과의 인터뷰가 가능하였다. 이들은 주로 기술자로서 가족들과 함께 장기간 미국에 거주한 경험도 갖고 있었다.

인터뷰에 의한 자료 수집의 한계를 극복하고 자료 수집의 성과를 높이기 위해서 필자는 주오키나와해병대에서 홍보용으로 발행하는 책자 속의 자료들을 발췌하기도 하였다. 『大きな輪』(Okina Wa)는 미국 해병대 인가의 기관지로서 주오키나와 해병대의 활동에 관심이 있는 당지의 지도자를 비롯하여 교육관계자 그리고 조직이나 개인에게 정보 제공을 목적으로 발행한다. 또 한편에서는 사건 사고를 줄이려고 노력하는 해병대의 "Good Neighbor" 정책들 중의 하나라고 생각된다. 『大きな輪』의 내용은 필히 해병대나 미국방성의 공식견해에 한정하는 것은 아니라고 설명한다. 당 기관지는 캠프 버틀러 해병

대기지통합보도부(Consolidated Public Affairs Office, Marine Corps Base Camp Butler)가 3개월에 한 차례 씩 제작하는 것이다. 편집자와 조수는 각각 한 사람씩 있는데, 둘 다 일본인이다. 이것의 발행을 책임지는 보도부의 책임자는 미군 소령이다.

"『大きな輪』(Okina Wa): BIG CIRCLE"이란 제목을 달고 있는 잡지 성격의 이 책자는 2002년 7월 1권 1호로 출판을 시작하였다. 주오키나와해병대 홍보지로 인식되며, 제1호에는 제3해병원정군 사령관 그레그슨(Wallace C. Gregson) 소장의 인사말[6])과 일본 정부의 외무성 오키나와사무소 오키나와담당대사의 축하 글이 실려 있다. 또 다른 출판물로는 토미무라 히로코(富村浩子: 주오키나와해병대 섭외관) 씨가 개인적으로 발행하는 「FOSTER LESTER NEWS(フォスターレスターニュース)」다. 양면 한 장을 각각 한 페이지씩 영어와 일본어로 구성하여 월 1회 발간하고 있는데, 그 발행 목적은 "沖縄のマリン基地を紹介するチラシです(오키나와해병대기지를 소개하는 전단입니다)"라고 적혀 있다. 이 두 가지 출판물에 토막기사로 실려 있는 미군에 관련된 정보들을 포함하고, 인터뷰 자료들을 보완한 것이 아래에 정리된 자료들이다. 따라서 이 자료들은 상당 부분 미군의 입장에서 정리된 부분이 포함되어 있음을 주의하지 않으면 안 된다. 왜냐하면 교차 검증(cross check)이 불가능한 상태에서 수집된 자료들

---

6) Lieutenant General Wallace C. Gregson(Commanding General, III Marine Expeditionary Force)의 인사말은 다음과 같다. "The purpose of Okina Wa is to share with you a little about the Marine Corps on Okinawa in order to foster continued understanding and friendship between the military and local communities. Through this publication we hope to keep you informed about Marine Corps activities and policies that affect the local communities or are of general interest. We also wish to share stories about the Marine Corps on Okinawa with the hope that you can help us share good news with other community members. Additionally, we want this publication to help dispel myths or rumors and clarify misconceptions about Marine Corps activities on Okinawa. With this magazine we aim to introduce some of the many voluntary community contributions made by Marines and Sailors on Okinawa. And finally, we wish to provide information on current and future U.S. programs and policies that will have an impact on the Okinawan community".

이기 때문에, 자료의 해석에 있어서 신중한 입장이 요구된다.

2006년 현재 오키나와에 주둔하고 있는 미군관계자(군인과 군속)는 5만 명 정도다. 그들의 가족 숫자는 2만 5000명 정도다. 해병대원은 매주 평균 120명 정도가 신임으로 부임한다. 가족을 동반하지 않은 하사(三等軍曹, ranks of E-5) 이하의 대원들에게 오리엔테이션 강좌 수강이 임무로 되어 있다. 이 강좌는 합동환영회관(Joint Reception Center, JRC)에서 제공되는데, 그것을 끝내지 않으면 개별 부대에 배속되지 않는다. 이 교육 프로그램은 2일간 지위협정(SOFA)을 비롯한 미국과 일본의 문화와 언어 차이 등을 내용으로 하고 있다.

군사훈련으로 인해 발생하는 기지 인근 주민의 불안에 관한 논의를 하는 위원회(오키나와에 관한 특별행동위원회, Special Action Committee on Okinawa: SACO)가 설치되어 있다. 오키나와 내에서도 가장 군사훈련이 강렬하게 실시되는 곳이 북부훈련장(통칭 JWTC)이다. 이것은 1958년 이래 미국 방성 산하의 유일한 정글 훈련장으로서, 매년 8000명의 해병대가 훈련을 받고 있으며, 1000명이 30일간 하나의 단위로 훈련을 받을 수 있는 시설이다.[7]

현재 오키나와에 존재하는 미군기지는 모두 8개로 구분되며, 이곳에는 각각 1명씩의 기지섭외관[8]이 주재한다. 기지섭외관이 배치되어 있는 곳들은 다음과 같다. 캠프 긴자(キャンプ・キンザ, Camp Kinser: 우라소에시), 캠프 후텐마(キャンプ・普天間, Futenma Air Station: 기노완시), 캠프 포스터(キャンプ・フォスター, Camp Foster: 차탄정), 캠프 코트니(キャンプ・コートニー, Camp Courtney: 우루마시), 캠프 한센(キャンプ・ハンセン, Camp Hansen: 킨정), 캠프 슈와브(キャンプ・シユワーブ, Camp Schwab: 나고시), 해군병원

---

7) 훈련시설을 구성하는 구체적인 코스를 보면 다음과 같다: Jungle Warfare Course, Jungle Skills Course, Jungle Trauma Course, Jungle Leaders Course, Jungle Staff - Planners Course, Survival Evasion Resistance Escape Level B.
8) 일본인 군고용원의 신분으로서 영어 표현은 'community relations specialist'다. 직역하여 사회관계전문관이라고 불리기도 한다.

(海軍病院, レスター: 차탄정). 기지섭외관들은 기지와 기지주변의 주민관계에 발생하는 문제들에 대해서 중간자의 입장으로서 양쪽의 이해를 구하는 업무를 주로 하며, 경우에 따라서 섭외관들은 미군들을 위한 지역생활에 관련된 컨설팅을 하는 경우도 있다.

1947년부터 지어진 미군 막사는 퀀셋(Quonset)이다. 이것은 함석으로 지어진 반원통 형태의 건물로서, 미군들이 태평양전쟁 때부터 막사로 사용하던 건물의 기본이다. 야외용의 건물이 아니라 주둔지의 병사다. 이 건물은 50명이 한 막사에서 내무반식의 집단으로 생활하고 수면하는 곳이다. 가운데 통로가 있고, 한 측에 25명씩 집단으로 거주하는 시설이다. 해군병원이 있는 캠프 레스터(Camp Lester)의 퀀셋은 현재 클럽으로 탈바꿈하였고, 장래에는 박물관으로 이용될 가능성이 있다고 한다. 현재 캠프내의 군인들을 위한 하우징은 세 종류다. 'single unit(一戸建型)', 'duplex(2家族連結型)', 'tower(高層住宅)'이며, 계급(士兵, SNCO, officer)에 따라서 구분되어 있다. 젊은 병사들은 기지 내의 식당(Messhall)에서 식사한다. 이곳은 카페테리아식 무료급식을 실시하기 때문에 입구에서 급식카드를 보여주고 입장한다. 이곳은 연중무휴로서, 모든 식재료는 미국으로부터 공수되는 것들이다. 한 식당을 위해서 일본인 종업원 26명(요리사 21명, 제빵사 4명, 비서 1명)이 일을 한다.

단신의 병사는 기지 내 병사에서 생활하는데, 하사(3등군조)가 되면 룸메이트와 함께 2인으로 생활한다. 이 생활은 평균 3~5년 걸린다. 방은 매주 깨끗하게 청소를 해야 하고 점검을 받는다. 병사 건물 내에는 금연이며, 12병이 넘는 맥주는 개별 방에 보관금지의 규율이 있다. 실내에서는 일본식의 선향(線香)[9]도 금지되어 있다. 이성의 손님이 개별 방을 방문하는 것은 가능하지만, 손님은 오후 10시까지는 퇴소해야 한다. 계급에 따라서 병사의 건물이 달

---

9) 백단(白檀)이나 정자(丁字), 침향(沈香) 등의 향료 가루를 송진 등으로 개어서 가늘고 긴 선 모양으로 만든 향으로, 불을 붙여서 불전에게 바치는 데 사용된다.

라진다. 주1회(목요일)의 청소점검은 중사(2등군조)가 되면 면제된다.

캠프의 근무시간은 아침 7시30분부터 오후 4시30분까지이므로 영외거주 군인은 근무 시간 이외에는 퇴근하는 것이 보통이다. 출퇴근하는 군인들과 군속들이 운전하는 차량은 특수한 번호판을 달고 있기 때문에, 언제 어디서든지 군인 또는 군속 차량임이 판명된다. 차량 번호는 모두 "Y"(yankee의 y자를 딴 것임)로 분류되어 있다. 모든 병사들은 전투용 훈련을 받지만, 개별적으로 자신의 특종 직업이 있다. 그것을 MOS(Military Occupational Specialities)라고 하며, 36분야에 366종의 직종이 구분되어 있고, 개인의 희망대로 MOS를 선택한다.

여러 가지 자료로부터 선별된 개별적인 군관계 인사들의 신병을 간략하게 정리해보는 것은 오키나와에 주둔하고 있는 미군의 상황을 이해함에 있어서 도움이 될 것으로 생각된다. 개인적인 신병에 관한 자료들을 포괄적으로 정리해보면, 오키나와에 주둔하고 있는 그리고 기지촌의 고객으로 여겨지고 있는 미군들의 특징을 간략하게 지적할 수 있다.10)

---

10) 다음과 같은 자료들이 참고될 수 있다.

캘리포니아 출신인 Clinton C. Van Whyte(17세)는 이등병(private)으로서 방금 Military Occupational School(MOS)을 졸업하고, Camp Kinser에 부임하여 field wireman(電氣配線技士)으로 일한다. 그는 군대를 "free college education"으로 생각하고 입대하였으며, 오키나와의 물가가 저렴하고 상대적으로 월급도 많기 때문에, 군대생활에 만족하고 있다. 해병대원의 음주에 관한 법적 제한 연령은 21세다. 그는 술을 마시지 않는다.

Callie M. Bennett(23세) 伍長(corporal)은 2000년에 해병대에 입대하여, South California의 해병대기지에서 요리사로 일했다가 오키나와로 전근한 후 Camp Schwab에서 캠프 내의 요리사로 일하고 있다. 4년간의 계약으로 군대생활이 끝나면 조리사학교(culinary school)에 들어가서 어린이들을 위한 요리법을 배울 계획을 하고 있다. 오키나와에 근무하는 동안에 Internet을 통해서 원거리 통신교육으로 '바텐더' 면허를 얻고 싶다고 한다. 현재 일본 요리와 오키나와 요리도 배우려고 노력하고 있다.

Daniel M. Chadkewics(31세)는 해군치과의 사무를 보고 있다. Camp Foster의 제3치과대대 소속이다. 그의 부인이 치과의사로서 현재 San Diego에서 개업 중이다. 부인과 5살 난 딸이 있다. 그는 3년 계약으로 오키나와에 단신 부임하였으며, 1년에 한 번 씩 휴가차 샌디에이고의 집을 방문한다. 크리스마스에는 부인과 딸을 오키나와로 데리고 올 계획을 세우고 있다.

David Standing 대위는 유타주 출신으로서 현재 캠프 버틀러의 부사령관직을 수행하고 있다. 현재 2년 반 째 근무 중이며, 가족으로는 부인과 2명의 자녀가 오키나와에 함께 거주하고 있다. 해병대 입대 전에는 몰몬교도로서 선교 목적으로 2년간 일본에 체류한 적이 있었다. 해병대와 일본 자위대 그리고 지역사회를 연결하는 지역섭외전문관의 역할도 하고 있다.

오키나와의 기지에 근무하고 있는 미군들은 10대 후반의 초년생 병사에서부터 30대와 40대의 장교에 이르는 연령 구성을 보인다. 그들의 사회적인 배경도 다양하고, 현재 수행하고 있는 업무도 다양하다. 물론 전투시에는 그들이 모두 전투에 참가하는 병력임에는 틀림없다. 기지촌의 사교업소에 드나드는 주 고객들은 10대 후반과 20대 초반의 젊은 병사들이라는 점이다. 10대 후반은 법적으로 음주가 금지되어 있기 때문에, 그들은 부대 내에서는 전혀 음주를 할 기회가 없다. 미혼의 젊은 병사들이 기지 내의 클럽에서 제공되는 좋은 시설과 분위기를 마다하고 기지촌의 '바'와 '카바레'에 나오는 이유는 기지 내에서 제공되지 않는 것을 찾기 때문이다. 법적으로 기지가 제공할 수 없는 음주 및 성적인 문제를 기지촌의 '바'와 '카바레' 및 '카푸에'에서 찾을 수 있음을 지적할 수 있다.

2) 군 - 민 관계와 미군기지의 사회문화적 영향

미군기지가 갖는 태생적인 문제를 알고 있기 때문에, 미군기지를 운영하는 측에서도 대민관계에 대해서 상당한 정도의 노력을 하고 있음을 여러 가지 자료를 통해서 알 수 있다. 주오키나와해병대의 'Good Neighbor' 정책이 그러한 고민의 일환으로 진행되고 있는 것은 명약관화한 일이다. 대민관계에 어떠한 프로그램과 일들이 전개되는지에 대해서 살펴보고자 한다.

Dustin Whitner(20세) 상등병은 캘리포니아 출신으로서 제3해병원정군사령부에서 병참업무를 보고 있다. 현재 오키나와에 근무한지 반년이 되었다. 한국에서 1개월간 '팀스피리트'의 합동훈련에 참가한 적도 있다. 9·11사건 후 대학진학을 보류하고 해병대에 입대하였다. 근무지에 배속받기 전에는 13주간의 신병훈련을 받는다. 앞으로 장기복무를 하여 해병대 하사관의 최고지위에 오르는 것이 희망사항이다.
Joshua Lulu 3등군조는 오하이오주 출신이다. 제1해병항공단(1st MAW)의 안전관리관으로 근무하고 있으며, 오키나와 근무는 3번째이다. 12년 전 신병으로 오키나와에 처음 왔으며, 2번째 오키나와에 전근 와서 오키나와 처녀를 만나서 결혼하였다. 부인의 이름은 築里이며, 자녀가 둘 있다. 그는 주변에서 "ウチナーむーく"(오키나와 婿)로 불린다. 그는 현재 기지 내의 대학에서 일본어를 공부하고 있다.

지역의 교육위원회에 소속된 고고학자와 합동으로 선사시대의 패총과 15세기 구스쿠 시대 후기의 건축기술을 보여주는 고고학 자료 보존에 기여한 바 있다. 2000년에 킨초는 하와이 이민 백주년을 맞아서 18톤의 기념비석을 하와이에 있는 토야마 큐조(當山久三)의 묘역으로 수송하였는데, 이 석비의 수송을 해병대와 해군의 조력으로 완성할 수 있었다. 지역의 소방서와 해병대소방서의 합동훈련을 실시하였다. 군사훈련으로 발생한 착탄지의 적토유출 방지를 위해 해병대환경보호관이 지역주민과 함께 사탕수수밭에서 함께 일을 하였다. 해병대원들과 일본 및 미국 아동들이 함께 지구의 날에 착탄지에 기념식수를 하였다. 1978년도에 결성된 제3해병원정 군악대가 나고벚꽃축제(名護櫻祭)에 참가하였다. 해외에 주둔 해병대의 유일한 군악대로서 50명으로 구성되어 있다 (concert band, marching band, jazz band, rock band, jazz combo, brass quintet(5중주)로 구성). 쇼 삽입곡(show tunes), 영화음악(movie themes), 대중음악(pop songs), 록(rock), 재즈(jazz), 블루스(blues), 라틴음악(Latin), 살사(Salsa) 등을 연주하며, 서태평양 일대의 100곳 축제에 연 300회 이상 출연하고 있다.

할로윈(Halloween) 행사의 일환으로 유령집(haunted house)을 만들어서 오키나와 어린이들에게 즐거움을 제공하기도 한다. 고아들을 상대로 일일 자매결연(一日兄姉) 행사를 실시하였다. 노인 복지활동에 해병대원들의 자원봉사가 있었으며, 노인홈과 제7통신대대가 친선석비를 함께 제작하였다. 교통사고로 다친 미군을 성심으로 도와준 오키나와 레스토랑 여주인에게 추수감사절 때 사령관이 감사패를 증정하였다. 고속도로에서 화재가 난 네 자매의 차량을 구출한 해병대 용사에게 시장이 감사장을 수여하였다. 인명구조에 도움을 준 미군해병에게 이시카와시(石川市) 시장이 감사장을 수여하였다.

후텐마 기지에서 영어회화학습에 자원봉사를 위해서 조직된 'Native Assistant Teachers' 프로그램으로 20명이 지원하였으며, 크리스마스 때 학동들에게 인형을 증정하였다. 오키나와현 내 대학생을 위한 영어 인턴십 프로그램을 개최한 바 있고, 장래 미국 유학을 희망하는 학생들에게 미니유학체험을 캠프 내에서 하도록 주선하였다. 현 내의 고등학교 직원과 고교생이 기지 내에서 해병대 대원 중 레슬링 선수들을 상대로 연습하는 기회를 마련하였다. 캠프 한센은 11월 말에 'Mini Special Olympics'을 개최하여 주민들을 초청하였다.

미군과 오키나와 의료관계자가 심포지엄을 개최하여 연대를 강화하였으며, 주오키나와해군병원에서 일본인 의학생과 의사가 훈련받을 기회를 마련하였다. 해군병원에는 해군장교 224명, 해군하사관 490명, 군속 136명, 일본인 군고용원 155명, 인턴 연수의 6명, 공군(미숙아집중치료실근무) 44명으로 총 1055명이 근무 중이다. 1970년대 후반에 킨초에서는 해병대 병사들로부터 일본인들이 헌혈을 받았다. 특히 RH 마이너스형의 헌혈이 도움이 되었으며, 그 경우는 모두 4건으로 기록되어 있다.

해병대원들이 나하에서 오키나와 전통의 하리(ハーリー, dragon boat race, 爬龍船競漕)에 도전하였다. 캠프 킨저에는 미군으로 구성된 '킨저 타이코 클럽'이 있다. 이들은 현 내에서 개최하는 1만인 '에이사'에 참가하였다. 헤노코에는 3년에 한 번 줄다리기가 이루어지는데, 해병대원들이 함께 참가한다. 해병대원 가족들이 해안에서 거북 방류 행사에 참여하여 오키나와의 기억을 만드는 행사에 참가한다. 오키나와의 민간 측에서도 해병대와 협조하여 해병대원과 그들의 가족들에게 일본어와 일본 문화를 가르치는 자원봉사 교육 프로그램이 마련되어 있다. 오키나와에서 근무한 경력이 있는 전(前) 해병대원은 오키나와 사람과 친구가 되어서 제대 후에도 가족을 데리고 방문하는 교류행사를 실시한다.

미군 측에서 주도하는 프로그램 이외에도 오키나와의 현 정부와 민간 차원에서 주도하는 프로그램들도 적지 않게 진행되고 있음을 알 수 있다. 특히 오키나와의 젊은이들이 기지 내의 직업에 많은 관심을 갖고 기지 내의 직업에 취업하려는 움직임도 있기 때문에, 기지문화를 이해하려는 노력들은 민간차원에서 훨씬 더 많이 추진되고 있다. 미군들과의 결혼이라는 문제도 적지 않은 사회적 관심거리다. 따라서 이에 대한 미군 측의 교육 프로그램도 마련되어 있다. 미군 병사와 결혼하는 또는 결혼을 원하는 여성(또는 남성)들이 얻을 수 있는 정보로 L.I.N.K.S.(Lifestyle, Insights, Networking, Knowledge, Skills)라는 것이 있다. 미군 측에서 3일간 코스로 제공하며, 내용은 복리후생, 병사의 출장에 의한 별거, 이사와 관련된 지식, 효과적인 의사소통, 해병대의 역사와 전통 등을 포함한다(FOLEST 57호).

기지종업원은 1972년도(복귀시) 1만 9980명, 1977년도 1만 명, 1979년도 7000명대, 1996년도 8000명대로 증가하였고, 2004년도에는 8813명을 기록하고 있다. 기지종업원의 소득은 1997년도 529억 엔, 2002년도에는 540억 엔으로 피크를 보인다. 현 내 고실업율로 인해서 젊은이들이 기지종업원에 응모하는 숫자가 늘었으며, 수백 인을 모집하면 1만 명 이상이 지원한다. 일본 정부가 일본인 종업원의 노무비를 "배려예산(思いやり豫算)"[11]으로 지급하기 때문에 기지종업원은 "준공무원 수준의 대우(準公務員並みの待遇)"라는 이미지가 확산되었고, 오키나와의 젊은이들에게는 최고 인기직종의 하나로 간주되고 있다. 군고용원 또는 기지종업원으로 불리는 오키나와 사람들의 입장을 정리해보는 것도 오키나와의 미군기지를 이해함에 있어서 중요한 측면이라고 생각된다.[12]

---

11) 한국의 방위비분담금에 해당하는 것으로서, 1978년부터 일본 정부가 미군의 주둔 비용 중 일부를 부담하고 있다.

12) 군고용원에 관한 구체적인 자료를 기록한다. 개인 신상에 관한 것들이기 때문에, 이미 활자로 출판된 것들만 게재한다.
토미나코시 모리마사(富名腰盛昌, 59세)는 캠프 포스터에서 전선공반장(電線工フォーマン) A로 근무한다. 해병대 기지 취직 전에는 오키나와시의 회사에서 3년간 근무한 경력이 있고, 미 정부에 근무하는 친구의 소개로 이 직업에 관심을 갖고, 1965년에 처음으로 해병대 후텐마항공기지의 전선공으로 시작하였다. 7년 후 캠프 포스터의 전기공사과로 이동하였다. 여기서 班長(フォーマン) A로 승진한 이후 20년이 경과하였다. 전기공사과의 종업원을 감독하며, 자녀는 2남 2녀고, 정년이 60세(2001년의 얘기).
히가노보루(比嘉昇)는 캠프 곤잘레스에서 푸드서비스 노동자(フード・サービス・ワーカー)로

오키나와 젊은이들의 취업과 결혼이라는 측면에서 생각해보아야 하는 미군과 미군기지의 문제도 현안이다. 이러한 방향의 삶에 관한 문제는 거의 개별적으로 진행되는 것이고, 사회적인 특히 사회운동적인 관심과는 전혀 반

근무하는 요리사다. 19세 때 온나촌의 만자비치호텔(万座ビーチホル)에서 요리사를 시작하였고, 그곳에서 15년간 근무하여 오키나와 전통요리 전문가가 되었다. 영어를 배우는 환경에 매력이 있어서 2001년 1월에 현직에 이직하였다. 캠프 코트니에 근무하는 친구로부터 소개를 받고, 미국인과 함께 일을 하면서 영어를 배울 목적이었다. 현재는 식당에서 일하는 일본인 종업원의 근무시간표를 작성하는 등의 광범위한 직무를 수행하고 있다. 직장환경이나 근무 일정을 담당하는 셈이다. 오전 7시 반부터 오후 4시 반까지 근무하며, 정년퇴직 후에는 요리사로 돌아가기를 원하고, 정년 후에는 괌에 가서 처의 가족과 함께 일하면서 살 것이라고 한다(2002년의 얘기).

히가사치코(比嘉さちこ)는 근무 38년 경력의 명예조장(名譽曹長)이라는 별명이 붙은 베테랑 근무자다. 해병대시설기술부에서 물자공급관리자(物資供給コントローラー)로 근무하고 있다. 1964년부터 카데나기지에 있는 로커NCO클럽(ロッカーNCOクラブ)의 웨이트레스로 근무를 시작하였다. 1971년에 대폭적인 근무인원 삭감 때까지 근무하였고, 해고직후 해병대기지의 그룹앤드앵커(グローブ・アンド・アンカー)에 웨이트리스로 재취직하였다. 1987년에 다시 인원삭감 때 해고되었다가 현재의 직장으로 옮겼다. 캠프 킨자의 메인티넌스 숍에 있는 16점포에 공급되는 2500달러 이하의 부품을 발주하는 업무를 담당하고 있다. 4명의 자녀와 손자는 14세부터 9세까지 9명이다.

이하 후미오(伊波文雄)는 Camp Schwab 사령본부섭외관이다. 헤노코 구민들은 사령부의 장소를 헤노코 11반이라고 인식한다. 여기서 1993년부터 섭외관으로서 근무하는 중이다. 헤노코 구민과 나고시민 그리고 해병대원의 연결이 주 임무다. 전임자도 없고 지도자도 없는 상태로 업무를 시작하였다. "미군기지"라는 선입관으로부터 미군도 해당지역에 거주하는 한 사람의 미국인으로 인식해주도록 해당지역 주민들을 향해서 노력하고 있다,

코치 치요코(幸地千代子)는 캠프 한센의 사령부섭외관이다. 캠프 한센과 킨초의 우호관계를 담당한 지 20년이 되었다. 그동안 사령관은 12명, 정장은 4명이 바뀌었다. 1983년부터 캠프 한센에서 근무하였다. 처음 시작은 섭외관이라는 직책이 아니고 문서를 타이핑하는 일을 맡았다. 당시 약 150명이 단순한 기지종업원의 일을 하였다. 해병대원의 자원봉사 작업과 초민(町民)에 의한 문화교실 개최를 많이 한다. 가장 기억에 남는 일은 킨초 상공회의 협력으로 해병대원들에게 에이사를 경험하게 한 것이다. 정월과 오봉 그리고 청명절 등의 연중행사에 해병대원들이 체험하도록 하는 것을 검토하고 있는 중이다.

토미무라 히로코(富村浩子)는 캠프·포스터의 사령부섭외관이다. 중부 4시정촌(宜野灣市, 北谷町, 北中城村, 沖繩市)에 있는 미군기지의 소식을 현민들에게 전하는 일이다. 1997년부터 근무하였고, 1998년부터 영어와 일본어로 FOLEST를 발간하고 있다. 기지에서 생활하는 사람들의 라이프스타일과 기지 내의 이벤트에 관한 것을 주 내용으로 하고 있다. 기지 내에서는 일반적인 것이지만 기지 밖의 일본인에게는 궁금한 것들을 주로 다룬다.

쿠바 카즈노(久場一乃)는 캠프·킨자의 섭외관이다. 고등학교 다닐 때 이곳을 지나다니면서 이곳 사령관의 통역이 되고 싶다는 생각을 하였다. 기지 내에 있는 센트럴 텍사스 대학과 오키나와그리스도교단기대학에서 영어를 배웠다. 영어회화 강사를 하던 중, 캠프 포스터 헌병대의 비서로 취직하였다. 7개월 후 캠프 포스터의 섭외관으로 이전하여, 현재 7년째 섭외관 일을 하고 있다. 기지와 기지소재지 지자체(受入自治體)의 교류에서 필터 역할을 하는 셈이다. 2001년에 메릴랜드 대학에서 경영학 학사 호를 취득하였고, 앞으로 석사과정으로 진학할 예정이다.

대의 방향으로 흐르는 분위기가 지배하고 있는 상황이 문제로 지적될 수 있다. '기지 반대'라는 정치적 목소리가 큰 현실과 이념이 얽힌 문제 앞에서 또 다른 현실인 취업과 결혼이라는 문제는 사회적인 차원의 목소리를 제대로 내지 못하고 있는 것도 하나의 현실이다.

사회관계전문관인 고치 씨가 자신의 업무 중에서 신경을 많이 쓰는 일들은 정장(町長)과 사령관이 만나는 경우, 상대의 예의방식을 조언하는 것이다. 오키나와 사람들이 오키나와 식으로 하게 되면서 발생하는 미군들이 갖는 오해가능성의 문제가 있고, 미국인들은 미국식으로 하게 되면서 발생하는 오키나와 사람들의 오해 가능성의 문제들이 있다고 한다. 예를 들면 함께 파티를 하면서, 오키나와 사람들은 그대로 앉아서 음식이 오기를 기다리는데, 이것이 문제가 된다. 뷔페를 하게 되면서, 여자들이 먼저 음식을 갖고 와서 자리에 앉기를 권해야 하는 남자의 예의를 실현하지 않음으로서 미국인들의 오해를 사게 되는 경우를 미리 경계하기 위해서 정장(町長)을 비롯한 오키나와 사람들에게 귀띔을 하는 것이 상당히 예민한 일이다.

캠프 한센의 병사들이 자원봉사로 소학교와 중학교에서 영어를 가르치기 위해서 나가게 되는데. 그때 고치 씨는 미리 미군들에게 몇 가지 주의사항을 요구한다. 첫째, 몸에 문신을 한 경우에는 적절한 방법으로 가리도록 한다. 그렇지 않아서 발생한 문제가 있었다. 영어를 배우는 과정에서 아이들이 미군의 팔에 있는 문신을 보고, 문신에 대해서 좋은 인상을 갖게 되었고, 이들이 부모들에게 영어를 가르쳐준 미군 병사의 문신에 대해서 얘기를 하게 되었다. 부모들은 자녀들이 영어를 배우는 과정에 대해서 관심을 갖는 것이 아니라, 몸에 문신한 것을 좋은 것으로 생각하게 된 배경에 대해서 항의성 전화를 하는 경우가 발생하였다, 또한 영어를 강의하러 가는 미군들에게 강의 도중이나 학교를 방문하는 도중에 껌을 씹지 않도록 주의를 준다. 영어를 가르치는 미군이 껌을 씹는 상황을 본 아이들이 그 행위에 대해서 "쿨"하다고 생각을 하게 되고, 나중에 부모들에게 그러한 사항을 말하게 되면, 거의 틀림없이 항의성 전화가 돌아오게 마련이다.

미군기지와 지역사회 사이에 좋은 관계를 맺어보려고 하는 사회관계의 프로그램에 서로의 문화가 달라서 발생하는 문제들이 있다는 점을 파악한 기지섭외관은 목하 고민 중이다. 미군의 대민관계는 문화차이라는 커다란 과제를 안고 있다는 점을 파악한 것이다. 주인의 문화와 손님의 문화가 서로의 이해에 있어서 오해를 발생시키고 있다는 것은 서로에 대해서 불행일 뿐만 아니라 장래에 커다란 사회적 문제를 야기할 소지를 안고 있다.

4. 킨초와 신카이치: 농촌에서 기지촌으로

1) 신카이치에 관한 통시적 개관

미군기지가 있는 곳에 거주하는 주민과 미군과의 관계는 '주인 - 손님'이라는 구도로 이해할 수 있다. 주민이 주인에 해당된다면, 미군은 손님에 해당된다. 관광지에 적용되었던 '주인 - 손님'(Smith 1977)의 구도가 적용되기에는 너무나도 긴박한 문제들이 개입되어 있다고 생각되지만, 넓은 의미에서 그 구도는 어느 정도 적용이 가능하다. 이 구도에 개입된 중요한 아이디어들 중의 하나는 호혜성의 문제다. "미군은 주둔지 지역공동체의 한 부분일 뿐만 아니라 그 지역공동체와 분리해서 생각할 수가 없다. 군대는 '교육동반자(partners in education)' 또는 '자매 동네(sister village)' 등의 프로그램을 가지고 이미 여러 단계로 지역에 접근하고 있음"(Dodge, 1991: 31)을 지적한다면, 주인과 손님은 어떤 형태로든지 호혜적인 관계를 맺고 있는 부분이 있다고 생각되고, 그러한 맥락 속에서 미군과 주민들의 관계를 미시적으로 파악할 필요가 있다고 생각한다. 다음 차례로 구체적인 현안들에서 나타난 주민과 미군과의 관계를 논할 수 있을 것이다.

미군기지가 많은 오키나와에서 기지와 관련된 이슈들 중에서 주민들의 일상생활 차원에서 가장 관심을 끌고 있는 주제는 경제적인 문제다. 미군기지와 연관된 오키나와 사람들의 수입원은 대체로 세 가지로 요약된다. 먼저, 미군의 기지사용과 관련된 군용지료(軍用地料)라고 하는 것이 있다. 이것은 미군의 기지가 점유한 토지의 소유주에게 지급되는 금액으로서, 개인과 문츄라는 집단 그리고 지역사회의 경제에 적지 않은 영향력을 행사하고 있다. 둘째, 미군기지에 군무원으로 고용된 오키나와 사람들이 미군부대로부터 지급받는 봉급이 있다. 셋째, '스나쿠'라는 것은 미군기지의 인근에 위치한 술집과 그와 유사한 시설들을 통칭하는 단어로서, 미군들이 개인적인 유흥비로 사용하는 금액을 수입으로 삼는다. 즉 오키나와 미군기지와 관련된 기지촌 문화론을 논의함에 있어서는 군용지, 고용원, '스나쿠'의 세 가지가 키워드에 해당된다.

1945년 2월 제공권을 장악한 미군이 오키나와의 항공사진을 찍고 장래의 기지를 선정하였는데, 현재의 캠프 한센도 그들 중의 하나였다. 한반도의 정세에 따라서, 과거 킨초의 일등지인 이치바루(池原), 카라야치(瓦燒, カーラヤーチ), 나카바타케이(仲畑慶), 이누무이(大盛, イヌムイ), 이후(伊保, イーフ) 일대를 군용비행장으로 건설하는 데 150일이 소요되었다. 이 비행장이 1949년에는 육군의 훈련장으로 바뀌었다. 당시 킨 촌민의 고용 직종은 하우스 메이드와 취사인부(炊夫) 등 수십인 정도였다. 이 캠프는 다시 1956년 육군으로부터 해병대로 이전되었다.

킨초는 인구 1만 명과 세대수 3400이고, 농업과 서비스업으로 알려진 곳이다. 특산품으로는 타무(ターム, 水芋)와 전통주인 아와모리(泡盛)이고, 메이지·다이쇼 시대에는 '이민의 아버지' 토야마 큐조로 대표되는 해외이민의 선구지역이었다. 전후 한 때 야카쿠(屋嘉區)에 전쟁포로수용소가 있었으며, 오키나와민요 '야카부시(屋嘉節)'로도 유명하다. 그 후 해병대는 전사한 '한센' 상등병의 이름을 따서 '캠프 한센'으로 명명하고 본격적인 기지건설에 들어갔다. 캠프 한센(キャンプ・ハンセン)은 제3해병사단에 소속되어 있으며, 주둔하는 부대는 제3해병사단 제4보병연대와 제12야포연대였다.

신카이치는 원래 야하즈바루(ヤハズ原)라고 불리는 곳으로서 킨에서 가장 기후조건이 좋지 않은 장소다. 현재의 국도 329호선은 옛날 슈쿠미치(宿道: 슈리왕부와 각 지역을 잇던 도로)로서, 도로의 양측에 수령 백년의 소나무가 나열되었던 곳이다. 베트남전쟁이 격화되고 해병대가 증가하면서 미군들의 출입이 잦아졌고, 전장으로부터 휴가병들도 오게 되었다. 휴가병들을 위한 오락시설이 필요한 상황이 발생하면서, 킨초에 약간의 오락시설이 마련되었으나, 오락과 유흥시설이 많은 이시카와나 코자까지 멀리 나가는 군인들도 생겼다. 유흥장소를 찾는 미군들을 유치하기 위해서 제1게이트 앞에 최초로 '럭키세븐(ラッキーセブン, lucky seven)'이라는 바가 개점된 것이 신카이치의 출발 신호였다고 말할 수 있다.

1959년 7월 10일, 고쿠바구미회사(國場組)는 1000만 달러로 '캠프 한센'의 공사를 낙찰받았고, 공사는 오키나와의 기술자들을 총동원하여 260만㎡(약 80만 평)의 부지에 495㎡(약 150평의 병사 75동, 댐, 메스홀 5, 극장 1, 서비스클럽 2, 장교용숙사 13, 장교용식당 1, 병원 1, 사격장, 풀 등으로 구성되었다. 도로의 길이는 남북 2㎞, 동서 4.2㎞)의 건물을 지었다. 이 건설을 위해서 동원된 노동력은 150만 명(2년간)이었고, 하루에 3000명 이상의 노동력을 투입하였다. 1961년 8월에 총 6000명 정도의 수용시설인 '캠프 한센'이 완성되었으며, 9월 3일 해병대가 입소하였다. 당시 기지 내의 오키나와인 종업원은 1102명(1종 262, 2종 194, 3종 361, 4종 280)이었으나, 사실상 1300명이 넘었다고 한다. 그중 킨 출신은 6할로 추측되었다(金武村廣報 48(3) 1970년 12월 27일).

이러한 변화에 맞추어서 술집을 찾는 미군(해병대)들의 요구를 파악한 킨초의 지주들이 모여서 1959년 초 야하즈바루(ヤハズ原)에 도시계획안을 만들고, 65명으로 구성된 지주회를 결성하여 도시계획에 대한 대화를 시작하

였다. 그로 인하여 지주조합이 결성되고, 아후소 세이켄(安富祖淸憲)이 초대 조합장이 되었다. 직후 아후소 세이켄이 킨 구장(金武區長)에 선임되었고, 1959년 10월에 요시다(吉田松吉)가 지주조합장을 인계받았다. 약 1년이 소요 되어 구획 정리가 완료되었다.

1962년부터 본격적인 건축이 시작되었다. 이때 지주조합의 토지는 공매 입찰에 붙여서 평당 15달러에 낙찰되었다. 처음에는 목조 건물을 많이 지었다. 킨에는 1963년 10월 1일에 A사인조합이 결성되었으며, 1963년 12월부터 건축 에 있어서 'A사인'의 신기준이 시달되었다. 이에 대해서는 군이 절대적 권한을 행사하였기 때문에, 업자들은 예상 외의 경비가 소요되었다. 기준 미달인 곳에 대해서는 미군 헌병이 '오프-리미트'를 표시하였고, 오프-리미트에는 미군의 출입이 금지되었다. 결국 많은 상점들이 개점휴업 상태에 들어갔고, 이에 대해 A사인조합장은 촌장에게 부탁해서 오프-리미트 문제를 해결하려 하였다. 즉 오프-리미트 문제를 해결하기 위해서 행정당국이 전면부에 나서게 된 것이 신카이치의 건설과 발전으로 이어진 것이라고 볼 수 있다.

기지건설의 과정은 또 다른 변화를 수반하였다. 건설과정에 참여하는 외 지인들과 노동자들의 유입으로 미군들을 상대하는 업소 이외에 일본인들을 상대하는 업소들도 생겨나게 되었다. 현재 '우시나바상가(牛納バー街)'라고 불리는 지역에 밀집한 영업소들이 일본인 상대라면, 제1게이트가(第1ゲート 街)는 미군을 상대하는 영업소들이다. '우시나바상가'에는 23헌(軒)의 동업자 들이 있으며, 이들은 1971년 1월 22일 킨초거주인사교업조합(金武村邦人社交 業組合)을 설립하였다. 이곳에 최초의 개점은 나카다 토요코(仲田豊子)가 경 영한 카바레 바레스(キャバレーパレス, 1963년 5월 개점)다. 미군 상대가 아니 기 때문에 A사인과는 무관함에도 불구하고, 공안위원회에서 실시하는 종업원 들의 혈액검사와 VD검사 등을 받고, 카운터와 컵 선반을 손으로 닦아보는 월 2회의 위생검사가 실시되었다. 1973년에는 '오리온맥주'가 기증한 거주인조

합(邦人組合)의 심볼 아치가 설치되었으며, 1981년 5월 '펩시콜라'와 '오리온맥주'가 공동으로 기증한 새로운 아치가 마련되어 현재에 이르고 있다.

미군 상대의 영업은 마을 공동체에 큰 자극이 되었다. 전후 지역경제의 낙후는 미군 상대의 영업으로 인하여 상대적으로 내부경쟁을 촉발시키게 되었다. 제1게이트 앞 지역의 활성화에 자극을 받은 제2게이트 앞인 시자쿠바루(シジャク原)의 지주들을 중심으로 새로운 도시계획을 추진하였고, 그 작업은 나미사토구 사무소 중심으로 시도되었다. 특히 1965년에 베트남전쟁이 격해지면서, 휴가병의 귀환으로 인한 유흥업 활황이 자극되었다. 1966년 5월 도시계획위원이 선임되었고, 32인 지주의 양해로 평당 10달러로 구 당국이 토지를 구입하였다. 구 당국은 20여 명의 업자들에게 평당 5달러씩 토지를 불하하였고, 차액인 5달러를 구 당국이 부담하는 방식이었다.

6개월간의 공사로 도시계획공사가 완료되었고, 1967년부터 건물을 짓기 시작하였다. 구 당국과 업자 사이에는 A사인 교부를 조건으로 건설이 되었기 때문에, 1967년 11월 제2게이트A사인조합을 결성하여 유스카 및 A사인사무소와 교섭을 하여 A사인을 획득하였다. 당시 A사인은 지역할당으로서 킨초에는 제1게이트 앞에만 해당되었다. 제2게이트A사인조합은 1971년 4월 1일 제1게이트A사인조합과 합병하였다.

기지촌으로서의 성황과 경제적 영향은 주민들의 일상생활 속에 깊이 자리를 잡게 되었다. 킨초는 급속한 인구증가 현상을 보였다. 신카이치는 기지의 건설과 미군 병사의 증가로 전당포(質屋), 바, 레스토랑 등이 건설되어 킨초 최대의 번화가로 변화되었고, 새로이 짓는 건물들은 신카이치의 발전을 상징하였다. 신카이치에 인접한 하마다(浜田)와 타킨차(ターキンチャ)에도 아파트와 주택이 들어서서 신카이치의 위성도시 모습을 갖추었다. "기지 경제는 신카이치에 미군들을 위한 바, 클럽, 매음굴과 같은 서비스업을 창출하였다. 이러한 서비스업의 출현은 마을 사람들에게 아주 심각한 상황을 안겨주게 되

었다. 이제까지와는 전혀 다른 바 업주나 호스티스와 같은 새로운 직종이 출현하였고 마을의 인구도 급격한 변화를 초래하였다"(Yoshikawa, 1996: 52).

1968년부터 달러 방위와 해병대의 씀씀이도 줄면서 불경기가 지속되었고, 신카이치는 베트남전 특수에서 멀어지고 있었다. 그래서 제2의 신카이치를 건설하려던 주민들과 행정당국의 계획이 수포로 돌아가기도 하였다. 한편 "군용지주회 발족은 1971년 1월 24일"이었다(金武村廣報 50(1) 1971년 2월 15일). 군용지에 대한 정부의 보상금액이 상향되면서 군용지의 지주들이 경제적으로 우세한 위치를 점하게 되었다. 그 결과 킨초 내에는 군용지에 대한 보상금으로만 살아가는 사람들이 생겨나게 되었다. 즉 킨초의 기지경제는 군용지에 대한 지대상승 효과로 인하여 군용지를 보유하고 있는 지주 중심의 축이 형성되면서 이원화하는 경향을 보이고 있다. 하나는 신카이치의 업주와 종업원 중심의 유흥업이고 다른 하나는 킨초 전체에 분포하고 있는 군용지의 지주를 중심으로 한 토지임대업이다.

유흥업 중심의 일원화된 기지경제의 축이 이원화하는 전환점이 복귀의 시점에서부터 시작되었다고 생각된다. 이러한 변화와 아울러서 킨초의 토박이들, 즉 지주들은 신카이치에 의존한 기지경제에 대하여 새로운 생각을 하게 되었던 것 같다. 킨초 내에서 군용지를 소유하고 있는 지주와 그렇지 않은 사람들의 경제적인 차이가 확연하게 드러나게 되었고, 군용지주회 중심의 조용한 활동이 기지경제의 새로운 세력으로 등장한 상황이 주목된다.

이러한 상황의 변화에 가세한 것이 '엔고·저달러(圓高弗安)', 즉 일본의 엔에 대해서 미화의 달러가 약세로 전환된 환율의 급격한 변화다. 신카이치의 유흥업소에서 벌어들이는 수익의 원천이 미군들이 사용하는 달러인데, 달러의 가치가 약화되는 것은 신카이치 유흥업소 전체에 마이너스의 상황을 부여하게 된다. 동시에 유흥업소에서 달러를 사용하는 미군들의 씀씀이가 줄어들 수밖에 없기 때문에, 유흥업소의 기지경제는 침체상태에 빠질 수밖에 없다.

2) 기지촌 문화에 대한 미시적 분석

오키나와 북부 지방과 인근의 도서 지방을 포함한 12군데의 시정촌에 분포한 사업체와 서비스업체의 숫자를 보여주는 [표 8-1]은 킨초의 사회적 위치를 논의하기에 적절한 자료다. 가장 번화한 곳으로 손꼽히는 북부 오키나와의 중심지인 나고시의 경우 전체 사업체에 대한 서비스업체의 비율이 37.5%인데 비해서 킨초가 37.7%의 비율을 보이는 것은 신카이치가 어떤 곳인지를 알게 하는 간단한 지표가 될 수 있다.

신카이치에 있는 사업장 마다 평균 6~8명이 종업원으로 근무하는 형태로 업소는 운영되고 있다. 업소의 숫자가 해마다 조금씩 증가하고 있는 추세를 보인다.

[표 8-1] 북부 시정촌별 서비스업 취업자수

시정촌	총 수	서비스업(%)
나고시(名護市)	24,066	9,040(37.5)
쿠니가미촌(國頭村)	2,544	841(33.1)
오오기미촌(大宜味村)	1,228	326(26.5)
히가시촌(東村)	937	134(14.2)
나키진촌(今帰仁村)	3,966	1,109(28.0)
모토부정(本部町)	6,185	2,025(32.7)
온나촌(恩納村)	4,384	1,749(39.1)
기노자촌(宜野座村)	2,166	694(32.1)
킨초(金武町)	3,730	1,307(37.7)
이에촌(伊江村)	2,554	499(19.6)
이헤야촌(伊平屋村)	701	189(26.9)
이제나촌(伊是名村)	819	187(22.8)
합계	53,280	18,100(33.9)

* 총 수는 15세 이상 취업자 총수.
** 북부시정촌 산업(대분류)별15세 이상 취업자 수. 沖繩縣金武町
(2004: 35)에서 발췌 및 재구성.
*** 업종별 취업자 수, 총 3352명 중 서비스업에 1287명(38.4%)(沖繩縣
金武町, 2004: 43). 이에 비해서 도소매업과 음식점은 1046명(31.2%).

[표 8-2] 서비스업의 사업소 수 및 종업자 수 추이

1975		1978		1981		1986		1992		1997		2002	
종	사	종	사	종	사	종	사	종	사	종	사	종	사
95	657	106	834	116	676	139	737	163	914	153	1003	159	1287

* 사=사업소수, 종=종업원 수.
출처: 沖繩縣金武町(2004: 43)에서 발췌.

[표 8-3] 킨초의 전기소비량의 비교(1967년 10월)

업무구역	부락별	사용량(KWH)	%
413	이게이·야카(伊藝·屋嘉)	17,876	7.9
414	하마다(浜田)	14,808	6.6
415	신카이치(新開地)	89,617	39.9
416	킨(金武)(1)	40,537	18.0
417	킨(金武)(2)	32,418	14.4
418	나미사토(並里)	22,732	10.1
419	나카가와(中川)	4,815	2.1
420	키센바루(喜瀨武原)	1,494	0.6

출처: 金武村廣報 20(3), (1968년 1월 21일).

　　킨초 내에서도 신카이치의 차별적인 위치를 파악할 수 있는 전기소비량의 자료를 참고한다. 신카이치에 전기소비량이 팽배하여, 1968년 10월 한 달간의 전력소비량은 8만 9617㎾나 되었다. 이 숫자는 킨초 총 소비량의 40%에 달했으며, 신카이치에서 여름 한 달 사용한 전기요금이 600달러가 된 상점도 생겨났다(金武村廣報 20(3) 1968년 1월 21일). 신카이치의 전기 사용은 거의 야간에 집중하고 있음을 알 수 있다. 촌락의 중심부를 구성하는 킨 1구와 킨 2구의 소비량을 합한 것(32.4%)보다도 신카이치의 소비량이 높게 나타나고 있는 것은 야간 영업에 의한 것임은 분명한 사실로 지적할 수 있다.

　　제2대 상공회장은 당시 오키나와은행 킨지점장으로 부임(1965년 7월 부임)한 타이라 키요마사(平良淸昌)가 맡았다. 은행지점장이 상공회장을 맡았던 것은 신카이치로부터 발생하는 저축금이 그만큼 많았음을 의미한다. 상공회는 A사인조합과 한 덩어리가 되어서 즉시복귀반대총궐기대회를 개

최하기도 하였다. 상공회는 A사인조합에 보조금을 염출하여 미국 - 류큐친선 행사를 실시하였다. 1966년 3월 1일에는 해병대10주년기념행사에 맞추어서 미국 - 류큐친선축제(まつり)를 개최하였다. A사인조합은 신카이치에서 서 비스업(주로 술집)을 하는 업주들의 모임으로서 킨초의 경제에 적지 않은 몫을 담당하였다.

신카이치의 스나쿠를 비롯한 서비스업이 연 매출액과 수익이 어느 정도 되는지에 대한 자료를 구하기는 쉽지 않다. 다만 류큐은행과 오키나와은행, 두 은행의 지점이 킨초에 자리를 잡고 있고, 영업대상의 가장 큰 고객이 신카이 치의 상점들이라는 점만큼은 사실로 인정되고 있다. 두 은행의 영업실적을 파악하는 것이 중요한 자료로 작용할 수 있을 것으로 생각한다. 스나쿠에서 일을 하는 종업원들의 수입에 관한 간략한 다른 힌트로는 다음과 같은 진술이 있다. "1993년 신카이치에서 사회복지협회의 구성원들을 위해서 제공한 금액 은 2억 6000만 엔으로 추산되었으며, 신카이치에 있는 160군데의 바, 클럽, 레스토랑에서 일하는 500명 종사자들의 수입은 미군들이 지출한 금액으로 제공된 것이다"(Yoshikawa, 1996: 77). "신카이치에서 만들어진 돈의 일부는 바의 종업원들이 일용품이나 음식을 구입하기 위한 돈으로 전환되어 킨초의 다른 부분에 들어가게 마련이다 …… 신카이치가 돈을 벌면, 킨초의 나머지 사람들은 그들로부터 이득(Onkei)을 챙기게 된다"(Yoshikawa, 1996: 53).

신카이치에 대량의 미군이 출현하고 유흥업소가 번창하면서 킨초의 청 소년들이 서서히 영향을 받기 시작하였다. 이에 대한 대처로서 행정당국은 1965년 10월 6일 소년보도원(少年補導員)제도를 발족시켰다(金武村廣報 8(3) 1965년 11월 1일). 킨초와 아주 유사한 과정을 밟았던 코자 지역에서 전개 되었던 상황은 신카이치의 문제를 이해함에 도움이 된다. "코자의 게이트 거 리, BC 거리, 테루야(照屋)의 흑인가 후면부에는 GI를 상대로 하는 매춘숙(賣 春宿)이 즐비하게 되었다. 베트남으로 출동하기 전이나 대규모의 연습이 끝난

[표 8-4] 외국인등록국적별 인원조사표(沖繩縣金武町)

연도	필리핀	미국	기타	계
1998	77	34	22	133
1999	97	31	27	155
2000	119	38	26	183
2001	110	39	39	188
2002	122	40	31	193
2003	102	38	26	166
2004	88	35	24	147

뒤에는 그러한 매춘숙 앞에 GI들이 줄을 이어서 기다렸다 …… 복귀전의 오키
나와에는 매춘방지법은 시행되지 않았다"(高嶺朝一, 1984: 19). 이러한 정황
으로 미루어볼 때, 코자의 전철을 그대로 밟은 킨초와 그 일부인 신카이치의
이해에 있어서 "매춘이 킨초라는 기지경제의 중요한 한 부분이라는 점은 명백
하다"(Yoshikawa, 1996: 52)라는 평가는 과장된 부분이 있다고 생각된다. 따
라서 그러한 방향의 평가를 위해서는 다른 해외 미군주둔지의 기지촌과 비교
검토를 요한다.

　　필리핀의 기지촌에서는 도덕적 퇴폐가 범죄와 청소년 범죄 및 알콜중독
및 가난의 가장 심각한 원인으로 인식되고 있다(Ramos-Jimenez & Ma. Elena,
1988: 51). 올롱가포(Olongapo)와 엔젤스(Angeles)시에서 지난 10년 동안에
경험된 문제들은 다음과 같이 정리되었다. ① 방문자로 들어온 미군 병사들에
서 의해서 유입된 질병, ② 성적착취, 마약중독 그리고 불법적 Fil-American
결합에 기인된 주민들의 도덕적 퇴폐, ③ 범죄발생율의 증가로 평화와 질서의
파괴, ④ 주택 부족, ⑤ 실직과 고용 불안으로 인한 가난 때문에 발생하는 생활
고, ⑥ 가족 결속과 전통적 필리핀 가치의 훼손(Ramos-Jimenez & Ma. Elena,
1988: 59) 등이 현실적인 문제로 등장하는 것으로 이해되었다.

　　수빅해군기지(Subic Naval Base)가 있는 올롱가포시(인구 20만 명)에는
500개의 클럽, 바, 호텔, 마사지 팔러 등이 있고, 2만 명의 창녀들(그 중 9000명은

등록 상태, 8000명은 무면허 상태, 3000명은 시간제 접대부—hospitality girls)
이 있다. 클라크공군기지(Clark Air Base)가 있는 엔젤스시에는 450개의 호텔,
카바레, 디스코 조인트 및 바와 칵텔 라운지 등이 있으며, 여기에 고용되어 있는
7000명의 접대부가 있다(Garcia, 1991: 44~45). 올롱가포는 유흥이 유일한 산업
으로서 시간제 접대부(hospitality girls), 댄서(ago-go dancers), 웨이트리스
(waitresses), 바 종업원(barmaids), 창녀(prostitutes), 길거리 매춘부(street
hawkers), 스트리트워커(streetwalkers), 호스테스(hostesses)들은 어떤 형태
로든 매춘(flesh trade)과 향락산업(selling sexual favors)에 관계하고 있다
(Ramos-Jimenez & Ma. Elena, 1988: 14~15). 그 결과 올롱가포는 '범죄와 부패
의 도시'의 대명사가 되어 버렸다. 즉 필리핀 발 기지촌의 이미지는 범죄와 부패
의 온상으로 낙인이 되었다. 오키나와의 코자와 신카이치도 동일한 범주에 속
하는 것으로 이해되는 경향이 강하다.

그럼에도 불구하고 미국의 식민지 경험의 시기가 긴 필리핀과 그렇지 않
은 오키나와의 기지촌에는 상황이 다른 면이 발견될 것이라는 것이 필자의
관심이다. 동일한 미군기지와 관련된 기지촌이기 때문에 유사점이 발견될
것은 당연한 것이고 차이점이 발견될 것도 기대된다. 필리핀 올롱가포의 기지
촌 이미지가 오키나와의 코자와 신카이치에도 적용되고 있는 것은 사실이다.
그래서 킨초 토박이들은 신카이치에 대한 언급 자체를 기피하는 경향이 강하
다. 그들은 필자의 연구에 대해서도 "연구할 주제도 많은데 하필이면 신카이
치를 연구하느냐?"고 반문한다.

미군으로부터 출발한 기지경제의 먹이사슬이 '스나쿠'와 '바'를 매개로 하
여 전개되는 오키나와의 방식은 다음과 같다. 미군을 직접 상대하는 여성들은
두 종류의 집단이다. 한 집단은 일본인 여성들이고, 또 다른 집단은 필리핀 여성
들이다. 후자가 업소에 개입되는 것은 그들이 계약에 의해서 신카이치의 업소
에 소속되어 돈벌이를 하는 경우다. 필리핀 여성들은 일본인 여성들이 하지

못하는 영어를 잘 구사한다. 필리핀 여성들이 영어를 구사함으로서 미군을 상대함에 있어서 유리하다는 판단을 하는 것이 업소의 주인들이다. "가장 중요한 고객과 언제든지 돌변하는 사고뭉치로서 인식된 미군을 대해야 하는 신카이치의 바 업주들은 필리핀 여성을 (접대부로) 고용함으로서"(Yoshikawa, 1996: 92) 버퍼존 또는 안전판의 역할을 하는 중간지대를 형성하고 있다. 미군과 '스나쿠'의 주인 사이에 필리핀 여성이라는 이방인이 개입된, 복합적 종족성(ethnicity) 문제가 개입된 형태다.

필리핀 여성들의 활동상황을 이해하기 위해서는 킨초에 등록된 외국인에 대한 자료를 검토할 필요가 있다. 현재 등록된 외국인은 필리핀, 미국, 기타의 순이며, 필리핀인이 가장 많이 있는 것으로 나타나 있다. 이들이 주로 신카이치의 '바'와 '스나쿠' 그리고 '카바레'에서 일을 하는 여성들이라는 점은 어렵지 않게 알 수 있다.

위의 기록은 매년 연말을 기준으로 정(町)사무소에서 비치하는 자료들 중의 일부다. 필리핀의 경우는 대부분이 여자들이라고 관계자는 설명한다. '바'와 '카바레'에서 춤을 추는 목적으로 들어온 댄서들이다. 미국인들은 대부분이 남자들로서 이곳에서 장기 또는 단기로 정착하여 미군부대와 관련된 직장을 갖고 일을 하는 사람들이다. 그들 중에는 오키나와의 여성들과 혼인을 한 경우들이 있다. 그의 가족들이 미국인으로 등록이 되는 경우들도 있다. 2001년도 기타란에 숫자가 갑자기 증가한 것은 루마니아 호스티스들이 왔던 기록이다. 그 해만 루마니아 호스티스들이 9명 왔다가 계약기간도 지키지 못하고 출국하였다. 이러한 점은 국제적인 호스티스 업계의 판도 속에서 오키나와의 미군기지가 매력적이지 못하다는 점을 간접적으로 의미하는 것으로 해석되고 있다.

일본 정부는 2005년 3월 15일 이후 예능인의 입국자격을 엄격하게 제한하고 있다. 교육기관에서 2년 이상 음악과 무용을 배우고, 일본 이외의 국가에서

2년 이상 활동한 실적을 요구한다. 가고시마현 내에서 일하다가 2005년 7월 고향인 필리핀으로 귀국한 쉐릴 양의 비난은 다음과 같다. "가난하기 때문에 학교에 가서 배우지 못하는데, 어째서 그런 것을 요구하는가?" 마닐라 수도권의 마카티 시의 프로덕션에는 항상 300명 이상에게 아파트와 식사를 제공하고, 4~8개월간 음악과 춤을 훈련시켜서 일본으로 보내는 곳이 있다. 그러나 "2년 유경험"의 실적이 필요하기 때문에 회전율이 떨어지고 부담이 급증하고 있다. 새로운 조항에 대처하기 위한 전략으로서 인력송출업자들은 연습을 쇼로서 보게 하는 방식의 새로운 팝을 개점하였다. 연습을 보게 하여 수입을 얻고, "손님 앞에서 춤을 추므로 긴장감을 가지고 연습하도록" 함으로써 훈련 자체의 효과를 높인다는 전략이라고 한다.

필리핀 여성들이 오키나와의 기지촌에 등장하는 것은 상당히 최근의 일이다. 오키나와의 기지촌이 영업상 활황을 누리고 있을 베트남전 특수 시기에는 미군의 성적인 상대들이 예외 없이 모두 오키나와의 여성들이었다. 그것도 비교적 나이가 많은 오키나와의 여성들이 20대 전후 미군들의 성적 상대역을 함으로서 돈벌이를 하였다. 최근에 등장한 필리핀 여성들은 '댄서'로서 중간 소개업자와 계약에 의한 인력송출의 방식에 속한다. 그녀들의 업무는 홀에서 춤을 추거나 노래를 부르는 것이다. 특히 필리핀의 수빅만과 클라크 공군기지가 미군으로부터 이탈되면서, 필리핀의 기지촌에서 활동하던 여성들이 일자리를 잃게 되었고, 새로운 일자리를 찾아서 오키나와의 미군 기지촌에 등장한 것이라고 이해된다. 따라서 킨 또는 신카이치가 "매춘숙(賣春宿)"이란 인상은 필리핀 여성들이 등장하기 이전 베트남전 특수 시절에 만들어진 이미지임을 알 수 있다. 그 이미지는 전시기에 형성된 것으로 이해되지만, 아직도 사람들은 과거에 만들어진 지역의 이미지를 머릿속에 담고 살고 있다. 현재는 신카이치 한 쪽에 자리 잡은 과거의 '팡팡야'(賣春宿을 말함)인 작은 호텔들이 손님이 없어서, 일부는 폐업 직전에 있거나 폐업한 상태다.

신카이치에서 '바'와 '스나쿠'의 경영자들은 대부분이 킨초 출신이 아닌 오키나와 또는 일본인들로서 대다수의 업주는 여성들이다. 즉, '바'와 '스나쿠'의 영업주들은 킨초에 거주하지만 그들은 킨초의 토박이로 간주되지 않는다. 킨초는 신카이치를 매개로 하여 미군과 매개되어 있음을 알 수 있으며, 킨초 원주민들은 신카이치라는 이방인 지대를 자신들의 손으로 킨초 내에 건설한 셈이다. 킨초의 토박이 주민들은 뜨내기 킨초 주민들을 매개로 하여 미군으로 연결되는 기지경제의 사슬에 엮어져 있다. 즉, '바'와 '스나쿠'를 매개로 현재 기지경제의 먹이사슬은 미군 → 접대 여성(일본인과 필리핀인) → 뜨내기 킨초 주민 → 토박이 킨초 주민으로 이어진다.

5. 맺음말: 기지촌의 비교문화론

사람들은 삶을 살아야 한다. 그 장소가 군사기지의 주변이라면, 그 장소가 제공하는 자원을 먹이로 하여 삶을 산다. 그 삶의 현장이 기지촌이라고 명명되고 있다. 전쟁이라는 맥락 속에서 부침하는 기지촌의 삶에 대한 연구는 가장 억압적인 군대조직에 기생하는 삶의 모습을 보인다. 군대 조직이 태생적으로 안고 있는 억압상이 폭발적으로 내뿜어져 나오는 기지촌의 현장에서 그 폭력적 분위기를 받아들이는 대가로 삶을 살아가는 사람들이 기지촌에 모여 있는 것이다. 전쟁과 군대라는 태생적 폭력성과 어우러진 기지촌의 삶에 대한 연구는 인간성의 새로운 모습을 발견하는 도전이기도 하다. 동시에 특수한 지역에 존재하는 기지촌의 문화적 성격에 대한 이해는 태생적 폭력과 관련된 인간의 보편성을 이해함에 있어서 새로운 장르를 전개할 뿐만 아니라 구체적인 지역의 문화적 차이에서 발견되는 기지촌의 모습이라는 문화특수성의 문제를 제기하기도 한다.

미군이라는 군사조직이 주둔하는 미군기지는 기지의 구성과 운영상 필수불가결하게 기지의 주변에 기지촌이라는 것을 수반하도록 만들어진 것임을 알 수 있다. 전쟁 수행을 목적으로 합법적으로 조직된 폭력집단이라는 기본적인 성격이 요구하는 문제는 여러 가지 측면에서 검토될 필요가 있다. 한편, 미군기지는 세계의 여러 곳에 산재하고 있다. 미군기지라는 거대한 네트워크의 일부에 오키나와의 미군기지가 존재하고, 그 기지의 주변에 기지촌이 형성되어 있는 것이다. 미군기지가 있는 오키나와에는 기지촌만 있는 것이 아니다. 성적 욕구로 충만한 미군 병사와 그들의 상대역으로 생활수단을 삼는 여성들로만 구성된 것이 기지촌이 아니다. 그것은 기지촌의 극단적인 한 모습이다. 기지와 기지촌에 연결된 많은 종류의 현실적인 삶에 대해서 구체적인 이해를 하는 것이 필요하다. 오키나와 킨초에 존재하는 신카이치라는 기지촌에서 보여주는 삶의 모습은 기지촌의 연구가 여성에 집중된 성적인 문제뿐만 아니라 보다 더 넓은 사회적인 문제파악의 가능성을 열어주고 있음을 알 수 있다.

필리핀의 클라크와 수빅에 존재했던 미군기지, 한반도에 산재한 미군기지, 그리고 그 한 가운데에 존재하고 있는 오키나와의 미군기지를 연결하면, 아시아 대륙을 향한 방어선이 그어진다. 미군기지는 이 방어선 체제 속에서 이해될 필요가 있다. 따라서 필리핀의 기지 철수 이후 어떤 변화가 일어나고 있는지에 대한 모니터링이 필요하다. 미군기지의 비교문화론이 필요한 상황이다. 기지촌 민속지는 진행형 문화를 보여주는 보고라고 생각된다. 기지촌의 주인공들이 다종족 상황을 구성하고 있는 점을 얼마나 깊이 있게 그려내느냐 하는 것이 가장 큰 과제라고 생각한다. 동시에 내부자의 목소리를 얼마나 정확하게 읽어내느냐 하는 것이 큰 과제다.

미군기지와 기지촌이 한 덩어리로 보이는 구도는 필리핀, 오키나와, 한국에서 공통적으로 나타나고 있다. 즉, 개별적인 국가의 미군기지들과 기지촌들은 모두 한 덩어리로 연계되어 있음도 지적할 수 있다. 필리핀에서부터 오키나와를 거쳐서 한국의 동두천이나 평택으로 연결된 네트워크를 타고 필리핀의 무희들은 활동하고 있는 것이다. 마치 클라크 공군 비행장에서 출격한 미 공군 전투기가 카데나를 거쳐서 한국의 오산 비행장으로 이동하듯이 필리핀 여성들도 이동하고 있다. 전자는 비자가 필요 없지만, 후자는 비자가 필요한 점이 다를 뿐이다. 미군기지와 기지촌의 논의는 출발에서부터 비교의 문제를 안고 있다. 비교를 통하여 미군의 기지정책과 개별국가에 존재하는 기지에 대한 차별적 대우 등을 명백하게 지적할 수 있다.

오키나와를 연구하는 의도는 오키나와의 문화를 거울삼아 한국의 문화현상을 보자는 목적도 포함되어 있다. 동아시아에서 미군의 주둔지로 가장 규모가 큰 오키나와의 문제는 한국이 처한 현실과 대조되기에 충분하다. 미군의 입장에서 본다면, 오키나와와 한국은 하나의 연결된 전선일 것이고, 그들의 전투기들은 한반도로부터 오키나와에 이르는 동중국해를 항상 왕복하고 있다. 카데나 기지를 발진한 미 공군의 전투기는 한반도의 오산 기지로 향발한다. 냉전이 힘을 발휘하던 시대에는 필리핀의 클라크공군기지로부터 오키나와 카데나, 그리고 한반도의 오산 기지가 하나의 작전 루트로 역할을 하는 미 공군의 작전공로였다. 국제정치 - 군사적 동아시아와 미군이라는 구도가 갖는 무력의 존재와 분절성을 근간으로 하여 동아시아 국민국가적 공간에 내재된 불연속적 진공 상태가 결합되어 창출된 미군기지의 기지촌들에 대한 비교문화적 이해는 미군이라는 강자의 선택적 전략에 가려진 차별성을 밝히는 기초적 자료를 제공할 수 있을 것이다.

■ 참고문헌

高嶺朝一. 1984. 『知られざる沖繩米兵』. 東京: 高文研.

金武町社交業組合. 1981. 『創立20周年記念誌』.

山內昌尙. ?. 『戰後沖繩米軍統治時代通貨變遷史(資料)』.

屋嘉比收. 2002. 「越境する沖繩-アメリカニズムと文化變容」. 『冷戰體制と資本の文化: 1955年 以後 1(岩波講座9 近代日本の文化史)』. 東京: 岩波書店.

垣花將人. 1981. 「'あだ花'の基地收入」. 『青い海 107』1981年 11月号.

陳泌秀. 2007. 「金武区軍用地料裁判から読み取る村落文化の伝統と変化」. 『沖繩民俗研究』25.

沖繩縣金武町. 2004. 『統計きん(平成14年度版 第5號)』.

Dames, Vivian. 1991. "Preface". *Uncle Sam in Micronesia: Social Benefits, Social Costs*. in Donald H. Rubinstein & Vivian Dames(eds.). Guam: Micronesian Area Research Center, University of Guam.

Dodge, Cecille. 1991. "Views from Both Sides of a Fence: Attitudes that Promote Disharmony between the Civilian and Military Communities in Guam". *Uncle Sam in Micronesia: Social Benefits, Social Costs*. in Donald H. Rubinstein & Vivian Dames(eds.). Guam: Micronesian Area Research Center, University of Guam.

Garcia, Ed. 1991. "Is There Life after the Bases? A Philippine Perspective". *Uncle Sam in Micronesia: Social Benefits, Social Costs*. in Donald H. Rubinstein & Vivian Dames(eds.). Guam: Micronesian Area Research Center, University of Guam.

Inoue, Masamichi S. 2004. "We Are Okinawans But of a Different Kind". *Current Anthropology* 45(1).

Nader, Laura. 1974(1969). "Up the Anthropologist-Perspectives Gained from Studying Up". in Dell Hymes(ed.). *Reinventing Anthropology*. New York: Vintage Books.

Ong, Aihwa. 1987. *Spirits of Resistance and Capitalist Discipline: Factory Women in Malaysia*. Albany: State University of New York Press.

Ramos-Jimenez, Pilar & Ma. Elena Chiong-Javier. 1988. *Social Benefits and Costs: People's Perceptions of the U.S. Military Bases in the Philippines*. Manila: Research Center, De La Salle University.

Scott, James. 1990. *Domination and the Arts of Resistance: Hidden Transcripts*. New Haven: Yale University Press.

Smith, Valine. 1977. *Hosts and Guests: Anthropology of Tourism*. Philadelphia: University of Pennsylvania Press.

Vogel, Ezra. 1999. "Case for U.S. troops in Okinawa". *Asian Studies Newsletter*. 44(1), 11.

Yoshikawa, Hideki. 1996. *Living with a Military Base: A Study of the Relationship between a US military base and Kin Town, Okinawa, Japan*. Master Thesis from Oregon State University.

9장

미군기지 마을 여성들의 성차별에 대한 도전과 한계

· 군용지료 재판에 대한 법인류학적 분석1)

진필수

1. 재판의 경위: 부계원리와 성차별의 문제

2002년 12월, 오키나와2) 킨초(金武町)3) 킨쿠(金武区)4)에서는 지역사회의 관심을 집중시키는 하나의 재판이 벌어졌다. 킨부락(金武部落)5) 출신으로

---

1) 이 글은 한국사회사학회에서 간행하는 『사회와 역사』(통권 제77집, 2008년 봄호)에 게재된 것을 수정·보완한 것이다.

2) 오키나와라는 용어가 지칭하는 지역의 범위는 일본의 행정구역인 오키나와현(沖縄県)을 가리킬 때도 있고, 일본 서남단에 위치한 류큐열도(琉球列島) 전체를 가리킬 때도 있다. 류큐열도는 과거 류큐왕국의 지배영역이었으며 지금도 하나의 문화권으로 인식되는 경향이 있기 때문에, 이 맥락을 사상시키지 않기 위해 본고에서 오키나와라는 용어는 이 두 가지 지역 범위를 동시에 함축하는 것으로 사용한다. 전자의 지역 범위를 강조해야 할 경우에는 오키나와현이라는 용어를 쓰고, 후자의 지역 범위를 강조해야 할 경우에는 '오키나와'와 같이 표기한다.

3) 이 책의 다른 논문에서는 '金武町'을 '킨정'으로 표기했으나, 이 글에서는 인류학적 '필드'의 특수성을 강조하기 위해 저자의 지역표기 방식을 최대한 존중하기로 하여 '킨초'로 표기하였다. '킨초'를 구성하는 다섯 개의 구도 역시 '쿠'로 표기한다. 즉, '킨구'가 아니라 '킨쿠'이다.

4) 일본의 행정조직에서 오키나와현은 1都1道2府43県 가운데 하나의 현이고, 킨초는 오키나와현 내 53개 시정촌(市町村: 2003년 3월 말 현재) 가운데 하나이며, 킨쿠는 킨초 내 5개 구 중의 하나이다. 킨초는 오키나와 본도(沖縄本島) 북부에 위치해 있으며, 2003년 3월 말 현재 킨초의 인구는 1만 502명이고 이 가운데 킨쿠의 인구는 4606명이다.

5) 부락이라고 하는 용어를 피차별부락에만 연결시켜 사용하는 연구자도 있지만, 부락은 메이지 시대 이후 국가정책과 관련되어 촌락을 지칭하는 용어로 폭넓게 사용되어온 경위가 있고, 공적

타 지역의 남성과 결혼해서 가족들과 함께 킨쿠에 살고 있는 여성 26명이 킨부락민회(金武部落民会)의 회원자격을 청구하는 재판이었다. 킨부락민회는 1906년 이전부터 킨쿠에서 살아온 남자 자손으로 현재 킨쿠에 살고 있는 세대주에 한해서 정회원의 자격을 부여하는 회칙을 정해놓고 있는데, 원고인 여성들은 헌법의 남녀평등원칙에 비추어 이 회칙의 무효를 주장하였다. 재판 청구의 실질적 목적은 군용지료6)의 배분에 참가할 수 있는 권리를 획득하는 것으로, 원고 여성들은 재판 청구의 취지로서 종래의 회원들에게 지급되었던 10년분의 군용지료를 자신들에게도 지급하도록 요구하였다.

이에 대해 피고인 킨부락민회는 동회가 결사의 자유를 영위하는 사적 단체여서, 민법상 보장되어 있는 사적 자치의 원리에 비추어 동회의 회칙에는 어떠한 위법적 요소도 존재하지 않는다고 주장하였다. 동회의 회칙은 1956년, 당시의 관습과 구민법에 부합되도록 그 원형이 제정되었고, 현재의 회칙도 촌락의 전통적 관습을 계승한 것으로서 나름대로의 '합리성'을 확보하고 있다고 주장하였다. 킨부락민회에 있어 이 재판은 조상들로부터 물려받은 문화적 전통을 지킬 수 있는가 없는가의 문제가 되었으며, 촌락의 전통적 관습이 현대적 적합성을 갖고 있는가 아닌가가 심판받는 상황이 되었다.

2003년 11월, 나하(那覇) 지방재판소는 원고 측의 주장을 전면적으로 받아들이는 판결을 내렸다. 나하 지방재판소는 헌법의 남녀평등원칙을 민법상의 사인관계(私人關係)에 적극적으로 적용해 문제가 된 킨부락민회의 회칙 조항이 성차별을 초래하는 헌법위반이라고 판단했다. 그리고 동 조항은 촌락의 전통적 관습이라 하더라도 현대사회의 실정에 맞지 않는 '불합리한' 규칙이라고 판단했다.

용어상에서는 사라졌음에도 불구하고 습관적 호칭으로서 여전히 전국적으로 사용되고 있다(津波高志 2004: 45). 킨 지역에서도 부락은 촌락을 지칭하는 용어로 지금까지 널리 사용되고 있다.
6) 킨초의 행정구역 면적에서 미군기지가 약 59.3%(2002년 3월 말 현재)를 차지하고 있고, 이 중 상당 부분이 촌락공유지다. 촌락공유지에 대한 임대료는 매년 각 마을의 '부락민회'에 유입된다. 군용지료의 배분 구조에 관한 자세한 설명은 진필수(2008: 146~56)를 참조.

킨부락민회는 이 판결에 불복하여 후쿠오카 고등재판소에 공소했다. 2004년 9월 공소심 판결이 내려져, 이번에는 공소인인 킨부락민회가 전면승소 하였다. 후쿠오카 고등재판소는 킨부락민회 회칙에 대해서 헌법과 민법의 공서양속(公序良俗) 조항을 적용하는 것 자체를 부정하였다. 현대사회의 상식으로 볼 때, 회원자격을 남자 자손에게 한정해야 할 필요성 내지 '합리성'은 보이지 않지만, 이것이 민법상의 공서양속(公序良俗)에 위반한다고 볼 수는 없다고 판단하였다. 고등재판소의 판결은 촌락의 관습을 사회 변화에 맞추어 가는 주체는 어디까지나 촌락 구성원 내지 촌락 주민이라는 점을 확인해 주었다.

원고 여성들은 이 판결에 다시 불복하여 도쿄 최고재판소에 상고하였다. 2006년 3월 상고심 판결이 내려져, 킨부락민회의 부분 승소로 끝이 났다. 도쿄 최고재판소는 민법의 이리아이권(入会權) 조항을 최우선적으로 적용하여, 고등재판소의 판결과 마찬가지로 킨부락민회 회칙의 관습법적 효력을 인정하였다. 킨부락민회가 정회원의 자격 요건으로서 주장하는 혈연적 요건, 지연적 요건, 세대주의 요건을 모두 유효한 것으로 인정하고, 원고 여성 26명 중 세대주가 아닌 24명에 대해 상고를 기각하였다. 동시에 최고재판소는 지방재판소와 마찬가지로 헌법의 남녀평등원칙과 민법의 공서양속(公序良俗) 조항도 적극적으로 적용하여 킨부락민회 회칙 중 남자 자손 세대만을 규정한 혈연적 요건의 내용이 갖는 위법성을 인정하였다. 그리하여 세대주인 2명의 원고여성에 관한 부분을 후쿠오카 고등재판소에 환송하여 재심의를 명령하였다.

최고재판소의 판결이 내려진 후 킨부락민회는 회칙의 개정작업에 착수하여 회원 규정 중 남자 자손이라는 용어를 자손이라는 용어로 개정하였다. 2006년 11월에는 킨부락민회와 환송 심리의 대상이 된 2명의 원고여성 사이에 화해가 성립하여, 1명의 여성은 조건 없이 정회원 자격을 인정받았고, 또 1명의 여성은 과거의 보상금을 포기하는 조건으로 정회원 자격을 인정받았다.

2. 재판 사례의 문화론적 의미와 분석틀

본고에서는 분쟁 사례에 대한 인류학적 접근을 통해 이 재판 사례를 '시마(シマ)'[7]라고 불리는 오키나와 촌락공동체의 구조적 재편이라는 측면에서 분석하고자 한다. 이 재판 사례는 시마의 구조를 구성하는 핵심 요소인 촌락구성원 자격에 대한 규칙이 해석과 논쟁의 대상이 되고 있음을 보여준다. 특히, 이 재판 사례는 시마의 혈연적 구성원리가 재편되어온 과정을 집약해서 보여줄 뿐만 아니라, 그것이 또 한 번 재편되는 국면을 형성하고 있다.

법에 대한 인류학적 접근(Goodale, 2005: 947~949)에 입각한다면, 나는 본 장의 재판 사례가 두 가지 측면에서 중요한 문화론적 의미를 가진다고 본다. 첫째는 방법론적인 것으로서, 재판의 진행 과정에서 여러 행위 주체들에 의해 말해지고 주장되는 시마의 문화에 관한 많은 정보들은 미군기지의 영향에 따른 시마의 재편 과정을 이해할 수 있게 하는 문화해석적 자료로서의 의미를 가지고 있다. 여기서 문화해석적 자료는 그 자체로 진실이라기보다 문화에 대한 여러 겹(행위 주체들)의 중층적 해석과 서술(thick description)이 진행되는 동안 문화적 사실에 관해 부분적 진실을 담게 된 것을 말한다(Geertz, 1973a).

일상생활의 장에서는 묻혀 있던 사실들이 분쟁과정에서 여러 행위자들에 의해 말해지고 해석되어 새롭게 밝혀지는 경우는 흔히 있는 일이다. 이철우는 분쟁 과정에서 획득되는 정보들을, 기어츠의 문화해석 방법을 적용해 사회사적 자료로 재구성할 수 있음을 설명한 바 있다(이철우, 1995: 2~10). 인류학자가 민족지적 자료를 수집해서 해석하고 서술할 때, 법과 관습을 그대로 그 사회의 문화적 규범으로 기록할 수 없다는 것은 일반적으로 인식되어온 사항

---

7) 시마라는 호칭은 고향, 또는 자신의 마을이라는 뜻으로, 바다에 둘러싸인 육지의 호칭인 섬(島)와 똑같이 '島'라는 한자로 표기된다.

이며(Goodale, 2005: 947), 그것은 분쟁과정에서 행위자들이 법과 관습의 당위성이나 부당성을 주장하기 위해 제시하는 문화적·역사적 사실들에 대해서도 마찬가지다. 이때 인류학자는 그 사실들의 진위를 파악하고 의미를 해석해서 자신의 문화해석에 필요한 자료로 전환시키는 작업을 해야만 한다.

제소자가 밝히려는 사회생활의 진실과 정치학은 법률가가 작성하는 재판관련 문서를 통해서도, 인류학자가 생산하는 민족지를 통해서도 드러난다 (Nader, 2002: 230). 본질적으로 자기 입장을 옹호하기 위한 분쟁당사자들의 언술 속에서 누구나 긍정할 수밖에 없는 진실성을 찾아나가는 것은 재판관의 과업 중 하나일 것이다. 이 때 재판관의 진실성 추구가 판결과 분쟁해결에 직접적으로 도움이 되는, 소위 법적 사실에 치중한 것이라면, 인류학자의 그것은 인간생활의 원리나 사회구조를 이해하는 데 도움이 되는 문화적 사실 전반으로 확대한 것일 것이다. 인류학자의 입장에서 볼 때 자신의 문화해석이나 사례분석에 유용한 문화적 사실들을 담은 것이라면, 분쟁 당사자의 언술뿐만 아니라 재판관의 판결 역시 문화해석상의 중층성 내지 진실성을 확대해 나가는 자료로 사용할 수 있다.

이러한 관점에서 볼 때, 이번 재판 사례는 맥락적으로 드러나는 다양한 행위자들의 의미체계를 해석할 수 있게 하는 하나의 사회적 사건이다. 재판을 비롯한 분쟁과정은 일상생활에서 숨겨져 있던 행위자들의 문화 해석이 표출되는 장인데, 더구나 이번 사례는 성차별이라는 사안의 민감성 때문에 다양한 행위자들의 문화 해석이 난무하는 장이 되었다. 킨부락민회 회칙을 중심 주제로 해서 킨이라는 시마의 문화적 실재를 해석하는 작업은 재판 당사자인 원고 여성들과 킨부락민회에서부터 시작되고 있다. 그리고 이들의 분쟁을 둘러싸고 다시 시마의 다른 구성원들, 킨 지역 주민들, 오키나와 다른 지역사람들의 해석들이 추가되고, 최종적으로는 삼급 재판소의 판결이 추가되었다. 이러한 해석의 연쇄를 통해 킨촌락의 문화적 실재는 여러 종류의 행위자들의 의미체계를 통과해서 다양한 버전(version)으로 이해되고 표현되었다. 나는 이러한 문화해석적 자료를 통해 1950년대 중반 이후 미군기지 건설의 영향으로 시마의 혈연적·지연적 구성원리가 재편되어온 과정을 재구성할 수 있었으며, 이에 대해서는 5절 2항을 중심으로 서술하기로 한다.

둘째, 본고의 재판 사례는 그 자체로 시마의 구조가 재편되는 과정을 보여준다는 점에서 중요성을 가진다. 이 재판은 행위자들의 문화적 실천을 통해 구조의 변화가 발생하는 사회적 국면으로서, 시마의 혈연적 구성원리에 대한 행위자들의 해석의 불일치가 발생하여 기존에 공식화된 규칙을 고수하려는 측(킨부락민회)과 변경하려는 측(원고 여성들)의 갈등 과정을 보여준다. 양측 행위자들의 문화적 실천(분쟁 행위)이 구조의 변화라는 차원에서 어떤 의미를 갖는지에 대해서는 5절 3항을 중심으로 자세하게 논의한다.

퍼스(R. Firth)에 따르면, 사회관계를 조직하는 구성 원리로서의 사회구조(social structure)는 실제의 사회조직 내에서 개인들의 행동, 선택, 결정(나는 이것을 문화적 실천이라고 표현하고자 한다)이 기존의 규칙이나 행동 지침을 반복적으로 추인함으로써 유지된다. 그러나 개인의 선택과 결정은 경제적 이익과 기존의 구조에 대한 기능으로 환원되지 않는 도덕적 규범과 가치체계에도 의존할 수 있기 때문에 구조의 변화를 유발하는 원천이 된다. 구조의 변화를 유발하는 개인의 자유로운 선택은 일상생활에서 당연시되던 규범이나 규칙을 위반하거나 개선하려는 형태로 드러난다(Firth, 1951: 26~40, 183~214).

분쟁이나 소송의 방식을 동원한 개인의 문화적 실천은 특정의 사회관계와 사회생활을 유지하는 데 있어 기존의 문화적 규범이 가진 부당성을 명시적으로 선언하는 데 특징이 있다. 이때 분쟁이나 소송이 사회구조의 변화에 어떤 중요성을 가질 수 있는가 하는 점은 원고가 제기하는 소송 사안의 성격에 달려 있다. 이번 재판의 경우에는 원고 여성들이 제기한 문제가 시마의 사회구조 자체에 관한 것이라는 점과 공권력을 가진 국가 사법기구가 개입하여 소송의 결과에 따라서는 구조의 변화 방향을 결정해 준다는 점에 중요성이 있다. 이번 재판은 분쟁 과정(dispute process)을 통해 일어나는 구조의 변화를 관찰하고 서술할 수 있게 해 준다는 점에서 중요한 문화론적 의미를 가지고 있다.

법에 대한 인류학적 접근에서 행위자의 문화적 실천과 사회구조의 변화의 관계에 대한 관심은 1960~70년대 과정론적 패러다임으로 나타났다(이철우, 1995: 21~25; Moore, 2001: 101~103). 과정론적 패러다임은 법 과정을 합의된 규범을 확인하는 과정으로서가 아니라 충돌하는 목표를 성취하기 위해 상충하는 규범을 원용하고 관철시키는 과정으로 이해하는 것을 말한다(이철우, 1995: 21). 과정론적 패러다임에서 법은 행위자(agent)들이 자신의 이익을 추구하는 데 이용하는 관념, 물적 수단, 제도의 집합체로 간주된다. 예를 들어 재판과정에서 법적인 것(legal category: 법, 관습, 조리 등)은 행위자들이 자신의 행위와 입장을 정당화하는(합리성을 부여하는) 수단 내지 근거나 된다.

코마로프와 로버츠는 특정 분쟁 과정에서 드러나는 문화적 의미를 이해하고 서술하기 위한 모델로서, 소송당사자들의 목표(litigants' goals), 소송당사자들의 관계(litigants' relations), (소송에서 항변의 자원으로 동원되는)문화적 규범의 레퍼토리(the rules consisted of a loosely constructed repertoire)에 대한 분석과 서술을 제시한 바 있다(Comaroff and Roberts, 1981: 17~21, 110~18). 본고에서는 상기한 재판 사례를 이 세 가지 요소를 중심으로 서술하면서 시마의 혈연적 구성원리가 재편되는 과정을 분석해 나가고자 한다. 본 연구에서 과정론적 패러다임을 원용하는 이유는 분쟁과정 전체를 과정론적 분석틀을 통해 재구성하기 위한 것이라기보다, 재판을 통한 사회구조의 변화를 이해하기 위한 관점으로 이용하기 위해서다. 코마로프의 과정론적 분석 모델을 적용하는 것 역시 분쟁과정의 유형이나 세세한 특징들을 서술하기 위한 것이 아니라, 재판을 통한 사회구조의 변화를 서술하는 데 필요한 요소들을 제시하기 위한 것이다. 이때 가장 큰 중요성을 갖는 요소가, 행위자들이 재판을 통해 그 정당성과 합리성을 다투는 문화적 규범이며, 그 다툼의 결과에 따라 사회구조의 변화 방향이 결정된다. 이런 의미에서 본 연구는 과정론적 분석에서 말하는 (행위자들의 전략과 분쟁 행위의 구체성은 일정 정도 사상시키더라도) 문화적 규범의 충돌과 경합을 사회구조의 변화와 연결시켜서 이해하고자 하는 시도이며, 문화적 규범의 충돌과 경합의 양상을 이해하는 데 있어서는 다원적 법존재양식론(legal pluralism)에도 많은 부분 의존하고 있다(이철우, 1995: 22; Pospisil, 1974).

3. 소송 당사자들의 목표와 관계들

재판 사례에 대한 분석을 위해서는 먼저 소송 당사자인 원고 여성들과 피고인 킨부락민회가 무엇을 얻기 위해 일보도 물러서지 않고 삼급의 재판소의 판결을 모두 들을 때까지 싸워야 했던가를 생각하지 않을 수 없다. 멕시코의 한 지역에 대한 내이더의 민족지적 연구(Nader, 1990)에 따르면, 지역 사회의 자율성과 자치성을 유지하기 위해서 소송 당사자가 자신이 생각하는 사회정의(social justice)를 최후까지 관철시키는 것을 포기하고, 소송 상대방과의 타협이나 화해(和解)를 통해 조화 이데올로기를 받아들이는 경우도 있을 수 있다. 그런데 본 재판 사례의 당사자들은 오히려 지역사회의 자율성과 자치성을 희생하면서까지 국가의 사법적 판단을 통해 자신들이 생각하는 사회정의를 관철시켜 나가고자 한 경우다. 민사재판의 본질상 원고 여성들과 킨부락민회가 모두 경제적 이익의 획득을 추구하고 있었던 점은 새삼 이야기할 필요도 없지만, 성차별 타파와 전통의 유지라는 가치 지향도 중요한 변수로 작용하였다.

원고 여성들의 진술[8])에 따르면, 분쟁의 시발점이 된 것은 1998년 자신들

---

8) 본고에서 원고 여성들의 진술은 2007년 9월 이루어진 나카마 미치코(仲間美智子) 씨, 가네모리

이 개별적으로 킨부락민회에 가서 정회원 자격을 신청할 때부터다. 이때 킨부락민회 임원들은 냉정하게 여성들의 신청을 거절했다. 그리하여 여성들은 비슷한 입장에 있는 사람들끼리, 그리고 주변에 관심 있는 사람들의 힘을 모으기 위해 서명운동을 전개하면서 모임을 결성하게 되었다. 서명운동 초기 하룻밤에 38명의 서명을 받기도 했지만, 부락민회의 개입으로 서명자들의 서명 취소가 속출하면서 실패로 돌아갔다.

원고 여성들은 부락민회의 정회원 자격을 신청하게 된 동기가 성차별 문제에 대한 자각 때문이었다고 한다. 1995년 인접한 나미사토 마을에서 킨부락민화와 같은 성격의 단체인 나미사토재산관리회의 회원 자격이 나미사토쿠에 사는 여자 자손들을 포함하는 것으로 개정된 사실이 자신들에게 큰 자극을 주었다고 이야기한다. 또한 원고 여성들이 재판을 일으키기 전해인 2001년도에 킨부락민회가 회원 세대에 배분한 군용지료는 그 이전에 연 20~30만 엔이었던 것이 연 60만 엔으로 급상승하였다.

서명 운동이 실패로 돌아가자, 여성들은 킨부락민회를 상대로 제소하기로 결정하였다. 모임에 참가한 여성들 중에 일부를 제외하고 양친(兩親)이 모두 킨쿠 출신이고 남편이 킨쿠 밖의 출신인 여성 26명이 원고단을 구성하여 2002년 12월 소송을 제기하였다. 그리고 제소자들을 중심으로 한 여성 모임을 '인권을 생각하는 우나이회(人権を考えるウナイの会)'로 이름 붙였다.

'인권을 생각하는 우나이회' 회장이며 재판 과정에서 주도적 역할을 수행한 나카마 미치코(仲間美智子) 씨(제소 당시 70대 초반)의 진술에서는 군용지료 수령이라는 경제적 이익의 획득과 자기 시마 내의 성차별 타파라는 두 가지 목표 이외에 남녀평등을 구현했던 과거 전통의 회복과 킨부락민회에서의 발언권 획득에 대한 희망이 드러나고 있다. 나카마 씨에 따르면, 소마야마

시즈코(金森静子) 씨, 오시로 미치코(大城道子) 씨와의 인터뷰 내용과 「座談会: 金武杣山訴訟 '人権を考えるウナイの会'」, 『けーし風』第49号, pp. 14~23의 내용을 종합한 것이다.

가 미군기지에 접수되기 전까지는 자신도 산에 부모, 친척들과 함께 땔감을 구하러 다니기도 했고, 과거 지와리(地割) 제도[9]하에서는 자신의 어머니가 오빠로부터 경작지를 나누어 받기도 했다고 한다. 그랬던 시마의 모습이 거액의 군용지료가 유입되면서 여자들을 시마의 일에서 쫓아내는 상황으로 변했다고 한다.

한편 킨부락민회 회장 나카마 세이이치(仲間淸一) 씨(제소 당시 71세)의 진술[10]에 따르면, 킨부락민회가 소송을 통해 얻고자 하는 목표는 조상 전래의 촌락 공유재산을 지켜내고, 오랜 전통을 이어온 자치 조직의 자율성을 침해받지 않겠다는 것이다. 과거 고생해서 소마야마(杣山)[11]를 공유재산으로 마련해준 조상들의 은혜에 보답하기 위해서라도 그것을 타인의 손으로부터 지켜내지 못한다면 조상들에게 면목이 서지 않는다고 한다. 그리고 명확한 조직체계와 운영원리를 가진 민법상의 사적(私的) 단체임에도 불구하고 단체 내부의 일을 타인들에게 간섭받는 것도 부당한 일이지만, 천황제(의 가부장적 이데올로기)는 위헌 여부가 심판받지 않는 상황에서 왜 자신들의 회칙은 국가권력에 의해 심판받아야 되는지 반문한다.

소송 당사자들의 목표가 관계지향성(relational orientation)보다 가치지향성(value orientation)을 가지게 될 때 분쟁과정은 유연성(flexibility)이 축소되면서 타협(negotiation)이나 중재(mediation)의 여지가 줄어들어 판결(judgment)에 이르는 경우가 많다(Comaroff and Roberts, 1981: 116). 본 재판 사례는 경제적 이익 추구의 가치를 강조하건, 문화적 신념의 측면을 강조하건

---

9) 근세 오키나와의 토지공유 제도를 말한다. 자세한 설명은 진필수(2008: 55~56)를 참조.

10) 본고에서 피고인 킨부락민회의 입장은 회장이 지역신문인 오키나와타임스에 게재한 기사내용(「沖縄タイムス」 2003年 12月 18日字)과 2회에 걸친 공식적 면접 내용, 그리고 사무국장 나카마 미치오(仲間通夫) 씨에 대한 수시 인터뷰 내용을 종합한 것이다.

11) 1730년대 이후 류큐왕부가 어용목(御用木: 궁정 및 관청 소비용 목재)의 공급을 위해 벌채조림지로 지정한 산을 말한다. 자세한 설명은 仲間勇栄(1984: 22~31), 진필수(2008: 73~92)를 참조.

위의 진술들에 근거하는 한, 소송 당사자들의 목표가 가치지향성을 강하게 띠고 있음을 알 수 있다. 그러나 이러한 해석은 재판에까지 이르게 된 상황에서 생각하는 지나치게 결과론적 해석일 수도 있으며, 위의 진술들이 재판 과정에서 나온 것이라는 점을 간과해서는 안 된다.

그리고 소송당사자들의 관계가 개인들의 특수한 관계에 한정되지 (determinate) 않고, 사회정치적 관계에 따라 집단적인 형태로 일반화될수록 (generalized), 분쟁과정의 유연성은 확대되며 타협이나 중재의 가능성도 커진다(Comaroff and Roberts, 1981: 116~118). 소송당사자들의 관계 측면에서 본다면, 본 재판 사례는 킨부락민회라는 단체와 '인권을 생각하는 우나이회'라는 모임의 집단 간의 분쟁이라는 점에서 타협이나 중재의 가능성이 많았던 사례다. 그럼에도 불구하고 왜 이 분쟁은 최고재판소의 판결에까지 이르게 되었는가? 이 점을 분석하기 위해서는 소송당사자들의 상호관계뿐만 아니라, 재판 과정에서 소송당사자들이 맺었던 촌락 내·외부의 사회적·정치적 관계에 대해 살펴볼 필요가 있다.

킨부락민회 회장 나카마 세이이치(仲間清一) 씨와 사무국장인 나카마 미치오(仲間通夫) 씨도 재판이 일어나기 전에 원고 여성들로부터 회원 자격에 대한 문의가 여러 건 있었다는 점을 인정하고 있다. 이들은 문의하는 여성들에게 동회의 회칙상 매년 5월에 열리는 부락민회 총회에서 누군가 발의하여 정식의제가 되지 않는 이상, 개별적인 회원 자격 청구는 심사할 수 없다는 입장을 거듭 밝혔다고 한다. 그러나 이때부터 원고 여성들은 부락민회 임원들의 무성의하고 냉정한 태도에 불만을 느꼈을 뿐만 아니라, 서명운동의 시기 때부터 부락민회가 자신들의 활동을 방해하는 것에 대해 분노를 느꼈다고 한다. 이후 여성들은 소수의 남성 찬동자도 확보하였지만, 총회의 의제로 올려봐야 별다른 성과가 없으리라 판단하고, 변호사를 선임해서 부락민회와 교섭하기 시작했다. 그러나 킨부락민회는 변호사의 교섭에 전혀 응하지 않았다. 나카마 미치코 씨는 이러한 상황에서 남은 길은 재판 밖에 없었다고 하면서 소송의 불가피성을 주장했다.

원고 여성들의 제소로 재판이 시작되자, 가장 먼저 반응을 보인 것은 오키나와 지역 신문들이었다. 「류큐신보」와 「오키나와타임즈」의 두 지역 신문은 제소 다음 날인 2002년 12월 3일, 원고 여성들의 제소 사실을 대대적으로 보도하였다. 두 신문은 각각 "군용지료, 남성만은 차별/ 여성 26명이 공유권자 단체를 제소", "남성에게만 군용지료/ 차별과 여성 26명 제소"라는 제목으로 보도기사를 게재하고, 킨부락민회의 이름을 밝히지는 않았지만 제소장의 내용을 부분 부분 소개하면서 원고 여성들의 성차별 타파의 취지를 명확히 전달하였다.

오키나와 지역 언론이 이처럼 즉각적인 반응을 보인 것은 기사 제목에서도 잘 드러나듯이 그동안 오키나와의 지역정치가들이 미군기지 반환을 주장하는 데 있어 일종의 아킬레스건처럼 여겨졌던 군용지료 문제가 수혜 지역주민들 사이의 갈등과 폐해로 나타나고 있다는 점을 부각시킬 수 있기 때문이었다. 그리고 성차별 문제는 과거 신문지상에서 토토메(ㅏ ㅡ ㅏ ㅡ ㅅ: 위패) 계승에 있어서의 남녀차별이라는 문제로 격렬한 논쟁이 벌어져 사회의 큰 주목을 받은 적이 있었다. 지역 언론의 입장에 볼 때, 이 재판 사례는 현대 오키나와 사회가 당면한 두 가지 문제를 동시에 건드리고 있다는 점에서 보도의 가치가 매우 높은 것이었다. 또한 지역 언론의 즉각적인 보도와 맞물려 오키나와의 지식인 사회에서도 이후 이 재판은 큰 관심거리가 되었다.

재판이 시작되자 킨 지역에서는 다양한 반응들이 나타났다. 우선 소송당사자들이 살고 있는 킨쿠 내에서는 싸늘한 긴장감이 감돌았다. 내가 2003년 4월 현지연구[12]를 시작한 이후 수차례에 걸쳐 킨쿠 사무소 사람들을 비롯하여 몇몇 사람들에게 재판에 관한 이야기를 꺼내어 의견을 물어보려고 한 적이 있었다. 사람들은 '재판'이라는 말을 듣자마자, 거기에 대해 자기는 잘 모른다

---

12) 본고의 작성에 필요한 자료 수집은 2003년 4월~2005년 8월의 킨 지역 현지연구를 통해 이루어졌다.

고 하면서 어떤 사람은 어딘가 곤란한 표정으로, 어떤 사람은 계면쩍어 하면서 황급히 화제를 다른 데로 돌렸다.

킨부락민회 사무국장인 나카마 미치오 씨는 그 이유가 재판 당사자들의 관계 때문이라고 하였다. 킨부락민회 임원 중 적어도 2명은 원고 여성들과 형제자매 관계에 있고, 적지 않은 킨부락민회 임원들이 원고 여성들과 웨카(ウェーカ)[13]의 친척관계에 있었다. 원고 여성들을 중심으로 따져 봐도 대부분의 킨부락민회 회원들은 원고 여성들과 웨카의 친척관계나 먼 친척관계에 있었다. 이런 상황에서 재판에 대해 이야기하면서 자기들 입장을 옹호한다는 것은 곧바로 주변 사람들에 대한 비난으로 들리거나 새로운 분쟁을 낳을 가능성이 높았다. 킨부락민회 사람들은 재판 당사자임에도 불구하고 일상생활이나, 특히 사람들이 모이는 공식적인 자리에서는 재판에 대해 이야기조차 하지 못하는 상황이 되어 있었다.

그러나 다른 각도에서 보면, 킨부락민회 사람들의 침묵은 촌락 내외의 여론과 사회적·정치적 연대 관계의 형성에서 킨부락민회가 고립되어 있었다는 것을 반증하는 것이기도 하다. 나카무라 히로미(仲村広美) 씨는 중년층의 주부로서 '인권을 생각하는 우나이회를 지원하는 회'를 조직하여 회장과 사무국장을 역임한 바 있다. 이 회는 킨쿠 내외의 6~7명의 여성으로 구성되어 있다. 나카무라 씨 남편이 킨부락민회 준회원으로서 과거 야두이(屋取)촌락[14]의 후손이기 때문에, 나카무라 씨 가족은 마을 내에서 킨쿠 출신이라고 일반적으로 말해지지는 않는다. 나카무라 씨는 킨으로 시집 온 후 20년의 세월을 보내면서 외지에 온 사람은 (마을이나 지역 일에) 아무 말도 못하는 상황이 너무나 답답했다고 한다.

---

13) 웨카에 대해서는 이 책 376~377쪽 참조.
14) 류큐왕국 말기(1870~90년대) 관직을 잃은 사족들이 경제적 궁핍을 탈피하기 위해 지방 농촌으로 이주하여 형성한 촌락을 말한다. 킨 지역 야두이 촌락의 형성 배경은 진필수(2008: 100~101)를 참조.

나카무라 씨는 부락민회 회원 규정은 여성을 애 낳는 도구로밖에 생각하지 않는 킨의 낡은 사회 관념을 반영하는 것이라고 지적한다. 관습이라고 한다면 제대로 된 관습이어야지 자신은 관습이란 게 무슨 의미가 있는지 알 수가 없으며, 킨만 이 세상에서 홀로 격리되어 고집스럽게 관습, 관습을 외치고 있다고 한다. 또한 나카무라 씨는 이번 재판이 돈 문제라기보다 킨의 분위기를 바꾸기 위한 것이라고 재판의 의의를 규정한다.

킨부락민회 사람들을 비롯하여 많은 사람들이 침묵으로 일관하는 동안, 킨쿠 내에서도 외지 출신 주민들은 재판을 구실로 그동안 억눌려 살아온 감정의 응어리를 풀어내는 이야기를 하곤 했다. 킨초의 한 공공단체에서 일하고 있는 50대 여성의 H씨는, 제1심 판결이 나온 후 얼마 지나지 않았을 때 내가 킨부락민회의 재판에 관한 소감을 묻자, 재판에 관한 이야기 대신 킨 사람들의 기질에 대해서 자신이 생각해온 바를 이야기해 주었다. H씨는 킨초 인근의 이시카와시(石川市) 출신으로 약 30년 전에 킨쿠로 시집을 왔는데, 나고시(名護市) 헤노코(辺野古) 출신인 시부모님이 일자리를 찾아서 킨으로 와 정착한 이후, 일가가 함께 킨에 살고 있다. H씨에 따르면, 킨 사람들은 마치 일본 본토의 교토(京都) 사람 같다는 것이다. 교토 토박이들은 외지에서 이주해온 사람들이 적어도 3대를 살아야 교토 사람으로 인정할까 말까 하다는데, 킨 사람들이 꼭 그렇다는 것이다. 자기 시부모님들은 그렇다 치더라도 자신과 자기 남편은 부인회나 학부모회에 참가하여 나름대로 열심히 일하고 많은 사람들을 사귀어 왔는데도 킨 사람으로 인정받지는 못한다는 것이다.

킨쿠의 신카이치(新開地)[15]에 사는 50대 중반 여성 Y씨의 킨 사람 비판은 신랄한 데가 있다. Y씨는 모토부정(本部町: 킨의 서북쪽에 있는 한 지역) 출신인 남편과 함께 미군 상대의 술집을 경영해서 성공한 사람이다. 킨부락민회의 재판은 모두 불로소득의 대가라는 것이다. 매년 일하지도 않는데, 수억 엔의

---

15) 1960년대 초 킨쿠에 건설된 미군 상대의 상점가 및 유흥가.

돈이 떨어지니 그 돈을 감당하지 못해서 생긴 분쟁이라는 것이다. 그리고 항상 자신들을 기류민(寄留民)이라고 지칭하며 낮추어 보고 경원하는 태도도 바꾸어야 할 것이라고 했다. 마을 행사가 있으면 자신들도 스스럼없이 참가할 수 있도록 문호를 개방하고 함께 어울려서 살면 좋지 않겠느냐는 것이다. 자기들 몫과 자기 마을을 지키려는 마음은 이해하지만, 킨 사람들은 너무 자기 마을 일에만 신경 쓰고 살아서 고민하는 것이나 생각하는 도량이 좁다고 말한다.

원고 여성들의 제소가 킨쿠 내의 소수 집단인 이주민들에게 일종의 대리 만족을 준 측면은 분명히 있는 것 같다. 이주민 집단이 성차별의 문제제기에 전적으로 동조하거나 재판을 자기 문제로 생각한 것은 아니라고 하더라도, 원고 여성들에 대한 암묵적 지지 세력으로 존재했던 것은 틀림없는 것 같다. 이에 비해 킨부락민회는 이주민의 배제와 군용지료의 독점이라는 낙인 때문에 아무런 동조 세력을 갖지 못한 채 고립되었다.

그렇다면 킨쿠를 넘어서 킨초의 범위에서는 이 재판이 어떻게 받아들여졌고, 원고 여성들과 킨부락민회가 각각 어떠한 연대 관계 및 지지 세력을 확보할 수 있었는가? 우선 남성들의 대화 속에서는 킨쿠 내에서와 마찬가지로 재판 이야기가 직접 언급되는 경우가 매우 드물었다. 내가 재판에 관한 이야기를 꺼내어 의견을 물으면, 반응은 예를 들어 이런 식이었다. 원고 여성들 쪽에 동조하는 경우는 나중에 인근의 기노자촌(宜野座村)의 사례(여성들을 이미 회원으로 받아들인 경우)를 공부하러 가자고 하는 사람도 있었고, 고등재판소 판결에서 킨부락민회의 승소했다는 소식을 듣고 이 재판은 앞으로 뒤집히고 또 뒤집힐 것이라고 말하는 사람도 있었다. 킨부락민회 쪽에 동조하는 경우는 침묵하다가 화제를 돌리거나 하는 사람들이 많았고, 옛날이야기로 넘어가는 노인들도 있었다.

킨의 지역사회에서 재판이야기가 일종의 금기가 되었던 것은 적어도 두 가지 이유 때문이라고 생각된다. 첫째, 꼭 재판 상황이 아니더라도 다른 시마

(シマ)의 일에 대해 아무렇게나 이야기하는 것은 평소에도 금기시되어 왔다. 다른 시마에 대한 경솔한 발언은 싸움이나 분쟁으로 번질 가능성이 크며, 실제로 여러 시마의 사람들이 어울린 모임이나 술자리에서는 이런 이유로 언쟁이나 싸움이 발생하는 경우가 가끔씩 있다.

둘째, 킨부락민회 사람들은 킨쿠 내에서만 지배집단의 위치를 점하고 있는 것이 아니라, 킨초의 지역 사회에서도 지배 집단의 위치를 차지하고 있다. 전후 킨초의 역대 초장(町長)은 모두 킨부락 출신이나 나미사토 부락 출신이었으며, 그것도 1964년 이후 5명의 초장은 모두 킨부락 출신이거나 킨쿠 거주자이다. 킨초 사무소(役場)와 킨초 교육위원회에서도 많은 킨부락 출신자들이 일하고 있으며, 주요 요직들도 주로 킨부락 출신자들이 점하고 있다. 킨부락민회의 지배집단으로서의 위치는 역사적으로 형성된 것이기도 하고, 현재의 지역정치 구조에서 기인하는 것이기도 하다.

지방재판소 판결이 나온 후 나미사토쿠의 한 의원이 킨초의회(金武町議会)의 일반 질문 의제로서, 킨초 초장(金武町長)에게 재판에 대한 의견을 물은 행동은 의미심장한 데가 있다. 나미사토쿠는 이미 회칙 개정을 통해 여성을 나미사토재산관리회 회원으로 받아들인 마을이며, 40대 중반의 남성인 기부쓰요시(儀武剛) 초장은 킨부락 출신에다 성향상으로는 킨초의 분위기를 바꾸겠다는 진보적인 이미지를 나타내고 있었다. 이 질문에 대해 기부 초장은 재판이 아직 끝나지 않은 상황인데 킨초 주민들의 의사를 총괄하고 통합해야 하는 입장에서 어떤 논평을 하는 것은 피하고 싶다고 답변했다.

킨초의 남성들이 침묵하거나 애써서 자신의 의사를 둘러서 말하는 동안, 여성들은 비교적 자유롭게 이번 재판에 대해 이야기하고 있었던 것으로 보인다. 한번은 킨초 교육위원회 주최의 한 행사 뒤풀이 장소에서 킨초 부인연합회의 임원과 회원으로 스스로를 소개하는 세 명의 4~50대 여성들과 동석한 적이 있다. 이 여성들은 여러 가지 화제로 이야기를 나누다가, 당시의 고등재판소 판결이 화제로 등장하자 나카마 미치코 씨와 여성들이 불쌍하게 되었다고 입을 모았다. 이야기 중간에 나에게도 의견을 물어 보았지만, 나는 잘 모르겠다고 대답했다. 여성들의 의견은 분분했는데, 집안싸움을 가지고 법정에까지 갈 게 아니고 미리 서로 이야기를 잘 나누어서 양보했으면 좋았을 것이라는 말도 있었고, 그래도 여성들의 심정은 충분히 이해가 간다는 말도 있었으며, 뭔가 도울 게 있으면 도와주어야 한다고 주장하는 사람도 있었다.

한편 각 쿠(인근 마을들)의 반응도 다양했다. 우선 나미사토쿠에서는 내가 재판에 대해서 물으면 우리들은 이미 회칙을 고쳤다고 힘주어서 말하고는 득의에 찬 미소를 보이는 것이 남성들의 전형적인 반응이었다. 나미사토쿠 사무소에서 만날 수 있었던 일부 중년층 여성들은 좀 더 직접적으로 자기 마을 자랑을 하기도 했다. 그들에 따르면, "나미사토는 밖에서 오는 사람들을 누구나 환영하고 받아들이는 지역이다. 또한 나미사토는 젊은이들도 여성들도 지역 일에 적극적으로 참여해서 활동하는 곳이다. (회칙을 바꾸고 난 이후) 요즘은 (회원자격을 얻겠다고) 외부에서 이사도 많이 오고 분가를 많이 해서 비어 있던 집들도 다 차고, 아파트도 빈 곳이 없을 정도다. 모르는 사람들이 많이 생기긴 했어도 나미사토는 그들과 별 문제없이 화합해서 살아갈 것이다".

이게이쿠(伊芸区)에서는 2002년 12월 이게이재산보전회 총회에서 회칙 개정이 단행되었다. 회원 규정에 킨부락민회와 같이 남자 자손 세대에 관한 규정이 있었지만, 이를 개정하여 남녀자손 모두가 회원자격을 가질 수 있도록 하였다. 나는 이후 동회의 사무국장에게 이 개정이 킨부락민회 재판과 관련이 있느냐고 질문하였는데, 긍정도 부정도 하지 않았다. 야카쿠(屋嘉区)에서는 별다른 반응을 포착하지 못했지만, 개별세대에 대한 군용지료의 배분 금액이 적기 때문에 큰 동요는 없었던 것으로 보인다. 다만 야카쿠 사무소에서 만난 한 남성 노인(70대 초반)은 과거에는 부인이 남편과 같은 밥상에서 식사도 못했다는 이야기를 하면서 누구보다도 명확하게 킨부락민회에 대한 지지의 입장을 표명하였다.

킨초 내에서도 킨부락민회는 별다른 지지 세력을 얻지 못한 채 고립되었고, 대부분의 사람들이 원고 여성들에 대한 암묵적 지지 세력으로 존재했었다고 볼 수 있다. 그러나 킨초 내의 지지 세력들도 성 차별에 대한 문제제기에 전적으로 동의했다기보다 기존의 사회적·정치적 관계 속에서 재판 사건의 의미를 해석한 것으로 보인다. 특히 남성들은 시마의 자율성을 상호 인정하는 인간관계의 매너를 준수하는 가운데 공적인 의사 표현을 하는 경향을 보여 주었다. 이에 비해 여성들은 킨초와 각 쿠의 부인회 조직을 통해 원고 여성들에게 동정적 격려나 비공식적 지원을 보내고 있었던 것으로 보인다. 수 명의 원고 여성들은 킨쿠 부인회장을 역임한 바 있으며, 킨초 부인연합회에서도 임원을 맡은 적이 있다. 나카마 미치코 씨는 재판이 진행되는 동안 마을 여성들이 사람들의 눈 때문에 보이지 않게 많은 격려와 도움을 주었다고 했다.

재판이 진행되는 과정에서 원고 여성들에게 가장 큰 지원세력이 되었던 것은 지역 신문을 비롯해 오키나와 중심부의 여성운동 단체 및 여성주의 계열의 지식인과 오키나와 중심부의 여론이었다. 「류큐신보」와 「오키나와타임즈」 신문은 이 재판의 경과를 도중에 여러 차례 보도하면서, 원고 여성들의 입장에서 기사를 싣는 경우가 많았다. 나하 지방재판소의 판결이 내려진 2003년 11월 중순, 류큐신보사와 오키나와타임즈사는 일제히 원고 여성들의 승소에 대한 타당성을 뒷받침하는 보도기사와 사설을 실었다(「琉球新報」 2003年 11月 19~21日字, 「沖繩タイムス」 2003年 11月 18~21日字). 두 신문은 재판 결과를 사회면 톱기사로 다루고, 부락민회의 압력과 협박에도 굴하지 않은 여성운동의 승리라고 표현하거나, 관습보다는 평등을 중시한 판결이라고 평가하면서 원고 여성들의 감격과 환호를 생생하게 전달했다.

보도 기사와 함께 원고 여성들과 1심 판결을 지지하는 오키나와의 여성 정치가, 여성학자, 오키나와 내외의 법전문가의 의견과 논설도 실렸다. 대체

적인 내용은 아직까지 이런 남녀차별의 관습이 남아 있다는 것에 놀랐다는 것이며, 자신들의 정당한 권리를 찾기 위한 여성들의 용기 있는 행동과 헌법의 남녀평등원칙을 확인해 준 지방재판소의 판결은 너무도 당연한 것이라는 것이었다. 같은 해 12월 3일에는 오키나와현 의회에서, 당시의 이나미네 게이치(稻嶺惠一) 현지사가 한 현의원의 일반질문에 대한 답변으로, 지방재판소 판결에서 원고 여성들이 승소한 것에 대해 "성별에 관계없이 법 앞에서 평등하다는 당연한 권리가 표현된 것"이라고 평가하였다(「沖繩タイムス」 2003年12月 4日字). 이러한 과정을 통해 오키나와 중심부의 여론은 원고 여성들을 일방적으로 지지하는 쪽으로 흘렀던 것으로 보인다. 원고 여성들에 대한 오키나와 양대 신문사의 지원은 최고재판소의 판결이 나올 때까지 지속되었다(「琉球新報」 2004年9月9日字, 2005年12月21日字, 2006年3月19日字, 「沖繩タイムス」 2004年9月9日字, 2005年12月21日字, 2006年3月19日字 등). 이에 비해, 킨부락민회의 입장은 회장의 자기변론에 의해 신문지상에 딱 한번 소개되는데 그쳤다(「沖繩タイムス」 2003年12月18日字).

킨초 외부와의 관계에서 지지 세력을 확보하는 데 있어 원고 여성들과 킨부락민회는 너무나 큰 격차를 드러냈다. 킨부락민회는 변호인단 이외에는 이리아이권(入会権)에 관한 일부 전문가들로부터 자문을 얻는 것이 고작이었던 반면에, 원고 여성들은 여성운동가들 및 지역 신문 기자들과 긴밀한 협조 관계를 맺고 있었던 것으로 보인다. 지역 신문에서 본 재판 결과의 논평자로 등장했던 오시로 미치코(大城道子) 씨와 N씨는 '인권을 생각하는 우나이회를 지원하는 회'의 회원이자 사무국장을 역임한 바도 있는 여성운동가들로서, 원고 여성들과 오키나와의 여성운동 단체를 연결시키는 중개자의 역할을 했다. 이들의 도움으로 원고 여성들은 재판과정에서 오키나와와 일본 본토에서 개최되는 여성 단체들의 모임에 참가하여 자신들의 제소 취지를 성차별 철폐의 관점에서 적극적으로 홍보할 수 있었다.

분쟁 과정에서 판결의 직접적 권한을 갖지 않은 외부자의 개입은 일반적으로 타협이나 중재에 의한 분쟁해결 가능성을 높이는 것으로 인식되지만, 이 사례에서는 원고 여성들이 킨초 외부의 여성운동가 및 언론과 긴밀한 관계를 맺고 있었다는 사실이 오히려 그러한 가능성을 축소시키는 원인 중의 하나가 되었던 것으로 보인다. 재판이 일어나기 전에는 킨부락민회의 다수자로서의 횡포가 원고 여성들에게 감정적 상처를 안겨 주었다면, 재판 과정에서는 킨부락민회 쪽이 원고 여성들에 우호적인 언론 보도로 인해 이미지와 체면의 손상을 경험하면서 큰 감정적 상처를 입었다. 이 분쟁 사례는 분쟁이 시작된 후 소송 당사자들 간의 감정적 대립이 악화의 일로를 걸어온 데다 서로의 소송 목표와 감정적 대립을 효과적으로 조정해줄 중재자가 등장하지 못했기 때문에 최고재판소의 판결에까지 이르게 되었다.

4. 소송의 문화적 배경: 시마의 혈연적 구성 원리

시마의 혈연적 구성원리라는 것은 하나의 촌락공동체가, 비혈연적 관계에 있는 사람들을 지연적 관계에 기초해 새롭게 촌락구성원으로 편입시키는 지연적 구성 원리와는 별도로, 기존 촌락구성원의 자손에 대해 어떤 방식으로 촌락구성원 자격을 부여하는가에 대한 규칙을 말한다. 이 규칙은 촌락공동체가 촌락구성원들이 형성한 가족 제도와 친척 제도를 그대로 반영하거나 공식화시키는 형태로 나타나기도 하고, 때로는 촌락 외부의 정치경제적 요인의 영향을 수용하는 방식으로 촌락공동체가 독자적으로 변형시켜 촌락구성원들의 가족 제도와 친척 제도를 새롭게 규정해 나가는 경우도 있었던 것으로 생각된다. 본 재판 사례에서 나타나는 군용지료의 영향은 후자의 측면을 보여주는 대표적 예라고 할 것이다.

그렇다면 킨부락민회의 회칙에 성문화된 "남자 자손 세대주"라는 규정은 그 지역의 문화적 관습을 어느 정도로 정확하게 반영한 것이며, 또는 군용지료의 영향으로 그 지역의 관습과 괴리를 보이게 되었다면, 어떤 측면에서 괴리를 보이고 있는 것인가? 현재의 문화적 규칙에 대한 여성들의 불복은 미군기지 건설 이전부터 그 지역의 문화적 관습에 본질적으로 내재되어 있던 문제 때문에 발생한 것인가, 아니면 군용지료로 인한 관습의 변화 내지 왜곡에 따른 반작용인가?

이 절에서는 재판사례의 문화적 배경을 이루는 킨 지역의 문화적 관습을 살펴보기로 한다. 지금까지 내가 확보한 자료에서, "남자 자손 세대주"라는 촌락구성원 충원 방식이 언제부터 정착해 있었는가를 추정하는 데 있어 가장 오래된 단서는 킨 지역의 각 부락이 1906년 소마야마 불하 당시, 그 대금을 호주별 할당(戶主割り)으로 부과·납부했다는 사실이다(福岡高等裁判所 平成16년(ネ) 제16호 「판결」). 호주별 할당이라는 사실이 갖는 유의미성은 1956년 킨부락민회의 전신인 킨공유권자회(金武共有權者會)의 회칙이 만들어졌을 때, 호주별 할당의 원칙이 그대로 군용지료 배분의 기준이 되었다는 점에 있다. 1956년 회칙은 1906년 불하대금 납부에 참여한 세대주와 그들의 남자 자손 세대주를 동회의 회원으로 규정함으로써, 1906년 이후 호주의 상속과 분가를 촌락구성원 충원의 기본 원리로 삼았다. 그런데 문제는 이 호주를 남자 자손 세대주로 표시하고 부계원리에 따른 야(屋)의 계승방식을 성문화함으로써, 여자 자손은 자기 시마의 남자 자손과 결혼하지 않는 이상, 다른 시마의 남자 자손과 결혼하여 세대주가 되더라도 촌락구성원으로 인정받지는 못하는 상황이 된 데 있다. 그러면 이처럼 '철저한' 부계원리를 성문화한 규정이 당시 킨 지역의 문화적 관습에는 얼마나 부합되는 것이었을까?

우선 현재 킨 지역의 촌락생활에 관한 자료에 기초한 것이기는 하지만, 부계 원리의 야(屋)제도가 어떤 모습으로 나타나는지에 대해 살펴볼 필요가

있다. 킨 지역의 촌락생활에서 야고(屋号)는 야의 영속성을 표시하는 대표적인 예다. 지금은 그 중요성이 많이 약화되었지만, 대개 60대 이상의 사람들은 야고를 통해 자신들의 사회관계를 인지하고 정리하며 공간적인 위치관계로 전환시켜서 기억한다. 이들은 사람의 성에다가 존칭을 붙여, ××상(××さん)으로 누군가를 지칭하면 그 사람이 누구인지 잘 몰라도, 야고를 말한 뒤 그 사람의 이름을 말하면 금방 누구인지 알아차린다.

야고는 야라는 영속적 사회집단을 가리키는 동시에 집부지(屋敷地)의 공간을 지칭하는 것이기도 하다. 킨 지역에서 가족 형태는 부계직계가족이 이상형으로 간주되는 경향이 나타난다. 장남이 결혼해서 부모와 함께 사는 것이 이상적인 가족생활이라는 관념이 비교적 오래 전부터 존재해온 것 같다. 그런데 원래 하나의 야는 한 집(가옥)에 살면서 한 세대(가구)를 구성하여 공동생계를 꾸리는 모습이 일반적이었지만, 군용지료가 한 세대를 단위로 배분되기 시작하면서 장남 부부는 한 집의 부지 안에서 독립된 가옥을 지어 살면서 '부락민회'에는 독립된 세대로 신고하는 경우가 증가하였다. 이럴 경우 야고는 물려받으면서 군용지료를 수령할 수 있는 이점이 있었다. 킨초의 각 '부락민회'는 서로 다른 세대임을 확인할 수 있는 여러 기준들을 마련하여 엄격한 조사를 실시하기도 했으나, 대체로는 이러한 편법을 묵인해 온 경향이 있다. 킨부락민회는 이러한 편법을 너무 심하게 단속할 경우 장남들의 분가를 유발하는 폐단이 있다고 보고, 1986년부터 부모를 모시고 사는 50세 이상의 장남 세대주에 대해서는 회원 자격은 따로 부여하지 않고 군용지료만을 지급하고 있다.

집부지가 클 경우에는 필지 분할을 해서 차남 이하의 아들들에게 나누어 주는(상속하는) 경우도 있다. 예를 들어 킨쿠에 사는 50대 초반의 N씨는 4남 1녀 중 차남인데, 부모의 집부지가 논밭 근처에 있고 매우 넓어서 그 일부를 분할 받아서 집을 지어 살고 있다. 장남 가족과 부모는 담 하나를 사이에 두고 하나의 집부지에 두 채의 가옥에 나누어 살고 있으며, 사남 가족도 길 하나를 사이에 두고 근접해서 살고 있다. 삼남과 장녀는 외지에서 결혼해 살고 있다.

결혼한 여성이 집부지를 상속받아 부모의 집 근처에 사는 사례는 아직까지 들어보지 못했다. 결혼한 여성의 가족이 친정 부모의 집(実家) 근처에 사는 경우는 가끔씩 볼 수 있는데, 나미사토쿠에 사는 3~40대 여성들의 진술에 따르면, 대개 아들이 없는 상황에서 부모의 재산이나 위패를 물려받을 사람이 없을 때 그런 일이 생긴다고 한다. 킨부락민회 사무국장의 진술에 따르면, 원고 여성들과 같이 다른 지역출신 남성과 결혼해서 자기 가족들과 함께 킨쿠에 살고 있는 여성의 숫자는 대략 80명 정도라고 한다. 킨부락민회의 회원인 세대가 약 600세대인 것을 감안하면, 결코 적은 숫자는 아니다. 부거제(夫居制: viri-patrilcoal)의 거주 규정이 흔들리는 측면은 발견되지만, 부계직계가족의 이념형을 뒤흔드는 수준에까지는 와 있지 않다는 인상을 받게 된다.

부계적 관념이 지배하는 상황에서도 결혼한 여성들의 친정집 왕래와 행사 참여는 매우 활발하다. 예를 들어 나미사토쿠에 사는 50대 초반의 H씨는 1남 5녀 중 장남인데, 결혼해서 같은 집부지 내에서 부모님을 모시고 살고 있다. 장녀는 같은 마을 사람과 결혼해서 시집에 살고 있고, 차녀와 삼녀 가족은 나하시(那覇市)에, 사녀와 오녀는 독신으로 기노완시(宜野湾市)에 살고 있다. 장녀인 K씨는 가까이 살기 때문에 사소한 용무로도 친정을 자주 왕래한다. 나머지 4명의 자매들도 한 달에 한 번씩 있는 자매 모아이(模合: 계)에 혼자 또는 가족들과 함께 참여하며, 친정집 친지들의 관혼상제나 가정행사가 있으면, H씨나 K씨의 연락을 받고 참여한다.

한편 장남이 분가를 했을 때는 차남 이하의 아들이 부모를 모시면서 부계직계가족을 이루는 경우도 있다. 예를 들어 나미사토쿠 출신인 50대 초반 남성 W씨는 두 형제 중 장남으로서 오키나와시에서 사업을 하는데, 수년전 나미사토쿠 내의 집부지를 새로 사서 집을 짓고 분가를 하였다. 그리하여 자신들이 살던 본가의 가옥에는 근처 아파트에서 세를 살던 차남 가족이 들어와서 살게 되었다. W씨는 이제 자기는 경제적으로 별로 어렵지 않으니, 본가의 집(부지)은 동생이 상속하도록 할 것이라고 한다. 다만, 부모님이 모두 돌아가시면 위패만은 자기가 가져와서 모실 것이라 했다.

여러 가지 사회적 상황의 변화로 킨 지역에서도 부계직계가족의 형태는 하나의 이념형으로 존재하고 실제 생활의 가족 형태는 핵가족 형태로 바뀌어 가는 것이 지금의 추세다. 킨 지역에서 현지연구를 수행할 당시에 나는 5쌍의 2~30대 결혼부부 중에 4쌍이, 남편이 모두 장남이거나 외동아들이었음에도 불구하고, 본가에서 다소 떨어진 장소에 신혼살림을 차리는 것을 확인할 수 있었다. 1쌍은 경제적 궁핍을 이유로 한시적으로 남편 부모님과 함께 살고 있다.

또 한 가지의 변화 추세는 도시화와 사회적 이동성의 확대로 집부지(屋敷地) 상속을 매개로 한 부계원리의 야 계승이 위패계승을 매개로 한 방식으로 바뀌어 온 것이다. W씨와 O씨의 사례에서 보는 것처럼, 집부지는 고향에 남은 차남 이하의 누군가가 상속받는다고 하더라도 위패는 거의 대부분 장남이 계승하게 된다. 오키나와의 위패 계승관습에는 일반적으로 4대 금기가 존재한다고 말해진다. 적자배제 금지, 형제중합 금지, 여자조상 편입 금지, 타계혼합 금지가 그것이다.[16) 이 네 가지를 종합하면, 위패는 한 명의 남자조상으로부

---

16) 적자배제(チャッチウシクミ, 嫡子押し込め) 금지는 위패계승과 제사는 장남에 의해 수행되어야 하며, 장남을 제치고 장남 이외의 자손이 위패를 계승해서는 안 된다는 것이다. 때로는 적출자와 혼외자의 차별조차도 무시하여, 혼외자라도 적출자보다 나이가 많을 때는 혼외자가 위패를 계승하는 경우도 있다. 형제중합(チョーデーカサバイ, 兄弟重なり: 초 - 데 - 가사바이) 금지는 하나의 불단(佛壇, 부쓰단: 위패가 안치된 선반)에 형제의 위패를 같이 안치하여 제사지내서는 안 된다는 것이다. 여자조상(イナググワンス, 女元祖: 온나관스) 편입 금지는 위패가 딸이나 여성에 의해 계승되어서는 안 되며, 한 대 동안 여성에 의해 계승되었다고 하더라도 그 여성의 위패를 세우거나 위패 안에 편입시켜서는 안 된다는 것이다. 즉 여성에 의한 분가나 위패 창설을 부정하는 것이다. 타계혼합(タチーマジクイ, 他系混ぜ込み: 다치마지쿠이) 금지는 부계혈통으로 연결되지 않은 타계(他系) 혈통의 사람을 조상의 위패에 혼합하여 제사 지내서는 안 된다는 것이다. 이 금기는 남자자손이 없을 경우 양자는 부계친족에서 찾아져야 하며, 서양자(婿養子)를 들이거나 서양자가 위패

터 철저한 부계원리에 따라 직계의 남자 자손으로 계승되며, 그 안에는 조상으로부터 이어지는 라인의 부부 이름이 쓰이게 된다. 여기서 제외된 차남 이하 방계의 남자 자손들은 분가 후 새롭게 위패를 창설하여 또 하나의 직계 계승라인을 만들어야 한다.

이러한 위패계승의 원리는 "남자 자손 세대주"를 촌락구성원으로 충원하는 킨부락민회 회칙에 그대로 대입될 수 있다. 기존 촌락구성원의 남자 자손이 킨쿠 구역 내에 거주하면서 위패를 계승하거나 창설하면 곧바로 킨부락민회 회원의 자격을 얻는다고 생각해도 무방하다. 그러나 위패계승의 관습이 곧바로 부계친족이나 문츄(門中)집단의 형성을 의미하는 것은 아니다. 일단 여기서는 위패계승의 원리가 부계원리에 따른 야의 계승관습과 촌락구성원 충원방식을 일목요연하게 보여주는 모델이 된다는 점을 확인하면 될 것으로 생각된다.

나는 현지 연구를 수행하는 동안 약 20여 호의 가정집을 방문할 수 있었는데, 그때마다 위패의 상태를 관찰하였다. 위패가 아예 없는 집도 5~6호 정도 있었고, 거의 대부분의 위패에는 1대 내지 2대의 조상 이름이 쐬어져 있었다. 즉 부모의 위패나 조부모까지의 위패를 모시고 있는 집이 대부분이라는 것이다. 이것은 킨 지역에서 위패 도입의 역사가 매우 짧다는 것을 말해주는 것이다. 위패 도입의 역사가 짧다고 해서 부계혈통에 대한 인식의 역사가 짧다고 할 수는 없지만, 적어도 위패라는 종교적 상징물을 매개로 부계 원리를 인지해 온 기간은 길어야 5~60년이 아닐까 하는 추측도 가능하게 한다.

킨초의 한 공공단체에서 일하는 40대 후반의 D씨는 우이아라카 문츄(上新川門中)의 5대 종손이다. D씨는 어느 날 나를 찾아와서 자신이 가진 문츄의 계보도와 유래기를 내어주면서 한 가지 의문점을 풀고 싶다고 했다. 자기 문츄의 상위 문츄인 아라카(新川) 문츄의 모임에만 나가면, 거기에 나오는 사람들이 자기와 어떤 관계에 있는지를 알 수가 없어서 너무 답답하다고 했다.

를 계승할 수는 없다는 것이다(平敷令治, 1993; 이경희, 2001: 10~12).

[그림 9-1] 우이아라카 문츄(上新川門中)의 계보도

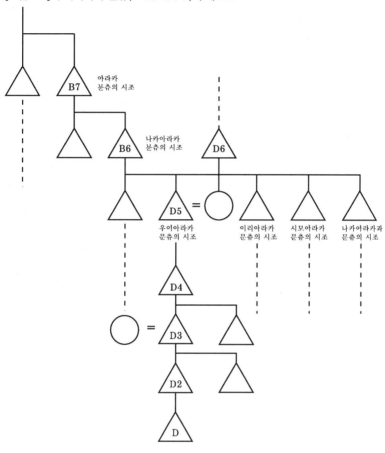

아라카
분츄의 시조 (B7)

나카아라카
분츄의 시조 (B6)

우이아라카
문츄의 시조 (D5)

이리아라카
문츄의 시조

시모아라카
문츄의 시조

나카아라카과
문츄의 시조

D씨의 말에 따르면, 자기가 가진 계보도는 조부인 D3씨가 1938년(昭和 13年) 당시 집안 어른들의 이야기를 듣고 작성한 것이라고 했다. D3씨도, D씨 의 아버지인 D2씨도 지금은 모두 사망한 상태다. D3씨가 작성한 계보도에는 아라카 문츄의 시조는 D씨로부터 6대 조상인 B7씨로 되어 있다. B7씨가 누군 가의 차남이었다는 사실이 쓰여 있고, 그 위의 계보는 전혀 표시되어 있지 않다. B7씨 이후 부계 직계자손이 살고 있는 집이 무투야(ムトゥヤー, 元屋: 본가)이 며, 야고가 아라카(新川, アラカー)다. 그 장소는 툼스즈 우타키[17]로부터 직선

거리로 약 20여 미터 떨어진 곳이며, 지금은 이 문츄와 전혀 관련이 없는 사람들이 살고 있는데, 마당 한 구석에는 가미다나(神棚: 신을 모신 단)와 향로가 놓여 있다. 지금도 아라카 문츄 모임이 있으면, 여기에 맨 먼저 예배를 드린다.

B7씨에게는 두 명의 아들이 있었는데, 그 중 차남 B6씨의 부계혈통 자손이 분지하여 나카아라카(仲新川) 문츄를 형성하였으며, 계보도상으로는 장남은 아들이 없었던 것으로 기록되어 있다. B6씨에게는 5명의 아들이 있어 장남은 나카아라카의 혈통을 계승하였고, 차남인 D5씨는 다시 분지하여 우이아라카(上新川) 문츄의 시조, 즉 나카무투(ナカムトゥ, 中元)가 되었다. 삼남, 사남, 오남은 각각 이리아라카(西新川), 시모아라카(下新川), 나카아라카과(仲新川小)의 야고 이름으로 분지하였다. 흥미로운 점은 D5씨의 원래 성은 D가 아니고 B였다는 것이며, D5씨 부인의 성이 D였다는 것이다. 이 사실에 따르면 D5씨가 부인 집안에 서양자(婿養子)로 들어갔을 가능성이 있으며, D4씨는 아버지의 원래 성을 따르지 않고, 외조부의 성을 따른 셈이 된다. 이후 D4, D3, D2, D씨는 모두 장남이며, D3, D2에게는 남동생이 한 명씩 있었지만, 그 자손들은 따로 문츄를 형성하지 않고 모두 우이아라카(上新川) 문츄의 구성원이 되어 있다. 이 계보도의 최초 작성자인 D3씨는 조부인 D5씨의 형(仲新川 문츄의 시조)의 맏손녀와 1919년 육촌 간에 결혼하였다.

그런데 문제는 D씨가 아라카 문츄의 모임에 나가면 총 10개의 나카무투 소속원들이 모이는데, B7에서 분지된, 또는 B7을 공통 조상으로 하는 나카무투(나카아라카, 이리아라카, 시모아라카, 나카아라카과)의 소속원들은 하나도 없고, 전혀 다른 이름의 9개 나카무투 소속원들과의 관계를 알 수가 없다는 것이다. 그 사람들에게 물어봐도 아는 사람이 없을뿐더러, 자기와 같이 계보도를 가진 사람도 없더라는 것이다.

---

17) 우타키(ウタキ, 御嶽)는 '오키나와' 지역에서 발견되는 마을의 성지(聖地)를 말한다. 자세한 설명은 진필수(2008: 44~52)를 참조.

한편 1991년에는 종래의 아라카 문츄묘가 너무 오래되고 후미진 곳에 있어 이설을 하면서 전 킨초의회 의원이자 아라카 문츄의 고문인 G씨(현재 80대 후반)는 어릴 때 자신이 들었던 이야기를 근거로 '아라카 문츄 유래기'를 썼다. 그 내용에 따르면, 아라카 문츄의 시조는 먼 옛날 헤노코에 살던 안사(按司: 과거 지방 통치자)의 자손으로 킨에 들어와 정착한 사람이며, 문츄묘을 처음 만든 사람이기도 하다. 시조에서 나카무투에 이르는 과정에 대해서는 잘 알 수가 없으며, 헤노코와 모토부에도 아라카 문츄의 관계자가 있어 교류를 하고 있다고 한다. 어쨌든 이 유래기에 따르면, B7은 아라카 문츄의 시조는 아니다. 아라카 문츄의 시조는 아라카라는 야고를 창설하고 문츄묘를 처음 만든 전승상의 인물이며, 계보를 통해 추적할 수 있는 B7은 아니다.

D씨와 같이 계보도를 가지고 있을 경우에는 6대 조상까지 계보 관계를 추적할 수 있지만, 그렇지 않은 사람들은 대개 조부 내지 증조부 아래의 부계친척, 즉 같은 세대의 부계 사촌(いとこ)이나 육촌(またいとこ) 정도까지 계보관계를 인지하고, 문츄의 다른 구성원들은 그냥 친척(親戚)이라고만 인식한다. 킨 지역에서 문츄는 부계친족의 의미가 명확하게 파악되지 않은 채 전전(戰前) 일정 시기에 일종의 유행처럼 퍼졌던 것 같다. 그리고 G씨의 '유래기'에 서술되어 있는 것처럼, 전후 얼마의 기간이 지날 때까지 문츄 행사가 활발하게 수행되다가 이후 쇠퇴의 일로를 걸어온 것으로 보인다. 킨 지역에서 문츄는 기존에 비친척 관계까지 포함하여 조상들의 공동묘를 가지고 있던 사람들이 그것을 문츄묘로 위치 지우면서 형성된 것이 아닌가 하는 추측도 해볼 수 있다.

D5의 성이 바뀐 것에서 보듯이, 부계의 연결에 여성이 끼어들어도 별 문제가 없다고 생각하는 '느슨한' 부계원리의 관념은 전전부터 킨 지역에 폭넓게 자리 잡고 있었던 것으로 보인다. D3이 작성한 계보도와 문츄 이름의 명명법(우이아라카의 야고를 문츄 이름으로 정하고 아라카 문츄에서 분지된 것을 표시하고 있음)상으로는 철저한 부계원리가 관철되고 있는 것처럼 보이지만,

이것은 D3이 후세에 계보관계를 역추적해서 재구성한 결과일 뿐이다. 사회적으로 인지되는 친족관계상으로는 D5가 D6을 계승한 점에 주목할 필요가 있으며, 친족집단 내에서 우이아라카 문츄는 나카아라카 문츄에서 분지된 것이 아니라 D6이 속한 친족집단에서 분지되어 나온 셈이 된다. 촌락 내혼이 지배적이던 상황에서 남자 자손이 없을 경우 가까이 사는 딸의 아들(외손)을 친족관계 내지 호적상의 계승자(위패가 있다면 위패계승자)로 삼기 위한 편법이 드물지 않게 실행되고 있었던 것으로 보인다.

우이아라카 문츄의 사례에서는 D5 이후 철저한 부계원리가 관철되고 있지만, 분지한 하위 문츄의 부계계승에 서양자가 끼어들었음에도 불구하고 부계의 연결에 별 문제가 없다고 생각하는 관념은 킨 지역 문츄에 대한 또 다른 사례보고를 통해 확인된 바 있다(津波高志, 1998: 48~51). 1956년 킨공유권자회(킨부락민회의 전신) 회칙은 이러한 관념을 반영하고 있기도 하다. 킨공유권자회는 "남자 자손 세대주"라는 획일적 규정을 보완하는 일종의 보족적 규정으로서, "킨부락에서 키워진, 회원의 여자 자손의 남자 자손(외손)이 호주가 되어 킨 구역에 세대를 구성했을 경우, 이사회의 심의를 거쳐 회원자격을 부여할 수 있다"는 조항을 설치하고 있었다. 당시의 촌락공동체는 원칙적으로 부계원리로 계승되는 야의 세대주를 촌락구성원으로 하면서도, 부계원리에 과도하게 얽매이지 않는 혈연의식에 기초해서 구성원을 정하는 유연성을 가지고 있었던 것으로 보인다.

킨 지역 사람들의 친척관계(kinship)에서 중심을 이루어온 것은 웨카(ウェーカ)라는 점을 지적해 둘 필요가 있다. 킨 사람들에게 웨카가 무엇이냐고 물어보면 대개 친척(しんせき, 親戚)이라고 답하며, 그 의미를 따져 물으면 나(ego)를 중심으로 부계, 모계, 인척관계를 모두 포함해서 4촌 내지 6촌, 때로는 더 먼 관계에 있는 친척들 중에 일상적 교류와 사회경제적 협력을 주고받는 사람들을 가리키는 것이라고 한다. 웨카는 관혼상제나 가정 행사가 있을 때

상호부조를 주고받음으로써 관계가 유지되어 간다. 시미(淸明祭) 행사와 같은 때 1년에 한두 번 만나는 문츄 구성원과 달리, 웨카는 일상생활에서의 지속적인 교류와 협력을 주고받는다는 점에서 그 중요성이 훨씬 크며, 킨 사람들이 친척관계를 양계적으로 인지하는 경향은 매우 강하게 나타난다.

또 한 가지 지적해 둘 것은 전전까지는 결혼하지 않거나 이혼한 여성이 세대주가 되어 촌락구성원 자격을 인정받는 경우가 가끔씩 있었다는 점이다. 향토사학자인 이케하라 다카시(池原隆) 씨에 따르면, 이와 같은 여성 세대주의 집을 이나구야(イナグヤー)라고 불렀다고 한다. 그는 언제부턴가 킨 지역의 촌락공동체들이 이런 예외를 인정할 줄 아는 유연성과 여유를 잃게 되었다고 지적한다.

결국 킨 지역의 문화적 관습에서 부계 원리의 야 계승과 집부지(屋敷地) 상속 관습이 촌락구성원의 충원 방식으로 확대되어 오래 전부터 부계적 혈연 원리의 시마 구조가 정착되어 있었을 가능성은 충분히 있다. 그러나 그 때의 부계원리는 과거 오키나와 사족들의 문츄제도에서와 같은 '철저한' 부계원리가 아니라 여성들의 불가피한 개입을 허용하는 '느슨한' 부계원리였다고 할 수 있다. 또한 오나리가미 신앙[18]이나 웨카의 친척관계와 같이, 가부장제와 부계 원리를 견제하는 문화적 관습도 지속력을 가져 왔다.

이렇게 볼 때, "남자 자손 세대주"만을 촌락구성원으로 받아들이겠다는 킨부락민회 회칙은 기존의 문화적 관습과 촌락공동체의 속성에 내재된 유연성과 포용성을 버리고, 촌락공동체가 경직화되어 가는 모습을 반영하고 있다. 다음 절에서부터 살펴볼 것처럼, 1956년 이후 회칙의 변화는 촌락공동체가 군용지료 배분이라는 경제적 논리에 의해 부계원리의 야 제도를 새롭게 규정하고 부계성을 강화해온 측면을 나타내고 있다. 여성들의 제소는 이러한

---

18) 자매가 형제에 영적 수호의 역할을 하고, 형제가 자매에 대해 세속적 보호의 역할을 한다는 오키나와의 전통 신앙을 말한다. 부가적 설명은 진필수(2008: 51, 62~63)를 참조.

촌락공동체의 경직화와 부계성의 과도한 강화에 대한 반작용이라고 할 수 있다. 여성들은 킨부락민회의 독단적 왜곡이 수행되기 전에는 촌락생활에서 여성들을 배제하는 문화적 관습이 존재한 바 없고, 혹시라도 그런 관습이 있었다면 그 관습 자체를 폐기해야 한다고 주장하고 있는 것이다. 근래 위패계승의 관습이 확산되면서 부계적 관념이 강화되어온 사실을 강조하는 킨부락민회의 입장에서는 오히려 여성들의 주장이 관습에 대한 자의적 해석이며 관습 경시 풍조로 비쳐지기 때문에, 양자의 문화 해석은 끝없는 평행선을 달리게 되는 것이다.

5. 경합되는 문화적 규범과 사실들

이 절에서는 원고와 피고의 소송당사자들이 자신의 주장을 정당화하기 위해 전략적 자원으로 동원하는 문화적 규범의 레퍼토리를 살펴본다. 여기에는 다원적 법존재양식론(legal pluralism)의 시각이 적용될 필요가 있다. 원고와 피고가 제시하는 문화적 규범은 여러 층위를 구성하면서 대립하고 있다. 가장 상위에 있는 문화적 규범이 국가 법률이며, 그 안에서 다시 헌법과 민법의 위계가 존재한다. 그 다음의 층위를 구성하고 있는 것이 1항에서 다룰 것처럼 각 지방의 전통적 관습이며, 이것이 상위의 국가 법률과 충돌하는 것으로 간주되었을 때는 복잡한 문제를 낳게 된다. 관습이 국가 법률에 부합되는가, 위반되는가를 주장하고 판단하기 위해서는 또 다른 층위의 문화적 규범이 동원되어야 하는데, 본 사례에서는 '합리성'이라는 판단 기준(문화적 규범)이 등장하고 있다. 2항에서는 '합리성'의 판단 기준이 지역적(공간적)·시간적으로 구분되는 것인가 하는 점을 원고, 피고, 삼급 재판소 사이의 논쟁 속에서 고찰하고, 3항에서는 '합리성'의 지역적·시간적 구분이 전통과 현대를 나누는 것과 같이 단절론적 구분을 의미하는가 하는 점을 논의한다. 이하에서는 양자가 동원하는 문화적 규범이 충돌하는 지점을 명확히 드러내는 방식을 통해 재판의 과정과 내용을 서술해 나가고자 한다.

1) 관습과 법의 불일치

우선 원고 여성들은 헌법과 민법에 명시된 국가 법률이라는 문화적 규범을 최우선의 가치로 제시하였고, 피고인 킨부락민회는 촌락의 관습이 갖는 문화적 규범으로서의 정당성을 주장하였다. 이번 재판의 출발점은 이리아이 관습(入会慣習)[19] 또는 그것을 성문화한 킨부락민회 회칙을, 원고 측이 법의 힘을 빌려 수정하려고 한 점이다. 원고와 피고의 대립은 법과 관습의 대립이라고도 할 수 있다. 원고는 헌법 14조 1항,[20] 민법 1조의 2,[21] 90조[22]에 비추어 피고인 킨부락민회 회칙 5조[23]의 회원자격 규정의 부당성 및 위법성을 주장하고 있다. 1심 판결은 원고의 주장을 인정하여, 법이 '합리성'을 잃은 전통적

---

19) 이리아이(入会)라고 하는 것은 일정 지역의 주민이 특정의 권리를 가지고 일정 범위의 삼림 및 들, 또는 어장에 들어가 공동용익(목재, 땔감, 가축용 풀 등의 채취)하는 것을 말한다(広辞苑: 193; 진필수 2008: 73~77 참조).

20) 헌법 14조 1항은 "전체 국민은, 법 앞에서 평등하고, 인종, 신조, 성별, 사회적 신분 또는 몬치(門地: 문벌)에 의해, 정치적, 경제적, 또는 사회적 관계에 있어, 차별되지 않는다"라고 되어 있다.

21) 민법 1조의2는 "[해석의기준] 본법은 개인의 존엄과 양성의 본질적 평등을 제일의 목적으로 해서 해석해야 함"이라고 되어 있다.

22) 민법 90조는 "[공서양속위반] 공적 질서 또는 선량한 풍속에 반하는 사항을 목적으로 하는 법률행위는 무효로 함"이라고 되어 있다.

23) 킨부락민회 회칙은 "제5조 이 회의 회원은 정회원 및 준회원으로 한다. 2. 이 회의 정회원은 조례 제1조 및 제2조의 규정에 기초하여 메이지 39년(1906년) 소마야마 불하 당시의 킨부락민으로 소마야마 등의 사용용익권(이리아이권·민법263조에 의거)을 가지고 있던 자의 남자 자손으로 현재 킨쿠 구역 내에 주소를 가지고 거주하고 있는 자로 한다. 3. 이 회의 준회원은 메이지 40년(1907년)부터 쇼와 20년(1945년) 3월까지 소마야마 등을 이용하고 있던(이리아이권·민법 294조에 의거) 자 또는 그 남자 자손으로 현재 킨쿠 구역 내에 주소를 가지고 거주하고 있는 자로 한다. 4. 2세대(世帯)이상 동거하고 있는 경우는 1세대(世帯)로 간주한다."라고 되어 있다.

관습을 강제적으로 수정하는 입장을 취했다.

지방재판소는 원고 여성들이 주장하는 대로 킨부락민회의 회원자격이 1906년 이리아이지(入会地)의 불하[24] 당시 주민의 남자 자손에 한정되어 있는 것에 대해, 헌법과 민법의 남녀평등원칙과 민법의 공서양속(公序良俗) 조항에 비추어 위법이라고 판단하였다. 이에 대해 피고인 킨부락민회는 자신들의 단체가 사적 자치(私的自治)의 원칙을 보장받는 사단(社團)이기 때문에 회원자격 규정의 합법성과 위법성을 추궁 받아서는 안 된다고 주장하였다. 원고와 지방재판소는 이리아이 관습 또는 회칙에 대해 법률을 적용하는 것을 당연한 것이라고 하고 있지만, 피고는 관습 영역과 법 영역의 어쩔 수 없는 불일치를 지적하면서 이리아이 관습 또는 회칙이 법의 지배를 받지 않는 사적 자치의 영역에 있다고 주장하였다.

킨부락민회가 고등재판소에 제출한 공소장에는 다음과 같은 내용이 쓰여져 있다. "동구관(同旧慣: 이리아이 관습)은 공소인들(현재의 킨부락민회)이 제정한 것이 아니고, 사회적 실태, 습관으로서 지금도 킨 구역을 포함한 쿠니가미군구(國頭郡區: 오키나와 본도 북부) 뿐만 아니라 나카가미군구(中頭郡區: 오키나와 본도 중부)에서, 아직 넓고 강하게 잔존하고 있는 것이고, 이에 제도(家制度) 및 전전(戰前)의 남성중심적 주민의식의 불식은 끊임없는 국민적 노력에 의해 형성되어야 하는 것이며, 아직 법이 강제적으로 개입해야 할 문제는 아니라고 해석하는 것이 타당하다". 이 주장의 취지는 고등재판소 판결에서 대체적으로 받아들여졌다. 고등재판소 판결은 이리아이권(入会權)에 관한 민법조항에 비추어 킨부락민회 회칙의 관습법적 효력을 인정하고, 전통적 관습을 존중하는 입장을 취했다.

---

[24] 오키나와에서 근세 촌락공유지는 1903년 토지정리법의 시행으로 일시적으로 국유화되었다가 1906년 과거부터 이리아이권(入会權)을 가져온 각 촌락공동체에 유상으로 불하되었다. 자세한 설명은 진필수(2008: 92~101)를 참조.

지방재판소가 회칙의 위법성을 판단한 이상, 여기서 이리아이 관습 또는 킨부락민회회칙을 법의 차원에서 논할 필요가 있다. 피고와 원고의 다툼 속에서 두 가지의 논점이 나타나고 있다. 하나는 남녀평등원칙을 정하고 있는 헌법 14조와 민법 1조의2의 추상적·일반론적 규정이 민법 90조의 공서양속을 판단하는 데 직접적인 근거로 사용할 수 있는가 하는 문제다. 피고는 몇 개의 판례를 들어 그것을 부정하는 한편, 회사라고 하는 사적 단체에 구체적으로 적용되는 노동기준법이나 남녀평등고용기회균등법과 같이, 가령 이리아이 단체에 적용되는 성차별금지특별법이 존재하지 않는 이상, 공서양속위반으로서 위법성을 입증하는 것은 대단히 곤란하다고 주장하였다. 그러나 제1심재판소는 이 주장을 무시하고, 헌법 14조와 민법 1조의2의 남녀평등원칙에 기초해 회칙의 공서양속 위반을 판시하였다.

또 하나는 법률적으로 권리 능력 없는 사단이라고 말해지는 킨부락민회의 성격을 어떻게 파악할 것인가의 문제다. 피고는 가능한 한 법인이나 주식회사와 같이 근대적 결사단체로서 취급받기를 원하고 있다. 그 때문에 회칙의 규정을 사법 영역에서 사적 자치의 원칙에 기초하여 해석하고자 하고 있다. 그렇게 하면 현재의 킨부락민회는 구관습을 계승하면서도 1956년 9월 16일, 킨공유권자회회칙을 제정하여 새롭게 설립된 임의단체가 되고, 원고 여성들은 입회를 희망하는 지원자가 된다.[25]

반면, 원고와 지방재판소는 킨부락민회를 1906년 소마야마의 불하에 응해 대금을 지불하고 이리아이권을 가지고 있었던 주민들의 남자 자손들의 집합, 말하자면 일종의 문츄집단(門中集団)이라고 간주한다. 그렇게 하면, 이번 재판은 문츄집단의 공유재산에 대한 재산상속의 분쟁과 같은 의미를 갖는다.

---

25) 재판자료에서는 이것이 입회의 수속 문제라고 되어 있다. 킨부락민회가 남성만을 입사시키는 임의단체라고 한다면, 원고인 여성들은 가령 동회의 입사규칙의 위법성이 판명되더라도 동회에 입회를 신청해서 입회허가를 받지 않으면, 동회에 들어가는 것이 불가능하다.

그리고 킨공유권자회의 설립행위는 어떠한 법적 의미도 갖지 않으며, 원고 여성들은 입회의 수속 없이 회원의 지위를 획득하는 것이 가능하다.

그러나 고등재판소는 원고와 피고의 양방의 해석을 부정하고, 킨부락민회가 민법 263,[26] 294[27]조에 의해 규정되는 이리아이 단체(入会団体)라고 명언하고 있다. 여기서 이리아이 단체라고 하는 것은 1906년 소마야마의 불하 당시 그 대금을 호주별 할당으로 납부한 이리아이권자 집단이다. 동 재판소는 불하대금 납부의 사실을, 현재 킨부락민회의 법적 성격을 결정짓는 증거로 간주하고 있다. 고등재판소 판결은 킨부락민회 회칙에 대해 사실인 관습의 수준을 넘어 관습법적 효력을 인정한 것으로 생각된다.

이 부분에 대해 최고재판소는 원칙적으로 고등재판소의 판결을 지지하면서도 지방재판소 판결과 원고 여성들의 주장도 함께 수용하였다. 최고재판소는 킨부락민회 회칙 및 관습의 합법성·위법성을 판단하는 법률적 근거로서 민법 263·294조의 이리아이권(入会権)에 관한 조항을 최우선적으로 적용하여, 오키나와 촌락공동체의 전통과 자율성을 존중하는 입장을 취했다. 그 위에서 동재판소는 민법 90조, 민법 제1조의 2, 헌법 제14조의 1항을 적극적으로 적용하여, 킨부락민회 회칙의 위법성을 부분적으로 지적하고 있다. 즉 전통적 관습의 실체와 정당성은 인정하되, 관습의 내용이 헌법의 남녀평등원칙과 민법의 공서양속 조항을 위반해서는 안 된다고 판단하였다.

지금까지 킨부락민회 회칙과 이리아이 관습의 위법성을 다투는 법적 근거, 해석기준, 적용의 문제 등, 법 수준의 논점을 검토해 보았다. 최고재판소와 고등재판소가 이 관습의 정당성을 인정해 주긴 했지만, 논쟁은 여기서 끝나지 않는다. 동시에 최고재판소와 지방재판소는 동회칙과 관습의 위법성도 지적

---

26) 민법 263조는 "[공유의 성질을 갖는 이리아이권]공유의 성질을 갖는 이리아이권에 관해서는 각 지방의 관습에 따른 것 외에 본절(절명:공유)의 규정을 적용함"이라고 되어 있다.

27) 민법 294조는 "[공유의 성질을 갖지 않는 이리아이권]공유의 성질을 갖지 않는 이리아이권에 관해서는 각 지방의 관습에 따르는 것 외에 본 장(장명:지역권)의 규정을 준용함"이라고 되어 있다.

하고 있고, 이 판단은 동회칙과 관습의 공서양속 위반을 전제로 한 것이어서, 공서양속(공적 질서 및 선량한 풍속)과 그렇지 않은 것을 어떻게 판단할 것인가 하는 문제가 남는다. 이 문제가 이 재판에서는 관습의 '합리성'을 판단하는 기준에 관한 논쟁으로 나타나고 있다.

2) 관습의 '합리성'[28]에 대한 판단기준

나하 지방재판소는 원고의 주장을 받아들여 "성별만을 이유로 하는 차별적 취급은 '합리적' 이유가 존재하지 않는 한, 공서양속 위반이다"라고 판단하였다. 피고인 킨부락민회는 이에 대해 공소장에서 다음과 같이 말하고 있다. "성별만을 이유로 하는 차별적 취급에 '합리적' 이유가 있는가 없는가는 정당·부당의 문제에 연결되긴 해도 그것이 곧바로 위법, 또는 공서양속 위반으로 연결되는 것은 아니다." 즉 관습의 '합리성'·'불합리성'이 위법성을 다투는 전제가 되기는 하지만, 그것이 합법·위법으로 직결되는 것은 아니라는 것이다.

킨부락민회의 회원 규정에서 성별만을 이유로 하는 차별적 취급이 있는 것은 명백하다. 킨부락민회는 그것을 인정하면서도 거기에는 '합리적' 이유가 있다고 주장한다. 그 합리적 이유는 부락민회 회칙은 촌락의 전통적 관습이기 때문이며, 합리성의 판단기준은 그 관습이 형성된 역사적 맥락 속에 있어야 하기 때문이다. 실제로 킨부락민회는 메이지시대 소마야마의 불하 이전부터 이어져온 촌락공동체의 현재형이며, 성별만을 이유로 하는 차별적 취급이 '합리적'인가 아닌가는 우선 그 흐름 속에서 검토하는 것이 당연한 순서일 수 있다.

킨부락민회가 주장하는 것처럼, 이번 재판에서 유효한 사실은 1906년 소마야마 불하에 관련된 내용이다. 1908년부터 1937년에 걸친 불하대금의

---

28) '합리성'에 대한 판단은 이 재판의 주요한 논점이 되고 있는데, 재판자료로부터 인용해서 논의하는 경우에는 따옴표를 붙여서 '합리성'과 같이 표시한다.

[표 9-1] 킨부락민회의 연혁과 회원규정 개정의 추이

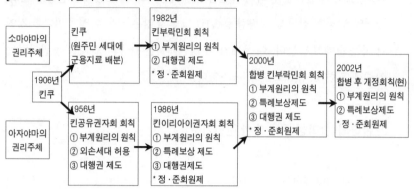

납부에 따라, 킨 구역의 소마야마의 소유형태는 킨부락의 총유[29]가 되었다. 또 하나의 중요한 사실은 그 불하대금을 호주별 할당으로 납부했다는 것이다. 대금의 부과징수 방식이 근세 지와리제도하에서 일반적으로 행해지고 있었던 머리수 할당(人頭割)이 아니라, 호주별 할당이었다는 것은 당시 오키나와현에서도 시행되고 있었던 일본 근대국가의 구민법(舊民法)과 호적제도의 영향을 엿보게 한다. 이 상황은 일본 본토의 도조쿠(同族) 촌락과 이에(家)의 관계(山中永之佑, 1988; 임경택, 2001)를 연상시키는 대목이며, 재판자료에서는 오키나와의 야(ヤー: 屋)가 전부 이에(家)로 표현되고 있다. 어쨌든 1906년 소마야마 불하의 결과, 대금을 납부한 각 호(戶)의 호주는 촌락공동체의 공유재산으로 귀속된 소마야마에 대해 이리아이권의 지분 내지 주(株)를 가지게 되었다고 할 수 있다.

이후 시간이 흐름에 따라 이리아이권의 계승에 관한 문제가 발생하였다. 이때 이리아이권의 계승은 각 가족의 재산 상속 관행과는 별개의 문제였다.

---

29) 총유는 부락공유재산에 대한 권리가 부락의 개개인에 분할되어 귀속하는 것이 아니라, 부락전체에 귀속되는 소유형태이다. 그래서 공유재산에 대한 권리를 취득·행사하기 위해서는 우선 부락구성원의 자격을 얻지 않으면 안 된다. 그리고 공유재산의 이용, 관리, 처분에 관한 사항은 구성원 전체의 총의에 의해 결정된다(中尾英俊, 2003: 87~113).

불하 대금의 납부 결과, 각 세대의 호주가 이리아이권의 주를 갖게 되었다고는 하지만, 이리아이권의 계승자를 정하는 주체는 각 세대의 호주가 아니라 촌락공동체였다. 이 때문에 이리아이권의 계승은 각 가족의 재산상속 관행에 따르지 않고, 촌락공동체의 구성원을 정하는 관습에 따르게 되었다. 이 점은 도조쿠 촌락이 이에의 계승과 분가(창설)를 승인함으로써 촌락구성원을 충원하는 방식과 유사한 측면이 있다.

그렇다면 킨부락에서 촌락구성원을 정하는 관습은 어떤 방식으로 존재하고 있었는가? 킨부락민회는 전전(戰前)의 관습을 계승하면서도 당시 구민법의 규정을 준용(準用)했다고 하는 1956년의 킨공유권자회(킨부락민회의 전신) 회칙을 자신들의 전통으로 내세우고 있다. 이 회칙에 의거하면, 당시까지 킨부락은 각 세대를 대표하는 남성가장(국가행정 및 법제도상으로는 세대주이자 호주)이자 기존 촌락구성원 세대의 남자 자손에게 촌락구성원의 자격을 부여하고 있었다. 여기서의 세대(世帶)는 1906년 불하 당시 대금 납부에 관련하여 확립된 촌락공동체의 구성단위며, 이런 의미에서 도조쿠 촌락 내의 이에(家)에 비견될 수 있는 것이다. 이 세대는 구민법상에서 명시된 법제적 단위로서의 이에이고, 구민법 시행 이후 징세의 단위가 되기도 했다. 이처럼 이에 제도의 특성을 함축한 일본 구민법 제도의 영향으로 남성가장의 지위 내지 가부장제가 확립되거나 강화된 측면을 부정하기는 힘들 것이다.

그러나 원고 여성들이 가부장적 이에 제도의 봉건적 관습을 유지해 왔다고 비판하는 데 대해 킨부락민회는 자신들이 규정한 남자 자손 세대주의 규정은 일본 본토의 이에 제도와 달리 오키나와의 특유한 관습에 따른 것이라고 주장한다. 우선 부락민회는 세대를 구성단위로 하고 있긴 하지만, 세대와 세대의 관계에 따라 촌락구성원 자격을 부여하는 것이 아니라 세대주와 세대주의 관계에 따라 촌락구성원 자격을 부여하고 있다. 즉 도조쿠 촌락이 이에를 상속한 남성가장(반드시 부계혈통 원리로 계승되지는 않는)에게 촌락구성원

자격을 부여했던 것과는 달리, 부락민회는 기존의 세대주와 부계혈연 관계에 있는 남자 자손 세대주에게 촌락구성원 자격을 부여하고 있다. 그리고 분가한 남자 자손 세대를 예외 없이 촌락구성원 세대로 인정하고 있기 때문에 촌락을 구성하는 세대의 수에도 제한을 두지 않고 있다.

1956년까지 킨부락이 촌락구성원을 정해온 규칙은 당시 구민법의 규정을 준용(準用)했다고 하는 점에서 일견 이에 제도의 가계계승 원리를 반영한 것 같지만, 실제적으로는 오키나와 특유의 부계 관념에 기초해 있었던 것으로 보인다. 그리고 이러한 부계 관념의 저변에는 오키나와 특유의 위패계승 관습이 존재하고 있었다. 킨부락민회가 촌락구성원으로 인정하는 남자 자손 세대주는 다른 말로 표현하면, 조상들의 위패를 계승한 사람과 분가를 통해 자신의 위패를 사후 창설하게 될 사람을 가리킨다.

게다가 1956년 시점까지 킨부락의 혈연적 구성원리에 있어서 부계원리가 철저하게 관철되지 않는 측면도 있었다. 그것은 여자 자손의 남자 자손(외손)에 대한 처리에 있어서 나타난다. 킨부락 구성원인 호주 슬하에서 키워지고 킨 구역 내에서 분가한 남자 외손 세대주는 부락민회의 심의를 거쳐 촌락구성원으로 인정받는 경우가 있었다. 그리고 오키나와의 전통적 관습에서는 여성이 결혼하더라도 친정에서의 지위와 역할은 일정 부분 유지되기 때문에, 결혼해서 킨 구역 내에 살고 있는 여자 자손 세대는 촌락구성원은 아니지만 여성의 부모의 권리를 빌려서 이리아이지를 이용하는 정도는 허용되었다고 한다.

원고 여성들은 전전까지 자신들이 부모나 형제들과 함께 이리아이지를 이용하고 있었다는 사실을 촌락구성원 자격을 입증하는 중요한 근거로 내세우고 있다. 그러나 이 부분은 오키나와 특유의 오나리가미(をなり神) 신앙에서 유래하는 여성의 사회적 지위와 촌락구성원의 지위를 혼동하는 것이다. 결혼한 여성이 친정이 속한 촌락에서 어떤 권리를 행사하고 의무를 수행하는 것은 친정의 야(屋)구성원으로서, 또는 남자 형제의 권리를 빌려서 하는 것이라고

보는 것이 일반적 해석이다(比嘉政夫, 1987: 64~67; 진필수, 2008: 62~63).

전전까지는 이리아이권 계승이나 이리아이지 이용에 있어서 큰 문제는 발생하지 않았다. 전전까지는 촌락 내혼이나 근린 부락 간의 결혼이 일반적이었기 때문에[30] 촌락구성원의 자격과 이리아이권이 남성 가장에 귀속하더라도 여성은 결혼해서 킨 지역을 떠나지 않는 이상 경제적 불이익을 당하는 경우는 없었다. 전전까지는 킨 지역의 각 부락이 이리아이권을 둘러싸고 유사한 사회질서를 형성해 가는 가운데 가부장제와 남녀관계가 지역 특유의 형태로 정착되어 있었던 것으로 보인다.

킨부락에 있어서 이리아이권에 관한 문제가 발생한 것은 1950년대 후반 미군기지 건설과 그에 따른 대량의 인구 유입이 일어나기 시작했을 때부터다. 이때 킨부락은 대부분의 촌락공유지를 미군에 빼앗기고 인구구성의 면에서도 전전부터 살고 있던 원주민 집단이 이주민에 대해서 우월성을 잃어가고 있었다(진필수, 2008: 120~123). 그래서 원주민 집단은 1956년 9월 16일 킨공유권자권자회를 결성해서, 그때까지 자연스럽게 행하고 있던 이리아아지 이용에 관해 각종 관습을 성문화하게 되었다.

이주민이 급증하기 전에는 자치적 행정 단위로서의 킨쿠와, 근세 촌락공동체로부터 이어져온 킨부락은 그 내용이 거의 일치하는 것이었다. 이주민이 많이 늘어난 1960년대 후반이 되자, 킨쿠의 인구 구성과 생활영역이 원주민 집단과 이주민 집단에 의해 양분되게 되었다. 그러나 촌락생활에 있어서 원주민 집단의 지배력은 떨어지지 않았다. 특히, 1970년대부터 군용지료의 상승에 따라 축적되기 시작한 원주민 집단의 경제력은 이들의 사회적·문화적 자율

---

30) 기타나카구스쿠촌(北中城村) 아자 와니야(字和仁屋)의 통혼권에 관한 자료에 의하면, 메이지(明治)·다이쇼(大正)기에 출생(1926년 이전 출생)한 40명의 남성 가운데, 촌락 내혼은 22명이고 기타나카구스쿠촌 내의 근린부락 결혼이 12명이며, 이러한 사례를 합한 비율은 85%에 이른다(津波高志 1996:118). 킨 지역에서도 전전의 결혼은 대부분 부락사람들 간의 결혼이었다는 진술을 수없이 들을 수 있었다.

성을 강하게 지지하게 되었다. 그 결과 킨쿠는 현재까지 주로 킨 촌락의 원주민 집단의 자치조직으로서의 성격을 유지할 수 있었다.

1982년까지 킨촌락의 원주민 집단이 수령하는 군용지료는 두 가지의 경로를 통해 각 세대에 배분되고 있었다([표 9-1] 참조). 킨촌락의 산림공유지는 소마야마(杣山)와 아자야마(字山)의 두 종류로 전자는 킨쿠가 후자는 킨공유권자회가 관리하고 있었다. 아자야마는 1899년 토지사유화 이후 킨부락의 총유지가 되었고, 그에 대한 군용지료는 킨부락을 계승한 이리아이 단체인 킨공유권자회에 유입되게 되었다. 소마야마는 1937년경 킨초의 공유림(公有林)에 편입되어 그 군용지료의 반은 킨초에 유입되고 나머지 반은 킨쿠를 거쳐서 원주민 세대에 배분되고 있었다. 당시까지의 킨쿠 사무소는 원주민 세대를 하나하나 등록하여 관리하는 원주민 자치조직에 가까운 존재였다.

그런데 1982년 한 재판을 계기로 군용지료가 각 쿠에 유입되는 것이 정당하지 않다고 하는 인식이 퍼져 킨초는 소마야마의 군용지료를 수령하는 단체로서 각 쿠에 '부락민회'를 설치하도록 명하는 조례를 제정했다. 그 결과 1982년에 킨부락민회가 탄생해서 소마야마의 이리아이권 보전과 군용지료 배분을 담당하는 원주민 단체가 되었다. 그리고 킨쿠는 명목상 킨쿠민 전체로 구성되는 새로운 지연적 자치조직이 되었다.

1982년 킨부락민회 회칙은 두 가지 점에서 중요성을 가지고 있다. 우선 동회칙은 새로운 회원규정을 설치하여 당시의 킨쿠 주민을 삼분해서 인식하는 견해를 보인다. 1906년 불하 당시의 원주민 세대와 그들의 남자 자손 세대는 정회원, 메이지(明治) 말기에서 전전에 걸쳐 킨 구역 내에 야두이 촌락(屋取村落)을 형성해 1907년부터 1945년까지 매년 킨쿠에 목초채취료를 지불했던 주민세대와 그들의 남자 자손 세대는 준회원, 전후 이주해온 주민세대 및 잔여 세대는 비회원 또는 그냥 주민으로 구분하고 있다.

다음으로 1982년 회칙은 킨부락민회가 이리아이권을 둘러싸고 형성된 지연조직의 성격을 갖는 점을 강조하고 있다. 야두이 촌락 출신 주민에게 준회원 자격을 부여한 것이 단적인 증거이다. 그러나 여자 자손에 대한 배려가 축소되기 시작하여, 이사회의 심의를 거쳐 외손세대를 회원으로 받아들이는 조항(외손세대 허용 조항)이 삭제되고, 부계원리에 기초한 이리아이권 계승의 규정만이 간결하게 규정되어 있다. 이에 대해 현 킨부락민회 회장, 나카마 세이이치 씨는 이질적 지연집단을 준회원으로 맞이한 상황에서 복잡한 해석논쟁이 일어날 수 있는 규정을 일부러 피한 것이 아닌가 하는 해석을 내놓고 있다. 1982년 회칙을 통해 지연집단의 서열화와 촌락구성원의 혈연적 계승원리의 경직화가 동시에 진행되었음을 확인할 수 있다.

준회원제의 설치는 킨공유권자회에도 영향을 미쳤다. 킨공유권자회는 1986년 킨이리아이권자회(金武入會權者會)로 명칭을 변경하고, 킨부락민회와 같이 야두이 촌락 출신의 주민에게 준회원 자격을 부여했다. 킨이리아이권자회 회칙은 전체적으로 킨공유권자회 회칙을 계승한 것인데, 여기서도 외손세대 허용 조항은 삭제되고 대신에 특례보상 조항이 신설되어 일부 여자 자손세대를 1대에 한해 경제적으로 지원하는 제도가 생겼다.

2000년에 킨부락민회와 킨이리아이권자회는 합병해서 킨부락민회가 되었다. 합병 후의 회칙은 킨이리아이권자회 회칙을 그대로 계승한 것이었다. 이어서 킨부락민회는 2002년 회원 규정을 개정해서 회칙5조에 회원규정을 간결하게 정리하고, 사망한 회원의 위패를 모시는 여자 자손에게 한시적인 회원 자격을 부여하는 대행권 조항을 삭제하였다. 이 재판 당시의 현행회칙은 대행권 조항이 특례보상 조항으로 바뀐 것을 제외하면, 1982년 합병전의 회칙과 일치한다. 재판의 대상이 된 회칙은 역대 회칙 중에 회원 규정을 가장 간결하게 정리하고 있다.

킨부락민회는 성차별의 혐의를 부정하는 근거로서 대행권(代行權) 제도와 특례보상 제도를 들고 있다. 대행권 제도는 후계자인 남자 자손이 없는 상태에서 회원이 사망한 경우 생전 동거하고 있던 여자 자손이 33년간 회원 권리를 대행하는 제도인데, 이 제도는 2002년부터 폐지되었다. 특례보상 제도는 만 50세 이상의 장남과 여자 자손이 킨 구역 내에 세대주로서 독립생계를 꾸리고 있는 경우 군용지료 보상금을 지급하는 제도인데, 만 50세 이상의 장남은 회원 자격을 상속할 때까지, 여자 자손은 1대에 한해서 보상금을 받는 것이 가능하다. 이 제도는 현재도 시행되고 있다. 어떤 의미에서 특례보상 제도는 여자 자손에게 군용지료 보상금은 줄 수 있지만, 회원자격은 줄 수 없다는 의미로도 해석될 수 있다. 대행권 제도와 특례보상 제도는 여자 자손에 대한 금전적 배려이기는 하지만, 오히려 부계중심적 사고를 더욱 명확하게 보여주는 것이라고 할 수 있다.

킨부락민회 회칙에 남자 자손과 여자 자손에 대해서 차별적 취급이 있는 것은 부정할 수 없지만, 그것은 1906년 소마야마 불하 시점부터 이어져온 킨부락의 전통적 관습, 또는 촌락공동체의 구성원리에 관련된 것이다. 피고인 킨부락민회는 동회의 회칙을, 킨부락의 전통적 관습을 계승한 것이며 각 시대의 사회현실에 맞추어 계속적으로 개선해온 것이기 때문에, 성별에 의한 차별적 취급에는 '합리적' 이유가 있다고 주장하고 있다. 그리고 조상으로부터 물려받은 재산과 관습을 지키는 것이 왜 공서양속 위반이 되는지 반문하고 있다.

그러면 킨부락의 이리아이 관습 또는 킨부락민회 회칙에 대한 원고의 주장과 지방재판소의 판단을 살펴보기로 한다. 원고와 지방재판소는 킨부락민회의 성별에 의한 차별적 취급을 촌락의 역사적 맥락에서 떨어져 현대사회의 일반적 통념이라는 기준에서 재검토해야 한다고 주장한다.

지방재판소 판결은 이리아이권을 포함한 구관습의 전통성을 존중하면서, 구관습을 계승하여 회칙이 만들어진 경위를 사실로서 인정하고 있다. 그러나 그 사실 속에 포함된 성별에 의한 차별적 취급에 대해서는 '합리적' 이유가 없다고 보고 있다. 동 판결은, 여자 자손을 배제하는 회칙이 구관습을 계승하는 것이라면, 구관습 자체가 '합리적' 이유 없이 여성을 남성과 차별하는 것이라고 판단하고 있다. 그리고 회원자격을 남자 자손에 한정한 회칙 규정은 남성이 이리아이권을 가진 이에(家)의 가장임을 전제로 하여 남성을 이에의 중심적 존재로서 취급하는 한편, 여성이 이리아이권을 가진 이에의 가장이 되는 것을 원칙적으로 부정하고 있는 것으로 판단한다.

동 판결의 이 부분도 원고의 주장을 전면적으로 받아들인 것으로 보이는데, 원고 여성들은 재판의 준비서면에서 다음과 같이 말하고 있다.

> 피고는, 오키나와의 관행 내지 습관에서는 이리아이권이 부락의 구성원인 이에(家)의 가장(家長)에 귀속된다고 하고 있지만, 무릇 이리아이권이 부락에 총유적으로 귀속하는 경우, 그 부락민은 원칙적으로 누구라도 이리아이권자로서 이리아이지를 사용·수익할 수 있는 권능을 가지는 것이고, 피고가 주장하는 것과 같은 관행 내지 관습은 없다.
>
> 가령, 피고가 주장하는 이에에 이리아이권이 귀속한다고 하는 관행 내지 습관이 존재한다고 하더라도, 그와 같은 이에 제도는, 피고는 구민법과 무관계의 오키나와의 독자적인 풍습이라고 하지만, 역시 구민법에서의 이에 제도와 마찬가지로 남성을 가장이자 이에의 중심적 존재로 위치지어 남자를 우대하는 봉건적 제도며, 그러한 이에 제도 자체가 성별에 의한 차별 금지 및 양성의 평등에 반하여 공서에 위반된다. 그리고 오키나와의 독자적인 이에 제도가 인정된다고 하더라도 그 가장을 남성에 한정할 '합리적' 이유는 없다.

간단하게 정리하면, 원고 및 지방재판소와 피고는 두 가지 점에서 대립하고 있다. 하나는 이리아이권이 귀속되는 단위가 무엇인가 하는 점이다. 즉 촌락공동체의 구성단위가 무엇인가 하는 점이다. 피고는 킨부락민회(과거의 촌락공동체)가 회원(촌락구성원)으로서 인정하는 이에라고 주장하는 한편, 원고는 부락 주민 개개인이라고 주장하고 있다. 원고의 이 주장은 이리아이권의 귀속 단위를 정하는 촌락공동체의 권한 자체를 부인하는 취지라고 해석될 수도 있다.

또 하나는 남성중심적 야(屋) 제도의 문제다. 앞에서 지적했던 것처럼, 피고인 킨부락민회에게 있어서는, 촌락이든 이에이든 남성이 대표가 되는 것은 과거부터 이어져온 관습이기 때문에 당연한 것이다. 반면, 원고 여성들은 일본 본토의 이에 제도에서 보이는 것과 같은 가부장제에 기초한 부락의 관습은 봉건적 제도라고 주장하고 있다.

결국 원고와 지방재판소의 판단에 따르면, 성차별을 떠받치고 있는 킨부락에서의 촌락공동체 전통과 남성중심적 야 제도는 현대 사회의 통념적 가치로는 합리성과 정당성을 인정할 수 없는 낡고 불합리한 관습에 지나지 않는다. 원고와 지방재판소가 요구하는 '합리성'은 개인이 구성단위가 되는 현대 시민사회에서 여성을 포함한 개인의 권리가 평등하게 보장되는 것을 의미한다. 촌락사회의 자율성이라든가 전통적 관습의 중요성은 개인의 법적 권리와 평등주의 앞에서 논외의 문제로 취급된다.

고등재판소의 판결은 킨부락의 관습 및 킨부락민회 회칙에 대해 "남자 자손과 여자 자손 사이에 취급에 차이를 두어야만 하는 필요성 내지 '합리성'은 특별히 발견되지 않는다"라고 하였다. 그러나 동 판결은 "이리아이권은, 과거 긴 세월에 걸쳐 형성된 각 지방의 관습에 뿌리를 둔 권리이기 때문에 그러한 관습이 그 내용을 서서히 변화시켜 나가면서도 아직 현시점에서 존속하는 것으로 인정하는 이상 그 관습을 최대한 존중해야 하고, 상기의 관습에 필요성 내지 '합리성'이 없다는 것만으로 그 관습이 공서양속에 위반되어 무효라고 할 수는 없다"고 판단하고 있다.

그러나 최고재판소는 킨부락민회 회칙의 '합리성'·'불합리성'을 판단하는 부분에 있어서, 킨부락민회의 내부적 자율성을 인정하지 않고, 현대사회의 일반적 통념 내지 현대국가 법률의 이념을 판단의 기준으로 사용하면서 동 회칙의 정당성을 인정했던 고등재판소의 판결 내용을 수정하였다. 즉 최고재 판소는 킨부락민회 회칙은 현대사회의 일반적 통념 내지 현대국가법률의 이 념을 구성하고 있는 남녀평등원칙을 침해하고 있다고 판단했다. 최고재판소 는 이에 제도가 더 이상 법률적으로도 사회적으로도 더 이상 효용성을 갖지 못하는 상황에서 남녀평등은 이미 현대사회의 공적 질서와 미풍양속으로 정 착되어 있다고 보았다.

이상의 논쟁을 정리해 보면, 킨부락민회의 성별에 의한 차별적 취급에 '합리적' 이유가 있는가 없는가 하는 점은 어떠한 판단 기준을 적용하는가에 달라질 수 있다. 킨부락의 관습이 갖는 역사성과 촌락공동체의 문화적 자율성 에 비추어 보면, '합리성'이 인정될 수도 있지만, 남녀평등의 사회적·법이념적 가치와 이에 대한 현대사회의 일반적 통념에 비추어 보면, '합리성'이 없다. 원고 여성들, 지방재판소, 최고재판소의 관점에서 보면, 킨부락민회가 생각 하고 있는 '합리성'은 현실적합성을 잃어버린 과거의 '합리성'이고, 이들이 요 구하는 '합리성'은 현대사회의 구성원 다수가 옳다고 믿는 현재의 '합리성'이 라고 할 수 있다.

3) 과거의 '합리성'과 현재의 '합리성'

이번 재판은 킨 촌락의 사람들에게 자신의 전통적 관습을 확대된 사회의 맥락 속에서 성찰해 보는 기회를 제공한다. 피고인 킨부락민회의 공소장에는 자주적이라고 하는 단서는 붙어 있지만, 현재의 사회적 상황에 맞춰서 회칙을 바꿀 필요성이 있다고 쓰여 있다. 자주적이든 법의 강제에 따르는 모습이든, 킨부락민회는 회원자격의 규정을 현대의 사회실정에 맞춰 어떻게 바꾸어 나갈 것인가 하는 문제에 직면해 있는 것이다. 원고 여성들의 표현을 빌리면, 과거의 '합리성'에 기초하고 있었던 회칙을 현재의 '합리성'에 기초한 회칙으로 바꾸어 나가는 것이 요구되고 있다.

그렇다면, 여기서부터는 원고 여성들의 주장을 킨부락민회에 대한 하나의 개정안으로 상정해서 논의해 가고자 한다. 가령 킨부락민회가 원고 여성들에게 회원자격을 부여한다고 하면, 어떠한 회칙의 개정이 필요한가, 그리고 그것은 문화론적으로 어떤 의미를 갖는가에 대해 논의해 보고자 한다.

원고 여성들은 킨부락민회에 대해 회원자격 요건의 개정을 요구하고 있다. 지방재판소는 동회의 회원자격 요건을 두 가지로 정리하고 있다. 첫 번째는 지연관계의 요건이다. 우선 킨부락민회 회원이 되기 위해서는, "현재 킨 구역 내에 주소를 가지고 거주하지 않으면 안 된다". 이것은 지연집단으로서 성립되는 촌락공동체의 성격을 명확히 나타내는 요건이다. 여기에 관해서는 원고와 피고 사이에 어떠한 이론(異論)도 존재하지 않는다.

두 번째는 혈연관계의 요건이다. 현행회칙에서 정회원은 "1906년 소마야마 불하 당시의 킨부락민으로 소마야마 등의 사용수익권을 가지고 있었던 자의 남자 자손"으로 되어 있는데, 지방재판소는 남자 자손이라는 규정을 단순히 '자손'으로 개정하도록 요구하고 있다. 이 요구를 받아들일 경우, 종래 부계적 혈연관계에 의해 계승되어 왔던 킨부락민회의 회원자격은 공계적 혹은 무계적 혈연관계에 의해 계승되게 된다.

킨부락민회 사람들에게 이 개정요구는 도저히 받아들일 수 없는 것으로 생각되어 왔다. 원고 측이 성차별 타파나 현대사회의 합리성 등의 대의명분을 내세우더라도, 그것과 현재 킨 촌락의 사람들이 갖고 있는 문화적 관념 사이에는 큰 간격이 존재하는 것이 사실이다. 특히 킨 촌락의 노인들은 결혼한 자신의 딸, 누나, 여동생이 가까이 살고 있더라도 그 가족을 촌락구성원이라고 생각하지는 않는다. 딸, 누나, 여동생 개인은 소위 시망추(자기마을 사람)로서 취급

[표 9-2] 킨부락민회의 구성 원리와 재편 방향

회원규정의 구성 요건	① 지연적 요건	② 혈연적 요건	③ 구성단위
1956년 규정	킨 구역	느슨한 부계	세대
킨부락민회의 2002년 규정	킨 구역	부계	세대
원고 여성들의 주장	킨 구역	공계 혹은 무계	개인
최고재판소 판결	킨 구역	공계 혹은 무계	세대

받는 경우도 있을 수 있지만, 그 가족은 어디까지나 그 남편의 시마에 소속된다고 생각된다. 따라서 킨부락민회 사람들의 문화적 관념에서 결혼한 여자 자손에게 회원자격을 부여해서 돈을 주는 것은 공유 재산의 일부를 외부인에게 주는 것이 되고, 그렇게 되면 전후 이주해온 주민들에게도 회원자격을 부여하지 않으면 안 된다.

원고 여성들은 왜 자신들이 전후 이주민과 같은 취급을 받는지 의아하게 생각할 지 모르지만, 그 이유는 지방재판소가 명확히 그 의미를 제시하지 못한 또 하나의 회원자격 요건에 숨어 있다. 공소장에서 킨부락민회는 세 번째의 회원자격 요건을 제시하고 있다. 그것은 세대주의 요건이다. 고등재판소의 판결은 1906년 불하대금 납부를 호주별 할당으로 이행했다는 것, 그리고 1956년에 킨공유권자 회칙이 호주별 할당으로 군용지료를 배분하는 원칙을 정했다는 것으로부터 이리아이권이 귀속되는 단위가 개인이 아니라 세대라는 것을 확인해 주고 있다.

이 요건은 킨부락민회의 구성단위가 개인이 아니라, 세대라는 것을 나타낸다. 원고 여성들과 지방재판소는 동회의 구성단위가 개인이어야 한다는 것을 전제로 해서 회원자격의 요건을 자의적으로 해석한 측면이 있다. 물론 과거 킨부락의 구성단위가 개인이었다고 한다면, 원고 여성들이 회원자격을 얻는 데는 두 번째 요건을 개정하는 것으로 충분하다.

그러나 실제로는 두 번째 요건과 세 번째 요건을 전부 개정하지 않으면,

원고 여성들이 회원자격을 얻는 것은 불가능하다. 세 번째 요건이 있기 때문에 원고 여성들 한 명 한 명은 시망추이지만, 그 가족은 전후 이주민 세대와 똑같이 외부인이 되는 것이다. 26명의 원고 여성들 가운데, 현재 세대주인 사람은 남편과 동거하지 않고 있는 2명에 불과하다. 그 나머지의 24명은 세대주가 아니다. 실로 원고 여성들에게 더욱 어려운 문제는 세 번째 요건이다. 가령 킨부락민회가 지방재판소 판결에 따라 두 번째 요건을 개정했다고 하더라도 세 번째의 요건이 존속하는 한, 원고 여성들이 간단히 회원이 되지는 못한다. 즉 원고 여성들이 스스로 세대주가 되지 않으면 회원이 될 수가 없는 것이다.

세대주는 행정적 편의상 시정촌(市町村)이 동거가족의 1명을 대표자로서 등록하는 주민등록표(住民票) 제도에서 생겨난 개념이고, 가족생활 전반에서 대표자, 책임자, 통솔자의 지위를 갖는 가장과 반드시 일치하는 것은 아니다. 그러나 한 쌍의 부부를 중심으로 하는 핵가족이 존재할 경우, 특수한 사정이 있어서 부부가 별거하지 않는 한, 세대주는 가장을 겸하는 것이 일반적이며, 대부분 남편이 가장 겸 세대주, 그리고 호적상의 필두자(筆頭者)가 된다. 현대 오키나와 사회에서도 이러한 남성중심성이 유지되고 있는 것은 부정하기는 힘들 것이다.

그렇다면 성차별 타파를 주장하는 원고 여성들 가운데, 킨부락민회의 회원이 되기 위해, 남편 대신에 세대주가 될 사람은 몇 명 있을까? 단순한 세대주의 명의변경이라고 생각하면 끝날 일이겠지만, 이 때 원고 여성들의 남편이 어떻게 반응할까는 흥미로운 부분이다. 이번에는 남편들의 시마에 대한 귀속의식이 문제가 될 것이다. 이러한 선택을 강요받았을 때, 그들은 여전히 자신의 출신 부락을 향할 것인가, 킨 촌락의 사람이 되는 길을 선택할 것인가, 시마에 대한 귀속의식을 갖지 않는 완전한 도시민이 될 것인가?

이러한 문제가 있기 때문에 원고 측은 킨부락민회, 또는 과거 촌락공동체의 구성단위가 개인이라고 주장할 때, 이익을 얻을 수 있는 것이다. 그러나 킨부락민회도 세대주의 요건에 관해 일보도 물러나지 않을 자세를 취하고 있다. 동회가 각 세대로 구성되는 것은 늦어도 1906년 이래 이어져온 촌락공동체의 전통이고, 세대주의 요건을 없애는 것은 사실상 촌락공동체의 붕괴를 의미하는 것으로 생각되고 있다.[31] 무릇 1906년 이래 킨 지역의 촌락공동체는 세대주를 매개로 해서 각 세대 전원을 소속시키는 사회조직이었지만, 그 구성원리가 개인이 되면, 킨부락민회는 단순히 공유재산의 권리자 모임이 되어, 동회로부터 이탈당한 권리자의 가족은 장래 이리아이권을 행사하는 것이 불가능하게 된다.

원고 여성 측에서도 촌락의 전통적 관습과 촌락공동체의 의의를 생각하는 입장에서는 일정한 차이가 나타나고 있다. '인권을 생각하는 우나이회' 회장인 나카마 미치코 씨는 성차별 타파가 오나리가미 신앙에 기초한 촌락공동체 전통의 건강성을 회복하는 길이라고 보며, 촌락의 전통적 가치와 남녀평등주의가 이념적 가치상 서로 충돌하지 않는 것으로 생각한다. 이에 비해 '인권을 생각하는 우나이회를 지원하는 회'의 사무국장인 오오시로 미치코 씨는 양자의 충돌 자체가 주된 관심사는 아니지만, 양자가 충돌한다면 당연히 남녀평등의 가치가 선차적으로 해결되어야 한다는 견해를 피력한다. 그리고 역시 동회의 사무국장을 역임한 나카무라 히로미 씨는 성차별 타파를 위해서는 촌락의 낡고 불합리한 관습을 반드시 없애야 한다고 주장하며, 킨부락민회와 같은 공동체적 조직에 대해서도 그 존재 가치를 인정하지 않고 있다.

---

31) 촌락공동체가 자주적으로 그렇게 개정하는 경우도 있을 수 있다. 킨쿠에 인접한 나미사토 촌락이 그러한 예다. 나미사토재산관리회는 여자손에게 회원자격을 부여하면서도 세대주의 요건은 요구하지 않고 있다. 이것은 구성단위의 일관성을 결여하고 있는 회원규정이며, 본래 이리아이 관습이 산림공유지를 이용하는 권리와 그것을 관리하는 의무를 할당하는 규칙이라는 것을 생각한다면, 이 회원규정은 여러 가지 문제가 생길 소지를 갖고 있다. 가령 연 5일의 산림청소의 의무를 부과하려고 해도 개인과 세대 사이에 부과단위가 정해지지 않기 때문에 혼란이 생길 수 있다.

어쨌든 성차별 타파의 관점에서 킨부락민회 회칙의 무효를 주장한 원고 여성들의 논리를 끝까지 밀고 나가면, 전통적 촌락공동체의 붕괴나 해체를 초래하는 결과가 된다. 원고 측의 항변은 촌락사회에서 행해지는 성차별의 타파에는 공헌하게 되겠지만, 촌락사회의 전통과 원주민 집단의 문화적 자율성을 부정하는 결과를 초래하게 된다. 그리고 이런 맥락에서 볼 때, 원고 여성들의 주장만을 받아들인 지방재판소 판결은 현대국가의 법률적 원칙과 사회의 통념적 가치를 강조한 나머지, 촌락사회의 문화적 전통과 자율성을 경시하거나 부정한 판단이라 할 수 있다.

지금까지 원고 측이 킨부락민회에 대해서 요구하고 있는 회칙 개정의 구체적 내용과 난점을 검토해 보았다. 원고 측과 지방재판소가 요구하는 회원자격 요건의 개정은 과거의 '합리성'에 기초한 회칙을 현재의 '합리성'에 기초한 회칙으로 바꾸어가는 의미를 갖는다. 이때 재판의 행위자들은 과거의 '합리성'을 현재의 '합리성'으로 대체해 가는 방법론에 있어 입장차를 드러내고 있다. 피고인 킨부락민회는 전통적 관습에 문제가 있다면, 그것을 형성한 주체들이 자율적으로 개선해 나가면 될 일이고 외부의 간섭은 불필요하다고 주장하고, 과거의 합리성과 현재의 합리성은 별개로 분리된 것이 아니라 혼재된 것이라고 본다. 이에 반해 원고 여성들과 지방재판소는 전통적 관습을 형성한 주체들이 거기에 내재된 문제들을 스스로 해결하지 못할 경우에는 국가의 사법적 힘을 빌려 강제적으로라도 고쳐 나가야 한다는 입장에 있으며, 전통적 촌락공동체에서 통용되는 과거의 합리성과 남녀평등을 법률로 보장하는 현대 사회의 합리성을 대립적이고 단절적인 것으로 파악하면서 전자를 후자로 전면적으로 대체해 나가야 한다고 본다.

이 문제에 대해 고등재판소는 "역사적·사회적으로 봐서 이에(家)의 대표 내지 상속자로 생각되어온 것은 많은 경우 남자(특히, 장남)이며, 현대에 있어서도 장남이 생존해 있는 경우 차남 이하 또는 여자가 후계자가 되거나, 혼인 등에 의해 독립된 세대를 마련한 경우에 여자가 이에의 대표나 세대주가 되거나 하는 것은 비교적 드문 사례라는 것은 누구나 알고 있는 사실"이라고 하면서 과거의 문화적 관습과 관념이 현대 사회에도 잔존하고 지속되는 측면을 지적하고 있다. 즉 국가의 사법적 힘이 촌락공동체의 전통적 관습에 내재된 불합리성을 판단하고 고쳐 나가는 문제는 별개의 문제라고 하더라도, 전통적 관습과 관념이 현대 사회에도 잔존하거나 지속되고 있다면, 그것도 현대 사회의 통념적 가치와 합리성을 구성하는 한 부분이라고 보고 있다.

최고재판소는 과거의 문화적 관습과 합리성은 현대사회의 상황에 맞게 재편되어 지속되어야 하는 것으로 판단하고 있다. 최고재판소가 지지하는 남녀평등원칙은 동일하게 법률로서 그 효력이 보장되는 촌락공동체의 전통적 관습(이리아이권)을 침해하지 않는 범위 내에서 적용된 것이라고 볼 수 있다. 동 재판소는 킨부락민회의 회원규정에 포함되어 있는 세 가지 요건 가운데 세대주 요건의 합법성 및 '합리성'을 확인해 주는 한편, 남자 자손 요건을 규정한 내용의 위법성 및 '불합리성'을 지적하여 그에 대한 개정을 명하였다. 최고재판소의 판결은 세대주 요건의 인정을 통해 촌락공동체(킨부락민회)가 스스로 회칙을 변경해 갈 수 있는 권한과 자율성을 존중하는 입장을 취한 것이며, 문제가 있다고 해서 촌락공동체의 전통적 관습 전체를 폐기하는 것이 아니라 문제점을 고치면서 개편해 나가면 될 것으로 보고 있다. 그러나 동 판결은 전통적 관습과 그 속에 담긴 합리성도 남녀평등과 같이 현대 사회에서 보편성을 획득한 이념이나 가치체계에 의해 심판받는 것은 당연한 일이며, 문제점이 발견되었을 때는 국가의 사법적 힘을 통해서라도 그것을 강제적으로 수정할 필요가 있다는 점을 인식시켜 주고 있다.

6. 두 가지 가치의 공존: 촌락공동체의 전통과 여성 인권

이번 재판은 적어도 100년이라는 긴 시간 동안 지속되어온 시마의 구조와 그동안 일어났던 시마의 재편과정을 농축해서 보여주는 텍스트의 집합체 (Geertz, 1973b: 526~532)이며, 이러한 구조를 변화시키려는 여성 행위 주체들의 강력한 도전을 담고 있다. 재판의 배경을 이루는 문화적 사실을 역사적으로 추급하면, 1906년 소마야마의 불하에까지 거슬러 올라가게 된다. 이후 소마야마의 촌락공유지와 거기서 발생하는 군용지료는 시마의 구조를 지속시키는 강력한 힘이 되었을 뿐만 아니라, 특정 계기에 따라서는 기존의 구조를 변화시키고 재편시키는 물질적 동기로 작용하기도 했다.

1906년 당시 소마야마의 불하대금은 호주별로 할당되어, 야(屋)가 촌락공동체의 구성단위였다는 것을 드러내고 있다. 당시부터 1956년 킨공유권자회가 설립되는 시기까지 시마의 혈연적 구성원리에 대해 살펴본다면, 재판에서 문제시된 "남자 자손 세대주" 요건이 야의 계승원리와 시마의 구성원 충원 원리로 이미 정착되어 있었다는 점을, 앞으로 좀 더 세밀한 검증이 필요하겠지만, 본 논문에서는 하나의 전제로 삼았다. 이후 문츄화와 위패계승 관습의 도입에도 불구하고, 킨 지역 사람들의 부계 관념은 전전까지 '느슨한' 부계원리의 형태를 띠고 있었다. 이 점은 1956년 킨공유권자회 회칙에서도 반영되고 있었다.

1950년대 후반 이후 미군기지 건설과 군용지료의 유입은 5절 2항에서 서술한 것처럼, 1982년, 1986년, 2000년, 2002년, 네 번에 걸친 회칙 개정을 통해, 촌락구성원의 충원 원리가 "남자 자손 세대주"만을 규정하는 '철저한' 부계원리로 경직되어가는 현상을 초래하였다. 이 현상은 남성중심주의와 가부장제를 견제하고 완충시키던 다른 문화적 장치, 예를 들어 오나리가미 신앙의 전통이나 웨카의 양계적 친척관계 등과 부조화를 일으키게 되었을 뿐만 아니라, 촌락내혼의 쇠퇴와 부거제의 혼란, 그리고 최근 들어서는 남녀 평등주의 가치의 유입에 따른 각종 사회변화 속에서 그 문제점을 뚜렷하게 드러내게 되었다. 그렇다고 해서 킨부락민회의 회칙 개정이 기존의 문화적 관습을 왜곡하거나 전후 사회 변화로부터 철저하게 유리되어 있었던 것은 아니다. '철저한' 부계원리를 강조하는 위패계승의 관습이 킨 지역에서도 전후에 확산되어 왔고, 킨부락민회를 비난해온 오키나와 중심부의 여론과는 달리, 슈리·나하를 비롯한 중심부 사회의 실제 생활에서는 남자 후손의 위패계승에 대한 집착이 너무나 강하고 뿌리 깊어서 1990년대 중반까지도 위패계승에서의 남성독점 문제에 대해 신문지상이나 학계에서 간헐적 논쟁이 끊이지 않았을 정도다.

킨부락민회 회칙의 문제점은 오히려 경직성과 폐쇄성에 있었다. 1956년 킨공유권자회가 발족할 당시부터 킨 사람들의 가장 큰 관심은 외부에서 밀려오는 이주민들로부터 자신들의 공유재산을 지켜내는 문제였다. 이 지역 원주민인 킨부락민회 사람들의 입장에서는 두 번에 걸쳐 밀려온 이주민들의 파도를 경험하였다. 첫 번째 파도는 1880~90년대 슈리·나하 등지에서 온 사족층 후손들이 야두이 촌락을 형성한 것이었고, 두 번째 파도는 1950~60년대 미군기지 건설과 함께 오키나와 각지에서 밀려온 이주민들이 미군기지앞 상점가 및 유흥가인 신카이치를 건설한 것이었다. 앞서 서술한 대로, 킨쿠의 지연집단은 주민들 사이에서 크게 이 세 범주로 구분되고 있다.

1956년 킨공유자권자회 설립과 회칙 제정은 킨쿠의 원주민들이 이 두 집단으로부터 자기 시마와 공유재산을 지켜내기 위한 조치였다. 그리고 1982년 킨부락민회 설립과 회칙 제정은 1977년 나카가와쿠(킨초의 한 마을)의 이주민 집단이 소마야마에 대한 권리 획득을 위해 재판을 일으킨 데 대한 반작용이었으며, 이후의 분쟁 소지를 없애기 위해 야두이 촌락 주민들을 준회원으로 받아들이게 되었다. 이러한 지연 조직의 재편 과정에서 원주민

집단이 이주민 집단에 대해 갖는 폐쇄성은 오키나와의 다른 지역에서도 흔히 발견되는 것이지만, 킨 지역에서는 이러한 폐쇄성이, 원주민 집단이 촌락의 경제적 자원에 대한 지배력을 유지한 채 세 범주의 인간집단을 서열화하는 방식으로 표출되어 왔다. 어떤 의미에서는 이러한 외부인에 대한 폐쇄성이 시마 내의 관계에서 예외 없는 부계원리의 적용이라는 경직성으로 연결되었다고도 볼 수 있다.

이번 재판은 그 자체가 시마의 재편이 진행되는 모멘트로서의 의미를 가지고 있었다. 시마의 구조, 특히 시마의 혈연적 구성원리와 구성단위에 대해 기존의 규칙을 지키려는 행위 주체와 바꾸려는 행위 주체의 격렬한 충돌이 있었다. 기존의 구조를 지키거나 바꾸려는 직접적 행위 주체는 킨부락민회와 원고 여성들이었고, 삼급의 재판소는 사법적 국가권력의 힘으로 변화 방향을 결정하는 행위자로 등장하였다. 그리고 두 행위 주체 사이에는 재판을 지켜보는 관객이거나 분쟁 참여자로서, 킨쿠, 킨초의 지역주민들, 오키나와 지역신문사, 지식인, 정치가 등의 행위자들이 있었다. 대부분의 주변 행위자들은 원고 여성들에 대한 암묵적 또는 공개적 지지 세력으로 존재했는데, 각 행위자들의 입장은 평소 소송당사자와 맺고 있었던 사회적 관계나 자신들의 정치적 이익에 따라 결정되었다.

구조의 변화를 가늠하는 행위 주체들의 문화적 실천은 법정에서의 재판이라는 특수성 때문에 자신에게 유리한 문화적 규범과 문화적 사실을 법률적 언어로 번역하여 자기주장의 정당성을 입증하는 방식으로 수행되었다. 킨부락민회와 원고 여성들이 강조했던 문화적 규범은 세 가지 지점에서 경합하였다. 관습과 법의 불일치에 직면하여 어느 쪽의 중요성을 강조하는가 하는 점, 관습의 합리성에 대한 판단 기준을 관습이 형성된 역사적 맥락과 그것을 형성한 촌락공동체의 자율성에 둘 것인가, 아니면 현대사회의 통념적 가치에 둘 것인가 하는 점, 관습에 내재된 과거의 합리성의 계승을 중시하는가, 아니면 현대사회의 가치와 이념에 내재된 현재의 합리성의 관철을 중시하는가 하는 점, 이 세 가지 지점에서 양자의 주장은 엇갈렸다.

결국 재판 논쟁의 핵심은 "킨쿠 내에 거주하는 남자 자손 세대주"로 되어 있는 회원의 자격 요건을 원고 여성들이 주장하는 "킨쿠 내에 거주하는 자손 개인"으로 개정해야 하는가의 문제로 집약되었다. 지방재판소는 여성들의 주장을 전면적으로 받아들여 사실상 촌락공동체의 해체를 명령하는 것과 다름없는 판결을 내렸고, 고등재판소는 킨부락민회 회칙의 관습법적 정당성을 인정하여 촌락공동체의 잔존 내지 지속을 그대로 인정하는 입장을 취했다. 최고재판소는 회칙의 관습법적 정당성을 인정하면서도 여성들이 주장하는 남녀평등의 가치를 중시하여 촌락공동체가 새로운 재편을 통해 지속되어 나가야 한다는 입장을 취했다. 킨부락민회의 회원 자격요건은 최종적으로 "킨쿠 내에 거주하는 자손 세대주"로 변화되었다.

이렇게 해서 킨부락민회는 이리아이권의 권리자 집단으로 변질될 위기를 넘기고, 촌락공동체의 전통을 계승한 시마의 사회조직으로서 그 성격을 유지하게 되었다. 그러나 시마의 혈연적 구성원리는 과거 한 번도 시행해 본 적이 없는 공계적 혹은 무계적 원리로 변화하였다. 즉 킨쿠 내에서 세대주가 되어 거주하는 사람은 아버지 쪽(父方)이건 어머니 쪽(母方)이건 조상 중에 한 명이라도 킨부락민회 회원이 있었으면, 누구나 회원이 될 수 있다. 문제는 실제 생활에서 여성이 집의 세대주 내지 가장이 되는 것이 얼마나 용이한가 하는 점이다. 그리고 킨부락민회가 세대주의 의미를 실질적 가장으로 규정할 것인가, 아니면 법·행정제도상의 형식적 가장으로 충분하다고 볼 것인가 하는 점도 주목되는 부분이다.

■ 참고문헌

· 1차 자료

沖縄タイムス. 2003年11月18~21日付け.

沖縄タイムス. 2003年12月4日付け.

沖縄タイムス. 2003年12月18日付け.

沖縄タイムス. 2004年9月9日付け.

沖縄タイムス. 2005年12月21日付け.

沖縄タイムス. 2006年3月19日付け.

金武入会権者会会則. 1993[1986]版.

金武共有権者会会則. 1992[1956]版.

(合併前) 金武部落民会会則. 199 7 [1982]版.

(合併後) 金武部落民会会則. 2002[2000]版.

『広辞苑』. 東京: 岩波書店.

『けーし風』第49号. 2005.12.

東京最高裁判所. 平成16年(受)第1968号. 「判決」.

那覇地方裁判所. 平成14年(ワ)第1195号. 「判決」.

那覇地方裁判所. 平成14年(ワ)第1195号地位確認等請求事件の訴状及び両側準備書面.

福岡高等裁判所. 平成16年(ネ)第16号. 「判決」.

那覇地方裁判所. 平成16年(ネ)第16号地位確認等請求事件の控訴人第1準備書面.

琉球新報. 2003年11月19~21日付け.

琉球新報. 2004年9月9日付け.

琉球新報. 2005年12月21日付け

琉球新報. 2006年3月19日付け

『六法全書』. 東京: 有斐閣.

· 2차 자료

이경희. 2000. 「오키나와 '토오토메' 承繼에 관한 一考察」. 『法史學研究』 21.

이철우. 1995. 「인류학과 사회사의 접점에서 본 법」. 『법사회학의 이론과 방법』. 서울: 일신사.

임경택. 2001. 「일본의 이에(家)와 도조쿠(同族)」. 『親戚과 血統의 通文化論』. 서울대 비교문화연구
     소 제12회 학술 심포지엄 자료집.

진필수. 2008. 「미군기지와 오키나와 촌락공동체: 지속과 재편」. 서울대 인류학과 박사학위 논문.

比嘉政夫. 1987. 『女性優位と男系原理ー沖縄の民俗社会構造』. 東京: 凱風社.

山中永之佑. 1988. 『日本近代国家の形成と「家」制度』. 東京: 日本評論社.

仲間勇栄. 1984. 『沖縄林野制度利用史研究』. 那覇: ひるぎ社.

中尾英俊. 2003. 『入会林野の法律問題』. 東京: けい草書房.

津波高志. 1996. 「親族」. 北中城村史編纂委員会 編. 『北中城村史: 第2卷民俗編』. 北中城: 北中城村
     役場.

津波高志. 1998. 「村落と親族」. 並里区誌編纂委員会 編. 『並里区誌』. 金武: 並里区事務所.

津波高志. 2004. 「済州島─海村における家族」. 佐藤康行 編. 『変貌する東アジアの家族』. 東京: 早稲田大学出版部.

平敷令治. 1993. 「沖縄の位牌祭祀」. 沖縄国際大学南島文化研究所 編. 『トートーメーと祖先崇拝』.

Comaroff, J and Roberts S. 1981. *Rules and Processes: The Cultural Logic of Dispute in an African Context*. Chicago: University of Chicago Press.

Firth, R. 1951. *Elements of Social Organization*. London: Watts and Co.

Geertz, C. 1973a. "Thick Description: Toward an Interpretive Theory of Culture". in *Interpretation of Cultures*. New York: Basic Books.

Geertz, C. 1973b. "Deep Play: Notes on the Balinese Cockfight". in *Interpretation of Cultures*. 문옥표 역. 1998. 『문화의 해석』. 서울: 까치.

Goodale, M. 2005. "A Life in the Law: Laura Nader and the Future of Legal Anthropology". *Law & Society Review*, vol.39, no.4.

Moore, S.F. 2001. "Certainties Undone: Fifty Turbulent Years of Legal Anthropology, 1949~1999". *Journal of the Royal Anthropological Institute*. N.S. 7.

Nader, L. 1990. *Harmony Ideology: Justice and Control in a Zapotec Mountain Village*. Stanford: Stanford Univ. Press.

Nader, L. 2002. *The Life of the Law: Anthropological Projects*. Berkeley: Univ. of California Press.

Pospisil, L. 1974. *Anthropology of law: a comparative theory*. 이문웅 역. 1992. 『법인류학』. 서울: 민음사.

4부

기지 성매매와 여성평화운동

10장

미군 점령기 오키나와의 기지 성매매와 여성운동[1]

박정미

1. 서론

1) 문제 제기

미국의 동아시아 군사전략의 요충지이자 주일미군 기지의 75%가 집중되어 있는 '기지의 섬' 오키나와는 미군 주둔의 역사만큼이나 오랜 반기지·평화투쟁의 역사를 지니고 있다. 오키나와 주민들은 미군 점령 직후 강제토지접수에 대한 반대운동을 필두로 유탄과 전투기 소음, 미군 범죄 등 기지가 생산한 각종 사회 문제에 대해 투쟁해왔다. 투쟁은 1960년대 '조국 복귀'운동으로 정점에 달했지만, 1972년 실현된 일본 반환은 미군 철수로 이어지지 않았고 기지문제 역시 존속되었다. 이후 오키나와의 반기지·평화운동은 미군의 생태계파괴, 여성에 대한 폭력 등에 대한 반대운동으로 저변을 확대해왔다.

반환 이후 상대적으로 주목받지 못했던 오키나와의 투쟁이 다시 한 번

---

1) 이 글은 한국사회사학회에서 간행하는 『사회와 역사』(통권 제73집, 2007년 봄호)에 게재된 것을 수정한 것이다.

세계의 이목을 집중시킨 계기는 1995년 9월 세 명의 미군이 12세 소녀를 계획적으로 강간한 사건이었다. 이 사건은 1955년 미군이 강간 후 살해한 6세 소녀 유미코 사건을 상기시켰다. 주민들은 복귀 이후에도 기지의 피해와 심각성이 근본적으로 변화하지 않았음을 실감했고 소녀의 안전도 보장하지 못하는 현실에 대해 분노했다(아라사키 모리테루, 1998; 장화경, 2001). 분노는 기지 축소와 미일 지위협정의 재고를 요구하는 운동으로 발전했으며, 같은 해 10월 21일 현민 집회에는 8만 5000명이라는 대규모 인원이 결집함으로써 오키나와 사회운동의 저력을 과시했다.

1955년과 1995년 사건의 공통점은 미군의 극단적 폭력에 유린당한 어린 소녀의 이미지가 주민들의 분노를 응축하는 지배적 상징으로 기능했다는 사실이다. 그런데 오키나와 사회운동을 분석한 일부 페미니스트들은 소녀로 대표되는 순결한 여성의 상징 이면에 성판매여성의 상징이 은폐되어 있음을 지적한다. 전자가 운동의 구심이 되었다면 후자는 정치의 영역으로부터 배제되었다는 것이다(정유진, 2001; Angst, 2003). 현재 오키나와에서 성매매 문제와 성판매여성의 다수를 이루는 이주 여성의 인권 문제는 사회운동의 적극적인 쟁점이 되지 못하고 있는 실정이다.[2]

여성 인권에 대한 이러한 차별적 인식은 미군 점령 직후 오키나와가 미군의 성적 위협을 방어하기 위해 '휴식과 오락'(R&R, Rest and Recreation) 시설을 구축한 역사와 관련이 깊다. 성판매여성은 '양가의 부녀자'를 보호하기 위한

---

[2] 삽입성교를 비롯한 각종 성적 서비스가 매매되는 현상을 지칭하는 용어는 다양하다. 일본에서는 전통적으로 매춘(賣春), 매음(賣淫), 매창(賣娼), 매소(賣笑) 등의 용어가 사용되어 왔다. 하지만 이러한 용어들은 성적 서비스의 판매('賣')에만 초점을 맞춤으로써 구매('買')를 비가시화하고, 따라서 주된 판매자인 여성만 낙인찍는 결과를 가져왔다. 따라서 일본의 페미니스트들은 판매와 구매를 모두 일컫는 매매춘(賣買春)이라는 용어를 주로 사용한다. 한국에서도 이러한 문제의식이 심화되었고, 최근에는 성을 미화하는 일본식 표현('春') 대신에 중립적인 성매매라는 용어가 정착되었다. 이 글에서는 성매매, 성구매·성판매, 성구매자(또는 성구매남성)·성판매자(또는 성판매여성)라는 용어를 사용하되, 일본의 고유한 상황을 지칭할 때—예컨대 '매춘방지법'—는 매춘이라는 용어를 그대로 사용하기로 한다.

'방파제'로서 희생이 불가피하다고 간주되었다. 하지만 '성적 방파제론'은 점령기의 절박한 현실로 환원되지 않는, 더욱 깊은 역사적 뿌리를 갖는다. 그것은 과거 일본 제국이 시행한 공창제와 군'위안부'제도의 핵심적 논리였던 것이다.

미군 역시 이러한 인식을 공유했다. 이를 가장 극적으로 표현한 것은 1995년 사건 당시 아시아태평양지역 사령관의 발언이다. 그는 "(범행에 사용할) 렌터카를 빌릴 돈이 있었다면 여자를 사면 될 것인데, 정말 그 놈들은 바보다"라고 발언함으로써 물의를 일으켰다(高里鈴代, 1996: 34). 이는 미군이 성폭력의 방어책으로서 성매매를 용인해왔음을 보여준다.

역설적인 것은 전후 오키나와에서 일본 제국의 유제(legacy)인 공창제를 폐지하고 성매매를 금지한 것은 다름 아닌 미군이었다는 사실이다. 1947년 3월 류큐열도 미국군정부3)는 '부인해방'을 명분으로 공창제를 폐지하고 미군 대상의 성매매를 공식적으로 금지했다. 또한 성매매 단속을 표방하면서 미군의 야간출입금지명령을 반복적으로 시행하기도 했다.

그렇다면 미군은 왜 성매매를 공식적으로 금지하면서도 암묵적으로 인정하는 이중정책을 취했는가? 묵인은 금지의 실패로 인한 불가피한 결과였는가, 아니면 금지는 묵인을 은폐하기 위한 명분에 불과했는가? 그리고 이러한 이중정책으로 인한 갈등과 모순은 어떻게 봉합되었는가? 이것이 이 논문이 해명하고자 하는 첫 번째 과제다.

비록 군사적·경제적 종속의 상황에서 오키나와 주민들의 상당수가 미군 대상의 성매매를 '필요악'으로 수용했지만, 이에 대한 저항과 반대가 전무했던 것은 아니다. 오키나와의 여성운동은 '성적 방파제론'을 비판하면서 성매매 반대운동을 전개해왔다. 그것은 전전의 폐창운동으로까지 소급되는 것으로, 종전 직

---

3) 류큐열도미국군정부는 종전 직후인 1945년 9월 21일 설립된 오키나와의 미군 통치기구로서 1950년 12월 류큐열도미국민간정부로 개칭되었다. 이하에서는 각각 미국군정부와 미국민정부로 표기한다.

후 '특수음식점가' 설치 반대운동을 거쳐 매춘방지법 제정운동으로 계승되었다.

오키나와의 여성운동은 성매매를 반대했다는 점에서는 연속적이지만, 반대의 근거와 운동의 전략은 시기에 따라 변화해왔다. 따라서 성매매를 반대하는 모든 운동을 여성의 인권 향상을 목적으로 한 것으로 단정하는 것은 성급하다. 또한 '여성의 인권'을 운동의 목적으로 명시했다 하더라도 그것이 모든 여성들의 권리를 포괄하는 보편적 개념인지 아니면 특정 집단의 이해를 일반화한 것에 불과한지에 관해서도 분석할 필요가 있다.

오키나와에서 성매매 반대운동의 담론과 전략은 어떻게 변화해왔는가? 그것은 '성적 방파제론'이 전제하는 여성 인권에 대한 차별적 인식에 효과적으로 도전했는가, 아니면 은연중에 그러한 인식을 재생산했는가? 그리고 그러한 운동의 결과는 무엇인가? 이것이 이 논문이 해명하고자 하는 두 번째 과제다.

2) 선행 연구 검토

사회운동의 국제연대가 활발해지면서 한국에도 오키나와의 여성 인권 상황과 여성운동에 관해 소개하는 연구가 증가하는 추세다(김동심, 2000; 정유진, 2001; 장화경, 2001; 문소정, 2006a; 2006b). 하지만 성매매에 관해서는 현 상황에 대한 일별에 그칠 뿐, 기지 성매매가 구축된 과정과 성매매 반대운동에 대한 체계적인 분석은 시도되지 않고 있다.

반면 오키나와와 일본 본토에서는 오키나와 여성사에 대한 포괄적인 접근이 이루어졌고, 성매매에 관한 연구도 활발한 편이다. 점령기 기지 성매매에 관한 선구적인 업적으로는 가요 요시하루(嘉陽義治, 1986)의 연구를 들 수 있다. 이 연구는 음식점 위생규정이지만 사실상 성병을 통제하기 위한 수단인 'A사인 제도'와 야간 출입금지명령을 고찰함으로써 미군이 오키나와 주민들을 어떻게 통제했는지를 보여주었다. 하지만 성매매 반대운동은 논문의 분석 대상에 포함되지 않았다.

오키나와 여성연구자들과 활동가들은 집단 작업을 통해 본토로 환원되지 않는 오키나와의 독자적인 여성사를 재구성해왔다.『시대를 채색한 여성들』(1996)과『나하·여성의 발자취』, 근대편(1998)과 전후편(2001)이 대표적이다. 전자는 1993년 1월부터 이듬 해 5월까지「류큐신보」에 여성연구자 및 활동가들이 연재한「근대 오키나와에서 살았던 여성들」을 단행본으로 묶은 것으로서 오키나와의 대표적 여성인물 80명의 생애를 재조명했다. 후자는 1992년 설립된 '나하 여성사 편집위원회'의 연구 성과로서 오키나와가 일본에 병합된 이후부터 현재까지 여성사를 집대성한 것이다. 그 중에서 오키나와의 대표적 여성활동가인 호카마 요네코(外間米子, 1996; 1998; 2001)와 다카자토 스즈요(高里鈴代, 1998; 2001a; 2001b)의 논문들은 오키나와에서 성매매 제도가 형성된 과정과 성매매 반대운동의 통사를 제공한다.

이상의 연구들이 대체로 주로 시간 순에 따라 역사적 사실을 기술했다면, 기쿠치 나쓰노(菊地夏野, 2000)의 연구는 담론 분석 방법을 동원했다는 점에서 획기적이다. 논문은 성매매를 중심으로 점령기 섹슈얼리티 통제의 확립과 이에 대한 여성운동의 대응을 검토하면서 어떤 표상이 대두되고 어떤 표상이 배제되었는지를 분석한다. 특히 여성 내부의 차이에 착목하여 여성의 인권을 명분으로 내세운 매춘방지법이 성판매여성의 인권에 대한 억압으로 귀결된 역설과 운동 과정에서 생산된 본토 여성과 오키나와 여성의 정체성의 차이를 섬세하게 포착했다.

이상의 연구 성과들에 기대어 이 글에서는 먼저 미군 점령기 오키나와에서 기지 성매매가 구축되는 과정을 고찰하고자 한다. 그러나 본 논문은 같은 대상을 다룬 다른 논문들과 달리 연구의 범위를 점령기에 한정하지 않고 그 이전으로 확대하는 전략을 취한다. 점령기의 기지 성매매는 과거 일본의 '관리주의', 곧 공창제와 미군의 '금지주의'의 교차로에서 탄생했으므로 이를 체계적으로 이해하기 위해서는 그 전사(前史)에 대한 검토가 필수적이기 때문이다. 따라서 본 논문에서는 역사적으로 상이한 계보를 갖는 일본의 공창제와 미국의 금지주의의 특징을 간략히 살펴본 후, 이념에서 충돌하는 두 정책이 현실에서 어떻게 결합되었는지에 초점을 맞추어 전후 역사를 분석할 것이다.

본 논문의 두 번째 연구 과제는 오키나와의 성매매 반대운동의 성격을 규명하는 것이다. 이 역시 전전의 폐창운동의 연장선 위에서 파악할 필요가 있다. 폐창운동의 대표적인 활동가들이 전후 매춘방지법 제정운동을 주도했고, 운동의 주장 역시 일정한 연속성을 지니기 때문이다. 오키나와 성매매 반대운동의 또 다른 특징은 담론과 전략의 변화가 주로 본토 여성운동과의 교류에 의해 추동되었다는 사실이다. 따라서 오키나와 여성운동에 강력한 영향력을 행사한 본토 여성운동을 분석할 필요가 있다. 그것은 본토의 여성운동이 오키나와의 성매매를 해결할 수 있는 근본 대책으로 처방하고 오키나와의 여성운동이 무비판적으로 수입한 매춘방지법이 실상 일본 본토에서뿐만 아니라 20세기 초반 미국에서 이미 실패한 정책으로서 미군의 공식적인 금지주의와 이념적 뿌리를 공유한다는 결론으로 이끌 것이다.

2. 점령기 오키나와의 기지 성매매의 구축

1) 일본 공창제의 유제

오키나와에서 공창제의 역사는 류큐왕국 시대인 17세기로 소급된다. 중개무역으로 번영했던 류큐왕국에는 장기간 체류하는 중국 선원들과 사신들, 그리고 왕국의 사족(士族)들을 대상으로 한 성매매가 성행했다. 이에 상정왕(尚貞王) 4년인 1672년에 섭정 상상현(尚象賢)이 산재한 '유녀'들을 치지(辻, チージ)와 나카시마(仲島)에 억류하고 관리한 것이 공창제의 시초로 기록되

어 있다(外間米子, 1998: 366~367).

그러나 현대적 공창제는 1879년 메이지 정부가 '류큐처분'을 통해 오키나와를 일본 영토로 강제 편입하면서부터 시작되었다. 일본 역시 중세부터 공창제를 유지해왔으나 1871~1876년에 걸쳐 일련의 법령들을 제정함으로써 현대적 공창제를 확립했다.[4] 현대적 공창제는 유럽의 '관리주의(regulationism, regulamentarism)'[5]를 수입했다는 점에서 전통적 공창제와 구분된다.

관리주의는 국가가 성병 방지를 명분으로 성판매여성을 등록하고 정기적으로 성병 검진을 강제하는 제도다. 19세기 초반 프랑스 군대에서 최초로 도입된 관리주의는 19세기 중후반 제국주의 팽창이 가속화되고 병사의 성병 관리가 중요해짐에 따라 유럽 전역으로 확산되었다(알렝 코르벵, 1995; 번 벌로·보니 벌로, 1992). 메이지 초기 일본은 유럽의 경찰제도를 도입하는 과정에서 '개화되고 문명적인' 제도로서 관리주의를 수입했다(후지메 유키, 2004: 93~98).

메이지 정부는 오키나와를 병합한 직후 '예기작부단속규칙'(1888년) 및 '유곽단속규칙'(1900년) 등을 제정함으로써 오키나와에도 현대적 공창제를 확대했다. 그 결과, 창기와 예기·작부들은 각각 등록증과 허가증을 교부받아 반드시 지참해야 했다. 「류큐신보」 1900년 10월 9일자에 따르면 당시 등록된 창기 수는 1072명에 달했다. 또한 1900년에 정기적인 성병 검진을 실시하는 병원이 설치되어 창기는 주 1회, 예기는 월 1회 검진을 받아야했다. 여성들 중에는 이러한 검진을 모욕적으로 여겨서 성판매를 그만둔 경우도 있었다고

---

4) 1871년 민부성 시달, 1872년 대장성 제127호 공시와 태정관 시달 제295호 '창기해방령', 1873년 도쿄 부령 제14호 '가시자시키(貸座敷) 직업규칙과 창기규칙' 및 개정율령 제267조 '사창단속조항', 1876년의 태정관 포고 제1호와 경시청 공시 '매음 벌칙'이 그것이다(후지메 유키, 2004: 93).

5) 관리주의는 프랑스의 réglementation에서 유래한 것으로 주로 규제주의로 번역된다. 하지만 규제라는 표현은 성매매의 인정이 아니라 억압 및 금지로 이해될 소지가 있다. 이에 일부 논자들은 '합법적 규제주의'라는 용어를 사용하기도 한다(이화여자대학교 한국여성연구원, 2001; 조국, 2003). 이 글에서는 규제주의라는 용어가 불러일으킬 혼란을 피하는 한편, 개념의 본질과 용어의 경제성을 고려하여 '합법적 규제주의' 대신 관리주의라는 용어를 사용하기로 한다.

전해진다(外間米子, 1998: 374~375, 377).

현대적 공창제는 '창기해방령'을 통해 성판매여성의 '자유폐업의 권리'를 인정했다는 점에서 신분제에 기초한 전통적 공창제에 비해 진일보한 측면이 있었다. 또한 의학적 검진과 행정적 통제는 현대적 국가 수립을 열망한 메이지 관료들에게 매우 선진적인 제도로 인식되었다. 하지만 여성들에게 그것은 가혹한 결과를 초래했다. 선불금(前借金)에 묶여 있었던 빈곤한 여성들에게 성판매 외에 다른 선택지는 협소했다. 무엇보다도 성병의 책임을 여성에게 일방적으로 부과하고 남성의 안전을 위해 여성의 권리를 박탈했다는 점에서 공창제는 명백히 성차별적이었다.

공창제의 여성 억압적 측면은 전시에 극단적으로 표출되었다. 1905년 러일전쟁부터 등장한 군위안소는 1937년 중일전쟁을 기점으로 체계화되었다. 군위안소는 군이 직접 설립하거나 군이 민간에 위임하는 등 설립 형태는 다양했지만 모두 군의 엄격한 통제를 받았다. 또한 군위안소는 오직 군인과 군속만이 이용할 수 있었고 일반 주민의 출입이 불가능했다는 점에서 결코 민간 시설이라고 볼 수 없다. '1부대2위안소' 정책에 따라 군 당국과 그에 협력한 민간업자들은 과거 공창지역의 여성들뿐만 아니라 식민지로부터 민간여성들을 강제로 동원했다. 그 중에서 식민지 조선의 피해가 가장 커서, 조선 출신 '위안부'가 전체 '위안부'의 약 80~90%를 차지하는 것으로 추정된다(정진성, 1994; 1997; 高里鈴代, 1998).

2차 세계전쟁 당시 일본 방위선의 최남단이었던 오키나와에도 군위안소가 설치되었다. 1944년 3월 오키나와 수비를 위해 약 12만 명으로 구성된 제32군이 배치되었다. 그 결과, 공창지대였던 치지뿐만 아니라 오키나와 전역에 위안소가 설립되었다. 1992년 '오키나와 여성사를 생각하는 모임'의 조사에 따르면 전시 오키나와에 설립된 위안소는 130개에 달했다(高里鈴代, 1998: 448, 455).

위안소에는 치지 여성들 500여 명을 비롯하여 각지에서 연행된 식민지 여성들이 수용되었다. 오키나와에서도 조선인 여성들의 비중이 다른 식민지 여성들에 비해 압도적으로 높았는데, 1000여 명이 존재했을 것으로 추정된다. 그들은 외출이 금지된 채 위안소에 억류되어 성노예 생활을 강요받았다. 그들 중 상당수가 격전 과정에서 목숨을 잃었으며 살아남은 이들의 행방도 분명히 확인되지 않는다(高里鈴代, 1998: 455~456).[6]

군위안소가 확대되자 오키나와 주민들 일각에서 위안소 설치를 반대하는 움직임이 있었다. 이에 군 당국은 성에 굶주린 병사로부터 일반 여성들을 보호하기 위해서 위안소 설치가 필수적이라고 주장하면서 여론을 무마했다. 군에 의한 강간 사건이 빈발한 상황에서 자신의 가족이 유린당할 것을 두려워한 주민들 역시 이를 수용했다(高里鈴代, 1998: 452~453). '양가의 부녀자'를 지키기 위한 '성적 방파제'로서 군대를 위한 위안시설이 필요하다는 논리는 전후 미군점령기에도 지속되었다.

2) 미군 성매매 정책의 특징

일본이 공창제와 군'위안부' 제도로 대표되는 관리주의를 실시한 반면, 미국은 성매매를 불법화하고 관련자들을 처벌하는 '금지주의(prohibitionism)'를 고수했다. 19세기 후반 미국에서도 유럽의 공창제를 도입하려는 시도가 존재했지만, 이에 반대하는 강력한 여성운동과 사회개혁운동에 의해 무산되었다 (Pivar, 1973: 52~62). 이러한 성과에 고무된 활동가들은 성매매를 '백인노예제(white slavery)'로 비판하면서 성매매 자체를 반대하는 운동을 전개했다

---

6) 생존자들 중 일부는 귀국하지 못한 채 오키나와에 남겨졌다. 1944년 11월에 끌려와 도카시키섬 (渡嘉敷島)의 '붉은 기와의 집(赤瓦の家)'에서 '위안부' 생활을 한 배봉기 할머니가 대표적이다. 전후 귀국할 수 없었던 그녀는 1975년 외국인등록 과정에서 비로소 자신의 과거를 밝혔다. 최초의 '위안부' 증언자로서 배봉기 할머니의 사례는 일본 사회에 큰 충격을 주었다. 그녀는 1991년 10월 에 77세를 일기로 세상을 떠났다(高里鈴代, 1998: 454~455; 山谷哲夫, 1979: 32~37; 가와다 후미코, 1992).

(Rosen, 1982: 11~13). 그 결과, 1910년대에 성매매를 금지하는 법률들이 속속 제정되었다.

1910년에 제정된 '백인노예제법'—입법을 제안한 의원의 이름을 따서 '만 법(Mann Act)'으로도 불린다—은 성매매를 비롯한 '부도덕한 목적'을 위해 여성을 주의 경계를 넘어 수송하는 것을 불법으로 규정했다. 또한 1920년까지 모든 주에서 성매매에 연루된 이들을 처벌하는 수많은 법률들이 제정되었다. 주에 따라 법률의 성격은 조금씩 달랐지만 대부분 성적 서비스의 판매와 구매, 권유, 알선 및 관련 행위를 불법화했다(Langum, 1994: 38~43; Rosen, 1982: 19; Hobson, 1987: 156~157).

그러나 여성운동의 기대와 달리 법적 금지는 성매매 근절과 여성 인권 향상에 효과적이지 않다는 사실이 판명되었다. 1920년까지 대다수 도시의 홍등가가 폐쇄되었지만, 성매매는 거리 성매매나 마사지 업소 등으로 분산되었다. 성매매 관련자 중 유독 성판매여성에 대한 기소율과 유죄율이 높았다. 판사는 힘 있는 업자에 대한 유죄판결을 기피했고 경찰 역시 가장 가시적이고 단속이 용이한 성판매 여성, 특히 가장 취약한 지위의 '거리여성(streetwalker)'을 표적으로 삼았다. 여성운동이 성적 이중기준을 공격했음에도 불구하고 구매자가 처벌되는 경우는 드물었다(Winick and Kinsie, 1971: 211~217; Hobson, 1987: 158~159).[7]

따라서 형법은 성판매여성을 보호하기보다는 오히려 억압하는 수단이 되었다. 성매매 외에는 다른 생계수단을 찾기 어려웠던 여성들은 체포, 벌금 또는 감금, 석방이라는 '회전문'을 반복해서 통과해야 했다(Weitzer, 2000:

---

7) 일례로 1920년에서 1930년까지 뉴욕에서 성매매로 징역형을 받은 이들 1782명 중에서 67명만이 남성이었다. 다른 주의 상황도 크게 다르지 않았다. 성매매 전담 경찰은 업자나 성판매여성으로부터 '보호비용', 곧 뇌물을 받지 않는다는 것을 입증하기 위해서 비공식적 할당량을 채워야했고, 이를 위해 경찰이 성구매 남성으로 가장하여 현장에서 성판매 여성을 체포하는 함정수사 등 다양한 방법을 동원했다. 매사추세츠 윤락방지위원회(Vice Commission)의 여성개혁가들은 성구매 남성에 대한 함정수사를 위해 여성 경찰 도입을 요구했지만 실현되지 않았다(Winick and Kinsie, 1971: 213~214; Hobson, 1987: 159~161).

160). 감화원이나 감옥에 수용된 여성들에게는 지능검사와 지문날인이 행해졌으며, 재활교육은 가사노동에 국한되었다. 성판매여성들은 구매자와 경찰의 괴롭힘으로부터 벗어나기 위해 포주와 조직범죄단에 의존하는 경우가 증가했다(Rosen, 1982: 19~23; Hobson, 1987: 156~161).

금지주의의 모순은 전시에 더욱 분명해졌다. 성매매에 대한 금지는 강화되었지만 그 목적은 여성의 인권 향상이 아니라 군인의 성병 방지였다. 1916년 1차 세계대전 참전이 확정되자 병력의 효율성이 핵심 쟁점으로 부상했다. 군당국은 성병을 병사의 복무일에 손실을 주는 주요 원인으로 인식했고, 성판매여성을 성병의 근원으로 지목했다. 정부는 전국적으로 성매매업소를 폐쇄하는 한편, 기지 주변 5마일 내에서 '창녀 용의자'로 의심되는 여성들을 체포하는 '아메리칸 플랜'을 실시했다. 검거된 여성들은 강제 성병 검진을 받아야했으며 감염 사실이 밝혀질 경우 완전히 치유될 때까지 격리·수용되었다(Rosen, 1982: 33~36; Pivar, 2002: 210~211).[8]

반면 성병에 감염된 병사들은 훨씬 관대하게 처우되었다. 감염 사실을 보고하지 않았을 때는 처벌되었지만, 감염 직후 24시간 내에 보고할 경우 처벌되지 않았다. 군 당국과 사회개혁가들은 병사들의 순결과 도덕성을 보호하기 위해 기지 내에 건전한 위락시설을 마련하고 포스터와 영화, 강좌 등 다양한 방식을 동원하여 금욕을 강조했다. 그러나 교육을 통해 병사들의 성행위와 성병을 통제하는 것은 역부족이었다. 따라서 이에 대한 보완책으로 군 당국은 성병예방도구를 배포했는데, 여성운동가들과 사회개혁가들은 그것이 성적 방임을 조장한다고 비판했다(Hobson, 1987: 167; Brandt, 1987: 52~121;

---

8) 육군성은 전시에 격리된 여성이 1만 8000명이고, 그 중 감염된 이들은 약 1만 5000명이라고 발표했다. 하지만 이러한 통계는 빙산의 일각으로 강제검진을 당한 여성과 지방 감옥 및 구빈원에 수감된 여성은 포함되지 않은 것이다. 대부분의 수용소는 치료가 끝날 때까지 면회를 허용하지 않았고, 90% 이상의 여성들이 완치 이후에도 억류되었다(Hobson, 1987: 176; Brandt, 1987: 89~90).

Pivar, 2002: 203~208).

2차 세계전쟁 때에도 여성 억압적 성병 대책이 유지되었다. 미국 정부는 참전 직전인 1941년 7월에 군인을 대상으로 한 성매매를 금지하는 연방법—일 명 '메이법(May Act)'—을 제정하고 기지 주변의 성매매를 대대적으로 단속했다. 수천 명의 여성들이 구금되었고 700곳 이상의 홍등가가 폐쇄되었다. 하지만 전쟁 중 발견된 치료제 페니실린은 성병에 대한 공포를 완화했고, 이미 1920 년대에 성혁명을 거친 세대에게 금욕을 강조하는 것은 설득력이 없었다 (Brandt, 1987: 161~170).

이에 군 당국은 1차 세계전쟁 당시와 달리 병사의 성욕을 인정하고 예방도 구를 배포하는 정책으로 선회했다.[9] 지휘관들에게는 성매매업소에 대한 출입금지명령(off limits) 권한이 부여되었지만, 성매매가 필요악이라고 생각하는 상당수 지휘관들은 성매매를 묵인하거나 체계적으로 관리했다. 이러한 비공식적 관리는 자국의 정책을 엄격하게 실시하는 것이 어려운 해외 주둔지에서 두드러졌다(Winick and Kinsie, 1971: 252~263).

관리주의가 성매매를 '필요악'으로 공인하고 체계적 관리를 위해 여성의 인권을 억압했다면, 금지주의는 성매매를 '사회 문제'로 정의하고 근절하고자 했다는 점에서 관리주의에 비해 한 단계 진전된 것이라고 볼 수 있다. 그러나 여성의 사회·경제적 지위 향상을 동반하지 않은 채 법적 금지만으로 성매매는 사라지지 않았고 성판매여성의 인권 역시 개선되지 않았다. 금지주의의 한계는 군사주의와 조우했을 때 더욱 명백해졌다. 성판매여성은 성병의 오염원으로서 가혹하게 통제되었다. 공식적 금지는 비공식적 관리 앞에서 무력했고 심지어 관리를 은폐하는 명분으로 이용되기도 했다. 이러한 위선은 오키나와를 비롯한 전후 미군 점령지에서 분명하게 드러났다.

---

9) 전쟁 당시 매달 5000만 개의 콘돔이 판매·배포되었고, 대략 53~63%의 군인이 전쟁 중 성관계를 가졌다고 보고된다(Brandt, 1987: 164~165).

3) 기지 성매매의 형성과 통제: '자발적 관리체제'

점령기 오키나와의 기지 성매매는 일본 공창제의 유제와 미군의 금지주의의 결합을 통해 탄생했다. 오키나와 주민들은 과거 공창제가 그러했던 것처럼 성매매 시설을 확립함으로써 군대의 성적 위협을 완화하고자 했다. 미국군정부는 이를 묵인하면서도 관리를 공식적으로 인정하는 것이 초래할 정치적 부담을 기피하고자 했다. 그 결과 미국군정부는 공식적으로는 금지주의를 천명한 반면, 성매매업자들이 성매매를 관리하는 이중정책이 실시되었다. 이 논문은 이러한 이중정책을 '자발적 관리체제'라는 개념으로 포착하고자 한다.

미군 상륙 직후인 1945년 4월에 이미 나키진촌(今歸仁村)의 일본군위안소의 상당수가 미군 상대 위안소로 변모했다(外間米子·由井晶子, 2001: 60). 전쟁의 폐허 위에서 생계수단을 잃은 상당수 여성들에게 성매매는 중요한 생존수단이었다. 그 결과, 과거 공창지대였던 치지가 부활했고, 기지 주변 마을에는 성판매여성들에게 방을 임대하는 사업이 증가했다.

성폭력이 빈발하고 성매매가 주택가로 침투하자 주민들은 공포와 우려에 휩싸였다. 이에 기지와 주택가 사이 '완충지대'에 성적 서비스를 제공하는 특수음식점가를 설치하여 미군의 성적 위협을 차단하자는 '성적 방파제론'이 설득력을 얻기 시작했다.[10] 1949년 군정이 미군과 주민의 격리 정책에서 친선정책으로 선회하고 1950년 미군기지로부터 1마일 이내에 주택 및 건물 설치를 금지하는 포령(布令)을 완화하자 특수음식점가 설치가 현실화되었다(嘉陽義治, 1986: 15~20). 이렇듯 공창제의 유제를 가지고 있던 오키나와는 성매

---

10) 당시 특수음식점가 설치를 추진한 한 마을의 대표는 그 목적을 다음과 같이 밝혔다. "여기에 공사를 진행하는 것은 미군 위안시설을 위한 것이며, 이를 통해 미군이 민가에 침입해 폐를 끼치는 불온한 사태를 없애고 다양한 문제도 발생하지 않도록 할 수 있을 것이다"(高里鈴代, 2001a: 271).

매를 통해 미군의 성적 공격을 방어하고자 했다.

특수음식점가 건설이 적극적으로 추진된 또 다른 이유는 주민들의 경제적 기대감이었다. 전전 오키나와의 주요산업은 농업으로서, 전체 취업자의 73%, 소득의 52%를 차지했다(한경구, 2001: 94). 그러나 미군 점령으로 상당한 토지가 군용지로 접수되자 생계수단을 잃은 주민들에게 기지는 거의 유일한 경제적 대안이었다. 주민들은 기지에 취직하거나 미군 상대의 상업도시를 건설함으로써 위기를 타개하고자 했다. 그 결과 오키나와는 '기지의존형 경제'로 급속하게 재편되었다.[11] 그 핵심에는 성매매가 자리 잡고 있었다.[12]

이처럼 특수음식점가를 중심으로 미군 대상의 성매매가 공공연하게 이루어지는 가운데 미국군정부는 일본 제국의 잔재로서 공창제를 폐지하고 미군 대상의 성매매를 금지하는 정책을 추구했다. 1947년 3월 미국군정부는 '부녀자의 성적 노예제의 금지'(포고 제16호), '점령군에 대한 창업금지'(포고 제14호), '화류병 단속'(포고 제15호)을 발표했다. 폐창운동의 오랜 염원이 과거의 적군이자 현재의 점령군에 의해 실현되는 순간이었다.

하지만 단속은 '성매매'가 아니라 '성병', 곧 성판매여성이 미군에게 성병을 감염시켰을 경우에 한해서 이루어졌다. 미군의 감염 사실이 확인되면 성병특별수사관(VD Government Men)과 오키나와인 공중위생간호부가 병사와 함께 접촉자인 성판매여성을 색출하기 위해 업소를 방문했다. 수사는 병사의 기억에만 의존하는 것이었기 때문에 불확실한 경우가 많았고, 설령 병사의

---

11) 1956년 오키나와의 무역 수지는 수출이 약 2000만 달러, 수입이 약 8000만 달러였다. 수입이 수출을 4배나 상회하는 비정상적인 경제구조를 지탱하는 기둥은 기지였다. 같은 해 기지에서 4700만 달러가 유출되었는데, 이는 수입 초과액의 80%에 달하는 액수였다(고쿠바 고타로, 2000: 163).

12) 1969년 류큐 정부 법무국은 1969년 전일제 성판매여성의 수를 7362명으로 집계했다. 하지만 실제로는 1만 5000명을 넘었을 것으로 추정된다. 작가 시마부쿠로 히로시는 7000명의 성판매여성이 하룻밤에 평균 20달러를 번다고 가정하여 성매매의 연간수입을 5040만 달러로 계산했다. 이는 1970년 오키나와의 주요 산업인 사탕수수 생산으로 벌어들인 수입 약 4300만 달러를 초과하는 수치로서 오키나와에서 성산업이 차지한 경제적 비중을 보여준다(高里鈴代, 1996: 98).

증언이 사실이었다 할지라도 수사와 연행에 대한 성판매여성들의 저항이 극심했다. 당시 공중위생간호부였던 한 여성은 그러한 상황이 "남녀 간의 전쟁처럼 보였다"고 증언했다. 미군은 성판매여성을 연행하여 성병 검진을 실시했는데, 연행된 이들은 결과에 상관없이 일괄적으로 고단위 항생제 주사를 맞아야 했다(沖繩県三悪追放協會, 1998: 37, 67; 菊地夏野, 2000: 16).

샌프란시스코 평화조약을 기점으로 오키나와에 대한 미군의 시정권이 확립되자 성매매 관리정책도 체계화되기 시작했다. 특히 한국전쟁을 거치면서 전장에서 돌아온 병사들을 위한 성산업이 팽창했고, 성병 문제가 첨예하게 대두되었다. 미군사령부는 성병 검진과 치료를 목적으로 나하, 코자, 나고 등 각지에 보건소를 설치했다. 보건소에는 수백여 명의 성판매여성들이 검진을 받기 위해 방문했기 때문에 다른 직무는 불가능할 정도였다고 한다. 하지만 성병 발병률은 좀처럼 낮아지지 않았고, 오키나와는 해외 미군 주둔지 중에서 발병률이 가장 높았다(菊地夏野, 2000: 21).

성산업에 대한 새로운 통제는 출입금지명령으로부터 시작되었다. 1953년 2월 주민 거주지역으로 미군 및 군속의 야간출입금지가 발령되었고, 이는 상가 주민들에 심각한 경제적 타격을 입혔다(嘉陽義治, 1986: 27). 흥미로운 것은 미국민정부가 출입금지의 이유를 '성병'이 아니라 '성매매'로 제시했다는 사실이다.[13] 비록 포령을 통해 미군에 대한 성매매가 금지되기는 했지만, 실상 미군은 이를 묵인한 채 성병 단속만을 실시해왔다. 따라서 새삼스레 '본국의 지시'와 '성매매의 부도덕성'을 이유로 출입금지명령이 내려지자 주민들은 이해할 수 없었다. 그 결과, 발령에 대한 정치적 해석이 우세해졌다. 당시

---

13) 1953년 4월 10일 류큐 정부 부주석과 사회국장, 3개 지역 음식점 조합대표가 출입금지 해제를 요청하기 위해 미국민정부을 방문했을 때 민정부 부장관은 출입금지명령의 이유를 다음과 같이 밝혔다. "점령군과 오키나와인 사이에 매춘행위가 행해지고 있으므로 군은 출입금지 조치를 취했으며, 성병 만연에 의한 환경위생의 문제가 원인이라고 보는 것은 과도한 생각이다. 군은 매춘행위가 행해지지 않는다는 사실을 확인하게 되면 언제든 출입금지를 해제한다"(嘉陽義治, 1986: 27).

는 샌프란시스코 조약의 발효 이후 미군의 일방적인 군용지 정책으로 반미감 정이 형성되기 시작한 때였다. 이에 특수음식점가의 주민들은 출입금지 해제 를 촉구하는 조직인 '협화회(協和會)'를 결성하여 성병 관리 및 위생상태 개선 뿐만 아니라 반미세력 배제를 약속했다(嘉陽義治, 1986: 28, 42; 菊地夏野, 2000: 22~23).[14]

미국민정부가 성병 대신 성매매를 출입금지의 근거로 제시한 정확한 경 위를 파악할 수는 없지만 논리적으로 추론해 볼 수는 있다. 성병을 출입금지의 근거로 제시할 경우 성매매에 대한 묵인을 공식화하는 위험이 있다. 반면 성매 매를 명분으로 내세울 경우 금지주의라는 도덕적 원칙을 고수하면서도 성병 단속을 강제할 수 있게 된다. 결과적으로 이러한 명분은 그 모호함으로 인해 주민들을 '자발적' 규율에 복종시키는 효과를 거둘 수 있었다.

그 후에도 출입금지와 해제가 반복되었고, 최종적인 결과로서 'A사인 제 도'가 확립되었다. 미국민정부는 1956년 2월 '미국 군인군속에 대한 음식제공 에 관한 위생규정', 이른바 A사인 제도를 발표했다. 음식점은 수질검사·소독설 비 상태가 양호하고 종업원의 건강증명서를 구비할 경우에 영업이 허가되었 다. 성병 검진의 비용과 치료의 의무는 모두 업자에게 부과되었다. 허가된 업소 에는 승인(approval)을 뜻하는 A사인이 부착되었고, 영업 중에도 이러한 기준 을 만족시키지 못할 경우, 특히 종업원의 성병 감염 사실이 발각될 경우 출입금 지명령이 내려졌다. 1958년 A사인 제도는 등급제로 개편되었다가 1962년 시 설 및 위생기준을 더욱 강화한 채로 부활했다. 기준을 만족시키기 위한 설비비 용은 업자에게 전담되었고, 그 결과로 허가업소가 이전의 3분의 1 가량으로

---

14) 1953년 4월 23일 코자(コザ) 지역에서 업자들이 중심이 되어 결성한 협화회는 다음의 3가지를 결의했다. "첫째, 이번의 출입금지가 단지 위생적 견해로부터 나온 것이라면 종래의 경영방침에 대해 반성하고 극력 개선한다. 둘째, 어떤 정보에 의하면 정치적 문제라는 견해도 있지만 그렇다면 우리들은 무분별한 사람들의 희생양이므로 그러한 반미정치가를 배제할 것이다. 셋째, 이것은 업자별 광범한 조직으로까지 발전할 것이다"(菊地夏野, 2000: 22).

급감했다(嘉陽義治, 1986).

이러한 과정을 거쳐 오키나와에서 '자발적 관리체제'가 완성되었다. 그것은 전전 공창제의 유제, 미군정의 금지주의, 그리고 오키나와의 경제적 종속이 결합한 결과였다. 오키나와 주민들은 공창제에 준하는 성매매 시설을 구축하여 미군의 성적 위협에 대항하고자 했다. 미군정은 공식적으로 금지주의를 표명하면서도 출입금지와 A사인 제도를 통해 성매매 업소를 통제했다. 기지가 거의 유일한 경제적 대안이었던 상인들은 출입금지 철회를 위해 자체적으로 성병 검진을 시행하는 등 미군에 협력할 수밖에 없었다.

역사적으로 성매매를 관리한 주체가 언제나 국가였다는 점을 감안하면 '자발적 관리체제'라는 표현은 일종의 형용모순이다. 하지만 미군정은 병사의 성욕을 해소하기 위해 성매매가 불가피하다고 인식하면서도 성매매에 대한 공식적 관리는 기피했다. 그것은 과거 일본의 공창제로의 퇴행을 의미했기 때문이다. 따라서 미군정은 성매매를 공식적으로 관리한 것이 아니라 출입금지명령이라는 경제적 수단과 'A사인 제도'를 통해 간접적으로 통제했고, 성병 관리의 책임을 민간으로 이전했다. 이는 이념에서 충돌하는 관리주의와 금지주의가 현실에서는 상호보완적인 형식으로 결합될 수 있다는 사실을 보여준다.

3. 오키나와의 성매매 반대운동

1) 폐창운동과 특수음식점가 반대운동

일본의 폐창운동은 메이지 직후 자유민권운동의 성장 속에서 교육받은 중간계급 운동으로 출발했다. 폐창운동을 주도한 대표적 단체로 1886년 결성된 일본기독교부인교풍회(이하 교풍회)를 들 수 있다. 교풍회는 미국에서 청

교도적 가치를 통해 사회혼란을 해소하려는 목적으로 탄생한 기독교여성금주운동연합의 일본 지부로서, 일부일처제 확립과 공창제 폐지를 운동의 주요 목표로 삼았다. 일부일처제는 문명세계의 보편적 관습으로 인식되었고, 공창제는 일부일처제의 확립을 가로막는 최대 장애로 규정되었기 때문이다(日本 キリスト教婦人矯風會, 1986: 23~28; Hayakawa, 2001: 21).

애초에 교풍회는 성판매여성을 부모에 의해 강제로 팔려간 피해자로 인식하고 재활원(慈愛寮)을 설립하는 등 그들의 구제에 힘썼다. 하지만 제국주의 팽창에 대한 협력이 강화됨에 따라 성판매여성에 대한 인식 역시 변화했다. 성판매여성은 일등 국가로서 일본의 자존심을 훼손하는 존재이자 민족의 쇠퇴를 초래하는 성병의 오염원이라는 '추업부관(醜業婦觀)'이 힘을 얻게 된 것이다. 이처럼 폐창운동은 국제사회의 시선을 의식하여 공창제를 '국가의 치욕(國辱)'으로 규정했고, 성판매여성의 인권을 개선하기보다는 처벌해야 한다는 논리가 우세해졌다(Hayakawa, 2001: 21~23; 藤野豊, 2001: 81~86; 후지메 유키, 2004: 112~120).[15]

제국의 변경이었던 오키나와에서 폐창운동은 본토에 비해 뒤늦게 등장했다. 폐창을 주장하는 목소리가 최초로 공론화된 것은 1928년 3월 8일 부인의 날에 개최된 '부인해방대회'에서였다. 당시 오키나와에는 결혼 첫 날 신랑이 친구들과 치지에서 밤을 보내는 풍습이 있었다. 그것이 단적으로 보여주듯이 공창제는 남편에게 사실상 일부다처제를 보장함으로써 아내에게 정신적·경제적 고통을 안겨주었다. 이에 '부인해방대회'에서 한 여성이 치지를 공격하는 연설연설로 지지를 받았다(外間米子, 1996).[16]

---

15) 교풍회와 함께 폐창운동을 주도한 곽청회(廓清會) 역시 '추업부관'을 공유했다. 곽청회의 기관지『곽청』에서는 추업부를 범죄자로서 처벌하고 천민으로서 취급해야 한다는 주장이 다수 개진되었다(후지메 유키, 2004: 112~120).

16) 하지만 부인해방대회에서 정작 더 큰 주목을 받은 사람은 치지에 대한 공격을 반박한 성판매여성 우에즈 후미(上江洲フミ)였다. 청중으로 참여했던 그녀는 성판매여성의 입장에서 "나는 치지의 창부다. 우리들은 좋아서 이런 장사를 하고 있는 것이 아니다. 나쁜 것은 사회이지 우리들이

그러나 이러한 문제의식은 조직적인 운동으로 발전하지 못했다. 본격적인 운동은 1938년 교풍회 본부로부터 하야시 우타코(林歌子)와 구부시로 오치미(久布白落實)가 오키나와를 방문함으로써 시작되었다.[17] 이들은 순회강연을 통해 폐창의 필요성을 역설하고 치지를 방문해 성판매여성들에게 전업을 설득했다.[18] 이들의 방문을 계기로 그 이전까지 소극적으로 활동했던 교풍회 오키나와 지부는 폐창운동에 적극적으로 동참하기 시작했다. 활동가들은 일부일처제 가족의 확립을 목표로 삼고, 20년 안에 유곽을 폐지한다는 계획하에 성판매여성들을 구제하는 상담소 활동에 주력했다(外間米子, 1996).

　　오키나와의 폐창운동은 전쟁으로 중단되었다가 전후 특수음식점가 반대운동으로 부활했다. 미군은 종전 직후인 1945년 9월에 여성들에게 선거권을 부여하고 1947년 3월 '부녀자의 성적노예금지'를 발표함으로써 공창제를 폐지했다. 이처럼 형식적인 민주주의가 보장되는 상황에서 마을마다 부인회가 결성되기 시작했다. 부인회는 전후 상호부조를 목적으로 자연발생적으로 결성되었는데, 1948년 오키나와 부인연합회(이하 오부연)로 결집되었다. 오부연의 핵심 사업은 빈곤한 여성들의 자활(授産事業)과 특수음식점가 설치 반대였다. 오부연은 특수음식점가 설치에 관한 간담회를 개최하고 미국민정부에 진정서를 제출하는 등 특수음식점가 설치 반대운동을 적극적으로 전개했다(外間米子, 2001: 200~212).

아니다"라는 논지를 펴서 큰 박수를 받았다(外間米子, 1996). 이러한 일화를 통해 당시 오키나와에서는 본토만큼 추업부관이 지배적이지 않았다고 추정해 볼 수 있다. 그러나 이를 규명하기 위해서는 더욱 엄밀한 검토가 필요하다. 우에즈 후미에 관한 간략한 일대기는 야마카와 이와미(山川岩美, 1996)를 참조.

17) 구부시로 오치미는 전전의 폐창운동과 전후의 매춘방지법 제정운동의 연속성을 상징하는 인물 중 하나이다. 그녀는 전후 매춘금지법제정촉진위원회 위원장을 맡음으로써 매춘방지법 제정운동을 주도했다(후지메 유키, 2004: 299, 320).

18) 이들의 방문을 접한 한 성판매여성은 당시의 상황을 다음과 같이 냉소적으로 회고했다. "오키나와에도 기독교계의 부인들을 중심으로 공창제도 폐지운동이 매우 성행했습니다 …… 그 때 우리 업소에서 부인교풍회의 높으신 어른들 네다섯 분을 뵙게 되었습니다 …… 그녀들의 이야기를 들으면서 나는 '우리를 구하러 오기보다는 자기 자식을 팔지 않으면 안 되었던 가난한 부모들을 구하러 와라!'라고 부르짖고 싶은 조바심을 느꼈습니다"(外間米子, 1996: 67).

오부연은 교풍회 회원들이 다수 참여함으로써 전전의 폐창운동을 계승했다(外間米子, 1996; 2001). 이와 함께 가족과 성매매를 대립시키고 가족을 수호하기 위해서 성매매를 억압해야 한다는 주장도 계승되었다. 오부연 초대 회장이었던 다케토미 세쓰(武富セツ)는 1949년 8월 30일 지역의 「우루마신보」와의 인터뷰에서 "요리점이나 댄스홀 등 특수지역을 설치하면 가정생활에 찬물을 끼얹는 전전의 치지와 같은 유곽을 부활시키는 우려가 있으므로 절대 찬성할 수 없습니다"라고 밝혔다. 같은 해 11월에 미국민정부에 제출한 진정서에서 오부연은 '노예제도의 재현 반대', '민주주의에 반하고 민족의 치욕을 초래'와 함께 '건전한 가정생활 및 자녀양육에 지장 초래'를 특수음식점가 설치 반대의 이유로 제시했다(菊地夏野, 2000: 28).

이처럼 오키나와 여성운동은 특수음식점가 설치를 저지하기 위해 성매매가 일부일처제를 위협하고 청소년에 해를 미치는 '악'이라는 과거 폐창운동의 논리를 동원했다. 하지만 '성적 방파제론'이 막강하고 특수음식점가에 대한 경제적 기대감이 높은 상황에서 오부연의 운동은 성공하지 못했다(高里鈴代, 2001a: 268~274). 그 결과, 오부연의 성매매 반대운동은 소강상태에 접어들었다.

2) 매춘방지법 제정운동

성매매 반대운동이 다시 활기를 찾게 된 것은 1958년 본토에서 매춘방지법이 시행된 이후부터였다. 본토에서는 종전 직후부터 여성계를 중심으로 매춘방지법 제정운동이 전개되었고, 그 성과로 1956년 매춘방지법이 제정되었다. 본토의 상황에 고무된 오키나와의 여성운동은 특수음식점가 반대운동에서 매춘방지법 제정운동으로 선회했다. 이런 점에서 오키나와의 매춘방지법 제정운동은 과거 폐창운동과 마찬가지로 본토 여성운동의 영향력하에 있었다.

본토의 여성운동 역시 오키나와의 매춘방지법 제정운동에 적극 연대했다. 1961년 이치카와 후사에(市川房枝)를 비롯한 여성국회의원들의 오키나와 방문을 시작으로 본토의 여성운동과의 교류가 활발해졌다. 본토의 여성운동가들은 강연회나 간담회를 통해 매춘방지법의 의의를 역설했고, 류큐 정부에 법 제정을 촉구했다(外間米子, 1993; 菊地夏野, 2000: 30~31).

본토의 여성운동은 미군 기지와 이로 인한 경제적 종속성이 오키나와에서 성매매를 과도하게 팽창시킨 원인이라고 파악했다. 하지만 그보다 더욱 근본적인 원인을 성매매를 금지하는 법률의 부재로 진단했다. 1968년 교풍회가 류큐 정부에 보낸 요망서는 이러한 문제의식을 잘 보여준다. "그 원인은 오키나와의 특수성으로부터 기인하는 것, (곧) 기지의 존재, 경제적 기반의 약체도 있을 것입니다. 그러나 근본적으로는 매춘을 단속하는 법률이 없어서 매춘업이 방임되고 있는 것이 최대의 원인이라고 생각됩니다"(日本キリスト教婦人矯風會, 1986: 803).

오키나와의 여성운동은 본토 여성의 상황을 예의 주시하면서 본토 운동의 지도를 적극적으로 수용했다. 그러한 경향은 특히 1960년대 중반 이래로 본토 복귀운동이 다시 힘을 얻기 시작하자 더욱 강화되었다. 일례로 1965년부터 1969년까지 발행된 월간지 『오키나와의 부인』은 고정란으로 '본토 부인들의 움직임'을 연재했는데, 본토 여성운동의 흐름, 본토 여성들의 취업 및 복지 수준 등을 상세하게 소개했다.

또한 『오키나와의 부인』은 본토의 여성운동가들이 오키나와 여성운동을 독려하고 지도하는 공간으로 기능했다. 1966년 2월 28일자 「체질개선이 필요한 부인운동」이라는 제목의 사설은 2월 23~24일에 개최된 본토여성운동과의 간담회를 보고했다. 사설은 "'부인운동다운 운동이 없다', '생활의 문제에 대해 투쟁하는 방법이 약하다'라는 것은 2일간의 회의를 마친 후 본토의 부인들이 지적한 바입니다 …… 지금부터 부인활동 속에서 본토 부인들과 교류해서 얻은 것을 살리기 위해서는 모두가 적극적으로 손잡고 나아가지 않으면 안 됩니다"라고 주장했다. 여기서 오키나와의 여성운동이 본토 여성운동의 담론에 종속되는 과정을 확인할 수 있다.

그 결과, 오키나와의 성매매 반대운동 담론이 변화하기 시작했다. 대표적으로 특수음식점가 반대운동에서는 주장되지 않던 '여성의 인권'이라는 개념이 전면에 부각되었다는 사실을 들 수 있다. 호카마 요네코(外間米子, 1993)는 1961년 방문한 이치카와 후사에의 강연을 계기로 '청소년의 비행 방지'를 위해 성매매 단속이 필요하다고 주장했던 오키나와 여성운동에 '여성의 인권'이라는 개념이 등장했다고 증언한다. 이치카와 후사에는 강연에서 성매매로 유린되는 여성 인권의 옹호를 강조하여 매춘방지법 제정운동을 독려했고, 그 때부터 비로소 오키나와의 여성운동이 여성의 인권을 강조하게 되었다는 것이다.

담론의 변화는 운동의 구호에 반영되었다. 1964년 전류복지대회에서 오부연은 매춘방지법 제정의 목적을 다음과 같이 밝혔다(沖縄県婦人連合會, 1981: 35; 菊地夏野, 2000: 33).

· 여성의 인권을 존중하고, 사회적 지위 향상을 도모한다.
· 지금처럼 방목하면 순진한 젊은 여성이 속아서 타락하는 자가 많아지는 반면, 법을 제정하면 그것을 방지하는 것이 가능하다.
· 본토에서는 이미 7년 전부터 시행되어 문화국가의 대열에 들어섰지만 일본의 일부인 오키나와만 뒤처져있다.
· 청소년 불량화 방지나 사회 환경의 정화를 위해 조속히 제정하지 않으면 안 된다.

여기서 '여성의 인권'이 가장 먼저 강조된다는 사실을 확인할 수 있다. 하지만 여성의 인권이라는 개념이 추가되었음에도 불구하고, 성매매가 청소년과 사회 환경에 미치는 악영향에 대한 강조 등 다른 담론은 변형되지 않은 채 재생산되고 있다. 또한 여성이 성매매에 유입되는 원인을 기지로 인한 수요와 구조적 빈곤이 아니라 "속아서 타락"하는 것으로 본다는 점에서 결정적 한계가 있다.

그렇다면 오키나와의 여성운동은 그 '후진성'으로 말미암아 본토의 여성운동이 선진적으로 제기한 여성의 인권이라는 담론을 충분히 숙고하지 못했다고 평가할 수 있는가? 그러나 더욱 근본적인 문제는 본토 여성운동이 매춘방지법 제정운동과정에서 제시한 여성의 인권 개념 역시 한계가 있었다는 사실이다.

일반적으로 매춘방지법은 여성 인권의 향상에 기여했다고 평가되어왔다(市川房枝, 1978; 市川房枝 編, 1969; 売春問題ととりくむ会, 1976; 日本キリスト敎婦人矯風會, 1986). 실제로 매춘방지법 제정 이후 성판매여성들을 구속해왔던 선불금제도가 무효화되는 등 가시적 성과가 있었던 것이 사실이다. 하지만 매춘방지법 제정과정과 이후의 결과를 검토해보면 그러한 평가가 상당히 편향적임을 확인할 수 있다.

매춘방지법 제정운동에 제기할 수 있는 가장 근본적인 질문은 입법의 목적으로 제시된 '여성의 인권'이 과연 누구의 인권을 지칭하는가다. 입법운동과정에서 페미니스트들은 성판매여성의 인권은 적극적으로 고려하지 않았으며, 오히려 주부의 위치에 동일시하여 성판매여성에 대한 노골적인 적대감을 드러내기도 했다.

일례로 여성의원들이 1955년 제22회 국회에 '매춘 등 처벌 법안'과 함께 제출한 '우리 생각의 기초'는 "4000만 주부의 생활을 지키기 위해 50만으로 추정되는 매춘부의 처벌은 어쩔 수 없"고, 처벌은 "부인의 반성을 먼저 이끌어내는 데 필요하다"고 주장했다(후지메 유키, 2004: 370). 그 결과, 국회에서는 성판매여성에 대한 처벌을 우선시하는 여성의원과 보호대책을 우선시하는 법무성이 대립하는 기묘한 상황이 연출되었다(藤野豊, 2001: 226).

이런 점에서 여성운동이 보호하고자 했던 여성의 인권은 '성판매여성의 인권'이라기보다는 '주부의 인권'에 가까운 것이었다. 문제는 양자를 대립시키고 후자를 향상시키기 위해서는 전자의 희생이 필요하다는 발상이었다.

이런 점에서 전후 매춘방지법 제정운동은 전전의 폐창운동의 논리를 계승했다고 볼 수 있다.

또한 여성운동은 국제연합에 가입하기 위해서는 성매매 금지를 통한 성구매자 및 판매자 처벌이 필요하다고 주장했다. 일본이 과거의 과오를 씻고 국제사회의 정당한 일원이 되기 위해서 성매매를 용인하는 '후진성'을 탈피해야 한다는 것이었다. 1952년 여성의원들이 제출한 '매춘 등 처벌법안'은 제출 이유로 "우리나라가 마치 이러한 종류의 제도를 공인하고 있는 것 같은 인상을 외국에 주고 있는 현상은 민주주의 국가를 재건하여 국제사회에 명예로운 지위를 점하는 데 있어서 중대한 영향이 있다"고 밝혔다(藤野豊, 2001: 219).

그러나 1949년 국제연합의 '인신매매 및 타인에 의한 성매매 착취의 금지를 위한 협약'은 성매매를 목적으로 타인을 유인하거나 착취하는 제3자의 처벌을 명시했을 뿐, 성구매자 및 판매자 처벌을 명시하지 않았다(United Nations, 1949). 일본의 경우 1946년에 공창제도가 폐지되었고 1952년에 '부녀에게 매음을 시킨 자 등의 처벌에 관한 칙령 9호'가 국내법으로 제정되었기 때문에 이미 국제연합에 가입할 조건을 갖춘 상태였다(藤目ゆき, 2003: 45).

그러므로 국제연합 가입을 위해 매춘방지법이 제정되어야 한다는 주장은 협약에 대한 체계적인, 또는 의도적인 오해에서 비롯된 것이었다. 후지메 유키(藤目ゆき, 2003)는 이러한 '오해'가 미군 점령 및 미일동맹과 관련이 있다고 지적한다. 1951년 샌프란시스코 조약을 통해 미군의 장기주둔이 공식화되자 미군 대상의 성매매를 단속할 필요성이 강화되었고, 일본의 여성운동은 미군의 순결과 성병 방지를 위해 성판매여성들을 단속해야 한다는 논리에 공감했다는 것이다.

실제로 샌프란시스코 조약 직전에 YWCA의 우에무라 다마키(植村環)는 매카서 후임으로 온 리지웨이 사령관 부인에게 보내는 공개장에서 "군에는 깨끗하고 고상한 젊은이들도 많지요 …… 아무쪼록 부인, 당신들과 우리가

협력해 이런 청년들을 지킵시다. 그들이 가창(街娼)에 대해 의연하게 대처할 수 있도록 이끌어주십시오"라고 주장하면서 성판매여성을 단속하도록 요청했다. 후생성 정무차관이자 자유당 의원이었던 나카야마 마사(中山マサ)는 1954년 여성의원들이 참여한 좌담회에서 "전혀 그런 생각이 없는 사람에게 악마의 손을 내미는 것과 마찬가지예요. 어머니로서 사춘기 아들이 있으니 그 공포가 가깝게 느껴져요"라고 발언했다(후지메 유키, 2004: 319~320).

매춘방지법 시행 15주년 기념 토론회에서 이치카와 후사에 역시 1954년 미국의 엘러너 루즈벨트(E. Roosevelt)의 방일이 매춘방지법 제정운동에 큰 자극이 되었다고 회고했다. 루즈벨트는 미군기지를 방문한 이후 기지 성매매에 대해 일본의 페미니스트들에게 항의했다. "미국에 있는 어머니들은 자신의 아이들이 일본에서 그런 짓을 하고 있다는 것을 꿈에도 생각하지 못했다. 아이들(미군)을 이런 식으로 대하는 것은 일본에 매춘방지법이 없기" 때문이며, "따라서 책임은 일본에 있다"는 것이었다(市川房枝 外, 1973: 30). 이후 매춘방지법 제정운동은 한층 가속화되었다.

이처럼 전후 일본의 대표적 여성운동가들은 미군의 어머니와 동일시하면서 미군을 유혹하는 성판매여성을 강력하게 단속할 것을 요구했다. 그것은 국제사회, 엄밀히 말하자면 미국의 '응시'에 종속된 결과였다. 그것은 또한 미군의 금지주의를 이상화한 결과이기도 했다. 전전부터 일본의 주류 여성운동은 성매매를 처벌하는 금지주의를 주장해왔고, 전후에도 그러한 입장은 계승되었다.[19] 일본의 여성운동가들이 성매매를 공식적으로 금지하는 법률이 제정되지 않았다는 사실을 일본의 '후진성'의 척도로 간주한 것은 이러한 맥락에서였다.

흥미로운 것은 이런 논리가 오키나와에서도 반복되었다는 사실이다. 오

---

19) 일례로 교풍회 간부였던 구부시로 오치미는 1935년 군인의 순결과 성병 방지를 위해 성판매여성을 처벌하는 '아메리칸 플랜'을 선진적인 제도로 여기고, 이를 연구하기 위해서 미국을 방문한 바 있다(후지메 유키, 2004: 299).

키나와의 여성운동 역시 매춘방지법이 제정되지 않았다는 사실을 오키나와의 '후진성'의 척도로 제시했다. 앞서 인용된 1964년 오부연의 구호는 이를 여실히 보여준다. 그것은 본토는 매춘방지법을 제정함으로써 "문화국가"가 되었지만 오키나와는 "뒤처져있다"고 주장한다. 이러한 격차를 극복하기 위해서는 매춘방지법 제정이 필수적인 것으로 제시된다. 매춘방지법이 제정된 본토는 오키나와가 도달해야 할 '미래상'이자 현재를 판단하는 '준거점'으로 기능한다.

본토의 여성운동도 본토의 '선진성'과 오키나와의 '후진성', 나아가 '해방된 본토의 여성'과 '뒤처진 오키나와의 여성'이라는 담론에 동참했다. 1966년 오키나와를 방문한 이치카와 후사에는 다음과 같이 강연했다. "본토는 매춘방지법을 56년에 강인하게 제정했습니다 …… 오키나와는 왜 이렇게 되었을까요? …… 정치적인 의식, 관심이 오키나와의 부인에게는 희박한 것이 아닐까 생각됩니다"(『沖縄の婦人』 1966년 11월 30일; 菊地夏野, 2000: 33).

참의원 다나카 스미코(田中寿美子)의 논평 역시 같은 맥락에서 이해할 수 있다. "오키나와의 부인들은 본토의 부인의 상황을 줄곧 주시해왔습니다. 자신들에는 그러한 보호육성이나 장려가 없었다고 말합니다 …… 인종(忍從)의 중심이었던 오키나와의 여성에 있어 본토에서의 부인해방의 장려는 얼마나 부러운 것이었을까요?"(『沖縄の婦人』 1968년 6월 30일; 菊地夏野, 2000: 32)

매춘방지법이 제정되기 전 본토의 여성운동가들은 성매매가 공식적으로 금지되지 않는다는 사실에 수치스러워하며 자신들을 국제사회의 '타자'로 인식했다. 하지만 매춘방지법 제정 후 그들은 오키나와의 여성이라는 타자를 통해 자신들을 해방된 여성이라는 '주체'로 정립할 수 있었다. 제정 당시부터 지적되었던 매춘방지법의 한계는 이러한 표상을 생산하는 데 전혀 걸림돌이 되지 않았다.[20]

---

20) 매춘방지법은 "매춘이 인간으로서의 존엄을 해치고 사회의 선량한 풍속을 어지럽힌다"고 규

오카나와의 여성운동 역시 이러한 담론을 반복함으로써 본토 여성운동가들의 '나르시시즘'을 뒷받침했다. 그들은 자신들의 타자성(otherness)을 극복하기 위해서는 본토와 마찬가지로 매춘방지법을 제정하는 것이 필수적이라고 인식했다. 결국 본토의 여성운동이 매춘방지법을 매개로 미국 주도의 국제사회에 동참하기를 열망했다면, 오키나와의 여성운동은 매춘방지법이 이미 제정된 일본이라는 민족국가에 통합되기를 열망했다고 볼 수 있다.

이러한 문제설정에서 매춘방지법에 대한 근본적인 비판은 사실상 불가능한 것이다. 1970년 오키나와 여성단체의 지속적인 노력과 본토 여성운동의 지원으로 마침내 매춘방지법이 제정되었지만, 오키나와의 성매매 규모와 심각성은 크게 변화하지 않은 채 유지되었다.

4. 결론

전후 정점에 달했던 미국의 헤게모니는 1960년대 말부터 서서히 쇠퇴하기 시작했다. 반면 패전국이었던 일본은 미국의 군사·경제적 원조에 힘입어 눈부신 경제성장을 이룩했다. 미국과 일본의 역관계가 변화함에 따라 미일 간에 군사·경제적 역할분담을 조정할 필요성이 제기되었다. 그 결과, 1969년 11월 미일 정상회담에서 1972년 오키나와의 일본 반환이 결정되었고, 미국이 전담하던

정한다(제1조). 여기서 '매춘'이란 "대가를 받고, 또는 받을 약속으로 불특정 상대와 성교하는 것"(제2조)으로서 남성의 구매행위는 정의에서 누락된다. 비록 제3조가 "누구도 매춘을 하거나 또는 상대방이 되어서는 안 된다"고 명시했지만 구매행위에 대한 처벌 조항은 없다. 반면 여성이 개별적으로 성을 판매할 경우 '권유'행위로 처벌되기 때문에 업소에서 일하는 것이 불가피하고, 노동자의 권리를 보장받지 못하기 때문에 업주의 착취에 저항하는 것이 사실상 불가능하다(売春問題ととりくむ会, 1976; 川畑智子, 2001). 여성계는 매춘방지법 제정 직후부터 개정과 강화를 주장했다. 여성의원들은 '단순매춘', 곧 성판매행위와 성구매행위 처벌, '기둥서방(ひも)' 처벌, 부인보도원 수용 연장을 골자로 한 개정안을 1961년과 1963년에 국회에 제출했으나 기각되었다(市川房枝編, 1969: 115; 藤野豊, 2001: 265~268).

방위비용을 일본이 분담하게 되었다(아라사키 모리테루, 1998: 95~98).

그러나 복귀를 열망했던 주민들의 기대와 달리 복귀 후 오키나와의 상황은 근본적으로 개선되지 않았다. 본토에서 미군 기지는 축소되었지만 오키나와에서는 거의 변함이 없었기 때문에 오히려 수치상으로는 오키나와에 주둔하는 주일 미군의 비중이 더 높아졌다. 그 결과, 일본 국토면적의 0.6%에 해당하는 오키나와에 주일 미군 기지의 75%가 집중되었다.

종속적 경제구조도 유지되었다. 다만 의존의 대상이 미군에서 본토 정부로 바뀌었을 뿐이다. 1967년부터 오키나와 현정부 예산 중 일본 본토 정부의 원조가 미군의 원조를 상회하기 시작했고, 1971년에는 다섯 배를 넘게 되었다. 관광산업을 제외한 다른 산업 육성정책이 전무했으므로 본토의 '동정 예산'에 의존하는 건설업이 기형적으로 발달했다(新崎盛暉, 1998; 한경구, 2001). 본토와의 경제적 격차 역시 유지되었다(장화경, 2001).[21]

군사적·경제적 종속이 온존하는 상황에서 성산업 역시 지속되었다. 그러나 성산업의 성격은 변화했다. 미국의 경제력 하락과 일본의 상승을 반영하여 달러에 대한 엔의 가치가 지속적으로 상승했다. 달러의 가치는 복귀 당시에 비해 3분의 1로 떨어졌고, 미군의 구매력 역시 그만큼 하락했다. 그 결과, 오키나와의 성판매여성들은 점차 미군 대신 일본인을 구매자로 선택하기 시작했다. 복귀 이후 오키나와가 관광을 주력 산업으로 선택한 상황에서('觀光立縣') 본토 관광객이 급증했다. 더불어 본토의 은밀하고 다양한 성매매 형태가 수입되었다(高里鈴代, 1996; 外間米子, 1982).

반면 미군을 대상으로 한 성산업에는 빈곤한 아시아 국가의 여성들이 유입되었다. 특히 영어에 능통한 필리핀 여성들이 다수를 이룬다. 인종적·문화

---

21) 1997년 일본의 1인당 국민소득의 전국 평균을 100으로 할 때 오키나와는 69.8%에 불과하다. 전국 평균과의 비교 수치의 추이를 보면, 1985년 75.6%, 1990년 71.9%, 1995년 70.8%로 소득격차가 오히려 커졌음을 확인할 수 있다(장화경, 2001: 151).

적 타자인 필리핀 여성들은 대부분 조직범죄의 통제 아래 고립되어 노동자로 서의 온전한 권리를 누리지 못한 채 저임금과 착취에 시달리고 있다(高里鈴代, 1996; 산드라 스터드반트·브렌다 스톨츠퍼스, 2003).

그토록 열망했던 '조국 복귀'와 매춘방지법이 성취되었음에도 불구하고 종속이 유지되는 상황에 대해 오키나와의 여성운동은 어떻게 평가할까? 여성운 동은 현실을 냉정하게 인식하고 반기지·평화운동을 전개하고 있다. 복귀 이전 까지 오키나와의 여성운동은 크게 기지건설에 반대하는 아래로부터의 토지투 쟁과 신민법·매춘방지법 제정 등과 같은 위로부터의 법개정 운동으로 요약될 수 있다. 하지만 1980년대부터 서서히 기지의 구조적 폭력성과 기지가 여성 인 권에 미치는 해악에 대해서 주목하기 시작했고, '우나이 페스티벌' 등을 통해 아래로부터의 조직 활동에 몰두했다.[22] 특히 1995년 3명의 미군이 자행한 소녀 성폭행사건은 여성운동이 결집하는 중요한 계기가 되었다(高里鈴代, 1996).

그러나 여성운동은 매춘방지법에 대해서는 여전히 모호한 태도를 취하 고 있다. 한편으로 여성운동은 매춘방지법이 현실을 근본적으로 바꾸지 못한 '허점투성이 법(ザル法)'이라고 인식한다. 운동가들은 매춘방지법 이후에도 성매매가 외양을 바꾼 채 지속된다는 사실을 지적하며, 법률을 넘어서 여성이 성매매를 선택하지 않을 수 있는 사회적 지원책이 필요하다고 주장한다. 또한 매춘방지법의 최대의 성과의 하나로 간주되는 선불금 폐지로 채무를 매개로

---

22) '우나이(うない)'는 오키나와어로 자매라는 뜻이다. '우나이 페스티벌'은 1985년 오키나와의 한 라디오 방송국에서 3차 나이로비 여성대회를 맞이하여 특별 편성한 라디오 방송 프로그램으로 여성들이 24시간동안 여성들의 삶에 관해 이야기하는 축제로 출발했다. 페스티벌은 그 후로 매년 제작되어 여성운동의 네트워크 장으로 활용되었다. 이후 여성운동은 1993년 국제연합 세계인권 회의를 기점으로 미군의 폭력을 젠더의 관점에서 파악하기 시작했고, 1995년 베이징 여성대회의 비정부기구 포럼에서 "군대, 그 구조적 폭력과 여성"이라는 워크숍을 통해 미군 기지의 경험을 공유하는 다른 국가와 연대를 모색했다. 같은 시기 발발한 소녀성폭행사건을 통해 여성운동은 여성과 어린이에 대한 미군의 폭력에 초점을 맞추어 투쟁을 전개했다. 운동의 성과는 '기지·군대 를 허용하지 않는 행동하는 여성들의 모임'으로 결실을 맺었다. 자세한 논의는 高里鈴代(1996) 다카자토 스즈요(2001), 장화경(2001) 등을 참조.

한 강제성매매가 형식적으로 금지되었지만 실상 업자와 성판매여성 사이에 개인 금융업자를 매개로 한 교묘한 형태로 잔존한다는 점 역시 지적한다(外間米子, 1982; 高里鈴代, 1993; 1996).

그럼에도 불구하고 매춘방지법은 오키나와 여성운동에게 여전히 중요한 의미를 지닌다. 매춘방지법은 여성의 인권을 선언한 법률로 평가되고, 그것이 본토보다 14년이나 늦게 제정되었다는 사실은 오키나와의 '후진성'을 나타내는 척도로 제시된다.[23] 본토의 여성운동 역시 여성 인권이라는 개념을 전수해주고 매춘방지법 제정운동을 적극적으로 지원했다고 평가된다.[24] 이러한 문제설정에서 매춘방지법 제정운동에 대한 근본적인 비판은 요원한 것으로 보인다.

결국 오키나와의 사례는 군사적 종속과 경제적 빈곤, 여성에 대한 불평등이 근본적으로 개선되지 않는 한 형법이라는 손쉬운 해결책으로 성매매를 근절하는 것이 사실상 불가능하다는 것을 보여준다. 성매매라는 '구조적 폭력'을 해결하기 위해서는 '구조적 접근'이 필요하다. 그것이 현실에서 구체적으로 어떤 형식을 취할지 예단하기는 쉽지 않다. 다만 그것을 위해서 성매매에 대한 해법으로서 금지주의와 그것을 추구한 여성운동에 대한 역사적 평가와 반성이 선행되어야 한다는 사실만은 분명하다.

---

23) "특히 매춘방지법에 관해서는 …… 여성의 몸을 팔거나 구속하는 것은 그 사람에 대한 인권침해라는 선언을 일본이 세계에 대해 최초로 행한 것으로, 이것은 인권선언의 법률인 것입니다."(高里鈴代, 1996: 178) "기본적 인권을 옹호하는 법률도, 매춘방지법도 적용되지 않는 미군 지배의 이십 년간은 오키나와의 사람들에게는 생명과 생활이 위협되는 세월이었지만……"(같은 책: 99).

24) 이는 특히 이치카와 후사에에 관한 논평에서 분명하게 드러난다. "이치카와 씨는 …… 오키나와에서도 조속히 매방법 제정운동을 계속하기를 호소했다 …… 이치카와 씨는 또 자신의 자비를 털어 '전차금은 무효입니다'라는 포스터를 만들어 부인단체에 보내왔다."(外間米子, 1993: 72~73) "이미 일본의 매방법 제정을 위해 싸운 경험이 있는 이치카와 후사에는 수차례 지도하기 위해 달려왔고 …… 1972년 도쿄에서 발족한 오키나와 매춘문제투쟁회, 전국부인상담원회협의회, 오키나와의 부인과 손을 맞잡는 모임 등으로부터 류큐 정부, 의회에 요청서와 상당한 자금 등을 기부했다. 더욱이 이치카와 후사에는 자신의 사비를 털어 작성한 '전차금은 무효입니다'라는 포스터를 각 부인회에 배포하는 등 오키나와의 여성들을 실질적으로 지원했다"(高里鈴代, 2001b: 490~491).

■ 참고문헌

가와다 후미코(川田文子). 1992. 한우정 역.『빨간 기와집: 조선에서 온 종군위안부 이야기』. 매일경
　제신문사.

고쿠바 고타로(国場幸太郎). 2000.「1950년대의 오키나와」. 정근식·김하림·김용의 편.『동아시아
　와 근대의 폭력 2』. 삼인.

김동심. 2000.「'오키나와의 마음': 평화로운 아시아, 세상을 만드는 힘」.『황해문화』29(겨울).

다카자토 스즈요(高里鈴代). 2001.「기지, 군대와 오키나와의 여성운동」.『동아시아와 근대의 폭력
　1』. 삼인.

문소정. 2006a.「오키나와 반기지투쟁과 여성평화운동」.『사회와 역사』69.

문소정. 2006b.「동아시아 맥락에서 본 오키나와 여성평화운동: '기지·군대를 허용하지 않는 행동하
　는 여성모임'을 중심으로」.『사회와 역사』71.

번 벌로(Vern Bullough)·보니 벌로(Bonnie Bullough). 1992.『매춘의 역사』. 서석연·박종만
　역. 까치.

산드라 스터드반트(Saundra P.Sturdevant)·브렌다 스톨츠퍼스(Brenda Stoltzfus). 2003.『그들만
　의 세상: 아시아의 미군과 매매춘』. 김윤아 역. 잉걸.

아라사키 모리테루(新崎盛暉). 1998.『또 하나의 일본: 오키나와 이야기』. 김경자 역. 역사비평사.

알렝 꼬르벵(Corbin, Alain). 1995.『창부』. 이종민 역. 동문선.

이화여자대학교 한국여성연구원. 2001.『성매매 방지를 위한 국외 대안 사례 연구』. 여성부.

장화경. 2001.「오키나와의 여성인권과 여성운동」.『한림일본학연구』6.

정유진. 2001.「오키나와에는 왜 "양키 고 홈" 구호가 없을까?」『당대비평』14.

정진성. 1994.「일본 군'위안부' 정책의 본질」. 한국사회사연구회 논문집 42.『한말 일제하의 사회
　사상과 사회 운동』. 문학과 지성사.

정진성. 1997.「일본군 위안소 정책의 수립과 전개」. 한국정신대문제대책협의회 진상조사연구위원
　회 편.『일본군 '위안부' 문제의 진상』. 역사비평사.

조국. 2003.「성매매에 대한 시각과 법적 대책」.『성매매 피해여성과 법적 대응』. 서울대학교 BK21
　법학연구단 공익인권법센터 주최 2003년 제2차 학술회의 자료집.

한경구. 2001.「문화문제로서의 오키나와의 지역만들기」.『한림일본학연구』6.

후지메 유키(藤目ゆき). 2004.『성의 역사학』. 김경자·윤경원 역. 삼인.

嘉陽義治. 1986.「Aサイン制度とオフ·リミッツ―米国統治下の民衆生活」. 沖縄国際大学 社會學
　科 卒業論文.

高里鈴代. 1993.「買春社會はいつまで續くのか―苦しむ女性たちの声」.『婦人保護20年のあゆ
　み』. 沖縄県婦人相談所.

高里鈴代. 1996.『沖縄の女性たち―女性の人権と基地·軍隊』. 明石書店.

高里鈴代. 1998.「强制從軍「慰安婦」」. 那覇市總務部女性室 編.『なは·女性のあゆみ―近代編』.
　琉球新報社.

高里鈴代. 2001a.「特飲街の形成」. 那覇市總務部女性室 編.『なは·女性のあゆみ―戰後編』. 琉球
　新報社.

高里鈴代. 2001b.「復歸後の賣買春」. 那覇市總務部女性室 編.『なは·女性のあゆみ―戰後編』. 琉球

新報社.

菊地夏野. 2000. 「占領期沖縄の売買春と性暴力」. 京都大学 社會學科 修士論文.

那覇市總務部女性室 編. 1998. 『なは・女性のあゆみ―近代編』. 琉球新報社.

那覇市總務部女性室 編. 2001. 『なは・女性のあゆみ―戰後編』. 琉球新報社.

藤目ゆき. 2003. 「日本本土における性売買統制―冷戰と売春防止法」. 『東アジア冷戰とジェン
ダー』. 2001-2年度科学研究費補助金 研究基盤C, 研究成果報告集.

藤野豊. 2001. 『性の国家管理―賣買春の近現代史』. 不二出版.

琉球新報社 編. 1996. 『時代を彩った女たち―近代沖縄女性社』. ニライ社.

山谷哲夫. 1979. 『沖縄のハルモニ』. 晩聲社.

山川岩美. 1996. 「上江洲フミ―辻の超大型女將」. 琉球新報社 編. 『時代を彩った女たち―近代沖
縄女性社』. ニライ社.

市川房枝 外. 1973. 「座談會: 賣春防止法制定の當時を顧みて, 現在の問題點をさぐる」. 東京都民生
局婦人部福祉課. 『東京都の婦人保護: 賣春防止法全面施行15周年記念』. 東京都廣告室都民資
料室.

市川房枝 編. 1969. 『戰後婦人界の動向: 婦人の民主化を中心として』. 婦選會館出版部.

市川房枝. 1978. 「解説」. 『日本婦人問題資料集成 第1倦=人権』. ドメス出版.

外間米子・由井晶子. 2001. 「米兵によるレイプ多發」. 那覇市總務部女性室 編. 『なは・女性のあゆみ
―戰後編』. 琉球新報社.

外間米子. 1982. 「変質する沖縄の売春」. 『沖縄女性史研究』 第4號.

外間米子. 1993. 「市川房枝さんと沖縄におけろ賣春防止法制定運動」. 『婦人保護20年のあゆみ』.
沖縄県婦人相談所.

外間米子. 1996. 「山田郁子―廢娼運動を推進」. 琉球新報社 編. 『時代を彩った女たち―近代沖縄
女性社』. ニライ社.

外間米子. 1998. 「チージ(辻遊廓)」. 那覇市總務部女性室 編. 『なは・女性のあゆみ―近代編』. 琉球
新報社.

外間米子. 2001. 「男女平等のあけぼの」. 那覇市總務部女性室 編. 『なは・女性のあゆみ―戰後編』.
琉球新報社.

日本キリスト敎婦人矯風會. 1986. 「日本キリスト敎婦人矯風會百年史」. ドメス出版.

川畑智子. 2001. 「賣春防止法が女性に与える影響―風俗産業で働く女性たち」. 上野千鶴子・宮台
眞司 編. 『売買春解体親書』. 柘植書房新社.

沖縄県婦人連合會. 1981. 『沖縄県婦人連合會30年の歩み』.

沖縄県三惡追放協會. 1998. 『設立30周年記念誌―三惡追放協會の歩み』.

沖縄の婦人社. 1965~1969. 『沖縄の婦人』.

売春問題ととりくむ会. 1976. 『売春: その歴史その現狀』.

Angst, Linda I. 2003. "The Rape of a Schoolgirl: Discourses of Power and Women's Lives in
Okinawa". in Laura Hein and Mark Seldon(eds.). *Islands of Discontent: Okinawan
Responses to Japanese and American Power*. Rowman & Littlefield Publishers.

Brandt, Allan M. 1987. *No Magic Bullet: A Social History of Veneral Disease in the United States*

Since 1880. Oxford University Press.

Hayakawa, Noriyo. 2001. "Nationalism, Colonialism and Women: The Case of the World Woman's Christian Temperance Union in Japan". in Patricia Grimshaw(ed.). *Women's Rights and Human Rights: International Historical Perspectives*. Palgrave.

Hobson, Barbara M. 1987. *Uneasy Virtue: The Politics of Prostitution and the American Reform Tradition*. Basic Books Inc.

Langum, David J. 1994. *Crossing over the Line: Legislating Morality and the Mann Act*. The University of Chicago Press.

Pivar, David J. 1973. *Purity Crusade: Sexual Morality and Social Control, 1868~1900*. Greenwood Press.

Pivar, David J. 2002. *Purity and Hygiene: Women, Prostitution and the "American Plan", 1900~1930*. Greenwood Press.

Rosen, Ruth. 1982. *The Lost Sisterhood: Prostitution in America, 1900~1918*. The Johns Hopkins University Press.

United Nations. 1949. "Convention for the Suppression of the Traffic in Persons and of the Exploitation of the Prostitution of Others". 96 U.N.T.S. 271, entered into force July 25, 1951. http://www1.umn.edu/humanrts/instree/trafficinperson.htm.

Weitzer, Ronald. 2000. "The Politics of Prostitution in America". in Ronald Weitzer(ed.). *Sex for Sale: Prostitution, Pornography and the Sex Industry*. Routledge.

Winick, Charles and Paul M. Kinsie. 1971. *The Lively Commerce: Prostitution in the United States*. Quadrangle Books.

11장

오키나와 반기지 투쟁과 여성평화운동[1]

문소정

1. 반기지투쟁과 여성평화운동

오키나와[2]는 2차 세계대전 당시 '일본의 사석(捨石)'이 되어 일본에서 유일하게 지상전의 무대가 되어 1945년 3월 미군이 상륙한 후 3개월 동안 인구의 4분의 1을 잃고 모든 사회구조가 파괴되는 피해를 입었다. 이후 미국의 동아시아 군사전략에 의해 지정학적으로 '태평양의 요석(要石)'이 되어 '군사기지의 섬'으로 재편, 강화되어 왔다(가노 마사나오, 2004).

복귀 후 30여 년, 전후 57년이 지난 2002년 현재 일본 본토의 미군 기지는 3분의 1정도로 줄어들었지만 일본 영토의 0.6%에 불과한 오키나와에는 일본에 주둔하는 미군 시설의 75%, 미군의 46%가 주둔하고 있으며 오키나와 전체 면적의 20%가 미군기지로 사용되고 있다(다카자토 스즈요, 2002; 아키바야시 고즈에, 2003).

---

[1] 이 글은 한국사회사학회에서 간행하는 『사회와 역사』(통권 제69집, 2006년 봄호)에 게재된 것을 수정·보완한 것이다.

[2] 오키나와는 일본 최남단에 위치한 현(懸)이다. 인구는 일본 전체의 약 1%를 차지하는 130만 명 정도(1997년 기준)이며 면적은 일본 전 영토의 약 0.6%인 2388㎢다(아라사키, 1998: 10).

이러한 역사와 현실은 오키나와에 미군기지에 반대하는 반기지 투쟁이 끊임없이 일어나게 하였다. 반기지 투쟁은 2차 세계대전 후 현재까지 미군기지와 연관된 억압적 상황을 변화시키기 위한 다양한 주민들의 개별적 투쟁, 자발적 집합행동을 포괄하는 개념이다. 따라서 반기지투쟁은 미군기지와 관련된 억압적 상황을 변화시킨다는 목표를 공유한 다양한 집단들의 여러 가지 입장과 의미, 저항형태를 포함하는 투쟁이어서 통일되어 있지 않다.3)

이 연구는 오키나와 반기지투쟁에서 여성평화운동이 어떻게 발전적으로 전개되어 나왔는지, 그리고 그 과정에서 보이는 오키나와 여성평화운동의 특성을 살펴보고자 한다.4)

이를 위하여 우선 오키나와 반기지 투쟁과 여성평화운동을 개념적으로 구분한다. 반기지투쟁으로서의 오키나와 투쟁은 군사기지와 관련된 억압적 상황을 변화시킨다는 투쟁의 목표를 공유한 다양한 집단의 여러 가지 입장과 의미, 다양한 저항형태를 포함하는, 기지를 반대하는 투쟁이다. 그런 의미에서 반기지투쟁은 다양한 저항 주체와 저항 형태와 저항 의미를 포함한다.

한편 여성평화운동은 여성의 입장에서 여성이 주체가 되어 물리적 폭력, 특히 전쟁의 부재를 추구하는 소극적 평화 개념과 물리적 폭력과 전쟁을 낳게 하는 잠재적 폭력과 구조적 폭력의 극복을 포괄하는 적극적 평화 개념에서 반평화적 구조나 환경에 저항하고 이를 변화시키는 운동이다. 좀 더 협의의 여성평화운동은 페미니즘 입장에서 이러한 반평화적 구조나 환경이 여성억압과 밀접한 관계가 있음을 파악하여 가부장제와 평화문제를 연관시켜 반평

---

3) 반기지투쟁은 '오키나와 투쟁(Okinawa Struggle)'으로 불리기도 한다. 아라사키 모리테루는 '오키나와 투쟁'을 2차 세계대전후 현재까지 오키나와의 이익, 목소리의 주변화에 대한 주민운동의 전체로 정의하였다(아라사키 모리테루, 1999). 그 외 오키나와 투쟁 용어의 의미와 의미변천에 대하여 다음의 연구를 참조할 수 있다(Miyume, 2003). 본 연구에서는 오키나와 투쟁이란 용어가 반기지 투쟁의 의미를 명확하게 전달하지 않아서 반기지 투쟁이란 용어를 사용하기로 한다.
4) 한국에서 나온 오키나와 여성평화운동에 관한 연구 및 글은 장화경(2001)과 정유진(2001), 김동심(2000)의 글을 참조할 수 있다.

화적 구조와 가부장제가 동일한 뿌리에서 나온 것으로 보고 군사적 안전보장 체제의 근본에 가부장제가 있음을 강조하는 운동이다.[5]

이러한 개념구분에 따라 오키나와 반기지 투쟁이 2차 세계대전 이후부터 현재까지 어떤 이슈를 계기로 촉발되어 왔으며, 여기에 여성들이 어떤 입장에서 참여했으며, 이때 나타난 반기지의 의미는 무엇이었는지에 초점을 맞추어 그 변화를 살펴보고자 한다. 이러한 고찰을 통해 오키나와 여성의 반기지 투쟁에서 여성평화운동이 어떻게 연관되면서 전개되어 나왔는지를 고찰하고, 오키나와 여성평화운동의 특성을 규명하고자 한다.

이러한 규명은 전후 60년간의 오키나와 반기지투쟁사를 연구해야 하지만, 여기서는 오키나와 반기지투쟁사에서 '섬 전체(島ぐるみ)' 투쟁으로 규정되고 있는 세 단계, 즉 1950년대 토지강제접수반대투쟁, 1970년 전후 조국복귀운동, 1990년대 소녀성폭행사건을 계기로 일어난 인권투쟁을 중심으로 살펴본다. 연구방법은 오키나와 반기지투쟁사와 관련한 문헌연구와 함께, 여성평화운동의 특성을 규명하기 위하여 2005년 2월, 2005년 8월, 2006년 1월 세

---

5) 평화개념의 정의와 확대에 공헌한 사람은 노르웨이 평화연구자 요한 갈퉁(Joan Galtung)이다. 갈퉁은 평화의 반대개념으로 전쟁 대신 폭력을 선택하였다. 그는 1960~70년대에 걸친 남북문제의 대두를 배경으로 전쟁이 없다는 의미의 평화는 '소극적 평화(negative peace)'로, 모든 폭력의 부재를 의미하는 평화는 '적극적 평화(positive peace)'라고 하였다. 갈퉁의 평화개념과 평화연구에 젠더 관점의 결여를 비판한 사람들은 1970년대 말부터 나타나기 시작한 페미니스트 평화연구자들이다. 특히 에리스 볼딩(Elise Boulding)을 거쳐 버지트 부록 우튼(Birgit Brock-Utne)은 개인적 폭력으로 이해되어 온 여성에 대한 폭력을 '구조적 폭력'으로 규정하였다. 신시아 엔로(Cynthia Enloe)는 젠더 관점에서 군사주의, 군사화를 문제시하였다. 특히 냉전종결 후 글로벌 군사화가 진행되는 것으로 규정한 엔로는 군사주의 및 군국주의는 특정한 종류의 사회적 문화적 과정의 최종적 형태로 정의하고 군사화라는 용어를 산업화, 사회화, 주변화 등과 같이 하나의 과정으로 사용할 것을 강조하였다. 과정으로서의 군사화를 받아들일 때 정책, 경제, 문화 등과 함께 생활의 미세한 과정에 주의를 기울일 수 있으며, 특히 과거 60년 이상에 걸쳐 진행된 아시아 여성의 군사화에 대해서 주목할 수 있다고 하였다. 그리고 베티 레아든(Betty Reardon)이나 안 티커너(J. Ann Tickner) 등도 현재의 지구적인 군사적 안전보장체제의 근본에는 가부장제가 놓여있다는 것을 문제제기하였다(秋林こずえ, 2004: 75). 뿐만 아니라 아키바야시 고즈에는 페미니즘의 관점에서 보면 일본은 평화헌법을 통해 무장해제되었지만, 그것이 군사주의 가치로부터 탈피한 것은 아니었다고 본다. 즉, 탈군사화되지 않았다는 것이다. 일본의 이에(家)제도, 가부장제도가 일본의 군사주의를 계속 지탱해온 것으로 지적하고 있다(秋林こずえ, 2003a).

차례에 걸쳐 진행한 오키나와 현지조사에서 관련 단체, 여성평화운동가 및 연구자들이 제공한 자료 및 인터뷰 정보를 활용하였다.

2. 오키나와 반기지투쟁과 여성평화운동의 전개

전후 오키나와 반기지투쟁은 세 단계의 섬 전체 투쟁을 거치면서 전개되어왔다. 즉 1956년 토지강제접수반대투쟁, 1970년 전후의 조국복귀운동, 1995년 소녀성폭행사건을 계기로 일어난 인권투쟁이다.

이하에서는 세 단계의 섬 전체 반기지투쟁에서 여성이 어떤 이유로, 어떤 이슈를 계기로, 어떤 형태로, 어떤 입장에서 투쟁하였는지, 그리고 반기지투쟁과의 연관 속에서 여성평화운동이 발전적으로 전개되어 나온 과정을 살펴보고자 한다.

1) 1950년대 '이사하마' 여성의 토지강제접수 반대투쟁

1951년 9월에 체결되어 1952년 4월 28일 효력이 발생한 대일강화조약 제3조에 따라 오키나와는 반영구적으로 일본에서 분리되어 미군지배 아래 놓이게 되었다. 미국이 오키나와를 일본에서 분리하여 계속 지배하려 한 것은 미일안보조약에 근거한 기지와는 다른 역할을 오키나와에 부담시키는 데 있었다. 그것은 바로 오키나와를 자유롭게 사용할 수 있는 기지로서 확보해두고자 하는 것, 자유롭게 기지를 세울 수 있도록 하기 위함이었다(아라사키 모리테루, 1998: 79~81).

1950년대 미군은 기지기능 강화를 위해 토지강제접수를 오키나와 각 지역에서 시작하였다. 미군은 기지건설, 확장을 위하여 1953년 4월 3일 '포령

109호 토지수용령'을 발표하여 토지강제접수를 강행하였다. 미군이 지배권을 장악한 오키나와에서는 미일안보조약의 영향을 받는 일본 본토와 달리 포령(布領), 포고(布告)라 불리는 명령이 법의 역할을 담당하였다. 그래서 토지강제접수는 문자 그대로 '총칼과 불도저'를 앞세운 토지강탈이었다.

당시 토지강제접수가 일어난 곳은 이에지마(伊江島), 이사하마(伊佐浜) 등이었다. 그 가운데서도 이에지마, 이사하마 등의 토지강제접수에 대한 저항이 도화선이 되어 오키나와에서는 1956년 6월 섬 전체 투쟁이 일어나게 되었다. 특히 이사하마 여성들의 토지강제접수반대투쟁은 오키나와 여성의 반기지투쟁사에서 상징적 의미를 띄고 있다. 1953년 최초로 여성들이 참여한 구시(具志)토지강제접수 반대투쟁과 비교하여 여성이 남성과 협력관계라기보다 분리된 행동을 하였던 것이다.[6]

이사하마는 오키나와 중부 기노완(宣野灣)시(당시는 촌)다. 1954년 8월 뇌염예방을 위한 모기의 발생을 방지한다는 이유로 미군으로부터 퇴거통지서가 날아왔다. 그 규모는 약 13만 평, 대상은 64세대, 인구 327명이었다. 이에 토지강제접수반대를 위한 투쟁이 일어나게 되었다. 토지강제접수 반대투쟁에 여성들이 적극적으로 참여하게 된 시점은 1955년 1월 이사하마의 '토지접수원만해결'이라는 신문보도가 나면서부터다. 그 이전에 여성들은 남성들의 토지강제접수 반대투쟁을 안에서 떠받치고 있었다. 그러나 여성들은 신문보도에 접하고서 토지강제접수 반대투쟁을 남성에게만 맡겨둘 수 없다고 판단하였다. 여성들은 남성들이 촌장에 구슬리고 있다고 말하면서 적극적으로 저항하였다(比屋根美代子, 1992: 39~40).

---

6) 오키나와 여성들의 최초의 토지투쟁은 1953년 구시(具志)지역에서 일어났다. 미군은 1953~55년간 폭력적인 방법으로 토지강제접수를 강행하였다. 구시의 토지강제접수 반대투쟁은 전후 오키나와에서 미군에 의한 오키나와 현민의 조직적 투쟁으로 남성들과 함께 여성들이 선두에 섰다. 그래서 구시토지강제접수 반대투쟁을 조국복귀운동으로 발전해가는 오키나와 투쟁의 장대한 드라마의 첫 페이지를 연 것으로 평가된다(那覇市總務部女性室 編, 2001: 260~263).

1955년 2월 이십 수 명의 여성들이 트럭에 올라타고 "원만한 해결이 아니다"라면서 주석에게 직소(直訴)하러 갔다. "약간의 희생은 감안한다"는 주석의 말에 "오키나와전에서 우리들은 많은 희생을 치렀다. 이 이상의 희생에 인내할 수 없다"고 주석을 질책하고 "세금도 정확히 납부하는 의무를 수행하므로, 주민의 사정을 고려하는 정치가 가능하지 않은 것인가"라고 따지고 덤볐다. 1955년 6월 낮밤으로 계속 농성하는 긴박한 상황이 계속되었다. 철야 농성한 다음날인 7월 19일, 날이 밝기 전 미군의 불도저가 억지로 밀고 들어와서 마침내 강제접수라는 최악의 사태가 일어났다. 주민들의 절규에도 불구하고 불도저는 순식간에 토지와 집을 흔적도 없이 쓰러뜨렸다. 이날 여성들은 작업원의 바리케이드에 자기 몸을 부딪치며 끈덕지게 저항하였다. 또 이 강제접수 작업에 가담한, 기지 내에서 일하는 오키나와 남성들에게 정면으로 비난을 퍼부었다(比屋根美代子, 1992: 40).

이사하마 여성들의 반기지투쟁은 미군의 토지강제접수에 대하여 생계와 생활을 지키기 위하여 주민 여성들이 저항하여 일어난 것이었다. 투쟁의 주역은 평균 34~35세의 자녀를 두세 명 둔 주부들이었다. 생계와 생활을 지키기 위한 토지강제접수 반대투쟁을 이끌었던 이념은 민주주의였다. 호카마 요네코(外間米子)도 "이사하마 투쟁의 선두에 여성들을 몰고 갔던 것은 무엇인가, 그것은 '민주주의'였다"고 결론짓고 있다(那覇市總務部女性室, 2001: 265).

이사하마 여성들이 반기지투쟁을 민주주의 이념으로 무장할 수 있었던 것은 오키나와에서 일본 본토보다 7개월 앞선 1945년 9월 20일 시의회 선거가 치러지는 등 여성의 참정권이 행사된 점7), 1948년 12월 15일 오키나와 부인연

---

7) 패전 후 미군정하에서 오키나와 여성들은 본토 여성보다 한발 앞서 참정권을 행사하게 되었다. 미국 해군군정부는 점령정책을 원활히 추진하기 위해 '지방행정긴급조치요항'에 의해 1945년 25세 이상의 주민에게 선거권과 피선거권을 주었다. 그 후 1948년 선거에서 모두 12명의 여성 시회의원을 탄생시켰다. 여성의 참정권에 대해 찬반론이 있었지만, 부인참정권의 실현은 미군의 명령에 의한 것이었다. 당시 미국군정부의 자문기관인 오키나와자순회(沖繩諮詢會)의 과반수는 시기상조로 반대하였다(大田昌秀, 2004: 413).

합회(이하, 오부연)가 결성되는 등 여성의 민주의식 향상과 지위 향상이 이루어짐으로써 가능하였다. 오키나와부인연합회는 상호부조를 목적으로 1947년에서 1948년에 걸쳐 각리에 자연발생적으로 조직된 부인회의 연대기구였다.[8] 오키나와부인회는 행정조직과 관련된 여성단체이지만 전후 오키나와 여성의 지위향상과 권익을 목적으로 활동했다. 당시 채택된 부인회 강령을 보면, "오키나와 전부인은 세계인으로서의 자각 아래 교양을 높여 자녀교육에 노력하고, 향토의 발전과 생활의 향상을 목표로 강하고 바르게 나아가고, 민주사회 건설에 부인의 총의와 총력을 결집시킨다"고 되어 있었다(比嘉佑典, 1992: 42).

2) 1970년 전후 오키나와 부인단체연락협의회의 조국복귀운동

1950년대 토지강제접수반대 '섬 전체 투쟁'은 경제적 투쟁으로서 일단 종지부를 찍었다. 오키나와전 이후 미군에 의한 무자비하게 폭력적으로 자행된 토지강제접수에 대한 오키나와의 쓰라린 기억의 편린들은 1956년 지주에게 연(年) 임대비를 지불하는 것으로 끝났다.

1960년대 들어서면서 오키나와 주민은, 미군정 아래에서 핵무기반입과 전투작전 행동도 포령, 포고라고 불린 미군 명령이 법 전체에 우선하는 현실에서, 가장 시급한 목표로 인식한 것은 '조국 복귀(또는 일본 복귀)'이었다. '조국 복귀'는 미군정으로부터 일본의 평화헌법[9]이 적용되는 상태로 전환되는 것을 의미하였다.

---

8) 오키나와 부인연합회는 여성권익향상 단체로서 전문적인 여성평화운동단체는 아니다. 그러나 오키나와 부인연합회는 여성권익향상 외에도 항상 평화문제를 운동과제로 다루었다. 1972년 5월 15일 오키나와가 일본에 반환되면서 오키나와 부인연합회는 복귀를 계기를 오키나와현 부인연합회로 개칭되었다(比嘉佑典, 1992: 41~42, 78~79).

9) 평화헌법이란 1947년에 제정된 현 일본국헌법을 가리킨다. 헌법 제9조에 세계에서 처음으로 '전쟁방기'조항이 기본 원리로 들어 있는 점을 강조하여 일본에서는 평화헌법으로 부른다.

1960년 4월 28일 오키나와에서는 '오키나와현 조국복귀협의회'가 생기고 '평화헌법으로의 복귀'를 겨냥한 조국복귀운동이 일어났다. [10] 당시 조국복귀운동에 참여한 사람들의 최대공약수적인 생각은 일본 복귀를 통해 모든 권리가 미군에 종속되어 있는 상태를 '본토 수준'으로 시정한 후 일본 전 지역의 미군기지 철폐운동에 착수하자는 것이었다(아라사키 모리테루, 1998: 95).

조국복귀운동에 오키나와 여성들도 참여하였다. 특히 여기에 앞장선 대표적 단체는 오키나와 전 여성단체를 아우르는 연대기구인 1차 오키나와 부인단체연락협의회(沖婦團協, 이하 오부단협)였다. 오부단협은 1967년 9월 30일 결성되었는데, 가맹단체는 오키나와부인연합회, 오키나와 교직원회부인부, 오키나와 관공청노동조합 부인부, 전(全)오키나와 노동조합 부인부, 전 오키나와 자치노동조합 부인부, 전 오키나와체신노동조합 부인부, 오키나와 농업협동조합 부인부, 오키나와 귀족연합회 부인부, 오키나와현청년단협의회 여자부, 신일본부인회 오키나와현본부, 일본부인회 오키나와현본부, 일본부인유권자동맹 오키나와지부 등이었다(那覇市總務部女性室, 2001: 474).

오부단협은 결성대회에서 "생활의 향상을 도모하고 부인권리와 자녀의 행복과 조국 복귀를 쟁취하기 위해 각 부인단체가 여기에 연대를 결성합시다"고 주장하면서 당시 조국복귀운동을 중요 과제로 채택하였다. 또 1967년 11월 15일 오키나와 반환에 관한 미일정상회담이 개최되었을 때 "총리에 조국 복귀를 강하게 호소하자"라는 전단(삐라)을 뿌리고 "우리들은 하루라도 빨리 오키나와 시정권의 반환을 요구하는 것에 서명합시다"라고 하면서 가두에 섰다(那覇市總務部女性室, 2001: 475).

1971년 6월 17일 오키나와 반환협정이 조인되었다. 그러나 일미안보체

---

10) 1952년 4월의 대일강화조약 발효 후 조국복귀운동은 국제공산주의 운동을 이롭게 하는 것으로 탄압받았다. 1954년에는 복귀운동을 위한 조직, 오키나와 제도 조국복귀기성회도 자연적으로 소멸하였다. 그런데 1956년 섬 전체 투쟁을 거치면서 1960년 오키나와현 조국복귀협의회가 결성되어 부활되었다(아라사키 모리테루, 1999: 40).

제하에서 새롭게 기지기능이 강화되면서 오키나와는 오히려 군사기지화가 심화되었다. 미군기지는 그대로 둔 채 그 위에 일본의 자위대가 미군의 보완부대로서 배치되었다. 일본 정부는 오키나와 주민의 반전·반기지 감정을 무시하고 육, 해, 공 자위대원을 배치하였던 것이다.

전후 27년간 군사기지 없는 평화로운 오키나와의 무조건 반환을 요구해온 오키나와 주민의 분노와 좌절은 커져 갔다. 일미군사동맹의 재편강화정책에 의한 군사기지화가 강화되어 오키나와의 좌절이 진행되는 동안 오키나와 여성들은 자위대배치에 반대하는 투쟁을 벌였다. 오부단협은 즉시 광범한 여성단체에 호소하여 자위대의 오키나와 배치 반대 궐기대회인 '자위대배치 반대 부인총궐기대회'를 개최하여 5000인을 결집시켰다(神山幸子, 1994: 55). 여기에 참가한 단체는 오부단협 가맹단체 외 그리스도 부인교풍회, 현명한 소비자회, 오키나와 간호부협회, 히메유리 동창회유지 등이었다.

1971년 12월 4일 나하(那覇)시 요기(與儀) 공원에 모여 "……우리들은 지난 대전에서 12만 인의 동포를 희생하고 일체의 재산을 잃었다. 전후는 미국군대 우선 정책하에서 고뇌하였고 끊이지 않는 전쟁의 위험에 처해왔다. 점차 6800인의 자위대가 오키나와에 온다고 한다 …… 사랑하는 자녀들의 미래가 전쟁의 길에 이어지는 것을 허용할 수 없다. 전 오키나와 부인은 사상, 신조의 차이를 초월하여 여기에 집결하여 자위대의 오키나와 배치계획에 강하게 반대하고 엄하게 항의하여야 한다"고 호소하였다(那覇市總務部女性室, 2001: 479).

이와 같은 오부단협의 '조국복귀운동'은 미군정에 대한 불만에서 일어났고 이 과정에서 자위대배치 반대운동은 오키나와 기지화의 심화를 전쟁의 위험으로 인식하여 일어났다. 특히 전쟁에 대한 두려움은 오부단협을 중심으로 한 여성들이 일본의 평화헌법에 많은 기대를 걸게 하였다. 따라서 오키나와 여성의 두 번째 단계의 섬 전체 반기지투쟁은 미군정의 지배에 대한 저항과 오키나와의 심화된 기지화를 전쟁의 위험으로 인식하는 입장이 함께 연관되면서 일어났다. 여기에서 오키나와 여성의 반기지투쟁과 평화운동의 접점이 나타나게 되었다.

한편 당시 오키나와 여성의 반기지투쟁과 평화운동의 연관성은 오부연의 활동에서도 보인다. 1948년 조직된 오부연(沖婦連)은 1968년부터 지역에 내재하는 문제를 부인의 입장에서 말하는 '부인의 주장대회'를 시작하였다. 주장된 내용은 관계 관청에 요청하여 행정에 반영하도록 적극적 행동을 하였다. 또 주장된 내용은 매년 책으로 만들어 부인학습의 자료로 쓰고, 류큐신보사는 지상에 연재하고 라디오 오키나와는 전 현민의 눈과 귀에 호소하도록 하였다. 이 대회는 매년 8월 상순 중앙대회를 겨냥하여 이루어졌는데, 1968년 제18회 창립 제20주년 기념에서 주장된 내용을 보면, B52의 즉시 철거, 원잠(원자력잠수함)기항 저지의 투쟁에 모친의 총력을 결집시키고 원잠기항 저지 공동투쟁의 참가 등이 거론되고 있었다(比嘉佑典, 1992: 58).

3) 1995년 소녀성폭행사건과 여성인권운동

1972년 5월 15일부터 오키나와는 일본에 복귀하게 되었다. 복귀 후 오키나와는 기지경제에 의존하게 되고, 많은 정당과 노조, 기타 단체들이 본토 조직에 편입되어서 미군지배 때와 같은 반기지 열기가 사라져갔다.

그런데 오키나와 여성의 반기지 투쟁 및 평화운동은 확고하게 결합되어 반기지평화운동이 지속적으로 활기차게 이어졌다. 예컨대 반전투쟁에는 한 사람 한 사람의 결단을 출발점으로 하지 않으면 안 된다는 호소에 따라 1981년 1월 반전집회인 '전쟁을 허용하지 않는 여성들의 모임'이 나하 시내에서 열렸다. 당시 회장은 입추의 여지없이 여성들로 메워졌고, 종군간호부, 전화 속에 힘들게 산 여성, 전후 미군연습포탄에 위협당하는 여성들이 전쟁의 비참함을 호소하였다. 이 결성대회는 매년 6월이나 8월, 연 1회로 오키나와 위령의 날이나 종전기념일을 향하여 개최되었다(那覇市總務部女性室, 2001: 483~484).

오부단협은 1987년 4월 13일 가맹단체가 대폭 증가하여 3차 오부여협(沖婦女協)으로 재발족하면서[11] '오키나와 문제, 즉 평화 문제는 바로 여성 문제이다'라는 것을 선언하고 평화로운 오키나와의 실현에 여성의 힘을 발휘하는 것이 가장 중요하다고 선언하였다(比嘉佑典, 1992:79~80).

또 1995년 6월 17일 누구라도 참가할 수 있는 '의논하는 광장'으로서 제1회 오키나와현 모친대회가 개최되었다.[12] 여기에서도 반전과 반기지의 거리낌없는 체험을 이야기하는 자리가 되었다. 즉 "비참하기 짝이 없는 오키나와 지상전, 전후 27년간의 가혹한 미군 점령, 복귀 후 23년, 특히 여성들의 사는 모습과 지금 헌법을 확실하게 확인해보며 자녀교육, 생활과 복지, 평화의 문제에 대해서 본심에서 말하고 확인하며 이후 어떻게 하면 좋은가 등을 모두 함께 고찰해보는 것이 좋지 않은가"고 호소하면서 개막되었다(那覇市總務部女性室, 2001: 553).

이와 같이 오키나와 여성의 반기지평화운동이 지속된 것은 두 가지 배경이 있었기 때문이었다. 하나는 기지화의 심화를 전쟁의 위협으로 인식하고 반기지와 여성평화운동이 확고하게 결합되었기 때문이다. 특히 이것은 오키

---

11) 오부단협은 1978년 3월 8일 세계여성의 날을 기해 새로운 연대를 모색하고 유엔 여성의 10년 행동계획을 실천하기 위해 오키나와현 부인단체 연락협의회(2차 오부단협)으로 재출발하여 주요 활동을 여성차별철폐조약의 조기 완전비준을 목표로 현내의 연대활동에 두고 그 일환으로 도도메(トートーメ)는 여성도 계승할 수 있다는 캠페인을 벌렸다. 오부단협은 1987년 4월 13일 3차 오부단협으로 재결성되었다. 이때부터 오부단협은 '婦'자 를 '女'자로 바꾸어 오키나와여성단체연락협의회(沖女團協)로 표기하고 있다(沖繩縣女性團体連絡協議會, 2003b: 147).

12) 모친대회는 원래 1955년 6월 일본에서 시작되었다. 1956년 8월에 개최된 제2회 모친대회에 오키나와가 참여하여 미군기지에 의한 여성과 어린이의 피해를 호소하면서부터 오키나와는 일본 모친대회에 대표를 파견하여, 일본 여성들과 교류하며 연대활동을 하였다. 1990년대 들어서 오키나와에서 모친대회 개최를 바라는 목소리가 증폭되어 전후 50년이라는 고비가 지난 1995년 3월 8일 오키나와 대회의 개최를 향해 실행위원회가 결성되어 1995년 6월 17일 제1회 오키나와 현 모친대회가 개최되었다(那覇市總務部女性室, 2001: 553).

나와전을 통해 오키나와 주민 누구라도 갖고 있는 가족친척의 사자(死者)에 의해 전쟁의 트라우마가 불러일으켜졌기 때문이었다. 또 하나는 반기지평화운동에 페미니스트의 여성인권의 관점이 들어왔기 때문이다. 오키나와 여성사가 우라사키 시게코(浦崎成子)의 주장, 즉 "일본 헌법이 있다면 우리들의 자유, 인권을 수호할 수 있을 것이므로 일본에 복귀하자고 운동을 힘껏 하였다. 조국복귀운동을 하면서 평화헌법이 적용되면 인권이 보장되고 오키나와의 문제가 해결될 것이라고 생각하였다. 당시는 일본 헌법이 있어도 틈이 있다는 것을 알지 못하고 헌법만 있으면 충분하다고 생각하였고 미군정의 인권무시의 지배로부터 피할 수 있을 것이라고 기대했다. 그러나 복귀 후에도 여전히 계속되는 대규모 군대의 존재에 대하여 오키나와 여성들은 실망하지 않을 수 없었다. 여성의 인권이라는 점에서 복귀 전후 다른 점이 있다면 첫째, 미병사의 강간사건은 지위협정이라는 제약이 있지만 군사법정이 아닌 일본의 재판으로 다루어지고 매매춘방지법이 적용된 것이다. 그러나 복귀에 의해서 자동적으로 안보가 적용되어 새로운 중압까지 짊어지게 되었다. '기지도 핵도 없는 오키나와, 인권이 지켜지는 오키나와'라는 것이 부숴진 것이다"라는 말에 나타나 있다(浦崎成子, 2002: 29). 그러던 중 1995년 9월 4일 3명의 미 병사에 의한 12세 여중생 소녀성폭행사건이 일어났다. 이 사건 자체는 새삼스러운 것은 아니었다. 미군범죄나 미군기지와 관련된 사건 및 사고는 미군이 상륙한 직후 계속해서 발생하고 있었기 때문이었다.[13] 미병사에 의한 강간, 살인, 주거 침입 등 범죄사건

---

13) 그 동안 군인과 군속의 사적인 시간에 발생한 사고와 범죄는 공무 외의 행동으로 취급되었다가 1972년 5월 15일 시정권 반환을 계기로 공식적으로 미군범죄 통계가 집계되었지만 정확한 실태를 반영하는 통계는 존재하지 않았다. 1995년 소녀성폭행사건을 계기로 조직된 '기지·군대를 허용하지 않는 행동하는 여성들의 모임(基地·軍隊を 許さない 行動する 女たちの 會)'은 전후 미군의 여성에 대한 범죄 연표를 작성하였다. 1996년 제1회 미국평화도보여행 때 약 300건의 강간사건을 연표로 만들었다. 이를 통해 전후 오키나와 여성들이 어떻게 군대의 폭력에 노출되어 왔는가를 재인식시키는 계기가 되었다. 2004년 현재 미병사에 의한 성범죄 연표는 제6판까지 나와 있다(秋林こずえ, 2004: 79).

은 1946~49년간 1000건이 넘었다. 부녀자 폭행사건 중 가장 공포스러운 것은 1955년 9월 3일 일어난 소위 '유미코 짱(由美子ちゃん) 사건'으로 알려진 6세 여아 강간살인 사건이었다. 때마침 결성된 '오키나와 자녀를 지키는 모임'은 성명을 발표하고 대소동을 일으켰다(大田昌秀, 2004: 425).

그런데 1995년 9월 4일 소녀성폭행사건은 섬 전체 투쟁으로 미군기지, 나아가 군대 자체의 시스템에 대한 저항으로 발전하여 1995년 10월 21일 미병사에 의한 소녀성폭행사건을 규탄하고 지위협정을 재고할 것을 요구하는 8만 5000명에 이르는 주민이 참가하는 오키나와 현민총궐기대회가 열렸다.

소녀성폭행사건 때 일어난 섬 전체의 현민 총궐기대회는 다양한 집단들이 다양한 이유로 참여하였다. 군사기지 반대결의에 노동자는 생활권을 내세우고 농민은 경작지를, 어민은 어장을, 부인은 가정과 여성의 순결을, 어머니는 어린이를 지키기 위하여, 청년과 학생은 일본의 문화와 학문의 자유를 요구하며 민족의 고뇌의 근원인 군사기지 철수의 투쟁을 하였다.

그러나 이러한 저항에 주도적 역할을 한 것은 1995년 베이징에서 개최된 4차 세계여성회의 NGO포럼에서 '군대, 그의 구조적 폭력과 여성' 워크숍을 열고 9월 10일에 돌아온 '95 오키나와 실행위원회 여성들이었다.[14]

이들은 세계여성회의에서 오키나와 여성의 체험에서 "군대는 남성다움을 숭배하고 인간을 전쟁기계로 만들고 평화와 전시 관계없이 폭력이 합법화된 조직으로서 구조적 폭력이라는 것, 평화사회를 위협하는 것은 군대라는 것, 평화와 군대는 공존할 수 없다"는 것을 주장하고 주둔 미군이 있는 곳에서 계속되는 강간은 '전쟁범죄'임을 문제제기하였다. 그리고 1995년 8월 4차 세계여성회의에서 채택된 '세계여성회의 행동강령' 가운데 '여성과 무력분쟁'에

---

14) 1995년 유엔의 4차 세계여성회의를 위해 다카자토 등 71명이 NGO 베이징 '95포럼 오키나와 실행위원회(Okinawa Action Committee)를 결성하고 군대의 구조적 폭력 문제를 비롯하여 환경, 부계제사회에서의 여성에 대한 차별과 억압, 2차 세계대전 오키나와에 있는 일본의 공동변소문제 (위안부) 등을 주제로 하는 11개의 워크숍을 열었다(NGOフォ ラム北京95沖繩實行委員會, 1995).

서 무력분쟁하에서의 강간행위는 전쟁범죄로 규정되고 있지만 '외국 군대의 장기주둔'에 의해 발생되는 일상적 폭력과 그 책임에 대한 내용이 빠짐을 문제제기하고 '군대의 장기주둔하에서의 여성에 대한 폭력'도 전쟁범죄로 규정하기를 요청하였다(NGOフォラム北京 95沖繩實行委員會, 1995: 72~78).

이들은 세계여성회의 일정을 마치고 베이징에서 돌아오는 공항에서 조그만 지역신문에 실린 12세 소녀성폭행사건을 보고 재빨리 국제적인 미디어 (ABC, BBC, CNN 등 포함)를 초청하는 기자회견을 열었다. 그 결과 지금까지 오키나와 반기지투쟁이 전혀 경험하지 못했던 수준의 세계적인 주목을 끌어내는데 이르렀다. 오키나와에 돌아와서는 11일 항의성명을 내고 오부연, 오여단협(오키나와 여성단체연락협의회)을 주최 단체로 하여 9월 연일 집회를 개최하였다. 집회를 개최하면서 이들은 소녀성폭행사건을 군대와 미군기지의 폭력에 의한 구조적 폭력으로 규정하고 호소하였다(다케시타 사요코, 1999: 50).

여성 인권의 관점에서 군대와 기지의 구조적 폭력을 강조한 이들의 담론은 1995년 반기지투쟁을 일본 복귀 후 최대의 섬 전체 투쟁으로 견인해냈다. 이 투쟁은 초당적, 초이념적으로 전개되어 이데올로기, 지역적, 계급적, 젠더에 기초한 긴장을 갖는 여러 단체들을 모두 반기지 요구로 결집시킴으로써 오키나와 반기지투쟁사에 기념비적인 것이 되었다. 뿐만 아니라 이 투쟁은 오키나와 투쟁사에서 민중운동의 제3의 파도, 그리고 밀려왔다가 밀려가는 것이 아니라 점점 그 파고가 높아져 가는 그런 파도로 평가받고 있다(아라사키 모리테루, 1998: 142).

이는 '군대, 구조적 폭력'이라는 담론이 두 가지 메시지를 전달하였기 때문이다. 하나는 소녀성폭행사건이 소녀 개인의 프라이버시 문제가 아닌 구조적 폭력으로 인식되면서 곧 주민 모두의 안전 문제로 인식되었다. 이것은 당파와 기지의 주둔에 의한 개인적 이익을 상회하는 오키나와인 누구라도 자신의

문제로 느끼게 만든 현재적인 폭력의 공포였다. 이 사건을 계기로 1945년 오키나와전이 과거의 문제가 아니며 미군기지에서 나오는 현실의 위협을 전장으로 인식하게 하였다. 특히 여성의 존엄을 해치는 비열한 성폭력 범죄가 전면적으로 보호되어야 할 어린 소녀에게까지 미치게 된 것, 더구나 아주 일상적인 생활행동을 할 때 일어났다는 것은 많은 여성, 특히 어머니들에게 큰 충격을 주었다(洪ユン伸, 2003: 51).

또 하나는 '95년 소녀성폭행사건의 소녀가 미군지배에 팔린 '오키나와라는 딸'을 연상시킨 것이었다. "어떤 의미에서 일본의 전후는 오키나와라는 딸을 미군 지배에 매도하고 번영을 얻은 것과 같다"(高里鈴代, 2003: 28)고 말하고 있듯이 오키나와 역사를 폭력적으로 희생된 여학생/딸로 비유함으로써 오키나와 반기지투쟁을 통일시키는 상징적 이해를 공유하게 만들었다(Angst, 2003: 141).

3. 오키나와 여성평화운동의 발전적 전개의 요소

지금까지 오키나와 반기지투쟁에서 여성평화운동이 반기지 투쟁과 연관되어 어떻게 발전되어 나왔는지 살펴보았다. 그 결과 오키나와 반기지투쟁사에서 여성의 반기지투쟁과 여성평화운동이 결합되기 시작한 것은 1960년대 조국복귀운동부터다.

일본 복귀 후 1980년대 오키나와의 기지경제 의존이 심화되면서 반기지투쟁의 열기가 사라지는 가운데서도 오키나와 여성의 반기지평화운동은 오히려 힘차게 지속되었다. 그리고 오키나와 여성평화운동은 1995년의 섬 전체 반기지 투쟁을 견인하는데 주도적 역할을 하였다.

오키나와 여성평화운동이 1995년 섬 전체 반기지투쟁을 주도적으로 견인하기까지 발전적으로 전개되어 나온 것에는 오키나와 여성평화운동에 가미된 세 가지 요소가 있었기 때문이다. 그것은 오키나와 여성평화운동에 페미니즘 관점의 도입, 그리고 페미니즘 관점과 다른 관점의 여성평화운동과의 독특한 관계 맺기를 말하는 우나이 연대방식, 마지막으로 오키나와 여성평화운동의 국제적 네트워크 구축이었다.

1) 페미니즘 관점의 가세

오키나와 여성평화운동은 1980년대 페미니즘 관점과 조우하였다. 페미니즘 관점이 도입됨으로써 여성평화운동은 여성의 인권과 군대 및 기지, 그리고 가부장제를 명확하게 구조적으로 역사적으로 연관지었다. 즉 전후 미군 주둔으로부터 파생되는 여성에 대한 강간, 살해 등 일반 여성에 대한 강간과 매음 여성의 성착취를 모두 성폭력으로 규정할 수 있게 되고, 이러한 폭력 문제를 발생시키는 것을 기지로 파악할 수 있게 되었다. 따라서 기지 문제가 공간의 문제, 기지기능의 문제만은 결코 아님을 깨닫게 하였다.

즉, "……종래 기지 문제는 토지의 강제접수 문제, 폭음, 연습사고 등이 중심적 문제였고 일미안전보장조약에 깃든 정치 문제가 있는 것으로만 인식하였다. 그 결과 여성이나 어린이의 인권침해, 인간존엄의 관점이 지금까지 기지철거운동에서 명확하게 되지 않았고, 기지 문제 및 군대의 메커니즘에 대한 의논이 불충분하였으며, 그 결과 지금까지 현 수준의 장기간 미군의 주둔을 허용한 것이며 …… 따라서 논의되고 있는 일미지위협정이나 안전보장조약의 개정은 오키나와에 살고 있는 사람들의 존엄, 즉 여성과 어린이가 안전하게 평온하게 사는 안전보장의 관점에서 만들 필요가 있다"(高里鈴代, 1996: 2)는 주장이 나오게 되었다.

또 페미니즘 관점은 오키나와 여성들이 베이징 NGO포럼에 참가하여 '군

대 그 구조적 폭력과 여성'이란 워크숍을 통해서 군대와 기지의 구조적 폭력을 밝히게 하였다(高里鈴代, 2003: 30~31). 여기서 구조적 폭력이란 개념은 앞서 언급한 요한 갈퉁의 개념과 다르게 오키나와 여성의 연속된 체험, 즉 미군 주둔 역사, 오키나와전의 구일본군의 체험을 통해서 군대를 제도화된 폭력으로 재정의한 개념이다. 그리고 군대에 의한 여성에 대한 폭력은 군사적 안전보장제도에서 불가피하며 군사적 안전보장은 민중의 안전보장과 모순되고 있다는 젠더의 시점에서 안전보장을 재정의하고 탈군사화의 필요성을 주장하였다(秋林こずえ, 2004: 80~81).

1995년 소녀성폭행사건을 계기로 오키나와에서 1995년 11월 8일 페미니스트 여성평화운동단체인 '기지·군대를 허용하지 않는 행동하는 여성들의 모임(基地, 軍隊を許さない行動する女たちの會, 이하 '행동하는 여성들의 모임')'이 결성되었다. 이 단체는 기지 및 군대의 억압, 차별, 침해를 평화를 위한 운동의 중점과제로 삼는 여성평화운동단체다.[15] '행동하는 여성들의 모임'은 1995년 9월 15일 베이징 세계여성회의에서 채택된 행동강령 12항목 중 중요한 문제 영역인 d)여성에의 폭력 e)분쟁 i)인권 항목을 중점과제로 하며, 오키나와에서 병사에 의한 중대한 인권침해인 여성, 어린이의 구조적 성폭력과 더 이상 군대의 억압, 차별, 침해를 허용하지 않도록 하기 위하여 조직된 단체다. 그리고 다음과 같은 활동을 천명하였다. 첫째, 행동강령과 연관된 일미지위협정, 안보조약을 검증하는 학습회를 행한다. 둘째, 정보의 발언과 교환을 한다. 오키나와의 현상, 문제점을 국내외에 발언하여 연대를 호소한다. 특히 미국, 베이징 회의에서의 네트워크를 활용한다. 셋째 미 병사의 집단강간, 재판의 방청을 한다. 넷째, 국내외의 여성들과의 네트워크를 맺는다. 다섯째,

---

15) 오키나와의 '행동하는 여성모임'은 발족 당시 채택된 회칙이나 그 후 활동모습을 볼 때 회원들의 느슨한 연대라는 말로 표현되듯이 단체라기보다는 운동으로 해석할 수 있다. 회원들의 의식도 단체로서의 틀을 견고하게 하는 것보다 개인이 가능한 범위에서 운동에 참여하는 것을 중요시하고 있다(아키바야시 고즈에, 2003).

기타 본회의 주지에 기초한 행동을 수시로 한다.[16)

　이 단체는 결성되자 곧 1995년 25명의 여성을 총리부와 외무부로 파견하여 양 정부(미국과 일본)가 '베이징 여성회의 행동강령'의 내용과 외교정책을 일치시킬 것을 요구하였다. 그리고 여성인권의 관점에서 5개의 요구사항을 제안하였다. 첫째, 과거 50년간 군대의 여성에 대한 범죄의 총 점검을 할 것 둘째, 해병대의 확실한 철퇴와 삭감계획을 착수할 것 셋째, 여성, 어린이의 인권존중에 유의하도록 계속적인 인권교육을 실시할 것 넷째, 일미안보, 일미 지위협정 개정이 베이징여성회의에서 채택된 행동강령과 정합성을 가질 것 다섯째, 오키나와 기지, 군대의 실정파악 조사를 위해 여성의 인권 및 환경 문제에 전문가를 파견할 것 등을 요청하였다(高里鈴代, 1996: 2~3).

　이와 같이 페미니즘 관점이 가세함으로써 오키나와 여성평화운동은 무엇보다도 군대와 기지, 여성의 성폭력, 군사주의를 연관하여 파악할 수 있게 되었다. 과거의 전쟁의 피해 때문에 전쟁을 반대하는 것이 아니라 과거부터 현재까지 이어지고 있는 여성의 성폭력과 기지, 군대와 군사주의의 역사적, 구조적 연관을 밝히고 군사주의에 내재된 젠더 차원을 드러내면서 반기지 여성평화운동을 하게 되었다. 즉 반기지여성평화운동이 확고하게 전개될 수 있도록 이념을 강화하고 운동담론을 구성할 수 있게 된 것이다. 나아가 젠더와 기지의 폭력에 초점을 맞춤으로써 오키나와 투쟁을 특수한 지역적 이익에서 인권보호에 대한 투쟁으로 전환시키게 되었다.

2) 여성의 다양성과 우나이 연대

　오키나와 여성평화운동에서 운동주체는 여성이지만, 여성집단이 꼭 동

---

16) '基地, 軍隊を許さない 行動する 女たちの 會'의 행동계획은 武器によらない 國際關係 - アメリカ・ピース・キャラバン 報告集(1996年 2月 3~17日)을 참조.

일한 것은 아니다. 시간적으로 변화해왔고, 또 동일한 시점의 반기지여성평화운동에도 다양한 집단의 여성들이 참여하였다.[17]

1950년대 토지강제접수 반대투쟁은 주민여성이었지만, 1960년대 조국복귀운동의 주체는 오부단협이라는 여성단체 연대조직이었다. 1990년대 소녀성폭행사건을 계기로 일어난 반기지투쟁은 페미니스트 여성집단외 광범위한 여성단체들이 연대하여 일어났다. 여기에는 여성인권의 관점에서 군대의 구조적 폭력을 문제 삼는 페미니스트 입장을 견지하는 단체도 있지만, 이와는 다른 입장에서 선 여성단체도 참여하였다. 예컨대 소녀성폭행사건을 계기로 섬 전체 반기지 투쟁에 참여한 오부연 회장은 "우리들은 아이들을 생육하는 모성집단으로서 허용하지 않으며……"(洪ユン伸, 2003: 52)라는 입장을 표명하였다.

이와 같이 가정과 여성의 순결, 어린이를 기르는 '어머니의 입장'을 강조하는 입장은 여성의 가치를 처녀성과 모성에 두고 그 상실을 여성에게는 가장 혐오스러운 체험, 신체의 파멸로 규정함으로써 여성을 멸시하는 것을 필연적으로 동반하는 입장이다. 남성을 낳는 어머니의 가치를 올리는 것은 여성이 열등하다는 것과 남성의 가치를 높이는 것과 연결되기 때문이다. 그래서 어머니를 중시하는 것은 여성을 경시하는 악순환을 생기게 하여 남존여비와 모성숭배가 구조적으로 관련되어 있다는 입장이다(다케시타 사요코, 1999: 174~175). 따라서 매음여성까지 포괄해내는 페미니스트 여성인권의 관점과 어머니의 입장은 대립적 관계에 있다.

그런데 오키나와 여성평화운동에서는 모순적인 입장들이 연대하고 있었다. 이것은 우선 오키나와인 누구라도 갖고 있는 전쟁의 트라우마가 기지를 전쟁의 위협으로 인식하면서 반기지라는 공동목표를 갖게 하기 때문에 가능

---

17) 오키나와에는 교육, 건강, 환경 등과 관련하여 자발적인 지역운동을 이끌어 오고 있는 여성단체들이 있는데, 그 수는 2003년 4월 현재 노동조합 여성부를 합하면 73개로 파악되고 있다(沖繩縣總務部知事公室男女共同參劃室, 2003: 97~99).

한 것이다. 그러나 이에 못지않게 중요한 것은 다양한 입장을 갖는 여성단체들의 연대방식으로서 우나이(うない)[18]가 개발되었기 때문이다. 우나이 연대방식은 우나이 페스티벌에서 개발된 것이다. 우나이 페스티벌은 1985년부터 라디오 오키나와가 개국 25주년 기념기획으로 라디오 전파를 12시간 여성들에게 해방시키는 페스티벌인데, 라디오 오키나와가 경제적 책임, 나하시는 회장제공, 여성들은 기획하고 운영하는 방식으로 진행되었다. 참가단체는 대소 관계없이 워크숍의 공간을 비롯해서 발언권 등이 모두 똑같게 하였다. 즉 기성단체나 조직, 풀뿌리운동, 개인, 입장을 불문하고 자신이 이야기 하고 싶은 것을 가지고 나와서 워크숍, 포럼, 전시 등을 하는 박진감 있는 이벤트였다. 그리고 이 페스티벌에서는 사회의 발전과 평화를 원하는 활동을 하는 자는 누구라도 참여가 가능하도록 하여 조직적인 구속을 하지 않았다. 그래서 부인회에서 정당의 부인부까지 입장이나 주의나 주장이 다른 여성들이 만나게 되었다. 오키나와에서는 이때부터 이러한 연대방식을 우나이 방식으로 부르고 있다(那覇市總務部女性室, 2001: 558~559).

이러한 우나이 연대의 체험은 오키나와 여성운동에 큰 영향을 미쳤다. 여성운동의 사안이 있을 때마다 여성 단체들이 조직이나 입장을 초월해서 연대를 만들어 나갔다. 1995년 베이징 세계여성회의 참가는 이러한 연대방식의 전형으로 오키나와현 수준에서 실행위원회를 만들어 1년간의 사전학습을 하여 참가하였다. 또 후텐마(普天間) 기지 이설에 반대하는 여성들이 만든 '마음에 호소하는 여성들의 목소리 네트워크(心に届り女たちの聲ネットワーク)'도 우나이 방식이었다(那覇市總務部女性室, 2001: 557~560). 이와 같은 우나이 연대방식은 반기지라는 목표를 공유한 다양한 입장의 여성들을 통합해내고 장기적으로 여성평화운동이 지속되도록 하는 데 기여하였다.

---

18) 우나이(うない)는 오키나와 말로 자매를 말하는데 가정에서는 형제들을 수호하는 신, 공동체에서는 신녀로서 오키나와 사회를 주관하는 것을 의미한다(那覇市總務部女性室, 2001: 555).

3) 운동의 글로벌라이제이션

오키나와 여성평화운동의 또 하나의 특징은 기지 문제를 오키나와의 문제로 한정하지 않고, 오키나와 기지화를 가져온 국제적 맥락을 발견하고 오키나와 문제를 국제적 연대운동의 과제로 가져간 것이다.

오키나와 문제의 글로벌화에 앞장 선 여성은 오키나와 페미니스트 다카자토 스즈요와, 폭력과 성차별(sexism)에 반대하기 위해 나하로 온 미국선교사인 캐롤린 프란시스(Carolyn Francis)였다. 이들은 여성과 젠더에 관한 많은 국제회의에 참여함으로써 오키나와 기지 문제를 세계 무대로 나가게 하였다.

우선 이들은 필리핀 수빅해군기지 근처의 올롱가포(Olongapo) 도시를 방문하여 미군이 주둔하는 다른 지역 여성들과 상호토론하고 서로 이해를 함께 하였다. 1987년 나하에서 '군대와 폭력에 관한 회의'를 개최하였고 일본 본토, 한국, 미국 여성들이 참여하였다. 1985년 3차 나이로비 세계여성회의 때 오키나와는 일본 본토 대표와 분리된 대표를 참가시켰다. 이는 오키나와 문제가 일본 본토의 평화문제와는 거리가 있음을 천명한 행동이었다. 그리고 이들은 오키나와 기지 문제로서 오키나와의 군사화된 환경, 이것이 여성에 미친 영향(미군에 의한 여성의 강간), 기지와 관련된 성산업에 의존하는 지역경제를 세계에 알리고, 네트워크를 확립하는 기회로 삼았다(Miyume, 2003: 179).

1995년 8월 베이징 4차 세계여성회의에서는 '세계여성회의 행동강령' 가운데 무력분쟁 하에서의 강간행위는 전쟁범죄로 규정되고 있지만 '외국 군대의 장기주둔'에 의해 발생되는 일상적 폭력과 그 책임에 대한 내용이 빠짐을 문제제기하였다. 오키나와 여성의 입장에서 행동강령에 오키나와의 상황이 들어가도록 '군대의 장기 주둔하에서의 여성에 대한 폭력'을 삽입하기를 요청하였다. 또 베이징 NGO포럼에 참가하여 '군대 그 구조적 폭력과 여성'이란 워크숍을 열고 필리핀, 한국, 베트남, 캄보디아, 러시아 여성들과 공감을 공유하고 미국 여성들과도 연대를 맺고 공동성명을 냈다(高里鈴代, 2003: 30~31).

'행동하는 여성들의 모임'은 '미국평화도보여행(アメリカ・ピース・キャラバン)' 활동을 전개하였다. 1996년 제1회(1996.2.3~17) 미국평화도보여행에는 오키나와 기지의 현재상황과 과제, 안전보장과 지위협정, 류큐의 역사, 여성에 대한 미군범죄, 주민운동의 역사 등을 시민, 여성, 젊은이들에게 알렸다. 이를 통해 미국인들로 하여금 자국의 군대가 해외에서 사람들의 생활과 자연환경에 끼치고 있는 피해에 대해 놀라게 하였다. 1998년 제2회(1998.10.3~14) 미국평화도보여행에는 네트워크가 확장되어 현재 샌프란시스코와 로스앤젤리스 두 곳에서 '오키나와평화네트워크'가 구축되어 있다(다카자토 스즈요, 2001: 178~179).

그리고 1997년 미군 기지가 있는 동아시아 지역의 여성들의 국제네트워크 기구인 '군사주의에 반대하는 동아시아 - 미국 여성네트워크(The East Asia-US Women's Network Against Militarism, 이하 동아시아 - 미국 여성네트워크)'를 결성하였다. 1차 '동아시아 - 미국 여성네트워크' 국제회의는 1997년 나하에서 개최되었다.19) 1997년 5월 1일부터 5월 5일까지 오키나와 나하에서 개최된 제1회 '동아시아 - 미국여성네트워크'는 '여성, 어린이의 안전보장 국제여성네트워크' 주제의 회의였다. 이 회의에서 어린이의 안전보장에 대한 재정의, 기지와 여성의 인권, 환경정화, 어린이의 법적 권리에 대해 공동의 행동을 취하기로 하였으며, 미국과 일본, 한국, 필리핀 각각의 정부 사이에 체결되어

---

19) 1차 모임은 1997년 5월 오키나와 나하시에서 있었고 1차 회의 참석자들은 지역에 대한 보고와 공유된 관점 확인, 방법론의 다양성을 이용하는 협력적이고 조직화된 연구의제를 계획하였다. 2차 회의는 1998년 10월 워싱턴에서 열렸다. '여성과 아이들의 안전을 재확인한다'라는 제목으로 5가지 주제로 열렸다. 즉 미군 주둔으로 인한 주둔국의 환경오염, 성폭력피해여성 문제, 조약, 아메라시안인 등이다. 3차 회의는 2000년 6월 오키나와 나하시에서 다시 열렸다. 4차 회의는 2002년 8월 서울에서 열렸다. 5차 회의는 2004년 11월 필리핀 마닐라에서 열렸다. 기타 자세한 내용은 다음의 주소를 참조. http://www.wedpro1989.org/imeeting.

있는 '지위 협정'이 미국과 독일의 '본 협정'과 비교하여 어린이의 인권, 양육비, 환경보전, 인권존중의 면에서 많이 뒤떨어져 있음을 문제제기하였다(다카자토 스즈요, 2001: 180~182).

이와 같은 오키나와 여성평화운동의 국제적 활동은 오키나와 여성평화운동에 세 가지 자원을 획득하게 하였다. 첫째, 지역주민의 안보를 위협하는 군대를 통한 국가 안보에 우선권을 두는 것에 대해 반론할 수 있는 운동의 관점, 기술 등과 같은 자원을 갖게 하였다. 둘째, 지역사회의 사적 영역에서 침묵되어 온 오키나와 여성의 체험을 글로벌 젠더 이슈로 언어화하게 하였다. 셋째, 유사한 젠더 문제에 대해 서로 이해하고 표현하는 새로운 방식을 획득하게 하였다(Miyume, 2003: 180). 이러한 자원들은 오키나와 여성평화운동을 이념적으로 정당성을 강화시키고 전문화시키면서 장기적으로 지속되게 만들었다.

4. 오키나와 여성평화운동의 특성

지금까지 오키나와 반기지투쟁에서 여성평화운동이 어떻게 발전적으로 전개되어 나왔는지, 그리고 오키나와 여성평화운동의 어떤 특성들이 여성평화운동의 발전과 장기지속을 가져오게 하였는지 살펴보았다.

우선 오키나와 반기지 투쟁과 여성평화운동이 연관되기 시작한 것은 '조국복귀운동'이 일어나던 1960년대부터다. 그리고 여성의 반기지평화운동은 일본 복귀 후 오키나와의 기지경제에 대한 의존이 심화되면서 반기지 열기가 약화되는 1980년대 이후 오히려 지속적으로 활발하게 전개되었다.

이는 여성들에게 있어서 1950년대의 경제적 투쟁으로서의 반기지운동이 극복되고, 반기지와 평화운동의 결합이 이루어졌기 때문이다. 뿐만 아니라 오키나와전의 트라우마를 바탕으로 1980년대부터 페미니스트 입장이 반기지 여성평화운동에 가세되면서 군대, 기지와 성폭력의 구조적 역사적 맥락을 연관시켜 보게 되었기 때문이다. 이러한 맥락에서 구성된 여성평화운동 담론은 1995년 섬 전체 투쟁을 견인해내는 데까지 발전하였다.

　　오키나와 여성의 반기지평화운동이 발전적으로 전개된 데에는 오키나와 여성평화운동에 세 가지 요소가 있었기 때문이다. 하나는 여성 인권의 관점이라는 페미니즘 관점이 들어오게 된 것이다. 페미니즘 관점은 앞에서 언급한 대로 기지와 성폭력의 연관성을 여성 인권의 관점에서 보도록 하였다. 또 하나는 오키나와 여성평화운동이 페미니스트 입장 외 다양한 입장의 여성들을 통합시키는 우나이 방식의 연대운동의 경험과 모델을 개발한 것이다. 이는 다양한 관점의 여성운동을 반기지라는 목표 아래 통합시키며, 이를 통해 운동의 지속성을 유지해 가도록 하였다. 마지막으로는 오키나와 여성평화운동이 1980년대부터 오키나와 기지 문제를 주조하는 글로벌 맥락을 인식하고 기지 문제를 국제적 여성평화운동의 연대과제로 삼은 점이다. 이를 통해 오키나와 여성평화운동은 주민의 안보를 위협하는 군대를 통한 국가 안보에 우선권을 두는 것에 대해 반론할 수 있는 운동의 관점, 기술 등과 같은 자원을 갖게 되었을 뿐만 아니라 오키나와라는 섬의 사적 영역에서 침묵되어 온 여성의 체험을 글로벌 젠더 이슈로 언어화함으로써 유사한 젠더 문제를 이해하고 표현하는 새로운 방식을 획득하게 되었다. 이것은 오키나와 여성평화운동을 국제적 지지와 연대라는 네트워크에서 더욱 활기차게 장기적으로 지속되게 만든 것이다.

■ 참고문헌

가노 마사나오(鹿野政直). 2004. 「오키나와, 주변으로 부터의 발신」. 『주변에서 본 동아시아』. 문학과지성사.

구원 커크(Kirk, G)·레이첼 콘웰(R. Cornwell.)·마고 오카자와-레이(M. Okazawa-Rey). 2001. 「여성과 동아시아의 미군」. 『당대비평』 14.

김동심. 2000. 「오키나와의 마음: 평화로운 아시아, 세상을 만드는 힘」. 『황해문화』 29.

다케시타 사요코(竹下小夜子). 1999. 「여성에 대한 일상적 폭력과 인권」. 『21세기 동아시아의 평화와 인권』. 역사비평사.

다카자토 스즈요(高里鈴代). 2001. 「기지, 군대와 오키나와의 여성운동」. 『동아시아와 근대의 폭력 1』. 삼인.

다카자토 스즈요(高里鈴代). 2002. 「오키나와의 기지·군대 현상황과 운동(오키나와 지역보고서)」. 군사주의에 반대하는 동아시아-미국여성네트워크 제4차 서울 국제회의 자료.

문소정. 2005. 「한국여성평화운동의 전개: 한국여성운동과 평화담론의 정치학」. 『한국학보』 118.

아라사키 모리테루(新崎盛暉). 1998. 『또하나의 일본-오키나와 이야기』. 김경자 역. 역사비평사.

아라사키 모리테루(新崎盛暉). 1999. 「오키나와의 반기지(反基地)투쟁과 동아시아의 평화창조」. 『동아시아의 평화와 인권 2』. 역사비평사.

아사이 모토후미(淺井基文). 1999. 「일·미 군사동맹의 변질·강화와 아시아」. 『동아시아의 평화와 인권』. 역사비평사.

아키바야시 고즈에(秋林こずえ). 2003. 「오키나와 기지, 군대를 허락하지 않는 행동하는 여성모임」. 한일'여성'공동역사교재편찬을 위한 4차 심포지엄 발표문.

양기호. 2004. 「미군기지와 일본의 지방정부-후텐마(普天間)기지 이전문제를 중심으로」. 『일본지역연구(上)-오키나와(沖縄)·오이타(大分)·가나자와(金澤)지방을 중심으로』. 小花.

우라사키 시게코(浦崎成子). 2002. 「성폭력용인체제인 안보-침묵을 깨고」. 제5회 일본대회 동아시아 평화와 인권 국제심포지엄 자료.

장화경. 2001. 「오키나와의 여성인권과 여성운동」. 『翰林日本學研究』 6.

정유진. 2001. 「오키나와에는 왜 양키고홈 구호가 없을까」. 『당대비평』 14.

후지메 유키(藤目ゆき). 1999. 「제국주의와 성폭력」. 『동아시아의 평화와 인권』. 역사비평사.

NGOフォラム北京95沖縄實行委員會. 1995. 「第4회世界女性會議NGO北京·沖縄うない報告書」.

高里鈴代. 1996. 「女たちのアメリカ·ピース·キャラバン-生きたネットワークを結ぶ-」. 武器によらない國際關係-アメリカ·ピース·キャラバン報告集, 1996年 2月3日~17日.

高里鈴代. 2003. 『沖縄 の女たち-女性 の人權と 基地·軍隊』. 東京: 明石書店.

菊地夏野. 2004. 「賣春禁止の言説と軍事占領-美軍占領初期沖縄から」. 서울대사회발전연구소 오키나와 미군기지의 정치사회학 세미나 자료집 4.

宮里悦 編. 1986. 『沖縄·女の戦後, 燒土からの出發』. 那覇: ひるぎ社.

那覇市總務部女性室 編. 2001. 『なは·女のあしあと那覇女性史(戦後編)』. 那覇:琉球新報社.

大田昌秀. 2004. 「戦後における沖縄女性たちの權利闘爭」. 『沖縄差別と平和憲法』. 東京: BOC出版.

藤目ゆき. 2002. 「日美韓軍事同盟と女性」. 東アジアの軍事基地と女性-新ガイライン安保に反對し, 美軍アジア總撤收を求める女性史交流會 報告集.

琉球新報社 編. 1996. 『近代沖繩女性史, 時代を彩つた女たち』. 那覇: ニライ社.

福田弘編譯. 2003. 『人權·平和教育のための資料集』. 東京: 明石書店.

比嘉佑典. 1992. 『沖繩の婦人會-その歷史と展開』. 那覇: ひるぎ社.

比屋根美代子. 1992. 「基地と女性」. 第5回 全國女性史研究交流のつどい 報告集 『沖繩から未來を 拓く女性史を 1』.

神山幸子. 1994. 「基地と女性」. 『歷史評論』529.

原ひろ・田前瑞枝・大澤眞理 編. 1996. 『アジア太平洋地域の女性政策と女性學』. 東京: 新曜社.

日本婦人團體聯合會 編. 2000. 『女性白書』. 東京: ほるぶ出版.

井上輝子·江原由美子 編. 1991. 『女性のデータブック』. 東京: 有斐閣.

秋林こずえ. 2003. 「總論: フェミニストが創る平和-, 家父長制を解體し, すべての人々が安心し て暮らせる社會を」. 『女たちの21世紀』33.

秋林こずえ. 2004. 「安全保障とジェンダーに關する考察-沖繩「基地·軍隊を許さない行動する 女たちの會」の事例から」. 『ジェンダー研究』7.

沖繩國際大學公開講座 3. 1996. 『女性研究の展望と期待』. 瑄野灣: 那覇出版社.

沖繩基地·軍隊を許さない行動する女たちの會. 1996. 「武器によらない 國際關係 -アメリカ·ピー ス·キャラバン報告集, 1996 年 2月3日~17日」.

沖繩基地·軍隊を許さない行動する女たちの會. 1998. 「武器によらない 國際關係 -アメリカ·ピー ス·キャラバン報告集, 1998 年 10月3日~14日」.

沖繩縣婦人連合會. 1981. 『沖繩縣婦人連合會30年のあゆみ』. 那覇.

沖繩縣女性團体連絡協議會. 2003a. 『沖繩縣女團協35年の步み, 平和平等發展を燈-つづけて(資料 編)』. 那覇: 琉球出版社.

沖繩縣女性團体連絡協議會. 2003b. 『沖繩縣女團協35年の步み, 平和平等發展を燈-つづけて(本 編)』. 那覇: 琉球出版社.

沖繩縣總務部知事公室男女共同參劃室. 2003. 「男女共同參劃行政の概要」.

浦崎成子. 2002. 「沖繩の美軍基地と女性」. 東アジアの軍事基地と女性-新ガイドライン安保に反 對し, 美軍アジア總撤收を求める女性史交流會報告集.

洪ユン伸. 2003. 「日韓兩國における安全保障の變容-沖繩と韓國における反基地運動'住民アク ター'の視點から」. 早稻田大學アジア太平洋研究科國際關係學 專攻.

シンシア·エンローさんインタビュ. 2003. 「フェミニスト的好奇心から見る軍事化」. 『女たち の21世紀』33.

Angst, Linda Isako. 2003. "The Rape of a Schoolgirl: Discourses of Power and Gendered National Identity in Okinawa". H.Laura and S. Mark(ed.). *Islands of Discontent*. Rowman & Littlefield Publishers INC.

Boulding, Elise. 1976. *The Underside of History: A View of Women Through Time*. Boulder: Westview Press.

Brock-Utne, Birgit. 1989. *Feminist Perspectives on Peace and Peace Education*. New York: Pregamon Press.

Enloe, Cynthia. 2000. *Maneuvers: The International Politics of Militarizing Women's Lives*.

Berkeley: University of California Press.

Reardon, Betty A. 1993. *Women and Peace: Feminist View of Global Security*. New York: State University New York Press.

Miyume, Tanji. 2003. "The dynamic trajectory of the post-reversion 'Okinawa Struggle': constitution, environment and gender". G.D.Hook and R. Siddle(eds.). *Japan & Okinawa: Structure and Subjectivity*. London & New York: Routledge Curzon.

Tickner, J. Ann. 1992. *Gender in International Relations: Feminist Perspectives on Achieving Global Security*. New York: Columbia University Press.

12장

오키나와 여성운동의 정치학
· '행동하는 여성모임'을 중심으로1)

문소정

1. 동아시아와 오키나와 여성

1990년대부터 동아시아 여성은 제1세계나 제3세계의 여성과 다른 자신의 경험에 대해 말하기 시작했다. 일본군 성노예, 기지촌여성, 성매매관광, 이주 노동 등이 드러나면서 동아시아 여성의 경험이 제1세계나 제3세계 여성의 경험과 다른 차이를 발견한 것이다. 그리고 동아시아 여성 경험의 역사적 특수성이 동아시아 각국의 일국적 차원이나 세계체제의 차원이 아닌 차별적 권력구조를 내장한 동아시아라는 상대적 자율성을 지닌 독자적 지역체제에 기반한 것임이 발견되면서 동아시아 맥락에 대한 지적 실험이 시도되고 있다.2)

---

1) 이 글은 한국사회사학회에서 간행하는 『사회와 역사』(통권 제71집, 2006년 가을호)에 게재된 것을 수정 · 보완한 것이다.
2) 동아시아 맥락에 대한 지적 실험의 종류는 박명규(2002)를 참조. 그리고 동아시아의 시공간의 범주를 장기적 - 지구적 시공간과 구별되는 국면적 - 지역적 시공간 범주로 정의한 인식론적 정의는 박명규(2000)를 참조. 한편 젠더 관점에서 동아시아 맥락을 탐색하는 동아시아 시각이 대두한 것은 1990년대부터다. 동아시아 시각은 한국 여성 경험에 서구 여성학을 도입하고 적용하면서 끊임없이 제기되어 온 한국 여성 지식의 서구화 및 식민성을 극복하기 위하여, 그리고 동아시아 여성의 경험을 낳는 비서구, 즉 일제의 식민지 경험에 주목하면서 한국 여성 경험의 역사적 특수성과 민족적 현실에 철저하기 위한 것으로 탐색되었다. 이러한 탐색과정에서 동아시아 시각에 대한

동아시아 맥락을 탐색하면, 근대 이래 동아시아의 특수한 역사적 경험을 주조해온 사회역사적 과정으로서 동아시아의 군사화에 주목하게 된다. 일반적으로 군사화(militarization)란 근현대 민족이나 동맹국들 또는 집단의 이익을 도모한다는 명분으로 갈등의 해결을 위하여 집단적 폭력을 사용하는 것을 정당화하고 국가안보와 민족보존, 평화가 군사력에 의하여 획득되고 유지될 수 있다는 군사주의(militarism)가 전 사회영역에 관철되어 사회생활을 변형시키는, 즉 군사주의의 사회화 과정을 말한다.[3]

동아시아의 군사화는 근대에 군사력을 앞세운 일본 제국주의 침략 및 이에 맞선 저항적 민족주의의 무력적 대항 속에서 진행되어 특수한 역사공간을 형성시켰다. 동아시아의 군사화는 2차 세계대전 후에는 동서 냉전체제에서 패권국가 미국이 군사력과 경제력을 앞세워 동아시아에서 전략적으로 일본을 군사적 안보동맹 파트너로 삼아 분절적 냉전질서를 구축하면서 더욱 진전되었다. 뿐만 아니라 동아시아의 군사화는 소련이 붕괴된 후 도래한 탈냉전체제에서 나타나는 이 지역질서의 불안정적인 재편 속에서 미일동맹 체제의 강화를 통해 더욱 강화되어 가고 있다.

이러한 추세는 앞으로도 더욱 강화될 것으로 예측되고 있다. 예컨대 미

의미와 평가는 연구자에 따라서 다르지만, 동아시아 시각을 한국 여성의 경험이나 동아시아, 특히 한국과 일본의 여성경험, 식민지 시기 가족, 노동, 여성의 국민의식, 일본군 '위안부'나 환경 문제 등에 적용한 연구가 나오고 있다. 이와 관련한 논의의 흐름은 조한혜정(1998), 김은실(2000), 정진성(2000), 조은(2000), 임우경(2001), 태혜숙(2004a; 2004b)을 참조.

3) 특히 엔로는 현실을 냉전 종결 후 글로벌 군사화가 진행되는 것으로 규정하고, 군사화라는 용어를 산업화, 사회화, 글로벌화 등과 같이 과정으로 사용할 것을 강조하였다. 좀 더 일반적으로 사용하는 군사주의, 군국주의는 특정한 종류의 사회적 문화적 과정의 최종 형태이며 자신이 문제 삼고자 하는 것은 최종점이 아니라 과정으로서의 군사화라는 것이다. 과정으로서의 군사화를 받아들일 때 정책, 경제, 문화 등과 함께 생활의 미세한 과정에 주의를 기울일 수 있으며, 특히 과거 60년 이상 진행된 아시아 여성의 군사화에 대해서 주목할 수 있다는 것이다. 예컨대 2차 세계대전 당시 성노예상태에 처해진 여성에서부터 일본에서 군사기지의 중심에서 비서나 청소부로 일하며 경제 불황 때 급료를 방위청에 의존하는 여성들까지 주목할 수 있다는 것이다(シンシア・エンローさんインタビュ, 2003: 14~17).

국방부의 보고서 '조인트비전(Joint Vision) 2020'은 중국을 미국의 잠재적인 적으로 지목하고 아시아가 유럽을 대신하여 21세기 미국의 군사전략에서 핵심적인 지역이 될 것으로 전망하고 있다(구원커크·레이첼 콘웰·마고 오카자와-레이, 2001: 115). 동시에 일본은 미국에게 군사기지를 제공하는 한편 재무장과 군비증강을 일관되게 추진하여 동아시아에서 사실상의 지역적 군사대국으로 성장하면서 신군국주의로 나가고 있다.4)

한국을 포함한 동아시아 각국도 군사력에 의존한 국가안보 가치를 보존하면서 군비증강 등 군사화를 지속시켜 나가고 있다. 이들 국가들은 근대 이래 현재까지 군사력을 앞세운 제국주의 침략과 이러한 침략에 맞서기 위한 저항적 민족주의 세력의 무력적 대항이라는 역사발전과 경험을 갖고 있다.5) 이러한 과정에서 동아시아는 글로벌 군사화와 매개되어 있지만, 글로벌 차원으로 환원될 수 없는 동아시아의 특수한 군사화가 진행되어 왔다.

군사화의 동아시아 맥락을 공유하는 국가들에는 일차적으로 일본, 한국과 타이완 그리고 만주를 포함한 중국이다. 여기에 지정학적 의미에서 동아시아 맥락을 주조하는 데 영향을 미친 행위 주체로서 국가들과 국가들 간의 불균

---

4) 군국주의는 군부가 정치를 좌우하는 정치제도다. 전후 일본은 문민통치가 확고하다는 점에서 군국주의적 현상을 생각할 수 없다는 입장도 있다. 그러나 일본의 군비증강 실적과 군사적 능력에 기초하여 평화헌법을 폐기시키는 일련의 움직임을 보여주고 있는 최근 일본의 정치군사 동향은 신군국주의로 파악할 수 있다. 신군국주의 대두의 징후는 일본의 신보수주의 대두, 천황제강화론, 핵무기개발 능력의 양성과 개발의도, 테크노 헤게모니다. 신군국주의는 구 군국주의와 대비해 대외관계의 특성상 다음과 같은 특징을 갖는다. 첫째, 군사적 보호국들의 창설을 목적으로 하며 완전 식민지 창설을 목적으로 하지 않는다. 둘째, 현대의 최첨단의 과학기술(특히 군사과학기술)에 기술적 기초를 둔다. 셋째, 침략의 전면에 서지 않고 측면과 후면에 선다. 즉 경제와 문화의 침투를 선행시키고 군사는 그것을 측면 호위하거나 후면 호위한다. 넷째, 피지배국의 명목상의 독립은 남아 있지만, 실질적으로 반독립, 반식민지의 상태에 떨어지게 된다. 다섯째, 간접지배 양식이다. 지배의 유지를 위해 피지배국의 친일세력의 양성에 총력을 기울인다. 여섯째, 외교 문제가 있을 때마다 군사력으로써 피지배국을 끊임없이 협박하며, 소규모 무력분쟁을 자주 자행하고 때로는 대규모 전쟁을 도발한다(신용하, 1994: 98~99).
5) 근대 이래 현재까지 동아시아에서 일어난 청일전쟁, 러일전쟁, 만주사변, 중일전쟁, 아시아·태평양전쟁, 한국전쟁, 베트남전쟁과 조어도(釣魚島), 난사군도(南沙群島), 북방영토, 독도 등 영토를 둘러싼 무력분쟁을 일별하면 동아시아의 군사화가 지속될 수밖에 없는 맥락을 알 수 있을 것이다.

형적 권력관계까지 포함하면, 미국, 중국, 러시아, 일본, 남한, 북한, 타이완 등이 포함된다. 특히 이 지역과 국경으로 접하고 있지 않지만, 1차 세계대전을 계기로 세계체제의 중심국으로 올라선 패권국가로서 이 지역에 막강한 영향력을 행사하고 있는 미국을 포함하지 않을 수 없다(정영신, 2005: 267). 한국과 일본에 주둔하는 미군의 현전은 동아시아 지역에 스며 있는 미국의 영향력 내지 동아시아 맥락을 주조하는 데 개입하는 미국의 힘을 보여주고 있다.6) 이는 동아시아가 단순한 지리적 공간이나, 이 지역을 구성하는 단순합이 아니라 근대 이래 현재까지 이 지역에 전략적 이해관계를 가지고 개입하고 있는 국가들 및 국가들의 국제적 권력관계에 주목해서 구성되는 역사적, 정치적, 의식적 공간임을 입증시켜 주고 있다.7)

군사화된 동아시아 공간에서 오키나와는 '군사기지의 섬'으로 존재한다. 일본의 한 현(縣)인 오키나와(沖繩)가 동아시아 군사화체제에서 기지의 섬이

---

6) 동아시아에 배치된 미국 군사력의 규모는 2001년 현재 항구에 항시 배치된 1만 3000척의 항모를 포함하여 한국에 3만 7000명, 일본에 6만 3000명의 미군이 주둔하고 있다. 일본열도인 오키나와 현에는 37개의 기지와 군사시설을 포함하여 3만 명의 미군과 2만 2500명의 군속이 배치되어 있다. 필리핀의 경우 1991년 필리핀 상원이 기지임대계약갱신 반대안을 통과시키기 전까지 광대한 미군 기지가 있었다. 이후 미국은 지속적으로 필리핀에서 미군합동훈련과 상륙허가를 위한 '방문군협정(Visiting Forces Agreement)'을 제안하여 1999년 5월 필리핀 상원은 이것을 비준하였다. 그 결과 필리핀의 거의 모든 주요 지역의 항구와 공항은 미군의 연료의 보급과 공급, 수리, 휴식, 유흥을 위하여 그 전보다 훨씬 더 폭넓게 이용되고 있다(구윈 커크·레이첼 콘웰·마고 오카자와 레이, 2001: 114~115). 그 외 아키바야시 코즈에(2003) 참조.

7) 정영신 외 동아시아의 공간적 구성범위에 대한 정의를 보면, 백영서는 이보다 좀 더 나아가 동아시아의 지리적 범위가 동남아를 포괄하는 것은 당연하지만, 동아시아를 지리적으로 고정된 경계나 구조를 가진 실체로 보기를 단념하고 동아시아를 지역을 구성하는 주체의 행위에 따라 유동하는 역사적 공간으로 파악할 수 있고, 지역을 구성하는 인간 활동에 맞춰 그 지역의 범위와 구조에 일어난 변화를 설명하고 그에 어울리는 적절한 명칭을 달아주면 된다고 하였다(백영서, 2004: 13~36). 그 외 동아시아의 정의에 대한 다른 입장을 보면, 김명섭은 동아시아의 공간적 정의에 있어서 동아시아는 동남아와 동북아를 포괄한다. 동남아와 동북아를 묶는 프로젝트로서 동아시아라는 개념은 앞으로 더욱 널리 사용될 것이다. 그러나 동아시아라는 명칭이 포괄하는 내포가 정확하게 어디까지인지는 아직도 모호하다. 남북한과 중국, 일본, 타이완, 몽골, 러시아 극동지역, 괌, 필리핀, 베트남 그리고 기타 동남아시아 국가들 중 과연 어디까지 동아시아의 경계로 확정할 것인지는 아직 합의되지 않았다(김명섭, 2005: 264~308).

된 것은 아시아·태평양전쟁 이후부터다. 아시아 태평양전쟁 때 오키나와는 일본이 일본 본토 방위를 위한 방파제로 삼아 희생시킨 일본의 '사석(捨石)'이 되어 전쟁터가 되었다. 1945년 3월 미군이 상륙한 후 3개월 동안 오키나와는 전체 인구의 4분의 1을 잃고 모든 사회구조가 파괴되는 피해를 입었다. 그리고 오키나와는 나하시를 중심으로 동심원을 그릴 때 동아시아의 주요한 국가들 인 타이완, 중국, 북한, 한국, 일본, 필리핀의 주요 도시들이 포섭되는 지리적 위치로 인해 미국의 동아시아 전략에서 지정학적으로 '태평양의 요석(要石)' 이 되어 '군사기지의 섬'으로 되었다.[8] 이후 오키나와는 미군정의 지배 27년을 겪었으며, 1972년 일본에 복귀한 후 30여 년, 전후 60여 년이 지났지만 여전히 군사기지의 섬으로 되어있다. 전후 일본 본토의 미군 기지가 3분의 1정도로 줄어들었지만 일본 영토의 0.6%에 불과한 오키나와에는 2002년 현재 일본에 주둔하는 미군 시설의 75%, 주일미군의 46%가 주둔하고 있으며 오키나와 전 체 면적의 20%가 미군기지로 사용되고 있다(다카자토 스즈요, 2002; 아키바 야시 코즈에, 2003).

아시아·태평양전쟁 후 지금까지 오키나와에는 다양한 이념과 형태를 지닌 반기지여성운동이 줄기차게 일어나고 있다. 오키나와가 기지경제에 점 점 의존하게 되는 1960년대부터 반기지투쟁의 열기가 사라지는 가운데서도 오키나와 반기지 여성운동은 오히려 힘차게 지속되어왔다. 그리하여 1995년 미군의 소녀성폭행사건을 계기로 오키나와 여성운동은 섬 전체 반기지 투쟁 을 견인하는 데 주도적 역할을 하였다.[9]

오키나와 반기지여성운동사에서 미군기지 아래의 여성 문제, 즉 성적 착

---

8) 가노 마사나오는 오키나와의 지정학적 위치를 사석(捨石), 요석(要石)으로 비유하였다(鹿野政直, 2004).

9) 오키나와 여성평화운동사에서 '행동하는 여성모임'은 반기지 여성평화운동의 과제를 토지강 제접수 반대, 조국 복귀 과제로부터 여성의 성폭력으로 전환시켰을 뿐만 아니라 이러한 운동과제 를 통해 오키나와의 다양한 반기지운동 및 다양한 성격과 형태의 여성평화운동을 결집시켰다. 오키나와 여성평화운동의 이러한 역사적 발전과정에 대한 것은 문소정(2006a)을 참조.

취와 폭력을 운동 과제로 삼는 집단이 생기게 된 것은 1980년대부터다. 이들은 자신의 과제를 공유하는 동아시아 여성들과 교류하여 미군기지의 여성 문제에 대하여 공감하고, 이 문제를 국제적인 여성운동 차원으로 가져가면서 젠더 관점에서 자신의 과제를 문제화하기 시작했다.

이러한 여성운동들 중의 하나로 주목되는 것은 1995년 11월 8일 결성된 오키나와 여성 단체 '기지·군대를 허용하지 않는 행동하는 여성모임'(基地·軍隊를許さない行動する女たちの會, 이하 '행동하는 여성모임'으로 약칭)이다.

'행동하는 여성모임'은 결성된 이래 현재까지 오키나와에서 반기지 여성운동을 벌이는 핵심적인 여성단체로 활동해오고 있다. 그리고 이들의 여성운동은 오키나와뿐만 아니라 동아시아, 글로벌 수준에까지 정치적 의미를 던져주고 있다. 그래서 이 여성단체의 여성운동이 어떤 정치적 의미를 보여주는지 검토하는 것은 동아시아 여성운동의 정치학을 탐색하는 실험이 될 것이다. 이를 위하여 첫째, '행동하는 여성모임'의 주체가 오키나와 여성운동 계보에서 어떤 이념을 지녔는지, 또 어떠한 주체 요건을 강조하는 것인지 살펴본다. 둘째, '행동하는 여성모임'의 운동의 목표가 무엇인지, 이러한 운동의 목표를 오키나와 여성 문제의 역사적 특수성 속에서 규명해본다. 셋째, '행동하는 여성모임'의 실천적 행동이 오키나와 여성 문제를 주조한 동아시아 군사화에 대하여 어떤 변혁을 추구하는 것인지 규명한다.

2. '행동하는 여성모임'의 주체와 목표, 행동

1) '행동하는 여성모임'의 주체

'행동하는 여성모임'은 1995년 11월 8일 창립되었다. '행동하는 여성모임'

이 창립된 직접적 계기는 1995년 9월 4일 미군인 3명에 의한 12세 소녀성폭행 사건이었다. 이 사건이 일어난 두 달 후인 1995년 11월 8일에 100여 명의 여성들이 모여서 만들었다.

'행동하는 여성모임'을 만든 핵심적 주체는 1995년 8월 31일~9월10일 중국 후아로우(怀柔)에서 열린 4차 세계여성회의 NGO포럼에 참여한 오키나와 NGO 대표팀(Okinawa Action Committee) 71명 중 일부다. 예컨대 1989년부터 1999년까지 오키나와에 거주하며 폭력과 성차별에 반대하는 활동을 하다가 오키나와 NGO 대표팀의 사무국차장의 역할을 한 미국 선교사 프란시스 캐롤린(Francis Carolyn), 오키나와 NGO 대표팀 단장이며 1980년대부터 오키나와에서 매음여성 상담활동을 해온 다카자토 스즈요(高里鈴代)가 대표적이다.

이들은 NGO 후아로우 '95포럼 오키나와 대표팀을 결성하여 세계여성회의 NGO포럼에서 '군대, 그 구조적 폭력과 여성' 이라는 워크숍을 열고, 여기서 「오키나와의 군대·그 구조적 폭력과 여성: 무기 없는 평화의 실현을 위하여」라는 주제로 발표하였다.10) 여기서 이들은 1995년 4차 세계여성회의 후아로우 NGO포럼에서 군대를 '구조적 폭력'으로 정의하고 무력분쟁 때 강간이 전쟁범죄로 규정되는 것과 마찬가지로 오랜 기간 군인이 주둔하는 기지의 강간도 '전쟁범죄'로 규정되어야 한다고 주장하였다. 이것은 1995년 4차 세계여성회의에서 채택된 '세계여성회의 행동강령' 가운데 '여성과 무력분쟁'에서 무력분쟁하에서의 강간행위는 전쟁범죄로 규정되고 있지만 '외국 군대의 장기주둔'에 의해 발생되는 일상적 폭력과 그 책임에 대한 내용이 빠져 있음을 문제제기한 것이었다.11)

---

10) 이 발표문은 『NGOフォラム北京95沖繩實行委員會의 第4會世界女性會議NGO北京·沖繩うない報告書』에 실려 있음.

11) 「沖繩における軍隊·その 構造的 暴力と 女性: 武器によらない 平和の 實現を」.

그 외 '행동하는 여성모임'에는 오키나와에서 평화운동이나 여성폭력, 차별 문제와 관련한 여성운동, 리조트개발에 반대하는 환경운동을 펼친 여성들이 모여서 만들어졌다. 즉 평화가이드로서 활동하다가 오키나와현 의회 의원이 된 이토카즈 게이코(系數慶子), 오키나와 여성연대 우나이 라디오 페스티벌의 핵심 기획자 중의 한 사람인 미나모토 히로미(源啓美) 등이 참여하고 있다. 그 외에도 대체로 '행동하는 여성모임' 여성들은 1980년대부터 오키나와에 전파된 페미니즘이나 국제적 여성연대활동을 통해서 조우한 페미니즘에 친화적인 여성들이었다.12)

현재 '행동하는 여성모임'은 세 가지 주체 요건을 강조하고 있다. 그것은 오키나와에 거주하는 여성, 이 단체의 목적에 공감하는 여성, 침묵하지 않고 행동하는 여성이다. 1997년 9월 6일 개정되어 발효 중인 회칙 제4조에 따르면, 회원 자격을 "본회의 목적을 이해하고 찬동하는 현내 거주하는 여성"으로 되어 있다.13)

2) '행동하는 여성모임'의 목표

'행동하는 여성모임'의 목표는 회칙 제2조에 따르면, "4차 세계여성회의

---

12) '행동하는 여성모임'의 11월 29일 총회에서 다카자토 스즈요와 이토카주 게이코는 공동대표로 선출되어 현재까지(2006년 1월 현지조사 시점) 그 직을 맡고 있다. 다카자토 스즈요는 1989년부터 나하시의회 의원으로 4번(1989년, 1993년, 1997년, 2001년) 당선되어 활동하다가 2004년 11월 14일 나하시장 선거에 출마하기 위하여 의원직을 사직하였다가 낙선한 상태며, 이토카즈 게이코는 오키나와현 의회 의원으로 있다가 2004년 7월부터 참의원이 되었다.

13) '행동하는 여성모임'의 영문명은 'Okinawan Women Act Against Military Violence'에서 'Okinawa Women Act Against Military Violence'로 바뀌었다. 바뀐 시점은 정확하진 않지만, 1998년으로 확인된다. 왜냐하면 1998년 10월 3~15일 2차 미국평화도보여행(ア メ リ カ・ピース・キャラバン)에서 확인되기 때문이다. 이와 관련하여 4차 세계여성회의 NGO 오키나와 대표팀의 사무국 차장이자 '행동하는 여성모임'의 창립주체인 프란시스 캐롤린에 따르면, "……오키나와 여성(okinawan)은 다른 지역의 여성들을 배제하는 뉘앙스를 띠게 되는 반면, 오키나와에 거주하는 여성(okianwa women)이 보다 포괄적인 멤버십 규정이 되어 오키나와에 거주하는 본토 출신 여성들도 포함할 수 있다"고 하였다(Akibayashi, 2002: 88).

에서 채택된 '행동강령'의 중대 영역에 기초하여, 구조적 폭력으로서 기지·군대를 허용하지 않기 위하여 기지의 철거와 군대의 철퇴를 요구하며 무기에 의하지 않는 평화로운 사회를 건설하는 것"에 두고 있다.

여기서 4차 세계여성회의 행동강령의 중대영역이란 '여성과 무력분쟁' 영역을 말한다. 따라서 '행동하는 여성모임'의 목표는 4차 세계여성회의에서 채택된 '여성과 무력분쟁'의 행동강령에 기초하여, 구조적 폭력으로서 기지·군대를 허용하지 않으며, 기지의 철거와 군대의 철퇴를 요구하며 무기에 의하지 않는 평화로운 사회를 건설하는 것에 두고 있다.

이러한 운동 목표에 의하면, '행동하는 여성모임'은 무기에 의하지 않은 평화로운 사회건설을 천명하고 있으며, 이를 위하여 반기지, 반군대를 운동과제로 설정하는 평화운동이다. 여기에 앞의 주체 요소까지 고려하면 '행동하는 여성모임'은 오키나와에 거주하며 여성으로서 4차 세계여성회의 '여성과 무력분쟁'의 행동강령에 공감하며, 평화로운 사회를 건설하기 위하여 구조적 폭력으로서 기지와 군대를 허용하지 않으며 기지와 군대의 철퇴를 요구하고 이러한 목적을 실현하기 위하여 침묵하지 않고 행동하는 것을 추구하는 오키나와의 여성평화운동으로 정의할 수 있다.

3) '행동하는 여성모임'의 행동

'행동하는 여성모임'은 '행동하는' 것을 주체요건으로 삼을 정도로 행동을 중요하게 여긴다. '행동하는'이라는 용어는 일본어로는 'こうとうする', 영어로는 'Taking Action'인데 침묵하지 않는 것을 말하며, 이때 행동의 내용은 회칙 제2조에 따르면 학습행동, 정보발신행동, 미병사의 강간재판의 방청행동, 국내외 여성들과의 네트워크 행동으로 구성되어 있다.[14]

---

14) '基地·軍隊を許さない行動する女たちの會' 會則.

이에 따라 구체적으로 실행된 '행동하는 여성모임'의 행동을 1995년부터 2005년까지 연도별로 정리하면 [표 12-1]과 같다. [표 12-1]에 나타나 있듯이 '행동하는 여성모임'의 행동은 크게 군인 및 군대에 의한 여성 및 아동의 폭력에 대한 반대행동, 오키나와 군대와 기지 철거 행동, 일본의 신군국주의화에 대한 반대행동, 북한어린이돕기와 2000년 일본군 '위안부' 여성국제법정 참가, 반전행동 등으로 이루어져 있다.

[표 12-1] '행동하는 여성모임' 10년의 행동 내용(1995~2005년)

연도	행동 내용
1995	- 11월 8일 '행동하는 여성모임' 창립 - 11월 9~20일 평화광장, 12일간 현청 앞에서 군대폭력에 대하여 텐트 펴고 연좌데모, 미 병에 의한 소녀성폭행사건에 항의, 기지 군대의 철퇴를 요청 - 11월 17~18일 정부, 총리부, 외무성에 요청 및 호소 행동(25인 참가, 도쿄)
1996	- 2월 3~17일 1차 미국평화도보여행 - 11월 30일 군대, 해상기지(헬기기지)에 반대하는 여성들, 어린이들의 섬 전체 집회
1997	- 4월 14~15일 미군용지 특별조치법의 개악을 허용하지 않는 여성들의 연좌데모 - 5월 1~4일 '군사주의에 반대하는 여성네트워크' 1차 회의 - '북조선의 어린이들에게 식량을!' 회원에 긴급호소 - 10월 31일~11월 23일 '전쟁, 무력분쟁상황에서의 여성에 대한 폭력' 국제회의(도쿄) 참가 - 12월 27일 '목소리 네트워크' 창립
1998	- 1월 9일 해상기지에 반대하는 지사에 격려와 요청행동, '목소리 네트워크' 연대 - 기지는 필요 없다! 여성들의 도쿄행동, '목소리 네트워크' 연대 - 카데나 제5게이트(gate) 2일간의 집회와 침묵의 행진 - 듣고 말하는 기지와 환경 - 지사와 여성이 생각하는 모임, '목소리 네트워크' 연대 - 5월 8~10일, '목소리 네트워크' 연대 도쿄 행동 - 5월 17일 두 번째 후텐마 기지 인간사슬 행동 - 10월 3~15일 2차 미국평화도보여행 - 미해병대의 만취, 뺑소니 사건에 항의하고 신병인도 요청
1999	- '역사의 개찬(改竄)·기지의 현내 이설을 허용하지 않는' 우나이 우산(傘)행동 - 10월 15일 평화기념관의 역사의 진실과 오키나와 미군기지 재배치 반대 요청 - 11월 23일 헤노코 평화행진 - 11월 24일 후텐마 기지를 헤노코로 옮기는 것에 반대하는 연좌데모

2000	- 7월 8일 후텐마 기지 총사령부 앞에서 항의 행동 '안전한 곳은 어디에? 군대의 섬에 안전도 안심도 없다. 어린이들을 지키는 권리가 있다' - 해병대에 의한 소녀성폭행을 허용하지 않는 군대의 철퇴를 요구하는 요청서 - 6월 23~25일 '군사주의에 반대하는 여성네크워크' 2차 회의 - 7월 20일 인간사슬 카데나 기지 포위행동 - 12월 11~14일 2000여성국제법정 참여(도쿄)
2001	- 미병사에 의한 소녀폭행사건에 대한 항의 성명 - 10월 15일~16일 생명이야말로 보물·평화를 구하는 여성들의 24시간 행동 - 아프가니스탄 공격에 반대행동, 24개 여성단체공동행동, 120명 참가(철야 텐트)
2002	- 5월 28일 유사법제 3법안에 반대하는 평화외교 확립을 구하는 요청결의 - 10월 15일 시와 노래로 평화를 구하는 모임, 현청 앞(6:30~7:30) '새로운 전쟁'에 반대하는 국제여성행동, 국제네트워크로서 동시개최. - 카데나 기지포위, 후텐마 기지포위 행동에 참가, 현민대회, 현민집회에 참가 - 12월 6일 해병대에 의한 강간미수사건에 항의
2003	- 1월 재오키나와 미총영사관 앞 이라크 공격반대 단식투쟁지원 - 3월 31일~4월 6일 현청앞 24시간 농성 참가 '행동하는 여성모임'은 4월 4일 아침 8시부터 5일 아침 8시까지 담당 - 5월 16일 후텐마 기지포위에 참가
2004	- 東門美津子 중의원 의원을 단장으로 미군재편위원회 요청방미단에 이토카즈 게이코, 다카자토 스즈요 등 동행, 캐롤린 씨가 통역으로 참가, 아키바야시 코즈에를 통하여 WILPF 회원으로부터 지원받음 - 4월 19일 헤노코 천공(boring) 조사 개시 연좌데모 참가 - 9월 5일 오키나와 국제대학에 미군 헬기 추락에 항의 후텐마 비행장의 조기반환을 요구하는 기노완 시민대회 참가 - 9월 헤노코 작업강행에 결집
2005	- 헤노코 신기지건설을 허용하지 않는 행동하는 시민공동행동, 연좌데모 참가 - 5월 16일 후텐마 기지철거, 후텐마 기지의 인간사슬에 참가, 기지의 현내 이설에 반대하는 현민대행동에 참가 - 6월 22일 헤노코 신기지 건설을 허용하지 않는 시민공동행동 결성에 참가 - 7월 5일 카데나 기지 병사에 의한 소녀의 성폭행을 허용하지 않는, 군대의 철퇴 요구. 知事公室長, 정부특명대사, 미국총영사에 대하여 항의 - 7월 22일 기지는 오키나와 어디에도 만들 수 없다. '목소리 네트워크' 참가 - 10월 28일 긴급호소, 새로운 기지(타협안) 강압에 대하여 항의, 현 내 이설반대 행동을 호소 - 11월 19일 10주년을 맞음

출처: 「基地·軍隊を許さない行動する女たちの會10周年の活動紀錄」.

3. '행동하는 여성모임'의 여성운동의 정치학

앞에서 살펴보았듯이 '행동하는 여성모임'의 주체, 목표, 행동은 일본의 한 현에서 일어나고 있는 여성평화운동이다. 그러나 '행동하는 여성모임'이 단지 오키나와 여성평화운동의 의미만 지니는 것은 아니다. '행동하는 여성모임'의 여성운동을 동아시아 맥락에서 고찰할 때, '행동하는 여성모임'의 여성운동이 서구의 여성평화운동과 어떤 점에서 다른지, 그리고 동아시아 각국의 여성평화운동과는 어떤 점에서 공통점과 차이점이 있으며, 나아가 동아시아 군사화에 대해 어떤 의미를 지니는 운동인지 등이 드러날 것이다.

1) 오키나와적 여성평화운동

'행동하는 여성모임'은 여성의 관점에서 평화사회 건설이라는 목표를 위하여 기지, 군대를 철거하는 문제를 운동의 과제로 삼고 있다. '행동하는 여성모임'이 기지, 군대를 평화운동의 과제로 설정하게 된 것을 보면 아래와 같다.

첫째, '행동하는 여성모임'은 그 동안 반기지 오키나와 평화운동이 여성이나 어린이의 인권의 관점, 인간존엄의 관점에서 오키나와 기지 문제를 접근하지 않았다고 비판하고 이러한 관점에서 기지 문제가 공간의 문제, 기지 기능의 문제만은 결코 아니라고 강조하였다. 이러한 사고를 보면 아래와 같다.[15]

…… 종래 기지 문제는 토지의 강제접수문제, 폭음, 연습사고 등이 중심적 문제였

---

[15] 이러한 사고는 '행동하는 여성모임'이 오키나와의 다양한 이념과 형태의 반기지 여성평화운동과 구별되는 점이다. 오키나와 반기지 여성평화운동사는 오키나와전 이후부터 현재까지 도도한 흐름으로 전개되고 있는데, '행동하는 여성모임'은 이러한 여성평화운동의 한 부분을 이루지만, 이념이나 과제, 행동에서 이들 여성평화운동과 분명한 차별성을 드러내고 있다. 이와 관련하여 문소정(2006a) 참조.

고 일미안전보장조약에 깃든 정치 문제가 있는 것으로만 인식하였다. 그 결과
여성이나 어린이의 인권침해, 인간존엄의 관점이 지금까지 기지철거운동에서
명확하게 되지 않았고, 기지 문제 및 군대의 메커니즘에 대한 의논이 불충분하였으
며, 그 결과 지금까지 현 수준의 장기간 미군의 주둔을 허용한 것이다 …… 따라서
논의되고 있는 일미지위협정이나 안전보장조약의 개정은 오키나와에 살고 있는
사람들의 존엄, 즉 여성과 어린이가 안전하게 평온하게 사는 안전보장의 관점에서
만들 필요가 있다……(高里鈴代, 1996: 2).

둘째, '행동하는 여성모임'은 기지와 군대를 '구조적 폭력'으로 정의하고
있다.16) 이러한 근거로 '행동하는 여성모임'은 군대, 특히 미군의 조직과 훈련과
정에서 성폭력이 군대와 전투에 내재적인 것으로 주장한다. 따라서 성폭력은
군대의 제도화된 구조적 폭력으로 개별 군인에 의해 저질러지는 단순한 범죄가
아니고 군대시스템에 의하여 발생하는 범죄로 파악하고 있다. 이러한 인식에서
'행동하는 여성모임'은 군대는 평화와 전시 관계없이 폭력이 합법화된 조직으로
서 구조적 폭력이라는 것, 평화사회를 위협하는 것은 군대라는 것, 평화와 군대
는 공존할 수 없다는 인식에 미치고 있었다. 이러한 주장을 보면 아래와 같다.17)

…… 전 세계 2000개 기지에서 주둔하는 미군은 매일 가상된 적을 죽이고 상하게
하는 기술을 훈련받는다. 군대는 강간을 군대 분노의 성적 표현으로, 군대의 구조

16) 원래 구조적 폭력이란 용어는 노르웨이 평화연구자 갈퉁(Galtung, J.)이 사회조직에서의 가
난, 억압, 배제 현상으로 정의하고 이러한 구조적 폭력이 없는 것을 적극적 평화로, 무장 갈등이나
전쟁의 직접적 폭력을 문제 삼는 것을 소극적 평화로 정의하였다. 한편 페미니즘에서는 포괄적
평화개념에서 가부장제를 구조적 폭력으로 정의하고 있다. '행동하는 여성모임'은 갈퉁의 적극적
평화개념과 페미니즘의 포괄적 평화개념의 스펙트럼에서 오키나와 여성의 체험에서 기지와 군대
를 '구조적 폭력'으로 정의하고 있다.
17) 1997년 11월 도쿄에서 열린 '전쟁시 무력갈등상황에서의 여성에 대한 폭력에 관한 국제회의'
에서 '행동하는 여성모임'이 발표한 군대폭력에 대한 것은 Takazato(1997) 참조.

적 폭력의 배출구로 상징화한다. 군대는 여성에 대한 폭력의 심각성을 과소평가하고, 전투력의 보상으로서 군대매춘(R&R)을 준다. 그래서 매춘과 강간은 전투군대에 대한 보상이 된다. 매춘과 강간은 군대의 분노 축적의 체계적인 배출구이며, 통제와 기율을 유지하기 위한 방법이며, 남성의 남성성을 구축하기 위해 활용된다. 국가 간 협정은 여성에 대한 군대범죄를 수용하고 섹스를 휴식과 위안으로 받아들이고 있다…….

셋째, '행동하는 여성모임'은 오키나와 여성이 기지와 군대의 구조적 폭력 체험을 갖게 된 것을 역사적으로 이해한다. 이들은 아시아·태평양전쟁이후 현재까지를 오키나와 여성에게는 성적 폭력이 지속되는 전시체제로 파악하고 있다. 즉 오키나와 여성에게 오키나와는 일찍이 전장이었고, 전후에는 군사기지의 섬으로 성적 공격을 받고 있기 때문이다. 이러한 사고를 보면 아래와 같다.[18]

…… 오키나와 여성의 체험에서 전후란 없다. 지금도 여성에게 폭력이 지속되는 전시체제다. 왜냐하면 일찍이 전장이었으며 50년 후 지금까지 '군사기지의 섬'으로 성적 공격(sexual assault)을 받아왔기 때문이다. 특히 오키나와가 한국전쟁, 베트남전쟁 때 위안기지로 되어 일반 자녀를 지키기 위한 성적 방파제로서 공인매춘지대가 설치되었다. 1950년 한국전쟁이 일어나자 오키나와에 미군이 집결하였고 이들 군대의 사기관리를 위하여 성병대책이 시행되었는데, 오키나와 보건정책 중에서 미 병사의 성병대책이 최우선이었으며 여성에게 성병검사의 의무로서 A사인 제도(Approved for U.S. Forces)가 강행되었다. 베트남전쟁 당시에는 전 섬에 1200개(軒)의 A사인을 받은 시설이 있었다. 그리고 군대의 성 공격을 받은 여성들은 존엄성을 박탈당하고 있다. 최근 국제화 속에서 군대, 군인의 가난징병(poverty draft)으로 이전에 미병이 누렸던 위력이나 특권을 더 이상 휘두르는 것이

---

18) 「沖繩における軍隊・その 構造的 暴力と 女性: 武器によらない 平和の 實現を」

힘들게 되고, 일본 복귀 후 매춘방지법이 적용되면서 오키나와 섹스산업에 주로 필리핀 여성들이 일하고 있지만, 분쟁지와 인접한 전진기지인 오키나와에서 매춘 산업의 여성 착취는 또 하나의 경제적 지배다…….

이와 같이 '행동하는 여성모임'은 미군기지를 중심으로 한 기지, 군대 과제를 오키나와 여성의 역사적 체험에서 여성평화운동의 과제로 도출하고 있다. 서구 여성평화운동의 한 흐름이 군축, 반핵을 평화운동의 과제로 설정하고 또 다른 하나의 흐름이 군사주의와 관련한 일상생활의 군사화를 문제 삼고 탈군사주의를 추구하는 것과 달리, 오키나와의 '행동하는 여성모임'은 기지, 군대의 철퇴를 평화운동의 과제로 설정하고 있다는 점에서 오키나와 여성의 역사와 체험에 철저한 오키나와의 '오키나와적' 여성평화운동이다.

2) 초국적 탈식민주의적 여성평화운동

'행동하는 여성모임'은 오키나와 여성에 대한 군대의 구조적 폭력의 역사적 체험을 동아시아 군사화체제에서 점하는 오키나와의 이중 식민지적 위치성에서 파악하고 있다. 즉 오키나와가 아시아·태평양전쟁 때 일본의 사석, 그 이후 미국의 동아시아 전략, 미일안보동맹체제에서 태평양의 요석으로 규정된 식민지적 볼모에서 찾고 있다. 일본의 사석, 태평양의 요석은 오키나와의 중층적 식민지적 위치를 집약적으로 표현해주는 것으로 동아시아 맥락에서 볼모가 된 오키나와의 슬픔과 분노를 상징적으로 표현해준다. 이러한 슬픔과 분노를 '행동하는 여성모임'도 일본이 미일군사동맹체제에서 일본이 일본(본토)의 번영을 위하여 오키나와를 희생시켰다는 의미로 오키나와를 '미국에 팔린 딸'로 비유하고 있다(高里鈴代, 2003: 28).

이러한 인식의 연장선상에서 '행동하는 여성모임'은 최근의 새로운 기지

건설 예정지인 헤노코(邊野古) 기지 건설의 강행을 둘러싼 결정, 일본 내에서도 미군기지의 불균형적인 집중배치를 미국과 일본 본토의 오키나와에 대한 식민주의적 결정으로 파악한다. 이러한 사고를 보면 아래와 같다.[19)]

> …… 일본은 헌법 제9조에 명확하게 군비를 방기(放棄)하도록 되어 있지만 자위대를 포함하여 일본의 방위비는 세계 제2위이며 미국과 체결된 일미안전보장조약에 의하여 오키나와는 2차 세계대전 후 50년이라는 장기간에 걸쳐서 현재까지 군대가 주둔하고 있다…….

이와 같이 '행동하는 여성모임'은 오키나와 여성의 성적 폭력의 체험에 바탕하여 가부장제, 군사주의, 식민주의 문제를 연관시켜 파악하게 되면서 초국적 탈식민주의적 여성평화운동으로 나아가게 되었다.

오키나와와 마찬가지로 미군 기지가 존재하며 유사한 식민지적 경험을 갖고 있는 필리핀, 한국 등의 여성들과 공감하고 연대하면서 식민지적 위치를 재확인해 나감으로써 기지와 군대 및 동아시아의 군사화를 운동의 과제로 삼을 수 있게 되었다. 더구나 탈냉전 후 역사, 영토, 아시아·태평양전쟁책임을 둘러싸고 긴장과 갈등이 고조되고 군비증강 등 군사화가 심화되고 있는 현실에서 동아시아 군사화 문제를 해결하기 위하여 '행동하는 여성모임'은 국제적으로 여성과 연대하여 이 문제에 대처하게 되었다. 이것은 동아시아 군사화 문제가 오키나와 차원에서 해결할 수 있는 문제가 아니라 동아시아 및 글로벌 군사화와 관련되어 있다고 파악하기 때문이다. 그래서 동아시아 군사화체제 문제를 해결하기 위해서는 동아시아의 군사화 맥락을 주조하는 행위 주체인 국가들의 여성들과의 연대활동을 통해 문제를 해결하는 것을 지향하였다.

이러한 입장에서 '행동하는 여성모임'이 벌인 행동을 보면 우선, '행동하는

---

19) 「沖繩における軍隊・その 構造的 暴力と 女性: 武器によらない 平和の 實現を」.

여성모임'은 결성 직후인 1996년 2월 3~17일 1차 '미국평화도보여행(アメリカ・ピース・キャラバン)'을 추진하였다. 1996년 1차 '미국평화도보여행'은 오키나와 기지의 현재상황과 과제, 안전보장과 지위협정, 류큐의 역사, 여성에 대한 미군 범죄, 주민운동의 역사 등을 미국의 시민, 여성, 젊은이들에게 알리기 위한 것이었다. 이를 통해 이들로 하여금 자국의 군대가 해외에서 사람들의 생활과 자연환경에 끼치고 있는 피해에 대해 놀라게 하였다(다카자토 스즈요, 2001: 178~179).

1차 미국평화도보여행 때 '행동하는 여성모임'은 '군사주의에 반대하는 여성네트워크'의 핵심 창립자이며 페미니스트 운동가이자 연구자인 마고 오카자와 레이(Margo Okazawa-Rey)와 권 커크(Gwyn Kirk)를 만났다. 권 커크는 그린햄 커먼 평화그룹(Greenham Common Peace Group)의 회원으로 1980년대 미국의 크루즈 미사일 배치를 반대한 여성이었다. 이들의 만남은 오키나와 미군기지 문제에 대하여 공감을 나누는 기회가 되었다. 그리고 '군사주의에 반대하는 여성네트워크'를 결성하는 하나의 계기가 되었다.[20]

1997년 샌프란시스코에서 미국 및 미군 기지가 있는 동아시아 지역(미국, 한국, 일본, 필리핀)의 여성과 여성단체는 '군사주의에 반대하는 동아시아 - 미국 여성네트워크'(East Asia-U.S. Women's Network against Militarism, 이하 '군사주의에 반대하는 여성네트워크'로 약칭)를 만들었다. 미국에서는 워싱턴과 샌프란시스코를 중심으로 한 단체와 여성운동가들이 참여하였고 일본에서는 다카자토 스즈요를 중심으로 한 오키나와의 '행동하는 여성모임', 도쿄 및 유후인(由布院)의 운동가가 참여하였다. 필리핀에서는 가장 큰 미군기지가 있었던 올롱가포(Olongapo)시의 북클로드(Buklod) 센터를 축으로 하여 애다 산토스(Aida Santos), 알마 불라완(Alma Bulawan) 등이 참여하였다.

---

20) '군사주의에 반대하는 여성네트워크'는 2000년 3차 회의 때부터 푸에르토리코 비에케스(Vieques)섬의 미해군 폭격훈련에 반대하는 푸에르토리코 여성들이 참여하였다. 이때부터 '군사주의에 반대하는 동아시아 - 미국 - 푸에르토리코 여성네트워크, East Asia-U.S.-Puerto Rico Women's Network against Militarism'로 개칭되었다.

한국에서는 두레방과 새움터, 주한미군범죄근절운동본부, 여성운동가 신혜수, 작가 안일순이 참여하였다. 21)

'군사주의에 반대하는 여성네트워크'는 군사주의에 의한 여성과 아동의 인권침해, 환경오염 문제 등을 주요 과제로 삼고, 군사주의 문제를 국제적인 연대운동의 틀 안에서 해결하는 입장에서 만들어졌다. 이러한 입장과 목적에서 '군사주의에 반대하는 여성네트워크'는 현재까지 다섯 차례 국제회의를 가졌다. 22) 다섯 차례 국제회의를 통해 이들은 자신의 주장을 담은 성명서를 발표하였다. 이들 성명서에서 주장된 내용에서 동아시아 군사화 문제에 대한

---

21) '군사주의에 반대하는 여성네트워크' 5차 국제회의에는 참여 단체들이 많이 늘었다. 필리핀에 서는 PWG(Philippines working Group)를 결성하여 올롱가포시의 Buklod Centre와 WEDPRO(Women's Education,Development, Productivity and Research Organization), Amnesty International Pilipinas, IMA(Ing Makababaying Aksyon) Foundation,Kaisa Ka (Pagkakaisa ng Kababaihan-Unity of Women, Philippines), People's Task Force for Bases Clean-up / No Nukes Asia, Nagka(Nagkakaisang Kababaihan ng Angeles United Women of Angeles), Woman Health Philippines가 참여하였다. 한국은 두레방, 한소리, 미군범죄근절운동 본부, 평화를 만드는 여성회, 평화인권연대가 SAFE-KOREA를 결성해서 참가하고 있다. 일본에서 는 Asia-Japan Women's Resource Centre, Japan Coalition of the US Military Bases, Okinawa Women Act against Military Violence가 참여하였다. 푸에르토리코에서는 Institute for Latino Empowerment, Alianza de Mujeres Viequenses, Casa Alianza 단체가 참여하였다. 미국에서는 WAND(Women's Action for New Directions), FACES(Filipino/American Coalition for Environment Solutions), 하와이의 DMZ Hawaii가 참여하였다. 2004년 '군사주의에 반대하는 여성네트워크' 5차 필리핀 국제회의 자료 참조.

22) '군사주의에 반대하는 여성네트워크'의 1차 국제회의는 1997년 5월 1~4일 오랫동안 미군이 주둔하고 있는 일본 오키나와 나하시에서 개최되었다. 회의 주제는 "군대와 인권, 여성과 어린이" 였다. 2차 회의는 1998년 10월 9~13일 미국 수도 워싱턴에서 열렸다. 세계의 모든 곳의 여성과 어린이들에게 영향을 주는 미국의 군사정책들이 결정되는 곳이기 때문이다. 회의 주제는 "여성과 어린이의 안전을 재확인한다"는 제목으로 미군 주둔으로 인한 주둔국의 환경오염문제, 성폭력 피해여성 문제, 조약의 문제, 아메라시안(Amerasian) 문제 등을 다뤘다. 3차 회의는 2000년 6월 23~25일 일본 오키나와 나하시에서 다시 열렸다. "안보재정의를 위한 국제여성회담"의 최종성명 서에서 군사안보는 여러 가지로 모순적이라고 최종적으로 결론내렸다. 4차 회의는 2002년 8월 14~20일 서울에서 "군사주의와 여성인권: 나의 삶에서 우리의 평화를"이라는 제목으로 열렸다. 5차 회의는 2004년 11월 21~27일 필리핀 마닐라에서 "인간안보와 개발에 관한 회의"로 열렸다. 필리핀의 일본군 '위안부'가 있었던 마파니크 지역, 루손섬(일본군에 의한 필리핀 여성강간이 일 어난 지역), 올롱가포시의 수빅 지역(미해군 기지였음), 안젤레스 지역(클라크 미공군 기지였음) 등 현장방문과 함께 인신매매와 성매매, 환경, 자연자원과 갈등상황, 여성의 빈곤, 정부예산과 지출 등의 워크숍을 열고 공개회의를 가졌다.

사고를 보면 다음과 같다.[23]

첫째, 한국과 일본에 있는 모든 미군기지, 무기, 군속의 철수와(2차), 한국과 오키나와의 새로운 기지건설 중단을 요구하였다. 즉 오키나와에 새로운 기지건설 또는 이설계획 및 헤노코 헬기기지 건설계획 중지를 요구하였다(3차). 그리고 기지철거의 구체적 기한과 군사비의 삭감을 주장하였다 (3차, 4차). 한국, 오키나와, 일본, 필리핀, 하와이에서 미군을 철수시키고, 그들을 미국으로 되돌아가게 하여 그들에게 비군사적 직업, 교육, 건강치료 등 기본적인 인간의 요구를 제공할 것을 요구하였다(5차).

둘째, 일본의 신군국주의적 군사화에 대하여는 미군의 군사활동을 지원하기 위해서 일본의 모든 공공시설 · 인재를 제공하도록 하는, 헌법에 반하는 일미 가이드라인법의 철폐를 요구하고, 미군을 지지하는 배려예산을 폐지하도록 촉구하였다. 예컨대 연 5%의 군사비를 삭감하고 그 삭감분을 피해자 구제 그리고 분쟁예산에 충당할 것을 요구하였다(3차).

셋째, 미국에 대하여는 오키나와, 일본 본토, 한국, 필리핀으로부터 기지철거의 제1단계로서 불평등조약인 일미, 일한주둔군지위협정, 그리고 미국과 필리핀 정부 간에 교부된 미군방위비협정 등의 개정을 요구하였다(3차). 필리핀의 방문군 협정의 폐지와 테러리즘과의 전쟁과 진정한 세계안보를 위협하는 군사정책의 중단, 무기와 군사장비의 개발과 타국에 강요하는 판매의 중지를 요구하였다(4차). 이라크전쟁, 테러와의 전쟁, 필리핀의 민다나오 침략 전쟁, 필리핀의 군사활동, 북한과 기타에 대한 전쟁 계획, 미군과 미군확대를 위한

---

23) '군사주의에 반대하는 여성네트워크'의 다섯 차례 국제회의를 통해 발표된 성명서는 다음과 같다. 1차 성명서, 「軍隊と人權, 女性と子ども聲明文」; 2차 성명서, 「Redefining Security: Women Challenge U.S. Military Policy and Practice in East Asis」(Berkely Women's Law Journal vol.15, p.267 참조) ; 3차 성명서, 「國際女性サミット: 安全保障の再定義に向けて」; 4차 성명서, 「나의 삶에서 우리의 평화를: 군사주의와 여성인권」; 제5차 성명서, 「Statement of Demands」, East-Asia-U.S.-Puerto Rico Women's Network Against Militarism Fifth International Meeting, Philippines Friday, November 26, 2004.

스트라이커 군단기획(Stryker Brigade project)의 중단을 요구하였다(5차).

다음으로 '행동하는 여성모임'이 초국적 탈식민주의적 여성운동의 연대 과제로 삼은 것은 일본군 '위안부' 문제였다. 일본군 '위안부' 문제는 전후 50여 년간 침묵 속에 있다가 1990년대 동아시아의 쟁점으로 등장했다. 일본군 '위안부' 문제는 그동안 전쟁피해자의 입장에서 전쟁반대, 군비증강에 반대하였던 일본의 여성평화운동에 대하여 전쟁에 대한 일본의 책임을 자각하게 하고 동아시아 여성에 대한 일본의 제국페미니즘에 대한 반성을 촉구하는 문제가 되었다.[24] 이러한 의미에서 현재 일본군 '위안부' 문제는 일본 페미니즘의 입장을 검증하는 리트머스 시험지와 같은 쟁점이다.

'행동하는 여성모임'은 2000년 6월 22~25일 "여성과 어린이의 안전을 재확인한다"라는 제목으로 나하시에서 '군사주의에 반대하는 여성네트워크' 3차 국제회의를 주도하면서 일본군 '위안부' 문제를 운동의 과제로 삼았다. '행동하는 여성모임'은 국제회의가 열리는 기간인 6월 23일 오키나와전 위령의 날에 평화의 초석으로 침묵 행진하는 행사를 벌였다. 이것은 2000년 4월 오키나와에서 새롭게 개관한 평화기념관의 평화의 초석에 이름이 새겨지지 않은, 오키나와 전에서 죽은 일본군 '위안부'(대부분 한국인)를 추도하는 침묵의 행진이었다.[25] 그리고 '행동하는 여성모임'은 2000년 12월 도쿄에서 열린 일왕 히로히토(裕仁)를 위시한 일본의 책임을 묻는 일본군 성노예 전범 여성국제법정에도 참가하였다. 2006년 1월 20일에는 기노완(宜野灣) 세미나 하우스에서 오키나와를 방문한 한국정신대문제대책협의회와 교류회를 가지는 등 한국의 일본군

---

24) 일본군 '위안부' 문제를 계기로 일본 페미니즘과 일본여성평화운동은 크게 두 가지 입장으로 나뉘게 되었다. 하나는 전쟁책임을 인정하는 입장과 또 하나는 전쟁책임을 애써 망각하고 전쟁피해자 입장을 고수하는 것이다. 오코시 아이코(2001b) 참조.

25) 오키나와 여성사 연구자들에 따르면, 오키나와에도 130개의 위안소가 있었으며, 일본군 '위안부'의 대부분은 조선인 여성들이었다고 한다. 이들은 이들의 이름을 새겨줄 가족도 없고, 문서화된 실제 이름도 없다. 다만 일본식 이름이 있을 뿐인데, 그것도 '위안부'가 되어 붙여진 이름이다 (Suzuyo Takazato, 2000: 44).

'위안부' 문제에 대하여 공동의 관심과 행동을 표명할 것을 재천명하였다.

이러한 행동은 '행동하는 여성모임'이 오키나와 여성에게 직접적으로 폭력을 가한 미군뿐만 아니라 일본의 전쟁책임과 일본군의 폭력에 대하여도 반대하고 있음을 말해준다. 뿐만 아니라 이것은 '행동하는 여성모임'이 동아시아 여성에 대한 일본의 전쟁책임을 망각하고 전쟁 피해자의 입장에서 전쟁 반대, 군비 증강에 반대하는 일본의 주류여성평화운동 및 제국페미니즘과 결별하고 있음을 보여준다.

마지막으로 오키나와 기지이전 문제에 대하여 '행동하는 여성모임'은 오키나와 기지를 오키나와 바깥, 그것이 일본이든 한국이든, 필리핀이든 어느 곳으로 이전하는 것을 반대함으로써 오키나와 지역의 이해나 경계에 갇혀있지 않는 사고와 행동을 가졌다.

1997년 12월 20일 오키나와 반기지 여성평화운동단체로서 '마음에 호소하는 여성들의 목소리 네트워크(心に届け女たちの聲ネットワーク, 이하 '목소리 네트워크'로 약칭)'가 결성되었다. 이 네트워크 결성에 '행동하는 여성모임'은 적극적으로 참여하였다. 1998년 3월 도쿄에서 오키나와 기지 문제를 공론화할 때 '행동하는 여성모임'도 도쿄 행동에 주요한 단체로 참여하였다. 당시 도쿄 긴자 거리에서 90명의 여성들이 걸으면서 '미군기지를 팔자'라는 구호를 외쳤다. 당시 이 구호는 희극적이어서 많은 관심을 끌었다고 한다. 그러나 이 구호는 오키나와뿐만 아니라 동아시아, 나아가 전 세계에서 기지를 철거하는 '행동하는 여성모임'의 기지폐지 주장과 모순적이었다. 그래서 '행동하는 여성모임'은 이 사안과 관련하여 격론을 벌려 '목소리 네트워크'를 완전히 탈퇴하지는 않았지만, '목소리 네트워크'와 공동행동을 하는 것을 중단하였다. 또 1999년 10월 15일 오키나와현 의회가 후텐마(普天間) 기지를 오키나와 다른 곳으로 이전하는 것을 통과시키는 일이 일어났다. 오키나와 여성평화운동단체들 중 일부는 오키나와 바깥에 새 기지를 건설하는 것에 찬성하였다.

그러나 '행동하는 여성모임'은 오키나와뿐 아니라 세계에서 미군기지의 폐지를 주장하여 오키나와 바깥으로의 기지 이전을 찬성하지 않았다.[26]

이와 같이 '행동하는 여성모임'의 여성운동은 동아시아 여성 문제를 발생시키는 것이 동아시아 군사화, 일본의 신군국주의, 미국의 군사정책이며 이것을 변화시키기 위하여 인종, 민족, 계급, 국가를 횡단하여 연대하는 초국적 탈식민주의적 동아시아 여성평화운동의 성격을 보여주고 있다. 이러한 초국적 탈식민주의적 동아시아 여성평화운동으로 나아가게 된 것은 무엇보다도 '행동하는 여성모임'이 오키나와 여성의 역사적 체험에 철저한 오키나와적 여성평화운동을 벌였기 때문이다.

4. '행동하는 여성모임'의 동아시아 페미니스트 정치학

동아시아 각국의 여성운동이 동아시아의 군사화체제를 변혁하고자 하는 정치학을 가짐에도 불구하고 역설적으로 동아시아의 군사화라는 맥락에서 구성된 운동 경험인 이상, 그 동아시아 군사화 맥락에서 자유로울 수 있는 정도와 범위는 동아시아 각국이 처한 지정학적, 역사적 조건에 따라 차이를 갖는다.

특히 근대 이래 동아시아 군사화체제에서 제국주의국가든 식민지든 동아시아 각국은 민족국가를 건설하거나 민족해방을 추구하는 과정에서 군사력에 의한 국가안보와 민족주의 가치를 추구한 역사적 경험이 지금도 지속되고 있다.

그런데 '행동하는 여성모임'은 오키나와 여성 문제를 오키나와의 중층적 식민지적 위치 및 동아시아 군사화 맥락에서 파악할 뿐만 아니라 이러한 문제를 해결하기 위하여 오키나와의 지역적 이해관계, 일본의 국가적 경계에 갇히

---

26) 오키나와 기지이전과 관련한 '행동하는 여성모임'의 행동에 대하여는 Akibayashi, Kozue (2002)를 참조.

지 않고 국가와 민족을 초월하여 동아시아 여성 문제를 발생시키는 동아시아 군사화에 대한 반대행동을 전개하는 데까지 나아갔다.

특히 동아시아의 탈군사화를 위해서 일본의 신군국주의적인 일미신가이드라인, 유사3법제 등을 비판하고, 일본의 일본군 '위안부' 문제에 대한 책임을 촉구하고 있었다.[27] 나아가 동아시아 군사화 체제를 주조하는 핵심 행위 주체인 미국의 군사화와 정책에 대해서 비판하였다. 이 점에서 '행동하는 여성모임'은 동아시아 맥락에서 오키나와 여성의 억압적 성적 체험을 통해 가부장제, 군사주의, 식민주의라는 중층적 억압구조에 대하여 사고하고 이러한 중층적 억압구조에 대항하는 초국적 탈식민주의적 동아시아 페미니스트 정치학(transnational postcolonial east-asia feminist politics)을 지향하는 평화운동을 펼쳤다.

'행동하는 여성모임'이 오키나와의 오키나와적인 여성평화운동이면서 초국적 탈식민주의적 동아시아 페미니스트 정치학을 견지할 수 있었던 것은 동아시아라는 공간에서 차지하는 오키나와의 특수한 지정학적, 역사적 조건과 관련이 있다.

첫째, 오키나와는 아시아·태평양전쟁 때 전 인구의 4분의 1이 사망하였을 정도로 오키나와전이라는 참혹한 전쟁 체험을 가졌다는 점이다. 그래서 오키나와인 누구라도 가족 중에 오키나와전 때 사망한 가족구성원을 갖고 있었다. 더구나 이러한 전쟁 체험이 오키나와의 자발적 의지에 의한 오키나와 방어가 아니라 일본 본토 방어를 위한 방파제로서 일본에 의해 강요되었다는 점이다. 전후에도 군사기지의 섬으로 재편된 오키나와에서 오키나와 여성은 성적 공격에 노출됨으로써 오키나와를 폭력이 지속되는 전쟁터로 체험하고 있다는 점이다. 여성의 이러한 성폭력 체험은 오키나와 주민들에게도 전이되어 이것을 자신들의 일상적 생활도 안전하지 않다는 것을 나타내는 것으로 체험한다는

---

27) 참고로 '행동하는 여성모임'은 독자적으로 2002년에 유사법제 3법안에 반대하는 결의를 하였다. 「基地・軍隊を 許さない 行動する 女たちの會 10間年の活動紀錄」 참조.

점이다(洪ㄱ ㄴ 伸, 2003). 이러한 집단적 상흔이 무기, 군대, 전쟁에 대한 오키나와의 집단적 반대를 위한 심정적 기반이 되었다.

둘째, 오키나와는 아시아·태평양전쟁 때부터 현재의 미일동맹체제에서 오키나와가 처해진 중층적 식민지로서의 정체성에 대한 집단적 트라우마가 깊었다. 일본의 '사석', 태평양의 '요석'은 오키나와의 중층적 식민지적 위치를 상징적으로 표현해주는 것으로 동아시아 군사화 체제에서 볼모가 된 오키나와의 슬픔과 분노를 상징적으로 표현해준다. 이 점을 오키나와 여성들은 일본이 일본 본토의 번영을 위해 오키나와를 미국에 팔아버린 딸로 비유하고 있다. 이러한 집단적 트라우마가 오키나와로 하여금 '오키나와는 일본이면서 일본이 아닌 또 하나의 일본'이라는 정체성을 갖게 하였다. 이것 또한 오키나와 여성으로 하여금 한국, 필리핀, 푸에르토리코, 하와이 등 오키나와와 똑같이 미군 기지가 존재하며 유사한 식민지적 경험을 갖고 있는 지역의 여성들과 공감하고 연대를 가능하게 하였다. 그리고 이러한 연대를 통해서 식민지적 위치를 재확인해나감으로써 기지와 군대, 군사화를 탈식민주의 운동의 과제로 삼을 수 있게 되었다.

셋째, 동아시아 군사화체제에서 전후 오키나와의 안보 환경이 한국처럼 적이 상정되어 있는 대치상태, 정전 등과 같은 긴장적인 것은 아니었다는 점이다. 기지나 군대가 오키나와에 있는 것이 오키나와의 안보를 위한 것도 아니며, 기지나 군대가 오키나와에서 철수한다고 해서 바로 이것이 오키나와의 안보 불안으로 이어지는 것은 아니었다는 점이다. 이러한 조건들이 군대나 미군기지를 '구조적 폭력'으로 정의하고 운동의 대상이나 이슈로 삼을 수 있도록 하였다. 그래서 오키나와는 군사기지의 섬으로 군사화된 사회임에도 불구하고 역설적으로 군사주의적 국가안보 이데올로기로부터 자유로운 위치에 있었다. 이 점은 앞으로 동아시아 군사화체제에서 배태된 동아시아 각국의 여성평화운동이 그 동아시아 군사화체제로부터 어느 정도 자유로울 수 있는지 그 특수성을 비교 연구할 수 있는 쟁점이 될 것이다.

■ 참고문헌

· 1차 자료

군사주의에 반대하는 동아시아-미국-푸에르토리코 여성네트워크, 「나의 삶에서 우리의 평화를: 군사주의와 여성인권」 성명서, 2002 서울국제회의.

NGOフォラム北京95沖縄實行委員會. 1995. 第4會世界女性會議NGO北京·沖縄うない報告書「沖縄における軍隊·その構造的暴力と女性: 武器によらない平和の 實現を」.

國際女性ネットワーク會議. 「軍隊と人權, 女性と子ども」. 聲明文, 那覇, 1997. 5. 4.

基地·軍隊を許さない行動する女たちの會 10間年の活動紀録.

基地·軍隊を許さない行動する女たちの會 會則.

基地·軍隊を許さない行動する女たちの會 この5年の活動.

基地·軍隊を許さない行動する女たちの會10周年 臨時總會(2005年 11月 19日). ㄴ

東アジア-アメリカ軍事體制に反對する女性ネットワーク, 聲明「國際女性サミット: 安全保障の 再定義に向けて」, 那覇, 2000. 6.22~25.

武器によらない國際關係-アメリカ·ピース·キャラバン報告集(1996年 2月3日-17日)

武器によらない國際關係-アメリカ·ピース·キャラバン報告集(1998年 10月3日-14日)

East-Asia-U.S.-Puerto Rico Women's Network Against Militarism Fifth International Meeting, "Statement of Demands", *Philippines Friday*, November 26, 2004.

OKINAWA COUNTRY REPORT, November 26, 2004.

· 2차 자료

구윈 커크(Kirk, G)·레이첼 콘웰(R. Cornwell)·마고 오카자와-레이(M. Okazawa-Rey). 2001. 「여성과 동아시아의 미군」. 『당대비평』14.

귄 커크(Kirk, G) & 마고 오키자와-레이(M. Okazawa-Rey). 2002. 「세계화, 군사주의 그리고 9·11」. 군사주의에 반대하는 동아시아-미국여성 네크워크 제4차 서울국제회의 자료.

김명섭. 2005. 「동아시아 냉전질서의 탄생」. 『동아시아의 지역질서-제국을 넘어 공동체로』. 창작과 비평사.

다카라 데쓰미(高良鐵美). 2001. 「오키나와에서 본 일본의 우경화와 동아시아 평화와 인권」. 『동아시아와 근대의 폭력 2』. 삼인.

다케시타 사요코(竹下小夜子). 1999. 「여성에 대한 일상적 폭력과 인권」. 『21세기 동아시아의 평화와 인권』. 역사비평사.

다카자토 스즈요(高里鈴代). 2001. 「기지, 군대와 오키나와의 여성운동」. 『동아시아와 근대의 폭력 1』. 삼인.

다카자토 스즈요(高里鈴代). 2002. 「오키나와의 기지·군대 현상황과 운동(오키나와 지역보고서)」. 군사주의에 반대하는 동아시아-미국 여성네트워크 제4차 서울국제 회의 자료.

마르다 마쓰오카(Martha Matsuoka) & 크리스티나 리노(Christina Leano). 2002. 「미국현황보고」. 군사주의에 반대하는 동아시아-미국여성네트워크 제4차 서울국제회의 자료.

마쓰무라 마키코(松村眞紀子). 2002. 「일본 지역(유후인) 보고서」. 군사주의에 반대하는 동아시아-미국 여성네트워크 제4차 서울국제회의 자료.

문소정. 2006. 「오키나와 반기지투쟁과 여성평화운동」. 『사회와 역사』 69.

박명규. 2000. 「복합적 정치공동체와 변혁의 논리-동아시아적 맥락」. 『창작과 비평』 28(1).

박명규. 2002. 「한국동아시아 담론의 지식사회학적 이해」. 사회발전연구소 워킹페이퍼.

백영서. 2004. 「주변에서 동아시아를 본다는 것」. 『주변에서 본 동아시아』. 문학과 지성사.

아라사키 모리테루(新崎盛暉). 1998. 『또 하나의 일본, 오키나와 이야기』. 김경자 역. 역사비평사.

아라사키 모리테루(新崎盛暉). 1999. 「오키나와의 반기지(反基地)투쟁과 동아시아의 평화창조」. 『동아시아의 평화와 인권』. 역사비평사.

아리프 딜릭(Arif Dirlik). 1995. 「아시아 태평양권이라는 개념」. 『동아시아, 문제와 시각』. 문학과 지성사.

아사이 모토후미(淺井基文). 1999. 「일·미 군사동맹의 변질·강화와 아시아」. 『동아시아의 평화와 인권』. 역사비평사.

아키바야시 고즈에(秋林こずえ). 2003. 「오키나와 기지, 군대를 허락하지 않는 행동하는 여성모임」. 한일 '여성' 공동역사교재편찬을 위한 4차 심포지엄 발표문.

오코시 아이코(大越愛子). 2001a. 「페미니즘과 일본군 위안부」. 『여/성이론』 5.

오코시 아이코(大越愛子). 2001b. 「페미니즘과 일본군 '위안부'」. 한일 '여성' 공동역사 교재편찬을 위한 1차 심포지엄 자료.

우라사키 시게코(浦崎成子). 2002. 「성폭력용-인체제인 안보-침묵을 깨고」. 제5회 일본대회 동아시아 평화와 인권국제심포지엄 자료.

임우경. 2001. 「페미니즘의 동아시아적 시좌(視座): 일제하 조선의 '여성국민화'문제를 중심으로」. 『여/성이론』 5.

장화경. 2001. 「오키나와의 여성인권과 여성운동」. 『翰林日本學硏究』 6.

정영신. 2005. 「냉전시기 주한미군 철수의 동학과 안보의 재정의」. 2005 비판사회학대회 발표문.

조한혜정. 1998. 「페미니스트들은 부산하는 '아시아담론'에 어떻게 개입할 것인가」. 『성찰적 근대성과 페미니즘』. 또하나의문화.

태혜숙. 2004a. 「탈식민 여성주의 지식생산을 위하여」. 『여/성이론』 10.

태혜숙. 2004b. 『한국의 탈식민페미니즘과 지식생산』. 서울: 문화과학사.

가노 마사나오(鹿野政直). 2004. 「오키나와, 주변으로부터의 발신」. 『주변에서 본 동아시아』. 문학과지성사.

高里領代. 1996. 「女たちのアメリカ·ピース·キャラバン: 生きたネットワークを結ぶ」. 武器によらない國際關係-アメリカ·ピース·キャラバン 報告集, 1996年 2月3日~17日.

高里領代. 2003. 『沖繩の女たち: 女性の人權と基地·軍隊』. 東京: 明石書店.

國際ジェンダ硏究編輯委員會. 2004. 『フェミニズムで探る軍事化と國際政治』. 東京: 御茶の水書房.

那覇市總務部女性室 編. 2001. 『なは·女のあしあと那覇女性史(戰後編)』. 那覇: 琉球新報社.

大越愛子. 2003. 「ジェンダ-視點による東アジア近現代史の再考」. 『アソシエ』 11.

藤目ゆき. 2002. 「日美韓軍事同盟と女性」. 東アジアの軍事基地と女性-新ガイドライン安保に反對し, 美軍アジア總撤收を求める女性史交流會 報告集.

琉球新報社 編. 1996. 『近代沖繩女性史, 時代を彩つた女たち』. 那覇: ニライ社.

比屋根美代子. 1992. 「基地と女性」, 「沖繩から未來を拓く 女性史を 1」. 第5回 全國女性史研究交流のつどい 報告集.

神山幸子. 1994. 「基地と女性」, 『歴史評論』 529.

鈴木裕子. 1994. 『フェミニズムと朝鮮』. 東京: 明石書店.

秋林こずえ. 2003a. 「總論: フェミニストが創る平和-, 家父長制を解體し, すべての人々が安心して暮らせる社會を」, 『女たちの21世紀』 33.

秋林こずえ. 2003b. 「安全保障再定義を目指す女性の連帶-東アジア/米國/プエルトリコ軍事主義を許さない女性ネットワーク」, 『女たちの21世紀』 33.

秋林こずえ. 2003c. 「安全保障再定義を目指す女性の連帶-東アジア/米國/プエルトリコ軍事主義を許さない女性ネットワークとは」, 『アソシエ』 11.

秋林こずえ. 2004. 「安全保障とジェンダーに關する考察-沖繩'基地·軍隊を許さない行動する女たちの會'の事例から」, 『ジェンダー研究』 7.

秋林こずえ. 2005. 「沖繩'基地·軍隊を許さない行動する女たちの會'-批判的フェミニズムと平和」, 『女性·戰爭·人權』, 2005年 3月號.

浦崎成子. 2002. 「沖繩の美軍基地と女性」, 東アジアの軍事基地と女性-新ガイドライン安保に反對し,美軍アジア總撤收を求める女性史交流會 報告集.

洪ユン伸. 2003. 「日韓兩國における安全保障の變容-沖繩と韓國における反基地運動'住民アクター'の視點から」, 早稻田大學アジア太平洋研究科 國際關係學 專攻.

シンシア·エンローさんインタビュ. 2003. 「フェミニスト的好奇心から見る軍事化」, 『女たちの21世紀』 33.

Akibayashi, Kozue. 2002. 「Okinawa Women Act Against Military Violence: A Feminist Challenge To Militarism」. Columbia University ph.D Dissertation.

Kirk, G. & C. B. Francis. 2000. "Redefining Security: Women Challenge U.S. Military Policy and Practice in East Asia". *Berkely Women's Law Journal* 15.

Kirk, G. & M. Okazawa-Rey. 1998. *Womens's Lives*. Mayfield Publishing Company: Mountain View.

Takazato, Suzuyo. 1997. "The military mechanism: Systematic violence and women: Violence against women under long-term military presence". Paper presented at International Conference on Violence Against Women in War and Armed Conflict Situation, Tokyo.

Takazato, Suzuyo. 2000. "Report from Okinawa: Long-Term U.S. Military Presence". *Canadian Woman Studies les cahiers de la femme* 19(4).

5부

미군기지와 반기지 운동의
국제적 현황

13장

독일 미군기지의 역사와 현황[1]

임종헌

1. 서론

독일의 2차 세계대전의 패전과 더불어 시작된 독일 현대사는, 바꾸어 말하면 미국 중심 세계질서로의 편입사로도 볼 수 있다. 독일은 전후 지속된 동서 냉전체제하에서 미국의 유럽에서의 새로운 질서형성과 대공산권 전진기지로서의 역할을 부여받았다. 따라서 미국의 독일에 대한 영향력은 정치, 경제, 사회, 문화 등 모든 영역에서 다른 유럽 국가들에 비해 두드러지게 나타난다.

독일 미군기지의 역사를 살펴보기 위하여 먼저 2차 세계대전의 4대 승전국 중의 하나인 미국의 독일정책을 살펴보고자 한다. 이어서 미국의 세계안보전략의 일환으로 건설된 독일의 주독 미군기지의 형성과 발전을 살펴봄으로써 주독 미군기지가 갖는 특수성과 보편성을 추출해내고자 한다. 셋째, 주독 미군기지로 인한 지역 사회의 변화, 경제적 효과, 미군에 의한 범죄, 그리고 환경변화와 훼손을 다룬다. 또한 이러한 주독 미군기지의 각종 효과에 대한

---

[1] 이 글은 '오키나와 미군기지의 정치사회학' 연구팀의 2차년도 심포지엄 「오키나와·동아시아·기지 문제」(2006년 6월 13~14일, 서울대학교 호암교수회관)에서 발표한 글을 수정·보완한 것이다.

주민 및 운동단체 등의 지역사회의 반응 및 대응의 동학을 살펴본다.

2. 미국의 대독일정책

2차 세계대전 4대 승전국의 독일정책은 독일이 통일되는 시기까지 본질적으로 세 단계로 나누어져서 행해졌다. 첫 단계는 미국, 영국, 소련이 반히틀러(Anti-hitler) 전선을 통해 정책조정을 시도했으며 여기에 프랑스가 1945년부터 참가한 시기다. 두 번째 단계는 소련의 독일정책과 서방연합국의 독일정책이 서로 평행선을 달리며 경쟁하는 1947년부터 시작된 시기다. 세 번째 단계는 1989/90년 4대 강대국이 독일에 대해 완전한 주권을 회복시켜주는 시기다. 4대 승전국이 "전체 독일과 베를린에 관한 자신들의 책임과 권리"도 종결되었다고 선언한 1990년 9월 12일 모스크바에서의 '2+4조약'의 서명과 함께 3단계의 시기가 끝나게 되었다(Weidenfeld and Korte, 1996: 204~216).

독일군이 항복한 이후, 승전 연합국은 1945년 6월 5일의 '베를린 선언'으로 독일의 모든 정부권력을 넘겨받았다. 트루먼 미국 대통령, 처칠 영국 수상,[2] 그리고 스탈린 소련공산당 서기장은 1945년 7월 17일부터 8월 2일까지 열린 포츠담회담의 최종 외교각서에서 연합국의 점령정책에 대한 기본원칙을 확정하게 되었다. 프랑스 정부는 2~3일 뒤 몇 개 조항에 대해서는 유보할 것을 조건으로 이 외교각서에 서명했다.

포츠담회담에서의 탈군사화, 군수산업시설의 철거, 경제의 분권화 그리고 민주화 및 국가사회주의의 해체와 관련된 합의점은 서방연합국과 소련의 서로 다른 해석과 모호한 실현방안으로 인해 지속적으로 수행되지 못하게 되

---

[2] 영국의 정권교체로 인해 1945년 7월 28일부터는 클레망 애틀리(Clement Attlee) 수상이 회담에 참가함.

었다. 4대 강국이 추구하는 목표들은 서로 다르다는 것이 점점 더 명확하게 되었다. 포츠담에서 독일을 분할하지 않을 것이라고 선언한 합의는 서로 대립적인 정책으로 난항을 겪게 되었다. 미국과 영국이 1947년 1월 1일 각각 자신의 점령지역을 미·영 경제통합지역으로 만들었던 반면 소련은 자신의 점령지역을 소련식 모델에 따라 근본적으로 재편성하는 작업에 들어갔다. 소련의 영향력 확대를 "막기 위해" 제시된 '트루먼 독트린(Truman Doctrin)'과 유럽재건을 목표로 한 마셜 플랜(Marshall-Plan)의 발표로 인하여 냉전이 시작되었다. 여전히 독일을 통일된 국가로 유지하는 것을 목표로 하고 있었던 4대 강국의 마지막 외무장관회담(1947년 11월 25일~12월 15일, 런던)이 실패한 것은 연합국 협력의 종결을 의미하며 이는 곧 독일분단의 시작이었다(Greiner, 1982: 119~324).

소련이 브뤼셀 서명연합의 반소련군사동맹결성(1948년 2월 17일)에 대한 반발로 1948년 3월 20일에 연합국 통제위원회를 떠나는 것으로 독일에 대한 4대 강국 관리가 종결되었고, 이로써 이전에 결정된 반히틀러동맹은 붕괴되었다. 이에 앞서 3대 서방 승전국과 베네룩스 3국(벨기에, 네덜란드, 룩셈부르크)은 1948년 2월 23일부터 3월 6일까지 런던에서 열린 6개국 회의에서 서독을 연방정부체제로 만들고 서부지역을 마셜플랜과 루르지역관리에 참여하는 것에 찬성했다. 소련 혹은 미국, 영국, 프랑스에 의해 계속된 독일정책처럼 이런 제안들은 더 이상 '전체로서의 독일'과 관련된 것이 아니었으며 오히려 자신의 영향권하에 있는 지역을 동부 혹은 서부 블록체제에 가능한 한 밀접하게 결합시키는 것이 목표였다. 동시에 1949년 5월 23일에 독일연방공화국(서독)은 기본법을 공포하였고 독일민주공화국(동독)은 1949년 10월 7일에 국가의 창설을 선포하였다(Bende, 2005: 162~166).

1947년 이후 서방연합국의 모든 독일 정책적 활동은 독일로부터의 그리고 독일을 위한 안보를 가져다 줄 수 있는 '통합'이라는 기치 아래 있었다. 무엇보다도 미국에서 발전된 구상에 따르면 서부지역과 그 후의 서독은 소련에 대항하는 중심적인 '방어요새'가 되어야 했다. 이때 서독인은 점차로 서방연합국의 정책상의 객체로부터 국제정치에서 자립적인 주체가 됐다. 1948년 4월 20일부터 6월 2일까지 열린 6개국 회의의 런던권고를 통해 서방연합국은 처음으로 이러한 사실을 인정할 준비가 되어있었다. 서부지역의 주수상 11명에게 전달된 '프랑크푸르트 문서'라고도 불리는 이 권고는 서독의 연방국가 창설에 대한 제안과 그 헌법상의 기본원칙들을 담고 있다. 오랫동안 기대됐던 화폐 개혁이 1948년 6월 20일에 실시된 이후 독일 내 세 개의 서방 점령 지역에서는 경제의 안정과 발전을 위한 기본 토대가 만들어졌다. 이것에 대항하여 소련이 자신들의 점령지에서 화폐 개혁을 했을 뿐만 아니라 동시에 1948년 6월 24일 베를린봉쇄를 단행했을 때, 미국과 영국은 베를린에 대해 위험하고 재정 부담이 컸던 공중가교를 통한 생활필수품 지원정책을 취했다. 이 11개월에 걸친 활동의 성공은 '미국의 위신과 자부심뿐만 아니라 독일인들의 서방 지향성'을 더욱 강화시켰다.

서방연합국은 전체 독일을 책임져야 하는 자신의 권리를 포기하지 않았다. 미국과 영국, 프랑스 정부는 서독을 서방연합에 끌어들이고 유럽군사방위체제에 가입시키기 위해 서독정부에게 국제기구에 가입을 하도록 하였다. 그러므로 서독은 1949년 10월 31일 유럽경제협력기구(OEEC), 1951년 4월 18일에 유럽석탄철강공동체(ECSC), 1951년 5월 2일에 유럽평의회(Council of Europe)에 가입하게 되었다. 서독의 독립은 그 이후 법적으로 이루어지게 되었다. 즉, 1952년 5월 26일 본(Bonn)에서 3대 서방 강대국 외무장관과 콘라드 아데나워 서독수상은 그 동안의 점령법규 대신 '독일연방공화국과 3대 강대국 간의 관계에 대한 조약'('독일조약' 또는 '일반조약')을 새롭게 체결하게 되었다. 서독의 서방통합은 1957년 3월 25일 '로마조약(Roman Contracts)'의 서명과 그것에 의해 규정된 서독의 유럽경제공동체(EEC)와 유럽원자력공동체

(EURATOM) 가입과 함께 새로운 국면을 맞게 되었다. 따라서 서방 강대국들은 1957년 12월 14일 외교각서를 통해 베를린의 지위를 새롭게 규정하기 위한 소련의 새로운 시도에 대하여 거부하는 반응을 보였다. 여기에서는 서방연합국이 4개 구역으로 나누어진 베를린 지역에서 연합국의 철수와 독립된 정치적 단위로 재편성하는 내용이 요구되었다. 안보정치적 고려들이 전체 독일에 대한 미국정책을 결정했다. 즉 동서독 접근의 문제가 미국과 소련 강대국의 관계에 악영향을 미치지 않으면서 서독은 나토의 일원으로 굳게 남아 있어야 했다. 더욱이 서독은 경제대국으로 그리고 서부유럽에서 미군 주둔을 위한 중요한 군사적 파트너로 점차 큰 역할을 수행했다(박응격 외, 2001: 29~34).

4대 강국은 1989년 11월 9일 벌어진 베를린 장벽의 붕괴와 동독주민들로부터 점점 크게 분출된 통일에 대한 열기, 그리고 그를 통해 다시 떠오른 통일 문제를 보고 놀라게 되었다. 미국 정부만이 동서독국가의 통일에 대한 새로운 가능성에 대해 즉각 환영하고 적극적으로 지지했다. 또한 미국은 서독과 함께 독일통일 달성을 위한 국제적 협상과정을 조종하고 참가국들의 다양한 이해관계를 조성하려고 시도했다. 미국, 영국, 프랑스와 소련 정부는 베를린 장벽의 붕괴직후 베를린과 전체 독일에 대해 아직도 그들의 공동책임을 지고 있다는 점을 강조했다. 1990년 1월말 워싱턴에서 고안된 '2+4 회담(메커니즘)'의 구상은 통일에서의 결정적인 돌파구를 마련했다. 이에 따르면 양 독일 국가가 통일의 내부적인 문제는 스스로 해결하고 4강은 동서독과 공동으로 국제적 측면을 해결해야 했다. 이 메커니즘을 토대로 1990년 2월 10일에 소련 대통령 겸 서기장 고르바초프는 콜 수상에게 독일통일에 동의한다는 뜻을 전달했다. '2+4 조약'은 1990년 2월 13일 캐나다 오타와에서 공식적으로 발표되었고 아주 밀접한 양자 또는 다자 간의 협상과정을 위한 형식적 틀을 마련했다.

3. 독일주둔 미군기지의 현황

독일3)은 아시아에서의 일본과 마찬가지로 유럽에 있어서 미군의 최대 거점이다. 미군을 포함하여 NATO 6개국의 군대가 주둔하여 왔다. 2차 세계대전후, 미·영·불 3개국의 분할 점령하에 놓인 서독에는 미·영·불 외에도 벨기에, 캐나다, 네덜란드의 군대가 주둔하였다. 1955년 5월의 점령종결선언과 동시에 서독은 NATO에 가입하고 6개국 군대는 동시에 발효한 '외국군의 주둔에 관한 조약'(1954년 10월 23일 조인)에 의해 그대로 주둔을 계속하였다.

냉전체제하에서 독일의 미국에 대한 전략적 중요성은 특히 현지 주둔 미군의 병사수를 지표로 할 때 분명하게 드러난다. 1945년 점령군으로 미군이 독일에 진주한 이래 2007년 현재 독일에는 약 7만 1000명의 미군이 주둔하고 있다. 이러한 주둔병사 수는 일본의 주일미군 4만 5000명, 한국의 주한미군 3만 7000명에 비추어 볼 때 비율적으로 일본이나 한국의 2배 내외에 이르고 있으며, 유럽에 주둔 중인 전체 미군수가 11만 9000명임을 생각할 때 거의 70%에 이르고 있다. 또한 73곳에 310여 개의 군사설비, 즉 군사기지, 레이더기지, 통신기지 등이 배치되어 있다. 이러한 막대한 군사시설과 7만여 명에 이르는 주독미군은 주둔지역을 중심으로 인근 지역에 일차적으로 정치경제적으로 막대한 영향력을 행사해 왔으며, 이차적으로는 사회문화적 영향력뿐만 아니라 사회적 문제를 야기해왔다.

현재 독일에 주둔해 있는 주독미군의 법적 지위는 크게는 나토와의 협정과 세부적으로는 독일보충협정이라는 두개의 협정에 의해 규정된다. 이 두 협정은 군사적 문제뿐만 아니라 주독미군의 사회, 경제, 환경 문제에 관련된 처리사항을 규정하고 있기 때문에 지역사회와의 충돌이나 갈등 발생시 사태처리의 주요 근거가 된다.

---

3) 1990년 10월 3일 재통일 시기까지의 독일은 서독을 지칭한다.

[표 13-1] 독일주둔 외국군의 현황

	1966년	1989년	1994년	1997년
벨기에	45,000	27,300	11,800	2,100
프랑스	67,000	47,000	24,000	18,000
영국	59,700	70,000	35,000	30,000
캐나다	10,500	7,900	100	100
네덜란드	6,000	8,000	5,700	2,625
미국	221,000	245,800	91,000	76,600
계	409,200	406,000	167,600	129,475

독일에 있는 주독미군은 북대서양조약(North Atlantic Treaty)의 제3조에 근거해 주둔하고 있다. 주둔 미군의 법적 지위는 큰 틀에서는 1951년 6월 19일 NATO 체약국들 간에 런던에서 체결된 NATO - SOFA라 불리는 '주둔군의 지위에 관한 북대서양조약 체약국 간의 협정(Agreement Between the Parties to the North Atlantic Treaty Regarding the Status of Their Forces)'에 의해 규정된다. 일명 '런던협정'으로 불리기도 하는데 주로 출입국, 과세 및 관세면제, 형사 및 민사관할권 등을 명시하고 있다.

독일에 있어서의 외국군주둔은 NATO로서의 주둔임과 동시에 실질적으로는 점령의 연장이었다. 독일의 경우에는 NATO - SOFA와 별도로 보충협정이라는 형태로 특별협정을 맺어 독일 주둔 미군의 법적 지위를 구체적으로 규정하고 있다. 즉 1959년 8월 3일에 '독일연방공화국에 주둔중인 외국 군대의 지위에 관한 북대서양조약 체약국간에 체결된 협정에 대한 보충협정(Supplementary Agreement to the NATO Status of Forces Agreement with respect to Forces Stationed in the Federal Republic of Germany)'이라는 독일 보충협정을 체결하여 독일 내 미국 군대의 법적 지위 문제를 다루고 있다(Richter, 2007).

동 협정은 독일 영역 내에서의 외국 군대의 법적지위 문제에 관하여 자세하게 규정하고 있다. 동 협정은 '런던협정'을 독일지역에 적용하기 위해 주둔군지위협정으로서 전문과 83개조 및 보충협정의 서명에 관한 의정서(Protocol of Signature to the Supplementary Agreement) 등 구체적인 조문으로 구성되어 있다. 동 의정서는 1부 '런던협정에 대한 합의의사록 및 선언(Agreed Minutes and Declaration concerning the Supplement Agreement)'으로 구성되어 있다. 독일 보충협정에 재판권의 취급 등 NATO 지위협정의 일반 협정보다도 독일 측에 불리한 규정이 보이는 것은 이러한 사정을 반영한 것이다.

전후 반세기에 걸쳐 동서의 분단하에 놓여 왔던 독일은 1990년 10월 3일, 국민적인 염원이었던 재통일을 하였다. 재통일은 독일의 국제적 지위에 있어서 두 가지 의미를 가진다.

먼저 구연합국가인 미국, 영국, 프랑스, 구소련 간에 독일 전후처리 문제의 최종적 해결에 관한 조약이 체결되어(1990년 9월), 점령 종결 후에도 4개국에 유보되어 온 '독일 전체' 및 '베를린에 대한 권한'이 파기되어 독일은 국제법상으로 주권을 전면적으로 회복하였다.

또 한 가지는, 독일에 있어서 외국 군대 주둔의 근거가 되어 온 '외국 군대의 주둔에 관한 조약'은 1990년 9월 25일의 교환서한에 의해 "계속해서 효력을 가진다"는 것이 합의되어 종전시부터 계속해서 외국 군대의 주둔에 관한 근본적인 사태는 해소되지 않았다.

독일통일과 바르샤바조약기구의 해체 등 유럽 정세에 큰 변화를 가져오면서 미국을 시작으로 하여 NATO 국가들은 독일의 주둔 병력을 큰 폭으로 축소 내지는 철회시켰지만 독일에는 현재에도 미국, 영국, 프랑스, 네덜란드, 벨기에의 군대가 주둔하고 있다.[4]

독일보충협정의 대폭개정은 독일의 주권회복과 외국군 주둔의 계속이라고 하는 모순된 두 가지 사태를 포함하고 있다. 이 개정은 미일지위협정과

---

[4] 1996년 말 시점에서 미군이 약 7만 5000명, 영국군 2만 8000명, 벨기에군 2000명, 네덜란드군 3000명, 프랑스군 1만 5000명이 주둔하고 있다.

그 운용에서 보여지는 것만큼은 아니지만 주둔 외국군에게 여러 가지 특권을 보장하고 계속된 미군범죄 속에 주권을 침해당해 온 독일의 입장에서 볼 때에는 이 개정에서 많은 부분이 개선되었다고 할 수 있다.

독일정부는 '외국 군대의 주둔에 관한 조약'에 대한 이전의 교환서한이 오간 것과 같은 1990년 9월 25일에 독일보충협정의 개정을 관계국에 제기하고 개정교섭은 1991년 9월부터 개시되었다. 1993년 개정 독일보충협정은 기존의 독일보충협정을 대폭 개정하고 새로운 조항들을 신설하였는데, 특히 형사관할권 및 민사청구권을 집행하기 위한 구체적인 절차규정들과 신설된 환경 관련조항들을 넣어 주둔미군범죄의 방지 및 처벌, 그리고 미군기지로 인해 발생하는 환경 문제의 방지 및 구제를 효과적으로 개선하기 위한 제도적 장치를 마련하게 되었다(Richter, 2007).

교섭에 있어서 독일 측은 중심적인 교섭목표를 '독일영역주권의 존중'에 두고 교섭은 본 협정 전체를 대상으로 하였다. 교섭에는 독일정부 뿐만 아니라 각 주가 준비단계부터 참가하고 독일 측 교섭단에는 주의 대표도 참가하였다.

16개월에 거친 교섭의 결과, 개정협정은 1993년 1월 15일에 가조인이 되고 3월 18일에 정식으로 조인되었다.

개정된 독일보충협정 전 83조 중에 35조(기타 서명의정서에 대해 10개 부분의 변경)가 개정되었다. 이리하여 1963년 7월 1일에 발효한 '독일보충협정'은 1971년 10월 21일과 1981년 5월 18일 및 1993년 3월 18일에 각각 개정협정이 체결되어 전부 세 차례에 걸쳐 개정이 이루어졌다. 전문과 전 52개조로 구성된 '3차개정협정'[5]의 내용 중 중심 부분을 차지하는 것이 제53조 제1항의 개정이며, 조건하에서 이루어진 개정이지만 외국 군대에 의한 기지 '사용'일반

---

5) Agreement to amend the Agreement of 3 August 1959, as amended by Agreement of 21 October 1971 and 18 May 1981, to supplement the Agreement between the Parites to the North Atlantic Treaty regarding the Status of their Forces with respect to Forces stationed in the Federal Republic of Germany.

에 대한 독일 법령의 '적용' 원칙이 처음으로 명기되었다는 점이 중요하다고 하겠다. 이러한 사실은 원칙적으로 독일 법령에 복종하는 것에 대한 명문화를 확인하였다고도 할 수 있다(오미영, 2003: 83~85).

나토 보충 협정에 따르면 나토군이 독일에 주둔함으로써 발생하는 모든 비용은 원칙적으로 군대를 파견한 국가가 부담하기로 되어있다. 주둔 비용에는 군인과 군속의 급여와 숙식비뿐만 아니라 주둔군이 현지에서 고용하는 민간 고용인에 대한 임금도 포함된다(고상두, 1997: 197).

독일에는 가장 많은 약 7만여 명의 미군이 주둔해 있으며, 또한 유럽사령부가 위치해 있는 등 미국의 세계군사전략의 주요 거점이라고 볼 수 있다. 따라서 독일 내에는 2차 세계대전 이후부터 많은 미군기지와 군사훈련장이 건설되어 왔다. 현재 독일에는 25개의 미군기지가 존재하며 이곳은 전체적으로 미국의 거대한 군사적 하부구조로 기능하고 있다.

이러한 독일의 군사전략적 위치는 걸프전 당시 미국이 주요 군사물자와 병력을 독일의 바덴뷔르템베르크 주, 헤센 주, 라인란트팔츠 주에 위치한 미군기지로부터 바이에른 주의 필섹을 거쳐 브레머하펜으로 옮기고, 다시 전선으로 수송하는 등 독일에 존재하는 물류운송체계를 집중적으로 사용했던 것을 통해서도 잘 알 수 있다.

특히 람슈타인에 있는 미 공군기지는 미국 본토를 제외하면 가장 큰 미군의 해외공군기지이며 유럽 주둔 미 공군의 사령부가 있는 곳이다. 여기에는 약 3만 8000명의 미군과 관련 군속이 주둔해있다. 이외에도 람슈타인 주위 바움홀더에는 약 8000명의 미군이 주둔해있다. 또한 슈팡달렘 미군기지는 유럽주둔 미군의 최대 전투기 배치 기지인데, 약 92개의 비행기 격납고와 70여 개의 무기격납고가 존재하며, 미 공군 최신형 전투기인 스텔스기 F-117-A 또한 이곳에 배치되어 있다. 더구나 이후 이곳으로 라인 - 마인 공군기지를 통합하기 위한 확장공사가 계속되고 있다.

미군의 해외주둔미군재배치계획(Global Posture Review)의 일환으로 슈팡달렘 공군기지로 통폐합될 예정인 프랑크푸르트 근교의 라인 - 마인 미공군기지 역시 미국의 주요기지 중 하나다. 이곳엔 주로 군사용 급유기인 KC-135가 배치되어 있으며, 군사용 수송기인 갤럭시와 글로브매스터의 중간 기착점이기도 하다.

슈투트가르트에는 위에서 말한 바처럼 미국의 유럽지역사령부인 EUCOM이 위치해있다. 유럽사령부는 미국의 공중전 및 폭격 수행의 중추적 역할을 수행하고 있으며, 독일 및 유럽 각지에 위치한 미군기지 사이의 연결 및 조정기능을 담당하고 있다(Pflueger, 2003).

이외에도 하이델베르크, 바트 나우하임, 안스바흐, 기센 - 프리드베르크, 바트 크로이츠나흐, 밤베르크, 다름슈타트, 뷔딩엔, 하나우, 일레스하임, 키칭엔, 슈바인푸르트 등에 주로 지상군 위주로 미군기지가 형성되어 있다.

또한, 미군기지외에도 미군의 군사훈련장들이 독일에 산재해있다. 그 중 유럽에서 가장 큰 미군 군사훈련장이 독일의 그라펜뵈어에 위치해 있으며, 이곳에서 'Victory Scrimmage'란 이름으로 약 1000여 명의 독일장교들이 이라크전쟁에 대비한 가상전쟁 시뮬레이션 훈련을 하기도 했다. 이곳에는 향후에 전 세계를 대상으로 삼는 미국의 특수부대가 주둔할 예정이다.

특히 독일과 일본이 전후 놓인 상황과 그 이후 현재까지 발전해온 과정을 미국의 대외정책과 연관시켜 볼 때 많은 유사성을 발견할 수 있다. 독일과 일본은 모두 2차 세계대전의 전범국가이며, 전후 미국의 세계질서에 편입되었고, 그 과정에서 대공산권 전진기지로서 그리고 유럽과 아시아에서의 경제 복구 및 질서 회복에 주요한 역할거점으로 존재해왔으며, 또한 직접적으로 군사력 무력행위의 근거지로서 자리매김되는 미군의 직접적 주둔지라는 동일한 시대적 상황논리를 자신의 이후 발전의 출발선으로 하고 있다.

[그림 13-1] 해외의 미군 배치 상황

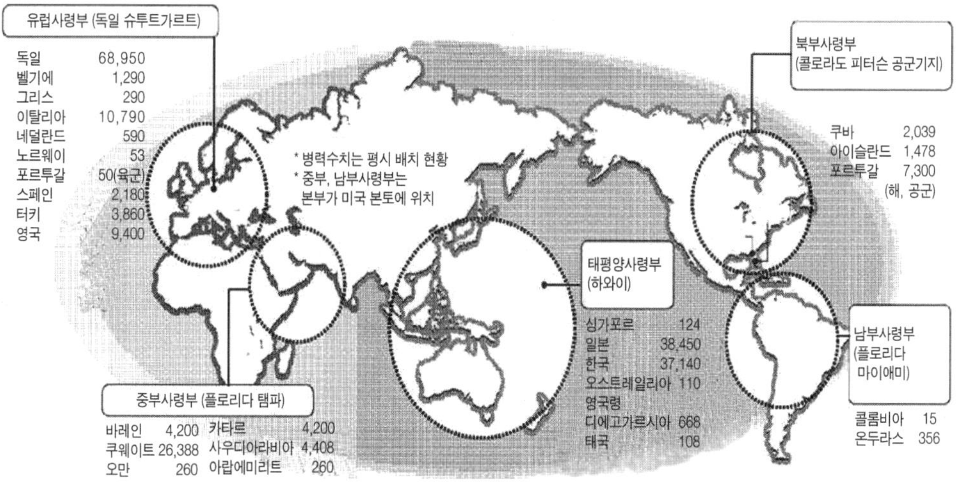

유럽사령부 (독일 슈투트가르트)

독일	68,950
벨기에	1,290
그리스	290
이탈리아	10,790
네덜란드	590
노르웨이	53
포르투갈	50(육군)
스페인	2,180
터키	3,860
영국	9,400

* 병력수치는 평시 배치 현황
* 중부, 남부사령부는
  본부가 미국 본토에 위치

북부사령부
(콜로라도 피터슨 공군기지)

쿠바	2,039
아이슬란드	1,478
포르투갈	7,300
	(해, 공군)

태평양사령부
(하와이)

싱가포르	124
일본	38,450
한국	37,140
오스트레일리아	110
영국령	
디에고가르시아	668
태국	108

남부사령부
(플로리다 마이애미)

콜롬비아	15
온두라스	356

중부사령부 (플로리다 탬파)

바레인	4,200	카타르	4,200
쿠웨이트	26,388	사우디아라비아	4,408
오만	260	아랍에미리트	260

출처: 『Military Balance 2002~2003』.

4. 냉전 이후의 독일미군기지의 전략적 의미와 지역사회의 변화

1) 냉전 이후 독일미군기지의 전략적 의미

현재 미국은 군사적 거점으로 전 세계 5개 지역에 지역사령부를 두고 있다. 즉 태평양사령부(PACOM), 유럽사령부(EUCOM), 북부사령부(NORTHCOM), 남부사령부(SOUTHCOM), 중부사령부(CENTCOM)의 5개 지역 군사거점을 갖고 있다. 이들 지역사령부는 육군, 해군, 공군 및 특수부대를 휘하에 둠으로써 독자적 전쟁수행능력을 갖고 있다. 이중 미 하와이에 본부를 두고 있는 태평양사령부는 한국을 비롯하여 중국, 일본, 호주 등을 담당하며, 독일 슈투트가르트에 있는 유럽사령부는 유럽과 아프리카, 중동 일부 지역을 담당하고 있다.

미국은 이러한 미군의 지역별 배치에 따라 세계 30여 개국 750여 개의 기지에 25만여 명의 미군을 주둔시키고 있다. 주둔 병력 수로 볼 때 독일 7만여 명, 일본 4만 5000여 명, 한국 3만 5000여 명으로 가장 많은 미군이 주둔해 있으며, 그 다음인 이탈리아의 만여 명이나 영국의 9000여 명과는 큰 차이가 있다. 따라서 독일, 일본, 한국이 미국의 세계안보전략에서 갖는 의미는 상당히 크다고 볼 수 있다(김일영·조성렬, 2003: 18~20)

일본과 미국 간의 동맹관계와 나토를 통한 독일과 미국의 동맹관계는 구조적으로 다르다. 미일동맹은 양자 간 편무적 동맹관계인 반면에 미국과 독일은 다자간 쌍무적 집단방위 체제하의 동맹관계인 것이다. 즉 독일과 미국 간에는 유사시 상호지원의 의무가 발생하지만, 일본은 미국의 안보공약에 대하여 군사적으로 지원할 의무가 발생하지 않는다(고상두·남상희, 1998).

2003년 11월 25일 미국의 부시 대통령은 '9·11테러' 이후 시대를 맞이해서 본토방위와 전방전개 능력의 강화를 지향한 새로운 군사변환 전략을 추진하기 위해 해외주둔 군사력의 재검토 협의를 동맹국 및 의회와 본격화한다는 성명을 발표했다. 즉, 미국 부시 행정부는 새로운 위협인 테러 등에 대응하기 위해 최첨단 군사기술에 의한 장비의 경량·고도화 및 기동력·정찰력의 강화를 도모하고 이를 바탕으로 병력의 규모 및 구성을 개편한다는 전략적 구상아래 신군사전략의 키워드로서 군사변환(Military Transformation)과 해외주둔미군 재배치계획(GPR: Global Posture Review)을 제시하였다(김일영, 2004: 47).

군사변환 전략의 핵심은 최첨단 무기체계를 기반으로 한 '유동성 있는 군사능력'을 지향하여 미군을 언제 어디서든지 전투가 가능한 '규격화된 군'(Module Army)으로 바꾸는 것이다. 규격화된 군의 대표적 예로서 스트라이커 전투부대를 들 수 있는데, 스트라이커 부대는 첨단장비로 무장했으면서도 가볍고도 기동성이 뛰어나 최첨단 전차들과 함께 유사시 초대형 수송기에 실려 3, 4일 안에 분쟁지역으로 투입될 수 있는 부대다. 즉, 미국의 군사변환 전략은 이와 같은 기동성을 갖춘 최첨단 전투부대를 기존 기지에 두지 않고 기동군으로 활용하는 것이다.

[표 13-2] 냉전기, 탈냉전 초기, 9 · 11테러 이후 미국의 위협인식과 안보 정책 변화

시기	냉전	탈냉전 초기(부시와 클링턴)	9 · 11테러 이후(조지 W. 부시)
위협의 주된 내용	- 소련 공산주의의 팽창	- WMD의 확산 - 지역 강국의 침략 위협과 민족 갈등 - 구 사회주의권에서의 민주화의 퇴행 - 미국 경제의 실패	- 테러 세역으로부터의 비대칭적 위협 - WMD의 확산 - 중국의 부상
정책 기조	억지와 봉쇄	개입과 확대	선제공격과 예방전쟁
정책의 성격과 내용	공산주의 도미노이론 (방어적)	민주주의 도미노 이론 (공세적)	
	위협기반 전략		능력기반전략
	지역 차원의 전진 배치		신속이동배치

출처: 김일영(2004: 44~50).

따라서 미국은 냉전시대의 해외 주둔 미군을 해외 배치군을 넘어서서 해외 기동군으로 전환하려고 하는데, 해외주둔 미군기지를 4개 그룹으로 분류하고 있는 것으로 알려지고 있다. 즉, 미국은 전략적 목적에 따라 해외주둔 미군기지를 대규모 병력전개의 근거지인 전력전개거점(PPH), 대규모 병력이 장기 주둔하는 상설기지인 주요작전기지(MOB), 소규모 상주 간부와 상당수 교체근무 병력을 포함한 전방전개기지(FOS), 소규모 연락요원과 훈련장만 유지하고 상황에 따라 필요한 지원을 외부에서 확보하는 안보협력 대상 지역(CSL) 등 4개의 그룹으로 분류하고 있다(김일영 · 조성렬, 2003: 126~128).

그리고 미국은 이와 같은 군사변환 구상 및 해외주둔 미군 재배치 계획에 따라 해외 주둔 미군의 삭감을 발표하였다. 부시 대통령은 2004년 8월 16일 "예측할 수 없는 위협에 즉각 대응할 수 있도록 해외 주둔미군을 새로운 장소로 배치한다"고 선언함과 더불어 6~7만 명의 해외 주둔미군의 삭감을 발표하였다. 현재 이라크에 주둔하고 있는 15만 명의 미군을 제외한 주요 해외 주둔미군

의 현황은 [그림 13-1]과 같은데, 주로 냉전시대의 최전선이었던 한국으로부터 1만 2500명, 독일로부터 3만 명 등 6~7만 명의 미군병력이 삭감되는 것이다. 삭감되는 병력은 미국 본토나 동유럽, 중앙아시아 등지로 재배치될 것으로 알려지고 있다(Klein, 2007).

미국은 현재 7만여 명에 달하는 주독미군 중 1만 5000명에서 심지어 4만 8000명을 전환배치 내지는 감축할 것을 고려하고 있다. 이러한 고려는 미국의 세계 전략의 변화를 반영하는 것으로 볼 수 있다. 냉전 과정에서 주변 정세의 변화에 따라 끊임없이 변화해온 미국의 정치군사적 전략은 이제 새로운 탈냉전과 지역분쟁의 시대를 맞아 새롭게 변화하고 있다고 볼 수 있다 (Niethammer, 2003).

2) 독일 미군기지로 인한 지역사회의 변화와 동학

독일 미군기지를 둘러싼 지역사회가 갖고 있는 문제 중 가장 최근의 문제는 독일 미군기지의 전략적 지위로부터 발생하는 재난의 가능성이다. 실제로 이전에 람슈타인에 있던 미공군기지에서 민간인들을 초청해 비행쇼를 하던 중 미공군기가 사고로 추락해 관람석에 떨어져 대형인명사고가 발생한 적이 있다. 그 결과로 독일 내에서는 모든 비행쇼가 전면 금지되었다.

최근 들어 급증한 미국 주도의 지역전쟁은 미군기지의 후방물류기지로 위치 지어진 독일 내 미군기지의 전략적 활용도를 증가시켰다. 따라서 비행기로 전선으로 수송되는 수많은 군사물자가 독일 상공에서 추락할 경우 발생할 참사에 대한 고려가 본격적인 사회문제화 되었다. 특히 걸프전 당시 독일 최대 메트로폴리스인 프랑크푸르트 인근 미 공군기지로부터 막대한 양의 폭약과 무기를 실은 비행기들이 끊임없이 대도시 지역 상공을 통과해 전선으로 물자를 수송함으로써 이러한 대형 참사의 가능성이 제기되었다.

이러한 주민들의 저항 역시 증가해 2003년 슈베린리히 지역에서는 독일 정부를 상대로 낸 비트스톡 군사훈련장 사용허가 취소 긴급조정신청이 법원에 의해 받아들여서 군사훈련장 사용이 주민들의 반대로 금지되기도 했다.

다른 한편으로는 유럽에서 독일과 프랑스를 중심으로 형성되고 있는 반전운동의 격화를 들 수 있다. 특히 대다수 미군이 주둔해 있는 독일에서는 미군기지 주변에서 벌어지는 각종 반전시위를 어렵지 않게 볼 수 있다. 2002년 2월 프랑크푸르트 근교의 미 공군기지 앞에서는 2차 이라크전쟁에 반대하는 약 2000여 명의 시민 및 주민 단체가 연좌농성을 벌였다.

지난 20년간 벌어진 반전운동 관련 최대 규모의 연좌농성이 행해진 것은 그만큼 독일 사회 내의 반전에 대한 분위기가 고조되어 있다는 것을 반증하는 것이며, 이에 따라 주독미군 철수를 주장하는 사람들 또한 늘어나고 있다. 실제로 럼스펠드 미 국방장관이 전 세계 주둔 미군의 전력 재배치의 일환으로 주독미군의 축소 및 동유럽으로의 전환배치를 얘기했을 때, 독일에서 주독미군 축소에 대한 우려나 걱정은 별로 크지 않았다. 오히려 그라펜뵈어나 호헨펠스의 경우 환경 문제에 대한 우려로 기존의 미군기지 확장에 대한 주민반대운동이 거세지고 있다.

이러한 문제는 결국 주독 미군기지가 갖는 지역 경제적 영향과 관련된다. 미군기지가 위치한 지역은 상당한 정도로 지역경제활동을 미군기지 및 미군 병사들에 의존하고 있는 것이 사실이다. 따라서 이들이 전환 배치되거나 철수할 경우 지역 경제가 가질 타격은 매우 크다. 이러한 문제에 대해 독일의 지역당국들은 우려를 표명하고 미군기지가 철수되는 것을 반대하고 있다.

환경 문제와 관련해서도 주독미군은 끊임없이 지역사회의 문제가 되어왔다. 93년 개정된 주독미군의 지위와 관련된 독일보충협정에 환경관련조항을 포함시킨 것도 이러한 일련의 상황이 반영된 것으로 볼 수 있다. 특히 91년 유럽최대의 미군 군사훈련장인 그라펜뵈어에서 미군의 우라늄함유 탄약의 사용은 전독일의 사회문제가 되었다. 이러한 사실이 드러나자 그라펜뵈어의 주민들은 '환경 문제에 관심 있는 시민연합'이란 단체를 구성하고 적극적으로 주독미군에 의한 환경 문제에 대처하기 시작했다. 슈뢰더 정부의 국방장관인 루돌프 샤르핑 장관은 2001년에 독일 주둔 미군이 열화우라늄탄을 사용했다고 공식확인 한 바 있다. 또한 아우어바흐는 미군군사훈련장에서 흘러나온 화학물질로 인해 심각한 식수오염사태가 발생하기도 하여 거센 주민들의 반발을 불러일으켰다(「동아일보」 2001년 01월 20일자).

이러한 문제에 대한 독일의 시민 및 주민운동은 막강한 후원자를 갖고 있다. 독일 녹색당은 환경 및 군축 문제와 관련한 시민 및 주민운동을 지원하고 있다. 시민단체와 함께 기지확장 반대운동을 진행하고 있는 녹색당은 요즘 미군이 떠난 이후 이 기지를 어떻게 활용할 것인지에 대해 연구 중에 있다(「평택시민신문」 299호, 2005년 11월 23일자).

■ 참고문헌

고상두. 1998. 「미군 주둔 비용의 분담 구조: 한국과 독일의 비교 연구」. 『사회과학논집』 28.

김일영. 2004. 「해외주둔 미군 재배치계획과 주한미군의 미래」. 『안보논단』 39.

김일영·조성렬. 2003. 『주한미군: 역사, 쟁점, 전망』. 한울아카데미.

박웅격 외. 2001. 『독일연방정부론』. 서울: 도서출판 백산자료원.

박인휘. 2003. 「단극시대 미국 패권전략의 이론적 기초: 다자주의 vs 일방주의」. 『한국과 국제정치』 19(3).

박인휘. 2004. 「미국 군사안보의 개념적 재구성과 새로운 군사 안보 패러다임」. 한국정치학회 하계 학술대회 발표논문집 IV.

오미영. 2003. 『외국군의 법적 지위』. 법원사.

Agreement to amend the Agreement of 3 August 1959, as amended by Agreement of 21 October 1971 and 18 May 1981, to supplement the Agreement between the Parites to the North Atlantic Treaty regarding the Status of their Forces with respect to Forces stationed in the Federal Republic of Germany.

Greiner, Christian. 1982. "Die alliierten militaerstrategischen Planungen zur Verteidigung Westeuropas 1947~1950". militaergeschichtliche Forschungsamt(ed.). *Angaenge westdeutscher Sicherheitspolitik*. Muenchen.

Richter, Hans-Peter. 2007. "(Fremde) Militaerstuetzpunkte in Deutschland". in http://www.ne ma-online.de/FremdeBaseniD.pdf.

Niethammer, Ludwig. 2003. "Die Rolle der US-Basen in Deutschland". in http://www.wsws.or g/de/2003/apr2003/base-a05.shtml.

Bende, Peter. 2005. *A History of Germany*. New York.

Klein, Thomas. "US-Militär wird seine Präsenz in Deutschland verringern". in http://www.uni-kassel.de/fb5/frieden/themen/Standorte/klein.html.

Pflueger, Tobias. 2003. "Die rechtliche Situation des EUCOM in Deutschland". in IMI-Analyse 2003/027, ISSN 1611-213X.

Weidenfeld, Werner and Karl-Rudolf Korte(Hrsg.). 1996. *Handbuch zur deutschen Einheit*. Frankfurt am Main.

· 참고 웹사이트

http://de.wikipedia.org/wiki/United_States_European_Command.

http://www.eucom.mil/english/index.asp.

http://www.eucom.mil/german/german_main.asp.

http://de.wikipedia.org/wiki/US-Streitkr%C3%A4fte.

http://www.usarmygermany.com/Sont.htm.

http://www.globemaster.de/germanybases_de.html.

http://www.wsws.org/de/2003/apr2003/base-a05.shtml.

14장

국가 - 시민사회 관계와 필리핀의 반기지운동[1]

여인엽

1. 문제제기: 반기지운동의 성공과 실패

아시아 국가들 가운데 특히 한국, 일본, 필리핀 시민사회의 소수 저항운동들은 미군의 주둔에 주기적으로 도전해 왔다. 미군이나 주둔국 정부에 대한 도전에서 반기지운동이 전적으로 승리했다고 말하기는 어렵다. 그렇지만 시민사회가 미군 주둔 문제에 관해 미국과 주둔국에게 압력을 행사하면서, 여러 가지로 가능한 일련의 결과들이 생겨나고 있다. 현상유지에서부터 기지의 완전한 폐쇄에 이르기까지의 이 결과들은 국내적·국제적 수준에서 구조적인 제약들에 강하게 영향을 받는다. 어떤 종류의 구조적이며 정치적인 요인들이 반기지운동에게 기회 또는 장벽으로 작용하는가? 동시에, 운동의 행위자들은 상이한 결과를 도출하기 위해 어떻게 기회 구조를 활용하는가?

이 장에서는 1991년 수빅해군기지(Subic Bay Naval Station)의 폐쇄를 둘

---

1) 이 글은 '오키나와 미군기지의 정치사회학'연구팀의 2차년도 심포지엄 「오키나와·동아시아·기지 문제」(2006년 6월 13~14일, 서울대학교 호암교수회관)에서 발표한 글을 수정·보완한 것이다. 글의 번역에는 정영신이 수고해 주었다.

러싼 상황에 특히 주의를 기울이면서, 필리핀의 반기지운동에 대해 고찰한다. 논문은 다음과 같이 구성된다. 2절에서는 필리핀의 미군기지와 반기지운동에 관한 배경 정보를 제공한다. 3절에서는 반기지연합운동(Anti-base coalition movement), 특히 1990~91년의 기지협정반대운동(Anti-Treaty Movement)에 대해 상술할 것이다. 4절에서는 수빅해군기지의 폐쇄에 기여한 다양한 요인들을 확인하면서, 필리핀 국내 정치엘리트들의 역할 및 그들과 반기지운동과의 관계를 강조할 것이다. 또한 몇몇 다른 요인들이 수빅기지의 폐쇄 결정에 어떻게 영향을 미쳤는가를 평가한다. 여기에서 필자는 냉전의 해체에 의해 야기된 지정학적 변화가 수빅기지 폐쇄의 근본적인 이유라는 주장을 논박할 것이다. 5절에서는 오키나와 반기지운동의 맥락과 제한적인 비교를 해 볼 것이다. 전략의 변화와 미군의 변혁(Transformation)에도 불구하고, 일본(주일미군, USFJ)은 기지정책의 변화에 호의적인 조건을 제공할 수 있다. 이 글에서 필자는, 일본 정치엘리트들의 미일관계에 관한 이해와 인식에 의해 형성된, 국내에서의 정치적 지원의 결여가 오키나와 반기지운동에게 가장 큰 도전이 된다고 주장할 것이다.

2. 역사적 배경

1) 필리핀의 미군기지

　　미국이 필리핀에 전진기지(outpost)를 건설한 것은 1898년에 스페인을 물리친 이후였다. 이 전진기지들 가운데 수빅기지를 포함한 몇몇은 이전에 스페인의 군사기지였다. 시간이 지남에 따라 미군 시설의 수가 줄어들었음에도 불구하고, 1992년에 미군이 철수하기 전까지 필리핀에는 다섯 개의 주요

[표 14-1] 다섯 개의 필리핀 주요 미군 시설

시설	지역
Subic Bay Naval Station	Zambales, Bataan
Clark Air Base	Pampanga and Tarlac
San Miguel Naval Communications Station	San Antonio, Zambales
Camp John Hay	Baguio City, Mt. Province
Wallace Air Station	La Union

[표 14-2] 필리핀공화국과 미합중국 사이의 기지관련 협정

협정	내용
1947 Military Bases Agreement(MBA)	99년 동안 무상으로 기지 사용
1959 Bohlen - Serrano Memorandum of Agreement	117,075ha의 17개 기지 지역을 필리핀에 반환
1965 Mendez - Blair Exchange of Notes	미국에서 필리핀으로 범죄사건의 관할권 이전을 제한적으로 인정
1966 Ramos - Rusk Agreement	군사기지협정의 기간을 99년에서 25년으로 변경
1979 Romulo - Murphy Exchange of Notes	명목상의 기지 통제권이 미국에서 필리핀으로 이전 미국이 안보 원조를 제공 군사기지협정을 5년 마다 재심
1988 Manglapus - Shultz Memorandum of Agreement	5년 재심의 재확인 안보원조의 보상금 제공

출처: Primer on the RP-US Military Bases Agreement. Manila: Foreign Service Institute, April 1989.

기지와 적어도 20개의 보조 기지들이 존재했다(USIS, 1988: 13; Ball, 1988: 3; Simbulan, 1989: 7). 다섯 개의 주요 기지와 그들의 통합된 기능은 [표 14-1] 과 같다.

수빅기지와 클라크기지는 가장 큰 규모의 기지로서 수많은 기능들을 수행하고 있었다. 양 기지는 병참지원, 수송 구역, 연료 보급과 항만 기능, 수리시설, 훈련시설, 군사통신시설, 탄약 및 군수 저장고, 휴식 및 휴양 기능을 제공하였다. 수빅기지는 가장 큰 해군 시설로서 태평양과 인도양에서 작전을 수행하는 미 제7함대의 제1기항이자 훈련시설 및 병참 허브였다. 또한 수빅기지 내부에는 제7함대 77기동타격부대의 지상 기지로 기능해 온 큐빅포인트(Cubic Point)도 존재해 왔다. 1986년 필리핀에 배치된 총 1만 6358명의 미군 가운데 7000명 이상이 수빅에 배치되었다. 민간인들과 군 관련 종사자를 포함하여 수빅에 배치된 미국인들의 수는 1만 4200명 정도였다(Simbulan, 1989: 11). 그 동안 클라크기지는 제13항공단 및 서태평양과 인도양에서의 미공군 전술팀의 사령부로서 기능해 왔다. 클라크기지는 또한 인도양으로의 전략적 항공보급로에서 수송의 거점(staging point)으로 기능해 왔다. 전략적인 견지에서 보자면, 필리핀의 기지들은 항공로와 항해로를 보호하고 베트남의 캄란만(Cam Ranh Bay)에 주둔한 소련군과 균형을 맞추면서 동남아시아에 지역적 방위력을 제공해 온 것이다(USIS, 1988).

　1946년에 필리핀이 독립을 달성한 이후, 필리핀 공화국(the Republic of the Philippines, RP)과 미국은 1947년에 미국이 '특정 공유지(certain lands of the public domain)'를 99년 동안 무상으로 임대할 수 있도록 한 '미국 - 필리핀 간 군사기지협정(Military Bases Agreement, MBA, 이하 군사기지협정)'에 서명했다. 필리핀은 군사기지협정에 따라 대략 25만ha에 달하는 23개의 기지시설을 미국에게 제공하였다. 하지만 군사기지협정은 1947년에서 1991년의 기간 동안에 일부 기지 구역이 필리핀에 반환됨에 따라 적어도 40개의 수정조항을 거쳐 왔으며, 필리핀 정부에게 미군기지에 대한 보다 큰 통제력을 제공하였다. 특히 1966년 9월 16일에 서명한 '1966 라모스 - 러스크 협정(the 1966 Ramos-Rusk Agreement)'은 기지 계약기간의 한도를 99년에서 25년으로 변경하였다. 따라서 군사기지협정은 1991년 9월 16일에 만료되도록 되어 있었다. 이후, '1979 로물로 - 머피 교환각서(the 1979 Romulo-Murphy Exchange of Notes)'는 미군기지에 대한 명목상의 통제권을 필리핀 정부에게 넘겨주었다. 미국은 또한 1979~1984년 동안에 필리핀에 500만 달러의 안보원조를 제공하기로 하였다. 양국은 군사기지협정이 만료될 때까지 5년마다 협정을 재심하기로 하였다.

미국 - 필리핀 간에 체결된 기지협정의 일부는 아니었지만, 1987년 2월에 수정된 필리핀 헌법은 필리핀 상원에게 1991년 이후의 미군기지 존속 여부에 대한 막대한 권한을 부여하였다. 제25조 18항에 따르면, 개정 헌법은 "군사기지에 관한 필리핀 공화국과 미합중국 사이의 협정이 1991년에 종료된 이후, 외국군의 기지, 군대 및 시설은 상원에 의해 지체 없이 동의된 협정에 의한 경우를 제외하고는 허용되지 않으며, 의회에서 필요하다고 인정할 때에는 국민투표에 의한 과반수의 투표에 의해 비준되어어야 한다".[2] [표 14-2]는 1947년에서 1991년 사이에 미국과 필리핀 사이에 체결된 기지 관련 협정들을 보여주고 있다.

2) 반기지운동의 기원

반기지운동의 역사적 뿌리는 필리핀에 대한 미국의 식민 지배로부터 출발한다. 스페인 - 미국 간의 전쟁에서 미국이 승리한 이후 1898년에 필리핀이 독립을 선언했지만, 식민지배는 스페인에서 미국으로 1946년까지 이어졌다. 필리핀의 정치엘리트들은 미국인들에게 협조하였지만, 동시에 공식적으로는 식민지배 하에서 자치권을 진전시켜 나갔다. 이 보수적 민족주의자들은 저항과 혁명에 대한 정치적 대안을 보여주었다(Abinales, 2005: 126). 그렇지만 이전의 혁명가들이나 지식인들, 그리고 도시의 중산층이 필리핀 - 미국 간의 전쟁 이후에 점점 더 정치 세계로 재진입해 갔고, 1907년에는 국민당(the Partido Nacionalista)을 조직하였다. 보수적 민족주의자들이 개인적으로 필리핀의 미국 병합을 원하고 있었던 반면, 국민당의 주요 목표는 필리핀의 종국

---

2) 필리핀 공화국 헌법 제25조 18항. Ball(1988: 2)에서 재인용.

적인 독립이었다.

1946년의 독립 이후, 미국의 지배에 대한 민족주의적 비판은 필리핀에 대한 미국의 신식민주의적 영향력에 대한 반대로 이동하였다. 필리핀 공산당(the Partido Komunistang Pilipinas, PKP)은 필리핀에 대한 신식민주의를 비판한 가장 두드러진 집단이었다. 이데올로기적 좌파와 연관되지 않은 사람들도 미국의 영향력으로부터 독립을 호소하였다. 가장 유명한 사람들은 1950, 60년대의 민족주의 정치인들인 상원의원 크랄로 렉토(Claro Recto), 호세 라우렐(Jose Laurel), 호세 디오크노(Jose Diokno), 로렌도 타나다(Lorenzo Tanada) 등이었다. 렉토는 1950년대에 필리핀 정치사회에 만연해 있던 신식민주의적 정서에 도전한 가장 저명한 민족주의 정치인들 중의 한 사람이었다.3) 미국으로부터 독립하자는 렉토의 민족주의적 호소는, 이후에 마르코스 독재가 그들을 필리핀 정치에서 추방하기까지 디오크노와 타나다에 의해 계승되었다. 반기지운동이 교수나 법률가들에 의해서 계승되기는 했지만, 그 주도권은 국민적 영향력이 큰 상원의원들에 달려 있는 경향이 있었다.

1972년 마르코스(Ferdinand Marcos) 대통령의 계엄선언은 미군기지의 철거를 요구하는 민족주의 정치인들을 침묵시켰다. 하지만 이 시기 동안 필리핀 좌파의 성장은 마르코스 체제의 전복을 호소하는 지하 운동의 성장에 도움을 주었다. 미리암 페레(Miriam Ferrer)에 따르면, 필리핀 좌파는 "기지에 대한 가장 강력한 반대자로 성장하였다"(1992: 7; 1994: 5). 미군기지는 마르코스 체제를 지지하는 기둥 중의 하나로 비쳐졌다. 따라서 미군기지와 제국주의적

---

3) 다음과 같은 렉토의 연설을 보라: "American Bases and National Freedom and Security". Speech delivered before the Philippine Chamber of Commerce, Oct 29, 1950; "The Problem of Our National Physical Survival". Speech delivered on the Senate Floor, May 21, 1958. *For Philippine Survival: Nationalist Essays by Claro Recto and Renato Constantin*(Manila: Friends of the Filipino People, no publication date)에서 관련 자료를 찾을 수 있다.

외세를 제거하는 것은 좌파 운동의 핵심 의제 중의 하나였다. 예컨대 민족민주
전선(National Democratic Front, NDF)의 10대 정책 의제에서, 필리핀 공산당
(the Communist Party of the Philippines, CPP)의 '공개적인' 지식인 운동은
필리핀의 미군기지를 철거하고 독립적인 외교 정책을 펴는 것이 그들의 목표
중 하나라는 것을 명백히 했다. 더구나 좌파들은 미군기지가 반게릴라 작전과
필리핀인들(Filipinos)에 대한 직간접적인 억압에 활용되어 왔다고 주장한다
(Simbulan, 1989: 35).

좌파의 개입은 반기지운동이 대중에게 다가갈 수 있도록 도와주었다. 교
수, 학생, 노동자, 농민을 포함한 다양한 부문에서 민족주의자들이 한데 뭉쳐
1967년 2월, '민족주의의 전진을 위한 운동(the Movement for the Advancement
of Nationalism, MAN)'을 조직하였다(Ferrer, 1994: 6).[4] 반기지운동은 또한
대학 캠퍼스 내에서도 계속되었다. 1960년대에 조직된 '민족주의 청년동맹
(Kabataang Makabayan)'과 '민주청년연합(the Samahan ng Demokratikong
Kabagtaan)'과 같은 학생 조직들은 모두 강한 민족주의적 경향을 불러일으켰
다. 1979년 1월에는 마닐라 주변의 30개 학교에서 350명의 학생들이 반기지
캠페인을 시작하였다. 1980년대 초에는 전 세계적인 평화와 탈군사화의 움직
임에 따라, 필리핀 교회회의(the National Council of Churches in the
Philippines, NCCP)와 같은 교회 조직들 역시 미군기지에 대한 목소리를 높였
다. 그 결과, 1980년대까지 좌파이데올로기와 민족주의에 의해 영향을 받으
면서, 필리핀의 소수파들은 사회의 다양한 부문에 걸쳐 미군기지에 대한 목소
리를 높여 올 수 있었다.

---

4) 하지만 페레(Ferrer, 1994: 6)는 직접적인 관심사가 정치적이기보다는 경제적인 비조직 노동
계급을 동원하는데 반기지운동이 별로 성공적이었다고 지적한다. 반기지운동의 특히 정치적/이
데올로기적 투쟁은 노동계급을 주로 정치적 블록을 통해서 동원해 왔다.

3. 반기지연합, 1981~1991

1) 반기지연합운동의 발전

반기지 이슈는, 압도적으로 하나의 정치적 스펙트럼에서 온 집단들에 의해 제시되었다. 이들이 배타적으로 반기지 이슈에만 집중한 것은 아니었으며 종종 다부문적이었음에도 불구하고, 이 집단들은 몇 개의 강령적 목표들을 주장하는 경향이 있었다. 예컨대 민주적 개혁과 마르코스 체제에 대한 미국의 지원 종식을 강령에 포함하고 있던 계엄반대연합(anti-martial law coalition)의 집단들은 또한 미군기지의 철거를 촉구할 수 있었다. 주요 이슈의 하나로서 미군기지를 목표로 삼았던 초기의 연합운동은, 1981년 1월에 결성된 비핵필리핀연합(Nuclear Free Philippines Coalition, NFPC)이었다. 이름이 말해주는 것처럼, NFPC의 근본 목표는 필리핀에서 원자력의 폐지였다. 초기에는 바탄(Bataan) 원자력발전소의 건설 문제에 초점을 맞추었지만, NFPC의 운동은 핵무기 반대와 그러한 무기를 저장하고 있는 미군기지에 대한 반대로 확장되었다. 이러한 의미에서 NFPC를 반기지연합운동의 선구자로 볼 수도 있을 것이다. 바탄 원자력발전소가 폐쇄된 이후, NFPC는 자신의 모든 에너지를 미군기지에 쏟아 붓게 된다.

미군기지에 반대하여 처음으로 조직된 최초의 연합운동은 1983년 2월에 만들어진 반기지연합(the Anti-Bases Coalition, ABC)이었다(Ferrer, 1994: 9). 전 상원의원인 호세 디오크노의 지도하에서 ABC는 반마르코스 운동의 일부였던 전문직 계층 가운데 비 - 좌파 민족주의자들뿐만 아니라 정치적 좌파의 지지도 받았다. 이후 8년 동안 4개의 반기지연합 그룹, 1986년의 필리핀 독립운동(the Campaign for a Sovereign Philippines, CSP), 1988년의 Kasarinlan, 1989년의 ABAKADA, 그리고 1991년의 기지협정반대운동(the Anti-Treaty Movement, ATM) 등이 결성되었다. 반기지연합은 보통 좌파의

민족민주주의 일파가 주도했지만, 종종 저명한 전국적 엘리트 인사들도 지원
하였다.5) 이러한 연합 집단들은 상이한 시기에 별개의 실체로서 존재했지만,
각각의 운동 연합들이 반기지운동의 새로운 국면을 열어젖히면서 출발했다
는 점을 고려할 때, 전체로서의 반기지 연합운동들을 진화적인 과정으로 바라
보아야 한다. 예컨대 ABC는 소강기 이후에도 완전히 해체하기보다 CSP와
같은 연속적인 반기지 운동의 주도자로 행동하면서 ABAKADA나 ATM과 같
은 더 넓은 반기지연합 조직의 구성원이 되었다. 따라서 시간이 지남에 따라,
동일한 핵심 그룹이나 행위자들이 각각의 연속적인 연합운동에 모습을 드러
내는 경향이 있다.

내부적이며 환경적인 이유들이 단 8년에 불과한 시간 동안 다섯 개의 반기
지 연합운동들이 나타났던 것을 설명해 준다. 내부적으로 연합의 느슨한 조직
적 구조와 제도화의 결핍은 반기지운동이 오랫동안 유지되기 힘들도록 했다
(Ferrer, 1994: 22). 또한 아키노(Ninoy Aquino)의 암살이나 1986년의 민중혁
명과 같은 급박한 외부의 사건들은 미군기지 이슈에 관한 운동가들의 주의를
분산시켰다. 다른 한편으로, 1987년의 헌법 개정이나 1990~1991년의 기지협
정 재협상과 같은 정치적 기회 구조는 반기지 활동가들이 재조직될 수 있는
초점으로 기능하였으며 반기지 캠페인 활동의 새로운 순환6)을 일으켰다.

2) 기지협정반대운동

반기지연합들에 대한 충분한 토론은 이 논문의 범위를 벗어나는 것이지

---

5) 필리핀 좌파의 사회민주주의 진영의 활동가들에 의해 조직된 Kasarinlan은 예외였다. 사회민
주주의자들은 민족민주주의자들로부터 자신들의 반기지 활동을 구분하기 위해 Kasarinlan을
이용하였다. 연합 형성에서 민족민주주의자들과 사회민주주의자들의 역할에 관한 논의는
Dionisio(2005)를 참조.
6) 전 Secretary General of Bayan인 Lidy Nacpi과의 인터뷰, 2006년 4월 28일, 필리핀 Quezon시.

520 기지의 섬, 오키나와

만, 두 가지 이유에서 ATM에 대해 특별히 강조하고자 한다.[7] 첫째, 보다 폭넓은
합의에 도달했다는 점에서 아마도 ATM은 가장 성공적인 연합운동이었다. 크
게 보면 ATM이 ABAKADA에서 시작된 민족민주주의(the National Democrat,
ND) 조직의 확장이었음에도 불구하고, ATM은 필리핀 - 미국 간 우호·협력
·안보에 관한 조약(the RP-US Treaty of Friendship, Cooperation, And
Security, 이하 기지협정)[8]의 통과 저지에 사회민주주의(the social democrat,
SD) 분파들이 함께 하도록 그들을 확신시킬 수 있었다. 보다 광범위한 좌파의
여러 분파들이 대표로 참여하고 있었을 뿐만 아니라, 이 분파들은 기지협정의
불평등한 조항들에 반대하고 있었기 때문에, ATM과 연합하면서 반드시 미군
기지에 반대할 필요는 없었던 것이다.[9] 둘째, ATM은 1992년 말 필리핀 미군
기지의 폐쇄와 미군 병력의 철수 이전에 조직되었던 마지막 반기지연합 운동
이었다.

위에서 언급한 것처럼, ATM은 1991년까지 상대적으로 정체 상태에 있던
ABAKADA의 확장이었다. 하지만 핵심적인 반기지 활동가들은 미국 군사기지
들의 운명이 곧 필리핀 상원에 달려있게 되리라는 점을 깨달았다. 1987년의 헌
법은 필리핀과 미국 사이에서 서명된 기지협정을 갱신하기 위해서는 상원에서
3분의 2 이상의 동의로 비준되어야 한다는 조항을 포함하고 있었다. 1966년의
라모스 - 러스크 협정에 근거하여, 1947년의 군사기지협정은 1991년 9월 16일에
만료되게 되었다. 그리하여 필리핀 - 미국 간 협력대화(the Philippine American
Cooperation Talks, PACT)가 시작된 지 몇 달이 지난 후에,[10] 핵심 활동가들은
상원의원인 타나다(Wigberto 'Bobby' Tanada)의 지원을 받으면서 상원에서의

---

7) 반기지운동 연합에 관한 완전한 논의를 위해서는 Ferrer(1994)를 보라.
8) 1947년의 군사기지협정을 1991년부터 10년간 연장하기 위한 조약―역자주.
9) NFPC 공동 의장인 Roland Simbulan과의 인터뷰, 2006년 3월 10일, 필리핀 Quezon시.
10) PACT 1차 회의는 1990년 9월 18~21일에 진행되었다.

기지협정 비준을 저지하기 위한 캠페인을 시작하기로 결정하였다.

전통적으로 NFPC와 ABC처럼 반기지운동에 포함되어 있던 연합 그룹들을 뒤따라, 바얀(Bayan) 정치 블록이 새로운 연합의 선봉에 나섰다. 기존 연합들을 따라, ATM은 다양한 부문들의 NGOs와 민중조직들(People's Organizations, POs)을 포함하였다. 여기에는 평화, 환경, 여성, 학생, 지식인과 같은 부문들과 노동 그룹들이 포함되었다. 더구나 타나다 이외의 두 상원 의원, 엔릴(Juan Ponce Enrile)과 에스트라다(Joseph Estrada)의 존재는 ATM에게 정당성과 정치적 레버리지를 제공하였다.

ATM은 양 날 전략에 초점을 맞추었다. 즉각적인 목표는 상원에서 기지협정을 저지하는 것이었다. 따라서 상당한 양의 시간과 에너지를 상원의원들에 대한 로비활동이나, PACT협상 및 미국에게 편향된 협정의 영향들에 관한 정보와 분석들을 제공하는데 투여하였다. ATM은 또한 1991년 9월 16일을 특정의 목표 시일로 잡고 작업하는 방식을 활용하였다. 둘째, 보다 넓은 목표는 미군기지의 부정적인 영향에 관해 필리핀인들을 교육하는 대중적인 캠페인이었다. 기지협정이 상원에서 통과된다면, 그 다음에는 국민투표를 통과해야 했다. 그러므로 반기지 그룹들에게는 상원에서 협정이 거부되지 않을 경우를 대비하여 미군기지에 반대하는 쪽으로 공론을 움직일 필요가 있었던 것이다. 반기지운동의 지도자들은 따라서 미군기지에 관해 공중을 교육하고, 왜 기지의 폐쇄가 필리핀인들에게 최대의 이익인지를 보여주기 위한 설명회를 개최하거나 포럼을 조직하면서 필리핀의 여러 지역을 여행하였다. NCCP나 NFPC와 같은 반기지 그룹들은 또한 입문서, 팸플릿 및 기지에 관해 대중들의 의식을 일깨울 수 있는 여러 문헌들을 제작하였다. 드디어, 마닐라와 루손(Central Luzon)섬 주변에서 대중 집회가 개최되었다. 필리핀인들의 다수는 미군기지에 호의적이었지만, 광범위한 항의는 반기지 그룹이라는 강력한 소수 또한 존재한다는 점을 보여주었다.[11]

3) 기지 폐쇄

1991년 9월 16일, 필리핀 상원이 우호·협력·안보에 관한 조약을 표결하여 12대 11의 결과가 나왔다. 결과적으로 미국은 모든 병력을 철수시키고 수빅 해군기지를 포함한 기지들의 사용을 중지하는 데 1년의 시간이 걸리게 되었다. 어떤 요인들이 미군기지의 폐쇄를 가져왔을까? 확실히, 상이한 분석 수준에서의 다양한 요인들이 수빅기지의 폐쇄를 가져온 또 다른 요인들과 상호작용했다. 우선 행위자 중심의 수준에서 볼 때, 협정의 불평등한 조건들을 거론할 수 있다. 불공정한 협정과 미국인들의 거만한 협상태도는 상원에서 협정의 실패로 귀결되었다(Bengzon, 1997). 이와 관련하여 많은 사람들은 몇몇 민족주의적인 상원의원들을 포함하고 있던 8대 국회의 구성이 협정을 무효화하는 데 도움을 주었다고 주장했다. 법 - 제도적 시각에서, 1987년의 헌법 개정은 행정부에서 입법부로 이동한 결정권을 통해 기지 폐쇄를 압박할 수 있는 법적 메커니즘을 반기지 활동가들에게 제공하였다. 보다 구조적인 수준에서, 냉전의 종식과 미국 경제의 후퇴는 전략적 가치가 감소하고 있는 기지의 작동 비용을 유지하려는 워싱턴의 정치적 의지를 감소시켰다. 마지막으로, 피나투보(Pinatubo) 화산의 폭발이 필리핀에서 미국의 또 다른 주요 시설인 클라크 비행장을 파괴하였다는 점이다. 클라크 비행장이 손실되면서 미국 협상가들은 경제적인 보상 패키지를 늘이려고 하지 않았는데, 이것은 필리핀 상원이 협상 중이던 기지협정을 더욱 받아들이기 어렵게 만들었다.

위에서 지적한 것처럼, 수빅기지의 폐쇄는 아마도 일국적 및 국제적, 그리

---

11) 반기지 논쟁이 최고조에 달했던 1991년 7월의 여론조사를 보면, 25%가 미군기지에 반대했던 반면에 44%는 미군의 주둔에 찬성하였다(Social Weather Station, 1991). 하지만 반기지 활동가들은 숫자보다는 동원 능력과 운동의 구성이 더 중요하다고 주장한다. 숫자를 넘어설만큼 중요한 정치적 무게를 지닌 유명한 지식인, 정치인, 변호사 등이 반기지 캠페인에 참여하고 있었다(Cora Fabros와의 인터뷰, 2006년 3월 6일).

고 행위자 및 구조적 수준에서 상호작용하는 많은 요인들의 결과였다. 이 요인 들 가운데, 필리핀 미군기지를 폐쇄하는 데 반기지운동은 어떤 역할을 담당했 는가? 이를 위해 구조적인 차원에서 기지 폐쇄를 바라보면, 반기지운동은 부 수적(epiphenomenal)이었던 것으로 보인다. 상원 의원들의 반기지 입장, 미 국의 지정학적 전략(geo-strategy)의 변화를 고려하면, 기지에 반대하는 항의 운동들에 상관없이, 수빅기지는 어쨌든 폐쇄되었을 것이다. 살롱가(Jovito Salonga, 1995) 의장을 포함한 8대 국회의 상원의원들은 자신들의 결정이 반 기지 그룹들로부터의 외부 압력보다는 개인적인 신념에 근거한 것이었다고 주장했다.[12] 하지만 반기지 그룹들과 필리핀 상원과의 관계를 보다 자세하게 검토해 보면, 양 행위자 간의 상호작용은 보다 역동적이며 상호적인 과정이었 음을 암시해 준다. 반기지운동이 수빅기지 폐쇄에 필수적인 변수였다고 처음 부터 언급하기보다, 미군기지에 대해 'NO'라고 말한 상원의 결정에서 반기지 운동이 중요한 역할을 수행했다는 개연성(plausibility)을 설명하기 위해, 이 논문에서는 시민사회의 행위자들과 국내 정치 엘리트들 간의 상징적 관련성 을 살펴보기로 한다.

4. 활동가들과 국내 정치 엘리트들 간의 관계

1) 양 방향의 상호작용

필리핀의 반기지운동과 일본(오키나와)이나 한국과 같은 다른 나라들의 반기지운동과의 결정적인 차이는 반기지 캠페인에서 정치 엘리트들의 공식 적인 참여다. 이 정치인들은 특권적인 배경을 가진 다재다능한 인물들이었으

---

12) 전 상원 의장인 Jovito Salonga와의 인터뷰, 2006년 3월 6일, 필리핀 Pasig시.

며, 반기지운동에 정당성을 제공하였다. ATM과 더불어 엔릴과 에스트라다 상원의원의 존재는 반기지운동이 좌파의 정치적 레토릭을 넘어섰으며 그리하여 보다 폭넓은 지원의 가능성을 열게 되었다는 점을 설명해 준다. 마르코스 대통령 아래서 국방장관을 지낸 경력이 있는 엔릴은 기존 우파를 대변한다. 반면 에스트라다는 액션 영화의 스타 출신으로 대중들 사이에서의 폭넓은 인기를 얻고 있었다. 타나다 상원의원이 언급했던 것처럼 "에스트라다가 동참했을 때 사람들은 그가 공산주의자가 아니라는 점을 알고 있었다. 그래서 '그는 공산주의자가 아니야! 그런데 왜 기지를 반대하는 거지?'라고 말하곤 했다. 이런 식으로 그가 동참하면서 공산주의의 공포가 일소되었던 것이다".[13]

타나다, 엔릴, 에스트라다 상원의원의 적극적인 참여는 또한 ATM 활동가들이 다른 상원의원들을 대상으로 한 전술적 캠페인을 조정하는 데 도움을 주었다. ATM에게 가장 중요한 전선은 대중 집회라기보다는, 1991년 9월 16일의 상원에서의 투표에 초점을 맞추고 의회 내에서 총력을 기울이는 것이었다. 그렇지만 ATM 활동가들은 무턱대고 로비를 벌이기보다, 바비 타나다 상원의원과 같은 '내부자'로부터 나온 정보를 토대로 하여 상원의원들에 대해 전략적으로 로비활동을 전개했다. 예컨대 살롱가 상원 의장은 상원의원들이 협정에 대해 어떻게 투표할 것인지를 알아보기 위해 1991년 2월 1일과 7월 70일에 비공식적인 예비투표(straw vote)를 진행하였다. ATM 회원들은 상원의원 각각을 기지협정에 어떻게 투표할 것인지에 따라 'No', '주저하는 No', '최종안까지 판단 유보', '주저하는 Yes', 'Yes' 등의 상이한 범주로 나누었다. ATM 활동가들은 우선 "주저하는(tentative)" 집단과 아직까지 결정을 하지 않은 "판단 유보" 집단을 목표로 삼았다. 협정에 대한 보상 패키지에 상관없이, 친 - 기지의 입장이거나 자신의 투표를 바꾸지 않을 것이라고 생각되는 상원의원들에게는 "일말의 노력도 …… 기울일 필요가 없었다". 다른 한편으로, ATM 운동의

---

13) 전 상원의원인 Wigberto Tanada와의 인터뷰, 2006년 3월 19일, 필리핀 Quezon시.

지도자들은 아직 결정하지 않았거나 결정을 망설이고 있는 상원의원들에게 "영향력을 행사할 수 있도록 모든 노력을 기울여야 한다"고 주장하였다.[14] 또한 ATM 지도자들은 'No'라고 말했더라도 협정의 최종안에 따라 투표가 흔들릴 수 있는 상원의원들에게는 추가적인 정보와 개인적인 로비활동을 벌일 필요가 있다고 주장하였다. 'No'라고 표시한 의원들조차도, 특히 아키노 행정부와 기업가들과 같은 친 기지 그룹들이 협정에 찬성하도록 공격적인 로비활동을 벌이고 있었기 때문에, 자신의 입장을 반기지 집단들로부터 보강할 필요가 있었던 것이다.

상원의 내부자들로부터 제공된 정보를 활용하면서, ATM은 전략적으로 목표로 삼은 상원의원들에 대한 상이한 전술들을 발전시켰다. 다양한 반기지 그룹들은 예상되는 투표 행위에 근거하여 한 묶음씩의 상원의원들을 "맡도록" 요청받았다. 망설이는 상원의원들에 대한 로비를 진행할 때에는 조사그룹, 로비/파견 그룹, 그리고 작가/미디어 그룹으로 구성된 특별로비단이 고용되었다.[15] 확실하게 'No'에 투표하겠다고 한 상원의원 각자에게는 후원과 축하의 편지, 우편엽서, 전보가 배달되었다. 또한 반기지 상원의원들에 대한 지원을 보여주기 위해 집회, 피켓 그리고 다른 대중적인 지원 행동들이 조직되었다.[16] 협정을 위해 상원의원들이 쏟아 부을 수 있는 시간과 주의력이 제한되어 있었기 때문에, 협정 초안의 여러 판본들에 대한 정보와 분석을 제공하는 것은 특히 중요했다. 협상 기간 동안, 협정 조건들에 관해 누출된 정보의 공개는 활동가들이 필리핀에 불리하거나 불평등한 것으로 보이는 협정의 부분들의 윤곽을 확실하게 그릴 수 있게 해 주었다.

---

14) Roland Simbulan과의 인터뷰, 2006년 3월 10일. NFPC의 사무국에 있으며 ATM의 핵심 지도자 중의 한 사람인 Simbulan은 Tanada 상원의원의 입법 자문의 역할을 맡아 왔다. ATM 내부 문서, "Senate Straw Vote" 1991년 3월 1일자.

15) ATM 내부 문서, "Senate Straw Vote" 1991년 3월 1일자.

16) *Ibid.*

ATM 내에 상원의원들이 포함된 것은 활동가들이 캠페인 전략과 전술을 고안하도록 도왔을 뿐만 아니라, ABC 상임의장인 디오크노(Ma Socorro Diokno)에 따르면, 상원의원 자신들이 상원 내에서 영향력의 원천이 되도록 만들기도 했다. 디오크노는 여전히 상원에 대한 전통적인 로비 방식의 효과에 대해 회의적이었다. 하원의원들과 달리, 필리핀 상원의원들은 전국구에서 선출된다. 이처럼 책임져야 할 지역 유권자가 없기 때문에, 상원의원들은 로비를 통한 압력에 영향을 덜 받는 경향이 있다. 그렇지만 상원 내에서 반기지 상원의원들은 기지협정과 미군기지에 반대하여 투표하도록 동료들과 논쟁하고 영향력을 행사하며 설득할 수 있었다.[17]

실제로 필리핀 상원에 의해 미군기지에 반대하는 결정이 내려졌지만, 디오크노는 대중들과 상원의원들과의 관계는 양 방향의 과정이었음을 지적한다. 그녀는 "그것은 공생적이었다. 한 쪽이 없었으면 다른 한쪽도 승리할 수 없었을 것이라고 생각한다. (결정권을 가진) 상원의원에게도 …… 대중운동은 필요했다. 들어주는 사람이 없었다면 청중을 가질 수 없었을 것이고, 포럼이나 사람들을 조직해 줄 그룹이 없었다면 …… 어디에서 얻을 수 있었겠는가?"라고 언급한다.[18] 즉, 디오크노는 시민사회 내부에 있는 핵심 반기지 그룹의 존재가 상원의원들의 반기지 자세를 강하게 해 주었다고 암시하는 것이다. 반기지 상원의원들과 ATM의 상호적인 지원 관계는 또한 ATM과 공식적으로 관련을 맺고 있던 3명의 상원의원들을 넘어서 나아갔다. 살롱가, 사구이삭(Rene Saguisag), 아키노(Agaptio Aquino) 상원의원처럼 ATM에 포함되어 있지 않던 몇몇 반기지 상원의원들도 반기지 집회에 참여하였으며, 시민사회로

---

17) 활동가들과 상원의원들 사이에는 ATM이나 내부자의 로비가 실제로 상원의원들의 결정에 영향을 미치는지에 대해 의견이 갈라진다. 상원의원들은 결정이 독립적으로 이루어졌다고 지적하지만 활동가들은 반기지 상원의원들의 완고한 자세와 이것이 상원 내에서 만들어낸 집단적 역학이 반기지 투표에서 최종적인 과반수의 결과를 낳는데 영향 미쳤다는 것에는 의심의 여지가 없다고 주장한다.

18) Ma Socorro "Cookie" Diokno와의 인터뷰, 2006년 4월 10일, 필리핀 Quezon시.

부터의 반기지 지원활동을 환영한다고 말하였다.[19] 디오크노가 주장한 것처럼, ATM과 필리핀 상원간의 상호작용 및 의견을 피력하는 반기지운동의 자세가 없었다면, 친기지 상원의원들은 협정을 조용히 비준했을 것이고 수빅 만의 해군기지는 적어도 10년은 더 유지되었을 것이다.

ATM 내에 상원의원들이 포함된 것은 활동가들이 어느 정도는 국가에 침투하여(penetrate) 기지 정책의 의사결정에 영향을 미치는 것을 가능하게 해 주었다. 기지 정책의 결정은 종종 행정부 또는 외교나 국방 관료들에 의해 결정되었다. 상대적으로 시민사회로부터 잘 격리되어 있었기 때문에 활동가들은 종종 더 보수적인 외교나 국방 부서에 침투할 수 없었고, 따라서 정책 결과에 영향력을 미치기가 힘들다는 것을 발견했다. 필리핀에서 행정부와 외교부서는 확실히 수빅기지를 유지하는 데 호의적이었다. 하지만 이미 언급한 것처럼, 1987년의 헌법 개정 이후에 미군기지와 관련된 중요한 권력이 행정부에서 입법부로 이동하였다. 입법영역으로의 이러한 이동은 민족주의적인 반기지 상원의원과 연계를 맺음으로써 시민사회가 국가에 침투할 수 있는 메커니즘을 제공하였다.

국내 정치엘리트들과의 동맹의 형성은 몇 가지 이유로 가능했다. 첫째, 필리핀의 엘리트들은, 기지에 호의적인 이들조차도 필리핀의 안보를 위해 기지를 보증해야 할 어떠한 외부의 위협도 감지할 수 없었다. 전 국방장관인 엔릴(Juan Ponce Enrile)은 "나는 17년 동안 (국방장관으로서) 행운을 누렸는데, 오늘날 우리가 외부의 적을 가지고 있기 때문에 다음 10년 동안 미합중국이 제공하는 안보 우산을 가져야만 한다고 나에게 정직하게 말해 줄 수 있는 사람은 아무도 없을 것"이라고 말했다(Republic of the Philippines Senate, 1991: 793). 필리핀 상원의 기록을 보면, 군사기지와 관련된 일련의 논쟁에서 이슈의 대부분은 미군의 주둔으로부터 나올 안보 인센티브가 아니라 경제적 인센티

---

19) 전 상원의원인 Rene Saguisag과의 인터뷰, 2006년 4월 24일, 필리핀 마닐라.

브를 둘러싸고 전개되고 있었음을 보여준다. 친기지파인 아키노 행정부와 기업 엘리트의 다수는 또한, 안보보다는 무역, 투자, 미국의 경제적 원조에 대한 함축 때문에 기지에 찬성하였다. 미군 기지를 손대지 않고 유지할 안보 논리가 없었기 때문에, 정치 엘리트들은 기지 이슈를 두고 분열하였다. 게다가 중간층 지식인들과 조직된 좌파에 의해 부각된 민족주의적 감정은 엘리트들을 더욱 갈라놓았다(Bello, 1991: 159). 공공의 영역에서 미군 기지와 관련된 강력한 안보 컨센선스의 부재와 몇몇 필리핀 상원의원들 사이에서 강력한 민족주의적 감정의 존재는 ATM 활동가들과 정치 엘리트들이 활동하는 데 필수적인 정치적 공간을 제공하였다.

2) 대안적인 설명으로서의 전략적 가치

기지정책의 결과에서 반기지운동이 중요한 역할을 담당했다고 설득력 있게 제시하기 위해서는, 수빅기지의 폐쇄에 관한 ATM 활동의 유효성을 지역적인 전략적 변화라는 맥락하에서 분석해 보아야 한다. 위에서 언급한 것처럼, 냉전의 종식은 수빅기지의 전략적 가치를 감소시켰을 수 있다. 1991년에 소비에트의 위협이 사라지면서 전략적 전망에서의 변화를 거부할 수 없었지만, 수빅기지의 전략적 가치와 대체시설을 찾아야 하는 기회비용을 고려할 때, 미국으로서는 가능하면 적어도 10년의 기간 동안 수빅기지를 유지하는 것을 선호했을 것이다(Ball, 1988: 19). 특히 중요한 것은 항공모함의 입항을 가능하게 할 정도로 수심이 깊은 자연항으로서의 수빅만의 입지와, 수빅기지가 태평양군 사령부에 제공하던 병참 및 군수의 기능이었다. 미군의 전략가들은 클라크 공군기지와 수빅기지의 기능이 다른 장소로 이전될 수 있다는 점을 인정했지만, 이를 효율적으로 수행하지는 않았다. 게다가, 어디든지간에 재배치 비용이 50~90억 달러에 이를 것으로 추정되었다(Bello, 1991: 162).

[그림 14-1] 아시아와 유럽에서 미군의 철수

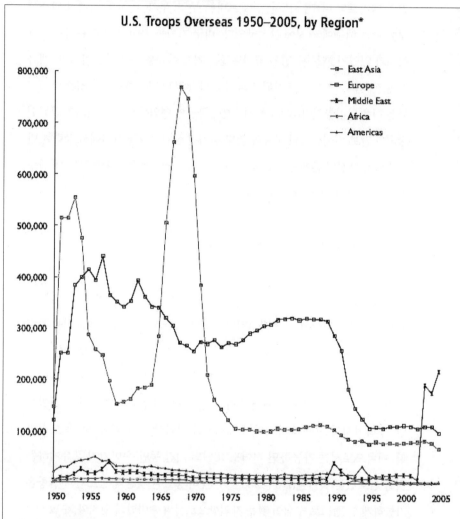

U.S. Troops Overseas 1950–2005, by Region*

—■— East Asia
—□— Europe
—▲— Middle East
—▵— Africa
—+— Americas

* Data for 1951 and 1952 are estimated.
Source: Heritage Foundation calculations based on annual records from U.S. Department of Defense, Directorate for Information Operations and Reports.

출처: Heritage Foundation, Tim Kane(2005).

더군다나 냉전의 종식이 유럽에서는 군대의 의미 있는 철수로 귀결되었던 반면, 한반도와 타이완해협과 같은 잠재적인 화약고(flashpoint)의 존재를 고려하여 아시아 - 태평양 지역에서 미군의 규모는 상대적으로 안정적이었다. [그림 14-1]은 냉전의 종식을 전후하여 동아시아 지역에서 미군의 수준이 10만에서 12만 사이에서 상대적으로 안정적이었다는 점을 보여준다.

간단히 말해서 냉전 이후 미군의 전략 변화는 수빅 해군기지를 유지하려는 미국의 정치적 의지를 감소시켰지만, 궁극적으로 수빅기지의 폐쇄를 가져온 것은 미국의 관여의 부족이 아니라 필리핀으로부터의 반대였던 것이다.

5. 오키나와 반기지운동에 대한 함의

필리핀 사례로부터 다른 지역의 반기지운동들, 특히 오키나와는 어떤 함의와 교훈을 배울 수 있는가. 각 사례들의 유일무이한 역사적 전개와 구조적 특이성을 고려할 때, 상이한 반기지운동들 간의 비교에 대해 회의적일 수도 있다. 이러한 차이를 감안하면서, 필자는 필리핀의 사례가 오키나와의 반기지운동 및 운동의 유효성에 관해 중대한 쟁점들을 부각시키고 있다고 주장한다. 오키나와 반기지운동의 현재 상황을 그려본 후 오키나와와 필리핀 사례 간의 중요한 차이들을 논의해 보고자 한다. 국가 - 사회 관계에 초점을 맞추어 오키나와 반기지운동에 대한 이 차이의 함의들에 대해서 논의해 볼 것이다.

1) 오키나와 반기지운동의 현재 상태

오키나와의 미군기지와 반기지 항의운동들에 대한 보다 상세한 분석은 이 논문의 범위를 넘어서는 것이므로, 여기에서는 현재 오키나와의 반기지

항의운동들의 전개를 간략히 제시하고자 한다.[20] 오키나와에서 반기지 항의 운동들은 2차 세계대전 이후 오키나와에 대한 미군의 지배가 시작될 때부터 존재했다. 미군기지의 75%가 오키나와에 집중하면서, 오키나와인들은 환경 문제, 소음 공해, 범죄 및 일본 본토에 비해 불공정한 미군기지의 부담 등의 불만들을 가져왔다. 반기지운동의 동원화는 베트남전쟁이나 1972년 오키나와의 일본 복귀와 같은 사건들을 주기로 하여 진행되는 경향이 있었지만, 1995년 9월에 세 명의 미 해병이 12살 소녀를 유괴하고 잔인하게 성폭행한 이후에 최고조에 달했다. 이 성폭행 사건은 오키나와의 미군 주둔에 항의하는 오키나와인들을 자극하였다. 300여 개의 집단들이 참여한, 10월 21일의 평화를 위한 오키나와 현민 대회에서 반기지운동은 강력한 힘을 얻었다. 참여한 군중은 5만 8000에서 8만 5000명 정도로 추산된다(Baker, 2004: 137). 더군다나 오키나와현 지사인 오타 마사히데(Masahide Ota)와 같은 지역의 정치인들도 반기지운동에 적극적으로 참여하였다. 미일안보동맹에 대한 직접적인 도전이 된 오타의 군용지 임차 대리서명의 거부는 오키나와의 운동에 강력한 진술문(statement)을 제공해 주었다. 오타와 같은 운동의 지도자들은 반기지 투쟁을 오키나와 아이덴티티와 주권(sovereignty) 문제의 하나로 틀 지움으로써, 오키나와인들의 강력한 반응을 동원하고 유도해 낼 수 있었다.

국내적으로, 도쿄는 군용지 임차 대리서명을 거부한 오타에 대해 법적 행동을 통해 대응하였다. 외교적인 수준에서 반기지운동은, 미군 주둔에 의해 오키나와에 부과된 부담을 감소시킬 방안을 찾기 위해, 도쿄와 워싱턴이 1995년에 '오키나와에 관한 특별행동위원회(SACO)'를 만들도록 이끌었다. SACO 논의의 바깥에서는 클린턴(Bill Clinton) 대통령과 하시모토(Hashimoto Ryutaro) 일본 수상이 1996년 2월에 산타 모니카에서 정상회담을 열고, 후텐마의 해병대 항공기지를 반환하기로 합의하였다(Inoue, Selden and Purves,

---

20) 오키나와의 기지와 반기지운동에 대한 보다 상세한 내용은 이 책에 실린 다른 글들을 참조.

1997). 하지만 후텐마 기지의 반환 성명은 4월 중순에 SACO 중간보고서가 나올 때까지 발표되지 않았다. 하시모토 수상과 먼데일(Walter Mondale) 주일 미대사는 4월 12일, 후텐마 항공기지가 5년에서 7년 내에 반환될 것이라고 발표했다. 반환은 후텐마를 대신할 적당한 대체시설이 발견되어야 한다는 점을 전제 조건으로 하고 있었다. 후텐마 이외에 SACO 보고서는 몇 개의 소규모 군사시설의 반환, 군사 훈련과 작전 절차의 조정, 소음감소 구상의 실행 및 주둔군지위협정(SOFA) 절차의 개선 등을 제시하고 있었다.[21]

초기에는 후텐마기지의 재배치가 오키나와에 대한 주요한 양보로 평가되었다. 기노완(Ginowan)시의 중심부에 자리 잡고 있는 1188에이커의 이 기지는, 어쩔 수 없는 항공기의 저공비행과 환경오염으로 인해 도시의 재난 지역으로 지적되고 있었다(Johnson, 1999: 217). 하지만 양보는 기껏해야 부분적인 것일 뿐이었다. 덜 논쟁적인 소음감소 조치에서부터 오키나와 주둔 미군의 완전한 철수에 이르기까지 미국에 대한 요구는 다양했지만, 기지에 반대하는 대부분의 오키나와인들은 보다 크고 즉각적인 양보에 대한 희망을 품고 있었다. 이노우에, 셀든, 퍼브스 등이 적고 있는 것처럼, "후텐마가 단계적으로 철거되거나 폐쇄되지 않고 오키나와 내의 또 다른 지역으로 재배치된다는 소식과 함께, 오키나와의 초기의 도취 분위기는 사라져 갔다".[22] 지방에서의 저항과, 적절한 대체 부지에 관한 나고시 공무원들과 오키나와현 및 도쿄 간의 계속되는 논쟁 때문에, 후텐마기지를 헤노코 연안의 헬리콥터 이착륙장(heliport)으로 재배치하겠다는 교묘한 계획으로부터 거의 9년이 지난 뒤, 2005년 10월에 미일 양 정부는 헤노코의 캠프 슈와브(Camp Schwab)를 확장하여 군용공항을 건설하겠다는 합의에 도달하였다. 미 국방부는 또한 후텐마 기지의 재배

---

21) 1996년 12월 2일의 SACO 최종보고서. Hashimoto, Akikazu, Mike Mochizuki, and Kurayoshi Takara(eds.)(2005)에 수록됨.

22) Inoue(et. al.)(1997) 참조. http://www.niraikanai.wwma.net/pages/archive/dugong.htm 에서 이용할 수 있다(검색일: 2005년 1월 8일).

치를 오키나와로부터 괌으로 8000명의 해병대를 재배치할 계획과 연결시켰다. 현재 나고시장인 요시카즈 시마부쿠로(Yoshikazu Shimabukuro)는 후텐마의 대안적인 재배치로서 캠프 슈와브를 확장한다는 정부의 수정안에 동의한 상태다. 오키나와 현지사인 이나미네 게이치(Inamine Keiichi) 또한 모호한 승낙 입장을 드러내면서, 미일 간의 최근 합의에 근거하여 지속적인 논의를 해 나간다는데 동의하였다.

운동가들이 헤노코만의 해상 헬리포트 건설을 저지하고 미국과 일본 정부로 하여금 대안적인 타협책을 찾도록 만들었기 때문에, 혹자는 오키나와의 반기지운동이 적어도 부분적인 승리를 거두었다고 주장할지도 모르겠다.[23] 해상 헬리포트의 유예와 최종적인 저지는 확실히 지방의 시민들과 공무원들의 반기지 활동 덕분이라고 할 수 있다. 하지만 이러한 전술적 승리에도 불구하고, 오키나와현 외부로 기지를 재배치 해달라는 근본적인 요구는 받아들여지지 않았다. 보다 큰 전략적 관점에서 보면, 워싱턴과 도쿄에 의해 만들어진 변화는 경미했다. 2012년까지 괌으로 8000명의 해병대를 재배치하는 것은 반기지운동가들의 요구라기보다는 해외미군재배치계획(GPR)에 근거한 펜타곤의 주일미군(USFJ) 재배치 계획과 관련된 것이었다.

2) 비교의 시각에서 바라 본 오키나와와 필리핀

필리핀과 오키나와 반기지운동을 비교하기 위해서, 운동의 결과들을 평가할 때 국내 수준에서의 두 가지 근본적인 차이를 제시할 필요가 있다. 첫번째는 지방 및 중앙정부 간의 관계와 관련된다. 수빅만 주변의 지방 공무원들이 대개는 미군기지에 찬성했던 반면, 오키나와에서 반기지운동은 지방 및 현지 정부 관료들의 참여를 그 특징으로 기술할 수 있다. 이렇게 오키나와 반기

---

23) 전종휘, "미군이 한발 물러난 '일본의 대추리'", 「한겨레신문」 2006년 5월 22일자.

지운동의 지배적인 모습은 지방 및 중앙정부 사이에 존재하는 긴장 및 관계의 역학이다(Smith, 2000). 반기지 활동가들에게 문제를 더 복잡하게 만든 것은 미군기지를 유지하기 위해 오키나와현에 막대한 경제적 인센티브를 제공함으로써 오키나와인들을 '매수할' 수 있는 중앙정부의 능력이다. 더욱이 이러한 관계는 오키나와의 아이덴티티와 오키나와와 본토간의 역사적 긴장에 관련된 근본적인 쟁점에 뿌리를 두고 있다.

필리핀 사례와의 두 번째 차이는 미국과의 동맹관계에 대한 국내 엘리트들의 인식 및 이해와 관련된다. 앞 절에서 언급한 것처럼, 필리핀의 정치 엘리트들은 중요한 외부의 위협을 감지하지 못했다. 그래서 정치 엘리트들 사이에서, 특히 상원에서 미군기지와 외국군을 유지할 이유는 논쟁거리가 되었다. 이와 반대로 일본의 정치 엘리트들 사이에서는 미일안보관계와 미군 주둔에 관한 대략적인 합의가 존재하고 있었다. 이러한 안보(관련) 합의는 일본 국회뿐만 아니라 행정 관료들 사이의 양자에서 존재하고 있었다.

일본의 정치 엘리트들 사이의 안보 합의는, 지방 - 중앙 관계에서의 정치적 - 경제적 연계와 함께, 오키나와의 반기지 활동가들이 기지 문제에 관해 보다 큰 양보를 얻어내는데 필요한 중요한 정치적 자원들에 접근할 수 없도록 만들었다. 달리 말하자면, 국내적 및 국제적인 이유 양자에서 시민사회는 국가에 침투할 수 없었다. 정치적 엘리트들과의 연계를 형성하거나 국가에 침투할 수 있는 능력이 없었기 때문에, 오키나와의 반기지운동은 자신들의 승리가 전술적인 수준으로 제한된다는 것을 알게 되었다.

요컨대, 미군기지에 대한 대규모의 항의를 조직하는 데 성공적이었음에도 불구하고, 오키나와의 반기지운동은 오키나와의 범위를 넘어서서 기지의 재배치를 저지하는 데 있어서 상대적으로 덜 성공적이었다. 그 이유에는 많은 요인들의 책임이 있겠지만, 필리핀의 사례와 비교해 보았을 때, 중앙정부에 침투하고 영향력 있는 도쿄의 정치적 동맹자들과 연계를 만들 수 없었던 오키나와 반기지운동의 무능력이 현상의 중대한 변화를 만들기 어렵게 했던 것 같다. 이와는 반대로, 필리핀의 정치 엘리트들과 반기지 활동가들 사이의 동의와 협력은 반기지운동에게 미군기지의 계속적인 존재에 도전하는데 필요한 정치적 자원과 레버리지를 제공했다.[24] 이러한 개략적인 관찰은 엘리트 자원의 동원이 운동 유효성의 핵심적인 성분이라는 사회운동론의 정치과정 모델과 일치한다(McAdam, McCarthy and Zald, 1996; Tarrow, 1998). 필리핀과 달리, 일본의 정치 엘리트들은 안보 및 미국과의 안보관계에 대해 매우 상이한 인식을 가지고 있는데, 이것은 오키나와의 활동가들이 국가에 침투하기 힘들게 한다. 또한 이것은 오키나와와 나머지 일본 간에 과거로부터 이어져 온 역사적 긴장 및 경제적 인센티브를 제공함으로써 지방 공무원들을 흡수해 온 중앙정부의 능력과 혼재되어 있다.

이것이 오키나와에서 반기지운동이 중요하지 않았다고 말하는 것은 아니다. 반기지 활동가들의 행동, 특히 헤노코에서의 활동은 고위 당국자들로 하여금 주일미군의 변혁과 관련된 기지 정책을 재검토하도록 강제하면서 미일 양 정부의 군사정책에 도전했다. 그렇지만 오키나와의 반기지운동이 일본 본토로부터의 보다 폭넓은 정치적 지원 없이 주요한 양보를 얻어낼 수 있을지는 좀 더 지켜보아야 할 문제다.

---

24) 혹자는 오키나와와 필리핀 사례에서 그 결과의 차이는 대부분, 미군기지가 머물지 아니면 떠날지를 결정할 직접적인 권한을 필리핀 상원에게 주었던 헌법 개정 때문이었다고 주장할지 모른다. 일본의 헌법이 일본국회에 기지협정의 승인에 관한 어떠한 직접적인 관련성도 제공하지 않지만, 미군기지가 오키나와에서 작동하는 것을 기술적으로 가능하게 하는, 예산을 일본 국회가 통제한다는 사실은 기지의 운명에 관해 입법부에 어느 정도의 레버리지를 제공하는 것이다.

■ 참고문헌

Abinales, P. N., and Donna J. Amoroso. 2005. *State and society in the Philippines, State and society in East Asia*. Lanham MD: Rowman & Littlefield Publishers.

Baker, Anni P. 2004. *American soldiers overseas : the global military presence*. Westport, Conn.: Praeger.

Ball, Desmond. 1988. *US bases in the Philippines : issues and implications*. Canberra, Australia: Strategic and Defence Studies Centre.

Bello, Walden. 1991. "Moment of decision: the Philippines, the Pacific, and U.S. Bases". in J. Gerson and B. Birchard(eds.). *The Sun never sets: confronting the network of foreign U.S. military bases*. Boston, Mass.: South End Press.

Bengzon, Alfredo R. A. 1997. *A matter of honor : the story of the 1990~1991 RP-US bases talks*. Manila: ANVIL.

Dionisio, Josephine. 2006. *Enhanced Documentation on National Peace Coalitions and Citizens' Groups Peace-Building Experiences in the Philippines*. In *Learning Experiences Study on Civil-Society Peace Building in the Philippines(1986~2005)*, edited by Miriam Coronel Ferrer. Manila: University of the Philippines Center for Integrative and Development Studies.

Ferrer, Miriam. 1992. "The dynamics of the oppositoin to the US bases in the Philippines". *Kasarinlan* 7(4): 62-87.

Ferrer, Miriam. 1994. "Anti-Bases Coalition". in C. Cala and J. Grageda(eds.). *Studies on Coalition Experiences*. Manila: Bookmark.

Foreign Service Institute. 1989. *Primer on the RP-US Military Bases Agreement*. Manila: Foreign Service Institute.

Hashimoto, Akikazu, Mike Mochizuki, and Kurayoshi Takara, eds. 2005. *The Okinawa Question and the U.S.-Japan Alliance*. Washington D.C.: Elliot School of International Affairs.

Inoue, Masamichi, Mark Selden, and John Purves. 1997. "Okinawa citizens, US bases, and the Dugong". *Bulletin of Concerned Asian Scholars* 29(4).

Johnson, Chalmers A. 1999. *Okinawa: Cold War island*. Cardiff, CA: Japan Policy Research Institute.

McAdam, Doug, John D. McCarthy and Mayer N. Zald. 1996. *Comparative perspectives on social movements: political opportunities, mobilizing structures, and cultural framings*. New York: Cambridge University Press.

National Democratic Front. 1987. *Our vision of a just and democratic society*. Philippines: NDF Publishing House.

Republic of the Philippines Senate. 1991. *Record of the Senate: Fifth Regular Session, July 22 to September 30*, 1991. Manila: Senate Legislative Publications.

Salonga, Jovito R. 1995. *The senate that said no: a four year record of the first post-EDSA senate*.

Quezon City: University of the Philippines Press.

Simbulan, Roland G. 1989. *A guide to nuclear Philippines : a guide to the US military bases, nuclear weapons, and what the Filipino people are doing about these, IBON primer series.* Manila: IBON Databank

Smith, Sheila A. 2000. "Challenging National Authority: Okinawa Prefecture and the U.S. Military Bases". in S. A. Smith(ed.). *Local voices, national issues: the impact of local initiative in Japanese policy-making.* Ann Arbor: University of Michigan Press.

Tarrow, Sidney G. 1998. *Power in movement: social movements and contentious politics.* 2nd ed. Cambridge: Cambridge University Press.

United States Information Service. 1988. *Background on the bases : American military facilities in the Philippines.* Manila: United States Information Service.

15장

주한미군의 정치사회적 동학과
한국의 미군기지반대운동1)

정영신

1. 문제제기: '정치사회적 문제'로서의 주한미군

　금기의 대상이었던 주한미군과 한미동맹이 정치사회적 문제로 대중들에게 인식되기 시작한 것은 1990년대 이후였다. 1985년 73명의 대학생들이 서울 미문화원을 점거하고 80년 광주학살에서 미국의 책임을 물었던 일이나, 86년 김세진·이재호의 분신으로 촉발된 반전·반핵·반미운동의 흐름이 학생운동을 비롯한 사회운동 내에서는 큰 반향을 일으켰지만, 일반 대중들의 의식을 크게 변화시켰다고 보기는 힘들 것이다. 그러나 민주화와 탈냉전이라는 세계사적 흐름 속에서 한국사회의 획일적인 반공주의가 많이 탈색되었고, 90년대에는 미국에 대한 다양한 입장의 표출을 당연시하는 분위기도 커졌다. 특히 92년 윤금이 씨의 살해사건이나 2002년 심미선·신효순 두 여중생의 압사사건은 한미주둔군지위협정(SOFA)을 비롯한 한미관계 전반의 불평등 문제

---

1) 이 글은 한국산업사회학회에서 주최하는 제8회 비판사회학대회(2005년 11월 4일, 서울대학교 사회대)에서 발표한 글을 수정·보완한 것이다.

를 대중들에게 각인시킨 계기가 되었다. 90년대를 경과하면서 주한미군과 한미동맹은 금기의 대상에서 하나의 '정치사회적 문제'로 등장한 것이다.

사회세력들 간의 지형과 국민들의 의식이 변화하면서 학술적 영역에서도 '한미동맹의 공론화' 현상이 두드러졌다. 생산 주체의 측면에서 정부 및 관변단체 중심의 독점적 구조가 붕괴하고 민간에서의 논의가 활성화되었으며(김일영·조성렬, 2003; 백종천 편, 2003; 심지연·김일영 편, 2004; 한용섭 편, 2004; 홍현익·송대성·이상현, 2003), 논의 대상의 측면에서는 한미관계 및 한미동맹의 역사와 관련된 논의뿐만 아니라 주한미군으로 인한 지역발전, 환경, 인권 침해에 대한 문제제기도 눈에 띈다(주한미군범죄근절운동본부, 2002; 2004; 녹색연합·미군기지반환운동연대, 2004; 미군기지반환운동연대·주한미군범죄근절운동본부·녹색연합, 2005; 이장희 외, 2000; 2004). 하지만 이러한 양적 증대에도 불구하고, 최근 논의의 조류 역시 '동맹강화론'을 전제로 삼고 있는 안보논의가 주류를 이루고 있다는 점에는 변함이 없다. '동맹강화론'은 주변 4대 강국(미·러·중·일)과 북한의 군사력 및 안보 정책을 평가하고 한국의 안보를 달성하기 위한 방안을 찾는 데 몰두하는 종래의 군사주의적 안보연구 흐름에 의해 뒷받침된다. 정치사회학적 시각에서 보자면, 주류적 안보논의들은 해방 이후 60년 동안 한국사회를 지배해 온 미국의 역할과 주한미군의 주둔에 대해 성찰하고 재고하기 보다는 급변하는 세계정세 속에서 미국과의 관계를 돈독하게 하는 것만이 유일한 대안이라는 대답을 미리 전제하고 있다는 점, 그리고 동맹이나 기지가 맺고 있는 사회의 변화나 국민형성 문제와의 연관성에 주의를 기울이지 않는다는 점에서 매우 제한적이다. 또한 최근의 연구들은 주한미군과 동맹의 역사보다는 '현재적' 재편에 많은 관심을 기울이고 있는 형편이다. 다른 한편, 한미동맹에 관해 그 반민족성, 예속성, 반평화성, 맹목성이라는 역사적 성격을 비판하고, 현재적 쟁점과 관련해서는 '방어동맹'에서 '침략동맹'으로의 전환을 우려하는 비판적 연구들도 나오고 있다

(강정구 외, 2005; 2007). 하지만 비판적 연구들은 주로 동맹이나 주한미군 재편의 정치적 성격만을 분석대상으로 삼고 있다는 점에서 한계를 보인다. 예컨대 미군기지의 역사적·지역적 존재형태나 지역민과의 상호작용, 반기지 운동의 동학 등은 분석의 대상에서 제외되고 있다.

이 글은 1945년 이후의 역사적 과정 속에서 한반도의 정치·군사적 질서에 압도적인 영향을 미쳐 온 주한미군과 한미동맹의 정치사회적 동학을 재구성해 보고, 이를 토대로 그 역할을 재검토해 보는 것을 목적으로 한다. 연구의 영역에서 기지와 동맹을 하나의 문제적 '연구대상'으로 포괄해 보려는 것이다. 이를 위해 시간적으로는 해방 이후 60년이라는 보다 긴 시간대를 통해 문제에 접근할 것이며, 공간적으로는 인접한 일본이나 오키나와의 경우와 비교해 보면서 한미동맹과 주한미군 주둔의 동학을 재고해 볼 것이다.

2. 한미동맹의 구축과 그 모순

1) 안보논의와 '동맹강화론'에 던지는 의문

현재 주한미군에 관한 주류적인 시각은 '동맹강화론'을 전제하고 있다. 한국전쟁 이후, 한미상호방위조약과 주한미군의 주둔을 통해, 한국은 미국으로부터 확실하게 안보를 제공받아 왔다는 것이다. '동맹강화론'은 "한미동맹은 우리 안보의 기본 축"이며 "미국과의 동맹관계 유지·발전은 국가의 생존번영에 있어 필요불가결"하다고 평가하면서, "동북아시아의 지전략적 여건을 감안할 경우 우리의 안보전략은 기본적으로 '동맹전략'을 전제로 출발하는 것이 불가피하다"고 본다(국방부, 2003: 17). 요컨대, 안보전략을 전개하는 데 있어서 이미 동맹의 존재가 '전제'로 제시되어 있다. '동맹전략'은 국방비의 계산에 있어서도 "국제안보협력의 일환으로서 군사동맹은 공동안보를 통한 안보비용을 분담하는 효과가 크"기 때문에 "독자적으로 안보를 추구할 때보다 적은 국방비로 큰 안보효과를 누릴 수 있"다고 주장한다(국방부, 2006: 6). 국방비 결정에 있어서 안보위협의 성격과 규모가 1차적 고려 요인이지만, 경제 여건과 군사동맹 여부도 추가적인 고려 요인이라는 것이다. 그런데 안보연구들은 위협을 평가하는 데 있어서, 북한의 위협을 강조하지만 동시에 국제안보환경의 변화도 중요시한다.[2] 한반도를 둘러싸고 있는 미·일·러·중 4개국의 세계 전략·군사전략과 군사력이 자세히 평가되고, 주변국의 군사대국화 움직임 속에서 한국도 안보·자위력을 배양해야 한다는 것이 결론으로 제시된다. 이것은 관변·민간에서 생산되는 안보관련 문헌들도 택하고 있는 하나의 공식이라고 볼 수 있다.

이러한 공식에는 하나의 의문점이 있다. 그것은 미국의 전력, 미군의 존재가 안보전략의 출발점이자 전제이면서, 동시에 국제안보환경의 변화라는 외부적 변수로 취급된다는 점이다. 주한미군(=안보전략의 전제)과 미군 전력 일반(=안보환경)을 구분하더라도 이러한 동시적 취급은 정당화되지 않는 것 같다. 더 나아가 "미국과의 동맹은 한국의 생존·번영에 필수적"이라는 언급이 결론 부분에서는 "결국 우리의 안보는 우리 스스로의 손으로 지킬 수밖에 없다"는 언급으로 귀결된다는 점도 흥미롭다. 이것을 단순히 현실주의적인 시각의 표현이라고 보기는 힘들다. 현실주의적 시각에서 보자면, 동맹은 안보전략의 출발점이라기보다는 수단적 의미가 강하기 때문이다. 동맹을 안보전략의 출발점·전제로 삼는 것은 한국전쟁 이후 40년 동안 한국군에 대한 작전통제권 일체를, 95년 이후에는 전시작전통제권을 미군에게 양도해 온 현실을

---

2) 국방부는 국방비 규모의 결정 변수를 국외적 요인과 국내적 요인으로 나누고, 국제안보정세와 주변국의 군사동향, 적국의 군사동향, 군사동맹관계를 국외적 요인으로 들고 있으며, 국내 경제 및 정부재정 여건 및 국방비와 경합관계에 있는 재원(예컨대, 사회복지재원) 소요, 국가의 정책우선순위를 국내적 요인으로 거론하고 있다(국방부, 2006: 7).

반영한다. 동맹이 '국가의 생존에 필요불가결하다'는 주장과 '결국 스스로의 손으로 지킬 수밖에 없다'는 주장 사이에는 분명 동요의 지점이 존재한다. 그것은 결국, 동맹의 안보공약을 '신뢰할 수밖에 없지만', '현실에 있어서 전적으로 신뢰할 수는 없다'는 어떤 딜레마적 상황을 표현하고 있는 것이 아닐까. 이 같은 의문을 역사적인 것으로 바꾸어 보면 다음과 같다. 한국군에 대한 통제권을 가지고 있는 "미군의 계속 주둔 여부"가 "우리의 의사에 의해서가 아니라 미국의 판단에 의해서 좌우"되었다면(이춘근, 1996: 45), 동맹국의 주둔군이 자국의 전략적 이익만을 고려한 채 일방적으로 철수를 결정할 경우, 이러한 행위는 한국 정부에게 중립적인 의미를 띨 수 있었을까? 안보의존의 구조는 안전을 일방적으로 보장해오기만 했던 것일까?

2) 안보의 딜레마와 동맹관계

안보(national security) 개념에 관한 초기 연구자들 중의 한 사람인 월퍼스(Arnold Wolfers)[3]는 "안보는 객관적 의미에서는 취득한 가치에 대한 위협의 부재, 주관적 의미에서는 그러한 가치가 공격을 받을 것이라는 두려움의 부재를 측정한다"고 밝히고 있다(Wolfers, 1962: 150). 따라서 안보에 대한 정의는 안전한 상태에 대한 확신이라는 주관적인 요소를 포함한다.[4] 이때,

---

3) 월퍼스는 안보를 매우 '모호한 상징(Ambiguous Symbol)'으로 이해하면서, 국가안보나 국가이익과 같은 개념들이 상이한 사람들에게 동일한 의미를 띠지 않을 수 있으며, 전혀 정확한 의미를 지니지 않을 수 있다고 본다. 즉, "겉으로 보기에는 일반적인 방침과 광범위한 합의의 기반을 제공하는 것 같으면서도, 실제로 이 개념들은 모든 사람으로 하여금 자신이 선호하는 정책에 안보라는 매력적이면서도 때로 속임수에 가까운 이름을 붙일 수 있도록 해준다"(Wolfers, 1952: 481)는 것이다.

4) 전통적으로 안보 정책이 위협에 대한 인식에 기초해 왔음에도 불구하고, 이는 객관화될 수 없는 측면을 내포하고 있다(배리 부잔, 1995: 167~173). 어느 정도의 위협이 국가안보의 문제로 취급될 수 있는가는 객관적인 사실이라기보다는 '정치적 선택'의 문제라고 할 수 있다. 또한 위협은 '역사적' 측면을 내포하는데, 해당 국가의 역사적 경험을 상기시키는 위협은 더욱 증폭되며, 위협수단의 발달과 국가의 취약성의 정도에 따라서 시간적으로 가변적인 특성을 지닌다. 위협은 그것

안보에 관한 주관적 판단은 일차적으로 정책결정자들의 몫이 된다. 대중들의 역사적 경험과 언론을 통한 이미지의 조작 역시 중요한 역할을 담당하게 된다.

위협에 대한 불안을 해소하는 일반적인 방식 중의 하나는 유사한 이해관계를 갖는 국가들끼리 동맹을 맺는 것이다.[5] 그런데 한미 간의 동맹은 상호간의 안보의 제공의 정도나 동맹형성으로 인한 자율성의 제약이라는 측면에서 극히 비대칭적인(asymmetric) 동맹에 해당한다. 즉, 미국이라는 제국을 유지하는 데 한국과의 동맹이 절대조건으로 간주되는 것은 아니었던 것에 반해, 남한의 역대 정권들에게 미국과의 동맹 유지를 안보의 절대조건으로 받아들여졌던 것이다(이삼성, 2003: 9). 모로우(James D. Morrow)의 교환동맹모델(Autonomy-Security Trade-Off Model of Alliances)에 따르면, 약소국은 강대국으로부터 일방적으로 안보를 제공받는 대신에 자율성의 제약을 허락하며, 강대국은 약소국에게 안보를 제공하는 대가로 보다 큰 행위의 자율성과 선택권을 확보하게 된다(Morrow, 1991). 따라서 약소국이 누리는 안보의 정도와 자율성의 정도는 반비례하게 된다. 그런데 NATO 조약하에서 유럽도 일방적으로 안보를 제공받은 측면이 있지만, 동아시아에서 미국의 동맹국인 남한과 일본은 그 일방성이 더욱 더 컸다.[6] 문제는 동맹을 맺고 나서도 안보 불안이

이 보다 구체적이고, 공간적·시간적으로 근접한 것일수록 증폭되는 특성을 지닌다. 예컨대 전쟁을 경험하고 남과 북이 대치한 상황에서 북한에 대해 느끼는 남한의 안보불안은 일본이 소련이나 북한에 대해 느끼는 것보다 훨씬 컸다고 할 수 있다.

5) 외부위협에 대처하기 위한 정책수단으로는 군비증강, 동맹형성, 군사적 행동, 그리고 적대국과의 긴장완화 등이 대안으로 거론된다(Snyder, 1997: 5). 이러한 행위 수준의 대안 이외에, 의존적인 동맹구조의 변화나 적대국과의 관계를 개선하여 안보질서를 근본적으로 재편하고자 하는 '구조적 대안'이 존재할 수도 있다. 한국의 경우, 남북 관계를 비롯한 동아시아 평화체제 구축이 여기에 해당할 것이다. 그러나 냉전시기에 한국 정부의 남북관계 개선 노력은 지속성을 띠지 못했다. 그 이외에, 차(Victor D. Cha)는 미국으로부터 '포기'의 위협에 직면하여 한일양국은 관계개선과 협력을 통해 '포기'의 두려움을 해소하려 했다고 논의하고 있다(빅터 차, 2004).

6) 남한의 경우에 한국전쟁 이후의 경제적 빈곤이나 남북 간의 군사적 대치 상황으로부터 연유한 측면이 큰 반면, 일본의 경우는 적어도 '형식적으로' 군대의 보유를 금지하는 평화헌법이라는 제도적 제약에서 연유한 측면이 크다는 차이점이 있다.

완전히 해소되지 않는다는 점인데, 오히려 동맹을 맺었기 때문에 처하게 되는 딜레마적 상황을 '동맹의 안보딜레마(alliance security dilemma)'라고 한다 (Snyder, 1997: 181). 동맹을 맺은 두 국가는 안보 환경이나 동맹이 주는 이익 및 대응능력, 또는 국내 정치환경의 변화에 따라, '포기(abandonment)'와 '연루(entrapment)'라는 두 가지 두려움 사이의 긴장에 직면하게 된다. '포기'의 두려움은 동맹 상대국이 동맹의 안보공약을 이행하지 않거나 배신할 지도 모른다는 가능성 때문에 발생하는 반면, '연루'의 두려움은 자국이 공유하지 않는 동맹국의 이익을 위해서 비용을 지불해야 할 가능성 때문에 발생하게 된다.

한 쪽의 위험성을 완화하려는 노력이 다른 쪽의 위험성을 증대시키는 딜레마적 상황하에서 각 정부들은 '포기'와 '연루'라는 두 상황의 극단을 회피하고 양자 간의 균형을 유지하기 위해서 노력하게 된다. 한국처럼 안보에 대한 의존의 정도가 크고 다른 대안을 찾을 수 없을 경우, '포기'의 위험을 해결하기 위해 더 많은 비용을 지불해야 하며 자율성은 더 심각하게 제약 당하게 된다 (Snyder, 1997: 183).[7] 이 점에서 일본과 한국은 차이점을 보여준다. 일본 역시 포기의 위험을 느꼈다는 점에서는 유사하지만, 그것은 소련으로부터의 직접적인 군사적 위협 때문이라기보다는 국가 간 체계를 '적과 아'로 구분한 냉전체제하에서 일본의 부흥과 고도성장을 도왔던 미국과의 관계 유지가 일본의 미래에 중요하다는 인식 때문이었다. 이 때문에 일본은 미일 동맹관계하에서 '포기'뿐만 아니라 '연루'의 두려움도 가지고 있었던 것이다.[8] 반면 한국은 베

---

7) 모로우의 모델은 국력에서 차이가 현저하지만, 독립적인 두 국가가 동맹관계를 형성함으로써 맺게 되는 의존적 관계를 염두에 두고 있다. 한국과 같이 군사적 주권을 양도하고 군사적 대응력 확보의 모든 결정들을 미국의 승인하에서만 실행할 수 있었던, 한미관계와 같은 특수한 경우를 염두에 두지 않았던 것이다. 즉, 행위의 수준에서 정책을 둘러싼 동맹국간의 갈등은 구조적인 수준에서 종속의 심화와 충분히 양립할 수 있는 것이다. 예컨대 박정희 정권하에서 한미관계의 마찰이 심화되면서 주한미군 철수에 대해 강력히 반발했던 시기에도, 한미안보체제의 제도적 장치들은 더욱 강화되어 왔다고 할 수 있겠다.
8) 예컨대 일본은 1960년 안보조약을 개정하면서 연루의 위험 때문에 오키나와를 '일본의 시정권 내'에 있는 지역에서 제외하였다. 오키나와는 1945년 이후 미국의 지배하에 있었기 때문에 미국이

트남전 참전 경험에서 볼 수 있듯이, 오히려 미국의 전쟁에 적극적으로 연루되고자 했다. 그 배경에는 그러한 연루가 포기의 두려움을 줄여 줄 것이라는 판단이 작용하고 있었다. 즉, 한미동맹의 경우는 '포기'의 두려움이 일상화된 동맹이었다는 점에서 일본과 큰 차이를 보여주며, '안보의 일방적 의존'과 '포기 위험의 일상화'는 한미동맹에 있어서 근본적인 성격으로 자리 잡고 있다.

3) '전장국가'의 형성과 한미동맹의 구축

한미동맹은 한국전쟁을 전후하여 형성된 국가 간 관계와 국내적인 토대라는 복합적인 관계망을 통해 기능해 왔다. 미국은 동아시아에서 미일동맹을 축으로 하고 여기에 한국을 결합시킴으로써 공산주의를 봉쇄하려 했고(임재동·최정미, 1990: 232), 정전협정 당시의 전선은 휴전선의 형성과 더불어 고착화되었다. 하지만 정전협정은 무력충돌을 중지시키기 위한 '군사적' 성격을 지닌 임시 조치로서 불안정한 것이었다. 정전협정 이후의 정치협상이 실패하면서, 정전협정은 전쟁을 최종적으로 종식시키기 보다는 전장(戰場)으로서의 당시 상황을 지속시키는 역할을 담당했다.[9] 전 세계적인 냉전의 격화, 불안

맹은 한국, 타이완, 필리핀 등과의 공동방위지역이 될 수 있었다. 미국이 전쟁의 당사자가 될 경우, 오키나와의 미군기지가 공격받게 되면 동맹국들은 방위 의무에 따라 전투행동에 들어갈 수 있었다. 그래서 오키나와를 미일안보조약의 공동방위지역에 포함시킬 경우, 앞의 조약들과 결부되어 미국의 전쟁에 연루될 것이라는 우려가 일본의 사회당과 자민당 일부에서 제기되었던 것이다. 논의의 결과, 신 안보조약 제5조에서 공동방위지역을 '일본의 시정 하에 있는 영역'으로 제한하고, 오키나와를 일본의 시정권 밖에 있는 영역으로 규정하게 되었다.

9) 미국과 한국 정부 역시 한반도에서 '전장의 지속' 상태를 인정하고 있었다. 1950년대에 진행된 한미지위협정의 교섭 과정을 분석하고 있는 남기정에 따르면, 미국은 "한국에서는 아직 전쟁상태가 계속되고 있다"는 점을 강조하면서 '대전협정'에서 확인된 배타적 '형사재판권'을 고집하였고, 다른 한편으로 한국 정부 역시 전쟁 수행을 위한 물자, 구역 및 시설의 징발을 규정한 '징발을 위한 특별조치령'을 해석하면서 "비상사태는 계속되고 있다"고 보았다. 즉, 현재의 휴전은 "평화를 가져 오기 위한 휴전"이 아니라 단지 "전쟁을 위한 휴전"이라고 주장하고 있었던 것이다(남기정, 2004a: 121~124).

정한 정전협정, 남북 양측의 포기할 수 없는 통일 열망 속에서 안보 문제의 해결 방안은 최대의 관심사가 될 수밖에 없었다. 미국으로서는 한반도에서 봉쇄정책을 수행하기 위해 북한의 남침을 저지하는 동시에, 정전협정의 체결에 반대하면서 "한국군만이라도 독자적으로 북진하겠다"고 공언하는 이승만을 제어할 수단이 필요했다. 1953년 10월 1일 체결된 '대한민국과 미합중국 간의 상호방위조약(이하, 한미상호방위조약)'에서 미국은 한국이 무력공격을 받을 경우 지원할 것을 약속하였다. 또한 1954년 11월 17일에는 '한국에 대한 군사 및 경제원조에 관한 대한민국과 미합중국 간의 합의의사록 및 이에 대한 수정(이하, 한미합의의사록)'을 체결하였다. 한미합의의사록은 제1조에서 "한국은 유엔을 통한 가능한 노력을 포함하는 국토 통일을 위한 노력에 있어서 미국과 협조한다"고 하여 이승만의 독자적인 대북정책이나 공격 가능성을 차단하였고, 제2조에서 "유엔군 사령부가 대한민국의 방위를 위한 책임을 부담하는 동안 대한민국 국군을 유엔사령부의 작전지휘권 하에 둔다"고 규정하였다. 이를 통해 미국은 한반도 차원에서 봉쇄의 구도를 완성할 수 있었다.

그러나 분단과 봉쇄의 구도는 한반도적 차원에서 그치지 않고, 동아시아적 차원에서도 설정되었다. 이것은 휴전선을 사이에 둔 두 개의 동맹네트워크의 형성으로 나타났다. 미국은 1951년에 호주, 뉴질랜드와 안전보장조약을 맺고 필리핀과 상호방위조약을 맺었으며 일본과도 미일안보조약을 맺었다. 1953년에는 한국과 한미상호방위조약을 맺었고 1954년에는 타이완과 상호방위조약을 맺었다.[10] 다른 한편, 중국과 소련은 1950년 2월 14일 '중소 우호동맹 및 상호원조조약'을 맺었고,[11] 1961년 7월 6일 북한과 소련이 '조소 우호협력 및 상호원조조약'을 맺었으며[12] 며칠 뒤인 7월 11일에는 북한과 중국이

---

10) 각 조약은 다음해에 발효되었다. 타이완과의 상호방위조약은 1979년 12월에 미국이 일방적으로 폐기를 통고함에 따라 다음해에 폐기되었다.

11) 1960년대 이래로 중국과 소련의 대립이 격화되면서 동 조약은 유명무실화되었고, 1979년 4월 중국이 80년 4월의 기한 만료 후에 동 조약을 연장하지 않을 것을 소련에 통고하였다.

'조중 우호협력 및 상호원조조약'을 맺었다(통일원, 1996). 요컨대, 한국전쟁을 거치면서 남북 간의 대결은 동맹관계를 통해 '동맹 대 동맹' 간의 대립으로 재설정·제도화되었으며, 정전협정은 한국전쟁에 참여했거나 배후에서 지원했던 양 세력 간에 불안정하게 지속된 세력균형 상태를 표상한다. 역으로, 동맹네트워크의 성립은 동아시아 차원에서의 분단과 대립상태를 지속시켜 온 셈이다.[13)

또한 민족 내부의 갈등과 냉전적 갈등이 중첩되면서 사회 내부에는 '사회의 군사화' 경향이 강화되었다. 이 경향은 특히 한반도에서 두드러지게 나타났다. 한국전쟁 이후 남한의 지배계급들은 자신들의 전쟁 경험을 국민의 '공식경험'으로 '신화화'하는 한편, 여러 계급·계층들의 경험과 기억을 억압해 왔다(김동춘, 2000: 302). 점령 - 한국전쟁기(45~53)의 기억을 환기함으로써 국내적 통치의 정당성을 확보하고, 국민들을 반공주의적으로 동원·형성해 온 과정들은 1948년 12월 1일 제정된 국가보안법에 의해 제도적으로 뒷받침된다.[14)

---

12) 이 조약은 1995년 8월 7일 러시아가 동 조약을 연장하지 않겠다는 의사를 북측에 통보하여, 1996년 9월 10일 이후 효력을 상실하였다. 북한과 러시아는 2000년 2월 9일 '조소 친선선린 및 협조에 관한 조약'을 맺었지만, 동 조약은 "무력침공시 즉각적 개입 및 원조제공" 대신 "안보위협 발생시 지체 없이 상호접촉"하는 것으로 내용이 변경되었다. 군사적 동맹관계는 크게 약화된 것이다.

13) 물론 여기에서 동아시아적 분단은 전후의 냉전질서 뿐만 아니라, 식민지배의 경험을 배경으로 한다. 일본 제국주의가 동아시아를 식민화하고 전쟁을 벌이는 과정에서 일본은 중국, 한국, 타이완 및 동남아시아 민중들과 적대적인 관계를 맺었다. 일본의 패망에 의해서 이 국가들간의 적대관계가 해소될 수 있는 기회를 맞았지만, 냉전의 시작과 더불어 소위 '역코스(reverse course)'를 밟아감에 따라 식민유산의 청산은 중지되었다. 한국전쟁과 베트남전쟁 역시 마찬가지였다. 이 전쟁들은 식민지·반식민지 국가들이 탈식민화하는 과정에서 미국을 중심으로 한 냉전체제의 압력이 가중되고 그 모순이 폭발함으로써 일어난 것이었다.

14) 김일영은 '정전협정', '한미상호방위조약', '한미합의의사록'을, 미국이 한반도에서 봉쇄정책을 실행하고 미국의 군사력하에서 안보를 제공한 '삼위일체구조'로 이해한다(김일영, 2005). 그러나 이 규정은 한미 간의 동맹관계만을 다루고 있다는 점에서 제한적이다. 또한 한미합의의사록이 작전통제권을 확인하고 이승만의 북진을 저지하기 위한 것이었지만, 다른 한편으로 미군 주도하에서 안보 제공을 원활히 하기 위한 것이었다는 점에서 한미상호방위조약과 일체의 것으로 이해할 수 있다.

[그림 15-1] '전장국가'를 둘러싼 제도들과 주한미군

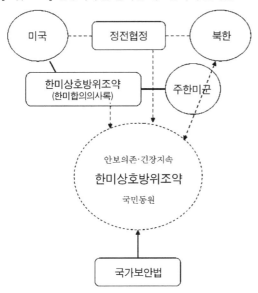

이 글에서는 이러한 복합적인 토대를 '전장국가(Battlefield-State)'로 개념화 할 수 있다고 본다. 여기에서 '전장국가'는 일국적 차원(국가보안법으로 표상되는 한국사회의 군사적 규율화)으로 환원되지 않으며, 동아시아적 차원(정전협정과 한미상호방위조약으로 대표되는 동맹간 대결의 제도화와 지속) 및 양 차원이 결합하는 공간으로서 한반도적 차원에서의 적대관계 역시 내포하고 있다.[15]

[그림 15-1]은 전장국가를 형성하는 삼위일체의 제도들(정전협정, 한미상호방위조약, 국가보안법)이 '전장국가'의 형성에 어떻게 기여해 왔는가를 보여주고 있다. 그런데 미국에게 일방적으로 안보를 의존할 수밖에 없는 한미동맹의 기본 성격 및 한국전쟁 직전 주한미군의 전면 철수라는 '포기'의 경험, 그리고 미국의 세계 전략에서 한반도가 차지하는 위치 때문에, 삼위일체의

---

15) '전장국가'의 개념에 대해서는 남기정(2004a)의 글과 이 책의 2장을 참조.

제도들은 '한국의 입장에서' 여전히 불완전할 수밖에 없다. 한미상호방위조약은 제2조에서 "어느 한 쪽이 외부로부터의 무력공격에 의해 위협받을 경우 상호 협의하에 단독이든 공동이든 그것을 저지하기 위한 적절한 조치를 취할 것"이라고 명시하고 있지만, 제3조에서 그러한 조치는 "각자의 헌법상의 수속에 따라 행동할 것"이라고 언급하고 있다. 이 때문에 이승만 정권은 한미상호방위조약을 체결할 때, 유사시 미국이 '자동적이고 즉각적(automatically and immediately)'으로 개입한다는 구절을 넣고 싶어 했지만 미국의 반대로 관철시킬 수 없었다(조성렬, 2004: 38). 또한 박정희 정권은 1968년 1·21사태와 푸에블로호 나포 사건 직후 작전통제권의 수정과 함께 미국의 자동개입을 문서상으로 보장하는 방향으로 한미상호방위조약의 개정을 요구했다. 즉, 한국 지도자들에게 한미동맹의 신뢰성은 항상 잠재적인 우려의 대상이었다(홍현익, 2003: 73). 여기에서 '포기'의 두려움으로부터 비롯된 자동개입 조항의 요구를 어느 정도 해결해 준 것이 바로 주한미군의 존재였다. 이때 '주한미군의 존재'란, 한미상호방위조약 제4조에서 "상호 합의에 의하여 미합중국의 육군, 해군과 공군을 대한민국의 영토 내와 그 부근에 배치하는 권리를 대한민국은 허여하고 미국은 이를 수락한다"고 규정했던 것을 넘어서는 것이다. 왜냐하면 '포기'의 두려움을 가지고 있던 한국의 입장에서 볼 때, 한미상호방위조약을 보완하는 주한미군의 존재는 그 주둔의 지속성과 미국의 전면적 개입을 확신할 수 있을 때 의미가 있는 것이었기 때문이다. 즉, 전 세계에 주둔한 미군 가운데 주한미군은 '유일하게' 미국의 자동개입을 보장하는 장치로서 '인계철선' 역할을 부여받고 있었던 것이다. 따라서 주한미군의 일방적 철수는 대한 안보 공약의 철회로 인식될 수밖에 없었다.[16]

---

16) 이와 관련하여 조성렬은 "현재 미국의 대한 방위공약은 '한미상호방위조약'의 정신과 한미연합사의 구조적 대응태세를 통해 이행되는 것이지, 주한 미지상군의 인계철선 역할로 유지되고 있는 것이 아니다"라고 지적하면서 "미군의 인계철선 역할이란 자동개입의 필요성보다는 한국 국민과 외국투자자들에 대한 심리적 안정의 필요성에 기인한 측면이 강하다"고 주장한다(조성렬,

카터 행정부하에서 주한미군 철수가 진행되던 1978년 9월, 한국 정부는 "주한미군이 계속 철수하는 상황에서 우리는 미국의 안보공약이 소멸하지 않을 것이라고 확신할 수 없다. 그와 반대로 우리는 미군의 단계적 철수가 북한 공산주의자들이 한국을 재침했을 때 우리를 도와줄 미국의 전쟁 의지가 약화되었다는 명확한 징표라고 본다"고 주장했다(빅터 차, 2004: 237). 요컨대, 한미상호방위조약을 하나의 정치적 선언에 그치지 않고 '정전협정' 이후에도 지속적인 군사적 공동 행동의 물적 토대로 만든 것은 주한 미 군사력의 전진배치, 즉 주한미군의 존재이며(이삼성, 2003: 10), 그런 의미에서 '전장국가'는 삼위일체 제도들과 그 제도들을 보장하는 물리력(주한미군)의 복합체로 이해할 수 있다.

4) 한미동맹의 딜레마와 안보의 정의

'동맹 대 동맹'의 적대적 대립은 한국전쟁 이후 안보환경을 구조화·변화시키면서 '전장국가'의 강화에 결정적으로 중요한 역할을 담당했다. 먼저, 한국전쟁을 치르면서 비대하게 증가한 상호간의 군사력을 평시에도 유지하는 것이 가능하게 되었다. 한국전쟁을 경과하면서 남북한 간의 군사력 수준은 이전과는 비교할 수 없을 정도의 규모로 확대되었다. 한국전쟁 발발 당시 남한군의 병력은 10만 5752명, 북한군은 19만 8350명 규모였다(한용섭, 2002: 73). 하지만 전쟁이 끝나는 시점인 1953년 7월에는 각각 59만 명과 26~27만여 명에 달하게 되었다(함택영, 1998: 155). 남한의 병력수는 55~57년에 72만 명까지 증대하다가 1960

2004: 44~45). 그러나 이러한 주장은 한미연합사의 구조적 대응태세가 어느 정도 갖추어지는 1980년대 이후의 일일뿐만 아니라, '심리적 안정' 역시 인계철선 역할과 분리되지 않는다는 점을 간과하고 있다. 그도 지적하는 것처럼, 미국은 한국전쟁에 적극 개입했지만 한국의 안보를 법적으로 보장하는 데 주저했으며, 한국 정부가 상호방위조약의 체결을 요구했던 데에는 미군 재철수에 대한 우려가 컸던 것이다(조성렬, 2004: 33).

년대부터는 60~65만 명 수준을 유지하였다. 이러한 병력의 증가는 주로 이승만의 요청에 의해서 이루어졌는데, 미국은 예산상의 제약을 이유로 점차 한국군의 병력을 감축하면서 군현대화를 추진하려 했고, 이승만 정권은 미국으로부터 더 많은 지원을 얻어내기 위해서 많은 규모의 병력을 유지하려 했다(도널드 스턴 맥도날드, 2001: 153~161). 반면, 북한의 병력은 1960년대까지 40만 명 선으로 안정화되어 있다가 1968년을 전후로 해서 증가하여 1970년에는 46만 7000명, 75년에는 56만 7000명, 80년에는 70만 명으로 늘어났다. 이것은 베트남전쟁과 1·21사태, 푸에블로호 사건, 유신선포와 같은 일련의 긴장관계에 대응하기 위한 것으로, 한국이 국방예산의 증대를 통한 자주국방 노선을 전개했다면 북한은 경제 상황이 한계에 봉착하면서 군 병력 증대로 이에 대응했기 때문으로 보인다.

남북한의 과잉무장은 총생산에서 군비가 차지하는 비중, 즉 '방위부담'의 측면에서도 확인된다. 한국전쟁의 마지막 해인 1953년에 남한의 '총방위부담'은 127%에 달했고, 북한의 경우에는 40%에 달했다. 남한의 수치는 군비가 총생산을 상회하는 기형적인 모습을 보여주는데, 이것은 1953년을 전후로 하여 군대의 규모를 급격하게 증가시켰기 때문이다. 1954~59년의 시기 동안 북한의 총 방위부담'은 20.2%, 원조를 포함한 예산에 대한 자체 방위부담은 9.9%였다. 반면, 남한은 '총 방위부담'이 27%, 남한 국방예산에 의한 방위 부담은 6.7%였다. 이렇게 큰 부담을 지면서도 70만이라는 대군을 유지할 수 있었던 이유는 전적으로 미국의 군사원조 때문이었다. 즉, 1970년까지 남한 '총 방위부담'의 절반 이상을 미국이 지불했던 것이다(함택영, 1998: 293~294).

동맹관계를 통한 과잉무장의 지속은 동맹군의 주둔과도 관련이 있다. 미군과 중국군을 비롯한 외국 군대의 한국전쟁 개입 및 전후 주둔은 전후의 시기에 남과 북의 정권들이 상대방의 위협을 평가하고 그에 대한 대응력을 확보하는데 있어서 과도한 기준으로 작용했다는 점이다. 즉, '동맹 대 동맹'의 대립 속에서 위협의 규모는 남한과 북한이라는 일국적 차원을 넘어 상대방 동맹국

[도표 15-1] 남북한의 병력 수 추이(1953~1994년, 단위: 1000명)

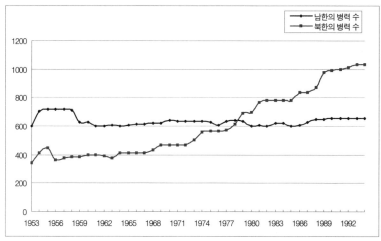

출처: 함택영(1998: 298).

[도표 15-2] 남북한 군사비와 미국의 군사원조 추이(단위: 100만 달러)

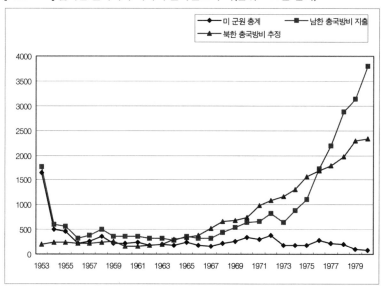

출처: 함택영(1998: 206, 220).

의 무력을 포함하는 것으로 상정될 수밖에 없었다. 이와 동전의 양면으로, 동맹국 군대의 철수는 그를 벌충할 만큼의 군사력 증대로 이어졌다. 예컨대 1960년대 전반기부터 1970년대 중반까지 이어지는 북한의 군사비 증강은 1954년 2월부터 1958년 10월에 걸쳐 완료되는 중국군의 철군(국방부, 2002: 692)을 염두에 둔 것일 수밖에 없다. 이것과는 다른 맥락에서, 1970년대 중반이후에 급속하게 팽창하는 남한의 군사비 역시 주한미군의 철수를 염두에 둔 것이었다고 할 수 있다. 이 경우에 군사비의 증대는 미군철수로 인한 전력의 공백을 메운다는 방침 아래 진행되었고, 미국의 지원과 방위세의 신설에 의해 가능했다.

3. 주한미군 주둔과 철수의 역사적 동학

1) 동아시아에서 미군 주둔의 역사적 성격

아시아·태평양 지역에 미군이 주둔하게 된 것은 미국이 하와이와 괌을 식민화했던 시기부터였다고 할 수 있지만, 탈식민화 과정과 결합된 미군의 대규모 주둔은 2차 세계대전의 종전과 관련이 있다. 2차 세계대전이 끝난 후, 미국은 유럽에서 독일과 이탈리아, 오스트리아와 같은 패전국 영토 내에 미군을 주둔시켰고, 아시아 지역에서는 일본, 남한, 오키나와, 필리핀 등지에 미군을 주둔시켰다.

전후 유럽에 주둔한 미군과 동아시아에 주둔한 미군 사이에는 주둔의 성격과 관련하여 약간의 차이가 존재한다. 전쟁을 수행하는 과정에서 군사점령을 시작하였고 군사점령의 과정에서 패전국에 대한 탈군사화 조치를 단행했지만, 냉전체제의 형성 과정에서 대소봉쇄를 담당할 물리력으로서 점령군이 주둔군으로 전환되었다는 점과 패전국의 재군사화가 추진되었다는 점은 양

[도표 15-3] 동아시아와 독일 주둔 미군의 병력 수

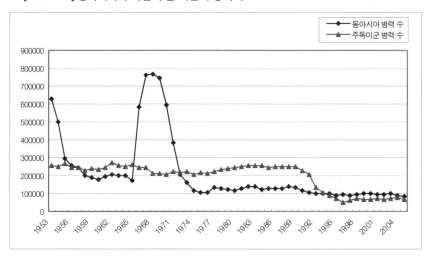

출처: http://web1.whs.osd.mil/mmid/military/miltop.htm

지역의 공통점이라고 할 수 있다. 주둔군의 성격에 있어서 차이는 냉전체제하에서 위협의 성격 및 동아시아 열전의 경험과 관련이 있다. 미국에게 있어서 공산주의의 위협은 전 세계적 범위에서 존재하는(따라서 일반적인) 것이었으며, 일차적으로는 유럽에서의 위협을 제거하는 것이 중요한 문제였다. 즉, 북대서양조약기구(NATO)는 소련의 팽창이라는 전 세계적 차원의 보편적 위협에 대항한다는 의미에서의 동맹이었다. 따라서 냉전이라는 봉쇄구도가 안정적인 한 나토주둔 미군의 병력도 거의 일정하게 유지되었다. 특히 유럽 안보의 핵심 전력인 주독미군은 데탕트시기에 잠시 감소하다가 신 냉전이 개시되는 1980년대에 다시 증가추세를 보여주며, 탈냉전과 더불어 급격히 감소하는 추세를 보여준다. 즉, 그것은 세계사적 흐름과 맥을 같이 하고 있다.

　　반면, 동아시아에서는 한국전쟁과 베트남전쟁이라는 두 번의 전쟁을 통해 미국의 안보적 관심, 그리고 그 표현인 주둔 미군의 규모가 크게 증가했다가 이후에 감소하는 모습을 보여주었다. 동아시아 주둔 미군의 존재는 2차 세계

대전과 냉전체제뿐만 아니라 '냉전 속의 동아시아 열전'을 반영하고 있는 것이다. 주일미군 역시 2차 세계대전이 종결되는 과정에서 주둔하게 되었지만, 1952년의 미일안보조약에 의해 미군 주둔을 결정한 것은 한국전쟁의 영향이 결정적이었다. 또한 주일미군과 주한미군은 베트남전쟁에 직접적으로 동원되기도 했다.

동아시아의 열전에 의해 주둔이 결정되었고, 더 나아가 동아시아 열전의 한 축을 담당했다는 점에서 주일미군과 주한미군은 공통점을 가지고 있다. 하지만 그 차이도 무시할 수 없다. 첫째, 일본과 한국이 미국에게 의미하는 전략적 가치 및 각자가 상정하고 있던 위협의 성격은 상이했다. 일본은 냉전정책을 기초한 케넌(George F. Kennan)의 5대 지역에 속하는 지역이었고 한국은 일본 지역에 포함되는 곳이었다. 따라서 미국의 한국에 대한 이익은 미국이 사활적이라고 생각하는 일본에 대한 이익에 파생되어 나오는 것이었다. 따라서 미일관계가 "미국의 대아시아 안보 정책의 관건(linchpin)"이라는 미 국방부의 공언은 미일양국이 공히 공유하는 바였다(이춘근, 1996: 53). 반면, 미국의 대한정책은 미국의 동아시아 정책에 있어서 중국 및 일본에 대한 정책의 부속물로서 존재하는 것이었으며, 한국의 전략적 가치에 대한 논쟁은 주한미군의 지속적인 철군 내지 감축 논쟁으로 이어졌다.[17] 즉, 한국에 주둔하고 있는 미군은 정책결정자의 선호에 따라 변질될 운명을 지니고 있었다. 나아가, 동아시아에서 공산주의의 위협을 방어하는 핵심 전력이 미일동맹이었음에

---

17) 박태균에 따르면, 한반도의 가치에 대한 미국의 판단은 행정부의 교체와 부서 간 입장에 따라 줄곧 변해왔다. 트루먼 시기에는 국무부가 높게 평가한 반면, 국방부는 낮게 평가하였고, 아이젠하워 시기에는 합동참모본부가 높게 평가했던 반면, 국무부는 상대적으로 낮게 평가하였다. 케네디 시기에는 백악관, 국무부, 국방부가 서로 다른 견해를 가지고 있었으며, 존슨 시기에는 한국군의 베트남 참전으로 인해 평가가 높게 나타났다. 닉슨 시기에는 세계 전략의 일환으로 주한미군 감축이 진행되었고, 포드 시기에는 한미관계가 우호적이었다. 카터 시기에는 백악관과 국무부가 인권외교를 주장하며 주한미군 철수를 주장했지만, 국방부와 합동참모본부가 이에 반대했다(박태균, 2006: 187).

도 불구하고, 일본에게 있어서 공산주의의 위협은 비가시적인 것이었으며 미일동맹의 틀 내에서 정의되는 (그러한 의미에서 일반적인) 것이었다.[18] 반면, 한국에게 있어서 공산주의의 위협은 한국전쟁과 남북 분단이라는 상황 속에서 매우 특수한 성격을 띤 것이었고, 동시에 직접적이며 가시적인 것이었다. 따라서 한일 양국이 냉전 상황하에서 느끼는 위협의 정도는 질적으로 판이했고, 주둔 미군이 상정하고 있던 위협 역시 상이할 수밖에 없었다. 앞에서 언급한 '포기'의 불안과 안보 위협의 정도라는 측면에서 보자면, 한국 정부가 느끼는 불안감은 매우 컸고 그에 비례하여 미군 철수 결정에 대해 격렬하게 저항했다.

둘째, 주한미군과 주일미군의 차이는 양자가 맺고 있는 분업구조와 그 역할 속에서 잘 드러난다. 냉전시기 주한미군은 두 가지 역할을 맡아 왔다. 그 하나는 동아시아 차원에서 주일미군과 분업관계를 이루면서 미국의 동아시아 전략에서 핵심적인 위치를 점하는 일본을 방어하고 동아시아에서 공산주의를 억제하는 전진방어기지의 역할을 담당하는 것이었다. 이를 위해 주한미군은 지상군 위주로 편성되었고, 주일미군은 유사시 후방지원을 위한 일본 본토의 해·공군 및 오키나와에 주둔한 해병대로 구성되었다. 이와 연관하여, 한국군 역시 대규모의 지상군 위주로 편성되었다고 할 수 있다. 다른 하나의 역할은 한반도 차원에서 대북 인계철선(引繼鐵線, trip-wire)의 역할을 맡아 한미상호방위조약의 미비점을 보완하는 것이었다. 외부로부터, 특히 북한의 남침이 있을 경우 휴전선 이남에 존재하는 주한미군이 자동적으로 전쟁에 참여하게 되고, 이를 통해 미국의 전면적인 전쟁 개입이 보장되는 구조였던 것이다. 지상군 위주의 편제라는 점이 첫 번째 역할과 관련된다면, 두 번째 역할은 주둔 미군

---

18) 따라서 미국과 일본에게 있어서 소련의 붕괴 또는 냉전의 해체는 위협의 소멸을 의미한다. 이제 이들 국가에게 있어서 위협은 새로 정의되어야 할 문제가 되며, 그 결과로 나타난 것이 1996년 미일 정상들의 '미일 안보 공동선언'이었다. 그러나 한국에 있어서 동맹의 재정의 작업이라고 할 수 있는 전략적 유연성의 문제는 아직까지 명쾌한 해결을 보지 못하고 있다.

의 주둔 위치 및 숫자와 관련된다. 주한미군은 서울 북부의 휴전선 이남 지역에 주둔하여 미국이 전쟁에 전면적으로 개입하도록 시간을 벌어주어야 했고, 전쟁이 발발한 뒤에 정치적 이유에 따라 개입을 포기할 수 없을 정도의 규모로 주둔해야 했다. 따라서 인계철선을 담당하는 주한미군의 규모가 줄어든다는 것은 조약에 부여된 한미동맹의 불완전성이 다시 노출된다는 것을 의미하는 것이었다. 이와 같은 차이점을 정리하면 [표 15-1]과 같다.

2) 미군 철수의 역사적 과정과 그 결과

주한미군은 2차 세계대전과 '동아시아에서의 열전'을 통해서 한반도를 점령·주둔했고, 현재 진행되고 있는 주한미군재편을 포함하여 총 여섯 차례에 걸쳐 철수를 단행했다. [표 15-2]는 미군 철수의 역사적 과정과 그 결과를 기존 연구들을 토대로 정리해 본 것이다.[19)]

1차 철수의 과정은 미소의 한반도 분할 점령이 종식되는 과정에서 미군의 철수가 이루어졌다는 점에서 이후의 철수 과정과 구분된다. 2차 철수 이후의 과정은 한국전쟁 당시에 대규모로 주둔했던 주한미군 병력을 점차 감축하는 과정이었다. 지난 시기에 이루어진 다섯 차례의 철수과정을 보면, 두 번의 철수 과정(1차, 4차)이 완전 철수를 목표로 한 것이었다는 점이 주목된다. 1차 철군에서 1945년 11월에 7만 명에 달했던 미군은 1948년 4월경 3만 명으로 감축되었고 1949년 6월 29일에는 500명의 주한미군사고문단만(KMAG, The U.S. Military Advisory Group to the Republic of Korea)만 남긴 채 모두 철수하였다. 4차 철군은 1976년 카터(J. Carter) 대통령의 선거공약에서 비롯된 것으

---

19) 주한미군 철수의 역사에 대해서는 강성학 외(1996), 이춘근(1996), 김일영·조성렬(2003), 정용욱(1994), 마상윤(2003), 이상현·조윤영(2005), 국방부(2002), 도널드 스턴 맥도날드(2001) 의 글을 참조.

[표 15-1] 한국, 일본, 오키나와에서 미군 주둔상의 차이점

	주한미군	주일미군	오키나와미군
초기 주둔 시기	1945.9~1949.6	1945.8.28~	1945.3.26~
점령기 주둔의 목표 (1945~1948,49)	대소 영향력 차단, 군국주의 해체, 우호적인 정권 수립	군국주의 해체 탈군사화, 민주화 역코스 이후 대소봉쇄	전쟁 중 점령 시작 대일전 수행 전략적 요충지 확보
냉전기 주둔의 목표 (1952,53~90년대)	대북억지(인계철선 역할) 대소봉쇄	대소봉쇄 동아시아 전쟁시 지원	대소봉쇄 동아시아 전장 출격
주둔의 근거	1954 한미상호방위조약	1952 미일안보조약	1952 대일강화조약 제3조 1972 미일안보조약
주둔의 제도적 조건	전장국가(정전협정+한미 상호방위조약+국가보안 법)	평화국가(대일강화조약+미일안보조약+평화헌법) +오키나와의 분리 · 기지화
냉전기 병력 구성	육군 위주(공군 보조)	공군, 해군 위주	해병대, 공군 위주
주둔국의 불안요소	포기의 두려움	포기, 연루의 두려움 공존	(연루의 두려움)

[표 15-2] 미군철수의 역사적 과정

	1차 철수	2차 철수	3차 철수	4차 철수	5차 철수
철수 시기	1948.9 ~1949.6	1953.12 ~1955	1969.7 ~1971.3	1977.1 ~1979.7	1989.7 ~1992.12
근거	NSC8 NSC8/2	대통령 선언	닉슨 독트린 NSDM48	PRM13 NSC12	넌~워너 수정안 EASI
결정 이유	미 군부의 철군 주장, 소련의 동시철군 주장, 한국문제유엔이관	선거 공약, 전시동원해제 뉴룩전략	월남전 패배, 국방예산 부족, 미국내 철수여론	카터의 선거 공약, 한미관계 악화	탈냉전, 동아시아 미군의 전력구조 재평가
철수 성격	완전 철수	부분 철수	부분 철수	완전 철수	부분 철수
철수 규모	7만 7000	23만 5000	2만	3600	7000
종결 이유	철수 계획 완료	철수 계획 완료	철수 계획 완료	한국 정부의 반대 미군부·의회의반대, CIA 북군사력 재평가	북한 핵개발 의혹

로 1977년 5월 5일의 대통령 명령에 의해 철수 일정이 공표되었다. 이에 따르면, 1978년까지 6000명의 규모의 1개 전투여단을 철수하고, 1980년 6월 말까지 두 번째 여단과 모든 비전투병력 9000명을 철수하며, 1982년 말까지 잔여병력과 미군사령부, 핵무기의 완전 철수가 예정되어 있었다. 이 계획은 한국 정부와 미 군부의 반대, 북한군의 전력을 상향조정한 미 CIA 보고서 등에 의해 일부 병력만 철수시킨 채 중단되었다. 부분철수가 이루어진 3차, 5차 철수에서도 주한미군은 대규모 감축이 이루어졌거나 예정되었다. 닉슨독트린에 따라 1969년 1월에서 1971년 12월 사이에 아시아 주둔 미군은 총 443,300명이 감축되는데, 가장 많은 병력이 철수되는 베트남(39만 500)을 제외하고 한국에서는 일본(7000)이나 필리핀(9100)보다 훨씬 많은 2만 명의 병력이 감축되었다. 5차 철수에서는 1990년 4월에 발표된 동아시아전략구상(EASI, East Asia Strategic Initiative)에 따라 3단계에 걸쳐 대규모 병력 감축이 예고되었다. 이 계획은 3단계에서 한국군 주도의 방위태세가 갖추어질 경우 억지목적의 소규모 미군만 잔류시키고 한미연합사령부의 해체도 검토한다는 것으로, 완전 철군에 가까운 규모의 철군계획이었다(김일영·조성렬, 2003).

동아시아에서 형성된 '동맹 대 동맹' 간의 대립이 지속되는 가운데, 여러 차례에 걸친 주한미군의 철수는 한미 양국, 특히 한국에게 안보의 공백이 초래될지 모른다는 불안감을 주었다. 따라서 이를 해소하기 위한 대안이 절실했다. 미국은 예산제약을 해결하는 가운데 동맹공약을 이행해야 했고, 남한 정부의 입장에서는 '구성적 대안'을 거부한 상황에서 철수하는 미군을 대체할 안전보장의 근거가 필요한 상황이었다. 주한미군 1차 철수에 대한 대안으로 이승만은 대서양조약과 유사한 태평양조약을 맺든지, 한미 간 상호방위협정을 맺든지, 아니면 1882년 '조미수호통상조약'을 재확인 해 줄 것을 요구했다. 그러나 미국은 1950년 1월 26일 '상호방위원조협정' 및 '주한미군사고문단설치협정'을 맺는 데 그쳤다. 즉, 이때까지만 해도 미국은 한국과의 군사적인 제도적 연계를 최소화하려는 입장이었다. 주한미군 2차 철수 및 이후의 과정에서 한미 양국은 주한미군이 철수하는 과정 자체를 한미 간 연합전력을 강화하고 이와 연관된 제도들을 구축하는 계기로 삼았다. 바로 이 지점이 주한미군 철수의 역사적 동학 가운데 '동맹 대 동맹' 간의 대립이 가져온 가장 중요한 특징 중의 하나라고 할 수 있다. 이 과정을 정리한 것이 [표 15-3]이다.

[표 15-3] 주한미군 철수에 따른 물리적·제도적 변화

	한국 측의 반응	미국 측의 반응 및 합의	물리적 변화	제도적 변화
1차 철수	48.9 내무장관 성명 48.9 조병옥 특사 파견 48.11 대통령 각서 48.11 의회 결의 북진통일론	49.3 NSC8/2 군사장비 이양 군사고문단 설치	군대(6만5000), 경찰(3만5000), 해안경비대(4000)의 유지 지원(NSC8/2) 49.7 주한미군사고문단 설치	48.8 과도기의 잠정적 군사 및 안보에 관한 협정 50.1 상호방위원조협정 50.1 주한미군사고문단설치 협정
2차 철수	53.4 이승만은 "휴전 및 미군 철수시 한국군의 유엔 지휘권 박탈할 것" 53.4 한미상호방위조약체결 , 미국의 즉각 개입, 한국군 대폭 증강을 요구조건.	50.5 NSC48/5 50.12 NSC118/2 → 유엔군 대체할 한국군 육성 결정 53.5 국무성, 국방성, 합참 회의에서 방위조약 체결 결정. 53.6 이~로버트슨 회담을 통해 방위조약 체결, 장기간 경제원조, 한국군 증편과 장비 지원 약속.	1953.5 최종안에 따라 한국군을 20개 사단, 6개 군단으로 증편. 53.12 한국군 1군 창설 54.2 한국군 2군 창설 57.6 주한미군의 현대화 57.7 제7보병사단을 펜토믹 사단으로 개편 57 주한미군의 핵무장화, 일본 소재의 핵무기를 한국으로 이전.	53.7 정전협정 53.10 한미상호방위조약 54.11 한미합의의사록 55.7 미8군사령부의 용산 복귀 57.7 주한미군사령부 창설
3차 철수	68년 1.21사태, 푸에블로호 사건, 울진· 삼척사태, EC121기 사건 등의 해결과정에서 한국 측의 소외시킨 데 대한	71.2 국방장관 공동성명 통해 주한미군 감축과 한국군 현대화 지원 합의 74년부터 92년까지	68.4 향토예비군 창설 한미 제1군단 창설 73.7 한국군 3군 창설 74 전진방어전략 도입 74 연합방위증강사업 시작	66 한미행정협정 체결 68.4 정사회담에서 매년 국방장관회담 개최 합의 68.5 1차 한미국방각료회담 개최 →71년부터

	불만. 70년 내내 국방장관 회담을 통해 주한미군 철수 반대	3차에 걸친 율곡사업으로 한국군 전력 증대 도모 71년부터 77년까지 한국군 현대화 위해 15억 달러 지원	74 랜스 미사일 도입 75 핵무기를 후방의 군산으로 이동	한미안보협의회(SCM)로 확대 68.10 한미기획단 창설
4차 철수	주한미군 철수결정 반발 한미관계 악화 자주국방 노선 강화 독자적인 핵무기 개발	철수의 대가로 미 공군력 증강 약속, 정보·통신 병력 유지, 미 2사단 장비 이전, 해외군사판매 차관에서 한국에 우선권 부여, 한국의 방위산업 지원, 합동군사훈련 지속, 한미연합사령부와 같은 구조 마련 등.	철군하는 대신 남한에 핵무기 보존 결정 76년부터 을지포커스렌즈(UFL) 연습 실시 76년부터 팀스피리트(TS) 훈련 시작 78년부터 팀스피리트 훈련에서 제한 핵전쟁 연습	78.10 한미군사위원회(MCM) 회의 시작 78.11 한미연합군사령부(CFC) 창설 80.3 한미1군단을 한미연합야전군 사령부로 개편
5차 철수	91.12 한반도 비핵화 선언 92.2 남북합의서 채택 북방정책 실시	한국방위의 한국화 요구 방위비 분담 증가	89 핵탄두를 150기에서 100여기로 감축. 91.9 소련과의 상응조치로 한반도 핵무기 철수 94년부터 연합전시증원(RSOI) 연습 실시	88.6 상호군수지원협정(MLSA) 체결 91.11 전시지원협정(WHNS) 체결 92.10 평시작전통제권 환수 합의 94 평시작전통제권 환수

3) 미군 철수의 역사적 동학

주한미군이 철수하는 과정에서 한국 정부의 대응과 한미 간의 협의, 그리고 그에 따른 물리력 및 제도적 변화들을 관찰하면 일정하게 반복적인 유형을 발견할 수 있다.

첫째, 하나의 지속적인 경향으로서 주한미군의 철수 움직임을 관찰할 수 있다. 주한미군은 90년대까지 총 다섯 번에 걸쳐 완전 철군 및 부분 철군을 시도했으며, 현재 진행 중인 미군 재배치를 포함하면 1945년부터 2005년까지 미군 주둔 60년 동안 총 19년에 걸쳐 철수 계획을 수립하거나 철수 과정에 있었다.[20] 한국군의 베트남 파병, 베트남전 패배, 2차 세계냉전 등으로 인해 논의가 중단된 점을 고려한다면, 주한미군은 주둔 기간의 절반 이상 동안 철수논의 중이었거나 철수 중이었다.[21]

물론 미국에서 군사안보적 공약(commitment)의 수준과 방식을 둘러싼 안보논쟁은 정치경제적인 전환기마다 항상 존재했고, 그때마다 군사력의 해외전진배치 수준에 대한 논란이 전개된 것이 사실이다(이삼성, 2003: 11). 그러나 냉전의 전 기간 동안 일본에 주둔하는 미군 또는 독일에 주둔하는 미군을 모두 철군해야 한다는 주장은 나온 적이 없었다. 그러나 한반도에 주둔하는 미군은 끊임없는 감축설, 철군설의 대상이었다(이춘근, 1996: 52). 바로 이러한 특수성 때문에 두 번째 이후의 동학이 전개된다.

둘째, 주한미군의 철수는 한미관계의 주요 쟁점이 되어 왔는데, 논의 과정에 존재하는 특이성은 미국의 전략적 판단에 의해 일방적으로 철수 결정이 내려졌으며, 일방적으로 통고되었다는 사실이다.[22] 결정 과정에 참여할 수 없었

---

20) 미 행정부 내에서 철수 결정이 공식화된 시기부터, 철군이 완료되거나 공식적으로 중단된 시점까지의 기간을 합친 숫자다. 철수를 전략적으로 검토하던 시기는 제외하였다.

21) 미군의 2차 철수가 끝나는 1955년 초부터 다시 미군 철수에 관한 논쟁이 미국 내부에서 시작되고 있었다. 1955년 초 미국의 고위 사령관들은 한국군에 대한 한국의 자신감을 형성하기 위한 캠페인을 벌인 후에 미군을 전면 철수시키거나 아니면 연대급 전투부대 같은 상징적인 군사력을 유지하는 쪽을 선호했다. 1955년에 8만 5500명 수준이던 주한미군 병력은 1959년에는 5만 명 수준으로 감축되었다. 1960년대에는 몇 차례에 걸쳐서 주한미군을 철수시키는 대신 핵무기를 사용하는 제한전을 통해 한국을 방어한다는 계획이 논의되었다(도널드 스턴 맥도날드, 2001: 111~116). 예컨대 미국은 1963~64년에 주한미군의 철수를 고려했는데, 한국전쟁 이후 35만 명 이상으로 병력을 증원하지 않고 있던 북한을 억제하기 위해 60만이나 되는 강력한 한국군과 미군 2개 사단을 유지하는 것은 너무 비용이 많이 들고 과도한 방어로 여겨졌기 때문이다(빅터 차, 2004: 109).

22) 하영선은 한미군사관계를 결정짓는 두 가지 요인으로 미국의 상대적인 국력의 변화와 미국의 세계군사전략의 변모라는 요인을 꼽는다(하영선, 1983). 성채기는 주한미군의 규모를 한미 양국이 자국의 이익의 관점에서 제시된 안에 따른 명시적인 혹은 묵시적인 합의의 결과로 보면서 한국에서 미국의 이익, 미국의 부담능력, 한국의 안보이익, 한국의 부담능력을 주요 변수로 한 계량분

던 한국 정부는 미국 정책에 대한 가장 강력한 반대자로 등장하였다. 한미관계의 주어진 구조 내에서 한국 정부가 가장 큰 자율성을 발휘하여 미국의 정책에 반대했던 영역이 바로 이 영역이었다. 한국 정부는 정부 성명, 의회 결의안, 대통령 각서 등 다양한 채널을 통해서 주한미군 주둔의 필요성을 역설했고, 때로는 북진정책이나 핵개발과 같은 극단적인 수단을 모색하기도 했다.[23]

이러한 과정들은 주한미군의 철수라는 동맹국 군대의 축소가, 한국 정부의 입장에서는 통제 가능한 전력 조정의 과정이 아니라, 예측불가능한 안보환경 변화의 일부였다는 것을 의미한다. 그렇다면 동맹의 이완에 대응하는 다른 대안은 불가능했는가? 이 점과 관련하여 한국 정부의 행위는 분단체제의 경직성이라는 구조와 맞물려 있었다고 할 수 있다. 즉, 분단과 한국전쟁이라는 역사적 경험으로 인해, 그리고 자멸적인 적대의 과잉상태로 인해 한국 정부는 북한과의 관계개선이라는 대안적 선택을 할 수 없었다. 그러나 이러한 구조적 조건이 한국 정부에게 제약이 되었다기보다는, 역대 한국 정부들은 이러한 구조로부터 이득을 얻고 이를 적극 활용하고자 했던 측면이 더 크다고 할 수 있을 것이다. 즉, 남북관계의 개선은 '선택할 수 없는' 대안이 아니라, '기꺼이

석을 시도한다. 그 결과 주한미군의 규모는 부담능력으로서 미국의 실질국방비에 가장 민감하게 반응해 왔으며, 북한의 대남위협이나 한국의 경제규모로 측정된 미국의 이해변화에는 상대적으로 덜 민감하게 반응했다고 주장한다(성채기, 1990). 김태현은 성채기의 논의를 경험적으로 부정하면서 미국의 군사전략, 특히 한반도 차원에서의 억제 역할과 미 국방비의 변화에 의해서 주한미군의 규모가 결정되어 왔다고 주장한다(김태현, 1996).

23) 주한미군의 1, 2차 철수 과정에서 이승만 정부가 고의적으로 38선에서 군사적 충돌을 일으키고, 공공연히 북진정책을 추진했던 점은 잘 알려진 사실이다. 이 같은 극단적인 반응은 이후의 과정에서도 반복된다. 3차 철수가 진행되던 1970년 9월 박정희는 미국 부통령 애그뉴(Spiro Agnew)와의 회담에서 미군 철수 결정이 북한을 고무시켜 '돌이킬 수 없는 재앙'을 유발할 것이라고 격노했다. 또한 미군 철수가 발표된 지 1주일 만에 한국 국회는 미국이 베트남에서 성실하게 동맹 의무를 수행하고 있는 한국을 배신했다는 결의를 만장일치로 통과시켰다(빅터 차, 2004: 115). 또한 카터 행정부하에서 주한미군의 4차 철수가 진행되던 1979년 6월 박정희는 카터와의 정상회담 만찬에서 "본인은 또한 카터 대통령이 오늘날 세계에서 가장 두드러진 갈등 지역의 하나인 한국을 방문한 사실이 이 지역의 갈등의 핵심에 대한 그의 이해를 증진시킬 수 있는 유익한 기회를 제공할 것으로 믿는다"면서 노골적으로 불만을 표출했다(빅터 차, 2004: 236).

포기한' 대안이었다.

셋째, 미국은 주한미군 철수 결정에 대한 남한 정부의 반대를 무마시키고, 세계 방위에서 현지군의 전력을 증강시킨다는 원칙에 따라 한국군의 전력강화를 적극 지원하였다. 2차 철수 과정에서부터 논의가 시작되었지만, 3차 철수를 전후하여 '한국방위의 한국화' 방침이 확고해졌다. 한국 정부 역시 적대적 대립 속에서 안보 공백을 메운다는 논리로 대폭적인 전력 증강을 요청하였다. 주한미군의 부분적 철수에 뒤이은 대폭적인 전력 증강은 한미 양국의 이해가 일치하는 부분이었다. 여기에 사용된 주요한 방식으로는 ① 철수하는 미군 장비의 한국군 이전, ② 군사원조의 확대, ③ 핵우산의 제공, ④ 한국의 방위산업 육성에 대한 지원 등이 있다.

넷째, 미국은 주한미군 철수 결정에 따른 전력의 공백에 대한 우려, 남한 정부의 안보 불안에 대한 해소책으로 한미연합방위체제를 구축해 왔으며, 이를 위한 제도들을 신설해 왔다. 군사력이나 제도들을 발전시키려는 것은 국가나 군부의 일반적 경향이라고 할 수 있지만, 이 제도들이 주한미군의 철수와 연계되어 발전해 왔다는 점에 주목할 필요가 있다. 2차 철수과정에서는 한미상호방위조약(1953.10)과 한미합의의사록(1954.11)이 체결되었고, 철수가 완료된 직후인 1957년에는 '주한미군사령부'가 창설되었다. 주한미군의 3차 철수와 관련해서는 1968년 5월부터 한미국방각료회담이 개최되었고 1971년부터 '한미안보협의회(SCM)'로 개칭되어 더욱 확대되었다. 또한 1968년 10월에는 한미연합사령부의 모태인 '한미기획단'이 창설되었다. 주한미군의 4차 철수와 관련해서는 1978년 10월 '한미군사위원회(MCM)' 회의가 시작되었고, 11월에는 '한미연합군사령부(CFC)'가 창설되었다. 또한 1980년 3월에는 한미1군단을 '한미연합야전군사령부'로 개편했다. 5차 철수와 관련해서는 1988년 6월에 체결된 '상호군수지원협정(MLSA)'을 시작으로, 1991년 11월에는 전시지원협정(WHNS)을 체결하고, 1992년 10월에는 평시작전통제권 환수에 합의하여 1994년 2월에 이를 완료하였다(김일영·조성렬, 2003).

더 나아가, 미국은 주한미군 철수와 연계하여 대규모의 한미합동군사훈련을 신설하였다. 3차 철수가 진행되던 1969년에는 사상 최대의 공수작전으로 평가된 '포커스 레티나(Focus Retina, 망막초점작전) 훈련'을 실시했다. 훈련은 미 본토로부터 병력, 장비, 전투기재를 한국에 긴급 투입하는 대응능력을 시험하는데 목적이 있었지만, 보다 근본적으로는 주한미군 철수를 하기 전에 미국이 대한 방위능력을 실험하려는 것이 목적이었다. 1971년 3월에도 이와 유사한 '프리덤 볼트(Freedom Bolt, 자유의 도약) 훈련'이 실시되었다. 주한미군의 4차 철수 직전인 1976년부터는 '팀스피리트(Team Spirit) 훈련'을 시작하였다(국방부, 2002: 702~704, 709~710).

4) 안보의 정의에 대한 재고

한국전쟁 이후 한국 정부는 자신의 안보를 미국에게 전적으로 의존하였고, 주한미군을 안보의 가장 확실한 보증자로 인식하였다. 그러나 이러한 안보에의 의존과 동전의 양면을 이루는 것은 주한미군의 끊임없는 철수 경향이었다. 그 결과로 나타난 것은 '동맹 대 동맹' 간 적대의 제도화 속에서 주한미군의 철수가 한국 정부에게 지속적인 안보 불안의 요소로서, 자체의 대응력 강화를 추동하는 끊임없는 압력의 원천으로 작용했다는 점이었다. 종속적인 동맹관계하에서 맹목적인 국방력 강화라는 일련의 메커니즘은 대외적으로는 북한과의 화해의 가능성을 축소시키며, 내적으로는 사회의 군사화를 강화하는데 일조해 왔다. 즉, 주한미군 주둔과 철수의 동학은 '전장국가'를 내외적으로 강화하는 역할을 해 온 것이다.

따라서 우리는 한반도에서 안보의 정의에 관한 기존 관념, 즉 한국에서 안보란 '한국전쟁 이후 북한의 위협에 대항하여 남한의 대응력을 확보해야 한다'는 관점에서 정의해 온 틀을 확장할 필요가 있다. 냉전시기 한국에서 안보의 문제는 '북괴'의 위협에 대한 경각심을 일깨우고 그 도발을 억제하기 위해 정치적·군사적 태세를 갖추는 문제였음과 동시에, 북한의 도발을 억제하는 가장 강력한 보증자였던 "주한미군의 철수에 반대하고 그로 인해 초래된 안보의 공백과 불안을 해소하기 위해 대응력의 대폭적인 확대를 주장하는 정책과 논리들의 집합"이었던 것이다. 이때의 대응력은 평상시의 군비증강에 따른 것이 아니라, 미군의 부재가 초래한 만큼의 전력을 의미하는 것이었다.

위와 같은 논리는 GPR이 진행되는 가운데, 현재 국방부가 추진하고 있는 국방개혁에도 그대로 관철되고 있다. 지난 2007년 2월 24일, 미국 워싱턴에서 열린 한미국방장관 회담에서는 2012년 4월 17일 한미연합군사령부 해체와 동시에 미군과 한국군 간에 새로운 주도-지원 지휘관계를 마련하기로 합의하였다. 국방부는 '미측 주도-한측 지원'에서 '한측 주도-미측 지원' 관계로의 전환을 위해 충실한 이행준비가 필요하지만, '국방개혁 2020' 추진과정에서 별도의 추가비용없이 대북억제전력 확보시기와 연계하여 이를 준비하고 있다고 밝히고 있다(국방부, 2007: 12). 그러나 국방개혁 초기인 2010년까지는 집중투자가 필요함을 역설하고 있으며, 국방비 배분 가운데 방위력 개선 부문의 배분을 크게 늘릴 방침이다.[24] 방위력 개선 사업은 "독자적 전장관리와 군사작전 지휘통제 체계구축"을 위한 것으로, 이를 위해 "전시작전통제권 전환 대비 전력 및 대량살상무기 대비 전력 확보가 차질없이 추진될 수 있도록 하는데 중점을 두고 기간 중 총 56조 원규모를 투입하여 267개의 사업 착수 및 추진을 계획"하고 있다(국방부, 2007: 33, 42). 여기에서 방위력 개선 사업이 그동안 주한미군이 담당해 온 정보·감시능력, 기동·타격 능력, 해상·상륙

---

24) 2007년의 국방비 배분은 전력유지 34.5%, 병력운영 38.2%, 방위력 개선 27.3%의 비중이지만, 2012년에는 전력유지 32.2%, 병력운영 30.1%, 방위력 개선 37.7%로 바뀔 계획이다(국방부, 2007: 28).

능력, 공중타격 능력 등을 포괄하고 있다는 점은 명확하다. 특히 감시·정찰·정보·전자전 사업비용은 2006년의 908억 원에서 2007년에는 1740억 원으로 늘어나 91.6%의 증가율을 보였다. 철수하는 주한미군이 유지해 온 억지력의 수준을 한국군이 이어받겠다는 전략이다. 이에 따라 IMF사태 이후 줄어들고 있던 GDP 대비 국방비 수준도 2003년 2.4%에서 2006년에는 2.6%로 늘어나고 있는 추세이다.[25] 주한미군철수 및 재편에 따른 방위력 개선 사업이 추진되고 있기 때문이다.

4. 탈냉전기 안보의 재정의와 미군재배치

1) 발전하는 동아시아에서 무장하는 동아시아(Armed East Asia)로

탈냉전 이후 동아시아 지역은 놀라운 경제성장의 기록을 통해, '동아시아의 경제기적'이라는 이름으로 세계에서 가장 주목받는 지역이 되었다. 동아시아의 발전을 이끌었던 일본의 경험은 이 지역의 발전이 전후에 미국이 제공한 안보와 긴밀하게 결합되어 있었음을 가장 극명하게 보여준다. 즉, 일본의 발전은 냉전체제하에서 미국에 일방적으로 안보를 의존하는 안보의 외부화 전략을 통해 이윤추구 활동에 전문화했다는 데 그 특징이 있다(Arrighi, 1994: 338).

1980년대 후반부터 안보비용을 외부화 함으로써 발전해 온 동아시아의 역사적 특징은 변화하고 있다. 동아시아 지역은 군비경쟁이 가장 심한 지역으

---

25) 전후 일본은 GDP 1% 수준의 방위비를 지출해 왔다. 한국의 경우 1953~54년에 GDP 7.9% 수준에서 1974년에는 3.8% 수준으로 떨어졌다. 그러나 1974년 율곡사업의 시행과, 75년의 방위세 신설, 76년에는 정부예산편성지침에 따라 GDP 6% 수준의 국방비가 책정되어 1980년대 중반까지 이어졌다. 1980년대 후반에는 물가안정을 위한 긴축재정정책이 시행되었고 1990년 12월 31일부로 방위세가 폐지되어 국방비 부담률이 줄어들었다.

로 꼽히고 있다. 1985년에서 1995년까지 세계 군사비는 31% 감소한 반면 이 지역에서는 38% 증가하였으며, 1991년부터 2000년까지 세계군사비가 11% 감소한 반면 이 지역에서는 27% 증가한 수치를 보여주고 있다(KRIS, 2003: 24). 또한 1991년부터 2000년 사이에 세계 무기수입 증가율은 35% 감소했음에도 불구하고, 동아시아 국가들은 15% 증가한 수치를 보여준다(국방부, 2003: 4). 뿐만 아니라 이 지역의 군사강국들은 각종 첨단무기의 개발에도 막대한 자원을 투자하고 있으며, 엄청난 규모의 군 병력을 유지하고 있다. 이러한 '동아시아의 무장화'는 동아시아의 기적이라는 발전 경향과 함께 진행됨으로써 그 이면에 가려져 있었다. 그러나 1997~98년의 외환위기와 더불어 경제적 제약이 심각해지고, 부시 행정부의 출범과 더불어 미국이 동아시아에서 새로운 위협의 등장(가능성)을 강조함에 따라, 위협에 대한 인식의 정도가 커졌으며 그에 대비한 정치적 선택의 압력 또한 커지고 있다.

동아시아에서 군사화의 강화와 안보환경의 변화는 미국에 의해 추동되고 있는 측면이 크다. 미국은 1980년대에 그랬던 것처럼, 2000년대에 들어서 군사력의 강화를 통한 헤게모니의 재구축을 시도하고 있다. 이 과정에서 미국의 새로운 세계 전략은 동아시아의 안보 질서에 대한 더 깊은 개입을 표방하고 있다. 먼저, 미국은 전통적인 동아시아의 적대관계를 자신의 패권구축의 자원으로 삼고 있다. 중국을 견제하기 위해 타이완과의 비공식적인 관계를 강화하고 있으며, 북한의 핵위협을 빌미로 한미·미일동맹의 군사적·공격적 성격을 강화하고 있다. 일본의 군사적인 역할 확대요구에 대해, 일본은 식민지시대의 적대적 관계의 유산을 반일감정으로 호도하면서 이를 군사력 확대에 활용하는 전략을 펼치고 있다. 이 과정에서 중국은 '새로운 잠재적 적대국'으로 지목받고 있고, 북한은 '테러 지원국'이자 '대량살상무기 확산국'으로 지목받고 있다. 결국, 동아시아의 지정학적 상황은 '동맹 대 동맹' 간의 냉전적 적대가 여전히 해소되지 않고 있음을 웅변하고 있다. 물론 동아시아의 전통적인 적대 관계가 미국을 매개로 하여 미국이 제시하는 '새로운 위협'들과 착종되어 있다는 점은 새로운 특징이다.

본 연구와 관련하여, 미국이 표방하고 있는 새로운 위협과 안보 정책은 두 가지 측면에서 주목된다. 먼저, 미국이 제시한 안보의 경로들이 동아시아의 새로운 경향들과 정면으로 배치된다는 점이다. 첫째, 탈냉전 이후 사회주의권이 무너지면서 안보 재정의의 한 축인 북한의 위협이 크게 감소했다. 둘째, '국민의 정부'가 들어선 이후, 특히 6·15선언 이후에 북한이 위협의 요인이면서 동시에 민족적 협력의 대상이라는 이중적 성격을 획득하였다.26) 셋째, 80년대 이후 동아시아 국가들은 중국과의 경제적 연계성이 커졌고, 90년대 이후에는 협력적 관계가 강화되고 있다. 특히 한국의 입장에서 미국의 새로운 세계 전략에 따른 주한미군의 전략적 유연성은 중국·북한과의 관계개선이라는 역사적 추세와 충돌하고 있음이 분명하다. 따라서 한국은 점점 더 전형적인 '동맹의 안보 딜레마'에 직면하고 있다. '포기'의 위험을 회피하려는 동맹 강화의 시도는 중국이나 북한과의 관계를 악화시킬 것이며, '연루'의 위험을 회피하려는 노력은 '동맹의 해체'나 근본적인 재편 없이는 가능하지 않다.

둘째, 2000년 이후에 진행되고 있는 주한미군의 감축으로 안보의 문제는 새로운 틀에서 재정의되고 있다. 먼저, 종래에는 주한미군 감축이 전력의 축소와 동맹공약의 약화를 의미했지만(그래서 더 큰 대응력을 구축해야 했지만), 현재의 감축은 미군 전력의 증대 과정에서 추진되는 것이며, 오히려 그러한 전력 증강을 목표로 한 감축이라는 것이다27). 그럼에도 불구하고 한국 내에

---

26) 국민의 정부 이전의 시기에도 이러한 시도가 없었던 것은 아니었지만, 지속적이지 못했다는 점에서 제한적이었다. 일관된 정책을 통해 북한을 민족적 협력의 대상으로 규정한 것은 국민의 정부가 처음이다.

27) 주한미군 재배치 계획 중에서 주한미군 2사단 중 잔류하게 될 1여단의 스트라이커 여단으로의 재편은 미 육군의 '군사변환'에 맞춰 사단 중심형 조직을 여단 중심의 행동 부대(UA: Unit of Action)로 재편하기 위한 것으로, UA는 종래에 사단이 보유했던 고도의 정보능력과 장비를 갖추게 되기 때문에 종전의 여단보다 훨씬 강력한 부대로 강화될 것이라고 전망된다. 제2사단 중에서 2여단의

서는 보수언론을 중심으로 여전히 안보공백에 대한 우려가 제기되고 있다. 특히 이 문제는 전시작전통제권 환수 문제와 연관되어 있다. 즉, 미국의 전 세계적인 군사 패권의 상황에도 불구하고 전시작전통제권이 환수되고 주한 미군의 인계철선 역할이 약화될 경우, 미국의 안보공약이 후퇴할지 모른다는 것이다. 둘째, 미군의 재편이 전력강화를 통한 군사적 패권유지 전략에 기초한 것이라고 할 때, 이제 문제는 주한미군의 철수가 가져올 전력의 공백이 아니라 재편 자체가 추구하는 '새로운 위협'과의 대면에 있다고 할 것이다. 부시 행정부의 능력기반 전략은 모든 종류의 위협에 대응할 수 있는 능력 (capability)의 구축을 목표로 하며, 이를 위한 조직, 전략, 동맹의 재조정을 요구한다(조성렬, 2005). 이러한 전략을 추진하는 배후에는 긴장완화를 위한 정치적 타협보다 군사적 옵션이 미국의 이익추구에 더 적합하다는 판단이 작용하고 있다. 말하자면, '정치로부터 전쟁의 독립'이라고 할만한 동인이 작동하고 있는 것이다. 따라서 한미동맹은 위협 인식과 대응이라는 측면에서 철저하게 보편적인 논리 속으로 통합될 것을 요구받고 있다.[28] 그것은 미국 측에서 보자면 한국이 대테러전쟁의 일익을 담당해야 한다는 주장으로 나타나며, 한국 측에서는 '지역안정과 세계평화에 기여'한다거나 '국력에 걸 맞는 한국 역할론', '세계무대로의 진출'이라는 논리로 나타나고 있다. 이러한 맥락 속에서 북한은 점차 '반쪽의 분단국가'가 아니라 '테러지원국'이나 '대량살상무기 보유국'으로 인식되고 있다. 즉, 위협의 주체도 다양화되고 있으며, 위협의 성격 자체에도 커다란 변화가 나타나고 있는 것이다.

철수는 타 분쟁지역의 병력수요에 대처한다는 의미 외에 제1여단만으로도 기존의 대북 억제력 유지가 가능하다는 군사력 평가에 기초하고 있다(조성렬, 2005: 4).

28) 최근 열린 합참의장 국회 인사청문회에서 김태영 내정자는 북한이 소형 핵무기를 개발하여 남한을 공격할 경우 "적(북한군)이 핵(무기)을 가지고 있을 만한 장소를 확인해 타격"하는 것이 좋다고 밝혔다. 이 같은 발언은 미국이 공식화하고 있는 '선제공격'과 '예방전쟁'개념을 한국군도 받아들이고 있다는 예상을 가능하게 한다(중앙일보 2008년 3월 27일자, http://news.joins.com /article/3088699.html?ctg=1000).

[표 15-4] 미국의 위협 인식과 안보 정책의 변화

시기	냉전	탈냉전 초기(90년대)	9 · 11테러 이후
위협의 정의	소련 공산주의의 팽창 제3세계의 혁명적 민족주의	지역 강국의 출현 민족 · 종교갈등 확산, WMD 확산	테러 위협, WMD 확산 중국의 부상
전략의 성격	억지와 봉쇄	개입과 확장	선제공격과 예방전쟁
	위협기반 전략		능력기반 전략
미군 주둔의 형태	지역 차원의 전진배치		지구적 차원의 신속이동배치

2) 미군재배치의 성격과 특징

냉전시대에 미국의 세계 전략은 소련 공산주의의 팽창을 봉쇄하고 제3세계에서 혁명적 민족주의의 확산을 저지한다는 목표를 지니고 있었다. 이러한 억지와 봉쇄의 전략은 1945년에 열린 얄타회담에서 미소가 서로의 영향권을 인정한 바탕 위에, 각자 자신의 영향력 아래 있는 국가들과 동맹관계를 체결하면서 고착화되었다. 미국과 소련은 동맹국의 영토에 자신의 군사력을 전진 배치하고 군사기지를 건설하였다. 이러한 영향권의 상호 인정이 제3세계에 대한 개입을 중단시킨 것은 아니었다. 베트남전쟁과 아프카니스탄 전쟁에서 알 수 있는 것처럼, 미소는 자원이나 전략적 이해관계가 걸려있는 지역에 대한 군사적 개입을 정당화하면서 우호적인 정권의 수립을 공공연하게 추진하기도 했다.

[표 15-4]에서 알 수 있는 것처럼, 냉전시대 주둔 미군의 성격은 억지와 봉쇄전략에 따른 지역 차원의 전진배치 전력이라는 점에 있었다. 구소련이 붕괴하고 냉전체제가 해체되면서, 미국의 세계 전략 역시 변화하지 않을 수 없었다. 억지와 봉쇄를 뒷받침하던 지역 단위의 동맹체제 역시 변화를 요구받았다. 즉, 안보와 동맹이 재정의되지 않을 수 없는 상황에 직면했던 것이다. 1996~99년에 미국과 유럽, 미국과 일본 사이에 안보를 재정의하는 공동선언

이 잇달아 발표되었다. 그것의 핵심적인 내용은 지역차원에서의 안보위협에 대처하던 기존의 동맹으로부터, '적'이 사라진 탈냉전기에도 동맹체제를 더욱 강화하고 동맹국의 역할을 더욱 확대하면서 전 세계적 위협에 공동으로 유연하게 대처한다는 것이었다. 일본의 경우, 1996년 4월에 발표된 '미일안보공동선언'을 통해 기존 미일동맹의 적용 범위였던 '극동' 지역을 벗어나 아시아·태평양 지역에서의 위협에 공동으로 대처한다는 내용이 구체화되었다. 1999년에는 서유럽의 NATO 동맹국들과 함께 'NATO의 확대와 그 사명의 재정의'를 발표하였다. 그렇지만 1990년대의 안보재정의 작업은 탈냉전기의 새로운 국면에 대처한다는 과도기적 성격을 지닌 것이었다.

보다 결정적인 변화의 계기는 '9·11테러'에 대한 대처 과정에서 구체화되었다. 미국은 90년대 클린턴 행정부에 의해 추진되었던 '개입과 확장' 전략으로부터, 보다 공세적인 '선제공격과 예방전쟁' 전략으로의 전환을 추진하였다. 지역적 차원에서의 공산주의 위협에 대처하던 기존의 위협기반 전략에서 테러위협과 같은 불특정 위협에 대처할 수 있는 유연한 대응능력에 기반한 전략으로의 전환이었다. 이것은 군사력 활용에 있어서 '전략적 유연성'을 추진한다는 것으로, 병력 및 장비를 경량화하여 전 세계 어느 지역으로도 빠른 시간 내에 이동할 수 있는 유연성을 꾀하고, 그것과 연관하여 기지사용 및 사전 협의절차 등에서도 유연성을 꾀한다는 것이다. 따라서 육군의 대규모 주둔에 의존하던 종래의 주둔미군 편재와, 지역적 차원에서 정의되던 안보 및 동맹의 내용도 변화되지 않을 수 없었다. 이러한 재편작업은 한미동맹의 경우에도 예외가 아니었다. 2005년 11월, 한미 양국은 '한미동맹과 한반도 평화에 관한 공동선언'을 통해 "한미관계가 포괄적이고 역동적이며 호혜적인 동맹관계로 지속적으로 발전하고 있다는데 만족을 표명"하고 "한미동맹이 위협에의 대처 뿐만 아니라 아시아와 세계에서 민주주의, 시장경제, 자유 및 인권이라는 공동의 가치 증진을 위해 있다"고 선언했다.

[표 15-5] 주한미군 편제의 변화와 특징[29]

주한미군 편제	미 육군의 기존 편제	새로운 편제	변환의 특징
미8군	전 구급 군사령부	축소하여 UEy(미래형 군단급 사령부)로 개편 혹은 해체	지휘 사령부의 간소화
미2사단	사단	미래형 사단 UEx (Unit of Employment X)	사단 군단 기능의 통합, (2005년 말까지 사령부요원을 300에서 1200명으로 확대)
미2사단의 1여단	여단	미래형 전투여단 UA (Unit of Action)	신속기동 모듈군화, (2005년 초까지 4000명 규모의 기갑 UA로 확대)
주둔지	미2사단: 전방 UN사·한미연합사·주한미군사 사령부: 용산	2008년말 이후 모두 한강 이남의 평택기지로 이전	기지 통합과 효율적 운용

[표 15-6] 주한미군의 단계별 감축 일정[30]

감축 단계	1단계	2단계		3단계
감축 시기	2004년	2005년	2006년	2007~2008년
감축 인원	5,000명(이라크 이동 3,600여명 포함)	3,000명	2,000명	2,500명
감축 부대	미2여단 전투단(이라크) 군사임무전환 관련 부대 기타 지원병력	일부 전투부대 군사임무전환 관련 부대 기타 지원병력		육군 지원부대 기타 지원병력

출처: 2004년 10월 14일, 국방부 정책실장 발표.

---

29) 1개의 UA는 대대급 수준인 미래전투체계(Future Combat System, FCS) 6~8개로 구성된다. 무인전투장비 등 미래형 첨단무기로 무장할 FCS는 2008년부터 실험적으로 운용되며, 2014~2018년에 본격적으로 UA로 편제될 계획이다(「중앙일보」 2004년 8월 19일자 보도).

30) 현재(2008년 4월) 주한미군은 2004년에 5000명, 2005년에 3000명, 2006년에 1000명이 감축되어 2만 8500명 수준을 유지하고 있다. 최근 한미정상회담(2008.04.19)에서는 한미 양국은 2007~8년에 3500명을 감축시키기로 했던 계획을 동결하고, 주한미군 병력을 2만 8500명 수준에서 유지하기로 합의했다(「연합뉴스」 2008년 4월 20일자).

전략적 유연성의 문제가 동맹과 안보 재정의의 '소프트웨어'라면 GPR 작업은 그 '하드웨어'라고 볼 수 있다. 2003년 11월 25일 부시 대통령은 불량국가, 국제테러, 대량살상무기(WMD) 확산과 같은 새로운 위협에 대처하기 위해 전 세계 군사태세 재편의 필요성을 강조하면서 해외주둔미군재배치계획 (GPR, Global Posture Review)을 발표했다. 특히 GPR 작업은 단기적으로는 '9·11테러'와 이라크전쟁으로부터 영향을 받은 측면이 있지만, 보다 장기적으로는 1990년대부터 추진해 온 군사변환(MT, Military Transformation) 작업에 의해 추동되었다. 미국은 정보기술의 발달에 기초한 군사부문에서의 혁신 (RMA, Revolution in the Military Affairs)의 일환으로 미군의 장거리 투사능력을 높이고, 원거리 정밀타격능력을 향상하며, 육·해·공·해병의 통합적인 운용능력을 강화한다는 목표를 추진해 왔다. 이것은 미군운용의 효율화, 기지의 분산화, 부대배치의 기동화를 그 내용으로 하고 있었다.

주한미군의 감축과 역할변경의 문제는 1989년 한미연례안보협의회 (SCM)에서 주한미군의 지역 역할 강화가 거론된 이래, 1995년부터 한미공동연구를 실시하여 2003~04년 미래한미동맹정책구상회의(FOTA, Future of the ROK-US Alliance Policy Initiative)에서 이를 공식 의제화하였다. FOTA에서는 주한미군의 재배치 문제 외에도 주한미군의 전략적 유연성, 대북방어에 있어서 한국군의 주도, 주한미군의 지역안정에의 기여 등 주한미군의 역할변경 문제가 논의되었다. 또한 FOTA를 통해 미 제2사단의 감축과 신속기동군화, 용산기지의 평택 이전과 기지통폐합 등에 합의하여, 2004년 10월 22일에 열린 제36차 SCM에서 합의문에 최종 서명하였다. 이 협정들은 2004년 12월에 국회의 비준동의를 받은 상태이다. 주한미군 편제의 변화와 감축 일정에 관한 구체적인 내용은 [표 15-5], [표 15-6]과 같다.

기지재편과 동맹 재정의 논의에 있어서 한일 간의 차이가 주목된다. 한미동맹에서의 논의가 기지재편을 먼저 합의하고 전략적 유연성 문제의 공론

화를 뒤로 미룬 경우라면, 미일동맹에서의 논의는 기지재편 문제보다 동맹재
정의 작업을 먼저 실시했다는 점이다. 즉, 한국은 전략적 유연성이나 주한미
군의 역할확대 문제가 논란의 대상이 될 것이라고 본 반면, 일본은 그 동안
기지 문제를 떠안아 온 지자체의 반발이 더 큰 우려의 대상이었다. 한국의
경우에 북한이라는 '안보위협'이 가시적으로 존재하는 상황에서 주한미군의
인계철선 역할을 무력화시킬 수 있는 전략적 유연성의 문제가 보수세력에게
큰 우려의 대상이 되었으며, 다른 한편으로 안보를 위한 국책사업에 미군기지
를 떠안게 될 지역들의 희생은 불가피하다는 국가주의적 논리가 힘을 발휘한
것이었다. 반면 일본의 경우에 일본의 국제사회 공헌을 주장하는 보수세력의
입지가 강화되는 가운데 주일미군과 자위대의 역할 확대가 별다른 저항 없이
추진되었던 반면, 구체적인 지역 수준에서의 기지재편 과정에서는 각 지자체
의 동의 없이 기지재편을 추진하기 힘든 일본 사회의 정치적 구조가 작용했다
고 할 수 있다.

5. 한국의 미군기지반대운동

1) 미군기지의 현황과 미군기지 재배치

주한미군은 한미상호방위조약 제4조에 근거하여 주둔하며, 한미주둔군
지위협정(SOFA) 제2조에 따라 공여지[31]를 제공받고 있다. 하지만 한국이 공

---

31) 기지(Military Bases)라는 용어는 치외법권적 의미를 부각시켜 주둔국의 주권 개념과 충돌하
거나 주둔국의 민족주의적 감정을 자극할 우려가 있다. 이를 피하기 위해 SOFA 상에서는 시설과
구역(Facilities and Areas)이라는 용어를 쓰고 있다. 공여지는 공여형태에 따라 미군이 배타적
사용권을 가지고 있는 '전용지', 미군의 시설보호나 안전보호의 목적으로만 사용권이 부여된 '지역
권', 훈련 목적과 사용기간을 명시하여 사용권을 주는 '임시지', 한국군과 공동으로 사용하는 '공동
지', 현재는 사용되지 않으나 전시에 대비하여 공여된 '잠정지' 등으로 분류된다.

여하고 있는 미군기지의 현황에 대해서는 아직 그 실태가 완전히 밝혀지지 않았다. 국가보안법(1948~)과 반공법(1961~1980), 군사기밀보호법(1972~) 하에서 주한미군에 대한 정보수집이 이적행위로 간주될 수 있기 때문에 시민 사회가 미군기지 정보에 접근하는 데 제약이 많았다고 할 수 있다. 그런데 미국 과 한국의 정부당국이 파악하고 있는 미군기지의 현황도 서로 차이가 크다는 점이 주목된다. 2002년을 기준으로 살펴보면, 2002년 국회 통외통위에 제출된 LPP검토보고서에서는 미군기지 및 시설 43개, 훈련장 14개 등 총 57개의 미군 기지가 언급되고 있다. 하지만 같은 해 국정감사에서 국방위원회와 행정차치 위원회에 제출된 보고서는 각각 92개와 93개로 미군기지를 파악하고 있다. 미국의 자료 역시 마찬가지다. 미 국방부는 해마다 전년도의 해외군사기에 대한 조사 결과를 발표하고 있는데, 이 '군사기지체계보고서(Base Structure Report)'에 따르면 한국 내의 미군기지와 시설, 훈련장은 총 101개로 파악되고 있다.[32] 하지만 미 의회 회계예산국(GAO)이 2003년 7월에 작성한 '불확실성 에 근거한 주한미군 배치 재평가 보고서(Defense Infrastructure Basing Uncertainties Necessitate Reevaluation of U.S. Construction Plans in South Korea)'에 따르면 한국 내의 기지(Troop installations)는 41개, 소규모 캠프 및 지원시설(Small Camps)은 54개 등 총 95개로 파악되고 있다. 지난 2004년 녹색연합과 미군기지반환운동연대의 기지조사팀이 위의 문헌자료와 현장 조사를 거쳐 밝힌 자료에 따르면, 2004년 당시 한국에는 총 94개의 미군기지가 존재하고 있었다(녹색연합·미군기지반환운동연대, 2004). 이 중 84개는 현장 확인을 거친 것이며, 10개는 위치를 확인할 수 없었으나 공여지 여부를 묻는 정보공개청구를 통해 확인한 것이었다고 한다. 기지조사팀은 미군기지 수가 자료마다 차이를 보이는데 대해 두 가지 이유를 제시하고 있다. 첫째, 미군기

---

32) 미 국방부의 2007년 보고서는 2006년 9월 30일 현재, 기지와 시설, 훈련장 등 78개와 그 외 소규모 사이트 28개소를 합하여 총 106개의 기지를 확인하고 있다(DOD, 2007: 92~94).

지의 공여는 SOFA에 근거하고 있는데, 1966년 SOFA가 체결되기 전에 이미 공여되었던 기지들에 대해 정확한 정보를 가지고 있지 않을 가능성이 있다는 점이다. 둘째, 각 자료마다 미군이 사용하고 있는 기지와 시설, 훈련장을 지칭하는 단어에 차이가 있다는 점이다. 기지와 시설에 대한 정의와 기준이 정립되어 있지 않을 가능성이 있다는 것이다(녹색연합·미군기지반환운동연대, 2004: 222). 미일 간의 협의와 합동조사를 통해 일찍부터 기지 실태를 파악하여 정부 차원에서 미군기지에 대한 정보를 제공해 온 일본과 비교해 볼 때, 국방부와 해당 지자체의 역할에 대해 되묻지 않을 수 없는 부분이다.

기지조사팀의 보고서에 근거하여 2004년 당시 미군기지의 실태를 살펴보면 다음과 같다(녹색연합·미군기지반환운동연대, 2004: 9~21). 먼저, 전국에 분포되어 있는 미군기지는 울산을 제외한 5개 광역시, 전라남도를 제외한 8개 도, 23개 시, 8개 군에 분포하고 있다. 이 중에서 전체의 65%를 차지하는 60개의 미군기지가 서울(6), 인천(2), 경기(52) 지역에 집중되어 있다. 그 외 대구(6)와 부산(6) 지역에도 다수의 미군기지가 존재한다. 2002년의 국감자료를 토대로 지자체의 미군기지 면적을 비교해 보면, 광역 단위들 중에서 다수의 미군기지가 있는 경기도 지역이 가장 넓고, 군산기지가 있는 전북, 경상남도, 대구광역시, 경상북도, 서울특별시의 순으로 나타나고 있다. 특히 다수의 훈련장이 있는 경기도 파주는 기초 지자체 중에서 가장 넓은 면적을 공여하고 있으며(2835만 평), 그 다음이 동두천(1229만 평), 화성(720만 평), 포천(550만 평), 평택(455만 평), 양주(342만 평), 군산(314만 평)의 순이다.

미 국방부의 군사기지체계보고서를 토대로 2006년 9월 현재 기지별 면적을 보면, 오산기지가 523만 SQFT(square feet)로 제일 넓고, 그 다음이 용산기지(서울, 469만 SQFT), 캠프 험프리(평택, 459만 SQFT), 캠프 케이시(동두천, 419만 SQFT), 군산 공군기지(282만 SQFT), 캠프 호비(동두천, 162만 SQFT), 캠프 캐롤(왜관, 226만 SQFT), 캠프 스탠리(의정부, 160만 SQFT), 캠프 레드 클라우드(의정부, 138만 SQFT), 캠프 워커(대구, 114만 SQFT) 등의 순이다. 병력의 분포를 보면, 2006년 9월 현재 한국에 주둔하고 있는 미군병력은 2만 9477명에 이른다. 큰 기지에는 많은 병력이 머물기 마련인데, 오산 기지(5268명), 캠프 험프리(4539명), 캠프 케이시(4450명), 용산 기지(3997명), 군산 공군기지(2755명), 캠프 호비(1187명), 캠프 레드 클라우드(1154명), 캠프 스탠리(965명)의 순으로, 1000명 이상이 주둔하고 있는 기지는 7곳에 이른다(DOD, 2007: 92~94).

　　미군기지의 구성과 기능별 분류를 살펴보자. 우선, 한반도에는 미 육해공군이 모두 주둔하고 있다. 미 육군은 태평양 통합사 육군구성군인 태평양 육군 산하 미8군 소속 전투사단인 제2기계화보병사단을 비롯하여, 제17전구지원사령부, 제1통신여단, 제17항공여단, 제501군정보여단 등으로 구성되어 있다. 미 공군은 태평양 통합사 공군구성군인 태평양공군 산하 제7공군 소속 51전투비행단과 8전투비행단 등으로 구성되어 있으며, 미 해군은 진해에 사령부를 두고 있다. 미군조사팀이 밝힌 자료에 따르면, 확인된 94개의 기지 중에서 육군의 기지가 80개로 가장 많고, 공군(10개), 해군(2개)의 순으로 나타나고 있다(녹색연합·미군기지반환운동연대, 2004: 21). 병력 분포 역시 비슷하게 나타나는데, 미 국방부 자료에 따르면 2006년 9월 현재 미 육군이 2만 488명으로 가장 많고 공군(8624명), 해군(365명)의 순이다(DOD, 2007). GPR에 따른 미군 재편이 이루어지고 있지만, 여전히 미 지상군 위주의 병력 구성임을 알 수 있다. 한편, 미군조사팀은 미군기지를 기능별로 분류하고 있는데 주둔기지가 38개, 훈련장이 11개, 통신시설이 14개, 기타 31개로 나타나고 있다.

　　주한미군과 미군기지는 현재 재편 및 기지 통폐합 상태에 놓여 있는데, 주한미군의 재편에 대해서는 앞에서 살펴보았기 때문에 여기에서는 미군기지의 재배치에 대해서만 살펴본다. 미군기지의 재배치는 크게 연합토지관리계획(Land Partnership Plan, LPP)협정과 미래한미동맹정책구상회의(FOTA)에서의 한미 간 합의에 따라 진행되고 있다. 지난 2000년 주한미군은 미군기지 재편을 위한 연합마스터플랜(Combined Master Plan)을 한국 정부에 제시하였고, 이를 바탕으로 한미 양국은 2년간의 협상을 통해 LPP협정에 서명하였으며 2002년 10월 30일 국회비준을 받았다. 국방부는 "미군부대의 일부 시설과 구역을 반환하고, 이전에 필요한 새로운 시설과 구역을 공여함으로써 주한미군의 부대·기지 및 시설의 합리적 통합을 유도하고, 주한미군의 부대 방호 및 그 준비태세를 강화하는 한편, 우리 국토의 균형된 개발과 효율적 사용을 증진하기" 위해 LPP협정을 체결했다고 밝혔다. 또한 2003년부터 시작된 FOTA 협의에서는 중대한 군사임무의 전환, 군사능력발전계획, 주한미군 감축 등과 함께 미2사단 및 용산기지의 이전 문제가 논의되었다. LPP협정과 용산기지 이전, 미2사단의 재배치에 따른 기지면적의 변화는 [표 15-7]과 같다.

[표 15-7] 가운데 반환되는 기지와 신규로 제공되는 기지의 내역을 보다 상세하게 표시한 것이 [표 15-8]이다. 이 표에서 알 수 있는 것처럼, 미군기지의 재배치는 서울 이북의 경기도 지역 및 전국에 산재해 있는 기지들을 반환받고 평택의 팽성과 서탄 지역에 신규 공여지를 제공하는 것으로 요약할 수 있다.

국방부나 국무총리실의 주한미군대책기획단은 상당히 넓은 면적의 미군기지가 반환되는데 비해 신규로 제공되는 면적은 상대적으로 많지 않다는 점을 강조하고 있다. 그렇지만 국방부나 국무총리실의 발표는 상당히 과장되어 있다고 지적되고 있다. 녹색연합과 미군기지반환운동연대 및 참여연대와 같은 시민단체들은 반환지의 상당 부분을 임시 공여지가 해제된 것으로 파악하고 있다. 예컨대 LPP협정에 따라 반환받는 3900만 평의 훈련장 중에서 그 대부분을 차지하는 파주시의 경우에 2346만 평 중에서 2209만 평이 전용 공여지가 아닌 임시 공여지라는 것이다. 임시 공여지는 미군이 사용권을 전적으로 행사할 수 있는 전용 공여지와 달리 훈련을 목적으로 1년 단위로 제공되는

[표 15-7] 주한미군 재배치에 따른 기지면적의 변화[33]

구분	기존	반환	신규	잔여
면적	7320만 평	5167만 평	362만 평	2515만 평
기지·훈련장 지역 수	58	42	3	24
기지 수	43	27		16
훈련장 지역 수	15	7		8
훈련장 수	52	35		17

출처: 국방부(2004: 95), 국무총리실·국방부(2006: 2).

[표 15-8] 반환 및 신규 부지의 지역별·기지별 현황

구분	반환 면적	신규제공 면적			
			평택(팽성) 285만 평	평택(서탄) 64만 평	기타 13만 평
용산기지	118만 평 (9개 기지)	52만 평	38만 평	14만 평	
미2사단	935만 평 (6개 기지 886만 평 훈련장 49만 평)	223만 평	223만 평		
LPP	4,114만 평 (25개 기지 214만 평 훈련장 3개 지역 3,900만 평)	87만 평	24만 평	50만 평	포항 10만 평 김천 3만 평

출처: 국무총리실·국방부(2006: 2).

것으로서 한국군 시설인 경우가 많고 사유지에 해당하는 경우도 많다는 것이다. 해제된 임시 공여지를 반환된 부지에 포함시킨 것은 362만 평의 신규 부지를 제공하는데 따른 반대 여론을 잠재우기 위한 것으로 보인다. 이 외에도 시민단체들은 지역주민들의 오랫동안 반환을 요구해 온 기지들이 포함되지 않은 점, 주한미군의 감축 내용이 기지 재배치에 반영되지 못한 점, 미군기지 재배치 비용을 한국이 대부분 부담하도록 되어 있는 점, 비판의 대상이 되어 온

---

33) 기존 기지의 수에서 반환 기지의 수를 뺀 값이 잔여 기지의 수와 맞지 않는 것은 반환 기지의 수에 전체가 반환되는 기지와 부분적으로 반환되는 기지가 섞여 있기 때문이다.

미군 공여지 대신에 한국군 훈련장을 공동으로 사용하는 경우가 크게 늘어나고 있는 점, 비용마련을 위해 반환기지의 부지에 대한 개발 열풍이 불 가능성, 환경조사 및 오염의 복구 문제 등을 기지재배치의 문제점으로 거론하고 있다 (녹색연합·미군기지반환운동연대, 2004: 239~244).

2) 한국에서 미군기지반대운동의 역사적 배경과 전개

미군기지에 반대하는 운동은 '미군'기지에 대한 반대라는 점에서 반미운동으로서의 성격을 지니고 있으며, 군사기지에 대한 반대운동이라는 점에서 평화운동으로서의 성격도 지니고 있다. 그런데 한국에서 평화운동은 1990년대, 즉 탈냉전시대의 새로운 발명품이라는 평가가 존재한다(구갑우, 2007: 195~209). 이런 맥락에서 한국의 미군기지반대운동 역시 평택범대위의 활동이나 해외와의 연대를 중심으로 볼 때, 1990년대 말이나 2000년대에 대중화되었다는 시각이 일반적이다. 전사회적인 이슈화의 성공 여부를 따진다면 이런 평가가 가능할지 모르지만, 풀뿌리 수준에서 자생적으로 생성되어 온 미군기지반대운동의 역사는 조금 더 멀리 거슬러 올라가야 한다.

미군기지와 주둔미군에 대한 한국민들의 항의 행동은 미군범죄에 대한 항의로부터 시작되었다. 외무부 통계에 따르면 SOFA가 처음 발효된 1967년부터 1987년까지 20년간 총 3만 9452건의 미군범죄가 발생했다고 한다. 하루 평균 5건의 범죄가 발생한 셈이다. 미군이 한반도에 처음 주둔한 1945년부터 현재까지 발생한 미군범죄 수는 최소한 10만 건을 넘을 것으로 추정된다(주한미군범죄근절운동본부, 2002: 6~7). SOFA가 체결되는 1966년까지 주한미군의 범죄는 '재한 미국군대의 재판관할권에 관한 대한민국과 미합중국 간의 협정'(일명 대전협정)에 의해 미군당국이 일체의 재판권을 배타적으로 행사하도록 되어 있었다. 전시라는 특수한 상황이 1966년까지 적용되었던 것이다. 따라서 1966년까지의 미군범죄에 대해서는 공식적인 기록이나 통계를 찾기 힘들며, 언론보도나 사건현장을 발로 뛰며 사실을 발굴해 낸 기록들에 의존할 수밖에 없다(오연호, 1989; 1990). 미군범죄는 대부분 은폐되거나 개인적으로 희생을 감내하는 방식으로 처리되었다. 하지만 간혹 범죄사실이 알려져 사회적인 항의 행동이 조직되는 경우도 있었다. 예컨대 1962년 6월 2일 파주 미군부대 철조망 근처에서 고철을 줍고 있던 한국인을 미군 7~8명이 집단적으로 폭행한 '파주린치사건'은 서울대와 고려대 학생들의 미군만행 규탄 집회와 SOFA체결을 요구하는 데모로 연결되었다(법과사회연구회, 1988: 81; 오연호, 1990: 162). 1966년에는 13년 전 포천에 있던 미군부대 앞에서 미군 보초병에게 도둑으로 몰려 가슴에 카빈총알을 맞았던 박찬도 씨가 서울 미 대사관 앞길에서 "미군에 의한 피상해자에게 보상하라", "한미행정협정으로 피해자에게 보상하라", "유린된 인간권리를 존중하라"는 플래카드를 들고 단독 시위를 벌이다가 경찰에 연행되기도 했다. 1971년 8월 18일 밤, 술값을 내지 않고 가려던 미군이 항의하는 종업원을 폭행하고 때마침 지나가던 순경이 이를 제지하자 미군헌병들이 순경을 폭행한 후 범행 미군과 도주한 사건이 있었다. 마을 주민들은 미 헌병의 사과와 범인의 인도를 요구하며 농성하다 미 헌병들에 맞서 30여 분 간 투석전을 벌이기도 했다(오연호, 1990: 323~324). 미군과 일상적으로 대면하던 기지촌 여성들은 미군 범죄의 주요 희생자들이었다. 하지만 그 때문에 미군범죄에 대한 저항의 주체로 등장하기도 했다. 이들은 처우 개선을 요구하며 미군부대 앞에서 항의 시위를 벌이거나, 빈발하는 기지촌 여성 살해 사건에 집단적·조직적으로 대응하기도 했다. 1970년에는 자신들의 사진을 부대 안에 게시한 미군부대장을 '인권유린'이라는 명목으로 규탄하는 대회를 열기도 했다(이나영, 2007: 343). 그러나 1970년대까지의 저항은 자생적·일회적이라는 한계를 가지고 있었고, 요구 내용도 범죄행위에 대한 항의와 개인에 대한 피해보상에 국한되어 있었다. '전장국가'의 경직성으로 인해, 문제를 양산하는 기지 자체나 미군에 대한 근본적인 문제제기는 가능하지 않았다.

　한국에서 미군기지반대운동의 성장에는 두 번에 걸친 결정적인 계기가 중요했다. 첫 번째 계기는 80년 '광주학살'에 대한 미국의 지원 및 학생운동을 중심으로 한 반미운동의 성장이었다. 1980년 5월 26일 광주의 미문화원에 대한 방화에서부터 1985년 5월 23~26일에 걸친 서울 미문화원 점거농성까지, 1980년대 전반에는 '광주학살'에 대한 미국의 사과와 진상규명을 요구하는 투쟁들이 이어졌다. 이후 학생운동을 비롯한 민중운동은 점차 미국의 제국주의적 정책과 한국의 종속적 상황에 대한 문제제기를 발전시켜 나갔다. 한편, 1980년대 중반부터 반전반핵평화운동이 의제로 제기되었다는 점이 주목된다. 1986년부터 학생운동은 팀스피리트 훈련과 같은 대규모 군사훈련, 핵전쟁위협, 대학생전방입소의 문제 등을 거론하였는데, 이러한 움직임은 반미·반제국주의적인 흐름의 강화와 연결되었다. 이와 비슷한 시기인 1987년 8월 8일에 한국교회여성연합회, YMCA, 청년과학기술자협의회, 공해추방운동청년협의회, 감리교청년회기술위원회 등은 '한반도의 반핵평화운동을 위하여'라는 주제하에 공청회를 개최하고 한반도에서 핵기지의 철거, 남북한 상호불가침선언 채택, 평화협정체결 등을 주장하기도 하였다(김성보, 1990). 이들은 반전·반핵의 요구를 보다 독자적인 의제로 제기했다는 점에서 변혁운동으로서 반미·반전·반핵의 의제를 제기했던 학생운동의 흐름과 구분되며, 이후 시민사회 내부에서의 평화운동 흐름으로 연결되었던 것으로 보인다. 두 흐름의 운동은 미국의 정책이나 주한미군의 핵무기 등을 사회적 문제로 거론함으로써, 미군기지 차제를 문제 삼는 미군기지반대운동으로 연결·발전될 가능성을 내포하고 있었던 셈이다.

　두 번째 계기는 1987년 민주항쟁의 경험이다. 87년의 경험 이후, 민중의 생존권에 대한 관심이나 시민들의 권리의식 고양은 미군기지에 대한 문제제기를 가능하게 했던 배경 중의 하나였다. 이것은 최초의 조직적인 미군기지 반대운동이 1988~89년경에 출현하는 것으로도 확인할 수 있다. 1988년 가을부터 1989년 초까지 벌어졌던 제주도 송악산 군사기지 설치 반대투쟁과 1988년부터 본격화된 매향리투쟁이 그것이다(이일형, 1991: 189~193). 매향리투쟁은 한국의 미군기지반대투쟁에서 상징적인 위치를 차지하고 있는데, 1988년 6월 14일 매향1리 청년회는 '주민들에게 드리는 글'이라는 제1호 유인물을 배포하면서 미군기지반대운동을 본격화하였고 7월 4일에는 주변 8개 마을과 공동으로 '합동소음대책위원회'를 구성하여 경기도와 국방부, 청와대, 사회단체, 종교계 등에 청원서와 탄원서를 제출하기 시작했다. 1988년 12월 12일에는 주민 700여 명이 매향리 폭격장 안으로 밀고 들어가 미군기지를 일시적으로 점거하기도 했다. 초기부터 매향리투쟁을 주도해 온 전만규 매향리폭격장폐쇄주민대책위 위원장은 한 인터뷰에서 다음과 같이 말하고 있다.

저희가 이 땅에 민주화가 시작되면서, 87년 민주항쟁 때 시민의 힘으로 민주화가 이루어지면서 그때 힘입어 우리 촌놈들도 이 투쟁을 시작하게 된 것이거든요. 88년 6월부터 시작해서 지금 만 18년이 됐습니다 …… 저희가 사실 이 투쟁을 시작했을 때는 매향리 주민들만의 생존권 보장을 확보하기 위한 투쟁으로 시작을 했는데, 이 투쟁을 시작하면서 어렴풋이 느껴지는 것들이 민족의식과 평화의식. 이런 것들을 깨달아 가면서 투쟁을 했습니다(「민중의 소리」 2006년 8월 23일자 인터뷰).

이후 미군기지반대운동은 미군기지가 산재해 있는 전국의 주요도시로 확산되었다. 각 지역에서 지역의 미군기지에 반대하는 조직이 결성된 것은 90년대 초중반이었는데, 몇몇 단체의 결성 경위만 살펴보면 아래와 같다(노근리에서 매향리까지 발간위원회 편, 2001). 1989년 7월 27일에는 용산의 미8군이 대전으로 이전한다는 소식을 접한 대전 시민들이 '미8군 대전 이전 저지를 위한 시민공동대책위원회'를 창립하였고, 1990년 3월에 용산미군기지가 평택으로 이전한다는 소식이 언론을 통해 지역에 알려지자 평택 시민들은 '용산미군기지 평택 이전을 결사반대하는 시민모임'(이하, 평택시민모임)을 결성하였다. 이해 10월 말에는 평택시민모임과 '동두천 민주시민회', '군산·옥구 민주연합' 등 15개 단체가 '미군기지 반대 전국공동대책위원회'를 결성하여 연대활동을 결의하였다. 평택시민모임과 지역 주민들의 끈질긴 투쟁으로 1993년 평택으로의 이전계획은 전면 보류되었다. 이후 평택시민모임은 1994년 1월 '평택 민주실천시민모임'으로 명칭을 바꾸고 2월부터 '미군범죄신고센터'를 개설하는 등 더욱 활발한 활동을 펼쳐 나갔다. 윤금이 씨 살해사건이 일어났던 동두천에서는 1990년부터 '동두천 민주시민회'가 결성되어 미군범죄와 공여지·사격장 반대투쟁, SOFA개정투쟁 등을 벌였다. 대구에서는 1995년부터 미군범죄에 대응하는 과정에서 '미군기지 되찾기 대구시민모임'을 결성하였고, 96년 8월에는 '미군기지 반환을 위한 인간띠잇기' 대회를 개최하였으며, 2000년 5월에는 '미군기지 반환을 위한 대구시민 건강달리기 대회'를 개최하기도 하였다. 의정부에서는 1996년 6월 '우리땅 미군기지 되찾기 의정부 시민연대회의'가 결성되었다. 부천에서는 1996년 9월 20일에 36개의 단체들이 모여 '우리땅 부평미군기지 되찾기 및 시민공원 조성을 위한 인천시민회의'를 발족시켰다. 군산에서는 민항기의 군산기지 사용료 문제를 둘러싸고 1997년 9월 '군산 미군기지 민항 활주로 사용료 인상안 철회를 위한 시민모임'이 결성되었고, 이후 '군산 미군기지 우리땅 찾기 시민모임'의 결성으로 이어졌다. 춘천에서는 1999년 '국가보안법 철폐 연대회의'의 경험을 토대로 2000년 2월 '춘천민주사회단체협의회'를 결성하여 SOFA 개정과 미군기지 반환운동을 펼쳐 오다가 '미군기지 반환 실무기획단'과 '불평등한 소파 전면개정과 춘천시 기형 팽창을 유발한 미군 캠프 페이지 반환을 위한 특별위원회'를 결성하여 직접적인 실천 활동을 강화하였다. 원주에서는 2000년부터 '원주참여자 치시민센터'와 '천주교 원주교구 정의평화위원회'가 미군기지의 문제를 제기하기 시작하였고 12월에 '우리땅 미군기지 되찾기 원주시민모임'을 결성하였다. 각 지역에서의 활발한 조직결성과 연대활동의 경험은 전국적인 차원으로 확대되어, 1997년 8월 22일 '우리땅 미군기지 되찾기 전국공동대책위원회(이하 기지공대위)'가 결성되는 성과로 이어졌다.[34] 기지공대위는 "미군 주둔 지역 주민들의 권리를 회복하는 지역운동을 상호지원하며 불평등한 SOFA의 전면 개정을 통해 단순한 미군기지의 이전이 아닌 미군기지의 축소 및 궁극적인 환수를 위하여 노력하며 나아가 민족자주권의 확립과 평화통일에 이바지하는 시민운동을 전개하는 것을 목적"으로 출범하였다(고유경, 2005: 298). 전국적인 연대의 필요성에 의해 탄생한 기지공대위는 연대의 네트워크를 해외로 넓혀 오키나와, 필리핀 등 해외의 반기지운동단체들과도 연대하기 시작하였다.

3) 한국 미군기지반대운동의 성격과 특징

한국에서 미군기지를 반대하는 운동은 복합적인 성격을 띠고 있다. 우선, 한국에서의 미군기지반대운동은 미국의 군사전략과 전쟁위협 등에 반대하는 반미운동으로서의 성격을 갖는다. 이것은 한국사회에서 미국의 존재를 가장 상징적으로 보여주는 존재가 미군기지(와 그와 연관된 SOFA나 전시작전통제권 등의 문제)이기 때문이기도 하고, 미국이나 미군(기지)의 존재를 되묻는 작업 자체가 1980년대에 활성화된 반미운동의 일환으로 제기되어 왔

---

34) 기지공대위의 결성에는 파주, 동두천, 의정부, 인천, 매향리, 평택, 군산, 춘천, 원주, 대구, 부산, 하남 등 여러 지역의 단체들과 주한미군범죄근절운동본부, 녹색연합, 민주사회를위한변호사모임 등의 부문 단체들이 참여하였다. 2004년 이후부터는 '미군기지반환운동연대'로 이름을 바꾸어 활동하고 있다.

기 때문이기도 하다. 하지만 다른 한편으로 미군기지반대운동의 성장은 1980
년대에 학생운동을 중심으로 활성화되었던 반미·반제국주의 변혁운동의 퇴
조와도 맞물려 있다. 대중운동에 있어서 변혁적 성격의 퇴조는 운동가들로
하여금 보다 구체적인 지역 현안과 지역민들의 요구에 눈을 돌리게 했고 그
과정에서 미군기지 문제가 '발견'된 측면도 존재하는 것이다. 이런 측면은 현
실에 있어서 양날의 칼로 작용할 수 있다. 예컨대 민주화운동의 과정에서 형성
된 운동가·활동가들의 네트워크는 미군기지 문제에 대한 대응에 있어서도
활용할 수 있는 자원이 된다. 반면 1990년대 중반 평택의 경우처럼, 눈앞의
문제가 해결되고 난 뒤에 활동가들이 다른 부문으로 쉽게 옮겨가 활동역량이
축소되는 결과를 빚을 수도 있는 것이다(이철형, 2001: 141).

둘째, 미군기지반대운동은 군사기지 자체가 전쟁을 준비하기 위한 것
이라는 점에서 전쟁 자체에 반대하는 반전·평화운동으로서의 성격도 갖고
있다. 그런데 한국의 미군기지반대운동은 모든 군사기지에 반대하는 '반기
지운동'과는 궤를 달리하고 있다. 최근 제주도 해군기지건설 과정에서 볼
수 있는 것처럼, 활동가들의 의지나 능력과는 별개로, 미군기지반대운동에
비해 한국군기지에 반대하는 운동은 대중적 지지와 공감의 폭이 매우 협소
하다고 할 수 있다. 그런 점에서 보자면, 미군기지반대운동은 '외국군기지'
의 철폐운동이라고 할 수 있고, 따라서 민족주의와도 결합된 측면이 있다고
할 수 있다.

셋째, 미군기지반대운동은 지역운동으로서의 성격을 지니고 있다. 이
것은 미군기지의 존재가 도시발전을 저해하거나 범죄를 양산하는 등 지역민
에게 구체적인 피해를 주고 있다는 점에서 기인한다. 따라서 미군기지반대
운동은 미군범죄나 환경오염 문제와 같은 지역민들의 피해를 해결하고 지역
발전을 도모하는 과정과 결합되어 있다. 예컨대 춘천의 미군기지반대운동
은 춘천시내에 있는 캠프 페이지가 도시발전의 기형성을 가져왔으며, 헬기

소음 때문에 지역민들의 피해가 크고 도로 체증과 교통 불편을 유발하고 있다는 점을 강조해 왔다(전우병, 2001). 또한 원주의 경우 2000년 9월의 캠프 이글 폐유방류사건이나 2001년 6월 캠프 롱 기름유출사건, 미군기지의 상수도 요금미납 문제 등에 대응하는 과정에서 미군기지반대운동이 본격화된 측면이 있다(윤요왕, 2001). 물론 이러한 측면들은 활동가들이 지역 현안에 구체적으로 대응하고자 하는 의식적인 노력의 결과이기도 하다. 이 과정에는 많은 어려움이 따른다. 활동가 인원의 부족과 재정적인 어려움뿐만 아니라 오랜 기간 미군들과 공존해 온 주민들이 활동가들에 대해 갖는 경계 심리와 미국이나 미군기지에 대한 인식의 제한 등으로 인해 지역단체들이 주민들로부터 신뢰를 쌓기 까지는 보통 3년에서 5년 정도의 시간이 걸린다고 한다(고유경, 2005: 300).

넷째, 미군기지반대운동은 연대운동의 성격을 지니고 있다. 미군기지반대운동 조직들은 지역단체들의 연대기구로서 존재하고 있는 경우가 대부분이다. 그것은 미군기지와 관련된 문제들이 인권, 환경, 여성, 지역발전, 반전·평화, 반미·민족문제 등의 의제에 걸쳐 있다는 점과 동전의 양면을 이루고 있다. 물론, 여기에는 다른 요인도 개입하고 있다. 첫째, 미군기지반대운동은 다른 여타의 사회운동에 비해 운동 주체와 운동 대상 간의 힘의 불비례가 극히 심하다. 미군기지반대운동의 주체들이 주로 지역 시민단체들의 연합체인데 비해서, 미군기지의 장래를 결정짓는 결정권은 전 세계적 패권국인 미국에 맡겨져 있다. 또한 미국은 미군기지를 운용하는 데 있어서 그 정치적 부담을 주로 주둔국 정부에 떠넘기고 있으며, 이에 따라 운동단체들은 미국과 동맹을 맺고 있는 주둔국 정부와도 협상·대결을 펼쳐야 한다는 점에서 어려움을 겪을 수밖에 없다. 둘째, 개별 기지는 단독으로 존재하는 것이 아니라 하나의 네트워크로 존재하고 있다. 즉, 미국의 전 세계적인 군사전략에 따라 서로 보완적인 관계에 있는 것이다. 따라서 기지 간 병력의 이동이나 훈련장의 공유, 기지기능의 이전과 통폐합이 여러 지역에 걸쳐 동시적으로 일어나게 된다. 이에 대응하기 위해서는 전국적 또는 전 세계적 대응이 불가피하다. 미군기지를 안고 있는 오키나와나 일본의 여러 도시들, 괌이나 하와이, 필리핀 등의 운동단체들과 한국의 운동단체들이 연대해 온 과정은 운동의 자연스런 발전과정이었다고 해도 좋을 것이다. 더 나아가 하나의 기지에 대한 반대운동의 결과로 해당 기지가 이전하게 되면, 다른 지역의 주민들이 동일한 피해를 겪게 된다. 예컨대 1990년대 초 서울에서 벌어졌던 용산기지 이전운동은 평택의 주민들에게 피해를 줄 수 있었다는 점에서, 이전운동이 아닌 반환운동으로 전개되어야 한다는 비판을 받게 되었다(김용한, 2005). 하지만 이러한 연대운동으로의 발전은 결코 쉽게 달성되지 않는다. 예컨대 최근에 벌어졌던 평택기지로의 기지통폐합 과정을 돌아보면, 기존에 기지를 안고 있던 지역 주민들은 자기 지역의 기지가 옮겨간다는 점에만 신경을 썼지 평택지역에 기지 부담이 가중된다는 점에 대해서는 적극적으로 사고하지 않았던 것으로 보인다.[35]

  그렇다면 한국의 미군기지반대운동은 어떤 특징들을 가지고 있을까.[36] 한국적 상황과 운동의 특이성을 거론하기 위해서는 앞에서 살펴본 한미동맹과 주한미군 주둔·철수의 역사적 동학에 대한 고려뿐만 아니라 가까운 일본이나 오키나와의 미군기지반대운동과의 비교가 필수적이다. 여기에서는 본격적인 비교보다는 이 책에 실린 다른 글들을 참조하면서 간략한 비교에 그치고자 한다.[37] 우선, 한국의 미군기지반대운동은 전국적(national) 차원에서

---

35) 물론 이것을 해당 지역 주민들의 잘못으로 돌리기는 어렵다. 정작 기지를 떠안게 된 평택시의 주민들 역시 대추리나 도두리의 주민들의 처지에 적극적으로 공감하고 연대하기보다는 방관하는 자세를 보였기 때문이다. 이에 비해, 해당 지역들의 활동가들은 기지이전의 문제점을 지역사회에 알리거나 연대활동의 활성화를 위해 많은 노력을 기울였던 것으로 보인다. 반면, 한국과 일본의 경험을 돌아볼 때, 미군기지의 이전을 추진하는 국가의 입장에서는 지역 간 이해관계의 대립이나 고립화가 기지이전에 유리한 환경을 제공한다고 볼 수 있다.
36) 미군기지반대운동의 역사에 대한 종합적 평가와 과제에 대해서는 고유경(2005)의 글 참조.

의 운동으로 발전시키고자 하는 지향이 뚜렷하다는 특징을 갖고 있다. 2000년 6월 30일에 결성된 '매향리범대위'는 지역에서 오랫동안 문제제기 해 온 매향리 지역주민들의 목소리가 전국적 이슈화에 성공했다는 징표라고 할 수 있으며, 평택미군기지확장저지투쟁 역시 '평택범대위'라는 전국적 차원의 조직을 중심으로 미군기지반대운동을 펼쳐 왔다. 매향리범대위에는 76개의 부문·지역단체가 참여했고, 평택범대위에는 135개의 부문·지역단체가 참여했다. 미군기지의 존재는 구체적인 해당지역의 문제이지만, 미군기지의 존재를 가능하게 하는 제도들(예컨대 한미상호방위조약)이 전국적 또는 전 세계적 차원에서 존재하고 있기 때문에 이것은 어쩌면 당연한 것일 수도 있다. 하지만 지역별로 세분화·파편화되어 있는 일본의 미군기지반대운동이나 오랫동안 일본 본토로부터 큰 관심과 연대활동을 제공받지 못했던 오키나와의 경험을 돌아보더라도, 이 문제는 해당 사회에서 운동 발전의 역사적 맥락과 연결되어 있는 문제라는 점을 알 수 있다. 한국의 경우 미군기지반대운동이 민주화운동과 결합되거나 그 영향을 많이 받아 왔으며, 활동가들이 서로 중복된다는 점이 여기에 영향을 미친 것으로 보인다. 또한 두 여중생 사망사건에 대한 대중적인 항의 투쟁에서 볼 수 있는 것처럼, 미군기지 문제가 민족주의와 결합되었을 때 큰 폭발적 잠재력을 지니면서 이슈화에 성공했었다는 점도 지적할 수 있다.

둘째, 미군기지반대운동이 전국적 차원을 지향한다는 점과 동전의 양면으로 그 지역적 기반은 여전히 취약하다는 점을 지적할 수 있다. 평택범대위 역시 스스로의 활동에 대해 "평택시민의 대다수가 강제 토지수용에 대한 반대의견을 갖고 있었음에도 불구하고 이를 투쟁동력화 하지 못했다"는 평가를 내리고 있다(평택범대위, 2007). 지역에 있어서 운동의 취약성을 미군기지반

---

37) 미군재편에 반대하는 일본의 사회운동에 대해서는 木村朗(2007)과 『People's Plan』 제34호 (2006년 봄호, 東京: ピープルズ・プラン硏究所)의 특집기사를 참조.

대운동만의 문제라고 보기는 힘들다. 1960,70년대부터 지역에서의 시민운동을 혁신지자체 건설을 위한 운동과 결합시켜 온 일본의 경험과 비교해 보면, 한국에서는 80년대의 변혁운동이 지역운동으로의 전환을 모색한 시기가 90년대에 들어와서 였고, 따라서 그 경험과 지역적 토대가 매우 취약할 수밖에 없었다. 또한 한국에서 지방자치제의 실시가 늦었다는 점과도 관련된다. 한국에서 지방자치제는 대한민국의 건국과 더불어 제정된 지방자치법(1949년 7월 4일 제정)에 의해 실시되어 왔으나, 5·16군사 쿠데타에 의해서 중지되었다가 1991년에 지방의원 선거가 재개되었고 자치단체장의 직선은 1995년 6월에 가서야 재개되었다. 즉, 한국의 지방자치체들은 지역민의 이해와 요구를 수렴하여 행정을 펼치는 풀뿌리 정치제도라기보다는 중앙정부의 지역 분소에 더 가까웠던 것이다. 이러한 역사적 맥락은 미군기지반대운동의 역사와 현재에 있어서 매우 큰 한계로 작용하고 있다. 일본의 경험을 돌아보면, 미군기지 문제의 해결에 있어서 지방자치체들의 역할이 매우 중요함을 확인할 수 있다. 물론 기지 자체의 존폐까지는 이르지 못할지라도, 기존 기지의 확장 및 평시나 전시에 기지의 군사적 활용과 관련해서 해당 지자체의 승인이나 양해가 필요한 부분이 많기 때문이다.[38] 한국의 경우에, 지역 현안의 해결을 책임져야 할 지자체장 선거에서 미군기지 문제가 거론되는 일이 거의 없었고, 그러한 사정은 지금도 크게 변화하지 않았다. 최근에 치러진 선거들에서도 해당 지역에서 미군기지가 거론되는 것은 주로 지역개발 문제에 국한되고 있는 실정이다. 따라서 미군기지반대운동의 역량과 별개로, '지역정치의 부재' 또는

---

38) 예컨대 현재 일본 요코스카의 시민단체들은 요코스카시를 상대로 원자력항공모함과 잠수함의 배치에 반대하는 주민투표를 준비하고 있다. 원자력 항공모함이나 잠수함이 기항하기 위해서는 종래의 항공모함이나 잠수함의 크기에 맞춰져 있던 부두 시설을 확장할 수밖에 없는데, 부두의 준설이나 확장공사가 지자체의 권한이라는 점과 지자체의 반대를 무릅쓰고 기지 확장을 꾀하기 힘든 일본의 정치구조 때문에 시장의 승낙 여부가 기지 확장에 있어서 중요한 변수가 되고 있는 것이다. 하지만 일본에서도 점차 '안보는 국가적 사안'이라는 논리가 힘을 얻고 있다. 여기에 대해서는 이 책의 5장을 참조.

지역정치에서 국가적 안보사안에 대해서는 거론하지 않으려는 국가주의적 움직임이 극복되어야만 지자체와 연계된 미군기지 문제 해결이 가능할 것으로 보인다.

셋째, 한국에서 미군기지반대운동은 쉽게 격렬한 이데올로기적 대립으로 비화된다는 점에 큰 특징이 있다. 물론 해외에서 반대운동을 펼치는 경우에도 이데올로기적 대립의 문제는 제기되기 마련이다. 일본이나 오키나와의 경험을 돌아보면, 냉전시기에 친공/반공이라는 대립구도가 제기되기도 했지만, 탈냉전 이후에는 주로 미군기지의 대가로 주어지는 막대한 개발자금에 근거한 개발주의와 생태주의간의 대립, 군사주의와 평화주의간의 대립, 그리고 안보는 국가적 사안이라는 국가주의적 이데올로기와 지역민의 자결권 논리와의 대립이라는 형태를 띠고 있다. 한국에서도 미군기지를 반대하는 과정에서 이와 같은 요소들이 점차 부각되고 있지만, 한국에서 이데올로기 대립의 특징은 미군기지에 대한 입장이 친미/반미 간의 대립이나 친북/반북 간의 대립으로 쉽게 비화된다는 점에 있다. 이것은 앞에서 지적한 '냉전시기 안보의 정의'라는 문제나 '전장국가'의 경직된 구조와 관련된다. 즉, 한국에서는 미군기지에 대한 입장에 한국전쟁의 경험이나 분단체제하에서 반복되어 온 상호 적대의 경험이 크게 영향을 미치고 있는 것이다. 그 결과, 미군기지 문제는 쉽게 색깔론으로 변질되고 정치권이나 정치사회에서는 합리적인 토론이 실종되는 경우가 빈번하다. 주한미군이나 한미동맹과 관련된 사안에 대해서는 "아무도 책임지려 하지 않는다. 오로지 동맹의 의리만이 존재할 뿐이다. 한미관계에 대한 어떠한 합리적 비판도 우리 사회에서는 그저 반미일 뿐이다. 친미 아니면 반미라는 국가보안법식 이분법적 사고가 한미동맹관계를 규정한다"는 비판이 여전히 제기되고 있는 실정이다(최재천, 2008).

6. 나오며: '주한미군의 정치사회학'을 위하여

미군은 1945년부터 점령군의 일원으로 한반도에 주둔하기 시작했다. 미군 주둔의 역사는 60년을 헤아리지만, 그에 대한 비판적 연구가 시작된 것은 그리 오래되지 않았다. 운동의 차원에서 미국의 존재를 묻기 시작한 것은 80년대 이후였다. 비슷한 시기에 미국의 대한정책의 성격과 주한미군에 관한 연구들도 시작되었다. 그러나 여전히 주한미군은 학문적 연구의 대상으로 정립되어 있지 못한 실정이다. '전장국가'의 제도들 속에서 금기시되었던 영향이 크지만, 주류를 이루었던 안보 연구들의 편향성도 영향을 미쳤던 것으로 보인다.

이 글에서는 '안보의 정의'를 둘러싼 주한미군의 성격, 주한미군 철수의 역사적 동학, 한국의 미군기지반대운동의 특징을 일별해 보았다. 주한미군은 주일미군과 더불어 미국의 동아시아 전력으로서 전진방어의 역할을 담당해 왔지만, 동시에 대북억지력으로서 인계철선의 역할을 담당해 온 것이 사실이다. 사실상 미국의 대한 안보공약의 핵심에는 주한미군이 존재하고 있었다. 다른 한편으로 한반도에서 냉전적 적대는 남북대결이라는 형식을 띠고 있었지만, 실제에 있어서는 남과 북이 동맹국들과 맺은 동맹네트워크 간의 대결이었다고 할 수 있다. 그 결과, 한국의 역대 지배계급은 주한미군의 부분적·완전 철수를 '동맹 대 동맹' 간의 대립에 있어서 한 축이 무너지는 것으로 인식해 왔으며, 미군의 일방적인 철수 결정은 한국 측이 제어할 수 없는 안보환경의 변화로 닥쳐왔다. 주한미군은 '안보의 제공자'로서 '신뢰해야 할' 대상이었지만, 또한 '신뢰할 수 없는' 대상이기도 했던 것이다.

'안보 제공자'로서 주한미군의 균열적인 성격은 주한미군 철수의 독특한 동학을 구성했다. 동아시아에서 미군 주둔의 특징은 동아시아에서 벌어졌던 세 번의 전쟁의 과정 및 결과에 따라 대규모로 주둔했다가 점차적으로 축소

·철군해 왔다는 점에 있다. 특히 한국전쟁의 경험은 주한미군의 대규모 주둔을 가능하게 했지만, 한반도에 대한 미국의 전략적 이익이나 미국의 경제적 상황에 따라 주한미군은 지속적인 철군 압력 속에 놓여 있었다. 한미 양국은 주한미군의 지속적인 철수 경향에 따른 안보 불안감을 해소하기 위해, 한미연합군의 중요한 제도들이나 군사훈련을 주한미군의 철수시점에 설립·확장해 왔다. 즉, 한국군이나 한미연합군의 전력증강은 통상적인 군비확장으로서의 성격보다는 미군 철수로 인한 안보상의 불안을 상쇄할 대체 전력의 확충이었다고 인식하는 것이 가능하다. 따라서 '미군'기지에 반대하는 운동은 주한미군 또는 한미동맹의 역사적 동학으로부터 야기된, '한국군'을 포함한 군사력의 과잉상태와 남북 간·'동맹 대 동맹' 간 대립상태를 해소하기 위한 평화운동과 결합되어 있다.

또한, 주한미군의 존재는 한국의 국가성격을 설명하는 데 있어서도 중요한 함의를 던져 준다. 한편으로 주한미군의 철수 결정이 미국에 의해 일방적으로 내려졌다는 점에서 주한미군의 존재는 외부적 변인으로 취급될 수 있지만, 다른 한편으로 '전장국가'의 필수적인 구성요소였다는 점에서 주한미군의 존재는 이미 '내부화한 외부'였다고 할 수 있다. 이 글에서는 '전장국가'를, (동아시아적 차원에서) 휴전선을 경계로 적과 아를 구분하면서 전장을 지속시켜 온 정전협정과, 적과 아를 '동맹 대 동맹'의 대립으로 고착화시킨 한미상호방위조약, 그리고 세계적·지역적 대립을 유지하기 위한 국내적 토대로서 국가보안법이라는 세 제도들 및 이들을 보장하는 물리력으로서 주한미군이 결합된 3+1의 복합체로서 이해하고 있다. 그런 점에서 주한미군의 존재는 국가 간 체계 내에서 한 국가의 성격이 일국적인 차원에서 정의될 수 없다는 것을 보여 주며, 동아시아에서 주권(과 그것을 보장하기 위한 국방력)이란 단 한 번도 완전히 실현된 적이 없는 (오히려 도달해야 한다는 충동으로서만 존재하는) 가상의 이념에 불과하다는 평가도 가능할 것이다.

주한미군의 존재가 '전장국가'의 구성 요소였다는 점에서, 미군기지반대운동은 '전장국가'를 형성·강화해 온 다양한 제도들에 대한 반대운동과 결합되어 있었다. 그 결과, 한국에서 미군기지반대운동은 한편으로 국가보안법이나 반공법 등에 의해 그 항의 행동이 제약당해 왔으며, 다른 한편으로 반미운동이나 통일운동의 영향하에서 성장해 온 측면이 크다. 즉, 한국의 미군기지반대운동은 반전·반핵·평화라는 보편적인 의제들을 그 내용으로 삼고 있으면서도, 한국에서 민중운동·시민운동이 발전해 온 역사적 맥락과도 연결되어 있는 것이다.

주한미군과 미군기지반대운동의 역사적 동학을 더 자세하게 구성하기 위해서는 여러 과제들이 해결되어야 한다. 특히, 지역 차원에서의 미군기지의 존재형태와 그 역사, 주민들과의 공존양식, 주민들의 다양한 이해관계와 반응들, 기지와 지역경제 및 지역정치와의 관계, 기지네트워크와 저항의 네트워크에 대한 분석, 전국·해외운동과의 관련성 등의 문제가 해명되어야 한다. 주한미군의 존재가 하나의 정치사회적 문제로 부각되고 있는 지금, 사회과학이 사회적 변화에 얼마나 민감하고 유효하게 대응할 수 있는지가 문제로 제기된다.

■ 참고문헌

· 1차 자료

통일원. 1996. 『한반도 평화체제문제 관련 주요 문건집』. 통일원·남북회담사무국.

Department of Defense. 2007. Base Structure Report Fiscal Year 2007 Baseline. Office of the Deputy Under Secretary of Defense.

· 2차 자료

강성학 외. 1996. 『주한미군과 한미안보협력』. 세종연구소.

강정구 외. 2005. 『전환기 한미관계의 새판짜기』. 한울.

강정구 외. 2007. 『전환기 한미관계의 새판짜기2』. 한울.

고유경. 2005. 「한국의 반미군기지운동과 동아시아 연대". 2005년 비판사회학대회(제8회) 발표문.

구갑우. 2007. 『비판적 평화연구와 한반도』. 후마니타스.

국방부. 2002. 『한미 군사 관계사 1871-2002』. 국방부 군사편찬연구소.

국방부. 2003. 『자주국방과 우리의 안보』. 국방부.

국방부. 2004. 『국방백서』. 국방부.

국방부. 2006. 『국방개혁 2020과 국방비』. 국방부.

국방부. 2007. 『08년도 국방예산 요구규모와 쓰임새』. 국방부.

국무총리실 주한미군대책기획단·국방부 미군기지이전사업준비단. 2006. 「미군기지이전사업, 사실은 이렇습니다」. http://www.mnd.go.kr.

김동춘. 2000. 『전쟁과 사회』. 돌베개.

김성보. 1990. 「80년대 반미운동사」. 공병훈 외. 『한미관계의 재인식 1』. 두리.

김용한. 2005. 『주한미군 이야기』. 잉걸.

김일영·조성렬. 2003. 『주한미군, 역사·쟁점·전망』. 한울.

김일영. 2004. 「해외주둔 미군 재배치계획과 주한미군의 미래」. 『군사논단』 39.

김일영. 2005. 『건국과 부국: 현대한국정치사 강의』. 생각의 나무.

김태현. 1996. 「억제이론과 안보공약 주한미군의 역할과 규모」. 강성학 외. 『주한미군과 한미안보협력』. 세종연구소.

남기정. 2004. 「한미지위협정 체결의 정치과정」. 심지영·김일영 편. 『한미동맹 50년』. 백산서당.

노근리에서 매향리까지 발간위원회 편. 2001. 『주한미군문제해결운동사, 노근리에서 매향리까지』. 깊은자유.

녹색연합·미군기지반환운동연대. 2004. 『2004년 주한미군기지 현황보고서』. 녹색연합·미군기지반환운동연대.

마상윤. 2003. 「미완의 계획: 1960년대 전반기 미 행정부의 주한미군철수논의」. 『한국과 국제정치』 19(2).

도널드 스턴 맥도날드(Donald Stone MacDonald). 2001. 『한미관계 20년사 1945~1965년』. 한울.

미군기지반환운동연대·주한미군범죄근절운동본부·녹색연합. 2005. 『미군기지의 그늘, 그 너머 희망』. 미군기지 환경과 인권문제 해결을 위한 국제심포지엄 자료집.

백종천 편. 2003. 『한미동맹 50년: 분석과 정책』. 세종연구소.

박태균. 2006.『우방과 제국, 한미관계의 두 신화』. 창작과비평사.

법과사회연구회. 1988.『한미행정협정』. 힘.

배리 부잔(Barry Buzan). 1995.『세계화시대의 국가안보』. 나남출판.

빅터 차(Victor D. Cha). 2004.『적대적 제휴: 한국, 미국, 일본의 삼각 안보체제』. 문학과 지성사.

성채기. 1990.「주한미군 규모의 결정요인 분석 및 예측」,『국방논집』 12.

심지연·김일영 편. 2004.『한미동맹 50년 - 법적 쟁점과 미래의 전망』. 백산서당.

오연호. 1989.『식민지의 아들에게』. 백산서당.

오연호. 1990.『더 이상 우리를 슬프게 하지 말라』. 백산서당.

윤요왕. 2001.「미군기지를 원주 시민의 품으로」. 노근리에서 매향리까지 발간위원회 편.『주한미
    군문제해결운동사, 노근리에서 매향리까지』. 깊은자유.

이나영. 2007.「기지촌의 공고화과정에 관한 연구(1950-1970): 국가, 성별화된 민족주의, 여성의
    저항」. 2007년 비판사회학대회(제10회) 발표문.

이삼성. 2003.「한미동맹의 유연화를 위한 제언」.『전략연구』. 2003년 9(3).

이상현·조윤영. 2005.「미국의 세계전략과 주한미군」,『한국정치외교사논총』 26(1).

이일형. 1991.「미군기지반대투쟁의 의의와 현황」. 김창수 외.『한미관계의 재인식 2』. 두리.

이장희 외. 2000.『한미 주둔군지위협정 연구』. 아시아사회과학연구원.

이장희 외. 2004.『한반도 안보관련 조약의 법적 재조명: 주한미군지위협정, 한미상호방위조약 및
    정전협정의 위헌성』. 백산서당.

이철형. 2001.「미군 없는 평화로운 평택을 위하여」. 노근리에서 매향리까지 발간위원회 편.『주한
    미군문제해결운동사, 노근리에서 매향리까지』. 깊은자유.

이춘근. 1996.「미국의 신동아시아 전략과 주한미군」.『주한미군과 한미안보협력』. 세종연구소.

임재동·최정미. 1990,「미국의 전쟁전략과 전쟁정책」. 한국정치연구회 정치사분과.『한국전쟁의
    이해』. 역사비평사.

전우병. 2001.「춘천, 봄이 오는 마을의 새봄찾기」. 노근리에서 매향리까지 발간위원회 편.『주한미
    군문제해결운동사, 노근리에서 매향리까지』. 깊은자유.

정용욱. 1994.「1947년의 철군논의와 미국의 남한 점령정책」.『역사와현실』 14.

조성렬. 2004.「한미 상호방위조약과 한미동맹 50년의 평가」. 심지연·김일영 편.『한미동맹 50년:
    법적 쟁점과 미래의 전망』. 백산서당.

조성렬. 2005.「미국의 GPR, 군사변환과 한미동맹의 재조정」. http://spark946.org/bugsboard/i
    ndex.php?BBS=pds_2&action=viewForm&uid=49&page=1.

주한미군범죄근절운동본부. 2002.『주한미군범죄백서 2000-2002』. 주한미군범죄근절운동본부.

주한미군범죄근절운동본부. 2004.『미군범죄 현황과 과제』. 미군범죄 토론회 자료집.

최재천. 2008.「용산기지 이전 비용을 우리가 부담할 줄 몰랐나?」, 2008년 3월 19일 프레시안
    (http://www.pressian.com) 기고문.

평택미군기지확장저지 범국민대책위원회(평택범대위). 2006.『미군기지 재협상 관철시켜, 평택에
    평화를』. 평택미군기지확장저지 2차 교양자료.

평택미군기지확장저지 범국민대책위원회(평택범대위). 2007.「평택범대위 2007년 투쟁방향 수립
    을 위한 Workshop 자료집」. 평택범대위.

홍현익. 2003. 「부시행정부의 한반도전략과 한미동맹의 장래」. 『남북화해시대의 주한미군』. 세종 연구소.

하영선. 1983. 「한미군사관계: 지속과 변화」. 구영록 외. 『미국과 한국: 과거, 현재, 미래』. 박영사.

한용섭. 2002. 「한국 국방정책의 변천과정」. 차영구·황병무 편저. 『국방정책의 이론과 실제』. 오름.

한용섭 편. 2004. 『자주냐 동맹이냐, 21세기 한국외교안보의 진로』. 오름.

함택영. 1998. 『국가안보의 정치경제학』. 법문사.

한국전략문제연구소(KRIS). 2003. 『동북아 전략균형 2003』. 한국전략문제연구소.

홍현익·송대성·이상현. 2003. 『남북화해시대의 주한미군』. 세종연구소.

木村朗. 2007. 『米軍再編と前線基地·日本』. 東京: 凱風社.

Arrighi, Giovanni. 1994. *The Long Twentieth Century: Money, Power, and the Origins of Our Times*. Verso.

Morrow, James D. 1991. "Alliance and Asymmetry: An Alternative to the Capability Aggression Model of Alliances". *American Journal of Political Science* 35(4), Nov.

Snyder, Glenn H. 1984. "The Security Dilemma in Alliance Politics". *World Politics* 36(4), July.

Snyder, Glenn H. 1997. *Alliance Politics*. Cornell University Press.

Wolfers, Arnold. 1952. "National Security as an Ambiguous Symbol". *Political Science Quarterly* 67(4).

Wolfers, Arnold. 1962. *Discord and Collaboration*. John Hopkins University Press.

저자소개(논문게재순)

임현진

현재 서울대학교 사회학과 교수, 서울대학교 사회과학대학 학장
서울대학교 사회학과 석사, 하버드대학교 사회학 박사(사회발전론, 비교사회학, 정치사회학)
주요 논저는 『21세기 통일한국을 위하여: 분단과 통일의 변증법』(2005,공저), *East Meets West: Civilizational Encounters and the Sprit of Capitalism in East Asia* (2007), *Globalizing Asia: Towards a New Development Paradigm* (2007)
· 전자우편 hclim@snu.ac.kr

정근식

현재 서울대학교 사회학과 교수
서울대학교 사회학과 석사, 박사(역사사회학, 사회운동론, 몸의 사회학)
주요 논저는 『식민지의 일상: 지배와 균열』(2006, 공저), 『고통의 역사: 원폭의 기억과 증언』(2005), *Colonial Modernity and the Social History of Chemical Seasoning in Korea*(2005)
· 전자우편 ksjung@snu.ac.kr

정영신

서울대 사회학과 박사수료(평화학, 정치사회학, 역사사회학)
주요 논저는 「동아시아 점령문제의 인식을 위한 고찰」(2006), 『沖縄の占領と日本の復興』(2006, 공저), 「오키나와의 기지화·군사화에 관한 연구」(2007)
· 전자우편 freecity7@hanmail.net

남기정

현재 국민대학교 국제학부 교수
서울대학교 외교학과 석사, 도쿄대 박사(동아시아 국제정치, 일본의 정치외교)
주요 논저는 『日韓の共通認識: 日本は韓国にとって何なのか?』(2007, 共著), 「일본 '전후평화주의'의 원류: 전후적 의의와 태생적 한계」(2008), 「냉전 이데올로기의 구조화와 내셔널 아이덴티티 형성의 상관관계: 한일비교」(2008)
· 전자우편 profnam@kookmin.ac.kr

마상윤

현재 가톨릭대학교 국제학부 교수

서울대 외교학과 석사, 옥스퍼드대학 국제정치학 박사(미국외교정책, 외교사, 한미관계)

주요 논저는 "Korean Foreign Policy and the Rise of the BRICs Countries"(2007, 공저),
"Alliance for Self-Reliance: R.O.K.-U.S. Security Relations, 1968~71"(2007), 「전쟁의
그늘: 베트남전쟁과 미국의 동아시아 정책」(2005)

· 전자우편 sangyoonma@catholic.ac.kr

장은주

현재 게이오대학 정치학 박사과정

국민대학교 행정학 석사, 박사(지방자치 및 지방정치)

주요 논저는 「地方自治体をめぐる市民意識と動態」(2005), 「日本の自治体における分
権改革に関する研究」(2007), 「地方分権改革におけるガバナンスの日韓比較」(2006)

· 전자우편 ejj9459@hotmail.com

이지원

현재 한림대학교 일본학과 교수

서울대학교 사회학과 박사(지역연구, 일본사회)

주요 논저는 『일본의 문화산업체계』(2005, 공저), 『일본사회의 변화와 개혁 - 소자고령화
사회의 도전 』(2006, 공저), 「'소프트파워'론과 일본의 '문화전략'」(2005)

· 전자우편 cw2403@hallym.ac.kr

전경수

현재 서울대 인류학과 교수

서울대 고고인류학과, 미네소타대학 박사(생태인류학, 인류학사, 한국문화론)

주요 논저는 『한국인류학 백년』(1999), 『문화의 이해』(1999), 『한국문화론』(1999)

· 전자우편 korancks@hotmail.com

진필수

현재 서울대 비교문화연구소 연구원

서울대 인류학과 석사, 박사(문화인류학, 오키나와문화론, 일본문화론)

주요 논저는 「촌락공유지의 변천과정을 통해서 보는 지역사」(2007), 「미군기지와 오키
나와 촌락공동체: 지속과 재편」(2008), 「군용지료 재판을 통해서 보는 오키나와 촌락공동
체의 구조와 변화」(2008)

· 전자우편 jpslalala@naver.com

박정미

현재 서울대학교 사회학과 박사과정 수료
서울대학교 사회학과 석사(젠더 연구)
주요 논저는 「성폭력과 여성의 시민권」(2002), 「성매매에 관한 페미니즘 이론」(2008)
· 전자우편 kirke@snu.ac.kr

문소정

현재 서울대 여성연구소 책임연구원
서울대학교 사회학 석사, 박사(사회사, 가족과 여성운동)
주요 논저는 「동아시아 군사화, 여성의 섹슈얼리티, 여성연대운동: 한국여성경험을 중심으로」(2006), 「식민지시기 도시가족과 여성의 현실에 관한 연구: 京城府(서울) 지역을 중심으로」(2007), 「일제하 농촌의 인구와 가족의 변화」(2003)
· 전자우편 sjmoon57@hanmail.net

임종헌

현재 한반도평화연구원 연구실장
서울대학교 정치학과 석사, 뮌헨대학 박사(국제정치학)
주요 논저는 「독일의 유럽통합정책」(2001), 「유럽의 인종주의와 제노포비아현상에 대한 연구」(2006), 「사회적 형평성을 위한 유럽 정치와 협력」(2007)
· 전자우편 jhlim2001@naver.com

여인엽

현재 미국가톨릭대학교 정치학과 교수
코넬대학교 석사, 박사(국제정치학, 동아시아 안보)
주요 논저는 "Signaling Democracy: Patron-Client Relations and Democratization in South Korea and Poland"(2006), "Local-National Dynamics and Framing in South Korean Anti-Base Movements"(2006)
· 전자우편 yeo@cua.edu

610

■ 오키나와 전도

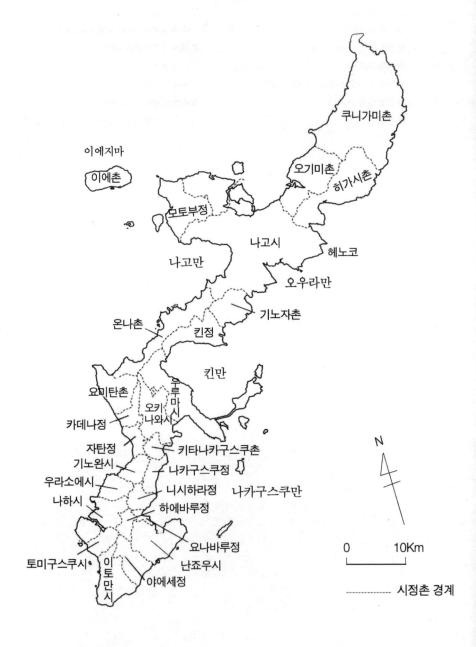

이에지마
이에촌

쿠니가미촌

오기미촌
히가시촌

모토부정

나고시
헤노코

나고만

오우라만

온나촌
기노자촌

킨정

킨만

요미탄촌
우루마시

카데나정
오키나와시

자탄정
키타나카구스쿠촌

기노완시
나카구스쿠정

우라소에시
니시하라정
나카구스쿠만

나하시
하에바루정

요나바루정

토미구스쿠시
난죠우시

이토만시
야에세정

N

0   10Km

------- 시정촌 경계